Eugen Bleuler

Naturgeschichte der Seele und ihres Bewusstwerdens

Verlag
der
Wissenschaften

Eugen Bleuler

Naturgeschichte der Seele und ihres Bewusstwerdens

ISBN/EAN: 9783957006066

Auflage: 1

Erscheinungsjahr: 2015

Erscheinungsort: Norderstedt, Deutschland

Hergestellt in Europa, USA, Kanada, Australien, Japan
Verlag der Wissenschaften in Hansebooks GmbH, Norderstedt

NATURGESCHICHTE DER SEELE UND IHRES BEWUSSTWERDENS

EINE ELEMENTARPSYCHOLOGIE

VON

DR. EUGEN BLEULER
O. PROFESSOR DER PSYCHIATRIE AN DER UNIVERSITÄT ZÜRICH

MIT 4 TEXTABBILDUNGEN

BERLIN
VERLAG VON JULIUS SPRINGER
1921

MEINER FRAU

DR. PHIL. HEDWIG BLEULER-WASER

Inhalt.

Einleitung und Vorwort.

Die ganze Untersuchung ist eine naturwissenschaftliche, d. h. sie sucht Beobachtungen — außen und innen — und bestrebt sich, dieselben in erklärende Verbindung zu bringen. Auf allen andern Gebieten hat sich nur diese Methode bewährt, und nur sie erweitert unser Wissen, nur sie gibt Wissenschaft. Das Glauben hat neben dem Wissen, nicht darin, seine hohe Bedeutung und Existenzberechtigung. Durch Vermischung beider wird Wissen gefälscht, Glauben erniedrigt. Um Spekulationen einer andersartigen Psychologie kümmert sich diese Arbeit nur insoweit, als sie sich dieselben fern halten muß. Am liebsten hätte sie gar nichts davon gesagt; aber veraltete spekulative Gewohnheiten haben in die Auffassung der Psyche falsche Noten hineingetragen, die Vielen das Verständnis rein naturwissenschaftlicher Zusammenhänge erschweren, Andern es ganz unmöglich machen. Es ist da und dort nötig, das Gerümpel zu beleuchten und ausdrücklich wieder hinauszubefördern. Ein Quod erat demonstrandum hat die Untersuchung nicht. Jedes Resultat ist dem Naturforscher gleich willkommen; er sucht nur das, was sich für die Mittel seiner Beobachtung und seiner Logik als Tatsache erweist. Wenn ich bei mir einen Irrtum entdecke, freue ich mich mehr, als wenn ich den eines Andern korrigieren kann; ich habe dann wenigstens einen Fehler wieder los. Die Darstellung natürlich mußte der Kürze wegen manchmal die äußere Form des Beweises einer vorangestellten Anschauung annehmen.

Das Objekt der Untersuchung nenne ich Psyche, weil an den andern Ausdrücken zu viel metaphysischer Ballast hängt, der hier das Verständnis stört. Allerdings wird auch die Psyche nicht immer in gleicher Weise abgegrenzt. Man bezeichnet sie gern als das Bewußte; aber für eine wissenschaftliche Untersuchung, die kausal verstehen will, ist ein solcher Begriff unbrauchbar, weil das Bewußte nur unregelmäßig und „zufällig" abgegrenzte Bruchstücke eines Kausalganzen enthält, aus denen die Zusammenhänge nicht zu ersehen sind. „Das Unbewußte" muß also Berücksichtigung finden wie das Bewußte. Die Begrenzung nach jenem Gesichtspunkt wäre auch in der Tierpsychologie und in der Psychopathologie unbrauchbar, weil wir da ungenügende oder gar keine Anhaltspunkte besitzen was bewußt ist, und auch beim genauesten Wissen das Kriterium versagt, indem unbewußt und bewußt ohne Grenzen ineinander übergehen. Gleichgültiger ist es, wie weit man die peripheren Funktionen der Empfindungen und Bewegungen einbeziehe; da die psychischen Funktionen nichts anderes sind als die übrigen zentralnervösen, muß der Psychologe die letzteren natürlich so weit möglich kennen, um sein engeres Objekt zu verstehen. Außerdem hat man auch da fließende Übergänge. Die Bewegungsformeln sind teils schon in untren Zentren phylisch[1]) vorgebildet, teils werden sie beim Menschen durch individuelle Übung mit dem Rindengedächtnis erworben, und beide Elemente mischen sich zu einer untrennbaren Einheit der Funktion. Die elementaren Triebe und Gefühle werden sich ebenso verhalten.

Zwischen den phylisch in den unteren Zentren vorgebildeten Reaktions- und Triebmechanismen und den höchsten Strebungen, vom Reflex bis zum philosophischen Wissenstrieb, gibt es überhaupt keine Grenze. Wegen des Zusammenarbeitens der tieferen Zentren mit den höheren kann man unmöglich nur die Rindenfunktion[2]) psychisch nennen; es ist auch fraglich, inwiefern man alle Rindenfunktionen (man denke z. B. an die Regulierung der Gefäße, der Speichelsekretion, der Verdauung von der Rinde aus) einbeziehen dürfte, ohne Schwierigkeiten zu bekommen. Wir können also schon beim Menschen nicht bloß die individuell erworbenen (mnemischen) Funktionen zur Psyche zählen, sondern müssen auch noch phylische einbeziehen. In der Psychologie der niederen Tiere wird uns alles das interessieren, was das ganze Tier in seinem Verhalten[3]) leitet, obgleich wir es nicht scharf von den Teilreaktionen, wie wir sie in den Reflexen eines einzelnen Organes finden, abtrennen können; auch diese arbeiten eben nicht ganz ohne Zusammenhang miteinander. und sie werden oft zu Reaktionen zusammengekoppelt, die das ganze Tier betreffen. Einen Unterschied, der es lohnte, „Tropismen" von anderen psychisch zu nennenden Allgemeinreaktionen zu trennen, gibt es vielleicht nicht.

Eine natürlich auch nicht scharfe und leider noch gar nicht genügend erfaßbare Grenze liegt zwischen den Reaktionen, die plastisch sind, und den mehr starren. Reflexe gelten als starr, aber auch psychische Reaktionen des ganzen Geschöpfes bis hinauf zum Menschen sind oft mit Bestimmtheit vorauszusagen. Manche niedrigeren Funktionen haben Anpassungsfähigkeit an die Umstände, wie sie beim Netzespinnen oder Nestbau deutlich in die Erscheinung tritt. Sogar mit (scheinbar?) außergewöhnlichen Verhältnissen finden sich manche Tiere ab, indem sie eine sonst starre Reaktion etwas abändern. Diese angeborene Plastik, die wir als Phyloplastik z. B. in den Instinkten bis jetzt höchstens aus dem Artgedächtnis und einer vermuteten daraus sich ergebenden „Artüberlegung" verstehen könnten, hat zwar auch keine scharfen Grenzen gegen die Ontoplastik des einzelnen Gedächtnistieres, das die individuellen Erfahrungen zu neuen Kombinationen im Handeln („Überlegungen") benutzt. In beiden Arten der Plastik, spielt das Gedächtnis eine Rolle, sei es phylisch oder individuell; es gibt aber auch eine Art Plastik, die

[1]) Phylisch — mit der Entstehung der Art.

[2]) Die Hirnrinde ist bei den Säugetieren das Substrat der mnemischen, eigentlich plastischen und der obersten Zusammenfassung der nervösen Funktionen zu einem Ganzen. Schon bei den Vögeln werden ähnliche Funktionen noch im Streifenhügel sitzen. In anderen Tierklassen gibt es Analogien meist in dem vordersten Nervenknoten. Uns ist aber, damit wir nicht einen neuen Ausdruck erfinden müssen, der Repräsentant aller dieser Organe die Rinde.

[3]) Es gibt natürlich auch noch andere als nervöse Integrationen, z. B. eine chemische.

rein physiologisch ist, indem auf Ähnlichkeiten ebenso wie auf Gleichheiten reagiert wird, ein Mangel an Unterscheidung von Unterschieden.

Wir haben also folgende einander überschneidende Reaktionen auseinanderzuhalten: eine zusammenfassende nervöse Funktion, die das ganze Tier betrifft, und lokalisierte oder Teilfunktionen. Bewußt — unbewußt. Funktion der Rinde oder bei anderen Tierklassen eines analogen Organes — Funktion tieferer Apparate. Starre — plastische — phyloplastische — ontoplastische Funktion, wobei die ontoplastische Reaktion sicher auf dem individuellen Gedächtnis beruht, die phyloplastische möglicherweise auf einem phylischen.

So ausgesprochen diese Unterschiede für gewöhnlich erscheinen, so wenig sind sie absolut; die höhere Funktion ist immer nur die besondere Entwicklung der niedrigeren, und wenn wir sie bis in ihre Ursprünge zu verfolgen suchen, so kommen wir auf allgemeine Eigenschaften der lebenden Substanz überhaupt.

Unser Wissen würde reichen, noch manche Einzelheit genauer auszubauen, namentlich kompliziertere Vorgänge ins Elementare zu verfolgen. Wir begnügen uns mit dem Wichtigen; sehr viele Einzelheiten sind auch nicht bis zum Ende ausgedacht und durchgedacht. Es wäre ferner möglich, erheblich mehr „Beweise“ zu bringen. Ich sehe aber die wesentliche Beweiskraft zunächst darin, daß ich die allgemeinen Anschauungen über 40 Jahre, einzelnes davon über 50 Jahre, und einen großen Teil der Einzelheiten doch seit Jahrzehnten an Gesunden und Kranken, an mir und andern nachprüfte, ohne Widersprüche zu finden, dann aber auch darin, daß von einem einheitlichen Gesichtspunkt aus, dessen Berechtigung für den Naturwissenschafter wohl selbstverständlich ist, alle in Betracht kommenden Einzelfunktionen, einschließlich das Bewußtsein, verständlich werden, und daß sie in widerspruchlosem Zusammenhang sind unter sich und mit den Tatsachen der innern und äußern Beobachtung, an denen sie immer wieder gemessen worden sind. Trotzdem ist es selbstverständlich, daß manches nicht nur der Ergänzung, sondern direkt der Korrektur bedürftig sein wird. Ich kann mir aber nicht denken, daß die Grundauffassung der Psyche als eines nervösen einheitlichen Apparates zur Erhaltung von Gattung und Art falsch sei, und aus ihr folgt doch manches mit Notwendigkeit. Würde aber z. B. meine Erklärung des Bewußtwerdens nicht angenommen, so würde dieser Umstand die übrigen Ausführungen in keiner Weise in Zweifel setzen, denn diese bauen sich nicht darauf, sondern nur auf die direkte Beobachtung. Es bliebe nur eine Frage mehr zu beantworten übrig.

Ein erwähnenswerter Vorteil der konsequent naturwissenschaftlichen Behandlung und zugleich eine Wahrscheinlichkeit mehr für die Richtigkeit ihrer Resultate scheint mir darin zu liegen, daß sie einen Haufen von immer besprochenen aber nie beantworteten Fragen definitiv erledigen kann. Viele dieser Fragen fallen überhaupt weg, bzw. sie erweisen sich als falsch gestellt; ein Teil erledigt sich von selbst; ein dritter endlich kann von da aus ohne Schwierigkeit so beantwortet werden wie jede lösbare naturwissenschaftliche Frage, wenn man nur nichts in die Dinge und Verhältnisse hineinträgt, was nicht darin ist. Es lag natürlich nicht in meiner Absicht, alles das selbst zu erledigen.

Bei den einfacheren Sachen habe ich es dem Leser überlassen; bei komplizierteren Fragen, wie den hierhergehörigen religiösen, habe ich nur die Wege angedeutet, wie die Lösung zu denken ist; schon bei dem jetzigen Stand unseres Wissens ließe sich an den meisten Orten viel mehr und bestimmteres sagen, und wenn auch noch manche Einzelheit genauer zu studieren und in der Seele noch manches Wichtige zu finden wäre, so sieht man doch bestimmt, daß auch da nichts Geheimnisvolles, nichts mit unsern Mitteln Unlösbares dahinter steckt. Man kann diese Dinge so gut auf elementare Eigenschaften der lebenden Substanz zurückführen wie etwa den Blutkreislauf. Ich möchte von solchen Problemen erwähnen: die gesamte Erkenntnistheorie. Was ist a priori und a posteriori? die Teilung des psychischen Inhaltes in Außen- und Innenwelt? Realität, Wahrheit? die Antinomien von Kant, die es nicht mehr gibt. Seine Kategorien erweisen sich als Abstraktionen wie jede andere Abstraktion. Was ist Gut und Böse? Wie kommt das Übel in die Welt? Woher stammt der Glaube an ein ewiges Leben? Woher die Mythologien und Religionen? Ihre Bedeutung? Die Gleichförmigkeit der Mythologien. „Zweck" des Menschen. Das „Wesen" der Ethik. Sind gewisse Reaktionen bei niederen Tieren Tropismen „oder" psychische Leistungen? Was sind Instinkte? Triebe? der Wille? die Intelligenz? das Bewußtsein? Was hat dieses für einen Zweck? Die Kausalität (soweit sie ein psychischer Begriff ist; was ihr in der Außenwelt entspricht, gehört, wenn überhaupt wohin, in die Physik). Unterschied von Kausalität, Finalität, Motiven, von verstehenden und kausalen Erklärungen. Von einzelnen krankhaften und physiologischen Funktionen finden ihre ganz selbstverständliche Erklärung[1]): die Phänomene des Unbewußten mit ihren Übergängen zum Bewußten, die doppelte Persönlichkeit, die Besessenheit, die Automatismen, die Wahnideen, die Spaltungen und Abspaltungen, die Diaschise, die Ambivalenz, die Eigentümlichkeit, daß man „Dinge nicht wissen und doch wissen kann", die meisten neurotischen und psychotischen Erscheinungen inkl. die Halluzinationen, die Hypnose mit den meisten ihrer besonderen Symptome, die Suggestion, der wechselweise Einfluß von Geist auf Körper, und noch manches andere. Von noch auszufüllenden Lücken sind die fühlbarsten, daß wir keine Vorstellungen haben, was für Unterschiede im Neurokym den Qualitäten der Sinnesempfindungen entsprechen, und daß wir eine wichtige oder die wichtigste Komponente des Kunsttriebes noch nicht kennen.

Daß nicht gleich alles erledigt werden konnte, setzt natürlich den Wahrscheinlichkeitswert der Grundanschauung in keiner Weise herab. Für den, der sich in diese hineingedacht hat, wird es erfreulich sein, einerseits auch auf psychischem Gebiete den Zusammenhang der Reihe von den niederen Organismen bis zum homo sapiens zu übersehen, und anderseits die noch fühlbarere Kluft zwischen physischem Leben und psychischer Funktion ausgefüllt zu finden. Es bleibt dann nur noch der Weg zu suchen, der von den physikalischen Vorgängen zu den Lebens-

[1]) „Erklärungen" insoweit, daß man allenfalls aus den neuropsychischen Mechanismen das Vorkommen solcher Funktionen ableiten könnte, wenn man sie auch noch nicht beobachtet hätte.

äußerungen führt; vielleicht bilden die auch hier vertretenen modernen Anschauungen über das Gedächtnis einen der Steine, die zum Bau der letzten Brücke im Kontinuum unserer Weltanschauung notwendig sind.

An einigen Stellen habe ich mir erlaubt, darauf aufmerksam zu machen, daß es da, wo unsere bisherige Gedankenrichtung vor eine dicke Mauer oder eine hoffnungslose Leere führt, unlogisch wäre, immer nur auf den Wegen zu suchen, die sich als unfruchtbar erwiesen haben, so bei den Zusammenhängen von Gedächtnis und Vererbung und Leben, beim Kunsttrieb, oder bei der Abgrenzung der psychischen Funktionen, die möglicherweise einmal auch im früheren Leben des Genus gefunden werden könnten, wie es mit dem Gedächtnis gegangen ist. Ich weiß sehr gut, und möchte es ausdrücklich hervorheben, daß Ähnliches, wenn auch in anderen Zusammenhängen, auch schon geäußert worden ist, und namentlich, daß ich nur Möglichkeiten, nicht Hypothesen oder Vermutungen anführe an Orten, wo Wahrscheinlichkeiten überhaupt noch nicht in Betracht kommen können. Immer die nämliche verschlossene Tür oder das nämliche bodenlose Loch anzustarren, scheint mir ganz unfruchtbar während einige gewagte Gedankentänze wenigstens anregend wirken können.

Um das Schrifttum habe ich mich nicht viel gekümmert und hoffe, daß viele das mehr als einen Vorteil denn als einen Nachteil ansehen. Es ist ja hier unausschöpfbar. In Diskussionen habe ich mich nur stichprobenweise da und dort eingelassen. Glaubenssachen kann man mit Logik nicht beikommen. Prioritäten zu meinen oder Anderer „Gunsten" sind mir gleichgültig; wenn Andere in dieser oder jener Richtung in Einzelheiten die nämlichen Ansichten geäußert haben, was ich teils weiß, teils hoffe, so freut mich das, und es soll sie auch freuen.

Daß die Art der Darstellung eine unerfreuliche ist, kommt mir nur zu sehr zum Bewußtsein. Die Art der Entstehung unter mehreren verschiedenen Gesichtspunkten, das Fertigdenken mancher Einzelheiten erst während des Schreibens sind Ursachen, die ich nicht beseitigen kann, wenn ich mit meiner verfügbaren Zeit vor dem Tode an eine Art Ende kommen will. Viele andere Schwierigkeiten sind bei dem jetzigen Stande der Psychologie überhaupt nicht zu umgehen. Psychologie behandelt eines der kompliziertesten Themen. Der Versuchung, durch weitgehendes Schematisieren mich verständlicher zu machen, habe ich widerstanden, und vorgezogen mich an die zu wenden, die trotz einiger Schwierigkeiten aus Interesse an der Sache verstehen wollen, und die verstehen können. Manches ist überhaupt wegen seiner Kompliziertheit an der Grenze des Vorstellbaren. Würden wir hier nur Einfaches finden, so wäre das ein sicherer Beweis, daß wir auf falschen Bahnen sind.

Am meisten Schwierigkeiten macht der Mangel an Ausdrücken zur Bezeichnung der Begriffe, mit denen ich zu operieren habe. Eine besondere Terminologie zu schaffen, davon hielten mich verschiedene zwingende Gründe ab. Viele der psychologischen Begriffe haben schon je nach der Schule verschiedene Umschreibungen, und ich selber mußte sie wieder für meine Zwecke abgrenzen. Definitionen würden da nicht helfen, weil jeder Begriff nur im Zusammenhange mit den anderen und dieser ganzen Psychologie seine richtige Färbung erhält. Wie in jede andere Psychologie muß man sich hier hereinlesen können; nur wenn man es tut, kann man die Kontroversen ersparen, die den nützlichen Platz in der Literatur unnütz ausfüllen[1]). Weil es keine Ausdrücke gibt, die die psychische und physische Seite einer Funktion gleichmäßig bezeichnen, mußte ich zuerst die Auffassung der Identität des Psychischen mit gewissen Rindenvorgängen begründen, und dann erst die schon vorhandenen Ausdrücke benutzen und dem Leser überlassen, die Seitigkeit der Bedeutung aufzuheben oder die Einseitigkeit auf die Zweiseitigkeit zu ergänzen. Man kann doch unmöglich von „Begriffspsychokymvorgängen und ihren Erscheinungsweisen als psychische Begriffe" reden; ich brauche den Ausdruck Begriff, auch wenn ich vom Physischen ausgehe. Ich rede auch von Schwingungen, weil wir kein anderes Bild für die qualitative Mannigfaltigkeit des Psychokyms besitzen, möchte aber ausdrücklich darauf aufmerksam machen, daß wir noch keine positiven Anhaltspunkte haben, wirkliche Schwingungen anzunehmen. Ich rede auch oft, der Not gehorchend, in teleologischen Ausdrücken, wobei ich an nichts anderes zu denken bitte, als daß, was lebt, so eingerichtet ist, daß es leben kann; das Zweckmäßige hier ist das Mögliche[2]). Mit Lamarckismus oder einem Schöpfungsplan habe ich hier nichts zu tun — obschon wir sehen werden, daß gewisse larmackistische Ideen nicht so ganz in der Luft stehen, wie Viele glauben.

Wiederholungen ließen sich nicht vermeiden. Vieles ist aus den nämlichen Elementen abzuleiten. Ferner haben mir böse Erfahrungen gezeigt, daß man in diesen Dingen, an die jeder mit einer fertigen Anschauung, die er einigermaßen für die einzige hält, herantritt, nicht verstanden wird, wenn man dem Leser überläßt, Ergänzungen aus anderen Stellen hinzuzudenken oder gar die Begriffe ohne Erklärungen im Sinne des Schreibers zu erfassen. So mußte ich in gewissen Beziehungen die größeren Abschnitte als ein Ganzes behandeln.

Die verschiedenen Kapitel sind ungleich ausgeführt, nicht nur weil noch lange nicht alles fertig ausgedacht ist, sondern auch weil ich keinen Raum verlieren wollte mit Dingen, die schon bekannt und wenig bestritten sind, dafür aber das Neue und Strittige eingehender behandeln mußte. Da und dort mußte ich über das Elementare hinausgehen, um falsche Auffassungen, die dem Verständnis hinderlich sind, auszuschließen, oder die Tragweite der Anschauungen zu zeigen, in die sich manches sonst Unverstandene nun einreiht.

Natürlich bin ich mir bewußt, die meisten Einzeldisziplinen, die ich benutze, nicht zu beherrschen, so vor allem die Mathematik und die Philosophie. Ich würde mich deshalb nicht verwundern, wenn ich da und dort auch etwas Wichtiges übersehen oder mißverstanden hätte, mache aber diesen Vorbehalt, um nicht langweilig zu werden, nur hier ein für allemal. Immerhin habe ich nach Möglichkeit versucht, mich im Gespräch mit Vertretern anderer Wissenschaften zu orientieren.

[1]) Vergleiche z. B. BLEULER, Schizophrenie u. psychol. Auffassungen, zugleich ein Beispiel, wie wir in psychol. Dingen aneinander vorbeireden. Ztschr. f. Psychiatrie usw. Bd. 76, 1920, S. 135, und BLEULER, Über unbewußtes psych. Geschehen. Ztschr. f. d. g. Neur. u. B. **64**. 1920. 122.

[2]) Ich benutze also den von manchen verpönten Begriff der „Zweckmäßigkeit ohne Zuhilfenahme des Zwecksbegriffes".

I. Die Mittel, unsere Psyche kennen zu lernen.

INHALT. A. Die Richtigkeit unseres Denkens müssen wir voraussetzen. Der einzige Prüfstein desselben ist die Erfahrung. Zu weit gehende Abstraktion von der Erfahrung, „Spekulation" führt auf Abwege.

B. In ihrer Existenz und in ihrer Art sicher sind nur die innern (psychischen) Vorgänge. Man kann aber davon Andern nichts beweisen; ihre Realität ist zwar absolut sicher, aber subjektiv. Der Inhalt der Sinne, die Außenwelt, hat keine logisch beweisbare Existenz; die praktische Notwendigkeit zwingt uns aber, sie vorauszusetzen. Aus der Unbeweisbarkeit ihrer Existenz folgt jedoch nicht ihre Nichtexistenz. Ihre Existenz im allgemeinen vorausgesetzt, sind die einzelnen Dinge darin Andern demonstrierbar, sie haben objektive Realität. Die Dinge sehen zu wollen, „wie sie sind", ist nicht nur unmöglich sondern sinnlos. Der psychophysische Parallelismus in der Form, daß die psychische und die physische Reihe nicht aufeinander einwirken können, ist ein innerer Widerspruch, weil wir dann nur von der einen Reihe, der psychischen, etwas wissen könnten. Wir setzen Geschöpfe voraus, die Bestandteil der Außenwelt sind. Alle ihre Funktionen erscheinen als Äußerungen von Kräften der Außenwelt (wozu eine eventuelle „Lebenskraft" auch gehören würde). Nur das Bewußtsein hat man bis jetzt als etwas in allen Beziehungen Besonderes, niemals Ableitbares angesehen. Auch dieses läßt sich aber verstehen.

C. Die naturwissenschaftliche Psychologie benutzt innere und äußere Erfahrung in gleicher Weise.

A. Unser Denken.

Die erste notwendige Voraussetzung aller unserer Erkenntnis ist die Richtigkeit unseres Denkens, aus dem wir nicht herauskönnen. Wir vermögen nicht mit unserem Denken das Denken, mit unserem Verstand den Verstand in ihren Prinzipien zu kritisieren, sondern nur im einzelnen die Anwendung der Prinzipien. Was ein allwissender Geist, der die Welt und uns betrachten würde, als richtiges Denken bezeichnen würde, dafür haben wir keinen Maßstab. Wir müssen einfach annehmen, daß „richtig"[1]) sei, was eben die allgemeine Logik als richtig bezeichnet, und diese besitzt noch einen scheinbar[2]) objektiven Prüfstein an den Tatsachen. Diejenigen logischen Formen im allgemeinen und Schlüsse im speziellen, die sich an der Erfahrung bewähren, bezeichnen wir als richtig, und das auch dann, wenn wir sie nicht in jedem einzelnen Fall nachprüfen können. Da denken wir in diesen Dingen genau wie die Naturforscher und zwar sowohl in den Voraussetzungen, wie in den logischen Formen und in der Art der Ableitung und der Behandlung der Begriffe. Für den, dem das nicht selbstverständlich ist, will ich nur den einen Grund angeben, daß dieses naturwissenschaftliche Denken allein sich bewährt und besonders in der neueren Zeit sowohl in der Erweiterung unserer Erkenntnisse wie in der Anwendung derselben in der Technik mehr geleistet hat als das

[1]) Ich vermeide den Ausdruck „Wahrheit", nicht weil er an sich nicht brauchbar wäre, sondern weil man ihm durch zu vieles Reden darüber zu viele Unklarheiten und Unbestimmtheiten angehängt hat.

[2]) Wenn, wie wir ausführen werden, unsere Logik aus der Erfahrung stammt, so kann sie eben höchstens für unsere Erfahrung richtig sein. Entspräche diese nicht einer objektiven Wirklichkeit, wären die Zusammenhänge der Außenwelt halluziniert, oder würde uns die Wahrnehmung dieselben fälschen, so wäre das logische Denken für einen außer uns und der übrigen Welt stehenden Betrachter falsch; für uns aber wäre es dennoch das praktisch und theoretisch einzig Brauchbare, also einzig Richtige.

frühere Denken in vielen Jahrtausenden, während speziell das philosophische Denken nach Ziehen, der es wissen muß, nichts zuwege gebracht hat als einen „Kirchhof von Systemen". Aber auf diesem Kirchhof laufen die allseitig umgebrachten Systeme immer wieder als Gespenster herum, und die einen Gelehrten bemühen sich, sie zum hundertsten Male zu töten, die andern, sie wieder lebendig zu machen[1]). Beides

[1]) Eine andere Eigentümlichkeit des philosophischen Wissenschaftsbetriebes besteht in der kraftlosen Halbheit, daß man ohne Totschlags- oder Auferweckungsversuche die nämliche Ansicht gleichzeitig als lebend und als tot, als erledigt und als berechtigt darstellt und überhaupt die widersprechendsten Meinungen nebeneinander laufen läßt, ohne das Fazit zu ziehen oder die Wahrscheinlichkeiten jeder im Für und Wider zu erörtern. Wie mit dem Inhalt hält man es mit den Methoden; man schleppt noch allerlei Spekulationen und Formen und Begriffe aus klassischen und mittelalterlichen Zeiten in unlösbarer Verquickung mit moderneren Anschauungen weiter, und wenn Philosophen Psychiatrie treiben, so gibt es Krankheiten wie Paranoia halluzinatoria acuta alcoholica, die man wie ein Rechenexempel aus der Formel ableitet: Wahnideen = Paranoia; plötzlich aufgetreten = akut; hört Stimmen = halluzinatoria; hat gesoffen = alcoholica (durch die Abkürzung ist das System nur wenig karikiert; im Prinzip ist die Wiedergabe richtig), oder man mischt in die neuen Beobachtungen, die doch schon recht Erfreuliches in bezug auf die Zusammenhänge des gesunden und kranken Seelenlebens zutage gefördert haben, Ideen von apriori, die dazu passen, wie der Riese Atlas, der den Himmel trägt, zur modernen Astronomie. Philosophie ist gut und Naturwissenschaft ist gut, aber gemischt sind sie ein Gericht aus Knoblauch und Schokolade. Bei der Schwierigkeit, die es hat, einmal gepflanzte Vorurteile zu kompensieren (ausrotten kann man sie ja bei dem verderbten Individuum selbst nie mehr) würde ich es für die nächste Ärztegeneration für ein Unglück halten, wenn Philosophie, so wie sie jetzt ist, in den Lehrplan aufgenommen würde. Es ist nur quantitativ verschieden, aber im Prinzip der Mischung von Pilosophie und Medizin gleich, wenn man in der Astronomie alte Anschauungen von der Erde, die auf einem Elefanten steht, und das ptolemäische System, in der Chemie die Phlogistontheorie und in der Physik den Horror vacui mit den entsprechenden Denkweisen neben den modernen Kenntnissen und Auffassungen dozieren wollte. Man lehrt bezeichnenderweise Philosophie nicht als etwas, das man jetzt weiß, sondern als „Geschichte der Philosophie". Warum studiert man nicht Zoologie als Geschichte der Zoologie, die so hoch interessante Tiere wie Drachen oder wie Muscheln, aus denen Enten wurden, genau kannte? Und der Techniker, der seine Grundlagen aus der „Geschichte der Physik" studiert hätte, würde wohl Mühe haben, ein Dampfschiff zu konstruieren. Wenn diese Art Philosophiestudium etwas Richtiges wäre, so bewiese das, daß die gewonnenen Resultate Nebensachen wären, und das Interesse rein an den hübschen Konstruktionen hängen würde. Nun, vielleicht ist es so, soweit nicht unter dem Namen Philosophie wirklich wissenschaftliche Fragen, wie Erkenntnistheorie oder die Gesetze der Logik behandelt werden — wenn auch diese meist mit unwissenschaftlichen Methoden. Das Schlimmste aber an der Philosophie ist die dort neben den schärfsten Unterscheidungen und Folgerungen immer noch gebräuchliche saloppe Art des Schließens und die Gewohnheit, mit dem nämlichen Wort bezeichnete Begriffe immer wieder umzumodeln und, ohne es zu merken, damit die verschiedensten Dinge miteinander zu identifizieren (darüber siehe: Dereierendes Denken).

Wenn überhaupt aus einem mir unerfindlichen Grunde vom Mediziner Philosophie getrieben werden sollte, so dürfte es höchstens am Ende des Studiums sein, wo die Realitätsvorstellungen einen höheren Grad von Festigkeit erreicht haben. Die Nachpubertätsperiode ist für solche Denkweisen noch zu gefährlich. Wirkliche Gefahren des philosophischen Denkens liegen einmal in seiner weitgehenden Abstraktion; Abstraktionen werden ja um so leichter fehlerhaft, um so schwankender und den Erschleichungen und den direkt falschen Auffassungen um so zugänglicher, je weiter sie sich von der Sinnlichkeit entfernen. Noch wichtiger scheint mir für die Frage der Einführung philosophischer Semester die andere Tatsache, daß die Abstraktionen um so bequemer sind, je weiter sie sich von der sinnlichen Realität entfernen, und daß ihre häufige Benutzung geradezu die Fähigkeit herabsetzt, realistischere Engramme zu ekphorieren, wie schon die Verwandlung der sinnlichen Wahrnehmung in die „blassen" Dingbegriffe in schlagender Weise zeigt (siehe Abschnitt Wahrnehmungen). Wie leicht ist der Begriff Mensch oder Menschheit zu ekphorieren; der eines bestimmten Menschen aber mit dessen genauem Aussehen in Farben

gehört bekanntlich zu den undankbaren Aufgaben; man nennt es aber philosophische Wissenschaft. Wir könnten diese auch ohne weiteres auf

und Formen kann unter gewöhnlichen Umständen vom Nichtkünstler gar nicht benutzt werden. Außerdem abstrahieren wir ja gerade deshalb, damit wir nicht mehr alle die Einzelerfahrungen, die dem abstrakten Begriff zugrunde liegen, ekphorieren müssen, und je allgemeiner eine Vorstellung, um so leichter ist sie zu assoziieren. Der Imbezille, der so große Mühe hat, zu abstrahieren, daß man (fälschlicherweise) behaupten kann, er sei dazu überhaupt nicht fähig, benutzt sofort die spärlichen Allgemeinbegriffe, die er gewinnen konnte, in zu großer Ausdehnung; er redet von „Werkzeug", wenn er „Schaufel" sagen sollte. Der Senile, dessen Hirn in Rückbildung begriffen ist, redet schließlich so allgemein, daß wir ihn kaum mehr verstehen, weil er nicht mehr fähig ist, die weniger abstrahierten Begriffe zu denken. Der unklare höhere Blödsinnige hat bekanntlich eine besondere Neigung zu philosophieren, und wenn ein Jüngling, der sonst realistisch dachte, in der Zeit nach der Pubertät anfängt, mit Eifer Philosophen (früher mit Vorliebe Schopenhauer und jetzt Nietzsche) zu lesen, so ist es oft deshalb, weil die hereinbrechende Schizophrenie ihn verhindert, scharf und realistisch zu denken, hingegen die von der Wirklichkeit losgelösten Ideen geradezu begünstigt. Man hat deshalb gemeint, der Sens de la réalité sei die höchste Funktion, die am spätesten auftrete, und am leichtesten geschädigt werden könne, was natürlich nicht richtig ist, weil die niedrigen Geschöpfe mit bloßer Philosophie nicht leben könnten und noch viel ausschließlicher als wir die Realität direkt zur Anpassung benutzen müssen.

Wichtig für die praktische und theoretische Bedeutung der Philosophie ist auch folgendes: Die ältere griechische Philosophie ist gar nicht Philosophie im modernen Sinne, sondern eine Wissenschaft, die die nämlichen Ansprüche macht wie unsere Naturwissenschaft und sich erst später in die beiden Richtungen geteilt hat. Jene Männer wollten das Wesen der Dinge und ihre Zusammenhänge erforschen; es fehlte ihnen aber noch die genügende Methodik und Erfahrung; so kamen sie zu sehr ins Abstrakte, das wie gesagt näher liegt. Es war ihnen zum Bewußtsein gekommen, daß das Denken in diesen Dingen weiterhelfen kann; sie kannten aber seine Grenzen noch nicht und haben es in übertriebener Weise angewendet, wie man heutzutage jede neue Methode oder einen neuen Krankheitsbegriff übertreibt, bis die Erfahrung die natürlichen Grenzen zeigt. Sie haben zu sehr auf die Beobachtung verzichtet und namentlich das Experiment noch nicht zu benutzen verstanden. Es war ihnen nicht klar, wie weit man sich von der Erfahrung entfernen kann, ohne in das hinein zu kommen, was man jetzt Philosophie nennt, oder das, was bei Aristoteles als Metaphysik von der Naturwissenschaft abgetrennt wurde. Auch der Unterschied der naturwissenschaftlichen und der philosophischen Probleme war ihnen natürlich nicht bewußt, und so trieben sie beides als e i n e Wissenschaft. Nach und nach aber überwog der „philosophische" Teil, der nicht nur bequemer zu bearbeiten ist, sondern namentlich die wichtigsten affektiven Bedürfnisse der Menschen befriedigen kann, wozu die nüchterne Naturwissenschaft nicht fähig schien. In einer besonders gerichteten und einseitig übertriebenen Form sehen wir das abstrakte Denken in der Scholastik karikiert. Sehr weit getrieben hat die Abstraktion die indische Philosophie, die allgemein menschlich bleibt, aber in ihrer Weltabgewandtheit und Lebensschau wohl Symptom eines durch Klima (und Mischung?) erzeugten Rassenniederganges ist und jetzt noch nicht nur große Denker beschäftigt, sondern auch in ihrer Loslösung von der Realität die Wonne unklar psychopathischer Verstandesästheten ist. In die neuere Zeit fällt die Tat Hegels, der aus „Vernunftgründen" bewies, daß sich zwischen Mars und Jupiter kein Stern befinden könne — zwei Jahre nach der Entdeckung der Ceres. Dabei handelte es sich nicht um eine einsame Pubertätsverirrung, sondern um eine von der Fakultät der Philosophen gutgeheißene Habilitationsschrift. Dieses viel zu wenig gewürdigte und für den Mißbrauch des abstrakten Denkens äußerst bezeichnende Vorkommnis sollte als warnende Etikette jeder philosophischen Abhandlung aufgedruckt werden, wie der Totenkopf der Sublimatflasche, die je nach der Verwendung nützlich, aber auch sehr gefährlich sein kann.

Ein Kollege, den ich hoch achte, hält mir vor, meine ganze Auffassung von der Identität von Seele und Leib sei, weil nicht sicher bewiesen, M e t a p h y s i k; das ist nicht richtig, wenn er unter diesem Namen etwas von den φυσικά wesentlich Verschiedenes versteht, wie man es gewöhnlich tut. Meine Überlegungen mögen einer Kritik standhalten oder nicht, sie sind in Methode und Resultaten durchaus gleichzustellen irgendwelchen andern naturwissenschaftlichen Ableitungen. Auf die größere oder geringere Wahrscheinlichkeit der Schlüsse kommt es bei dieser Frage gar nicht an, sondern auf die Art des Schließens.

der Seite lassen, wenn sie uns nicht immer wieder ihre Theorien zwischen die Beine werfen und durch ihren Einfluß auf die allgemeine

---

Erkenntnistheorie z. B. kann (und sollte) in der Wissenschaft, ebenso wie das Verhältnis von Seele und Leib, rein naturwissenschaftlich behandelt werden. Irgend etwas anderes hineinzulegen ist nicht nötig, aber verwirrend und fälschend. Einer Lebensanschauung dagegen kann (muß nicht) der durch persönliche Gefühlsbedürfnisse gerichtete Glaube einen viel höheren Grad von Wahrscheinlichkeit verleihen als die logischen Schlüsse aus Tatsachen, aus denen die Ansicht scheinbar entwickelt oder begründet wird. Der Glaube verleiht den Resultaten ungenügender oder falscher Überlegungen geradezu volle Sicherheit, Realität, Wahrheitswert. Objektiv ist diese Sicherheit, Realität oder Wahrheit etwas prinzipiell anderes als die durch die Sinne und Logik erlangten, mit den nämlichen Worten bezeichneten Begriffe. Der Glaubende selber kann im einzelnen Falle den Unterschied gar nicht oder wenigstens nicht prinzipiell werten.

Sehen wir alle die Umgrenzungen oder Definitionen der Metaphysik durch (z. B. in Eislers philosoph. Wörterbuch, Berlin, Mittler & Sohn, 1899), so finden wir, daß fast überall eine Beimischung von dereierenden Wunschzielen das Charakteristische bildet. Man will irgend etwas wissen, was man nicht wissen kann, oder etwas wissen und beweisen, was, statt den Tatsachen, unseren Wünschen entspricht (Kant, Existenz von Gott, Unsterblichkeit, Freiheit; Deussen, Versöhnung von Wissen und Glauben). So gefaßt ist Metaphysik in grellem Gegensatz zu dem, was wir Wissenschaft nennen. In der Wissenschaft gibt es kein vorher gesetztes zu Beweisendes: was herauskommt ist gleichgültig; wichtig ist nur, daß eine neue Erkenntnis gewonnen wird, und (da absolut sichere Erkenntnis überhaupt nicht zu erlangen ist), welchen „objektiven" Wahrscheinlichkeitswert sie hat. Diese letztere Prüfung vertragen die Resultate metaphysischer Spekulation nicht; sie sind ungeachtet des Aufwandes von Scheinbeweisen reine Glaubenssache und damit „höchste" und befriedigende und abschließende „Wahrheiten" für den einen, aber ohne Wert für einen andern. Deshalb zankt man sich darum viel eifriger, als über ein rein wissenschaftliches Problem — während vom Standpunkt der Logik aus gerade darüber nicht zu zanken ist.

Wenn somit auch die folgenden Ausführungen über die Möglichkeiten und Arten der Erkenntnis und über den Zusammenhang von Physis und Psyche falsch oder zu wenig begründet wären (ungenügendes Beweismaterial, Übersehen von in Betracht kommenden Tatsachen), mit Metaphysik hätten sie dennoch so wenig zu tun wie die Vorstellung von der Entwicklung der Arten oder vom Elektron oder Magneton.

Nicht selten allerdings wird von philosophischer Seite der Einwand, auch die Naturwissenschaft komme ohne Metaphysik nicht aus, durch den Hinweis gestützt, auch die Atome habe niemand gesehen, und doch operiere man mit diesem Begriff. Es gibt nun gewiß viele Halbwissenschafter, die sich unter dem Atom ein besonders kleines Sandkorn einer bestimmten Materie vorstellen und nichts weiter dabei denken. Das ist eine Naivität, die der Wissenschaft fremd ist. Der Naturforscher kennt bestimmte Tatsachen, die bestimmten Gewichtsverhältnissen in chemischen Umsetzungen entsprechen, die Übergänge von flüssigen Körpern in Gase, manche physikalische Eigenschaften der Gase und vieles andere, was mit großer Wahrscheinlichkeit auf quantitativ bestimmte, in manchen Beziehungen voneinander unabhängige Stoffteilchen hindeutet oder sich durch diese Auffassung erklären läßt, und wenn er von Atomen spricht, meint er nichts als den so gewonnenen Begriff mit all seinen Unbestimmtheiten und Wahrscheinlichkeiten. Er „glaubt" dann nichts mehr und nichts sicherer, als seine Schlüsse es erlauben; er hat keine Scheinschlüsse gemacht; irgendein anderes Bedürfnis als das, bestimmte Tatsachengruppen zusammenzufassen, wie man es überall in der Wissenschaft und im realistisch-logischen Denken tut, spielt dabei nicht mit.

Was gerade die Psychologie bei so vielen Leuten immer noch mit Metaphysik in Verbindung bringt, das ist ein Hineintragen der vulgär und bei den Philosophen verbreiteten mehr oder weniger bewußten Voraussetzung, daß die Seele etwas prinzipiell anderes sei, als alles, was wir sonst kennen. Dieses Anders-sein entspringt nun nicht der Beobachtung, sondern der Phantasie; es ist eine unbewiesene und unbegründete Annahme, die fälschlicherweise als Voraussetzung in die Untersuchung hineingetragen wird durch dereierendes Denken, das in solchen Spezialfällen metaphysisch genannt wird.

Halten wir uns wie sonst in der Wissenschaft nur an das, was wir (innen oder außen) beobachten, und tragen wir gar nichts in die Psychologie hinein, was nicht Beobachtung ist, so haben wir nicht mehr und nicht weniger logischen Grund, hinter der Seele noch etwas Besonderes zu vermuten, als wenn wir einen Berg beschreiben, und seine Entstehung rekonstruieren wollen. Unser Wissen über die Seele ist genau gleich gut und gleich schlecht

Denkweise verhindern würde, daß der Gebildete auch in bezug auf die Psyche naturwissenschaftlich denkt. Ich habe nämlich hundertfältig die

---

abgerundet, wie bei irgendeinem andern Gegenstand. Wie überall hat es auch hier engere Grenzen als unserer Wißbegierde lieb ist. Es kann aber nicht erweitert, sondern nur gefälscht werden dadurch, daß man Vorstellungen der Phantasie mit den realistischen, erfahrungs- und logikmäßigen mischt. Kann man sich dazu verstehen, wirklich nichts hineinzutragen, sondern nur wie bei jedem andern Naturgegenstand zu beobachten und die Beobachtungen in der allgemein gültigen und in der Naturwissenschaft üblichen Weise zu Begriffen und Schlüssen zu verwerten, so werden die Wahrscheinlichkeiten oder „Sicherheiten" unserer Schlüsse auch auf psychologischem Gebiet auf einmal gleichwertig den in den andern Naturwissenschaften. Spezieller ausgedrückt, schließt man die Bedürfnisse des menschlichen Hochmuts, etwas Besonderes in der Welt zu sein, die Ansprüche auf Unsterblichkeit u. dgl. aus, wie es in jeder andern *Wissenschaft* selbstverständlich ist, so ist z. B. die Auffassung der Psyche als Hirnfunktion ungleich besser fundiert als etwa eine Menge geologischer Vorstellungen, an denen kein vernünftiger Mensch rütteln möchte. *Man denke sich nervenphysiologische Tatsachen, die nur zum hundertsten Teile so oft nach bestimmten Regeln experimentellen oder krankhaften Veränderungen gewisser Stellen des Rückenmarks, und nur solchen Veränderungen entsprechend verändert werden, es würde dem ärgsten Nörgler nicht einfallen zu leugnen, daß diese Vorgänge eine Funktion der betreffenden Rückenmarksstelle seien.* Die Ausflucht, das Gehirn bloß als „Durchgangsstelle" seelischer Äußerungen oder als „Werkzeug" der Seele zu erklären, ist im Widerspruch mit den Tatsachen, eine dereierend gewonnene Voraussetzung des Glaubens, nicht logisch abgeleitet. Wenn wir z. B. alle diejenigen Eigenschaften der Seele, die durch Veränderungen des Gehirns (subjektiv oder objektiv) ebenfalls verändert oder aufgehoben werden, als Funktionen des körperlichen Instrumentes ansehen, *so bleibt nichts mehr, das wir als Seele ansehen können*: es wird ja *alles* mit dem Gehirn verändert, was wir als Funktion der Seele betrachten. Man könnte wohl die naturwissenschaftliche Sicherheit der Identitätslehre ungefähr gleichsetzen der der Kopernikanischen Auffassung der astronomischen Zusammenhänge. Die ganze Unsicherheit in den psychologischen Fragen kommt nur von entgegenstehenden Gefühlsansprüchen und von dadurch bedingtem dereierendem Denken; und dieses Denken muß die Naturwissenschaft in der Psychologie genau so gut ausschalten wie z. B. in der Erklärung von der Entwicklung der Lebewesen, wo der Dereismus so gerne eine unüberbrückbare Kluft wenigstens zwischen Antropoiden und Menschen hineintragen wollte.

Wenn nun jemand doch an der besonderen Substantialität der Seele festhalten will, so habe ich gar nichts dagegen; das was ich hier sage, schließt nicht aus, daß ich selbst daran glaube. Aber eben *glaube* und nicht wissenschaftlich ableite. Aber unbestreitbar ist, daß dieses Glauben ganz anders zu begründen ist als alles, was wir „wissenschaftlich" nennen. Ob oder inwiefern ich bei allfälligem Widerstreit mein Leben nach dem Glauben oder nach dem Wissen einrichte, darüber haben meine individuellen Triebe zu entscheiden.

Aus dem Vorhergehenden folgt, daß ich die Frage, *ob es überhaupt eine Metaphysik als Wissenschaft gebe*, verneine. Metaphysik will über das hinausgehen, was die Wissenschaft leisten kann; diese beobachtet und zieht daraus logische Schlüsse, deren Wahrscheinlichkeit (Sicherheit) sie möglichst zu bestimmen sucht. Wenn die Metaphysik darüber hinausgehen und doch Wissen vermitteln soll, so will sie etwas, was sie nicht kann. Wenn sie nicht darüber hinausgeht, so ist die Wissenschaft wie eine andere. Überzeugungen, die nicht logisch aus den Tatsachen zu folgern sind, gehören dem Glauben an. Glaube ohne Wissen ist unmöglich; aber Wissen ist nur dann Wissen, wenn es vom Glauben frei ist, und das, was an dem Glauben über das Wissen hinausgeht, kann nur durch Scheinlogik begründet werden, es ist nicht mehr Wissenschaft. Wer eine Mischung von Glauben und Wissen als Wissenschaft ausgibt, begeht eine Fälschung.

Die *Philosophie* der neuen Zeit ist eine Mischung von Wissen und Glauben teils in diesem Sinne, indem sie vorgibt, Dinge, die wir nicht wissen können, bewiesen zu haben, teils aber so, daß sie einzelne Kapitel nach den gewöhnlichen wissenschaftlichen Regeln zu untersuchen sich bestrebt, andere aber dereierend behandelt. Zu den ersteren gehören z. B. Erkenntnistheorie oder Ästhetik, Dinge, die Bestandteile der naturwissenschaftlich zu behandelnden psychologischen Wissenschaft bilden. Zur zweiten Kategorie gehört alles, was mit „Lebensanschauung" zusammenhängt, Optimismus und Pessimismus, Anschauungen, die vom Temperament und nicht von den äußeren Tatsachen abhängen und dergl. Leider veranlaßt die ungetrennte Beschäftigung mit beiden Arten von Gegenständen, oder vielleicht richtiger ausgedrückt, das Nichtbemerken des fundamentalen Unterschiedes

Erfahrung gemacht, daß der nicht vorbereitete Laie, wenn er nur ein wenig Interesse für diese Dinge hat, sehr leicht naturwissenschaftliche Begriffe in praktischer und theoretischer Richtung auch in bezug auf die Psyche bildet oder aufnehmen kann, während es fast nie mehr möglich ist, einmal gesätes Begriffsunkraut durch fruchtbringende Pflanzen zu ersetzen. Ein ungebildeter Bauer, eine Mutter aus dem Volke, sie verstehen den Begriff der moralischen Idiotie mit all ihren Konsequenzen meist ohne besondere Erklärung, ja sie schaffen ihn gegebenenfalls selbst. Philosophen und Juristen und sogar Berufene, viele Psychiater, sind dazu sehr wenig fähig. Wer unsere psychologischen Mechanismen genauer kennt, weiß, daß es nicht anders sein kann, weil die Engramme so lange bestehen bleiben wie unser Gehirn, und deshalb solche Denkformen, wenn sie einmal angenommen waren, nie ganz aufgehoben, sondern höchstens verdrängt werden können. (Siehe Abschnitt Gedächtnis.)

Wir setzen also die Richtigkeit unserer Denkformen überhaupt und des naturwissenschaftlichen Denkens im speziellen voraus. Dabei wissen wir, daß unsere Ableitungen ungefähr mit demselben Maßstabe zu

---

in den verschiedenen Gegenständen die meisten Philosophen, nicht nur in den Glauben logische Überlegungen hineinzubringen (was notwendig ist, wenn man nicht die naive Kraft der unmittelbaren Überzeugung hat), sondern auch in den wissenschaftlichen Teil dereierende Unsorgfältigkeiten hineinzubringen, was denn auch darin sich rächend ausdrückt, daß eben das, was der eine mit großem Eifer aufstellt, von der Mehrzahl der andern bekämpft wird.

So gibt es einen Schnitt zwischen Wissen und Glauben, zwischen den Wissenschaften und den Überzeugungen auf den Gebieten der Religion, der Weltanschauung, der Philosophie (im engeren, oben an zweiter Stelle angeführtem Sinne). Es gibt daher keinen prinzipiellen Unterschied zwischen „Naturwissenschaft" und anderen Wissenschaften. Geschichte, Linguistik, Ästhetik usw. sind Tatsachensammlung und Erklärung genau wie die Physik oder die Zoologie, und auch die Mathematik hat keine Methoden, die sich prinzipiell von denen der Naturwissenschaften unterscheiden würden. Sie fällt nur auf, weil sie die Abstraktion viel weiter getrieben hat als die andern.

Dasjenige „Glauben", das sich mit jeder eigentlichen Wissenschaft mischt, ist etwas ganz anderes als dasjenige, das in Metaphysik, Weltanschauung und Religion seine Rolle spielt (Übergänge sind dadurch nicht ausgeschlossen). Die Wahrscheinlichkeiten der wissenschaftlichen Resultate sind relativ. Bei welchem Grade man eine Ansicht annehmen, einen Beweis als geleistet betrachten soll, ist von den Eigenschaften und den Erfahrungen des Individuums abhängig. Ich halte z. B. die Schizophrenie, soweit sie organisch bedingt ist, in gewissem Sinne für eine Einheit, andere bestreiten diese Auffassung, weil sie die tatsächlichen und logischen Gründe anders werten. Aber wir alle sind uns darüber klar, daß wir da mit bestimmten Wahrscheinlichkeiten rechnen, und wir suchen nach neuen Tatsachen, die diese Wahrscheinlichkeiten zu Sicherheiten erheben können, gleichgültig, welche von diesen Ansichten sich schließlich bewährt.

Betrüblich ist, daß sich Metaphysik und metaphysische Methoden wieder in die Psychiatrie einzuschleichen versuchen, die sich einige Zeit freuen konnte, eine Naturwissenschaft zu sein wie die übrigen Zweige der Medizin. Nun hat sie seit bald zwei Jahrzehnten versucht, zu besserem psychologischem Verständnis zu kommen, und da benutzt das metaphysische Gespenst seine alte Mißheirat mit der Psychologie, um sich mit ihr wieder in die wissenschaftliche Stube einzuschleichen. So ist dadurch die einfache Frage nach der Existenz und der Auffassung des Unbewußten zu einem unlösbaren Durcheinander von Problemen geknetet worden, und man redet statt von moralischen und ähnlichen Trieben vom „Transzendentalen" in uns und bringt mit einem einzigen solchen Worte wieder Unbestimmtheiten und Unklarheiten hinein, mit denen niemand, der sich etwas vorstellen will, etwas anzufangen weiß, über die man aber trefflich streiten kann, weil sie nichts Konkretes bedeuten und jeder hineinlegt, was ihm im gegebenen Augenblick gerade paßt. Hoffen wir, die neue Richtung sei kräftig genug, um sich von der aus psychologischer Wissenschaft und metaphysischen Spekulationen zusammengepfropften Chimäre freizuhalten.

messen sind, wie die. daß der Wal ein Säugetier ist, und daß die Alpen durch einen Faltungsschub von Süden her entstanden sind.

Dagegen sind wir uns klar, daß die Darstellung, die Übermittlung des Gedachten an Andere, hier ganz besonderen Schwierigkeiten begegnet, weil die Begriffe in diesen Dingen nicht genau fixiert sind, und ihre Bezeichnung durch Worte womöglich noch ungenauer und unsicherer ist. Wenn man jemandem etwas aus der Mathematik erklären will, so versteht er es, oder er versteht es nicht, je nach seiner mathematischen Bildung, und er ist sich klar darüber. Psychologische Begriffe hat aber jedermann, nur grenzt sie jeder wieder anders ab, und diese Grenzen sind ohne unmögliche Papier- und Geduldverschwendung nicht jedesmal vor Gebrauch des Begriffes genau zu bestimmen. Der Leser stellt sich meist unter unsern Worten etwas vor und merkt gar nicht, ob es das sei, was der Schreiber meint oder nicht. So gehört von seiner Seite viel guter Wille und ein besonderes intellektuelles Entgegenkommen dazu, wenn eine Verständigung statthaben soll. Jedenfalls darf er niemals den Maßstab seiner eigenen Begriffe in die Kritik hineinlegen, bevor er sich Mühe gegeben hat, mit den Begriffen des Schreibers zu denken.

B. Die Sinne und die Welt.

Im Gegensatz zum Naiven, der die Außenwelt als das zunächst Gegebene betrachtet, geht der Denkende[1]) von folgenden Tatsachen aus: Gegeben sind mir nur „innere" Vorgänge. In diesen unterscheide ich einen Inhalt und einen Vorgang im engeren Sinne; die Wahrnehmung oder Vorstellung eines Baumes wird zerlegt in den wahrgenommenen oder vorgestellten Baum und das Wahrnehmen oder Vorstellen des Baumes.

Zu der Reihe des Wahrnehmens oder Vorstellens rechne ich noch einige andere Vorgänge, die ich „in mir"[2]) empfinde, Affektregungen, Wollen, Denken u. dgl. Diese Reihe nenne ich die psychische. Das psychische Geschehen, das ich in mir empfinde, hat eine unmittelbare, absolute Realität, die sich in keiner Weise bezweifeln läßt; es existiert und zwar gerade so, wie ich es kenne. Wenn mir aber ein anderer nicht glaubt, daß ich das, was ich ihm sage, empfinde, glaube oder wolle, so kann ich es ihm auf keine Art beweisen. Die Realität der psychischen Reihe ist subjektiv.

Umgekehrt kann das außen Wahrgenommene, „der Baum", die Aussenwelt überhaupt samt meinem Körper, eine Täuschung sein, wie es tausende gibt, z. B. in den Halluzinationen meiner Träume. Es fehlt jeder Beweis, daß sie existiert. Unter der Voraussetzung aber, daß sie und in ihr Nebenmenschen existieren, kann ich diesen das Dasein des Baumes zeigen, es sie durch ihre Sinne ebenso gut wahrnehmen lassen, wie ich es wahrnehme. Die Realität der Außenwelt ist eine im absoluten Sinne nicht beweisbare, eine relative; sie ist aber „objektiv" beweisbar unter bestimmten Voraussetzungen.

---

[1]) Ausnahmen, wie SPENCER, sind nur scheinbar; man streitet sich da mehr um Worte und Begriffsabtrennungen als um Anschauungsverschiedenheiten den Tatsachen gegenüber.

[2]) Die Bedeutung dieses Ausdruckes ist später genauer zu umschreiben.

Diesen Voraussetzungen kann kein Mensch entgehen; jeder ist gezwungen, sie zu machen. Wer sagt, er glaube nicht an die Realität der Außenwelt, sie existiere nur, insofern er sie sich vorstelle, glaubt in Wirklichkeit selber nicht an seine Behauptungen: er denkt ja gar nicht, daß er seine Doktrin nur sich selber, resp. seinen Einbildungen doziere, sondern er setzt wirkliche Hörer außerhalb sich selbst voraus; wenn er Hunger hat, so behandelt er sein Stück Fleisch als eine Wirklichkeit; wenn er einen Pfahl auf seinem Wege sieht, so weicht er ihm aus; kurz er denkt und handelt in allem, wie wenn die Außenwelt existieren würde. Niemand kann anders. Es fehlt auch jedermann das Gefühl dafür, daß er auf eine Fiktion reagiert, und auch der Seltene, der das ausnahmsweise mit dem Verstande einmal auf Umwegen erschließt, übersieht es im gewöhnlichen Leben vollständig. Aus diesen Gründen, und nur aus diesen, setze ich die Existenz der Außenwelt voraus im Denken und Handeln und Fühlen. Irgendeinen erkenntnistheoretischen Grund, an sie zu glauben, gibt es nicht.

Ich setze noch etwas mehr voraus: eine Korrelation meiner Wahrnehmungen mit der Art der ein für allemal angenommenen Außenwelt und dem Geschehen daselbst, in der Weise, daß die Symbole, die ich als (äußere) Wahrnehmungen bezeichne, und meine Muskelbewegungen einander so entsprechen, daß ich in Wirklichkeit auf die Außenwelt „richtig“ reagieren, daß ich eine äußere Gefahr vermeiden, eine Nahrung meinem Körper zuführen kann, und daß das, was ich als Nebenmenschen bezeichne, wirklich Wesen seien wie ich, die im Prinzip gleiche innere und äußere Wahrnehmungen haben, so daß ich mich mit ihnen verständigen kann[1]). Nur unter dieser Voraussetzung hat es einen Sinn, über solche Probleme zu sprechen oder zu schreiben[2]) — wie überhaupt mit anderen zu verkehren, und unter dieser Voraussetzung kann ich von nun an das „Ich“ durch ein „Wir“ ersetzen.

Statt zu sagen, ich setze die Existenz der Außenwelt voraus, könnte ich das Nämliche folgendermaßen ausdrücken: ich beschäftige mich mit dem Inhalt meiner Wahrnehmungen, ohne mich darum zu kümmern, was für eine Art Existenz er hat, ob als Fiktion, als Inhalt einer Vorstellung oder einer Halluzination, oder als etwas „Objektives“ — diese Fragen wären ja doch nicht zu entscheiden, ja sie haben gar keinen Sinn, da die Begriffe der Fiktion, der Vorstellung, der Halluzination, des Scheines, des Inhalts, des Vorstellens selbst sich nur auf die Erfahrung (Wahrnehmung) beziehen und sofort ihren Sinn verlieren, wenn ich mich damit außer die Erfahrung begeben will. Die objektive Existenz einer Außenwelt anzuzweifeln ist eigentlich ein Unsinn insofern, als wir gerade den Inhalt unserer

1) Über eine andere Art der notwendigen Korrelation, ein Parallelgehen von Abstufungen der Qualitäten und Quantitäten in der psychischen und der physischen Reihe s. Ableitung des Bewußtseins. Abschn. G. Die große Lücke.

2) Obschon wir die Außenwelt auch dann wie eine Realität zur Erlangung von Lust und Abwendung von Unlust benutzen müßten, wenn wir bestimmt wüßten, daß sie nur unsere Phantasievorstellung wäre, sind wir doch so auf die Idee ihrer objektiven Existenz eingestellt, daß die Wenigsten es fertig brächten, mit Bewußtsein der Sachlage an ihre eigenen Phantasiegebilde zu schreiben und für sie drucken zu lassen.

Wahrnehmungen und nichts anderes objektiv existierend nennen. Keine Wissenschaft beschäftigt sich mit etwas anderem als dem Inhalt unserer Wahrnehmungen (Erfahrungen). Sogar der bloße Glaube kommt nur in einem prinzipiell ganz anderen Sinne, als er hier in der Erkenntnistheorie in Betracht kommt, aus der Erfahrung heraus: er benutzt die Begriffe der Erfahrung (keine anderen), und er kombiniert sie prinzipiell in der Erfahrung analoger Weise; nur in wenigen Einzelheiten geht er insofern über die Erfahrung hinaus, als er neue Kombinationen im Speziellen nicht mit Erfahrung (einschließlich Logik) begründen kann.

Man sagt, es könne andere Geschöpfe geben, die nach ganz anderen Gesetzen denken und handeln, für die z. B. ein Kausalgesetz oder unser Kausalgesetz nicht existiert. Ich muß das aber einschränken. Natürlich ist es denkbar, daß auch in unserer Welt, zwischen uns und in uns, vielerlei existiert, von dem wir nichts wissen, und das also beliebig „anders" sein kann — aber das nur unter der Voraussetzung, daß diese Dinge und „Wesen" aus andern Kräften bestehen und von andern Kräften abhängig seien, als die sind, die wir kennen. So weit sie in unserer Welt mit den uns bekannten Kräften und Zusammenhängen leben, müßten sie auch prinzipiell nach den nämlichen Gesetzen organisiert sein, d. h. eben nach den Gesetzen derjenigen Umwelt, von der sie entstanden sind und von der sie einen Teil bilden. Das trifft natürlich nicht nur für Geschöpfe zu wie den Hund, von dessen Weltbild im Gegensatz zum Menschen die Geruchsvorstellungen einen wesentlichen Teil bilden müssen, sondern auch für allfällige Organismen mit prinzipiell andern Sinnesorganen, die andere uns bekannte Kräfte, wie die Wirkungen des Magnetismus, eines elektrischen Feldes, der Anziehung auch anderer Körper als der Erde, zur Orientierung benutzen würden.

Wenn diese Welt mit ihren Korrelationen zu unseren Wahrnehmungen und Handlungen *existiert*, so folgt daraus noch, daß wir, oder wenigstens unser Körper, von ihr abhängig sein, einen Teil derselben ausmachen und ihren Gesetzen unterliegen müssen; und wenn wir jene Welt *bloß voraussetzen*, so ist die Konsequenz, daß wir auch den Inhalt des letzten Nachsatzes voraussetzen müssen. Es ist also keine petitio principii, wenn wir unter dieser Voraussetzung, der wir allerdings nicht entgehen können, dazu kommen, aus Gründen, wie sie für beliebige andere Schlüsse voll zureichend sind, die bewußte Psyche in unseren Körper, speziell das Gehirn, zu verlegen, und wenn wir sie gar aus dem Bau, bzw. der Tätigkeit des Gehirns ableiten. Dieser Schluß hat nicht weniger, aber auch nicht mehr Berechtigung als ein Schluß auf irgend einem andern naturwissenschaftlichen Gebiete.

Es gibt immer noch Leute, die es mit Plato beklagenswert finden, daß wir „die Dinge nicht sehen, wie sie sind", oder in anderer, bildlicher Formulierung, „daß wir nicht die wirklichen Dinge sehen, sondern nur ihre Schatten", „nur einen Schein statt der Wirklichkeit". Darin liegt eine gründliche Verkennung der Welt und unserer Psyche. In der Außenwelt (wenn sie existiert) sind Kräfte, die auf unsere Sinne wirken, so daß Neurokymenergien entstehen[1]); diese fließen, wahrscheinlich nach verschiedenen Umarbeitungen, im Gehirn zusammen und werden irgendwie bewußt, „von innen gesehen" oder wie man sich ausdrücken will, — kurz, was wir „sehen", sind Neurokymschwankungen

[1]) Die folgende Überlegung besteht auch bei jeder anderen Vorstellung, die man sich von dem Wahrnehmungsvorgang machen mag, zu Recht.

und nicht Dinge. Nun sollen diese uns die Dinge darstellen, „wie sie sind“; ich weiß nicht, wie sie das machen sollen. Es ist, wie wenn ich verlangen würde, daß Symbole wie die Buchstaben gesprochene Worte darstellen sollen, wie sie sind. Etwas sehen, etwas wahrnehmen, heißt ein psychisches Symbol aus den von ihm ausgehenden Kräften machen; ungefähr wie wir mit dem Buchstaben a den Laut a bezeichnen oder mit dem Buchstaben π das Verhältnis vom Kreisumfang zum Durchmesser. Es ist also eine vergebliche Hoffnung, wenn man meint, in einer höheren Welt einmal die wirklichen Dinge zu sehen oder die Dinge zu sehen, wie sie sind. Und es heißt der Gottheit einen Unsinn zumuten, wenn man ihr zuschreibt, sie sehe die Dinge wie sie sind. Das kann auch ein Gott nicht — zunächst, weil die beiden Dinge, das „Sehen“ und das „wie es ist“ sich ausschließen. Gesetzt auch, Gott sei identisch mit den Dingen (Spinoza), so gäbe es für ihn kein Wahrnehmen, kein Erkennen, er hätte das dann auch gar nicht nötig; alle diese Begriffe sind nur anwendbar auf unsere Verhältnisse, aus denen sie abstrahiert sind. So würde Gott die Dinge auch nicht „von innen sehen“ wie wir unsere in Neurokymänderungen ausgedrückten Symbole, und wenn man diese menschliche, auf Endlichkeit in Zeit und Raum, auf Veränderlichkeit und Beziehungen des einen Endlichen zum anderen Endlichen gegründete Funktion des Wahrnehmens doch auf einen Gott übertragen wollte, wenn man doch annehmen würde, daß er die Dinge von innen sehe, würde er sie dann sehen „wie sie sind“? Sehen wir unsere Neurokymänderungen „wie sie sind“?

Da die Frage auf ganz falschen Voraussetzungen beruht, ist sie überhaupt prinzipiell nicht beantwortbar, wenn wir dabei etwas Erkenntnistheoretisches und nicht den allerbanalsten Begriff des „So-seins“ verstehen, wie ihn sich jedes Küchenmädchen bilden kann. Erkenntnistheoretisch heißt (etwas sehen) „wie es ist“ gar nichts. Beim Küchenmädchen aber heißt es — und beim Philosophen kann es nur heißen, wenn er den Ausdruck braucht: die Ersetzung eines Symbols durch ein anderes. Der Schall ist „eigentlich“ eine Reihenfolge von Luftschwingungen; das Licht ist „in Wirklichkeit“ eine Folge von Ätherschwingungen. Ich sehe in der Ferne ein Haus „ganz klein“ und seine Fenster schwarz; wenn ich es in der Nähe sehe, sehe ich es „wie es ist“, d. h. es hat ein direkt verständliches Größenverhältnis zu meinem Körper, und die Fenster lassen in die Stuben sehen, die nun nicht als dunkel erscheinen. Es gibt in Mitteldeutschland eine gerade noch sichtbare rote Milbe, die sich unter die Haut bohrt und starkes Jucken verursacht. Auf einer Klinik wurde einem Küchenmädchen eine solche Milbe, die man ihr herausgestochen hatte, unter dem Mikroskop gezeigt. Das war für sie eine Erleuchtung: jetzt begreife ich, daß die Bestie mich so plagen konnte, wenn sie doch „in Wirklichkeit“ so groß ist.

Philosophen haben das Dasein der Außenwelt beweisen wollen. Sogar Leute, die an der Spitze stehen, haben gemeint, etwas zu sagen, wenn sie ausführten, eine Knospe, die wir heute sehen, können wir morgen als entfaltete Blume wahrnehmen; sie habe sich also verändert, ohne daß wir sie in der Zwischenzeit gesehen oder uns vorgestellt haben. Mit einer Widerlegung solcher Sätze will ich weder die Druckerschwärze entwürdigen, noch den Leser langweilen.

Da man die Existenz der Außenwelt nicht beweisen kann, da die Form, in der sie uns erscheint, durch die Konstitution unseres psychischen Organismus bedingt ist, leugnet der Idealismus ihre Existenz.

Diese Ansicht führt mit zwingender Notwendigkeit zum *Solipsismus* (nur ich allein bin auf der Welt); was man dagegen sagte, auch wenn man dabei ein absolutes Ich den Individual-Ichen gegenüberstellen wollte, sind Kindereien auf der Höhe der obigen Logik von der Knospe und Blume.

Daraus, daß wir das Dasein der Außenwelt nicht beweisen können, folgt aber nicht, daß sie nicht existiert. Und die positive Fassung des nämlichen Gedankens, die, daß die Welt nur als „unsere“ Vorstellung existiere, ist eine so krasse Durcheinanderwurstelung der naiven Auffassung von der wirklichen Existenz anderer Menschen und der kritisch-psychologischen Anschauung von bloß vorgestellter und objektiv existierender Welt, daß schon eine gute psychiatrische Kenntnis der Natur und des Vorkommens des Irrtums bei gescheiten Leuten dazu gehört, um nicht auf den Gedanken krankhafter geistiger Schwäche ihrer Erfinder zu verfallen. Die Welt, *wie* wir sie (wahrnehmen und) vorstellen, die existiert natürlich nur in unserer Vorstellung. Die Welt aber, mit der wir überall außer in der Erkenntnistheorie als einer feststehenden Tatsache rechnen, von der wir in Wirklichkeit überzeugt sind, daß sie existiere und unsere Wahrnehmungen bestimme und durch unsere Handlungen beeinflußt werde, diese Welt muß zwar nicht, aber sie kann auch vor der strengsten Kritik unabhängig von unseren Wahrnehmungen existieren[1]); mein Nachbar kann als schwarz sehen, was mir weiß vorkommt, ja er kann sich unter weiß etwas vorstellen, was ich eine Geschmacksempfindung nennen würde, oder es kann gar niemand da sein, der sich solche Vorstellungen macht — das alles tut dieser Welt gar nichts.

Man schreibt nun merkwürdig viel über das Verhältnis der beiden Reihen des Psychischen und des Physischen zueinander. Der Naive und unsere Religionen, die ein ewiges Leben haben müssen, kommen am besten damit aus, daß sie eine von der Körperwelt mehr oder weniger unabhängige Seele annehmen (Dualismus). Wie man zu dieser Annahme kommt, und warum sie um so mehr verlassen wird, je mehr man beobachtet und denkt, wird von Andern genügend dargestellt. Die konsequent idealistischen Systeme wollen nur die psychische Reihe gelten lassen, die physische wäre ihre „Vorstellung“; daß und warum wir damit nichts anfangen können, ist eben angedeutet worden. Materialisten betrachten die psychische Reihe als eine Funktion oder eine Eigenschaft der physischen, sind aber bis jetzt daran gescheitert, daß sie keine Vorstellung geben konnten, wie aus den uns bekannten Eigenschaften der Materie oder, was das gleiche ist, aus den uns bekannten Kräften, das Psychische mit seinem Bewußtsein abgeleitet werden könnte. Daß diese Schwierigkeit zu beseitigen ist, hoffen wir im folgenden Kapitel zu zeigen. Unter dem eigentlich für etwas anderes vergebenen Namen des psychophysischen Parallelismus wird heutzutage namentlich von Naturwissenschaftern fast stillschweigend eine Auffassung angenommen, die einfach die beiden Reihen registriert, dabei meist voraussetzend, daß sie irgendwie miteinander in unserm Gehirn zusammenhängen, aber verzichtend, darüber genauere Vorstellungen zu gewinnen.

[1]) Dabei sind wir uns klar, daß der Begriff der Existenz eigentlich nur auf die Welt unserer Erfahrung anwendbar ist.

Bei Wundt geht dabei nicht nur die physische Reihe über die psychische hinaus in den vielen physischen Geschehen ohne psychischen Parallelvorgang, sondern auch die psychische hat in ihren höheren Einheiten, die mehr als die Summe der Eigenschaften ihrer Teile sind („schöpferische Resultanten“) Funktionen ohne physischen Begleitvorgang. Von manchen wird noch in Anlehnung an Spinoza an eine besondere Art Identitätslehre geglaubt, ungefähr in dem Sinne, daß Eine Substanz oder Materie bestehe, die einerseits „Kräfte“, anderseits „Bewußtsein“ als Eigenschaften besitze. Diese Auffassung verdient ihres prinzipiellen Fehlers wegen Erwähnung: Kraft und Bewußtsein können gar nicht einander gegenübergestellt werden und sind wiederum nicht Eigenschaften einer Materie: Bewußtsein ist etwas, das wir nur in uns wahrnehmen (wir werden es als eine Art Eigenschaft eines Funktionskomplexes kennen lernen). Was wir außer uns wahrnehmen, sind *nur* Kräfte; etwas, das man Materie nennen könnte, hat, soweit wir wissen, neben den Kräften gar keine Existenz. Von Körpern bekommen wir dadurch Kenntnis, daß „von ihnen aus“ Kräfte auf uns und die Umgebung wirken. Denken wir uns die Kräfte weg, so bleibt nichts. Der Begriff der Materie ist eben — erkenntnistheoretisch beurteilt — eine nützliche Bequemlichkeitskonstruktion unseres Geistes, die die Summe der zusammenhängend wahrgenommenen Kräfte in irgendeinem Komplex heraushebt und uns die restlose Zusammensetzung aus Teilen vergessen läßt (auch ein Haufe Sand, der nur aus Sandkörnern besteht, hat als Haufe eine gewisse begriffliche Existenz). Es wäre unbequem, von einem Gegenstand, den wir bewegen, zu denken, von einem bestimmten Raumteil aus wirken alle die und die einzelnen Kräfte auf unsere Sinne, wir verlegen sie an einen anderen Ort usw.; und wir beschreiben die besonderen Eigenschaften eines bestimmten Körpers viel leichter, nachdem wir in einem einzigen Begriff bezeichnen, was für Kombinationen von Kräften für gewöhnlich jedem „Körper“ angehören usw.

Also: In der Welt gibt es Kräfte, denen ich objektive Existenz zuschreibe, um nicht Solipsist zu sein. Bestimmte Kombinationen von Kräften faßt meine Psyche zusammen, daraus den Begriff des Dinges, des (physikalischen) Körpers bildend. Als Bewußtsein bezeichne ich die gemeinsame Eigentümlichkeit bestimmter Funktionskomplexe meines Gehirns, „von innen“ gesehen, „bewußt zu sein“ (beschreiben kann man diese Eigenschaften ebensowenig wie die Vorstellungseigenschaft „schwarz“ oder die „warm“). Meine bewußten Vorgänge sind das einzige sicher Existierende.

Bei diesen Diskussionen läuft eine häufige Erschleichung mit: Man sagt, Eigenschaften müssen einen Träger haben (so auch psychische Eigenschaften, so daß man aus psychischen Eigenschaften eine substantielle Seele als ein „Wesen“ ableiten kann). Das ist insofern richtig, als es im vulgären Begriff der „Eigenschaft“ liegt, daß sie einen Träger hat; wenn man aber von den Dingen noch nichts weiß, wie von der Materie oder der Seele, so muß man, bevor man solche Schlüsse ziehen kann, zuerst nachweisen, daß der naive Begriff der „Eigenschaft“ noch für diese Verhältnisse stimmt, daß das, was man wahrnimmt, eine Eigenschaft in diesem Sinne ist, d. h. daß es eine Materie oder eine wesenhafte Seele gibt, und daß das, was wir in Verbindung damit wahrnehmen, Eigenschaften an derselben sind. Dieser Nachweis fehlt an beiden Orten; von der Materie dürfen wir im Gegenteil ruhig sagen, daß sie nichts sei als die Summe ihrer Eigenschaften, d. h. der Kräfte, die von bestimmten Zentren ausgehend auf unsere Sinne wirken. Wir sehen nichts anderes und kennen keinen Grund, etwas anderes anzunehmen.

Der eigentliche psychophysische Parallelismus geht von der prinzipiellen Verschiedenheit von Psyche und Physis aus; aus dieser schließt er — in solchen Dingen, in denen man noch nichts weiß, ganz voreilig —, daß die beiden nicht aufeinander einwirken können. Sie müssen also nebeneinander herlaufen — und doch einander entsprechen. Um das zu erklären, hat man geniale Einfältigkeiten erfunden wie Geulincx' Okkasionalismus oder des Leibniz' prästabiliert harmonisch gehende Uhren. In Wirklichkeit ist die ganze Annahme der bare Unsinn: wenn die beiden Reihen nicht aufeinander wirken können, dann wissen wir von einer physischen Welt überhaupt nichts, weder daß sie existiert, noch wie sie ist, noch ob sie irgendeinem Vorgang parallel läuft, und wenn trotzdem zufällig etwas existieren würde, was man eine physische Welt nennen könnte, so wäre es keinesfalls die, die unsere Psyche halluziniert.

Anderseits sehen wir jeden wachen Augenblick an uns und andern in genau der nämlichen Weise, wie wir sonst innere und äußere kausale Zusammenhänge beobachten, daß die Außenwelt auf dem Wege der Sinne psychische Vorgänge, Wahrnehmungen, bewirkt, und daß unser Wille oder unsere Affektivität körperliche Vorgänge hervorbringt. Um diese dem Dümmsten sichtbaren Tatsachen unschädlich zu machen, mußte man eben die Lehre vom Okkasionalismus und die vom Parallelgehen der beiden Uhren erfinden. Ebensogut könnte ich, wenn ich einem Stein einen Stoß gebe, behaupten, er sei nicht dieses Stoßes wegen fortgeflogen, sondern infolge eines besonderen Eingriffes Gottes, oder einer ihm innewohnenden Bewegungstendenz, die als zweite Uhr gleich läuft mit dem Stoß. Den kausalen Zusammenhang des Fortfliegens mit dem Stoß kennen wir in Wirklichkeit so wenig wie den meiner Armbewegungen mit meinem Willen — oder ich möchte im Hinblick auf das Folgende sagen: „gar nicht", während wir den Zusammenhang von Willensimpuls und Bewegung als eine physiologische und psychische Einheit in einem gewissen Sinne wahrnehmen.

C. Das Beobachtungsmaterial, seine Gewinnung, sein Wert.

Innere Beobachtung der eigenen Psyche und äußere Beobachtung der Reaktion anderer Psychen bieten das Material für die Psychologie. Über das Verhältnis der beiden Beobachtungsreihen und ihren Wert gibt es zwar noch manche sonderbaren Vorstellungen, doch sind diese Dinge in der Hauptsache dem Naturforscher so selbstverständlich, daß ich verzichten darf, näher auf sie einzugehen.

Besonderes Gewicht legen wir darauf, daß wir nichts in die Dinge hineinlegen, was nicht die Erfahrung darin zeigt. Unsertwegen kann es noch viele andere Welten oder Anschauungsformen geben, von denen wir nichts wissen; aber wir beschäftigen uns nur mit der Welt, die wir kennen, mit derjenigen aller andern Naturwissenschaften und des praktischen Lebens. Was aber an andern Orten als selbstverständlich geschieht, das tun wir in der Psychologie bewußt: Auffassungen, die nicht aus der Erfahrung (Erfahrung im gewöhnlichen Sinne) stammen, bestreben wir uns zu vermeiden. „Auffassungen", „Ansichten", „Erklärungen", gewinnen wir in genau gleicher Weise wie solche über Elektrizität oder Wachstum der Pflanzen oder Physiologie des Säugetiers. Auffassungen wie die, daß „der Mensch eine Einheit sei", „nur als Seele existiere", während der Körper „nur eine Anschauungsform" der Psyche sei, gehen uns nichts an, nicht deswegen, weil sie an sich recht bedenklich sind, sondern weil wir uns eben nur mit der Welt, der (innern und äußern) Erfahrung beschäftigen und das auch dann tun würden, wenn eine andere Welt nachgewiesen wäre. Wir verlangen gar nicht, daß unsere Schlüsse in einem andern Sinne richtig seien als physikalische oder physiologische Ableitungen, aber diesen sollen sie gleichwertig sein.

II. Ableitung des Bewußtseins aus der Funktion des Zentralnervensystems.

INHALT. Einleitung. Die folgenden Ideen sind außer vom Verf. bruchstückweise schon von verschiedenen Andern und vor längeren Jahren geäußert worden, haben aber bis jetzt keine Beachtung gefunden. Nun scheint die Zeit dafür eher reif.

A. Daß indes die Psyche eine Hirnfunktion sei, ist mit größerer Wahrscheinlichkeit bewiesen als tausend andere Annahmen, woran niemand zweifelt.

B. Man findet auch nirgends eine Grenze zwischen Psyche und Nervenfunktion und zwar ebensowenig in bezug auf das Bewußtsein wie in bezug auf die übrigen psychischen Funktionen.

C. Eine Übergangsstelle vom einen zum andern kann man nirgends entdecken. Wir nehmen ausschließlich Hirnvorgänge wahr, die wir auf dem gewöhnlichen Wege der Abstraktion inhaltlich in Außen- und Innenwelt teilen.

D. Alle psychischen Funktionen lassen sich aus den zentralnervösen ableiten, nur die bewußte Qualität (nicht das Bewußtsein in anderen Auffassungen) erschien bis jetzt als etwas Besonderes, nicht weiter Zurückführbares.

E. Bei genauerem Zusehen ist jedoch auch diese Erscheinung nicht unverstehbar. Ein beliebiges Ding, das irgendeine Funktion hat, z. B. sich bewegt, kann niemals etwas von dem wissen, was mit ihm geschieht, wenn es kein Gedächtnis hat. Es würde ihm auch bei der kompliziertesten Organisation ein Wahrnehmungsgefälle fehlen, ein Unterschied zwischen dem einen Zustand und irgendeinem anderen. Ganz anders, wenn ein Gedächtnis vorhanden ist, wenn jeder Zustand ein Engramm hinterläßt, das einige Zeit nachbelebt ist oder wiederbelebt werden kann, d. h. in gewisser Beziehung jedem Zustand Dauer verleiht, so daß der Zustand des nächsten Momentes eine Veränderung an etwas Fortbestehendem bedingt. Dann sind Wahrnehmungsgefälle vorhanden: die Funktion enthält den Keim eines Bewußtseins. Dieses ist eine notwendige Folge des Gedächtnisses und des in eine Einheit Zusammenfliessens aufeinanderfolgender Zustände. Diese Bedingungen sind im CNS. vorhanden und andere sind nicht nötig. Das Bewußtsein ist also eine Eigenschaft der Funktion, nicht eine des Geschöpfes oder des Gehirns.

F. Zum bewußten Ich, zur bewußten Person wird die psychische Funktion dadurch, daß sie eine Menge von Engrammen, die „Vorstellungspsychokyme" alles dessen, was man erlebt hat und ist und erstrebt, in eine Einheit zusammenfaßt. Alles, was an diesen Komplex angegliedert wird, wird bewußt. Die nämlichen Funktionen, wenn sie ohne genügende Assoziation mit dem Ich verlaufen, sind unbewußt, bilden „das" Unbewußte. Die assoziativen Verbindungen sind etwas Bewegliches; so kann die nämliche Funktion (Wahrnehmen, Denken, Streben) bald bewußt, bald unbewußt sein: im ersteren Falle ist sie dem Ich eng assoziiert, im letzteren gar nicht oder ungenügend.

G. Diese Auffassung würde die ganze Psyche restlos verstehen lassen, wenn sie nicht noch eine empfindliche Lücke hätte: wir wissen nicht, woher die spezifischen

Qualitäten der Sinne kommen, warum gewisse Lichtschwingungen uns als Blau und nicht als Weiß oder als ein Ton oder irgend etwas anderes erscheinen. Doch ist auch dieses Problem nicht hoffnungslos, verstehen wir doch ohne weiteres, daß die Annahme und Ablehnung uns von innen als Lust und Unlust erscheinen muß.

H. Neben dem Gedächtnis ist die Einheit der psychischen Elementarfunktion wesentliche Bedingung des Bewußtseins. Man muß aber verschiedene Einheiten unterscheiden: 1. die, welche alle psychischen Funktionen in dem oben besprochenen Sinne zusammenfließen läßt wie die kinästhetischen Empfindungen, die einen komplizierten Reflex leiten. 2. Dazu ist natürlich nötig das räumliche Zusammen der psychischen Funktion in der Hirnrinde, wo sie schrankenlos zusammenfließen können, und das zeitliche Zusammen einer Mehrzahl von Gedächtnis- und Aktualfunktionen. Die zeitliche Einheit ist nicht so leicht vorzustellen, weil nicht nur alle physikalischen Vorgänge, die wir kennen, etwas Diskontinuierliches sind, sondern im CNS. durch das Refraktärstadium noch eine besonders grobe Art der Unterbrechungen bewirkt wird. Doch lassen sich viele Möglichkeiten denken, wie auch die zeitliche Einheit gewahrt bleibe. 3. Eine andere Einheit bildet die Einheit der Psyche in den verschiedenen Momenten, die ein fast unvorstellbar kompliziertes Gebilde erkennen läßt. 4. Die Einheit der Strebung und des Wollens, von der man viel spricht, ist durchaus keine vollständige. Wir sind zusammengesetzt aus vielen Trieben, die sich oft bekämpfen. Eine Art Einheit entsteht nur dadurch, daß einer derselben überwiegt, und alle Schaltungen der Hirnvorgänge in seinem Sinne stellt. 5. Der Ausdruck „Einheit des Bewußtseins" kann etwas Inhaltliches bezeichnen; dann meint er die Einheit der Strebungen im Sinne von 4, aber auch die der Vorstellungen. Beide brauchen weder im Nebeneinander noch im Nacheinander einheitlich zu sein: in hysterischen Zuständen können mehrere Personen miteinander abwechseln, in der Schizophrenie auch gleichzeitig nebeneinander bestehen. Denkt man aber nur an die bewußte Qualität, so paßt der Begriff der Einheit nicht recht dazu. Bewußtsein kann aber im gleichen Geschöpf möglicherweise auch unteren Zentren, den Rückenmarksapparaten zukommen, wenn auch natürlich in „rudimentärer" Weise.

I. Wo wir Gedächtnis und Zusammenfließen der Funktion in eine Einheit haben, muß Bewußtsein vorhanden sein. Diese Voraussetzungen sind in der Rinde der höheren Tiere erfüllt. Elementarere Formen des Bewußtseins sind aber in den tieferen Zentren der Rindentiere wie in den Nervenknoten rindenloser Wesen denkbar. Da die Nervenfunktion mit ihrer Reizleitung und ihrem Zusammenfließen und dem Gedächtnis nur die Spezialisierung einer allgemeinen Funktion des lebenden Protoplasmas ist, ist sogar nicht direkt auszuschließen, daß eine Art Bewußtsein und auch Ueberlegung im Keime ohne Nervensystem vorhanden sei, und daß die letztere phylisch ablaufen könne, indem die Erfahrungen früherer Generationen sich zu etwas summieren und assoziieren, das dem Denkvorgang entspricht. Die Begrenzung des Bewußtseins in der Tierreihe nach unten ist wohl für immer unmöglich, weil keine Grenze existiert. Jedenfalls aber „erklären" Annahmen von Zell- und Molekularbewußtsein das Bewußtsein unseres Ich in keiner Weise.

K. Einen „Zweck" des Bewußtseins in irgendeinem Sinne haben wir nicht gefunden. Es ist eine notwendige Folge des Gedächtnisses, dieses ein Postulat für die Nutzbarmachung individueller Erfahrungen für das Lebewesen. Es ist nicht richtig, daß es unseren Erfahrungskreis auf die inneren Funktionen ausdehne, die wir sonst nicht kennen würden, und daß z. B. die Einfühlung in andere Menschen ihm zu verdanken sei. Vielmehr können alle Funktionen, Introspektion ebensogut wie Wahrnehmungen der Außenwelt, unbewußt oder bewußt verlaufen, je nach ihrer Verbindung mit der bewußten Person.

Einleitung.

Das Folgende ist nicht ganz neu, wenn auch niemand etwas davon wissen will. 1894 haben Exner[1]) und ich[2]) zu gleicher Zeit die nämliche Idee geäußert, daß die bekannten physiologischen Vorgänge in unserm Gehirn aus Erinnerungsbildern und aktuellen Vorgängen ein Ich

---

[1]) Exner, Entwurf zu einer physiologischen Erklärung der psychischen Erscheinungen. Leipzig, Deuticke, 1894. I. Teil (der zweite ist leider nicht erschienen).

[2]) Bleuler, Versuch einer naturwissenschaftl. Betrachtung der psychologischen Grundbegriffe. Zeitschr. f. Psychiatrie usw. **50.** 1894.

schaffen, und daß diesem Ich diejenigen Funktionen, die daran assoziiert werden, bewußt werden. Wir sind beide gleichmäßig ignoriert worden. Eine ähnliche Vorstellung hat MACH[1]), obschon er sonst von EXNERS und meinen Anschauungen stark abweicht: „Die einzelne Empfindung ist übrigens weder bewußt noch unbewußt. Bewußt wird dieselbe durch die Einordnung in die Erlebnisse der Gegenwart.“ Er redet allerdings in dieser Andeutung nur von „Gegenwart“; aber nicht nur ist das Prinzip, daß eine „Einordnung“ physiologischer Funktionen in andere deren Bewußtwerden bewirke, das nämliche wie bei uns, sondern diese Einordnung setzt ja ein Bestehendes und ein Hinzukommendes, also eine bisherige Gegenwart und eine neue Gegenwart, d. h., wie gleich ausgeführt werden soll, Gedächtnis voraus. Später hat LOEB[2]) oft direkt betont, die Grundlage des Bewußtseins sei das „assoziative Gedächtnis“ des Zentralnervensystems; soviel ich weiß, hat er aber die Idee nicht eingehender ausgeführt. In bestimmterer Weise legt G. F. LIPPS Gewicht darauf, daß das Gedächtnis einen prinzipiellen Unterschied zwischen physisch und psychisch ausmache. Er lehnt zwar die Folgerung ab, daß sich auf dieser Grundlage das Psychische aus dem Physischen erklären lasse (obschon das Gedächtnis ebensogut als Funktion des Nervensystems wie als psychische Erscheinung aufgefaßt werden kann). Endlich sagt v. MONAKOW[3]): „Elektive, den verschiedenen viszeralen Grundfunktionen entsprechende Verschmelzung von während einer gewissen Lebensperiode gesammelten und registrierten (zunächst unbewußten) Erregungsergebnissen zu einem Augenblicksakt, in welchem sich die gegenwärtig zu vertretenden Lebensinteressen des Individuums widerspiegeln, stellt dasjenige dar, was wir in der täglichen Sprache als bewußte Empfindung und bewußtes Gefühl bezeichnen. Bei den niederen Tieren dokumentiert sich dieser Instinkt offenbar in rudimentärer Weise und wird Instinktgefühl genannt.“

Wenn auch die drei letzteren Autoren die Konsequenz bis zum genetischen Verständnis der bewußten Phänome nicht ziehen, so scheinen solche Äußerungen darauf hinzudeuten, daß vielleicht doch die Zeit reif sei, die Idee wieder aufzunehmen[4]).

Allerdings wird auch jetzt noch recht viel guter Wille dazu gehören, sich in einen Gedankengang einzudenken, der den meisten nicht nur neu ist, sondern bis jetzt als unmöglich galt und prinzipiell abgelehnt wurde, und mit Vorstellungen zu operieren, die den meisten Lesern

---

[1]) MACH, Gedächtnis, Reproduktion und Assoziation in: Erkenntnis und Irrtum, 3. Aufl. Leipzig, Barth, 1917.

[2]) Siehe z. B. LOEB, Einleitung in die vergleichende Gehirnphysiologie und vergleichende Psychologie mit bes. Berücksichtung der wirbellosen Tiere. Leipzig, Barth, 1899.

[3]) v. MONAKOW, Psychiatrie und Biologie. Schweizer Archiv für Neurologie u. Psychiatrie IV, 1, 1919, S. 22.

[4]) Nach Abschluß der Arbeit finde ich bei BRUN, einem Schüler v. MONAKOWS (D. Instinktproblem im Lichte der modernen Biologie. Schweiz. Arch. f. Neurologie u. Psychiatrie 6, 1920, S. 85) folgende mit uns übereinstimmende Bemerkung: „Auf dem Boden einer solchen objektiv-biologischen Definition des Psychischen ist dann die Bewußtseinsfrage natürlich von vornherein gegenstandslos, um so mehr als das Bewußtsein sehr wahrscheinlich nichts anderes als eine Folgeerscheinung der chronogen aufgebauten mnemischen Integration der Sinneserfahrung darstellt, d. h. sich als selbstverständliche Folge der kontinuierlichen sukzessiven Engraphie, bzw. aus der Tatsache des homophonen Mitschwingens mnemischer Erregungen bei jeder Originalerregung ergibt.“

ebenfalls als neu oder gar als undenkbar erscheinen. Diese Vorstellungen muß ich natürlich mit den alten Worten, die eigentlich etwas anderes bezeichnen, und an die man namentlich andere Zusammenhänge zu knüpfen gewohnt ist, zu übermitteln versuchen. So wird es mich nicht wundern, wenn man geneigt sein wird, mich oder meine hier geäußerte Ansicht als verrückt anzusehen; der Leser möge aber bedenken, daß meine Gesinnungsgenossen EXNER und LOEB, verdiente Forscher von Ansehen, nicht verrückt sind; da darf ich erwarten, daß man es auch von mir nicht so leicht anzunehmen geneigt sei; jedenfalls gibt nur ein ernsthaftes und volles Hineindenken das Recht zur Beurteilung solcher Dinge.

A. Die Psyche ist eine Hirnfunktion.

Es ist eigentlich merkwürdig, daß ich diesen Satz an die Spitze stellen muß. So selbstverständlich er uns jetzt erscheint, es gibt doch immer noch viele Führende und Geführte, die ihn bestreiten. Und doch fehlte, wenn man auch früher mehr vom Gehirn als „Sitz" der Seele denn als Organ derselben sprach, wohl von jeher niemals eine Verbindung der lokalisatorischen Vorstellungen mit funktionellen, und mindestens seit Mitte des vorigen Jahrhunderts ist die Auffassung der Psyche als Gehirnfunktion diejenige, mit der die Naturwissenschafter und ein großer Teil der denkenden Laien allein rechnen, wenn auch bis in die neuere Zeit einzelne es liebten, mit Hilfe von Verdrehungen jene drastische Formulierung als absurd hinzustellen, mit der die bestimmteren modernen Anschauungen ins Publikum geworfen worden sind: die Psyche sei eine Funktion des Gehirns, wie die Harnabsonderung (nicht der Harn selbst) die der Niere.

Sogar ein Metaphysiker wie DEUSSEN[1]) findet bei „materialistischer" Betrachtung die Abhängigkeit dessen, was wir Psyche nennen, vom Gehirn als sichergestellt — den metaphysischen Willen, den er ausnimmt, sehen wir nicht. Allerdings äußert er sich über die Art der Abhängigkeit nicht klar. Alles Existierende, somit auch der Intellekt, ist ihm „eine Modifikation der Materie" (§ 26). „Gehirn und Intellekt sind zwei Namen für dieselbe Sache" (113) (wohl im SCHOPENHAUERschen Sinne); die Materialität aller intellektuellen Vorgänge steht a priori fest (27). Die „völlige Abhängigkeit des Denkens vom Gehirn" steht außer Frage (27). Der Intellekt vergeht mit dem Gehirn. Ein unerkennbares transzendentales Bewußtsein, das sich hinter den Gehirnfunktionen verbirgt, kommt als Nervenschwingung des Gehirns zur Erscheinung; es ist eines und hat doch in jedem von uns seinen Mittelpunkt (XXVIII).

Daß der von jeher und überall beobachtete Zusammenhang von Psyche und Gehirn der von Funktion zu ihrem Organ ist, ergibt sich aus einer Unzahl von Tatsachen, wovon nur einige herausgehoben seien.

Die psychischen Leistungen gehen in ihrer Komplikation trotz aller Einwendungen doch recht hübsch parallel der Komplikation der Nervenknoten und Gehirne, und wo innerhalb der nämlichen Art z. B. die Geschlechter sehr verschiedene psychische Aufgaben zu erfüllen haben, wie bei den Ameisen, entsprechen den komplizierteren Anforderungen auch

---

1) Elemente der Metaphysik. Leipzig, Brockhaus, 1919.

kompliziertere Gehirne. Das geht bis in die einzelnen Eigenschaften hinein: Beim Hund, dessen Orientierung zu einem ganz wesentlichen Teil auf Geruchsempfindungen und -vorstellungen beruht, sind diejenigen Hirnteile, die nach den Untersuchungen der Anatomie und Physiologie besonders mit der Geruchsfunktion betraut sind, auch besonders stark ausgebildet. Beim Menschen mit seinem rudimentären Geruchsleben sind sie zurückgebildet.

Daß die geistigen Eigenschaften sich in ganz gleicher Weise vererben wie die körperlichen, ist eine von jeher bekannte Tatsache.

In der Pathologie sehen wir die Psyche mit der anatomischen und der funktionellen Integrität des Gehirns schwanken sowohl qualitativ wie quantitativ. Allerdings sind wir noch nicht so weit, die eine Reihe mit der andern in enge Beziehung zu bringen; aber wir finden doch mit den groben anatomischen Veränderungen des Gehirns die elementaren psychischen Leistungen wie das Gedächtnis und die Assoziationen in ganz bestimmter Weise geschädigt, während den feineren schwerer faßbaren Störungen der einen Reihe auch feinere Störungen der andern entsprechen (organische Psychosen gegenüber den Schizophrenien).

Greifen wir selber in die allgemeinen Funktionen des Gehirns ein, so verändern wir unweigerlich die Psyche. Bringen wir ein bißchen Chloroform, von dem wir wissen, daß es die animalischen Funktionen bis zum Stillstand hemmt, ins Gehirn, so wird die Psyche wie die physiologische zentralnervöse Funktion zunächst in ihrer Koordination gestört und dann sistiert. Betäuben wir durch einen Schlag auf den Kopf oder durch einen schockauslösenden Reflex die Hirnfunktion, so leidet die Psyche mit ihr. Physiologische Hirnfunktion und Psyche können dabei — soweit man darüber orientiert ist — ihre Existenz einstellen. Ich brauche mit Bewußtsein diesen Ausdruck, der nur für Funktionen, nicht aber für Dinge oder „Wesen“ paßt. Während wir die physiologische Funktionseinstellung objektiv konstatieren können, beruht allerdings die Annahme des Bewußtseinsverlustes im Koma zunächst nur auf dem nachträglichen Mangel an Erinnerung, der ein trügliches Kriterium sein kann. Doch haben wir noch eine objektive Tatsache, die mit größter Wahrscheinlichkeit auf ein wirkliches Sistieren der psychischen Vorgänge deutet: wenn man während des Sprechens auf das vom Schädel entblößte Gehirn einen Druck ausübt, kann jede Äußerung aufhören, um bei plötzlichem Nachlaß des Druckes da fortzufahren, wo sie aufgehört hat. Es scheint also in der Zwischenzeit nichts gegangen zu sein, wie bei einem Uhrwerk, das gesperrt war.

Bei einem nicht vollständig hemmenden Grade der Einwirkung kommen, ganz wie die motorischen Koordinationen oder die vasomotorischen Funktionen, die psychischen Leistungen bloß in Unordnung, indem Verwirrtheit eintritt, oder sonst die Überlegung ungenügend wird.

Laufen bei torpidem Gehirn oder Hirndruck die physiologischen Funktionen langsam ab, so ist das nämliche mit den psychischen der Fall. Wir können auch auf chemischem Wege die Funktion der Psyche qualitativ hochgradig beeinflussen, mit ein wenig Alkohol aus einem besonnenen, gesetzten, ehrbaren Menschen einen Leichtfertigen, einen Radaumacher oder gar einen Verbrecher machen; wir verändern den Charakter und andere Eigenschaften der Psyche, wenn wir Thyreoidin geben oder die Struma zu radikal herausschneiden oder Tuberkulin injizieren. Wir berauben die Psyche eines ihrer mächtigsten Triebe durch Wegnahme der Geschlechtsdrüsen resp. ihrer chemischen Produkte, und wir bringen ihr den entgegengesetzten Trieb bei durch nachträgliche Einpflanzung einer Generationsdrüse des andern Geschlechts. Durch Unterernährung bringen wir ganze Volksmassen zu den verrücktesten Streichen. Dies Zusammenvorkommen als psychisch aufgefaßter Erscheinungen mit bestimmten zentralnervösen Organisationen, und nur mit diesen, ist von jeher aufgefallen. WUNDT drückt sich darüber folgendermaßen aus: „Die Synthese der Empfindungen sowie die Assoziationen der Vorstellungen sehen wir nun überall an bestimmte Verhältnisse der physischen Organisation gebunden. Wo daher durch diese die Möglichkeit einer Verbindung von Sinneseindrücken gegeben ist, da werden wir auch die Möglichkeit eines gewissen Grades von Bewußtsein nicht bestreiten können."

Am wichtigsten ist aber, daß die Gesetze der zentralnervösen Funktionen diejenigen der Psyche sind und umgekehrt. Das WEBERsche Gesetz war zunächst in unrichtiger Auslegung der Tatsachen als ein psychophysisches gedacht. Soweit es richtig ist, ist es aber ein nervenphysiologisches, wie z. B. quantitative Untersuchungen der negativen Schwankung bei Reizen des Optikus ergeben haben. Es wird aber niemand bestreiten, daß es auch ein psychisches ist, indem irgendeine traurige Erfahrung, die unter andern Umständen eine starke Reaktion hervorbringen würde, bei schon bestehender Trauer nur ein geringes Plus ausmacht. Daß die rein psychische Seite nicht zahlenmäßig erforscht werden kann, tut dem Prinzip von der geringeren Wirksamkeit eines Reizes bei stärkerem schon bestehenden Reizzustand keinen Eintrag.

Auch das Umgekehrte, die Summation kleiner (wirksamer oder unterwirksamer, gleichzeitiger oder sukzessiver) Reize, gehört dem Zentralnervensystem[1]) ganz wie der Psyche an, und ebenso das dazu gehörige elementare Symptom, daß die Wirkung eines Reizes diesen beliebig lange überdauern kann oder ihm gar erst nach längerer Zeit nachfolgt.

Begriffe, wie reizbare Schwäche, Ermüdung, Perseveration bei zerstörenden Einflüssen auf das Gehirn, sind psychologische so gut wie physiologische[2]), und die Erholungsfunktion des Schlafes betrifft beide Gebiete, wenn wir da überhaupt von einer Zweiheit reden können.

Die Prinzipien der zentralnervösen und der psychischen Funktionen sind genau die nämlichen. An beiden Orten kommen nur (positive oder negative) Veränderungen oder Unterschiede zur Wirkung, und zwar nur solche Unterschiede, die innerhalb einer gewissen Zeit eine bestimmte Größe erreichen, während, bei langsamem „Einschleichen" auf elektrischem, thermischem („Wärmefrosch"), moralischem und jedem andern Gebiete der beiden Reihen die spezifische Wirkung ausbleibt: der Begriff der „Reizschwelle" ist der nämliche im Zentralnervensystem wie in der Psyche. An beiden Orten spielen die zu beobachtenden Kräfte nicht

[1]) Ja sogar dem peripheren, wo u. a. ASCHER, Schw. Arch. f. Neurol. u. Psych. 6, 1920, S. 168, simultane und sukzessive Summation von sogen. Hemmung überschwelliger Reize durch unterschwellige konstatiert hat.

[2]) Es gibt ein Lehrbuch der Psychiatrie (ARNDT), das die Geisteskrankheiten aus solchen elementaren Störungen des Nervensystems abzuleiten versuchte, allerdings an den meisten Orten nicht überzeugend.

direkt mit- und gegeneinander wie in der Physik, sondern wir haben es in erster Linie mit komplizierten Funktionen zu tun, deren gegenseitige Beeinflussung durch Wirkung auf eine Art Schaltapparate geleitet wird. An beiden Orten gibt es kein Parallelogramm der Kräfte — man geht nicht nach Südwesten, wenn man teils nach Süden, teils nach Westen gelockt wird; der Rückenmarksfrosch, der einen unangenehmen Reiz am Bauch und einen am Rücken gleichzeitig abwehren sollte, wischt nicht die dazwischenliegende Seite ab, sondern die eine Funktion hemmt die andere in ihrem Ablauf, wie wir in einem elektrischen Netz eine Funktion ausschalten. Analog ist es, wenn die Tätigkeiten sich unterstützen, oder wenn sie zueinander keine Beziehung haben und deshalb nebeneinander laufen, ohne sich zu beeinflussen.

Studieren wir die Reflexvorgänge, so finden wir ein assoziatives Zusammenfließen der verschiedenen Reize zu einer einheitlichen Funktion. Alle Reflexe werden durch allerlei zentripetale Reize geleitet oder gehemmt oder sonst beeinflußt; so einfache Reflexe wie die Patellarreflexe verlaufen stärker oder schwächer, je nachdem noch andere Reize gleichzeitig im Rückenmark ankommen; die komplizierteren Reflexe werden durch kinästhetische Reize geleitet, indem z. B. zum Kratzen einer bestimmten Stelle anfänglich ganz verschiedene Muskeln innerviert werden müssen je nach der Ausgangsstellung des kratzenden Gliedes; der gleiche Kitzelreiz am Bauche bewirkt beim Schwanz der Rückenmarkskatze Ausschlag nach links, wenn der Schwanz rechts steht, und umgekehrt; sehr viele Reflexe werden gehemmt durch gleichzeitige schmerzhafte Reize. Auch die verschiedenen Funktionen wirken aufeinander. Nicht nur im Gehirn, auch im Rückenmark haben wir ein feines Zusammenspiel aller einzelnen Tätigkeiten. In den Reflexen finden wir weiter: eine Auswahl der zu verarbeitenden Sinneseindrücke, d. h. die elementare Abstraktion und Aufmerksamkeitsfunktion, Assoziationen nach Ähnlichkeit und Gewohnheit, Andeutungen von Gedächtnis (die übrigens schon beim peripheren (motorischen) Nerven nachzuweisen sind; sogar ein phylogenetisch so alter Reflex wie der Babinski läuft rascher ab, wenn er mehrere Male nacheinander provoziert wird), Hemmungen und Bahnungen durch begleitende Reize[1]), Wettstreit zwischen verschiedenen Funktionen, kurz alles, was uns das Studium der Psyche zeigt. So absolut parallel gehen einander die auf beiden Seiten bekannten Mechanismen, daß Einzelheiten wie die besonders von Ranschburg herausgehobenen Gesetze von der störenden Wirkung von Ähnlichkeiten auf das Gedächtnis und von dem einheitlichen Zusammenarbeiten gleichgerichteter und der gegenseitigen Hemmung ungleich gerichteter Strebungen von diesem Forscher mit Recht als allgemeine Gesetze ebensowohl des Nervensystems wie der Psyche hingestellt werden konnten. Die von Wundt als eine Besonderheit der Psyche aufgefaßte Fähigkeit zur Bildung höherer Einheiten, deren Eigenschaften in den Teilen nicht enthalten sind („schöpferische Resultanten"), die eigenartigen Reaktionen eines zusammengesetzten Ganzen trifft man ebensogut bei Reflexstudien, wo sie besonders Sherrington herausgehoben hat — wir finden sie aber auch bei irgendeiner von uns konstruierten Maschine. Die vielgerühmte

[1]) Exner (loc. cit. S. 1) setzt mit Recht die Bahnung psychischer Funktionen durch die Aufmerksamkeit gleich den unterpsychischen Reflexbahnungen.

„punktförmige" Einheit der Psyche erweist sich bei genauem Zusehen als eine Täuschung, und was man so aufgefaßt hat, ist gar nichts anderes als SHERRINGTONS Integrationsfunktion der verschiedenen „physiologischen" Apparate. In dem Zusammenspiel einander störender Reflexe finden wir das nämliche Verhalten wie in der „Auswahl" der Psyche zwischen verschiedenen Trieben, von denen einer die Funktion des andern ausschaltet, wenn er der Stärkere ist, oder wo ein beständiges Schwanken stattfindet, sei es in Form der Entschlußunfähigkeit, sei es etwa in der der Aufmerksamkeitsschwankung, wenn man geistig arbeiten sollte, während jemand neben uns Musik macht. Die Übungsfähigkeit, überhaupt das Gedächtnis in Engraphie und Ekphorie durch Ähnliches, gehört dem tierischen Organismus und speziell dem CNS in gleicher Weise an wie der Psyche, und die Art der Reaktionen auf äußere Reize wie die der Spontaneität ist physisch und psychisch gleich; psychisches Streben entspringt einem vorgebildeten Apparat, der durch irgendeinen Anlaß in Bewegung gesetzt wird, ganz wie der Atem-„Automatismus" durch den Reiz der CO_2 oder des O_2-Mangels.

Nicht als neuen Beweis, aber als Erweiterung dieser Ausführungen für den, der bereits von der Identität psychischer und nervöser Vorgänge überzeugt ist, sei auch auf Funktionen aufmerksam gemacht wie die Einstellung beider Augenachsen auf einen peripheren Lichtreiz, die von verschiedenen Stellen aus dirigiert werden kann, in ihren untersten Auslösungsstufen aber ein reiner Reflex ist, dem sich höhere Auslösungszentren überordnen, deren Aktivität uns als psychische Tätigkeit (gewolltes oder instinktives Hinblicken) erscheint. Ähnlich bei Kratzen auf Jucken, Ausweichen auf Drohung, sogar Lidschluß und vielem andern: Wir können im einzelnen Falle nicht unterscheiden, ob Reflex oder Handlung vor sich gehe.

B. Fehlen einer Grenze zwischen Psyche und Nervenfunktion.

So weiß denn auch niemand eine Grenze zwischen zentralnervösen und psychischen Funktionen auch nur annähernd anzugeben. Wohin „das Unbewußte" gehöre, ist eine in neuerer Zeit viel umstrittene Frage, und der, der sich die Sache am einfachsten macht und kühn erklärt: psychisch ist, was bewußt ist, weiß weder bei sich selber noch bei Andern diese Definition durchzuführen, denn wie viele z. B. von den Motiven seines Handelns ihm selbst zu einer bestimmten Zeit oder überhaupt bewußt oder halbbewußt oder gar nicht bewußt sind, kann er, wenn er ehrlich ist, niemals sagen; über das Bewußtsein der Tiere stritt man sich zu DESCARTES' Zeiten unter mehr oder weniger bewußten religiösen Gesichtspunkten und heute unter dem Schlagwort der Tropismen, und ob der Hund und der Mensch neben einem Hirnrindenbewußtsein auch noch die PFLUEGERsche Rückenmarksseele und eventuell Mittelhirn- und Segmentpersönlichkeiten besitzen, weiß weder ein Philosoph noch ein Naturwissenschafter.

Wenn man nun den höheren Tieren eine Psyche, sei es eine einzige oder eine hauptsächliche, zuschreibt analog wie dem Menschen, so weiß man nicht wo anfangen, schon ontogenetisch nicht, wenn auch die Kirche den Zeitpunkt der Beseelung des menschlichen Fötus einmal gekannt oder wenigstens gesetzlich geordnet hat, und phylogenetisch gehen die Ansichten auseinander von unterhalb der Amöbe bis in die Säugetiere hinein.

Es kommt also mit dem Bewußtsein gar nichts zu der Hirnfunktion hinzu, was man irgendwie objektiv wahrnehmen oder auf den gewöhnlichen Wegen erschließen könnte.

Was von den einzelnen Funktionskomplexen ganz oder gar nicht oder halb psychisch sei, unterliegt auch noch der Diskussion. EXNER und LUDW. LANGE nennen die Reaktion im einfachen psychologischen Versuch einen Rindenreflex, wobei sie sich vorstellen, daß durch die präparatorische Einstellung ein Mechanismus ad hoc geschaffen werde, in welchem auf den erwarteten Reiz ohne neues Zutun des Willens die Reaktion abläuft. Man wird den Autoren leicht beistimmen können, muß sich dann aber klar sein, daß unser Wille durch „Einstellung“ Reflexapparate schaffen und wieder verschwinden machen kann[1]), wodurch ein enges Zusammenarbeiten dokumentiert wird und zugleich ein nahes Verwandtschaftsverhältnis der beiden Aktionsformen; denn sie gehen hier wenigstens für unsere Beobachtung fließend ineinander über.

Ein analoges Verhältnis haben wir bei den Assoziationsreflexen, bei denen durch begleitende Reize eine neue Auslösungsart des Reflexes geschaffen werden kann. Wir wissen, daß diese Reflexauslösungen eine Folge des Gedächtnisses sind und über die Hirnrinde gehen; sind sie nun psychisch oder nicht?

Wir können auch bei Tier und Mensch von der Psyche aus durch bloße Assoziation Reaktionsmechanismen erzeugen, bei denen Reaktion sowohl wie Reiz neue Funktionen sind, die bewußt erworben wurden, deren Ablauf sich aber bald automatisch vollzieht: wenn der Lehrjunge sich gewöhnt hat, daß bestimmte Handbewegungen des Meisters in eine Ohrfeige ausgehen, wird er auch gegen seinen Willen den Kopf zur Seite halten, sobald die ominöse Handbewegung sich nur andeutet, und auf ganz gleichem Wege werden eine Unzahl von mechanischen Fertigkeiten (Formung der Buchstaben beim Schreiben, Violinspielen) automatisch. Erst waren sie psychisch, nachher ein Rindenreflex im Sinne von EXNER.

So haben wir ganz ohne Grenzen eine Stufenleiter vor uns, deren Hauptstellen etwa markiert werden könnten durch:

a) den gewöhnlichen Reflex mit definitiver organischer Anordnung als Ausfluß der phylogenetischen Anpassung und des Art- oder Gattungsgedächtnisses;

b) den Assoziationsreflex, eine Verbindung von einem organisch-phylogenetischen mit einem plastischen, dem individuellen Gedächtnis angehörenden Vorgang;

c) ähnliche Verbindung gesetzt durch einen einmaligen Willensakt ohne Gewöhnung: Man kann auf ein leises Signal erwachen und durch ein lautes sich nicht stören lassen. Man kann viele Reflexe für eine bestimmte Zeit willkürlich hemmen oder verstärken. Der Blinzelreflex variiert bei gleichem Reiz hochgradig an Stärke je nach der „Aufmerksamkeit“;

d) den „Rindenreflex“ EXNERS, automatische Handlung infolge einer bestimmten „Einstellung“ ad hoc (z. B. Reaktionsversuch im Experiment, „Gelegenheitsapparate“);

---

[1]) Vgl. darüber BLEULER, Psychische Gelegenheitsapparate und Abreagieren. Ztschr. f. Psychiatrie 1920.

e) die bewußte Handlung zur Erhaltung unserer Existenz, zur Herbeiführung von Lustgefühlen usw., die in ihren einfachsten Formen noch beim Menschen ohne Grenze aus dem Reflex herauswächst (Parieren einer Ohrfeige, Angriff gegen jemanden, der uns verletzt, und tausend andere Handlungen), und in den kompliziertesten die höchste psychische Funktion darstellt.

Dabei können die meisten dieser Mechanismen von unten und von oben, physiologisch und psychisch, gehemmt, gefördert oder modifiziert werden. Das physiologische Experiment zeigt solche Einflüsse von allen Stellen des Gehirns einschließlich der Rinde aus, und das ganz gleichwertige Eingreifen der Psyche in die Reflexe unter den verschiedensten Umständen ist bekannt; kann man doch nicht einmal einen Niesreflex mit Schnupftabak hervorrufen, wenn man es gerade wünscht.

In einer etwas andern Richtung wachsen aus den Reflexen heraus die Instinkte. Ob wir den Trieb der brütigen Henne, sich auf alles eiartige Kühle zu legen, Instinkt oder Reflex nennen sollen, ist kaum zu entscheiden; aber die ganze Sorge für die Nachkommenschaft ist ein psychischer Vorgang, ein Instinkt, geleitet durch Individualerfahrungen (meist momentane beim Tier, das z. B. die aufgefundene Nahrung dem Jungen ins Nest trägt — oft langjährige und komplizierte, verbunden mit voraussehender Überlegung beim Menschen) und im Wesen, in der Triebkraft und in der Richtung bestimmt durch phylogenetisch ausgebildete organische Apparate. Am psychischen Ende der Reihe finden wir z. B. die Jungfrau, die aus der Wahl eines Hutes eine Aktion allerwichtigster Art macht, weil die Handlung eben ein Glied in der Reihe derjenigen ist, die zur Fortpflanzung führen.

Man hat sich die Vorstellung gemacht, daß reflexanregende Reize, die nicht zur Wirkung kommen können, sei es, weil die nervös motorischen Bahnen geschädigt sind, oder weil das ausführende Organ versagt (das nächste Bein beim Rückenmarksfrosch ist abgeschnitten oder angebunden), sich „stauen“ und dann stärkere Widerstände überwinden und einen „benachbarten“ Reflex anregen könnten. Auch im Psychischen spricht man von solchen Stauungen und von Überlaufen, und Wernicke hat diese Begriffe benutzt, um eine physiologische Erklärung der psychischen Phänomene der Sperrung und der Halluzinationen zu geben: Er meinte, durch eine lokale Störung im Gehirn werde der Durchfluß des Neurokyms gehemmt; dieses staue sich und gehe schließlich auf andere Bahnen über, so daß es die zentralen Sinnesorgane reizen könne und als Halluzination in die Erscheinung trete. Hier geht die Parallele so weit, daß die Theorie auf den beiden Gebieten in gleicher Weise falsch ist. Der Übergang von einer Funktion geht ja nicht nach Nachbarschaft, sondern nach bestimmten zwecksichernden Gesetzen. Es handelt sich also nicht um ein einfaches Überlaufen der Energie, sondern um ein In-Tätigkeit-Setzen anderer Apparate, wenn die erstbeanspruchten versagen. Im Physischen wie im Psychischen geschieht eine Regulierung über den Erfolg; bleibt dieser aus, so wird ein anderer Mechanismus oder eine andere Gruppe von Mechanismen in Tätigkeit gesetzt, aber in der Regel eine zweckdienliche bis zur krampfartigen Allgemeinreaktion, die event. unter Opferung der körperlichen Integrität das Leben zu erhalten sucht.

So sehen wir im Psychischen ganz genau wie im Physischen Reize ankommen, unter Führung anderer Reize und phylogenetisch und ontogenetisch erworbener Engramme bestimmte Mechanismen in Bewegung setzen, und nirgends zeigt sich ein qualitativer Unterschied zwischen physisch und psychisch, sei es in den Vorgängen oder den Apparaten. Der Unterschied, den wir kennen, ist ja einer des Standpunktes und nicht einer der Sache.

Gehen wir noch höher hinauf, so finden wir den Ichkomplex (siehe später) zu einem großen Teil zusammengesetzt aus Funktionen, die in einem noch nicht genauer bekannten Sinne lokalisierbar, in ihren wesentlichen Teilen an bestimmte Hirnstellen gebunden sind (optische Vorstellungen an Okzipitalrinde usw.), und schließlich haben wir gute Gründe, die ganze Psyche, vielleicht mit Ausnahme gewisser noch undefinierbarer Funktionen der Affekte und Triebe, in analoger Weise in die Rinde zu lokalisieren wie das „Atemzentrum" in die Oblongata.

Und sehen wir uns die Willensphänomene insgesamt oder einzeln an, so finden wir keine Unterschiede gegenüber den andern Lebensäußerungen als diejenigen, die wir (fälschlich) hineintragen. Wir beeinflussen sie chemisch und durch allerlei Reize, indem wir Empfindungen, Vorstellungen und Motive provozieren, durch Schaffung neuer Engramme in der Erziehung und im Verkehr und in der Massenbeeinflussung durch die Presse; wir rechnen in millionen Fällen des täglichen Lebens mit ihrer Gesetzmäßigkeit und täuschen uns nur ausnahmsweise. Wenn ein anständiger Mensch auf einmal ein Verbrechen begeht, vermuten wir mit Recht eine Geisteskrankheit; wir suchen und finden hinter unsern eigenen Handlungen und denen der Mitmenschen nur Motive, die dem angeborenen, also physisch bedingten, Charakter und den erworbenen Engrammen zusammen mit den augenblicklichen Einflüssen der Umgebung entspringen, mit andern Worten qualitativ die nämlichen Ursachen, wie in den Hirnfunktionen. Und die statistische Bearbeitung unserer Willenshandlungen als Kollektivgegenstände zeigt uns, z. B. in den Kurven der Brandstiftungen, der Morde, des Radaumachens, der Selbstmorde, oder der Eheschließungen und der wohltätigen Vergabungen nicht den mindesten Unterschied gegenüber den rein physiologischen Vorgängen wie Erkrankung und Tod.

Nirgends läßt sich also weder eine Grenze noch irgend etwas qualitativ Neues entdecken, solange wir uns auf dem Gebiete „zwischen" Hirnfunktion und Psyche bewegen. Es gibt keinen Gegensatz: Physis inkl. Nerventätigkeit — Psyche, keinen: Neurokym — Psychokym, sondern nur einen Psycho-neurokym — übrige Kräfte. Eine Grenze findet sich also erst zwischen den Lichtschwingungen und dem Reizzustand der Retina, zwischen der Erregung der zentrifugalen Nerven und der Kontraktion des Muskels oder der Sekretion der Drüsenzelle usw., nicht aber zwischen Funktion des CNSs und der Psyche.

Auch der Unterschied zwischen lebender und toter Welt fängt ja an sich zu verwischen; die Fermentlehre gehört immer mehr beiden Gebieten an, und die Veränderungen der Kolloide[1]) mit ihrer Hysterese werden vielleicht in nicht zu ferner Zeit das Gedächtnis erklären, das übigens in den Lebewesen nicht bloß auf das Nervensystem beschränkt ist (Vererbung; chemisches Gedächtnis in Im-

[1]) Koagulationspunkt, Viskosität, Brechungsexponent sind in keinem Moment der Existenz von Kolloiden genau dieselben. Sie werden unter Umständen durch bestimmte Lichtstrahlen so verändert, daß sie gerade auf diese wieder reagieren, bekunden also schon physikalisch eine Art wirkliches Gedächtnis (angeführt z. B. von MACH).

munität und Anaphylaxie). Man darf aber nicht, wie es geschehen ist, definitive Veränderungen wie das Bild, das ein auf ein besonntes Papier gelegter Schlüssel hervorbringt, dem Gedächtnis analogisieren. Gedächtnis ist nur eine Veränderung, die ekphorierbar ist.

Bemerkenswert ist, daß man der viel weniger konkludenten Erklärung des Lebens aus physischen Vorgängen keine dogmatischen Schwierigkeiten in den Weg legt, wie der des Bewußtseins; da fehlen eben die dereierenden[1]) Gründe, die Wirklichkeit nach den Wünschen zu modeln.

C. Die scheinbare Übergangsstelle nervöser in psychische Funktionen.

Ich kann hier nicht auf die Grundlagen eingehen, auf denen das Folgende beruht, und muß nur etwas apodiktisch die Resultate der psychischen und physiologischen Erfahrungen und Betrachtungen hinstellen. Das Wesentliche könnte als richtig erwiesen werden, auch wenn die Identität der Psyche mit einem Funktionskomplex der Hirnrinde nicht vorausgesetzt wäre; wir müßten aber dann die Überlegung in vorläufige ad hoc zu bildende Begriffe kleiden, was umständlich wäre. Unter der Vorstellung von der Psyche als Hirnfunktion aber, der man, wenn man nicht mit Scheingründen operiert, doch nicht entgeht, kann man sich allgemein gebräuchlicher Ausdrücke bedienen, und da erscheinen die Überlegungen als selbstverständlich.

Durch Einwirkung äußerer Kräfte auf die Sinnesorgane werden Nervenreize ausgelöst, die sich zur Hirnrinde fortpflanzen. Dort werden sie „wahrgenommen“[2]) als Sinnesempfindungen. Was bewußt wird, ist hier ein zu den vorher bestehenden Nervenzuständen Hinzukommendes. Wahrgenommen wird aber ebensogut wie ein einbrechender Reiz das Aufhören eines Reizes oder eine qualitative oder quantitative Änderung desselben. Auch im ersten Falle muß also das Wesentliche sein nicht das Hinzukommen, sondern die Veränderung gegenüber dem vorher bestehenden Zustand.

Andere Veränderungen treten ein dadurch, daß vom Zentralnervensystem aus Nervenreize nach außen abgehen. Auch diese durch den Abgang von Neurokym gesetzten Veränderungen werden wahrgenommen. Sind sie direkt von außen ausgelöst nach Art der Reflexe, so nennen wir sie reaktive Handlungen; ist das Spiel ekphorierter Erinnerungsbilder oder die Aktivität des Nervensystems selbst die hervortretende Ursache der zentrifugalen Funktion, so entsteht eine sogenannte spontane Handlung. Daß beide Formen ohne Grenze ineinander übergehen, ist selbstverständlich.

Es ist notwendig, sich folgendes klarzumachen: **Direkt nehmen wir nicht einen äußeren Gegenstand oder einen Reiz des peripheren oder zentralen Sinnesorganes wahr, nicht unsere Handlungen, sondern die diesen Dingen entsprechenden Veränderungen unserer aktuellen Psyche, physiologisch ausgedrückt unseres aktuellen Komplexes von Rindenfunktionen. Wenn wir glauben, äußere Dinge und unsere Hand-**

[1]) „Dereierend“ von den Gesetzen der Logik, von der Erfahrung abweichend. Siehe Abschnitt „Dereierendes Denken“.

[2]) „Wahrnehmen“ bezeichnet in diesem Abschnitt nicht wie gewöhnlich in der Psychologie ein Erkennen von etwas mehr oder weniger Bekanntem infolge einer oder mehrerer Sinnesempfindungen, sondern wird in ganz vulgärem Sinne gebraucht von der einfachsten psychischen Funktion, die von irgend etwas eine, wen auch noch so elementare Kenntnis erhält. Leider gibt es dafür keinen Ausdruck, der nicht auch in anderem Sinne gebraucht würde.

lungen selbst wahrzunehmen, so ignorieren wir eine ziemlich komplizierte Verarbeitung des ursprünglich Empfundenen, die Zerlegung und Deutung dieser Veränderung an unserer Psyche in Funktion und Inhalt, in Außenwelt und Innenwelt.

Die elementarste Empfindung ist eine Veränderung an dem kontinuierlichen Ich. Diese wird wahrgenommen, nicht „der Stich", nicht der ankommende „Reiz" als etwas Ankommendes. Auch ist Rot nicht die Wahrnehmung des ankommenden, durch die Lichtschwingungen in der Retina erzeugten Neurokyms, sondern erst die Wahrnehmung der Veränderung, die in dem kontinuierlichen, das Ich bildenden Neurokymstrom durch die Ankunft (oder „Beimischung") des Rotneurokyms entstanden ist. Denn das Rotneurokym kann erst wahrgenommen werden, wenn es sich mit dem Ichneurokym vereinigt (hat). Insofern hat man recht, wenn man die psychischen Funktionen prinzipiell nicht lokalisieren will (vgl. die Abschnitte über Empfinden, Wahrnehmen und über Lokalisation).

Die (äußere und innere) Wahrnehmung hat zwei Seiten, die wir gewohnt sind zu unterscheiden als (psychische) Funktion (Wahrnehmen hier = wissen, daß man wahrnimmt, daß man denkt, daß man in Affekt ist, daß man will, daß man handelt) und als Inhalt (Gegenstand, Begriff, Schmerz usw.).

Ohne Reflexion kommt gewöhnlich nur der Inhalt klar zum Bewußtsein. Das naive Geschöpf muß ja nur auf ihn reagieren; wichtig ist für es nicht der Akt des Sehens, sondern was es sieht, und daß es sich überlegt, was es sieht, ferner, ob es Lust oder Schmerz empfinde usw. Das klarere Herausarbeiten des Wahrnehmens, des Denkens und Wollens als Funktion bedarf der Reflexion, ist aber (beim Menschen) offenbar doch etwas recht Elementares; denn schon das Kind versteht und sagt vom ersten Augenblick an, wo man sich mit ihm verständigen kann, daß es etwas sehe oder etwas wolle[1]).

In der Erfassung des Begriffes der psychischen Funktion finden wir nichts als eine Abstraktion aus den einzelnen Vorgängen, in der das Gemeinsame aller einzelnen Wahrnehmensakte, alles Denkens, alles Wollens herausgehoben und zu einem Begriffe vereinigt ist, wie wir aus der Wahrnehmung sich bewegender Gegenstände den Begriff der Bewegung abstrahieren.

Eine andere Reihe von Abstraktionen hebt die inhaltlichen Gleichheiten, alle Rot, alle Gelb, alle Schalle, die Dinge, resp. ihre Begriffe heraus und stellt sie einzeln einander. sowie als Gesamtheit objektiver Begriffe der Abstraktion der Funktionen gegenüber. Daß das möglich ist, setzt verschiedene Qualitäten in dem einheitlichen psychischen Vorgang (d. h. in der z. B. durch Rotempfindung hervorgerufenen Veränderung an der aktuellen Psyche) voraus, die die Unterschiede von Rot und Blau, von Licht und Schall, von den verschiedenen Gegenständen bedingen. Diese Qualitäten vermögen wir noch nicht näher zu formulieren; sie erscheinen aber nicht als etwas prinzipiell Neues gegenüber der Tatsache, daß wir in einer einzigen Lichtempfindung Farbe, Helligkeit, Sättigung, Lokalisation und noch anderes zu unterscheiden vermögen.

Wir haben somit als Resultat einer ganz allgemeinen Funktion, der Abstraktion, die Unterscheidung von psychischer Funktion und Inhalt, von Wahrnehmen und Wahrgenommenem,

[1]) Näheres über die innere Wahrnehmung und die Abstraktion der psychischen Funktionen siehe im Abschnitt: „Empfindung, Wahrnehmung usw.".

von Denken und Gedachtem, Wollen und Gewolltem. Die („innere“) Wahrnehmung unserer psychischen Vorgänge entpuppt sich als eine Teilerscheinung der Tatsache, daß uns Veränderungen im Komplex der Rindenfunktionen bewußt werden können. Die Wahrnehmung der Funktion und die des Inhaltes sind die eine nicht mehr und nicht weniger merkwürdig oder erklärbar als die andere. Wahrnehmung von irgend etwas, sei es ein äußeres Objekt (Veränderung der Hirntätigkeit durch fortgeleiteten Sinnesreiz) oder ein inneres (Veränderung der Hirntätigkeit durch innere Kräfte) ist immer das nämliche. immer etwas Psychisches, *potentia Bewußtes.*

Eine andere Abstraktion ordnet die Inhalte, je nachdem sie Zusammenhang mit unsern Sinnen, Bewegungen und wohl noch verschiedenem anderem haben oder nicht, d. h. in Außenwelt und Innenwelt (und wenn man will als drittes oder Zwischengebiet den eigenen Körper). Wahrnehmung als solche ist das nämliche, ob Außenwelt oder Innenwelt wahrgenommen werde: es werden immer nur Änderungen in dem Rindenkomplex, die man nach ihren Verbindungen in zwei Reihen ordnet, bemerkt.

Die Wahrnehmungen der Außenwelt (d. h. der Inhalt, nicht „das Wahrnehmen“) werden in Raum und Zeit geordnet; die der Innenwelt, d. h. der Funktion („das Denken“, „das Vorstellen“) haben alle ungefähr die nämliche Lokalisation „in uns“, namentlich in Kopf und Brust, so daß bei ihnen sozusagen nur die zeitliche Ordnung in Betracht kommt. Der Inhalt der Vorstellungen wird außen lokalisiert, wenn er ein ursprünglicher Inhalt ist und damit seine Beziehungen zum Raum hat, nach innen, wenn er die Funktion betrifft.

Etwas anderes ist die viel besprochene Unterscheidung zwischen Empfindung einerseits, Wahrnehmung und Vorstellung anderseits. Wir werden im Kapitel Empfindung, Wahrnehmung usw. noch näher darauf eingehen. Uns genügt hier die Konstatierung, daß wir eben wieder nur die nervöse Veränderung wahrnehmen, die im Prinzip für den einen wie für den andern Fall gleichwertig ist. Daß die Inhalte der Vorstellungen in einen besondern innern Raum verlegt werden, ist unrichtig. Wenn ich mir London vorstelle, so lokalisiere ich es in nordwestlicher Richtung und in eine Umgebung, die eine flüchtige Reproduktion der Wirklichkeit bedeutet. Wenn sich jemand verfolgt sieht, und er kehrt dem Feinde den Rücken und läuft davon, so stellt er sich ihn hinter sich in der Außenwelt vor, wo er nach der ganzen Situation in jedem Moment sein muß; wenn eine Maus in einem Loch verschwindet und auf der andern Seite zum Vorschein kommt, so wird sie als durch das Loch gelaufen vorgestellt usw. Mit diesen Beispielen möchte ich zugleich andeuten, daß Vorstellung und Wahrnehmung dem naiven Bewußtsein, und für den Gebrauch des Alltags auch dem abstraktesten Denken, die nämliche Wirklichkeit sind, und nur durch psychologische Reflexion geschieden werden[1]).

[1]) SCHILDER, Studien über den Gleichgewichtsapparat. Wien. klin. Wschr. 1918, Nr. 51, meint die Identität von Wahrnehmungs- und Vorstellungsraum auf folgende Art beweisen zu können: Kalorische Reizung des Vestibularis verändert die Wahrnehmungen und damit auch die Vorstellungen; denn wenn man sich während des kalorischen Schwindels eine vertikale Linie vorstellen will, so gelingt es nicht; sie wird wie eine wahrgenom-

Auch bei dieser Betrachtung finden wir keine Übergangsstelle und keine sachliche Verschiedenheit von zentraler Nervenfunktion und Psyche, sondern nur Unterscheidungen, die je nach dem Gesichtspunkt eine künstliche Grenze ziehen, aber an ganz verschiedenen Orten.

D. Ableitung der psychischen Funktionen aus den nervösen.

Wie sich aus den zentralnervösen außer dem Bewußtsein auch alle andern psychischen Funktionen herleiten, soll später ausführlich behandelt werden. Hier mögen die folgenden Andeutungen genügen.

Der Grundstock der Psyche besteht in einem Apparat, der sich und das Genus zu erhalten sucht und dazu die Umwelt benutzt und event. sich vor ihr schützt. Durch phylogenetische Anpassung weiß er sich schon bei niederen Tieren so weit nach den Verhältnissen zu richten, daß er den Bestand (in der Regel) aufrechterhält. Bei den höheren Tieren wird der im Prinzip sehr einfache Apparat ausgebildet, der die Anpassung auch individuell, ja momentan, an ganz neue Verhältnisse ermöglicht: Schon einzelne Erfahrungen werden als Engramme aufbewahrt, so daß sie wie aktuelle Reize wirken und im „Denken" verwertet werden können. Diese mnemische Denkfunktion zusammen mit den schon vorher existierenden Trieben erhält zu einem großen Teil bewußte Qualität und bildet die Psyche der höheren Tiere.

Das Gedächtnis ist, von der physischen Seite aus gesehen, die Eigenschaft der nervösen Zentralorgane, durch in ihnen ablaufende Vorgänge so verändert zu werden, daß der ursprüngliche Vorgang bei passender Anregung „von selbst" wieder vor sich geht oder wenigstens leichter abläuft, letzteres namentlich bei mehrfachen Wiederholungen und in einem gewissen positiven Verhältnis zur Zahl der Wiederholungen. Diese Eigenschaft ist in den peripheren Nerven gerade noch nachweisbar, in den niedern Zentren schon deutlich zu konstatieren, nicht nur in der Summationswirkung unterschwelliger nacheinanderfolgender Reize, sondern auch im leichteren Ablauf und in kleineren Modifikationen mancher Reflexe, ist aber zu höchster Vollkommenheit entwickelt in der Rinde der höhern Säuger und dem Vorderhirn der Vögel, deren wesentliche Funktion sie bildet. Mit den einzelnen „Vorgängen" (Handlungen, Wahrnehmungen usw.) werden in gleicher Weise die Verbindungen (Assoziationen) dieser Vorgänge fixiert. Was wir künstlich als Vorgänge isolieren, sind im Verlaufe der einheitlichen Psyche nur einzelne Phasen eines Kontinuums, die in Wirklichkeit keine Grenzen haben, und so bezeichnen wir keine neue Eigenschaft des Gedächtnisses, wenn wir sagen, daß — psychologisch ausgedrückt — nicht nur die Wahrnehmungen und Begriffe, sondern auch ihre assoziativen Zusammenhänge durch die Dauerspuren fixiert werden. Die Engramme unserer Sinnesreize bleiben nach bestimmten, durch die Erfahrung gegebenen Zusammenhängen geordnet in der Hirnrinde und können durch Assoziationen (d. h. Reize von anderer Seite aus) wiederbelebt, ekphoriert werden.

---

mene Vertikale schief. Ob dieser Beweis konkludent ist, möchte ich ohne eingehendere Beobachtungen nicht entscheiden. Vgl. auch SCHILDERs neueste Arbeit: Über Halluzinationen. Ztschr. f. d. g. Neur. u. Ps. **53**, 1920, 169.

Das Denken mit all seiner Logik, mit Abstraktion und Kausalität, die Begriffsbildung, die ordnenden Prinzipien von Raum und Zeit erweisen sich bei genauem Zusehen als selbstverständliche Folge dieses Gedächtnisses mit seinen Assoziationsmöglichkeiten, das unsere Engramme bei ihrer Ekphorie in gleicher oder analoger Weise wieder verkuppelt (assoziiert), wie sie bei ihrer Entstehung verbunden waren.

Dabei ist nichts vorausgesetzt als das, was jeder voraussetzt — auch der, der es leugnet — nämlich, daß eine Außenwelt existiere, und daß die Lebewesen auf diese reagieren. Letzteres verlangt irgendeine Art Wahrnehmung in der Weise, daß bestimmten Einwirkungen der Außenwelt und Abstufungen derselben bestimmte Reaktionen mit analogen Abstufungen entsprechen können. Diese wahrnehmende Korrelation ist schon in den Reflexapparaten gegeben, findet aber ihre Vollendung in Verbindung mit dem Bewußtsein.

Die Affektivität ist eine Allgemeinwirkung von Reizen und Reizkomplexen, zu der von der Amöbe bis zum Menschen nichts prinzipiell Neues hinzukommen mußte. In ihr drückt sich die Förderung oder Schädigung des Gesamtorganismus durch irgendeine Einwirkung als Annahme und Ablehnung und die Richtung der spontanen Äußerungen der Psyche in Trieben und Instinkten aus. Ein Spezialfall derselben ist die Aufmerksamkeit[1]).

Die Ethik ist keine objektive Norm des Sollens, sondern ein Spezialfall der Affektivität, resp. des Trieblebens, der das Verhältnis des Individuums zu seiner Gemeinschaft regelt.

Im Willen sehen wir die Richtung unserer Psyche (einschließlich die Annahme oder Ablehnung bestimmter Einflüsse) in Spezialreaktionen analog den Reflexen und in Gesamtreaktionen als die zentrifugale Seite der Affektivität im Handeln zum Vorschein kommen, mehr oder weniger geleitet durch das Denken, ähnlich wie die komplizierten Reflexe durch kinästhetische und andere lokalisatorische Reize beeinflußt werden. Vom freien Willen im Sinne des Auch-anders-handeln-könnens, der motivlosen Entscheidung, weiß der Naturwissenschafter nichts. Er kann ruhig mit Kant behaupten, in seiner Welt der Erfahrung gebe es das nicht, und um eine Welt, die man nicht kennt, oder die es nicht gibt, hat er sich nicht zu kümmern. Die Entscheidung im Widerstreit der Triebe gibt die relative Stärke[2]) des einzelnen Triebes im Verein mit hemmenden oder fördernden Einflüssen namentlich von dem Funktionskomplexe aus, den wir das Ich nennen. Da Wollen und Handeln der nämlichen Person angehören, tut sie, was sie will, und will sie, was sie tut. Das ist ihre sogenannte Freiheit. Man kann sich auch objektiv ausdrücken: Das Wollen und das Tun ist *ein* Vorgang, von dem wir zwei Seiten einzeln herausheben.

1) Bleuler, Affektivität, Suggestibilität, Paranoia. Halle, Marhold, 1906.

2) Ich weiß wohl, daß wir kein objektives Maß für die Dynamik psychischer Vorgänge haben, und daß wir uns hier gewissermaßen in einem logischen Kreis bewegen, da wir die Stärke eines Triebes in erster Linie an der Kraft erkennen, mit der er sich andern Trieben gegenüber durchsetzt: Doch ist der Begriff — mit Recht — in der wissenschaftlichen und der vulgären Psychologie ein gebräuchlicher, und es gibt doch noch andere Maßstäbe für denselben, so im naturwissenschaftlich-teleologischen Zusammenhang seine Wichtigkeit für das Genus oder das Individuum, oder die Energie, die er bei seiner Funktion in Bewegung setzt u. a.

So ist die „Hypothese" von der Psyche als Gehirnfunktion, wenn wir hier von Hypothese sprechen wollen, eine kaum weniger begründete, als die von der Drehung der Erde um die Sonne. Allerdings haben wir dort keine mathematischen Beweise wie hier; aber die mathematische Präzision, die die KÖPPERNIGKsche Auffassung scheinbar zu einer unwiderstehlichen machen soll, hatte sich vorher auch bei dem ptolemäischen Weltsystem (im Prinzip) bewährt. Die vor KÖPPERNIGK aus den gemessenen und berechneten Tatsachen gezogenen Schlüsse waren nur weniger einleuchtend, und erst mit unserem modernen Wissen sind sie nicht mehr recht vereinbar. Hat aber der Astronom die genaue Zahl für sich, so kann der Psychologe das Experiment in die Wagschale legen, das nicht weniger Gewicht hat. Jedenfalls sind nur die wenigsten der unangefochtenen wissenschaftlichen Annahmen annähernd so allseitig und so zwingend begründet wie die von der zerebralfunktionellen Natur unserer Psyche.

Daß man dennoch immer das Gegenteil behauptet, hat natürlich seine bestimmten Gründe; aber es sind nicht verstandesmäßige, sondern dereierende. Der selbstverständliche Erhaltungstrieb, negativ ausgedrückt die Furcht vor dem Tode (natürlich unter Mitwirkung anderer, aber nebensächlicher Vorstellungen), hat beim denkenden Menschen die Idee und den Glauben an ein ewiges Leben geschaffen, das eine vom Körper unabhängige Seele zu verlangen scheint — aber wirklich nur scheint. (Siehe Kap. Lebensanschauung.) Man braucht auch die vom absterbenden Körper unabhängige persönliche Seele, um die Sehnsucht zu erfüllen nach allerlei definitiv Verlorenem, nach Wiedervereinigung mit den früher oder später sterbenden Lieben, nach „Gerechtigkeit", die in der Welt der Wirklichkeit nicht besteht, nach Belohnung für alles Gute, das man getan, Ersatz für alles Schlimme, das man gelitten, und überhaupt nach beständiger Lust ohne Leid und ohne Befürchtung von Leid. Die Religionen und Theologien, die sich bisher alle auf solche Wünsche gründeten, können natürlich in ihren alten Formen die selbständig lebende Seele nicht entbehren, und die moderne Jurisprudenz ist bis jetzt unfähig gewesen, sich von dem einfältigen Dogma loszumachen, daß eine Verantwortlichkeit mit Schuld und Sühne oder mit dem Recht der Gesellschaft zur Repression sich nur auf die Annahme des freien Willens gründen lasse. Außerdem spielt sehr wesentlich eine traditionelle Erschleichung mit, die ganz unrichtigerweise den „materialistischen" Auffassungen ein bloßes Streben nach dem rücksichtslosen Genuß des Augenblicks, und den „idealistischen" eine enge Beziehung zu ethischen Werten andichtet, so daß der Mensch, der als höherer gelten will, sich nur zur letzteren Ansicht bekennen darf, gleichwie er Glacéhandschuhe zu tragen verpflichtet ist.

Alle diese Scheingründe sind für den, der objektiv sein will und kann, leicht zu widerlegen. Nur eine Einwendung gibt es, die bis jetzt zwar von Vielen nicht angenommen und von der Mehrzahl der Naturwissenschafter einfach ignoriert, von den Verteidigern der alten Anschauungen aber als unwiderlegliches Dogma erklärt wird: Ableitung des Bewußtseins aus einem Spiel physischer Kräfte sei nicht denkbar.

Unter „Bewußtsein" ist hier nicht die Gesamtheit der in einem gegebenen Augenblicke vorhandenen psychischen Vorgänge, auch nicht deren Ordnung und ähnliches zu verstehen; diese Begriffe sind nichts Unerklärliches. Wir haben ja gesehen, daß Wille und Strebung und Gefühl und Überlegung in objektivem Sinne aus den bekannten Elementarfunktionen des Zentralnervensystems nicht nur herzuleiten sind, sondern sich ohne weiteres der Beobachtung als zentralnervöse Funktionen zu erkennen geben, wenn auch noch die Wenigsten daran denken, die über diese Dinge reden.

Was etwas Besonderes sein soll und scheinbar jeder Erklärung trotzt, ist die bewußte Qualität der psychischen Vorgänge, das was die Psyche als empfindendes und bewußt handelndes Subjekt vom Automaten unterscheidet, die innere Wahrnehmung, oder wie man diese Eigenschaft nennen will[1]). Diese bewußte Qualität bezeichnen wir mit dem Ausdruck Bewußtsein.

Das Bewußtsein nenne ich eine „Qualität“ im Anschluß an geläufige Vorstellungen. Ich weiß aber, daß der Begriff der Qualität hier ein anderer ist als bei den Qualitäten, die wir den Dingen beilegen, wie grün, schwer, hart. Die Dinge sind die Summe ihrer Qualitäten, sie bestehen aus Qualitäten (subjektiv und objektiv) entgegen populären und philosophischen Vorstellungen, die als Axiome hingestellt werden, und haben keinen besonderen Träger; nehmen wir ihnen die Qualitäten weg, so ist nichts mehr da. Eine Empfindung, ein Motiv kann bewußt oder nicht bewußt sein[2]), wie ein Baum gesehen oder nicht gesehen sein kann. Bewußt-„sein“ ist eine Art passiver Handlung wie „gesehen-sein“. Ich, ein Subjekt, bin mir eines Vorganges bewußt; ein Objekt, der Vorgang, ist mir bewußt. Die Qualität Bewußtsein besteht nicht wie die Qualität Grün für sich (was der letzte Ausdruck erkenntnistheoretisch bedeutet, wird wohl nicht auszuführen sein), sondern hinter ihm muß, wie bei jedem Handeln (z. B. Sehen), ein Subjekt (wir nennen es vorläufig das „Ich“), und wie hinter jedem transitiven Handeln (etwas sehen, gesehen werden) ein Objekt stecken (das gesehen wird). Bewußtsein ohne Inhalt gibt es ebensowenig wie Form ohne Inhalt. Die Qualität der Form ist nämlich ebenfalls verschieden von der Qualität Grün; sie enthält in ihrem Begriff eine Beziehung zu etwas Zweitem, einer Art Träger, denn sie bedeutet eine bestimmte Anordnung einer sinnlich wahrnehmbaren Eigenschaft (Licht, Widerstand), kann also ohne die sinnlich wahrnehmbare Eigenschaft oder ohne den Träger verschiedener solcher Eigenschaften, einen Inhalt, nicht bestehen. Form ist nicht eine einfache Qualität, sondern eine Beziehungsqualität, die zwei oder mehrere Sachen (resp. Teile) voraussetzt. — Mit diesen Bemerkungen soll nicht etwa der Begriff der Qualität erschöpfend behandelt sein. Ich mußte nur auf seine Vieldeutigkeit aufmerksam machen, um Mißverständnissen so weit eben möglich vorzubeugen.

Dieses Bewußtsein ist es, das die Psyche zu etwas absolut anderem stempeln soll als die übrige Natur. etwas so Verschiedenes, daß die beiden „Reihen“, die psychische und die physische, nicht einmal sollen aufeinander einwirken können. Letzteres ist nun so, wie es gemeint ist, ein Unsinn, im Widerspruch mit den Tatsachen und vor allem im Widerspruch mit sich selber. Behandelt man diese Dinge mit der nämlichen Logik, wie sie überall angewandt wird, wo es auf strenge Folgerichtigkeit ankommt. oder zieht man auch hier aus den Tatsachen

[1]) Wenn wir von unbewußten psychischen Funktionen (zusammengefaßt „das Unbewußte“) reden, so meinen wir Funktionen von Wahrnehmen, Überlegen, affektiven Regungen, Handeln, denen die bewußte Qualität abgeht, die aber in allem übrigen gleich sind den bewußten Vorgängen (ausführlicher: BLEULER, Das Unbewußte. J. f. Psychol. u. Neur. **20**, 1913, 89. Bewußtsein und Assoziationen, J. f. Psychol. u. Neur. **6**, 1905, 126. Zur Kritik des Unbewußten. Ztschr. f. d. g. N. u. Ps. **53**, 1919, 80.

[2]) Ob man die Vorgänge in beiden Fällen oder nur im ersteren so benennen und als psychisch auffassen will, ist in diesem Zusammenhang gleichgültig.

die nämlichen Schlüsse, wie sie ein vernünftiger Wissenschafter an allen andern Orten ausnahmslos zieht, so kann man nur eine beständige Wechselwirkung zwischen physischer und psychischer Funktion konstatieren. Wäre das nicht der Fall, so dürften wir nicht von einer physischen Welt reden, und es gäbe auch kein „Wir", sondern nur ein solipsistisches „Ich".

Das glaubt aber in Wirklichkeit auch der rabiatischste Idealist nicht, sondern er glaubt, daß hinter der „Welt der Erscheinungen" etwas sei, was man z. B. Ding an sich genannt hat; wenn er Hunger hat, so sucht er ihn auf dem Umwege über diese Außenwelt loszukriegen, und wenn er merkt, daß ein Stecken auf ihn losschlägt, so sucht er ihm auszuweichen, um sich, seiner Psyche, Schmerz zu ersparen[1]).

Die beiden Dinge müssen also doch wohl nicht so prinzipiell verschieden und nicht so beziehungslos zueinander sein, wie man vorgibt. Und wenn wir einmal die alten Gedankengänge verlassen, die in die Sackgasse führen, und statt dessen einfach uns klarmachen, wo denn die Beziehungen des Physischen und des Psychischen stecken, und welcher Art sie sind, so läßt sich alles ganz befriedigend verstehen[1]).

Wir haben gesagt, es bestehe ein kausales Verhältnis zwischen „psychischer und physischer Funktion", es wäre aber falsch, wenn wir uns ausgedrückt hätten: „zwischen Physis und Psyche", deshalb, weil die Psyche, wie sie in der philosophischen Psychologie meist abgegrenzt wird. identisch ist mit einer Gruppe physischer Hirnfunktionen, die von einer andern Seite, von innen, gesehen werden kann, ohne daß sie im übrigen in ihrer Natur etwas Besonderes wäre. Das Besondere, der Unterschied zwischen Physis und Psyche, liegt nicht in den „beiden" Dingen, sondern in der Seite, von der wir das eine Ding wahrnehmen[2]). Die kausalen Verhältnisse bestehen also zwischen den niederen Nervenfunktionen und den höhern und — über Sinnesorgane und Muskeln — zwischen den Nervenfunktionen überhaupt und der Außenwelt.

Diese Vorstellung ist gar nichts Neues. Sie ist bekannt unter dem Namen der Identitätshypothese, die mehr oder weniger bewußt und mehr oder weniger konsequent den meisten Anschauungen der Naturwissenschafter und namentlich der Ärzte zugrunde liegt. Man hat sich nur das Wie dieser Identität nicht klargemacht.

Auch das ist aber möglich.

---

[1]) Man wende nicht ein, wir wissen nicht, ob die Außenwelt existiert. Wir haben ja ihre Existenz aus guten Gründen angenommen, und zweitens wäre auch eine vorgestellte Außenwelt mit ihrer Kausalität Ursache und Objekt unserer psychischen Vorgänge, eben im Sinne der einzigen uns bekannten Kausalität.

[2]) Diese Formulierung ist natürlich nur eine sehr symbolische; sie wird aber in der Regel verstanden, und für eine direktere Bezeichnung haben wir keine Worte. Ich möchte die Vergleiche von Kreisbogen oder Kugelschalen, die man von innen oder außen ansehen kann, als zu verschieden von dem, was hier in Betracht kommt, ausdrücklich ablehnen.

E. Ableitung der elementaren bewußten Qualität.

Gehen wir von dem G. F. Lippsschen Satz aus: „Das objektive Aufleben" — ich füge hinzu „und Fortleben" — „der Vergangenheit bei den Einwirkungen, denen der lebendige Körper gegenwärtig unterliegt, bildet die Unterlage des Bewußtseins"[1]). Stellen wir uns ein handelndes Ding ohne Fortleben der Vergangenheit vor: Ein Stein erhält einen Stoß, infolgedessen er fortfliegt. Da er kein Gedächtnis hat, gibt es für ihn nur Gegenwart. Er kommt nie an einen „andern" Ort; denn es existiert für ihn kein Vergleichsort. In jedem Moment existiert von der ganzen Ortsbeziehung des vorhergehenden Momentes nichts mehr. Für ihn gibt es keine Veränderung, sondern nur unzusammenhängende Zustände, die jeden Moment verschwinden und durch andere ersetzt werden[2]). Auch wenn er im übrigen mit Bewußtsein oder Wahrnehmungsvermögen ausgestattet wäre, könnte er die Bewegung unter keinen Umständen wahrnehmen; für ihn kann es keine Bewegung geben. Und wenn er etwas von der Bewegung wüßte, so könnte er die Ursache derselben (den Stoß) nicht kennen; denn die gehört der Vergangenheit an. Für ihn könnte es eine Ursache auch dann nicht geben, wenn er mit Bewußtsein und mit Denkfähigkeit ausgestattet wäre, weil er zur Zeit der Ursache die Folge und zur Zeit der Wirkung die Ursache nicht gegenwärtig hätte. Er kann überhaupt nichts wahrnehmen, weder innerlich noch in der Außenwelt; denn jede Wahrnehmung setzt eine „Veränderung" voraus, und da, wo es nicht ein Aktuelles und ein Vergangenes oder Zukünftiges nebeneinander gibt, gibt es keine Veränderung, und damit auch nicht die spezielle Form der Veränderung, die wir Bewegung nennen. Nicht einmal die allgemeinen Elemente der Bewegung, Ort und Zeit, existieren für ihn. Der gedächtnislose Stein kann von nichts wissen, nichts wahrnehmen, weder sich selbst noch die Außenwelt.

Auch objektiv, d. h. für ein zuschauendes Subjekt, kann es weder Veränderung noch Bewegung, noch Ursache, noch Wirkung geben, wenn nicht von ihm die einander folgenden Momente mit Hilfe des Gedächtnisses zu einer Einheit zusammengefaßt werden. Alle jene vier Begriffe enthalten als wesentliches Moment die gedächtnismäßige (psychische) Synthese.

Auch wenn die Möglichkeit eines Bewußtseins bei einem gedächtnislosen Ding vorhanden wäre, bliebe sie leere Möglichkeit ohne Bedeutung, d. h. ohne daß in Wirklichkeit Bewußtsein vorhanden wäre, weil eben nichts wahrgenommen werden kann, weil das Bewußtsein keinen Inhalt hätte, der für es so notwendig ist, wie der Körper für die Form (vgl. S. 37).

Für kein Ding ohne Gedächtnis kann es ein Wahrnehmen geben, sei dieses nach außen oder als Bewußtsein nach innen gerichtet.

Hat nun aber der frühere Moment eine lebendige oder wieder-

---

1) G. F. Lipps, Mythenbildung und Erkenntnis. Leipzig. B. G. Teubner. 1907. Vorwort.

2) Selbstverständlich gibt es für den bewußtlosen Stein überhaupt gar nichts. Ich kann mich aber nur verständlich machen, indem ich Begriffe und Worte des menschlichen Beobachters benutze.

belebbare Spur (Engramm) hinterlassen, und ist diese im folgenden Moment noch oder wieder belebt (ekphoriert), so sind zwei Zustände gleichzeitig vorhanden. Ein Unterschied, ein Vergleich, eine Veränderung, ein Wahrnehmungsgefälle ist vorhanden.

Dies allerdings nur unter der Bedingung, daß die ekphorierte und die aktuelle Funktion, bei einer Bewegung die Ortsbeziehung des früheren Momentes und die des gegenwärtigen, irgendwie in eine Einheit zusammenfließen. Das ist nun in unserem Nervensystem der Fall. Das Zentralnervensystem ist ja gerade ein Apparat, in dem verschiedene Funktionen, erstmalige sowie ekphorierte, zusammenfließen: Ein Säurereiz löst beim enthirnten Frosch ein Abwischen der Säure aus. Damit das agierende Bein die richtige Stelle trifft, muß nicht nur ein stereotyper „Wischreflex" ausgelöst werden, sondern die Reaktion muß durch ein kompliziertes System kinästhetischer Funktionen geleitet werden, da z. B. je nach der Ausgangsstellung des Beines ganz andere Muskeln und in anderer Koordination in Tätigkeit gesetzt werden müssen (vgl. unten über die funktionelle Einheit).

Die Verschmelzung verschiedener Vorgänge ist also hier eine sehr innige; die kinästhetischen Empfindungen, die die Innervation des Wischreflexes leiten, wirken als eine Einheit, Einheit der verschiedenen Kinästhesien *und* Einheit dieser mit dem Refleximpuls im engeren Sinne. (Wir wissen auch von der psychischen Seite, daß schon der einfachste psychische Vorgang, eine Empfindung, nicht für sich existiert, sondern eine Modifikation des ganzen psychischen Komplexes darstellt; vgl. Kapitel Empfindung und Wahrnehmung.)

Ekphorierte Engramme und aktuelle Vorgänge sind prinzipiell gleichartige Funktionen, die sich ohne weiteres zu einer Einheit verbinden können (Reflexgedächtnis, Assoziationsreflexe).

Wesentliche Bedingungen der Wahrnehmung — ob innere oder äußere, ist hier gleichgültig, jedenfalls ist der Vorgang zentral zu denken — mit anderen Worten Bedingungen des Bewußtseins, sind also Gedächtnis und Vereinigung seiner Funktionen in einer Einheit. Beides ist in der Funktion des Zentralnervensystems gegeben, wie die Physiologie zeigt. Andere Bedingungen kennen wir nicht und können wir uns gar nicht denken. Würden wir uns auf einem bekannten Gebiet bewegen, so würde daraus zwingend der Schluß folgen, daß das die einzigen Bedingungen seien, und daß folglich da, wo sie sind, auch Bewußtsein sein muß. Auf unserem Neuland haben wir erst zu untersuchen, ob diese Bedingungen allein schon die Möglichkeit des Bewußtseins wenigstens denkbar machen.

Nehmen wir also ein sich fortbewegendes Geschöpf mit Gedächtnis: In einer einheitlichen Funktion stecken die momentanen Beziehungen zur Umgebung (nehmen wir an als verarbeitete „Sinnesreize"), aber auch die analogen Beziehungen der vorhergehenden Momente.

Die Funktion ist aber in beständiger Änderung, indem Beziehungen zu immer neuen Umgebungen in sie eintreten, und die Funktion des verfließenden Momentes aus dem Zustand der Aktualität in den der (zunächst noch ekphorierten) Engramme übergeht. Ich meine nun, daß in einer solchen Funktion, die beständig neue Zustände assimiliert, ohne die vorhergehenden aufzugeben, die Grundlage der Wahrnehmung liege. Für eine solche Funktion gibt es subjektiv eine Änderung, eine Bewegung, das ist für mich im Keim (innere) Wahrnehmung. Bewußtsein.

Ich möchte sagen: die Funktion nimmt ihre Bewegung wahr — in einem so vereinfacht gedachten Organismus natürlich nur in ganz rudimentärer Form.

Der fliegende Stein kann von dem Stoß nichts wissen, der die Ursache der Bewegung ist. Von dem Stoß existieren im Moment des Fliegens nur die Wirkungen, die Bewegung. Ganz anders bei dem Zentralnervensystem, das Gedächtnis hat. In den folgenden Zuständen, in der Wirkung, ist der Stoß noch enthalten: Der folgende Zustand hat eine Art elementarer „Kenntnis“ von der Ursache.

Es ist also nicht das Ding, das körperliche Individuum, das von seiner Bewegung „weiß“, sondern die auf Engrammen beruhende mit Gedächtnis ausgestattete „Funktion“; nur diese kennt ihre Veränderung, die Bewegung.

Dies wird immer zu wenig beachtet, obschon es eigentlich jeder Naturwissenschafter stillschweigend voraussetzt, und es in den materialistischen Theorien der Psyche ausdrücklich gesagt wird. Nicht das Geschöpf, nicht das Gehirn besitzt Bewußtsein, sondern ein Komplex von zentralnervösen Funktionen, die wir bei den Säugetieren in die Hirnrinde lokalisieren. Es gibt keine Res cogitans, sondern eine Functio cogitans[1]).

Wer sich zum ersten Male in diese Dinge hineindenken möchte, dem kann es nicht leicht sein, dem Gedankengang zu folgen. Dazu braucht es einige Zeit. Aber erst, wenn man weiß, was gemeint ist, kann man darüber urteilen, sei es ablehnend oder zustimmend. Ich hoffe nun, daß der Eine oder Andere versuche, sich eine solche Funktion, die Vergangenheit und Gegenwart zugleich und in Einem umfaßt, in Wesen und Wirkung genauer vorzustellen; dann muß es ihm zum Bewußtsein kommen, daß das Vergangene und das Gegenwärtige sich hier prinzipiell anders gegenüberstehen, als in der Welt ohne Gedächtnis. Man darf also schon etwas Besonderes von einer solchen Funktion erwarten. Versuchen wir, uns dieses prinzipiell Besondere nach allen Seiten genau vorzustellen, so können wir auch hervorheben, daß darin die Gegenwart die Vergangenheit als etwas Gegenwärtiges enthält, und daß diese Vergangenheit in einer einheitlichen Funktion, also momentan vergleichbar der Gegenwart gegenübergestellt ist. Diese Gegenüberstellung in der funktionellen und zeitlichen Einheit muß etwas sein, was unserem bewußten Vergleichen und Wahrnehmen analog ist. (Auch unser gewöhnliches Vergleichen ist nur dadurch möglich, daß zwei Dingsymbole gleichzeitig in einer psychischen Funktion enthalten sind.) Damit ist für den Zustand, für die Funktion selber, diese als isoliert von der ganzen übrigen Welt betrachtet, eine (subjektive) Veränderung gegeben.

Nimmt die werdende Gegenwart die Vergangenheit wahr, oder die angehende Vergangenheit das Werdende? Jedenfalls nimmt „man“ einerseits das Hinzukommende (eine neue Erfahrung) wahr, und anderseits auch seine Vergangenheit. Aber ob das Ich *ohne* die neue Erfahrung dasjenige *mit* der neuen Erfahrung wahrnehme oder umgekehrt, ist nicht zu sagen. Wir müssen sogar die Frage auf

[1]) Vgl. WUNDTs Aktualität der Seele. — Wir nehmen auch nicht „das Gehirn“, wie DEUSSEN meint, von innen wahr, sondern Schwankungen der Rindenfunktion.

einen früheren Moment, den während der Vereinigung des neuen Erlebnisses mit dem Ich ausdehnen: Wenn „wir" einen Stich empfinden, nehmen „wir" einen Stich wahr, der bestehende Komplex den ankommenden, der die Veränderung am Ichkomplex eben bewirkt. Aber in zwar quantitativ enorm verschiedener, wenn auch prinzipiell gleicher Weise wird „der Stich", d. h. die durch den objektiven Stich ausgelöste, noch isoliert gedachte Rindenfunktion durch den mit ihr in Verbindung tretenden Ichkomplex verändert. Der in der Rinde ankommende Stichreiz, der zeitlich und in bezug auf Zusammensetzung elementar ist und keine Vergangenheit besitzt, kann, wenigstens in gleicher Weise, das Ich nicht wahrnehmen wie das Ich den Stich. Ich habe mir dieses Problem noch nicht fertig ausgedacht, vermute aber, daß eigentlich die Frage nicht ganz richtig gestellt sei analog wie die, ob die Erde den fallenden Stein oder dieser die Erde anziehe.

Später werden wir sehen, daß die unbewußten psychischen Vorgänge sich von den Bewußten einzig dadurch unterscheiden, daß sie mit dem bewußten Ichkomplex nicht direkt verbunden sind. Dehnen wir das obige Problem auch auf diese Funktionen aus, so müssen wir uns fragen: Ist das Unbewußte überhaupt im strengen Sinne unbewußt? Haben nicht die vom Ich unabhängigen Funktionen und Komplexe eine Art Bewußtsein, das allerdings mit dem Bewußtsein des Ich nichts zu tun hätte? (Die Frage ist nicht analog der nach der Rückmarksseele, da die unbewußten psychischen Funktionen im nämlichen Organ lokalisiert sind wie die bewußten.)

Nach unseren Ausführungen muß ohne weiteres angenommen werden, daß eine Mehrzahl beliebiger mnemischer Funktionen, die in eine Einheit zusammenfließen, irgendetwas wie ein Bewußtsein haben müssen. Wie kompliziert eine solche Gruppe sein müßte, um eine Art Bewußtsein zu haben, ist eine unlösbare Frage, weil eben unbewußt in bewußt kontinuierlich übergeht[1]). Im Prinzip wäre, wie das Beispiel des durch einen Stoß in Bewegung gekommenen Steines zeigte, schon an eine rudimentäre Bewußtseinsfunktion zu denken, wenn nur zwei solcher Geschehnisse sich verknüpfen. Dieses „Bewußtsein" könnte aber nur ein momentanes sein, das sofort wieder erlöschen müßte, sobald die Verbindung der beiden Funktionen (z. B. empfangener Stoß und Bewegung) sich vollzogen hätte. Ein dauerndes Bewußtsein könnte ein Komplex nur haben, wenn dauernd etwas an ihm geschieht. Das ist nicht so wahrscheinlich für die Mehrzahl der abgetrennten Funktionsgruppen und unter gewöhnlichen Umständen; sehen wir doch, daß die verdrängten Komplexe sich jahrzehntelang nicht verändern. Immerhin ist das Unbewußte sehr undicht abgesperrt: irgendein mittelbarer Verkehr mit dem bewußten Ich ist nicht ausgeschlossen, sonst könnte nicht Bewußtes und Unbewußtes einander beeinflussen, wie es u. a. in den Komplexwirkungen der Neurosen geschieht.

Das Unbewußte als Ganzes hat aber keine kontinuierliche Existenz und wahrscheinlich auch nicht in einzelnen Teilen, d. h. es ist, soweit wir wissen, weder als Ganzes noch in einzelnen Stücken kontinuierlich ekphoriert, sondern es zerfällt zeitlich und im Nebeneinander in eine Unzahl einzelner Stücke. Wenn diese ein Bewußtsein, ein Empfinden von dem, was in ihnen geschieht, haben, so muß das doch himmelweit verschieden sein von dem Bewußtsein des unendlich komplizierten und beständig sich ändernden kontinuierlichen Ich.

Nehmen wir die Existenz solcher rudimentären Bewußtseine an, so müssen wir uns fragen: Könnte oder sollte nicht das Ich solche bewußten Vorgänge, solche primitive Bewußtseine nachträglich aus dem Gedächtnis des einzelnen Komplexes erkennen, wenn dieser sich mit ihm verbindet? Mit andern Worten: sollte das Ich-Bewußtsein nachträglich etwas bemerken von dem, was im Komplex abgelaufen ist, bevor er mit dem Ich verbunden war? Sollte es auch unterscheiden, was in dem Komplex ursprünglich, und was sekundäre Funktion des Bewußtwerdens oder Bewußtseins gewesen wäre? Und wenn ja, wäre es fähig, diese sekundäre Funktion als Bewußtsein zu erkennen?

Wahrscheinlich ist das nicht. Diese Existenz primitivster Bewußtseine ist eine so absolut gleichgültige für uns, subjektiv und objektiv, daß für den Organismus kein Grund vorliegt, das irgendwie zu „verlangen" oder zu entwickeln. Ein solches Wahrnehmen müßte also ein zufälliges Nebenprodukt sein. Wir sehen nun aber keine Notwendigkeit, daß ein solches Nebenprodukt existiere; während wir

[1]) Analog wäre etwa die Frage: wie viele Sandkörner müssen sein, bis sie einen Haufen bilden?

die Existenz des Hauptbewußtseins als Nebenfunktion in zwingender Weise ableiten können; im Gegenteil, es muß uns bei genauerem Zusehen höchst unwahrscheinlich vorkommen.

Für uns ist ein Stich eine Empfindung mit einer bestimmten Stellungnahme, die als Schmerz zum Bewußtsein kommt, der uns als das Wichtigste daran erscheint. Die Stellungnahme ist einerseits eine des Reflexapparates, anderseits eine des ganzen Ich, der Persönlichkeit. Die letztere ist sicher, die erstere wahrscheinlich in den meisten Fällen ohne direkte Verbindung mit irgendeinem abgespaltenen Komplex. Wäre die Stellungnahme der Persönlichkeit mit dem Komplex verbunden, so wäre er nicht mehr unbewußt; und da die Persönlichkeit die Stellungnahme des Reflexapparates als solche nicht empfindet (sondern bloß in ihren Wirkungen), so wird wohl der unbewußte Rindenvorgang (der abgespaltene Komplex), auch nicht damit funktionell verbunden werden; die ganze Isolierung der Vorgänge im Gehirn hätte keinen Sinn mehr, wenn funktionell bedeutungsvolle Verbindungen solcher Vorgänge wie der eines Stiches mit allen unbewußten Komplexen vorkämen. Und wenn irgendwie einmal ein Stich als solcher von einem kleinen Komplex empfunden würde, so hätte er nicht eine ähnliche Qualität[1]) wie ein vom Ich empfundener Stich. Schon aus diesem Grunde ist es kaum denkbar, daß sein Erinnerungsbild, wenn es sich mit dem Ich verbinden sollte, von diesem als Stich empfunden werden könnte und noch viel weniger als begleitet von etwas, was unser Ich als Bewußtsein empfinden würde. (Auch irgendein bloßer Sinnesreiz muß natürlich an einem großen Komplex, wie dem des Ich, eine ganz andere Veränderung hervorbringen als an einem kleinen Komplex aus wenigen ekphorierten Engrammen. Die Wahrnehmung von Blau oder irgendeine andere könnte einem solchen als selbständig gedachten Komplex nicht in ähnlicher Weise erscheinen wie dem Ich. Daß das Unbewußte richtig wahrnimmt und denken kann, so daß die Resultate für das Ich genau den bewußten Funktionen entsprechen, darf nicht damit verwechselt werden. Die Nervenvorgänge im Gehirn sind natürlich bis auf die assoziative Verbindung mit dem Ichkomplex die nämlichen, ob sie bewußt oder unbewußt ablaufen. Wir sprachen oben nur von der Selbstwahrnehmung eines minimalen Komplexes, in deren Licht ein Vorgang gesehen wird im Gegensatz zu der Selbstwahrnehmung des Ichkomplexes, dem von außen angeregte rein innere Veränderungen „zum Bewußtsein kommen".)

Auch wenn also ein Zusammenfließen des Gedächtnisses des kleinen und des Hauptkomplexes stattfinden könnte, d. h. wenn der Hauptkomplex unterscheiden könnte, was in dem neu assoziierten kleinen Komplex aktuelle Funktion und was ekphoriertes Engramm ist, wenn er erfahren würde, wie das Komplexchen sich zeitlich aufgebaut hat, so würden wir wohl nicht erkennen, was für den Komplex dem analog ist, was vom Ich als Bewußtsein empfunden wird.

Je größer der unbewußte Komplex wird, je mehr Bestandteile er enthält, die zum gewöhnlichen Inventar des bewußten Ich gehören, um so weniger gilt das eben Gesagte. Große abgetrennte Stücke der Psyche können deshalb möglicherweise ein Bewußtsein haben, das dem des kontinuierlichen Ich einigermaßen entspricht und nachher als solches erkannt werden kann. Schizophrene Zustände mit nebeneinander verlaufenden Gedanken-, Beobachtungs- und Willensreihen scheinen darauf hinzudeuten, daß so etwas vorkommt. Ich glaube auch, daß dabei nämliche Bestandteile, ja wichtige Komponenten des Ich, einem bewußten und einem unbewußten Komplex gleichzeitig angehören können, ohne daß die beiden deswegen weniger voneinander getrennt wären[2]). Wenn man sich die Hirnfunktionen unter dem Bilde von Schwingungen vorstellt, so kann man sich auch denken, daß zwei oder mehrere vollständige Iche in dem nämlichen Funktionskomplex vorhanden seien, indem dieser mehrere distinkte, im Sinne SEMONS homophone Schwingungsgruppen enthält, deren Bestandteile durch die Homophonie unter sich enge,

[1]) Die Qualität der Stichempfindung, isoliert für sich genommen, könnte nicht die gleiche sein. Und ob die Bewußtseinsqualität selbst eine andere sein müßte oder sein könnte? Kann überhaupt die Qualität „bewußt" verschiegene Nuancen haben?

[2]) Über die Spaltung der Psyche nach gefühlsbetonten Komplexen bei der Schizophrenie vgl. STAUDENMAYER, Die Magie als experimentelle Naturwissenschaft. Akadem. Verlagsges., Leipzig 1912 und BLEULER, Gruppe der Schizophrenien. ASCHAFFENBURGS Handb. der Psychiatrie. Wien u. Leipzig, Deuticke, 1911.

aber nur indirekt mit den andern Funktionen verbunden sind[1]). Natürlich wird die Ökonomie der Rindenfunktion diese Möglichkeit, wenn überhaupt, nur höchst selten verwirklichen. Aber es gibt Krankheitszustände bei der Schizophrenie, die an solche nebeneinanderlaufende Seelen denken lassen.

Wir sehen also im Zentralnervensystem nicht nur die uns bekannten Bedingungen des Bewußtseins erfüllt, sondern wir müssen uns auch eine Wahrnehmung (ob innere oder äußere, ist nach dem Früheren gleichgültig), mit andern Worten ein Bewußtsein, als notwendige Folge der bekannten Funktionen desselben denken (natürlich in der bisherigen Ableitung am sich bewegenden Stein, die das Zustandekommen eines Ich, einer Person und begrifflicher Vorstellungen nicht berücksichtigt, eines ganz rudimentären, wie es wohl auf gewissen niederen Stufen der Tierreihe existieren wird). Es fehlt deshalb jeder Grund, noch andere Bedingungen des Bewußtseins zu suchen als die oft genannten des Gedächtnisses und der funktionellen Einheit, oder gar in dem Bewußtsein etwas zu sehen, was mit der übrigen Natur außer Zusammenhang wäre. Wenn eine Funktion Gedächtnis und Einheit hat, so kann sie sich in einem ganz andern Sinne verändern als irgend etwas in der physischen Welt, in die der Begriff der Veränderung nur von einer Psyche hineingetragen werden kann.

Man kann nicht einwenden, in jedem Moment sei alles Gegenwart, es müßten also im CNS. zwei Zustände in einer Einheit einander kennen auch ohne Gedächtnis, z. B. ein optischer und ein gleichzeitiger akustischer zur Rinde kommender Reiz. Abgesehen davon, daß eine solche „Kenntnis" ohne zeitliche Dauer schwer vorzustellen und sicher bedeutungslos wäre, würde eben in diesem Falle das Wahrnehmungsgefälle fehlen. Wir nennen die beiden ankommenden Reize zwei Funktionen; in Wirklichkeit besteht aber bei einem solchen Zusammenfließen ohne Gedächtnis nur eine, die Resultante beider: im Parallelogramm der Kräfte der Physik enthält die Diagonalbewegung nur eine Richtung und nichts mehr von den beiden sie zusammensetzenden Kräften; in einem (kontinuierlichen) elektrischen Strom sind die verschiedenen Quellen, die ihn speisen, nicht mehr enthalten. Künstlich allerdings können wir die Diagonalbewegung wie den Strom wieder zerlegen, aber in ganz beliebiger Weise in zwei oder viele Kräfte und in unendlich viele unter sich verschiedenartige Kraftquellenkombinationen. Daß zwei Funktionen in der Resultante enthalten sind, und welche, kommt erst zum Ausdruck, wenn neben der Diagonalbewegung wenigstens einer der ursprünglichen Stöße noch vorhanden ist; erst dann hat man eine Zweiheit, einen Vergleich, ein Wahrnehmungsgefälle. Wir könnten auch einen akustischen und einen optischen Reiz gar nicht auseinanderhalten, wenn sie immer in genau gleicher Weise gleichzeitig einträfen. Die Funktion ändert sich erst prinzipiell, sobald die früheren Momente im gegenwärtigen enthalten sind, sobald neben einem Zustand mit diesen beiden Funktionen auch ein Zustand mit nur einer derselben vorhanden ist.

Wohl noch wichtiger ist folgendes: Ich habe oben gesagt, Vergangenheit und Zukunft seien „momentan vergleichbar" nebeneinander. Das ist kein Widerspruch mit der eben gemachten Überlegung. Der prinzipielle Unterschied zwischen dem Zusammen zweier Sin-

[1]) Über die dieser Vorstellung der Homophonie zugrunde liegende Auffassung des Neurokymablaufes vergleiche Kapitel Psychokym.

nesreize und dem Zusammen der Vergangenheit mit der Gegenwart liegt darin, daß nicht bloß zwei Funktionen vereinigt sind, sondern daß in der Verbindung des Engramms der Vergangenheit mit der gegenwärtigen Funktion die Veränderung enthalten ist. Wir geben uns zwar manchmal den Anschein, wie wenn wir in unserem Gedächtnis eine Reihe von isolierten Ereignissen verwahrt hätten, höchstens zeitlich geordnet wie Perlen an einer Schnur. Das ist selbstverständlich nicht richtig. Die einzelnen Perlen, d. h. die Erinnerungsbilder von Ereignissen und Dingen sind von uns durch nachträgliche komplizierte (Abstraktions-) Arbeit herausgehobene und halb oder ganz aus dem kontinuierlichen Flusse des Geschehens isolierte sekundäre Gebilde, nicht primär abgegrenzte Engramme des Erlebens[1]). Diese sind keine Vielheit, sondern es gibt in Wirklichkeit nur *ein* unverarbeitetes Engramm, das mit dem Augenblick der ersten Funktion der Hirnrinde beginnt und kontinuierlich[2]) fortgesponnen wird bis zum Tode derselben. In dem Engramm selber ist also die Veränderung, die Verschiedenheit, die Vergleichsmöglichkeit enthalten, und zwar nicht nur die Verschiedenheit der einzelnen Momente der Vergangenheit, sondern auch die wichtige Verschiedenheit der Vergangenheit von der Gegenwart. Jeder neu hinzukommende Reiz, jedes neue Erlebnis ist eine Veränderung des Ich, nicht ein Vorgang, der neben dem Ich, wenn auch in einer gewissen Verbindung mit ihm, abläuft. Es sind bildlich ausgedrückt nicht zwei Kurven, die zwar einander irgendwie beeinflussen, aber sonst nebeneinander laufen, sondern es besteht nur *eine* einheitliche Kurve, die durch das neue Erlebnis in bestimmter Weise verändert wird. Irgendein neuer psychischer Vorgang, eine Wahrnehmung ist eine Veränderung einer kontinuierlichen Kurve, nicht eine neue Kurve. Es ist dann Sache der Abstraktion[3]), diese

---

[1]) Mit Verstand zu verstehen. Das ursprüngliche psychische Geschehen ist ein Kontinuum, das erst durch Zusammenbringen mit früheren Erlebnissen (Abstraktion) in die einzelnen Bestandteile (einzelnen Vorstellungen) zerlegt wird. Wenn nun aber einmal Vorstellungen abgegrenzt sind, so werden sie als solche erlebt; dadurch entstehen direkte Vorstellungsengramme, die aber bei jeder Ekphorie wieder nur in einem einheitlichen Zusammenhang existieren. (Siehe die zweitfolgende Fußnote.)

[2]) Ohnmachten, ev. Unterbrüche durch den Schlaf und ähnliches vorbehalten, was hier nicht in Betracht kommt.

[3]) Die Einheit und Kontinuität des psychischen Vorganges steht in einem gewissen Gegensatz zu der phylogenetischen Entstehung der Psyche, der bei oberflächlichem Zusehen geradezu als Widerspruch erscheinen könnte. Einerseits ist es keine Frage, daß die Psyche einheitlich ist, daß sie als solche genommen in einem gegebenen Moment eine Unzahl von Farbenflecken und Schattierungen und Schallqualitäten und Berührungen usw. in sich begreift, und daß dieses diffuse Gebilde erst durch Zusammenordnung der Einzelheiten nach bestimmten Gesichtspunkten und Ignorierung des größten Teiles derselben, also durch einen Abstraktionsvorgang in die einzelnen Dinge, auf die man reagieren kann, zerlegt wird. So sind die Tatsachen aufzufassen, wenn wir von der fertigen Psyche des höheren Geschöpfes ausgehen. Phylogenetisch verhält sich aber die Sache umgekehrt; da ist die Zerlegung der Welt in einzelne Bilder, die Abstraktion, das früher Vorhandene, das Primäre. Das Nervensystem enthält eine Vielheit von Apparaten, von denen jeder in Form von Reflexen und Trieben nicht auf das ganze Weltbild, sondern nur auf ganz bestimmte Teile desselben, d. h. auf bestimmte Einzelreize reagiert. Ein Schlag auf die Patellarsehne, ein plötzlich auf das Auge zukommender Lichteindruck, ein Geschmacksreiz lösen, jeder Vorgang für sich, im Prinzip unabhängig von allem andern, was sonst noch wahrgenommen wird, eine bestimmte Reaktion aus und nur diese. Für den Frosch existieren (wenigstens als reizauslösende

Veränderung als eine Einheit, sagen wir als die Wahrnehmung eines Baumes oder als einen bestimmten Begriff herauszuheben und abzugrenzen. Zwischen dem Ich des vorhergehenden Momentes und dem des jetzigen, zwischen verschiedenen Vorstellungen, die sich folgen, ist nicht eine Verschiedenheit wie die zweier Perlen an der Schnur, die nur von einem Geist gesehen werden kann, der die Perlen beide für sich erfaßt hat und nebeneinander stellt, und nicht eine wie die zweier gleichzeitigen Sinnesreize, die im Gehirn in eine Funktion zusammenfließen und nur durch sekundäre Arbeit künstlich getrennt, d. h. als getrennt gedacht werden können, sondern es ist eine Verschiedenheit, die in der Sache selbst liegt. Das kleinste Stück ekphoriertes Engramm an sich enthält Verschiedenheiten seiner einzelnen Abschnitte untereinander und mit der Vergangenheit und damit das, was ich mit einem der fertigen Psyche entnommenen Ausdruck als „Vergleichsmöglichkeiten" bezeichnen kann, die aber hier ohne beobachtendes Subjekt gedacht sein sollen — und deshalb doch existieren. Das kann ich mir nicht anders denken, als daß in der Gesamtfunktion eine Art Kenntnis der Verschiedenheit, ein rudimentäres Wahrnehmen, ein elementares Bewußtsein liege.

Die ganze Überlegung ist eine Präzision des cogito ergo sum. Schon Descartes hat den Unterschied gegenüber dem unrichtigen ambulo ergo sum bemerkt. Ohne psychische Funktion, oder nach dem Obigen ohne Gedächtnis, gibt es für irgendein Ding kein Sein — kein subjektives: das Ding kann *sich* nicht wahrnehmen, kein objektives: es kann nichts *anderes* wahrnehmen. (Ein objektives Sein kann es für einen beobachtenden Dritten haben; das hat für es keine Bedeutung.) Wir

---

Vorgänge und deshalb wahrscheinlich überhaupt) die Mehrzahl der Schalleindrücke, die der Mensch beachten kann, nicht, während das leise Summen einer Fliege oder deren Bewegung sofort seine Aufmerksamkeit und Reaktion erregt. In der Psyche nun werden eine Menge solcher Apparate (lange nicht alle, z. B. viele der reflektorischen Funktionen nicht) zusammengefaßt in eine Einheit. Dennoch ist ihre Einzelfunktion und damit die Heraushebung, die Abstraktion, schon bei ihrer Ankunft etwas Gegebenes, ähnlich (aber nicht gleich) wie der General die Berichte über die Einzelwahrnehmungen und Einzelhandlungen der untergebenen Offiziere entgegennimmt und dirigiert; sie kommen ihm schon gesondert an, und scheinbar hat er sie in eine Einheit zusammenzusetzen. Faktisch aber bilden sie durch die Tatsache, daß sie alle in die nämliche Psyche aufgenommen werden, schon eine Einheit.

Es mag vielleicht auffallen, wenn ich den Vorgang der Heraushebung eines Einzeldinges aus dem räumlichen und zeitlichen Kontinuum des unverarbeiteten Weltbildes als Abstraktion gleichstelle dem Vorgang, der z. B. aus einer Menge von uns gefallenden Dingen den Begriff der Schönheit bildet. Und der Unterschied zwischen beiden Funktionen wird noch größer erscheinen, nachdem ich selbst den einen auf vorgebildete unter- oder vorpsychische Apparate zurückgeführt habe, während niemand von einem Frosch die Bildung eines Begriffes, wie des der Schönheit erwarten wird. Zunächst aber ist es in beiden Fällen insofern der gleiche Vorgang, als aus dem Kontinuum der Psyche eine Einzelheit herausgehoben wird; die Reflex- und Triebapparate heben das Gemeinsame aus Reizgemischen, die das Zentralnervensystem treffen, heraus; die höchste psychische Abstraktion tut genau das gleiche und nichts anderes; die Abstraktion ist also eine allgemeine Funktion des Zentralnervensystems, und es ist zunächst einmal gleichgültig, ob sie vom obersten Zentrum oder von einem der untern ausgeübt werde. Aber noch mehr: das obige Bild vom General, der die Berichte seiner Untergebenen sammelt, ist insofern nicht richtig, als die Berichte auf dem Tisch nicht zusammenfließen, wohl aber die gleichzeitigen Funktionen der Psyche, sonst wäre diese nicht einheitlich, und sonst könnten wir nicht die primären Assoziationskomplexe durch Nebeneinander und Nacheinander konstatieren. Die Psyche hat also doch auch die einfachsten Sachen, sagen wir die Dinge aus dem diffusen Weltbild, selbst zu abstrahieren; es wird ihr das durch die untergeordneten Apparate und die ganze phylogenetische Vorgeschichte höchstens leichter gemacht, indem gewisse Gruppen schon besonders fest assoziiert bei ihr ankommen.

können nun aber das cogito um drei Schritte zurückführen oder, verständlicher ausgedrückt, in drei Stufen ableiten: memini, ergo mutor — mutor, ergo comparo — comparo, ergo cogito — cogito, ergo sum.

Man kann das nämliche noch von andern Gesichtspunkten aus ansehen, von denen ich noch einen nur andeuten will.

Die mnemische Funktion ist eine zeitlich kontinuierliche. Wenn ein neuer Zustand eintritt, wird sie modifiziert, während die physische einfach aufhört und durch eine andere, resp. einen anderen Zustand ersetzt wird. Wenn man sich in der Physik gelegentlich ausdrückt: Ein Balken „erfährt" einen Druck, so ist damit nichts Psychisches, keine Wahrnehmung, keine bewußte Funktion gedacht. Es ist aber unrichtig, daß der Balken etwas erfährt, denn zu der Zeit, da ein Druck auf ihm lastet, existiert der Balken ohne Druck nicht mehr. Die mnemische Funktion aber, die „erfährt" etwas, sie bleibt bestehen, und es geschieht an ihr eine Veränderung. „Erfahren" ist hier zwar zunächst auch unpsychisch gedacht. Ich meine aber, daß zwischen diesem beispielsweisen Erfahren eines einfachen Druckes mit Fortbestehen des vorherigen drucklosen Zustandes und dem bewußten, psychischen, ein Unterschied nicht bekannt, ja nicht denkbar ist, und daß mit andern Worten ein solches „Erfahren" ein (im Keim) psychisches, bewußtes sei.

F. Die bewußte Person, das bewußte Ich.

Das im vorhergehenden abgeleitete „Bewußtsein" ist noch etwas recht Unbestimmtes, eine Qualität; unsere Psyche aber ist eine bewußte Persönlichkeit, eine empfindende und handelnde Einheit mit bestimmtem Inhalt und bestimmten Grenzen. Wie sie sich aufbaut, ließe sich zwar auch auf der Grundlage des bisher Ausgeführten zeigen. Doch scheint es mir interessanter, sich klarzumachen, wie die bekannten physischen Funktionen des CNS., unter denen natürlich dem Gedächtnis wieder die wichtigste Rolle zukommt, von selbst und notwendig eine Person gestalten, die zur bewußten werden muß. Einen Grund, daran zu zweifeln, daß diese konstruierte Person diejenige sei, welche wir an uns und an andern wahrnehmen, gibt es nicht. So bekommen wir Gelegenheit, den eben gemachten Gedankengang in einem neuen Zusammenhang zu wiederholen und von einer andern Seite aus zu beleuchten. Er wird dadurch an Wahrscheinlichkeit gewinnen.

Folgende Tatsachen sind ohne Voraussetzung des Bewußtseins, resp. der innern Beobachtung, an andern Menschen, die sich über ihre innern Vorgänge nicht äußern, an kleinen Kindern und Geisteskranken und an Tieren nachweisbar. Im Keim sind sie auch (außer 7 und 8) bei des Großhirns beraubten Tieren in den niederen Zentren zu sehen.

1. Das Zentralorgan ist so eingerichtet, daß daselbst von der Peripherie ankommende Reize sich in ganz bestimmter Weise in zentrifugale Funktionen umsetzen. Einem bestimmten Reiz entspricht — gleichen Zustand der Zentralorgane vorausgesetzt — eine bestimmte Bewegung, Sekretion oder Hemmung usw.

2. Der zentrifugale Effekt verschiedener gleichzeitig oder rasch nacheinander ankommender Reize ist gewöhnlich nicht gleich der Summe der von jedem Einzelreiz allein angeregten Erscheinungen. Die ankommenden Reize beeinflussen sich somit in gewisser Weise und treten mit-

einander in Verbindung („Assoziation"). Diese verbundenen Reize können oft als ein neues Ganzes aufgefaßt werden (z. B. Bewegungen zur Erhaltung des Gleichgewichtes beim enthirnten Frosch, ausgehend von komplizierten Tast- und kinästhetischen Empfindungen).

3. Das Zentralnervensystem, in besonders hohem Grade die Hirnrinde, hat die Fähigkeit, durch jeden in ihm ablaufenden Vorgang bleibend oder auf längere Zeit so verändert zu werden, daß ein gleicher Vorgang ein folgendes Mal leichter abläuft. Die gesetzte Veränderung wird das Engramm genannt.

Kommen gleiche (oder ähnliche) Reize wie diejenigen, die das Engramm gesetzt haben, im Zentralorgan an, so wird das Engramm „wieder belebt", „ekphoriert", d. h. der nämliche Vorgang oder ein analoger läuft von neuem ab.

Folge dieser Bildung von Engrammen ist das Gedächtnis (in physiologischem Sinne, d. h. ohne Rücksicht darauf, ob die Wiederholung des Vorganges bewußt werde oder nicht) und der fördernde Einfluß der Übung.

4. Zur Ekphorie eines Engrammes sind nicht identische, sondern nur dem ursprünglichen ähnliche Reize nötig. Waren bei der Anregung des ursprünglichen Prozesses mehrere Sinnesreize vorhanden, so genügt häufig zur Reproduktion des Vorganges das Ankommen eines einzigen oder mehrerer Teilreize.

5. Häufig zugleich oder nacheinander ablaufende Prozesse haben die Tendenz, in ihren Reproduktionen auch wieder zugleich oder nacheinander abzulaufen. Ist also dem Vorgang a unmittelbar der Vorgang b, auf diesen c . . . gefolgt, so werden bei Wiederholung des Vorganges a sehr leicht b, c . . . ebenfalls wiederholt: „sie werden durch Assoziation von a aus ausgelöst". Auch hier braucht das wiederholte a nicht absolut identisch zu sein mit dem ersten a, ebenso wie das wiederholte (reproduzierte) b, c . . . niemals absolut identisch ist mit dem ursprünglichen b, c . . . Die so entstandenen Verbindungen von Engrammen sind unter Umständen so fest gefügt, daß sie nur theoretisch in ihre Komponenten zerlegt werden können (z. B. die zum Auslösen einer beliebigen koordinierten Bewegung nötigen kinästhetischen Engramme). Sie können unter sich wieder Verbindungen zu höheren Einheiten eingehen usw.

6. Wird irgendein Engramm, einmal oder öfter, zugleich mit einem neuen Vorgange (z. B. Sinnesreiz) ekphoriert, so wird es mit dem Engramm des neuen Reizes ebenfalls verbunden. Modifikationen, welche der neue Sinnesreiz in dem Ablauf des Prozesses gesetzt hat, verändern dieses Engramm[1]), so daß unter Umständen bei Ekphorie derselben der Vorgang mit der gesetzten Modifikation abläuft.

7. Die Tätigkeit aller unserer Organe wird vom Großhirn aus beeinflußt. Dies ist in zweckentsprechender Weise nur möglich, wenn das Großhirn dieselbe in Ursachen und Wirkungen kontrollieren kann, wenn also zentripetale Reize von allen Körperorganen zur Hirnrinde gehen.

8. Die Erregungen von allen Sinnesorganen werden ebenfalls zum Großhirn geleitet.

[1]) In Wirklichkeit schaffen sie ein neues Engramm, was hier auszuführen zu weitläufig wäre. Siehe „Gedächtnis".

Zu den Engrammen, die am häufigsten, ja fast beständig, und immer unter sich kombiniert, teils von außen, teils durch Assoziationen angeregt werden, gehören diejenigen, welche unsere Persönlichkeit betreffen. Jeder Brief, den ich erhalte, zeigt mir meinen Namen; die gewohnte Assoziation erregt das Engramm desselben jedesmal, wenn ich unterschreibe. Anreden als Direktor, als Doktor, Meldungen der Wärter, Klagen der Kranken, Anordnungen der Regierung, Wahrnehmungen meines Büro, meiner Amtswohnung usw. wiederholen sich unzählige Male in den verschiedensten Kombinationen; dazu kommen die Erinnerungsbilder dessen, was ich in vorhergegangenen ähnlichen Fällen schon gedacht, getan, gesprochen habe. Eine große Zahl meiner Handlungen hat eine Beziehung zu meiner amtlichen Stellung und wäre in der Weise, wie sie geschieht, nicht möglich ohne Ekphorie dieser Beziehung. Aus diesen Einzelheiten muß sich ein besonders fester Komplex von Engrammen zusammensetzen, der fast den ganzen Tag mehr oder weniger stark, bald mehr in diesen, bald mehr in jenen Komponenten angeregt wird: Der Begriff meiner amtlichen Stellung. Ebensolche Komplexe bilden sich für mein Privatleben, meine Familienbeziehungen, meine Verhältnisse zu Bekannten usw. und haben sich früher gebildet, in der Schule, während meines ganzen Bildungsganges. Die letzteren, die Engramme aus einer ganz anderen Zeit, werden durch ähnliche Situationen natürlich nicht mehr erregt, haben aber durch die häufige Anregung in der Vergangenheit, sowie ihre beständige assoziative Wiederbelebung in der Gegenwart besonders leichte Anspruchsfähigkeit erlangt. Ein ähnlicher Komplex bezieht sich auf meinen eigenen Körper, den ich zum Teil (Gesicht, Gehör, Geruch, Getast) wahrnehme ganz wie einen fremden Gegenstand, zum Teil in zwar analoger, aber nicht identischer Weise (doppelte Empfindungen durch den Tastsinn, wenn ich mit der Hand einen andern Körperteil berühre; Schmerz, kinästhetische Gefühle usw.). Hinzu kommen alle meine gegenwärtigen und früheren Strebungen und Affekte usw. Wahrscheinlich spielen auch die Organreize, die ja beständig dem Gehirn zuströmen, eine ziemliche Rolle, wenn ich auch ihre Bedeutung nicht so sehr hoch anschlagen möchte, wie ich in meiner ersten Publikation im Anschluß an damals geläufige Vorstellungen getan habe[1]). Natürlich fehlen in der Person auch nicht die aktuellen „zentralen Tätigkeitsgefühle“ Wundts; da sie aber nur momentan sind, können sie für den Begriff der einheitlichen Person im Sinne dieses Abschnittes nicht sehr wichtig sein. Aber ihre En-

[1]) Viele legen der Person die aktuellen und erinnerten Empfindungen der Körperlichkeit zugrunde. Mit diesen beständig anwesenden Psychismen muß jeder andere psychische Vorgang in Verbindung kommen, so daß sie eine gewisse Zentrale bilden, von der aus Assoziationsbahnen zu jeder einzelnen Vorstellung gehen. Sie können also auch die sonst nur nach dem linearen Schema der zeitlichen Einordnung zusammenhängenden Erlebnisse enger zusammenhalten. Vielleicht ist diese Bedeutung überschätzt worden; wir benutzen in unserem bewußten Denken diese Zentrale kaum je, weil wir die Körperempfindungen nicht beachten, und ich finde auch (im Gegensatz zu manchen Autoren) als Grundlage einer veränderten Persönlichkeit gewöhnlich psychische Momente, während wir Veränderungen der Körperempfindungen, auch wenn sie vorhanden und beschreibbar sind (Schizophrenie), wenigstens nicht direkt mit dem Persönlichkeitswechsel in Verbindung bringen können. Der Hans Schulze wird nicht deswegen Napoleon, weil er seine Eingeweide anders spürt als vorher, sondern weil er den Ehrgeiz hat, etwas zu sein, wie Napoleon es war.

gramme, die Erinnerungen an unser Wollen und Handeln, müssen einen bleibenden und wichtigen Bestandteil der Person bilden.

Alles dieses in eine Einheit vereinigt und nichts prinzipiell anderes (außer dem Bewußtsein) finden wir auch bei der psychologischen Analyse unserer Persönlichkeit, unseres Ich[1]). Wir dürfen also auch jenen physiologischen Komplex Persönlichkeit nennen mit dem Vorbehalt, daß wir ihn uns deswegen noch nicht als bewußt vorstellen. Die Persönlichkeit muß durch die beständige Anregung der nämlichen Komponenten, die sich in unzählbaren Kombinationen immer wieder gruppieren und wiederholen, ein besonders festes Gefüge erhalten. Sie bildet also eine Einheit, die sich auch, da fast zu jeder Zeit ein Teil dieser Engramme sich in Tätigkeit befindet, mit einer großen Anzahl neu ankommender Reize (Erfahrungen) verbinden muß. Doch werden wohl niemals alle ihre unzähligen Komponenten gleichzeitig in Erregung sein, sondern nur ein verhältnismäßig kleiner Teil derselben. In dieser Beziehung läßt sich der Begriff der Persönlichkeit etwa dem des „Publikums" eines bestimmten Lokales vergleichen. Unter demselben befinden sich Stammgäste, die niemals fehlen; andere sind gewöhnlich zu treffen, wieder andere seltener; manche Personen kommen nur einmal, viele nur bei bestimmten Anlässen; das Lokal ist bald stärker, bald weniger besucht, immer aber repräsentiert das Publikum desselben eine irgendwie charakterisierte Einheit. — Die neuen Erlebnisse werden also nie mit der ganzen Persönlichkeit in all ihren zeitweiligen Bestandteilen direkt verbunden, sondern nur mit bestimmten Gruppen. Da aber der Ichkomplex so fest gefügt ist, können immerhin die indirekten Verbindungen leicht benutzt werden.

Dieser kontinuierlich zusammenhängende Komplex besitzt nun infolge seiner acht aufgezählten physiologischen Eigenschaften im Sinne der Ausführungen des vorigen Abschnittes Gedächtnis, Dauer und Einheit. Veränderungen, die an ihm geschehen, neue Erlebnisse, sei es in Gestalt von Sinnesreizen oder von innerem Geschehen (Denken, affektive Regungen, Handlungen, alles Vorgänge, die als Funktionen des Zentralnervensystems abzuleiten sind) müssen ihm folglich bewußt werden. Er wird zum bewußten Ich, zur bewußten Person.

„Sich selber" nimmt er wahr, indem die einzelnen Komponentengruppen, die ihn zusammensetzen, kommen und verschwinden; man nimmt sich je nach der Konstellation als Mensch, als Gelehrter, als Ehegatten usw. wahr, wobei beliebig viele der übrigen Komponenten mitklingen können; die Strebungen kommen als aktuelle und als Gedächtnisbilder zur Ekphorie, ferner so, daß jede einzelne Empfindung z. B. ein Schmerz oder ein empfundener innerer Vorgang sich als Veränderung des Ichkomplexes darstellt[2]).

---

[1]) Auch andere sahen in ihr nur ein „Bündel ' von Vorstellungen (Hume) oder ein „Bündel von Trieben" (Benecke). Wir finden in unserer Persönlichkeit beide Dinge.

[2]) Das ist wohl das Wichtigste der Selbstwahrnehmung. Es kommen aber noch allerlei Komplikationen hinzu, z. B. daß wir einen psychischen Vorgang eigentlich erst nachträglich am Erinnerungsbild beobachten können, weil während des Vorganges unsere Aufmerksamkeit, unser Bewußtsein, auf den Inhalt des Vorganges gerichtet ist. Es kommt hier u. a. auch wieder die oben angetönte aber nebensächliche Frage in Betracht, ob der bestehende Zustand den vorhergehenden oder den kommenden wahrnehme (siehe im Kapitel Empfindungen, Wahrnehmungen usw. die Diskussion der Wahrnehmung psychischer Vorgänge).

Alles, was das Ich verändert, wird bewußt, wohl in dem Grade der Ausbreitung, vielleicht auch der Stärke der Veränderung. Was nicht an das Ich assoziiert wird, verändert es nicht und wird deshalb nicht bewußt; was viele Verbindungen mit ihm hat, wird klar oder stark bewußt, was wenige, und namentlich wenige direkte, Assoziationen zum momentanen Komplex hat, wird wenig bewußt. So erklären sich unter normalen Verhältnissen die Grade des Bewußtseins. Schwankungen derselben können aber natürlich auch auftreten durch Störungen im Ichkomplex, im Ablauf der Assoziationen überhaupt, im Schlaf, bei Intoxikationen, krankhaften Geisteszuständen.

Es gibt noch andere Zusammenhänge, die wenigstens mit großer Wahrscheinlichkeit darauf schließen lassen, daß ein Vorgang durch Assoziation an den Ichkomplex bewußt werde: 1. Selbstverständlich ist alles, was bewußt ist, assoziativ mit dem Ich verbunden. Was nicht verbunden ist, kann nicht bewußt sein. 2. Folglich ist auch alles Unverbundene unbewußt. 3. Daß aber, und inwiefern, alles Unbewußte ohne Verbindung mit dem Ich sei, muß erst untersucht werden. Obschon jeder beständig eine große Masse unbewußter Vorstellungen und unbewußter Strebungen mit sich herumträgt, sehen wir für gewöhnlich keine Wirkungen des Unbewußten auf das Ich; wir wissen aber, daß jede Vorstellung ihre Wirkung auf die mit ihr verbundenen anderen Psychismen hat; innerhalb der bewußten Funktionen sehen wir es, und für die unbewußten beweist es mit großer Wahrscheinlichkeit der Umstand, daß die Resultate unbewußter Arbeit in manchen Schöpfungen, und die unbewußter Komplexe, die wir als Halluzinationen, Wahnideen und andere Krankheitssymptome und in anderen Formen auch beim Gesunden zu sehen bekommen, im Prinzip genau wie die bewußten gebildet sind. Auch zeigt die Physiologie des Nervensystems beständig Assoziationswirkungen, die den psychischen gleichartig sind (z. B. Reflexdirektion durch zentripetale Reize). Daraus dürfen wir schließen, was keine Wirkung auf einen Funktionskomplex zeige, sei nicht assoziativ mit ihm verbunden. Nun gibt es aber eine kleine Schwierigkeit: In Ausnahmsfällen, namentlich in Krankheiten, haben doch unbewußte Komplexe Wirkung auf das Bewußtsein. Man haßt jemanden oder macht einen Besuch, ohne den Grund zu kennen, der im Unbewußten steckt. Die Erfahrung zeigt nun, daß diese Wirkungen nicht auf direkten Assoziationen beruhen, sondern auf umwegigen. Wenn z. B. bei Psychanalyse der Grund eines solchen Verhaltens bewußt wird, beachtet man genau die nämliche Art Neuassoziation wie beim gewöhnlichen Erinnern. Das nämliche Verhalten finden wir ausnahmslos bei Gesunden, wenn unbewußte Funktionen bewußt werden. Das Unbewußte ist also, wenn überhaupt, nicht direkt mit dem Ich verbunden, sondern irgendwie anders, auf Umwegen durch vermittelnde Assoziationen, vielleicht auch nur durch ungenügende Zahl der Verbindungen oder auf irgendwelche andere Weise, die sich nicht einer gewöhnlichen Assoziation vergleichen läßt, wie wir sie dann beobachten, wenn der Psychismus bewußt wird[1]). Es kann z. B. von der unangenehmen Vorstellung

[1]) Das Bild homophoner und heterophoner Schwingungen erlaubt noch eine andere Vorstellung von den Verbindungen, s. Abschnitt Psychokym.

der Untreue des Geliebten, die verdrängt worden ist, nur der Affekt, also die Einstellung zu den Erlebnissen, als frei flottierende oder auch ganz unbewußte Depression auf die Assoziationen oder einzelne mimische Äußerungen wirken. Es würden dann, in dem Bilde der Schwingungen ausgedrückt, nur die Schwingungen, die dem Affekt entsprechen, mit dem Ich verbunden, nicht aber diejenigen, die der Vorstellung der Untreue zugrunde liegen. Das kann man sich gerade an diesem Bilde leicht vorstellen, obschon Affekt und Vorstellung der Untreue eine Einheit sind: Das Ich wäre wie ein Resonator nur auf den Affekt abgestimmt, nicht aber auf die Untreue.

Auf ähnliche Art ist wenigstens wahrscheinlich zu machen, daß alles mit dem Ich Verbundene bewußt ist, nur müssen wir uns klar sein, daß es eben alle Übergänge von intimster zu ganz lockerer Verbindung der Vorstellungen gibt, und die bewußt machende Verbindung mit dem Ich einen gewissen Grad verlangt, worunter wir in erster Linie die Zahl der Verbindungen zu verstehen haben. Alles worauf ich die Aufmerksamkeit richte, ist so lange bewußt, weil alle meine Schaltungen darauf eingestellt sind. Wenn ich aber auf einer Straße ein Haus unter vielen anderen sehe, so bleibt es in den meisten Fällen ohne genügende Verbindung mit meinem Ich; der Anblick bleibt mir unbewußt, wenn nicht irgendein zufälliges Ereignis, z. B. ein Traum, ihn reproduziert. In vielen Fällen habe ich aber einen flüchtigen Blick darauf getan, vielleicht weil ein Blumenstock mir auffiel oder ein Vogel mich gerade in dieser Richtung sehen ließ. Ein solches Erlebnis ist nur „wenig" bewußt und wird sofort nachher definitiv für die Erinnerung unzugänglich, wenn nicht etwas ganz Besonderes die Ekphorie begünstigt, und auch wenn mir noch einmal etwas davon in den Sinn kommt, handelt es sich nur um eine flüchtige und nichtssagende Erinnerung. Ganz anders, wenn ich das Haus wirklich mit Interesse betrachtet habe. Es werden dann alle seine Eigenschaften, die Größe, die ungefähre Zahl der Fenster, der Stockwerke, seine Bauart, der ästhetische Eindruck, seine Bewohner mit ihren verschiedenen Beziehungen gedacht, d. h. mit dem Ich verbunden und engraphiert. Aber nicht nur die Eigenschaften des Hauses spielen eine größere Rolle, sondern namentlich auch meine Beziehungen zu ihm; meine ästhetischen Gefühle, meine pekuniären Vorstellungen, meine Beziehungen zu den Bewohnern, seien sie wirkliche oder bloß vorgestellte, und noch sehr viele andere Teile meines Ich spinnen Fäden zu der Vorstellung des Hauses. Ein solches Erlebnis hat verhältnismäßig intime Verbindungen zum Ich und wird unter allen Umständen bewußt. Es wäre nun möglich, daß das Haus, auf das ich nur einen flüchtigen Blick getan, oder sogar eines, das ich in keiner Weise beachtet hatte, später auf irgendeinem Umwege meine Assoziationen doch beeinflussen würde, sei es durch die Affekte, sei es im Traum, sei es, weil ein ähnliches Haus mir in die Augen fällt: das könnte dann mich an die Straße erinnern, an der ich das erste Haus gesehen, ohne daß ich wüßte, warum. Oder es könnte mir eine bestimmte Stimmung, die ich beim ersten Anblick des Hauses hatte, zurückrufen. In allen solchen Fällen besteht zwar ein gewisser Grad von Verbindung zwischen dem Ich und einer unbewußten Vorstellung; die Verbindung ist aber nur unbedeutend.

Alles Bewußte also ist durch viele Verbindungen mit dem

Ich assoziiert. Alles Unbewußte ist gar nicht oder nur in geringem Grade, nebensächlich, mit irgendeiner mehr oder weniger isolierten Funktion des Ich oder auf Umwegen, niemals intim, mit diesem verbunden. Alles Unverbundene ist unbewußt. Alles intimer Verbundene ist bewußt. Daraus folgt: Entweder die Verbindung mit dem Ich ist die Ursache der bewußten Qualität; oder die bewußte Qualität ist die Ursache der intimen Verbindung; oder beide zusammen haben eine gemeinsame Ursache.

Daß die letztere Möglichkeit realisiert sei, dafür haben wir keine Anhaltspunkte. Daß die bewußte Qualität die Ursache der Verbindung sei, wäre uns unverständlich; wir kennen die Assoziationswege im Bewußten aus innerer Erfahrung, und aus ihren Wirkungen sehen wir, daß sie im Unbewußten die nämlichen sind. Die bewußte Qualität hat also, soweit Beobachtungen reichen, keinen dirigierenden Einfluß auf die Assoziationen, so daß sie besondere Verbindungen begünstigen würde; warum soll sie gerade die mit dem Ich nicht nur begünstigen, sondern notwendig machen? Die Assoziation an das Ich ist aber, wie wir gesehen haben, unter allen Umständen eine notwendige Bedingung des Bewußtwerdens. Andere Bedingungen, die hier in Betracht kämen, kennen wir nicht, trotzdem wir jahrzehntelang gesucht haben. Dagegen können wir aus dieser Bedingung das Bewußtsein erklären. All das spricht dafür, daß die Verbindung mit dem Ich die wesentliche Bedingung, „die Ursache" der bewußten Qualität eines psychischen Vorganges sei. Außerdem dürfen wir nicht vergessen, es kann kein Bewußtsein an sich geben, ebensowenig wie ein Gesehenwerden an sich, sondern nur ein Bewußtsein für eine bestimmte Persönlichkeit, für ein psychisches Wesen, auch wenn dieses nur aus einzelnen weniger aktuellen und ekphorierten Vorgängen bestehen würde. Mit diesem, komplizierten oder rudimentären, Wesen muß das bewußt Gewordene in Beziehung stehen, wie das Gesehene mit einem Sehenden — und andere als assoziative Beziehungen kennen wir nicht innerhalb der Psyche und des Zentralnervensystems.

So finden wir überall da, wo die Vorstellungen an ihrer Verbindung mit dem Ich verhindert werden, auch Abschluß derselben vom Bewußtsein. Irgendwelche starke, zentralnervöse oder psychische Vorgänge hemmen die übrigen an ihren Assoziationen; eine starke Blendung hemmt die Assoziationen einer Rede, der wir zuhören sollten; das meiste von ihr bleibt unbewußt. Durch Stichproben, die nachträglich im Gedächtnis auftauchen, kann man sich aber überzeugen, daß die Rede doch ins Gehirn gekommen, aber nicht dem damaligen Ich assoziiert worden ist. Affekte und speziell die Aufmerksamkeit hemmen und bahnen die Assoziationen, und wenn dabei die Assoziation ans Ich in Betracht kommt, so geht das Bewußtwerden oder Unbewußtbleiben den Bahnungen und Hemmungen parallel. Die Persönlichkeit will einem Vorgang ihre Aufmerksamkeit schenken, wobei die andern Vorgänge von der Assoziation ausgeschaltet werden. Oder die Person verträgt z. B. die Vorstellung, daß ihr Geliebter ein Schuft sei, nicht; dieselbe wird von der Person abgesperrt (ihre Assoziation mit dem Ich unmöglich gemacht) und bleibt unbewußt. In der Pathologie, namentlich bei Schizophrenie und den Neurosen, sehen wir die beiden Vorgänge einander immer parallel gehen, so daß sich die Vorstellung geradezu aufdrängen muß, daß die unbewußten Funktionen die dem Ich nicht assoziierten, die bewußten die (intim) mit ihm verbundenen seien. Widersprüche gegen diese Vorstellung oder nur Schwierigkeiten in ihrer Anwendung im konkreten Fall habe ich in den 40 Jahren, in denen ich sozusagen täglich darauf fahndete, nie finden können.

In einem früheren Kapitel haben wir das Bewußtsein aus dem Gedächtnis abgeleitet; die Funktion des einen Augenblicks nimmt die des andern wahr. In diesem Abschnitt ließen wir das Bewußtsein durch Assoziation eines zentralnervösen Vorganges mit dem Ich entstehen. Das ist kein Widerspruch. Im ersteren Falle handelt es sich um Bewußtsein im allgemeinen, es mag so elementar sein, wie man es sich nur denken kann. In dem zweiten Falle wird einem komplizierten Ich ein Vorgang bewußt, der selbst auch ein komplizierter mit Vorstellungen verbundener ist. Auch das Ich selbst mußten wir ein bewußtes nennen, weil seine einzelnen Teile, wenn sie mit ihm assoziiert werden, Bewußtsein bekommen. Im Prinzip aber sind beide Vorgänge absolut identisch; es handelt sich nur um einen Unterschied der Komplikation. Die Verbindung irgendeines nervösen (oder unbewußten) Vorganges mit dem Ich wird diesem nur dadurch bewußt, daß es eine Veränderung erfährt und dabei doch den vorhergehenden Moment, resp. Zustand, als Engramm festhält und mit ihm zu einer Einheit verschmilzt. Ob es sich aber darum handle, daß von einem Neugeborenen irgendein Lichtschein empfunden wird, oder darum, daß die ganze Persönlichkeit eines Kant die Gottesidee erfasse, das bleibt sich in bezug auf den Bewußtseinscharakter gleich.

Es ist also denkbar, daß unsere Psyche der „von innen" gesehene Komplex von Hirnfunktionen ist, der die Person im obigen Sinne bildet: für mich ist es mehr: eine Annahme, der ich nicht entgehen kann, und die keinen Schwierigkeiten begegnet. Nirgends so deutlich wie in diesem Zusammenhang sieht man, wie die Funktion es ist, die bewußt wird, das Bündel von Vorstellungen und Trieben, wie „die Seele" kein Ding, keine Substanz, kein Wesen ist, sondern ein Komplex nervöser Funktionen, der vermöge seiner Eigenart in Gedächtnis und Integration seine eigenen Veränderungen kennt, mit anderen Worten ein Bewußtsein hat, „von innen" gesehen werden kann. In gewisser Beziehung deckt sich dies mit Anschauungen Wundts von der Aktualität der Seele und denen von Bergson, Natorp und andern, die die Seele ein Werden, Fieri, oder ein Tun, Facere, nennen. Doch entspricht das Wort „Werden" nicht ganz der Sache, weil nicht aus etwas anderem oder aus nichts eine Seele wird; diese ist da, aber als ein „Geschehen", welchem Begriff das Fieri eher entsprechen könnte. Ein Tun ist die Seele insofern nicht, als kein Subjekt hinter ihr ist, das handelt. Die Art des Geschehens ist im Sinne unserer Anschauungen durch den bestimmten Ausdruck und Begriff der Funktion zu präzisieren.

G. Die große Lücke.

Haben wir uns die Natur der Psyche inkl. Bewußtsein als zentralnervöse Funktion vorstellbar gemacht, so fehlt uns doch noch eines zum fertigen Verständnis: Woher stammen die Qualitäten? Warum kommt der dem Ich sich assoziierende Schallreiz als Ton, der

Lichtreiz als Farbe zur inneren Anschauung? So hilflos ich zurzeit dieser Frage gegenüberstehe, so wenig kann ich beweisen, daß sie unrichtig gestellt oder unlösbar wäre. Es fehlen uns eben die Anhaltspunkte: Wir kennen von der Natur der neuropsychischen Vorgänge fast nichts und haben keine Ahnung, wie sich der durch kurze Lichtschwingungen in der Retina ausgelöste und im Gehirn umgearbeitete Reiz verhält zu dem von langen Schwingungen oder zu dem im Gehör von Schallwellen ausgelösten; da wir überhaupt von den Sinnespsychokymen nur Eigenschaften kennen, die jedem anderen Psychokym ebensogut zukommen, fehlt uns jede Vergleichsmöglichkeit. Ein Stück des Problems allerdings können wir ein wenig erleuchten: Wir müssen uns denken, daß die subjektive Lust und der Schmerz die von innen gesehene „Annahme" und „Ablehnung", die Fö·derung und Hemmung des Ich sei, die das Wesentliche des objektiven Affektes ausmachen. In der Melancholie werden wohl die meisten Reize, die meisten Psychismen übe haupt abgelehnt; in der Manie haben wir umgekehrt ein deutliches Bedürfnis nach äußeren und inneren Reizen, resp. Erlebnissen. Von innen gesehen ist das psychischer Schmerz bei dem einen, Euphorie bei dem andern Zustand. Man kann aber auch nach der alten Vorstellung sagen, weil in der Melancholie die Erlebnisse unangenehm, in der Manie angenehm sind, werden sie im einen Fall vermieden, im andern gesucht. Das ist kein Grund gegen unsere Annahme, die die innere und äußere Beobachtung als Erscheinungsweisen der nämlichen Funktion betrachtet.

Die Annahme einer Vorstellung kann *nur* als etwas wie Lust, die Ablehnung *nur* als etwas wie Unlust oder Schmerz zur inneren Darstellung kommen. Während wir uns vorläufig ein unserem jetzigen Weltbild ganz gleichwertiges vorstellen können, in dem wie in einem photographischen Negativ das Helle uns als dunkel und umgekehrt erscheinen würde, während wir nicht einmal Anhaltspunkte haben zu entscheiden, ob nicht mein Nachbar schwarz so sieht wie ich weiß und umgekehrt, so könnten wir niemals Lust und Unlust verkehren; die Annahme und die Ablehnung liegen eben in gleicher Weise in dem von innen gesehenen Affekt wie in dem objektiven. Auch die verschiedenen Qualitäten der Affektivität sind von diesen Anschauungen aus etwas Selbstverständliches. Die Ablehnung eines Nadelstiches ist eine ganz andere als die einer Speise, an der wir den Ekel gegessen, oder eines Menschen, der uns Böses getan — nicht nur in bezug auf das Objekt, sondern auch in bezug auf die damit verbundenen Reaktionen: körperliches Ausweichen beim Nadelstich, Reizungen der Schlundmuskulatur, der Verdauungssekretionen und ähnliches bei der Speise, ängstliches Sich-Verbergen oder wütende Angriffe oder Beherrschung einer dieser Tendenzen beim Anblick des Übeltäters. Wir können uns schließlich auch denken, daß das Wollen, die Ausübung einer Handlung sich ungefähr so darbieten müsse, wie sie es in Wirklichkeit tut; kurz, da, wo wir vom inneren Vorgang etwas wissen, können wir auch bis zu einem gewissen Grad verstehen, warum er uns subjektiv so erscheint.

Bei den Sinnesqualitäten und damit den Qualitäten unserer Vorstellung der Außenwelt stehen wir vorläufig vor einem Schein absoluter Willkür. Hell könnte uns ebensogut als dunkel, blau als rot oder als ein Klang oder als ein Geschmack erscheinen. Vielleicht können einmal die Sekundärempfindungen[1]) uns Hinweis auf die Natur der Unterschiede der einzelnen Sinnesqualitäten geben; jedenfalls müßte man mit ihnen rechnen.

Ich habe in den Zusammenhängen der Sinnesempfindungen Anhaltspunkte für die Unterscheidung gesucht. Wenn ich auch dabei bis jetzt kein Glück hatte, so mögen doch die eingeschlagenen Wege angedeutet sein, sei es zur Warnung, sei es zur Benutzung für andere.

Das Wichtigste für ein reagierendes Wesen ist gar nicht der Sinneseindruck selbst; es braucht mir nicht zum Bewußtsein zu kommen, daß der Apfel, den ich sehen und essen möchte, rot und gelb ist; ich brauche in ihm nur ein Etwas zu sehen, das ich mit Genuß essen kann. Das Wichtigste ist die Tendenz zum Ergreifen und Essen, die dem Anblick anhaftet. Ich muß mir deshalb vorstellen, daß in einfacheren Psychen nur diese Tendenz das wesentliche Unterscheidungsmerkmal eines Apfels von einem anderen Dinge bilde, und daß eine Farbe als Rot oder Gelb von ihnen gar nicht abstrahiert werde. Beim Anblick der blauen Honigblume wird wohl in der Biene nichts vorgehen, das etwa der Überlegung entspräche: blau — Honig — hinfliegen — saugen, sondern es wird etwas wie ein einheitlicher Psychismus ausgelöst werden, der sich vielleicht bezeichnen ließe: angenehm + darauf hinfliegen + saugen. Nun sind die Farben allerdings Unterscheidungsmittel für die verschiedenen auszulösenden Reaktionen; es bleibt aber noch zu untersuchen, ob das abstraktive Herausheben der Farben bloß zu der allgemeinen funktionellen Eigenschaft des Menschen gehöre, alles mögliche zu abstrahieren und in den Kreis seiner Wißbegierde zu ziehen, auch wenn es ihm direkt nichts nützt, oder ob es einen elementaren Grund habe. Ein gewisser Nutzen allerdings liegt schon in der leichteren Verständigungsmöglichkeit, die uns die gesonderte Auffassung der Sinnesempfindungen bringen. Es ist leichter einem Kinde zu sagen: bring mir den blauen Rock, als bring mir den Rock, den ich vor 13 Tagen angezogen hatte. Ich glaube aber vorläufig nicht, daß ein solcher indirekter und speziell nur auf die Menschen zugeschnittener Nutzen etwas mit der Abstraktion und namentlich der spezifischen Gestaltung des subjektiven Sinnesbildes zu tun habe, obgleich ich die auffallende Schwierigkeit kenne, die es Kindern bereitet, Farben unterscheiden und richtig benennen zu lernen.

Man wird diese Fragen nicht müßig finden angesichts der Tatsache, daß z. B. die schlußartigen Funktionen, die uns die Vorstellung der Entfernung oder die Zusammensetzung der Sinnesempfindungen zu bestimmten Dingbegriffen und Wahrnehmungen liefern, nicht bewußt werden. Es ist nun allerdings gut möglich, daß die lokalisierende Funktion von subkortikalen Zentren so vorgearbeitet ist, daß sich die Rinde kaum mehr mit ihr zu beschäftigen hat, weil ja auch die rindenlosen Wesen der Verarbeitung ihrer Empfindungen zu Lokalisationen für ihre Orientierung bedürfen. Gibt es aber auch eine Art subkortikaler Verarbeitungen der Empfindungen zu Wahrnehmungen? Unsere menschliche Wahrnehmung setzt das individuelle (Rinden-) Gedächtnis voraus; aber können die rindenlosen Geschöpfe wirklich ganz ohne ein Analogon der Wahrnehmung sein? Solche Analoga wären wohl Kombinationen von („unbewußten“) Empfindungen mit rudimentären Engrammen der früheren Reaktionen und könnten auch in unseren basalen Zentren noch existieren und dann irgendeine Vorverarbeitung der Empfindungen zu Wahrnehmungen bilden, die die Rinde benutzen könnte. Doch muß das Wesentliche unserer Wahrnehmungsfunktion in der Rinde verlaufen; und wenn wir nichts von dem Vorgang ihrer Zusammensetzung aus Sinnesempfindung und Engrammen bemerken, so müssen wir an Kurzschlüsse und Automatismen denken, wie wir sie bei andern Automatisierungen beobachten. Warum aber werden die Farben und Töne nicht auch durch solche automatische Kurzschlüsse dem Bewußtsein entzogen?

Ich habe auch versucht, dem Problem dadurch näherzukommen, daß ich mich fragte, was für Qualitäten für die einzelnen Sinne nötig seien, habe mir aber noch lange nicht alles ausdenken können. Zunächst ist allgemein festzustellen, daß wir kontinuierliche Reihen oder Übergänge der Außenwelt, die für uns von Bedeutung sind, auch als kontinuierliche gleichgerichtete Veränderungen wahrnehmen müssen. An sich wäre es ja denkbar, daß Schwarz, Weiß und eine

[1]) Bleuler, Zur Theorie der Sekundärempfindungen. Zeitschr. f. Psychol. 65, 1912.

beliebige (aber beschränkte) Anzahl von Grau ganz verschiedene Qualitäten wären, die sich nicht von selbst in eine Reihe ordneten, sondern erst dadurch als eine Reihe erschienen, daß uns die Erfahrung sie als Abstufungen kennen lassen würde (z. B. bei allmählicher zeitlicher oder lokaler Abnahme der Beleuchtung). Es wäre dann einfach der Intellekt, der diese Qualitäten als Abstufungen von mehr oder weniger Licht erkennen lassen würde. Wenn aber erst die Erfahrung zeigen müßte, daß eine bestimmte Nuance, die wir als Grau bezeichnen, eine Stellung zwischen Weiß und Schwarz hat (und nicht etwas ganz anderes ist, z. B. Rot), und wenn sie zeigen müßte, welche Stellung in der Skala von Grau sie hat, dann könnte man mit den Zwischenstufen, die man zum ersten Male sieht, nichts anfangen; man könnte nicht interpolieren; von einem Helligkeitsgrad, den man zum erstenmal sähe, wüßte man nicht nur nicht, wo er seine Stellung zwischen Weiß und Schwarz hätte, sondern auch, ob er zwischen Blau oder Grün, vielleicht gar, ob er ein Ton oder eine Farbe wäre. Ein ganz lückenlose Reihe der Schattierungen nicht nur zwischen Weiß und Schwarz, sondern überhaupt bei allen Farben zwischen hell und dunkel ist aber zur Erkennung des Weltbildes durchaus notwendig, da die Helligkeiten uns ganz wesentlich helfen müssen, die Tiefendimension zu konstruieren, und es dabei gar nicht auf die absolute Helligkeit ankommt. So kann auch eine Fläche in der Dämmerung weniger Licht liefern als eine andere im Sonnenschein, und doch kann die erste weiß erscheinen und die zweite schwarz. Auch alle andern quantitativen Abstufungen müssen wir aus dem gleichen Grunde direkt als Abstufungen wahrnehmen, namentlich auch die Bewegungen im Raum[1]) und die sich verändernden Schnelligkeiten.

Umgekehrt müssen den wahrgenommenen Abstufungen solche in der Außenwelt parallel gehen. Da wir bei jedem neuen inneren Vorgang, stamme er aus den Sinnesorganen oder handle es sich um Dosierung einer Muskelkontraktion, interpolieren, so müßten wir ohne diesen Parallelismus in unseren Lokalisationen in den Schätzungen der Kraft und Wege der Bewegungen oder in der Konzentration von Geschmackstoffen in unserer Nahrung beständig fehl greifen.

Wo es sich um absolute Verschiedenheiten handelt, brauchen wir die Abstufungen nicht direkt wahrzunehmen: Rot geht nur bei physikalischer Auffassung, wenn die Lichtschwingungen immer kürzer werden, in Blau über. Psychologisch erscheinen uns die beiden Farben als qualitativ verschieden, und umgekehrt ist Spektralviolett psychologisch gar nicht eine einheitliche Farbe sondern eine Mischung von Rot und Blau.

Ähnlich wie Abstufungen und Reihen müssen sich noch andere Verhältnisse des Physischen im Psychischen analog den Verhältnissen der Dinge an sich ausdrücken, wenn das Weltbild für unsere Reaktion auf die Umgebung brauchbar sein soll. Doch können wir mit solchen Betrachtungen in der Erkenntnis der Qualitäten nicht weiterkommen.

Vielleicht kann man aber einmal herausbringen, warum Licht uns als Licht und nicht als etwas anderes, z. B. als Schall erscheint. Stellen wir uns einmal vor, was einem Farbenhörer leicht wird, daß wir die Retinareizungen durch das Licht psychisch in Schallqualitäten darstellen sollten. Bis zu einem gewissen Grade wäre es ohne weiteres möglich, und man könnte sich mit solchen Sinnesbildern gewiß einigermaßen im Raum orientieren. Die Unterschiede in der Lokalisationsschärfe, die beim Gesicht viel genauer ist als beim Gehör, würden sich natürlich sofort umkehren, wenn Töne durch die Retina wahrgenommen würden. Aber einige Schwierigkeiten ergäben sich doch: Das Gesicht unterscheidet sich von allen andern Sinnen dadurch, daß bei ihm Abwesenheit von Reiz auch ein Reiz ist, der Schwarz erzeugt, genau wie ein anderer Rot. Ein solches Verhalten ist notwendig; denn Gegenstände, die das Licht verschlucken, sind ebensogut Gegenstände wie solche, die die Lichtstrahlen zurückwerfen, während Stellen und Zeiten, wo nichts zu hören ist, für uns selten positive Bedeutung haben. Wir nehmen vermittelst der Retina das Kontinuum des Weltbildes wahr, mit dem Gehör nur das, was tönt. Man könnte auch mit der Schallskala die Farbenskala nicht gut vollständig darstellen; die Unterschiede innerhalb einer Oktave, wie sie allein bei den Farben in Betracht kommen, sind bei ihr zu klein und nur sehr relative, quantitative, während zwischen Rot und Grün oder beliebigen anderen Farben psychisch ein qualitativer Unterschied besteht. Wenn die Farben den Schall bezeichnen sollten, so stehen wieder zu wenig relative Unterschiede zur Verfügung. Es mag auch erwähnt werden,

[1]) Dabei ist es ganz gleichgültig, ob sich bei gewissen Betrachtungen die Bewegung eines Körpers und der Raum selbst als kontinuierlich bezeichnen lasse oder nicht.

daß beim Licht die relative Stärke, beim Schall die absolute bedeutungsvoller ist. Ein besonders wichtiger Unterschied wird der der Verschmelzung sein; Farben, die am nämlichen Orte gleichzeitig gesehen werden, verschmelzen miteinander zu einer Einheit, die manchmal die Komponenten gar nicht erkennen läßt (Grün aus Gelb und Blau, Weiß aus Komplementärgemischen) oder doch nur ungenügend und zu einer Einheit höherer Ordnung verschmolzen (Blaugrün; Violett aus Rot und Blau), während anderseits auch eine physikalisch einheitliche Farbe wie Violett oder Purpur des Spektrums als zusammengesetzt erscheint. Auf dem Gebiete der Töne aber werden auch so komplizierte Gemische wie ein Konzert zerlegt, so daß man jedes Instrument, ja bei einem Chor jeden einzelnen Sänger besonders hört, auch wenn das Lokal so einheitlich ist wie eine Phonographenmembran. Eine gewisse Analogie zu den Mischfarben haben wir immerhin bei den Vokalen, die psychisch nicht zu analysieren sind, und in gewissem Sinne bei Harmonien und Melodien, bei denen wir allerdings neben der Einheit die Teile doch noch wahrnehmen[1]).

Da man nicht weiß, wie viele von den spezifischen Eigenschaften der Sinnesempfindungen dem aufnehmenden Organ und wie viele der Psyche angehören, dürfte man daran denken, es wären Töne durch Retinaerregungen und Lichtempfindungen durch Gehörreizungen möglich von der Art, daß diese Schwierigkeiten vermieden würden. Aber es gibt wohl noch manche solcher Differenzen wie die aufgezählten, und wenn schließlich alle überwunden wären durch Veränderungen der Schallqualitäten auf der einen Seite und Veränderungen der Lichteigenschaften auf der andern, so fragt es sich, ob nicht aus der Schall- eine Lichtempfindung geworden wäre und umgekehrt. Oder beim Geschmack müßten wir uns fragen, ob nicht jede Empfindung, die der Zusammensetzung aus den Reizen der wenigen Geschmacksendigungen mit den entsprechenden zungenmotorischen, speichelsekretorischen und andern Funktionen entspricht, zur Geschmacksempfindung würde.

Könnte man alle diese Dinge zu Ende denken, so ist es nicht ausgeschlossen, daß man einmal ungefähr verstehen würde, warum die kortikale Folge der Ohrreizung von innen als Schall, die der Retinareizung als Licht empfunden wird, vielleicht sogar, warum innerhalb der Lichtempfindungen Weiß gerade als Weiß und nicht als Schwarz erscheint usw. Jedenfalls aber darf man auch hier nicht ein hochmütiges Ignorabimus aussprechen, ohne nachgewiesen zu haben, daß es berechtigt ist.

H. Die Einheit der Funktion.

Der Begriff der „Einheit" der zentralnervösen Funktion bedarf einer Klärung. Er wird auf ganz verschiedene Dinge angewandt. die auseinanderzuhalten sind.

1. Die Einheit der psychischen Elementarfunktion, die neben dem Gedächtnis eine der beiden wesentlichen Bedingungen des Bewußtseins ist, das Zusammenfließen oder die allgemeine gegenseitige Beeinflussung aller verschiedenen gleichzeitigen psychischen Funktionen in der Hirnrinde, etwa nach dem Bilde einer komplizierten elektrischen Anlage, in der die Elektrizität aus verschiedenen Quellen zusammenfließt oder durch Induktion sich beeinflußt: Das ist die Einheit, von der wir bis jetzt immer gesprochen haben. Sie muß zunächst eine funktionelle sein und ist als solche leicht nachzuweisen: schon in der Peripherie sehen wir Reize zusammenfließen und Bahnungen und Hemmungen bewirken (Herz; Vasomotoren; Darmbewegung und Sekretion). Die zentralnervösen (physiologischen) Funktionen können

[1]) Es mag kein Zufall sein, daß gerade die Vokale und bei musikalischen Leuten die Melodien und Akkorde resp. Harmonien besonders starke und einheitliche Photismen (Schallfarben) besitzen, während der musikalisch einfachere Trompetenton mit seinen lebhaften Obertönen sehr häufig gesprenkelt oder sonstwie verschiedenfarbig erscheint.

einander hemmen (die meisten widersprechenden Funktionen, starke Sinnesreize, beliebige andere Reflexe; Schockerscheinungen usw.), fördern (gleichsinnige und sich summierende) oder modifizieren (die lokalisatorischen Empfindungen, die Koordination der Reflexe). Namentlich im letzeren Falle können wir uns leicht vorstellen, wie das Zusammenfließen eine Einheit höherer Ordnung hervorbringt. Wenn z. B. der Wischreflex dirigiert wird von den kinästhetischen Empfindungen, die die Lokalisation der gereizten Hautstelle und die Ausgangsstellung des Beines definieren, so kann nicht jedes Empfindungselement für sich allein einen Beitrag zur motorischen Koördination der notwendigen Muskeln liefern; sondern es muß etwas, was wir psychisch als Zielen der Bewegung nach dem gereizten Punkte bezeichnen müssen, das direkt Leitende sein. Es ist das eine Einheit und zugleich eine „Funktion höherer Ordnung“, die Eigenschaften hat, die nicht in der Funktion der einzelnen Komponenten liegen. Auf psychischem Gebiete ist diese Art Einheit für jeden von vornherein gegeben; wir wissen, daß alle einzelnen psychischen Vorgänge in gleicher Weise wie in der Physiologie aufeinander einwirken. Gleichzeitige Reize summieren sich, wenn sie ähnliche Reaktion bewirken, hemmen sich, wenn sie verschiedene oder gar entgegengesetzte Tendenzen hervorbringen. Wie sehr sogar die einfachsten psychischen Funktionen von gleichzeitigen andern abhängig sind. zeigt der Simultankontrast. In dem komplizierten Gebiet des Denkens sehen wir, wie jede Konstellation ihre besondere Schaltungsstellung hat, in der ganzen Psyche die zum Thema gehörigen Ideen bahnt, andere hemmt. Die Affektivität bahnt und hemmt wieder die Vorgänge in ihrem Sinne.

Auf psychischem Gebiet kennen wir eigentlich nur Wirkungen von hochkomplizierten Einheiten. Die „Konstellation“ inklusive die ganze Hierarchie von Zielvorstellungen, die unsere Assoziationen leiten, ist etwas unendlich Zusammengesetztes, das einheitlich wirkt. Wir dürfen ruhig sagen, jeder psychische Vorgang, wo auch im Gehirn seine primären. d. h. auslösenden Elemente lokalisiert seien, beeinflußt jeden andern, verschmilzt in irgendeiner Beziehung mit den andern zur Hervorbringung einer gemeinsamen Wirkung. Die Gesamtpsyche, das Ich in seiner unvorstellbaren Kompliziertheit, reagiert jeden Moment als ein Ganzes. Geschmack und Geruch sind in manchen Beziehungen auffallend hilflos bei geschlossenen Augen, d. h. wenn gar nicht dazugehörige, aber gewöhnlich mit ihnen verbundene Vorstellungen ausfallen (Unterscheidung von weißem und rotem Wein, guten und schlechten, sogar brennenden und ausgelöschten Zigarren usw.) Und Hirnschädigungen können diese Integration noch besonders hervorheben, so beim Apoplektiker, der in der einen Konstellation ein Wort, einen Satz aussprechen, eine Bewegung ausführen kann, in der andern nicht (vgl. die v. Monakowsche Diaschise).

2. Diese „funktionelle“ Einheit setzt sich zusammen aus räumlicher[1]) und zeitlicher Einheit. Die erste ist ohne weiteres gegeben, indem die einzelnen Elementarfunktionen in der Hirnrinde in ein kontinuierliches Leitungsnetz einmünden, in welchem die höhern psychi-

[1]) Räumlich im Sinne der objektiven Hirnfunktion, nicht der von innen gesehenen Psyche.

schen Gebilde bis jetzt keine Lokalisation entdecken ließen, also offenbar über die ganze Rinde sich verbreiten, womit nicht gesagt sein soll, daß alle Rindenelemente in gleicher Weise an solchen Funktionen teilnehmen. Im Gegenteil, Physiologie und Psychologie verlangen daneben eine weitgehende Isolierung mit Schaltungseinrichtungen, die gewiß nur zum Teil so zu denken ist, daß verschiedene Funktionen innerhalb der nämlichen Organteile isoliert nebeneinander ablaufen, sondern daß bei den verschiedenen psychischen Vorgängen die einzelnen Teile wenigstens relativ weniger oder mehr zu funktionieren haben, so daß die Isolierung eines Begriffes, einer Idee von andern zugleich eine andere Verteilung des Psychokyms in den verschiedenen Elementengruppen bedeutet. Nur so können wir uns erklären, daß die Nervenzentren nicht ein Klumpen Kolloid sind, sondern daß sie sich in ein unendlich kompliziertes Gewirre von Fasern aufsplittern, und daß offenbar diese Komplikation, und nicht die bloße Masse, der Differenzierung und Ausbildung der psychischen Fähigkeiten entspricht. Immerhin handelt es sich da im Prinzip vielleicht nur um ein Vorwiegen verschiedener Elemente bei verschiedenen Psychismen; ich kann mir gut denken, daß die nämliche Elementenkombination die verschiedensten psychischen Gebilde hervorbringen kann, sowie der nämliche Geigenboden alle Klänge wiedergibt, oder wie die Reizung der nämlichen Gruppe von Retinazapfen verschiedene Farbenempfindungen produzieren kann, je nachdem die einzelnen Zapfen in verschiedenen Verhältnissen gereizt werden.

Die räumliche Einheit wäre also vorläufig in etwa folgender Weise zu denken: Sie ist nicht punktförmig, sondern besteht in der Ausbreitung aller psychischen Prozesse über die nämliche Hirnrinde. Dabei kommt aber vielleicht jeder Funktion eine andere Verteilung über die Elemente der Rinde zu, so daß die einen mehr, die andern weniger mitschwingen, möglicherweise sich sogar manchmal nicht alles, oder nie alles, erheblich an der Funktion beteiligt. Da doch recht viel Psychisches — namentlich zentrifugales und zentripetales — in einem gewissen Sinne lokalisiert ist (aphasische, apraktische Störungen, Ausfall der optischen oder der musikalischen Vorstellungen, anderes Triebleben bei Verletzungen des Stirnhirns als des Okzipitalhirns usw.), und die den Leistungen parallel gehende unübersehbare Kompliziertheit des Rindenbaues eine verschiedene Wertigkeit der einzelnen Elemente höchst wahrscheinlich macht, kann man sich am ehesten vorstellen, daß die Eigenart jeder Funktion nicht nur an eine bestimmte Qualität des Neurokymablaufes (bildlich: Schwingungsform) geknüpft sei, sondern auch an bestimmte Verteilungen des Neurokyms, z. B. für optische Vorstellungen vorwiegend in der fossa calcarina, für motorische in den Zentralwindungen oder von da ausgehend resp. dahin sich konzentrierend. Der nicht spezifische Teil der Rinde würde dann mehr als Resonanz teilnehmen, resp. beeinflußt werden im Hemmen und Bahnen bestimmter Wege, in den Schaltungen, und seinerseits die spezifische Funktion hemmen und bahnen und leiten. Eine solche Vorstellung scheint mir zurzeit widerspruchslos und unserem gesamten jetzigen Wissen am besten zu entsprechen. Sie hat auch den Vorteil der Analogie mit niedrigeren Organen, z. B. dem Rückenmark, dessen einzelne Funktionen in bestimmt lokalisierten Apparaten ihren Sitz haben, aber durch Fernwirkung einander beeinflussen. Nur hat im Rückenmark die isolierte Funktion die wichtigste Bedeutung, die diffuse Beeinflussung eine höchst untergeordnete, während es sich in der Psyche der Rinde umgekehrt verhält.

Keine so einfache Vorstellung ist die zeitliche Einheit der Elemente. Die nervöse Funktion ist ja, wie die Physiologie lehrt, kein Zustand, sondern eine stete Schwankung; nur Veränderungen wirken reizauslösend und das Neurokym ist, soweit wir wissen, kein kontinuierlicher Strom (der Tetanus besteht aus Serien momentaner Reize; Alles- oder Nichtsgesetz; Refraktärstadium usw.), wenn auch in den Zentren eine „Verlangsamung" des Ablaufes und eine Summierung sukzessiver Reize eintreten kann (die Natur der Summierung kennt man meines Wissens noch nicht). Auch die Psyche nimmt nur Differenzen wahr und kann eine Vorstellung nicht unverändert festhalten. Nur die peripheren Funktionen, die Empfindung eines dauernden Reizes, Farbe, Schall, und die Aufrechterhaltung einer tetanischen Kontraktion sind von der psychischen Seite nicht deutlich als kontinuierliche Schwankungen erkennbar; aber gerade bei diesen ist die rhythmische Natur ihres physiologisch zugänglichen Anteils schon längst erwiesen[1]).

Dadurch, daß wir im Psychokym mit Schwankungen oder Strömen nur kurzer Dauer zu rechnen haben, wird die Vorstellung der zeitlichen Einheit einer Mehrzahl solcher Ströme erschwert, besonders, wenn wir noch daran denken, daß wenigstens auf physiologischem Gebiet nach Ablauf eines jeden einzelnen Stromelementes ein Refraktärstadium eintritt. Noch komplizierter wird die Vorstellung dadurch, daß Rindenfunktionen sich über ein ausgedehntes Gebiet verbreiten.

Es wäre zwar denkbar, daß ein ganz elementarer neuropsychischer Vorgang in einer einzelnen Zelle ablaufen würde, deren Funktion man auch zeitlich als eine Einheit betrachten dürfte; aber zu der Zelle gehören die leitenden Dendriten und der Achsenzylinder, von denen namentlich der letztere in den größeren Gehirnen schon eine ganz erhebliche Länge besitzen kann. Außerdem wissen wir aus Anatomie und Physiologie, daß auch der einfachste Vorgang niemals in einem einzelnen Element abläuft, und vor allem haben wir es im Zentralnervensystem höherer Tiere wohl nie mit der Wirkung eines einzelnen Elementarvorganges zu tun, sondern mit einer Komplikation, z. B. schon beim einfachen Wischreflex des Frosches, der eine große Zahl kinästhetischer und zentrifugal koordinatorischer Reize enthält. Noch komplizierter sind unsere psychischen Gebilde, die Vorstellungen, Ideen usw., die unzweifelhaft über die ganze Rinde verbreitet sind, sowie eine Schmerzempfindung (ohne die Lokalisation) der ganzen Rinde angehört. Die Schaltungswirkung einer Idee, einer Gemütsbewegung, erstreckt sich unzweifelhaft über das ganze Gehirn.

Ein wirksamer neuropsychischer Funktionskomplex verbreitet sich also von einzelnen Brennpunkten aus im Gehirn, und er besitzt seine individuelle Eigenart erst durch das Zusammenwirken quantitativ ungleich verteilter lokalisierter Funktionen und hat, z. B. in den Schaltungen, wieder als Ganzes Einfluß auf das ganze Gehirn. Die Verbreitungs-

[1]) Unter pathologischen Umständen soll auch eine Halluzination kontinuierlich sein können. Wir wissen zu wenig von der Natur der Halluzinationen, um diesen Umstand in Rechnung zu ziehen, wenn es sich wirklich so verhält.

geschwindigkeit muß also im Verhältnis zu der Dauer eines neuropsychischen Vorganges sehr groß sein, damit alle diese verschieden lokalisierten Qualitäten und Kombinationen und Wirkungen noch eine funktionelle Einheit sein können.

Diese Einheit der elementaren Funktion muß ja auch eine elementare sein, nicht eine solche, die erst der Beobachter hineinlegt, wie die Einheit der „Bewegung" eines Kinobildes, die nur durch Zusammensetzung eines unzusammenhängenden Nacheinander verschiedener Lokalisationen entsteht. Wellenbewegungen voneinander unabhängig gedachter Moleküle sind keine solche Einheit[1]). Auch wenn wir zwei Flüssigkeiten mischen, haben wir keine Einheit in dem gewünschten Sinne. Die beiderartigen Moleküle sind nebeneinander. Ich denke mir, daß wohl nur die Funktion, die Energieform eine solche Einheit darstellen könne. Diese muß durch die ererbten und erworbenen Nervendispositionen, die sie durchläuft, oder in denen sie entsteht (in verschiedenen Dimensionen?) qualitativ modifizierbar sein. Nur so kann sie den Forderungen gerecht werden, die ihre Funktion an sie stellen muß. Es ist aber gleichgültig, ob wir diese Forderung zur Erklärung der nervösen oder der psychischen Erscheinungen stellen: die Ansprüche sind genau die nämlichen.

Da wir weder die Natur der neuropsychischen „Energie" noch ihre Qualitäten kennen. können wir uns zur Zeit keine Vorstellung über die Art und das Zustandekommen einer solchen Einheit machen. Ein Bild mag statt dessen angeführt werden. In den Tönen eines Orchesters haben wir (abgesehen von den zeitlichen Verhältnissen) eine Einheit der Funktion, die als solche von der einzigen Schallplatte des Telephons wiedergegeben wird. Das Cortische Organ ist ein Analysator, der die einzelnen Töne isoliert, so daß unsere Psyche sie einzeln oder als von ihr neu zusammengefaßte Einheit des Zusammenklangs erfassen kann. Daß die Moleküle oder andere Elemente des zerebralen Kolloids einer so unendlich komplizierten Funktion fähig sein können, wird vielleicht verständlich, wenn wir daran denken, daß ein Element der lichtleitenden Substanz gleichzeitig von nahezu unendlich vielen Richtungen in Schwingung versetzt wird und in jeder dieser Richtungen ihre zugehörige Schwingung weitergibt.

Hier könnten Studien über die Natur des (zentralen) Neurokyms anknüpfen. Ob die beliebten Vorstellungen von Schwingungen allem gerecht werden können, ist mir fraglich. Jedenfalls wäre das Wesentliche nicht Schwingungen der Moleküle, sondern Schwingungen der Energie. Von physikalischen Vorstellungen, die man wenigstens als Analogien herbeiziehen könnte, seien erwähnt die Schwankungen eines elektrischen Feldes, die sich mit Lichtgeschwindigkeit über die ganze Welt verbreiten, und die Schwerkraft, deren Übertragungsgeschwindigkeit jedenfalls nicht geringer ist.

Gegenüber diesen enormen Geschwindigkeiten geben Studien über Präsenzzeit psychophysischer Erscheinungen verhältnismäßig große Zahlen, die aber sicher nicht den zeitlichen Elementen entsprechen, denn wir reagieren viel schneller. Gleiche Reize summieren sich noch bei 0,4″ Intervall, unterschwellige Pfotenreize plus entsprechende unterschwellige Rindenreize bewirken noch Zuckungen, wenn die Zeitdifferenz 0,6″ beträgt (Exner). Nach Stern[2]) hat die Gegenwart eine Dauer von ca. 0,6″. Noch länger dauern die primären Gedächtnisbilder: Wenn man etwas ansieht oder anhört und rasch die Augen schließt oder der Schall aufhört,

[1]) Vgl. immerhin Kapitel Psychokym.

[2]) Psychische Präsenzzeit. Ztschr. f. Psychol. u. Physiol. d. Sinnesorgane. **13**, S. 324.

hat man kurze Zeit nachher noch ein Erinnerungsbild mit besonderer Schärfe, an dem man noch Neues bemerken, einzelne Teile zählen kann usw. Es ist also im Nervensystem und in der Psyche doch etwas vorhanden, was eine gewisse Dauer hat, jedenfalls eine größere als die der Elementarströme.

3. Eine ganz andere Art zeitlicher Einheit der Psyche drückt sich darin aus, daß wir objektiv und subjektiv im jetzigen Moment die nämlichen sind wie in früheren Zeitpunkten. Dies wird durch die Engraphie gewährleistet[1]), ist aber nicht so einfach, wie man sich gewöhnlich vorstellt. JAMES[2]) hat versucht, die Komplikation unter folgendem Bilde darzustellen: Dem gegenwärtigen Augenblick gehört die Gegenwart an, aber auch die ganze Vergangenheit mit ihrem Engrammschatz; er ist wie der Führer einer Herde. Im folgenden Moment ist ein neuer Führer hinzugekommen, der den ersten in die Herde (der Vergangenheit, der Engramme) eintreten läßt und von ihm und zugleich von der ganzen Herde Besitz nimmt usw. Die Sache ist in Wirklichkeit noch komplizierter, einmal dadurch, daß jeder zurücktretende Moment seine ganze Vergangenheit beibehält; diese ist also in dem Engramm jedes Momentes besonders enthalten. Das Ich des 22. September 1918 2 Uhr 3 Min. nachm. sieht ein Känguruh. Es bildet sich der Komplex: Bisheriges Ich + Känguruh. Das frühere Ich (ohne Känguruh) besteht aber als Engrammkomplex weiter. Im nächsten Moment findet das Ich das Känguruh komisch; nun entsteht der neue Komplex: Ich + Känguruh + Komisch-finden; daneben bleibt der Komplex Ich + Känguruh als Engramm. Noch komplizierter muß der Vorgang erscheinen, wenn wir uns klarmachen, daß wir mit dem Känguruh und dem Komischfinden nur hervorragende Punkte in einer ganz kontinuierlichen Kurve herausgehoben haben, in der jedes Stückchen in sich, nicht bloß hinter sich, die ganze Vergangenheit enthält.

Nun aber gibt es Störungen in dieser Einheit. Nicht nur, daß die meisten Erinnerungen nur potentia und nicht aktuell vorhanden sind. Manche Erinnerungsreihen werden zu bestimmten Zeiten, bei bestimmter Konstellation unekphorierbar oder sind nur bei bestimmter Konstellation zu ekphorieren. Da ist das Ich in bezug auf diese Engrammgruppen praktisch nicht zusammenhängend; wenn es sich erinnert, ist es ein anderes, als wenn es sich nicht erinnert. In Krankheiten, namentlich Hysterie und Schizophrenie, kann der Zusammenhang mehr oder weniger vollständig unterbrochen werden, so daß wir statt der Einheit der Person mehrere Personen nacheinander im nämlichen Gehirn sehen (alternierendes Bewußtsein). Als eine Unterbrechung der zeitlichen Einheit sind auch die Amnesien zu erwähnen.

4. Viel diskutiert ist die Einheit der Psyche im Nebeneinander, namentlich die Einheit der Strebungen, des Wollens. Die Theo-

[1]) Entgegen früheren Ansichten (LEIBNIZ, CARTHESIUS u. a.) kommt es dabei gar nicht auf die Kontinuität des Bewußtseins an (bei diesen Leuten allerdings nicht ganz der nämliche Begriff wie bei uns), sondern auf die Kontinuität des Inhaltes. Das Bewußtsein kann durch Hirndruck, Hirnerschütterung, Narkose, epileptischen Anfall (vielleicht sogar Schlaf) für eine Zeit unterbrochen sein, die Kontinuität der Person wird deshalb nicht gestört, da die Kette der Erinnerungen nach der Bewußtlosigkeit wieder an das Stück vor derselben anknüpft. Eine Art inhaltlicher Unterbrechung besteht bei alternierendem Bewußtsein und ähnlichen Zuständen.

[2]) JAMES, The principles of Psychology. London, Macmillan, 1891. Vol. I. S. 339.

retiker behaupten meist ihr Vorhandensein. Der Praktiker und Beobachter sieht etwas ganz anderes: Eine Menge von Trieben und Instinkten und Strebungen nebeneinander, die sich gegenseitig fördern oder hemmen, im letzteren Fall einen Kampf führen, der hart werden und lange dauern kann, der für den einen Zeitpunkt die Herrschaft über unsere Handlungen dem einen, im andern Zeitpunkt bei wenig anderer psychischer oder physischer Konstellation dem andern zukommen läßt; ja wir sehen antagonistische Triebpaare in uns, die offenbar zur Regulierung der Psyche ebenso notwendig sind, wie die antagonistischen Muskeln, die Beschleuniger und Verlangsamer der Herzaktion, die Gefäßerweiterer und die Gefäßverengerer, die innersekretorischen und überhaupt physiologisch-chemischen Gegensätze: wie Liebe und Haß; Aggressionslust und Furcht; Kampflust und Friedensliebe; Lust sich zu betätigen und Lust an der Ruhe; Mitleid und Quältrieb; positive und negative Suggestibilität und viele andere Paare, die alle das Verhalten des nämlichen Individuums regulieren. Die Seele ist also funktionell ebensowenig punktförmig wie räumlich.

Alle diese Strebungen vereinigen sich in der Arena der Hirnrinde (funktionell ausgedrückt, der Persönlichkeit), die je nach ihrer Anlage und je nach ihren Engrammen (Erfahrungen) den Ausschlag zu geben versucht und gewöhnlich auch geben kann, aber nur zu oft schon im Normalen keinen Entscheid treffen kann oder bald dem einen, bald dem andern Interesse recht gibt, wie man sich ausdrückt, d. h. entweder unentschlossen bleibt oder der Spielball der Triebe wird.

Diese Art Einheit der Strebungen im nämlichen Moment ist, soweit sie existiert, eine Einheit der Schaltungen[1]). Wenn *eine* Idee, *ein* Gefühl, *eine* Strebung so stark überwiegt, daß sie alle Schaltungen beherrscht, das Widerstrebende absperrt, das Unterstützende zufließen läßt, so ist die Psyche einheitlich. Diese Einheit betrifft auch die zeitliche Kontinuität; sie wird zur Beharrlichkeit des Strebens, wenn dieses Übergewicht der einen Funktion anhält.

In der Schizophrenie sehen wir die an sich schon unvollkommene Einheit von Wollen oder Streben oft vollständig zerrissen. Nach- und nebeneinander beherrschen einzelne Triebe die Psyche oder auch nur die ausführenden Extremitäten. Auch diese Zersplitterung ist nichts als eine Folge von Abspaltungen, eine Wirkung der Schaltungskraft der Affekte, der die geschwächten Assoziationstendenzen nur ungenügenden Widerstand entgegenzusetzen vermögen.

Auch der mehr intellektuelle Teil kann auf diese Weise gespalten sein: Der nämliche Patient ist je nach Konstellation der Schultze oder der Kaiser oder der Papst oder ein Tier usw.

Wer nicht unsere verschiedenen Strebungen in ihrer relativen und — in pathologischen Zuständen manchmal absoluten — Selbständigkeit kennt, wird niemals imstande sein, die Neurosen zu verstehen.

In diesem Sinne ist die Seele funktionell teilbar.

Die Psyche ist noch in einer ganz andern Richtung zerlegbar: Bewußtsein, Überlegung, Wollen sind Dinge, die in gewisser Beziehung voneinander unabhängig sind. Überlegung und Wollen

[1]) Siehe Kapitel „Schaltungen".

können ohne Bewußtsein vorkommen, Wollen auch ohne Überlegung, und ein elementares Bewußtsein ist, wie in Abschnitt E ausgeführt, wenigstens theoretisch denkbar ohne Überlegung und Wollen. (Vgl. auch unten die Grenzen des Psychischen.)

Es enthält unzweifelhaft auch etwas Richtiges, wenn GOLTZ sagt, die Seele sei mit dem Nervensystem anatomisch teilbar, wenn wir auch z. B. über die Existenz seiner Rückenmarksseele nichts wissen. Auch beim Menschen sitzt noch etwas von den Affekten in der Thalamusgegend. Die Strebungen, oder doch ihre Quellen, sind verschieden lokalisiert; Herde im Stirnhirn machen einen andern Menschen aus uns; ein Teil der Hemmungen ist von uns genommen. Umgekehrt genügt eine Hemisphäre zur Erhaltung der Psyche. Der Schluß ist wohl unabweislich, daß also wenigstens theoretisch eine Trennung der Psyche in zwei nebeneinander funktionierende Hemisphärenseelen möglich ist. Ich habe sogar einmal einen Fall beobachtet, wo die beiden Seiten sich zu bekämpfen schienen[1]). (Die Sektion ergab, wie ich hier nachtragen will, makroskopisch den gewöhnlichen Paralysebefund und keine besondere Degeneration des Balkens.)

5. Mit diesen Andeutungen haben wir auch Stellung genommen zu der Einheit des Bewußtseins. Bezeichnet man mit dem Worte Bewußtsein etwas Inhaltliches, den zusammenhängenden Komplex psychischer Funktionen, so haben wir ersehen, daß der Zusammenhang auf verschiedene Weise unterbrochen werden kann. Bezeichnen wir nur die bewußte Qualität, so kommt der Begriff der Einheit überhaupt nicht mehr in Betracht. Es gibt eine (zerstörbare) Einheit der Engramme, d. h. eine zeitliche Einheit der Person, eine Einheit der verschiedenen Strebungen in den Entscheiden, die die Person in die Wagschale wirft, u. dgl. Die bewußte Qualität jedoch kann, aber braucht nicht einem einheitlichen Komplex anzugehören; eine Rückenmarksseele und andere Unterseelen sind „möglich".

Dies alles sind nur Andeutungen, die aber genügen mögen, um diese Art Einheit zu charakterisieren. Betrachtet man die Sache phylogenetisch, so ist diese Auffassung direkt gegeben. Wir sehen in der aufsteigenden Tierreihe eine Menge von nach Segmenten und Funktionen getrennten Apparaten, die in den höheren Zentren und zuletzt in der Hirnrinde einigermaßen zusammengefaßt und kontrolliert werden. Wenn es aber ein phylogenetisches Ziel sein sollte, die gesamte Zentralnervenfunktion mit ihren Strebungen in der Rinde in eine Einheit zusammenzufassen, so ist die Entwicklung beim Menschen noch nicht am Ende angelangt, sondern am Anfang; denn die einzelnen Apparate fungieren immer noch für sich vom Rückenmark bis hinauf zu den höchsten Spezialzentren.

[1]) BLEULER, Halbseitiges Delirium. Psychiatr.-neurol. WS. 1912, Nr. 34. Diese laterale Spaltung ist in keiner Weise zu parallelisieren den schizophrenen, hysterischen und normalen Spaltungen und Abspaltungen der Psyche. Die eine Hirnhälfte repräsentiert im wesentlichen die ganze Funktion der Psyche, wie der (längsgeteilte) halbe Sartorius die ganze Funktion des Muskels. Bei den funktionellen Spaltungen aber fallen bestimmte Tätigkeiten aus, oder die Einzeltätigkeiten funktionieren selbständig, ohne Koordination mit den andern, ja oft gegeneinander.

J. Die Grenzen des Psychischen.

Unser Bewußtsein ist eine Funktion eines mnemischen Organismus, den wir genauer vorläufig nur in der Form eines CNS.s kennen. Wo eine solche — oder gleichwertige — Einrichtung fehlt, kann ein ähnliches Bewußtsein nicht vorkommen. Diejenigen, die im Bewußtsein etwas ganz Besonderes, etwas, das mit der physischen Welt überhaupt keinen Berührungspunkt hat, sehen, kommen da allerdings aus negativen Gründen zu anderen Vorstellungen. Sie machen darauf aufmerksam, daß ein sich phylogenetisch oder ontogenetisch entwickelnder Organismus nicht auf einmal etwas prinzipiell Neues aus sich heraus schaffen könne; daraus folge, daß, weil der Mensch Bewußtsein habe, auch die Amöbe Bewußtsein besitze und dann auch die Atome, aus denen sich die Amöbe zusammensetze, und da neuestens auch die Atome zerlegbar sind, schließlich auch die Elektrone usf. bis ins unendlich Kleine. So lange wir aber in die Atome kein Gedächtnis hineindenken, können wir ihnen kein Bewußtsein zuschreiben. Es wäre nicht nur ein Bewußtsein ohne Inhalt, sondern ganz abgesehen von dieser Unmöglichkeit könnte da niemals ein Bewußtsein überhaupt vorkommen und wenn man es sich noch so „rudimentär" denken wollte[1]). Für uns ist die Sache sehr einfach. In der Entwicklung unseres Nervensystems ist das Bewußtsein eine Funktion, die ähnlich wie die Fähigkeit des Hustens auftritt, wenn die betreffenden Organe vorhanden sind, vorher aber auch nicht „im Keim" vorhanden ist. Das Neue liegt in der Komplikation; ob man es „prinzipiell neu" nennen wolle, ist Geschmackssache. Jedenfalls ist das Bewußtsein eine jener Funktionen, die dem einzelnen Teil nicht zukommt, sondern nur einem Ganzen, so wie das, was den Begriff der Lokomotive bildet, nirgends in den einzelnen Eisenstücken liegt, die sie zusammensetzen.

Wundt[2]) sagt: „Wir würden dem Zusammenhang der psychischen Vorgänge selbst verständnislos gegenüberstehen, auch wenn uns der Zusammenhang der Gehirnvorgänge so klar vor Augen stünde, wie die Mechanismen einer Taschenuhr". Er verzichtet aber gewiß zu früh. Wenn wir z. B. die den Begriffen entsprechenden Vorgänge im Gehirn kännten, so würden wir sehen, wie diese einander folgen, einander „assoziieren", ganz so wie die Räderbewegungen der Taschenuhr; denn bei dieser kennen wir ja auch nicht die Zusammenhänge, wie die gespannte Feder in Bewegung kommt, wie ein Rad die Bewegung auf ein anderes überträgt. Und nach dem Obigen könnten wir noch mehr sehen: Außer in den Übergangsfällen würden wir objektiv — durch Analogieschluß, der so viel Wahrscheinlichkeit hätte wie irgend einer — bestimmen können, ob Bewußtsein vorhanden sei oder nicht.

Ist die Psyche eine Funktion des Zentralnervensystems, so haben

---

[1]) Gegenüber andern Anwendungen solcher Vorstellungen ist noch zu bemerken, daß ein Atom- oder Zellbewußtsein das Bewußtsein komplizierter Geschöpfe nicht „erklärt"; jedes Bewußtsein muß aus seiner eigenen Einheit besonders aufgebaut werden. Auch wenn wir ein Zell- und ein Rückenmarks- und ein Stammganglienbewußtsein haben, so bilden diese keinen Bestandteil unseres Rindenbewußtseins. Deshalb können wir direkt nichts von solchen unteren Bewußtseinen wissen.

[2]) Phys. Psych. 6. Aufl. III. 754.

wir Psyche vorauszusetzen, wo ein Zentralnervensystem Gedächtnis und Einheit der Funktion garantiert. Leider ist aber mit diesem selbstverständlichen Satz gar nichts Konkretes gesagt. Gedächtnis und Einheit sind relative Begriffe; von welchem Grad ihrer Ausbildung an wollen wir von Psyche reden? oder — noch schwieriger — von wo an dürfen wir ein Bewußtsein erwarten? Genügen das geringe Gedächtnis des Rückenmarkes und seine verhältnismäßig wenigen Verbindungen wirklich zur Annahme einer Rückenmarksseele? Oder: das Rückenmark hat eine Spur Gedächtnis. Folgt daraus, daß es eine Spur Bewußtsein hat[1])? Was ist „eine Spur Bewußtsein" [2])? Ferner: Wo fängt das Bewußtsein in der aufsteigenden Tierreihe an? Können nicht auch ältere Einrichtungen als das Nervensystem Bewußtsein hervorbringen? Der Nerv ist ja nur eine Spezialisierung der dem Protoplasma eigentümlichen Fähigkeit, Reize aufzunehmen und in Reaktionen zu verwandeln und weiter-

---

[1]) Am lockendsten ist die Frage nach einem Kleinhirnbewußtsein. Das Kleinhirn scheint ein entwickeltes Gedächtnis zu haben, nimmt man doch an, daß die feineren Bewegungen, die so viel Übung verlangen wie die Sprache oder das Violinspiel, ganz besonders vom Kleinhirn abhängig seien. Es ist aber, wie es scheint, ein rein motorisches Organ, bekommt vielleicht weder Gehörs- noch Gesichts- noch Tasteindrücke. Wie müßte sich da ein Bewußtsein machen? Ferner scheint es keine weißen „Assoziationsfasern" zu haben; ist das nicht ein Zeichen ungenügender Vereinheitlichung der lokalen Funktionen, oder dann Ausdruck des gleichwertigen bloß additiven Zusammenarbeitens der einzelnen Elemente? Weiß man einmal mehr von der Physiologie des Kleinhirns, so wird sich die Frage nach der Existenz und Art einer Kleinhirnseele, die neben dem Rindenbewußtsein existierte, behandeln lassen, ohne Phantasterei zu treiben.

[2]) Man spricht auch von „rudimentärem" Bewußtsein. Was ist dabei zu denken? Die bewußte Qualität kann vielleicht stärker oder schwächer, mehr oder weniger ausgesprochen sein, kaum aber rudimentär. Und doch scheint der Ausdruck den Vorstellungen, die wir uns machen müssen, entsprechend. Es handelt sich eben zunächst um Abstufungen dessen, was man sonst den „Inhalt des Bewußtseins" nennt, das was bewußt wird. Da ist es gleich klar, daß, wenn der fliegende Stein ein Gedächtnis hätte, das irgend etwas von der früheren Ortsbeziehung neben einer aktuellen aufbewahren würde, er dann zwar „etwas von einer Bewegung" wahrnehmen müßte, niemals aber das, was wir bei unseren ausgebildeten Begriffen unter Bewegung verstehen. Das Wesentliche aber des Bewußtseins wäre bei jeder physikalischen Funktion, die Gedächtnis und Einheit besitzt, vorhanden, irgendeine Art Wahrnehmung des veränderten Zustandes, und zwar auch dann, wenn das Gedächtnis sich nur auf einen Bruchteil einer Sekunde erstrecken würde. Es würde ihm ein undifferenziertes Etwas bewußt; von einem „Wissen" wäre keine Rede; das würde eine Vielheit genauer Vorstellungen voraussetzen. Ein niederes Tier, das einen Schmerz fühlt, wird diesen zwar insofern lokalisieren, als es mit den geeigneten Bewegungen darauf reagiert; aber mehr als etwas, das wir mit dem Ausdruck „allgemeines Unbehagen" bezeichnen können, wird es wohl nicht empfinden. Sehen wir doch noch bei kleinen Kindern, mit den wir uns schon einigermaßen verständigen können, daß sie manchmal nicht wissen, „wo sie der Schuh drückt". Ein „klares" Bewußtsein, Vorstellungen von Situationen mit ihren Konsequenzen, von Dingen, von Grund und Ursache, ein „Erkennen" usw. kann natürlich erst vorkommen, wenn das begriffliche Denken ausgebildet ist (der Ausdruck „klar" bezieht sich hier gar nicht auf das Bewußtsein in unserem Sinne, sondern auf Vorstellungen und eventuell Überlegungen, d. h. auf seinen Inhalt). Und gar ein Bewußtsein der eigenen Person (nicht etwa eine elementare Unterscheidung derselben von der Außenwelt) kann erst vorkommen, wenn eine begriffliche Person ausgebildet ist. All das verlangt eine Komplikation des Gedächtnisses, wie wir sie nur bei den höchsten Geschöpfen, vielleicht nur bei den Menschen beobachten.

Außerdem muß es natürlich Abstufungen in der Stärke der bewußten Qualität von Null bis zum Maximum geben, etwa so wie Übergänge von voller Ruhe zu schnellster Bewegung vorkommen. Wenn die Produktion oder der Ablauf des Psychokyms gehemmt ist, beim Hirndruck, bei Vergiftungen, Hirnerschütterungen, ohnmachtähnlichen Zuständen usw., muß die bewußte Qualität irgendwie weniger intensiv sein als sonst, denn bei Zunahme der Störung wird die Funktion, die Psychokymbewegung null.

zuleiten. Wäre dann die Langsamkeit der Leitung mit einem entsprechend langsameren Ablauf der Neurokymwelle verbunden, so könnte die „Welle" dennoch über das ganze Organ des Zusammenfließens (in solchen Fällen vielleicht das ganze Geschöpf) sich verbreiten, bevor sie abgelaufen ist. Unter diesen Umständen wäre auch ohne Gehirn eine Zusammenfassung verschiedener mnemischer und aktueller Funktionen zu einer Einheit und damit eine Art Bewußtsein möglich. All das ist noch nicht auszuschließen.

Wir wissen auch, daß es in den Pflanzen Reizleitungen gibt, daß alle Teile des Individuums irgendwie beeinflußt werden von dem Zustand beliebiger anderer[1]). Inwiefern diese Einflüsse Engramme machen, und ob diese ekphorierbar sind, ist eine im Prinzip beantwortbare Frage, nur muß man noch viel mehr Beobachtungen haben. Wenn ja, müßte man nach den Grundlagen eines Pflanzenbewußtseins suchen. Inwiefern würde die Langsamkeit der Reizleitung bei den Pflanzen ein eventuell vorhandenes Bewußtsein anders gestalten als das unserige?

Aber noch mehr. Die Frage nach Bewußtsein und die nach Überlegung decken sich, wie oben angedeutet, nicht. Das eine ist denkbar ohne das andere, jedenfalls Überlegung ohne Bewußtsein. Überlegung ist zunächst die Bildung von neuen Funktionskomplexen nach Analogie der in individuellen Erfahrung: Das Kind hat sich an der Kerzenflamme gebrannt und den Finger zurückgezogen. Bei einer neuerlichen Annäherung einer Flamme zieht es ihn wieder zurück, aber bevor es sich gebrannt hat. Der die Reaktion auslösende Schmerz ist als Engramm aufbewahrt und durch den Anblick der Kerzenflamme ekphoriert worden, und außerdem ist das Zurückziehen des Fingers selber direkt mit dem Anblick der Kerzenflamme assoziiert worden (vgl. die Assoziationsreflexe). Beim Nachgraben um einen Baum sieht man jedesmal die Wurzeln: Der Begriff Baum wird so mit dem Begriff Wurzeln assoziiert, daß gegebenenfalls an die Vorstellung (oder Wahrnehmung) des Baumes ohne weiteres die der Wurzel assoziiert wird, was der Logiker in die Form kleidet: jeder Baum hat Wurzeln, dies ist ein Baum, also hat er Wurzeln.

Es gibt nun aber phylogenetisch erworbene Engramme in den Reflexen und Instinkten. Die Spinne mit ihrem ziemlich armseligen Gehirn macht komplizierte Netze, die sie der Umgebung anpaßt. Vögel stellen sich flügellahm, „um" Feinde vom Nest wegzulocken. Sogar beim Menschen, wo der ganze Denkapparat ein plastischer geworden ist, d. h. wo nur individuell erworbene Engramme zur Überlegung benutzt werden, bestehen recht weit ausgebildete angeborene Denktendenzen, wie die zur Schaffung der Vorstellung vom Kreislauf des menschlichen Lebens, der Verjüngung der Alten zu Neugeborenen nach dem Muster des Vogels Phönix (nachweisbar bei Kindern, bevor eine klare Vorstellung des Todes sich ausgebildet hat). Könnten diese Engramme nicht Gelegenheit zu einer Art phylogenetischer Überlegung, ja einer Art Bewußtsein[2]) geben? Auch diese Frage scheint mir nicht unbeantwortbar, wenn einmal mehr Material über die Variabilität namentlich der Instinkte gesammelt ist. Damit würden neolamarckistische Ideen verständlich, d. h. eine Zielstrebigkeit der Entwicklung und vielleicht auch relativ plötzliche Sprünge, wie sie eben die Überlegung hervorbringt. Das plastische Zentralnervensystem der höheren Tiere ermöglicht eine Anpassung in Bruchteilen einer Sekunde, und nach einer oder wenigen entsprechenden Erfahrungen; die Art hätte dazu beliebig lange Zeiträume zur Verfügung und müßte

---

[1]) Es sollen sogar die Verbindungen der pflanzlichen Zellen in zahllosen äußerst feinen Fädchen kontinuierlichen Protoplasmas, die von einer Zelle zur andern gehen („Desmoplasma"), nachgewiesen sein.

[2]) Nach Forel und andern sind die Instinkte bewußt erworben und dann automatisiert, wie viele menschliche Fähigkeiten, Radfahren, Schreiben usw. Ich kann mir nicht denken, daß ein Spinnenhirn die Bautechnik seines Netzes bewußt erfinden könnte, auch nicht in kleinen Schrittchen.

statt weniger Erfahrungen deren eine große Menge benutzen. Allerdings ist noch eine Schwierigkeit. Es wird lange nicht jedes Rebhuhn flügellahm. Das Genus müßte also die Erfahrungen Einzelner benutzen können, wie das Individuum mit plastischem Gehirn die Erfahrungen Anderer benutzt. Sei dem wie ihm wolle, auch die Instinkte sind geworden, sind Anpassungen an die Forderungen der Existenz — also auch plastisch, aber statt in Sekunden in Jahrhunderttausenden. Der Unterschied ist ein relativer.

Wenn nun aber eine phylogenetische Überlegung existieren sollte und so viel Zeit und so viele Erfahrungen zur Verfügung hat, braucht es dazu ein Gehirn? Genügen denn nicht die Engramme und die Leitungsfähigkeit der Körperzellen? Phylogenetisches und individuelles Gedächtnis haben die letztern bekanntlich[1]). Würde die Frage einmal bejaht, so wäre wieder zu untersuchen, ob „phylogenetische Überlegung" auch mit einer Art Bewußtsein verbunden sei — da wir die Bedingungen und das Zustandekommen des Bewußtseins kennen können, haben wir wenigstens potentia objektive Kriterien, und die Frage ist kein Unsinn. Jedenfalls benutzt auch die phylogenetische Entwicklung des Körpers und seiner Funktionen Erfahrung und Gedächtnis zur Anpassung des Genus.

Fragen wie die, ob auch größere Komplexe wie das Sonnensystem (Fechner) oder gar das Weltall eine Art Bewußtsein haben könne, wollen wir der Zukunft zu diskutieren überlassen, um wieder in die Tierreihe zurückzukehren.

Da streitet man sich über die Frage: Instinkt oder Überlegung? ja darüber, ob überhaupt eine Tierpsychologie möglich sei. Wir müssen natürlich annehmen, daß wenigstens bei den höheren Tieren eine qualitativ der unsern analoge Psyche existiere, wenn auch die quantitativen Unterschiede in den allgemeinen Funktionen (Überlegung, plastische Intelligenz) wie in den Spezialleistungen (Geruchspsyche des Hundes) enorm verschieden sein müssen. Dabei aber soll man sich hüten, Intelligenz mit bewußter Überlegung zu identifizieren.

Beim Tier wie beim Geisteskranken, der uns keine Auskunft gibt, beim Taubstummen und beim kleinen Kind beobachten wir Reaktionen,

[1]) Wie sehr die Gesamtfunktionen in jeder einzelnen Zelle irgendwie latent vorhanden sind, zeigen die Regenerationen. Viele Pflanzen können aus kleinen Bruchstücken das Ganze bilden. Aus dem Arm einer Hydra wird ein neues Tier. Noch bei Wirbeltieren kann eine Linse aus der Regenbogenhaut gebildet werden, wenn die ursprüngliche Anlage zerstört wird usw. Dabei gibt es noch irgendeine Reizleitung und Abstimmung der einzelnen Tendenzen in jeder Zelle auf diejenigen in andern Zellen, und sogar schöpferische Resultanten im Wundtschen Sinne, irgendeine Tendenz zur Erhaltung oder Bildung der einzelnen Organe und zum harmonischen Zusammenexistieren einer Totalität von Organen. Werden Planarien in kleinere Stücke zerschnitten, so kann sich aus jedem Stück ein ganzes Tier bilden, indem nicht nur aus dem vorhandenen Material das Fehlende ergänzt, sondern auch das Vorhandene auf die Größe umgearbeitet wird, die dem gesamten Materialvorrat entspricht. Jede einzelne Zelle muß also irgendeine Art Kunde davon haben, was in jeder andern vorgeht, und was das für die Gesamtheit des Körpers für eine Bedeutung hat. Und noch mehr: diese Nachrichten müssen irgendwie zu etwas integriert werden, das analog ist den Gesamtvorstellungen und den Zweckhandlungen der Psyche. Viele Funktionen halten sich in der Tierreihe nicht an phylogenetisch starre Rezepte, sondern genügen je nach den Umständen dem nämlichen Zweck mit verschiedenen Mitteln: zur Durchführung der optischen Akkommodation z. B. sollen je nach Umständen alle physikalischen Möglichkeiten bei den verschiedenen Tieren benutzt sein (Änderung in der Krümmung der Linse oder in deren Entfernung von der Retina oder in deren Brechungsindex). Kurz, die Komplikation der Beziehungen zwischen den einzelnen nicht nervösen Organelementen ist nicht weniger groß als die der die Psyche bildenden Funktion des Nervensystems. (Vielleicht kommt man doch einmal dazu, auch zwischen den Keimzellen und den individuellen Erfahrungen des übrigen Körpers irgendeine Resonanz zu finden trotz des bisherigen Scheitern des Nachweises von Vererbung erworbener Eigenschaften? Siehe Abschnitt Gedächtnis.)

die denen, die wir an uns psychisch nennen, nicht gleichzustellen eine unbegründete Marotte wäre. Die allgemeinen Reaktionen und die Handlungen unserer vollsinnigen Mitmenschen sehen wir immer als psychisch an, obschon wir meist gar keine und oft nur unvollkommene Kunde darüber haben, ob sie ein Bewußtsein besitzen[1]). Es gibt also eine Tierpsychologie so gut wie eine Psychopathologie.

Eine andere Frage ist die nach der Begrenzung der psychischen Funktionen nach unten. Beim Menschen werden wir vorläufig nur plastische Rindenfunktionen zur Psyche zählen; denn nur diese haben, soviel wir wissen, die psychischen Eigenschaften des Bewußtseins (unseres Bewußtseins), der plastischen Überlegung, des ausgebildeten individuellen Gedächtnisses, wenn ich auch wie Reichardt vermute, daß gewisse affektive Funktionen aus dem Hirnstamm (noch?) nicht vollständig hinaufgewandert seien. Bei den höheren Wirbeltieren wissen wir über die untere lokale und funktionelle Grenze der plastischen Funktionen und damit der dem menschlichen analogen Psyche noch ganz Ungenügendes zur Entscheidung der Frage. Bei den Vögeln ist wohl die Rinde zu wenig entwickelt, um Träger ihrer vielseitigen plastischen Intelligenz zu sein; diese wird in der Hauptsache tiefer liegen.

„Psychisch" und „bewußt" decken sich überhaupt in keiner Weise. Der Philosoph, für den es ja in solchen Dingen nur Geschmackssachen gibt, mag allerdings beide Begriffe identifizieren. Er verzichtet aber mit dieser Beschränkung der Psyche auf kausales Verständnis der psychischen Vorgänge. Wir wollen auch nicht mit Wundt behaupten, es gebe keine unbewußten Funktionen, sondern nur „unbemerkte". Was eben das Bewußtsein in seiner Psyche nicht bemerkt, ist unbewußt.

In der verstehenden Psychologie und namentlich der Psychopathologie müssen wir diese unbewußten Funktionen deshalb zur Psyche rechnen, weil sie mit den bewußten zusammen eine kausale Einheit bilden, die sonst rettungslos zerrissen wird. Ich kenne aber auch sonst keinen naturwissenschaftlichen Grund, die Psyche auf die bewußten Funktionen zu beschränken.

Man könnte das auch rein phänomenologisch nicht scharf durchführen, weil das Bewußtsein etwas Relatives ist objektiv und subjektiv. Wir haben schon gesehen, daß wir nicht wissen, wo es in der Tierreihe oder in der Hierarchie der zentralnervösen Apparate auftritt. Aber auch bei sich selber kann oft der ehrlichste Mensch und beste Selbstbeobachter nicht sagen, ob ein Motiv, ja eine kleine Handlung, bewußt oder unbewußt war. Die Stärke der bewußten Qualität eines psychischen Vorganges kann eben von null bis zum Maximum schwanken — soweit wir wissen, je nach der (von der Zahl der Verbindungen abhängigen) Innigkeit, Ausdehnung, Direktheit der assoziativen Verbindung mit dem Ich, vielleicht auch abhängig von Unterschieden der Dynamik, der Intensität.

Besonders deutlich in hysteriformen Zuständen und bei der Schizophrenie sehen wir vollständige Abspaltungen einzelner Funktionen vom bewußten Ich: Automatische Handlungen, bei denen der Patient voll-

[1]) Auch wenn sie mir das sagen, weiß ich genau genommen nicht, ob sie sich unter Bewußtsein das nämliche vorstellen wie ich. Die inhaltlichen Wahrnehmungen und Vorstellungen sind gewiß bei verschiedenen Leuten verschieden (Farbenblinde!).

ständig passiver Zuschauer ist. Das beste Beispiel ist das automatische Schreiben, zu dem z. B. spiritistische Medien so leicht zu erziehen sind. Solchen Automatismen steht bisweilen ein großer Teil des Engrammschatzes und der Intelligenz des Mediums zur Verfügung. Ob sie etwas wie ein Bewußtsein besitzen, habe ich noch nicht herausgebracht, ebensowenig, wie ich die Frage nach Bewußtseinsqualität der viel häufigeren vollständig abgespaltenen Teilpsychen bei Schizophrenen im einzelnen Fall auch nur mit Wahrscheinlichkeit beantworten könnte.

So ist das Bewußtsein und die ganze Psyche etwas Unabgrenzbares. Es ist möglich, oder doch noch nicht abzuweisen, daß es an ganz verschiedenen Orten entstehe; es ist nicht auszuschließen, daß im nämlichen Geschöpf mehrere Psychen oder mehrere Bewußtseine ganz verschiedener Art bestehen: Abgespaltene Komplexe der menschlichen Rindenplastik, „Seelen" des Rückenmarks und anderer Zentren, phylogenetisches Bewußtsein innerhalb des nämlichen Gehirns mit der Individualpsyche, ja sogar eine bewußte Psyche aus Funktionen der Körperorgane ist möglich — nur müßte sie natürlich unserer Rindenpsyche noch weniger gleichen als das Summen eines Käfers einem Vortrag.

K. Die Bedeutung des Bewußtseins.

Viele suchen nach einem Zweck, einem Nutzen des Bewußtseins; ihm soll es zu verdanken sein, daß wir uns selber kennen, daß wir etwas von uns wissen, daß wir uns in Andere einfühlen können. Man denkt auch daran, daß es die Überlegung fördern oder gar möglich machen soll und ähnliches. Für letzteres hat man einen gewissen Anhaltspunkt darin, daß eben Bewußtsein beobachtet oder angenommen wird, wo man Überlegung findet, und namentlich auch darin, daß für gewöhnlich die Schärfe, Klarheit und Allseitigkeit der Überlegung und der Grad des Bewußtseins einer Denkoperation einander parallel gehen. Das halb unbewußte Denken ist oft ein ungenügendes, oberflächliches, und das ganz unbewußte, wie es sich namentlich in Krankheitszuständen offenbart, erweist sich meistens als minderwertiges, ja oft als geradezu unlogisches, dereierendes[1]) Denken.

Anderseits wird immer wieder hervorgehoben, wie gerade viele Produkte des Genies aus dem Unbewußten stammen, und wenn man genau zusieht, so spielt bei jedem Menschen das Unbewußte eine Hauptrolle gerade bei den wichtigsten Entschließungen, die unser Leben dirigieren.

Die ganze Kontroverse beruht auf einer unrichtigen Auffassung. **Introspektion, sich selbst kennen, ist nicht identisch mit der bewußten Funktion. Es gibt inneres bewußtes und unbewußtes Erkennen, wie es bewußtes und unbewußtes Erkennen der Außenwelt gibt**[2]).

---

[1]) Siehe Abschnitt Denken.

[2]) Damit taucht eine neue Frage auf: Unterscheidet sich dennoch das unbewußte psychische Geschehen vom physikalisch-chemischen? Eventuell inwiefern? Ich fühle mich nicht sicher, im folgenden die ganze Antwort zu geben.

1. Unter „unbewußt" verstehen wir immer nur „dem Ich unbewußt". Wie früher ausgeführt, ist es ja nicht ausgeschlossen, daß diese abgespaltenen (unbewußten) Funktionen wieder eine Art Bewußtsein haben, nur nicht unser Bewußtsein. 2. Dem nichtpsychischen Geschehen fehlt das Gedächtnis; es kann also auch nicht in rudimentärer Form irgend etwas von einer bewußten Qualität an sich haben. Und es hat keine Er-

Diese Tatsache ist unangenehm für unsere bisherige Terminologie, die „Introspektion“ und „von innen sehen“ immer identisch mit „bewußt werden“ gebrauchte. Da dies der bisherigen Bedeutung dieser Ausdrücke entsprach, hoffe ich einerseits doch verstanden worden zu sein, und konnte ich anderseits auf ihre Benutzung nicht verzichten, wenn ich nicht die Pyramide von der Spitze aus aufbauen wollte. Wir wissen aber von nun an, daß auch von dem, was innen geschieht, nur ein Teil bewußt wird.

Suchen wir uns nun ein Bild des physischen Vorganges einer komplizierten Überlegung zu machen, z. B. einer schwierigen Diagnose, bei der wir nicht nur die Momente positiver und negativer Bedeutung zusammenzuordnen, sondern auch ihren Wahrscheinlichkeiten nach quantitativ zu werten, auf der positiven und negativen Seite zu addieren und die beiden Summen der Wahrscheinlichkeiten voneinander abzuziehen haben. So wenig wir von diesen physischen Prozessen wissen, so sicher können wir doch sagen, daß wir, auch wenn wir jedes einzelne Moment in seiner Verlaufsrichtung und seiner Stärke bestimmen könnten, nicht imstande wären, die Resultante zu berechnen; handelt es sich doch nicht bloß um Zusammensetzung einer Kurve aus vielen gleichartigen anderen, wie z. B., wenn wir die Schallkurve eines Konzertes berechnen wollten, sondern um die Verteilung des Neurokyms in dem unendlich komplizierten Geflecht der Hirnfaserung. Von innen aber erkennen wir diese Momente alle mehr oder weniger deutlich und können sie in ihrer Bedeutung würdigen.

Nehmen wir einen komplizierten Vorgang in der Außenwelt, die Bewegung eines in einem Bache schwimmenden Blattes. Wir kennen im allgemeinen restlos die Kräfte, die die Bewegung in jedem einzelnen Momente leiten: Die Schwerkraft, die das Wasser fließen macht und auch ein wenig auf das Blatt wirkt, das spezifische Gewicht des Wassers, die innere und äußere Reibung, usw. usw.; aber wenn wir nun den Lauf des Blattes für jeden Moment bestimmen wollten, so fehlt uns jede Möglichkeit, auch nur ungefähr der Aufgabe nachzukommen. Könnte das aus Bach und Blatt zusammengesetzte Funktionssystem aber den Vorgang von innen sehen, so würde es die Kräfte, die auf das schwimmende Blatt wirken, alle in jedem Moment einzeln wahrnehmen und zu einer Einheit zusammensetzen, deren Resultante mit der Bewegung des Blattes übereinstimmen würde. Das Funktionssystem würde empfinden, warum es sich so und nicht anders bewegt und wohin der Strom geht — nur wäre der Begriff des „Warum?“ und des „Wohin?“ ein anderer, als er uns objektiv erscheint, und die einzelnen Kräfte, die für uns physische Energie sind, wären für das wahrnehmende System irgend etwas Ähnliches wie für uns die Motive.

---

fahrung, weder bewußt noch unbewußt. 3. Auch wenn es eine Erfahrung, ein Wissen hätte, könnte es diese Dinge nicht benutzen, weil es keine Zwecke, keine Ziele hat. Unser Zweckbegriff läßt sich nur auf einen Organismus anwenden, der besondere Einrichtungen hat, sich zu erhalten. Die Erhaltung der physischen Dinge oder Funktionen ergibt sich von selbst, indem diese sich in ein Gleichgewicht einstellen; wo kein Gleichgewicht ist, existiert nichts. Irgend etwas wie ein Zweck ist also in der bekannten physikalischen Welt nicht denkbar, und von einer unbekannten läßt sich nichts denken.

Einen anderen Zweckbegriff als den aus dem Erhaltungsbedürfnis der Lebewesen abgeleiteten kennen wir nicht, trotzdem man vieles darüber fabelt.

Noch an manchen anderen Orten erweist sich die direkte Beobachtung „von innen“, sei sie bewußt oder unbewußt, derjenigen mit Zwischenschaltung der Sinne überlegen. Man kann theoretisch den Verlauf eines Geschosses bis zu beliebiger Dezimale berechnen; im konkreten Falle aber stimmt die Berechnung nie genau, weil der Wind, die optischen Verhältnisse der Luft und manches andere, das die Rechnung nicht berücksichtigen kann, mitspricht. Die Mathematik kann nur die gröberen Anhaltspunkte (namentlich bei der Konstruktion der Schießwaffen) geben, das übrige besorgt das Einschießen, d. h. die Beobachtung des Einschlagortes und die tastende Richtung des Geschützes nach diesem Indikator. Jeder, der einen Gegenstand nach einem Ziele wirft, der Wilde, der kleine Vögel mit dem Blasrohr trifft, der frühere Finne, der die Armbrust auf die Magengegend stemmte und doch das auf dem Baume sich bewegende Eichhorn traf, haben durch die Erfahrung das „Gefühl“ gewonnen, wie sie zielen müssen. Mit dem Bewußtsein und mit der Überlegung haben solche Künste nichts zu schaffen. Wir wären absolut außerstande, die zeitliche und dynamische Dosierung der Muskelinnervationen für eine beliebige Bewegung auch des einfachsten Tieres nach Berechnungen auszuführen. Das Nervensystem aber, das in jedem Momente Kunde vom Erfolg hat, die folgenden Innervationen darnach richten kann, das aus früheren (individuellen oder phylischen) Erfahrungen für jede Bewegung die notwendige Stärke zu interpolieren vermag, das alle diese Erfahrungen zu der Einheit „so und so viel mehr rechts oder nach oben richten“, zusammenfaßt, vollführt die schwierigsten Kunststücke von der Balance und der Fortbewegung eines gehenden, schwimmenden oder fliegenden Tieres bis zu der Feinheit eines Violinspieles oder eines Gemäldes. Die Analyse eines Konzertphonogramms, die zugleich eine Synthese zu komplizierten Resultanten in Melodie und Aufbau ist, und an der ein Physiker sein ganzes Leben rechnen könnte ohne zu Ende zu kommen, besorgt unser Gehirn während des Anhörens ohne merkbaren Zeitverbrauch. (Zwar macht schon das Kortische Organ eine Analyse, indem es jeden einzelnen Ton in eine numerisch und dynamisch bestimmte Kombination von Nervenreizen verwandelt. Im psychischen Organ aber fließen alle diese Reize wieder zu einer Einheit zusammen, die noch einmal von innen analysiert werden muß.) So richtet sich die zentralnervöse Funktion nach Komplikationen von Feinheiten der Abstufungen, wie wir sie auf dem Wege über unsere Sinne niemals benutzen könnten, macht aber dabei keinen Unterschied zwischen bewußt und unbewußt. Unbewußt bleiben auch hier die auf vorgebildeten Apparaten oder infolge von Übung und Kurzschluß „von selbst“ ablaufenden Funktionen; bewußt werden diejenigen, die neuer Einstellungen bedürfen, damit eine Menge von Erfahrungen benutzen, von dem Beobachten und Wollen des Ich abhängig sind, und deshalb in vielfacher Verbindung mit dem Ichkomplex stehen.

So ist der Vorteil der Introspektion und diese selbst in bezug auf das Verstehen komplizierter Verhältnisse nicht von der bewußten Qualität abhängig. Es ist auch nicht so, daß wir, wie einzelne wollen, durch das Bewußtsein in unserem Selbsterkennen eine Kenntnis mehr haben und dank dem Bewußtsein auch über uns selbst denken können. Diese Funktionen können genau so gut unbewußt sein wie diejenigen, die sich auf die äußern Dinge beziehen, und sie sind es auch häufig. Auch unser

Unbewußtes richtet sich nach dem, was in uns vorgeht, ganz wie nach den äußeren Situationen.

Das Bewußtsein soll uns ferner noch ein Verständnis Anderer, ein Einfühlen, vermitteln. Auch das ist nicht richtig. Schon der Säugling hat ein angeborenes Verständnis für Gefühlsäußerungen anderer; es wird ihm aber die Bedeutung der Schmeichellaute der Mutter doch wohl kaum zum Bewußtsein kommen; bestimmte Töne lösen einfach bei ihm bestimmte Affektlagen aus. Wenn der Erwachsene sieht, wie jemand wütend wird, nachdem er eine Ohrfeige bekommen hat, so verbindet er die beiden Geschehen ohne weiteres kausal: Er assoziiert die Reaktion, die er beim Andern gesehen, an die nämliche Reaktion, die die Vorstellung oder Erfahrung der Ohrfeige bei ihm auslöst. Das würde er aber ganz in gleicher Weise tun, wenn ihm von der ganzen Sache nichts bewußt wäre. Sein Neurokym, seine Organisation lehnt die erhaltene oder gesehene Ohrfeige ab, ob bewußt oder nicht, ist gleichgültig[1]).

Nun durchdenken wir aber ein Problem, das uns „stark“ oder „klar“ zum Bewußtsein kommt, besser als ein anderes, das uns gar nicht oder nur als unbestimmtes „Gefühl“ bewußt wird; halb und ganz automatische Handlungen sind meist nur den gewöhnlichsten Umständen angepaßt. Hier ist aber die intensive bewußte Qualität nicht Ursache, sondern Folge der zahlreicheren Verbindungen des Problems oder der Handlung mit dem Ich. Es ist zwar denkbar und kommt gewiß nicht so selten vor, daß ein Problem unter Herbeiziehung aller notwendigen Assoziationen ohne Verbindung mit dem Ich oder nur mit schwacher Verbindung richtig gelöst wird; aber für gewöhnlich hat eine allseitige Überlegung auch eine allseitige Verbindung mit dem Ich, wobei das Numerische des Vorstellungsvorrates weniger in Betracht kommt, als alle die Strebungen, Erwartungen und Befürchtungen, die mit der Lösung oder Nichtlösung des Problems zusammenhängen. So ist das intensive Bewußtsein eine zwar nicht absolut notwendige, aber doch nur ausnahmsweise fehlende Begleiterscheinung der allseitigen und energisch betriebenen Überlegung. Gleich verhält es sich mit der Intelligenz überhaupt. Je zahlreicher und spezialisierter die Engramme und die Verbindungen sind, um so höher die Intelligenz, aber auch um so ausgesprochener sind die Bedingungen vorhanden, aus denen Bewußtsein folgt.

So sind bewußt und unbewußt einerseits, und von innen und von außen sehen anderseits zwei ganz verschiedene Gegensätze. Eine Introspektion ist wie der Inhalt einer Wahrnehmung oder Vorstellung der Außenwelt nur bewußt, insofern sie mit dem bewußten Ich assoziativ verbunden ist. In der Außenwelt sieht das Ich seine zentripetalen Funktionen, in der Innenwelt intrakortikale Vorgänge. Letztere kann es zwar nicht mathematisch erfassen, aber dafür, weil es die entsprechende Funktionsschwankung direkt wahrnimmt, in ungleich größeren Komplikationen übersehen, als wenn die Sinne zwischen den Gegenstand und die zu beobachtende Neurokymveränderung geschaltet sind.

[1] Vgl. „Kausale und verstehende Erklärungen“ im Abschnitt über die Kausalität.

Bewußtsein erscheint uns bis jetzt als ein „Nebenprodukt“ der Intelligenz, nicht aber als ein Epiphänomenon in dem Sinne, daß es ganz unabhängig von den übrigen seelischen Funktionen für sich allein Bestand hätte.

Zwar ist das Bewußtsein für uns, oder sagen wir genauer, für sich selber, natürlich das Wichtigste, was es gibt. Die ganze Welt braucht nicht zu existieren, oder sie kann untergehen, oder es kann ihr geschehen, was mag, das ist für unsere bewußte Person gleichgültig, wenn diese nur sich glücklich fühlt. In der objektiven Welt aber spielt es, so weit wir bis jetzt wissen, keine größere Rolle, als z. B. die weiße Farbe unserer Knochen, die für unsern Organismus bedeutungslos ist, aber ihre Notwendigkeit darin hat, daß die Knochen aus phosphorsaurem Kalk bestehen, der uns weiß erscheint.

Diese Einsicht ist für unsere auf menschliche Verhältnisse zugeschnittene Eitelkeit nicht gerade angenehm. Das kann indessen nichts schaden — wird aber auch wohl kaum etwas nützen.

III. Der psychische Apparat.

INHALT. Der Naturwissenschafter sieht im Zentralnervensystem (CNS.) einen Apparat mit organisch bedingter Fähigkeit, in bestimmter Weise zu reagieren und zu streben. Dieser ist in Reaktionen und in Tendenzen phylogenetisch angepaßt an das Verhältnis seiner Bedürfnisse zur Umgebung.

In der aufsteigenden Tierreihe kommt individuelles Gedächtnis hinzu, das eine Aufschiebung und Summation zeitlich auseinanderliegender Reize erlaubt, vor allem aber die individuelle Erfahrung zur Anpassung der einzelnen Akte zur Verfügung stellt.

Ganz von selbst folgt daraus auf der einen Seite die Intelligenz und auf der andern das Bewußtsein. Die Genese des letzteren ist im vorhergehenden Abschnitt beschrieben; es bleibt noch die Untersuchung der reagierenden, anpassenden und strebenden Funktionen.

Einleitung.

In unserer Welt unterscheiden wir totes Material und Lebewesen, zu welch letzteren wir auch uns zählen.

Die Lebewesen, die da sind, erhalten sich, sonst wären sie nicht da. Zur Erhaltung ist nötig die Benutzung der Umgebung und die Vermeidung von Gefahren, d. h. Reaktion auf Reize der Umgebung. Die Reize müssen von dem Lebewesen in spezifischer Weise aufgenommen („wahrgenommen“) und so verarbeitet werden, daß dieses zweckentsprechend je nach der Qualität (und Quantität) derselben verschieden reagiert; die Reize unterscheiden sich also in bezug auf den Reaktionsapparat und die auszulösenden Reaktionen (psychisch ausgedrückt: das Tier muß viele verschiedene Reize „unterscheiden“ können). Die Reaktion muß so eingerichtet sein, daß auf die verschiedenen Reize je die nützlichen Reaktionsbewegungen gemacht werden.

Das Lebewesen reagiert aber nicht bloß auf Reize, es handelt außerdem „von innen heraus“, es bedarf der „spontanen Aktivität“, der „Triebe“. Schon das befruchtete Ei entwickelt sich von innen heraus weiter; nachher sucht das Geschöpf Nahrung durch Aussendung von Wurzeln oder durch Ortsveränderung oder auf irgendeine andere Weise; es sucht aktiv in irgend einer primitiven Form das andere Geschlecht auf, auch wenn noch kein Geschlechtsreiz auf es wirkt usw.

Zwischen Reaktion und Trieb besteht keine Grenze. Nicht nur ein abstrakter „Nahrungstrieb", sondern auch der fühlbare Hunger, treibt zum Aufsuchen von Nahrung, die Sexualspannung zum Aufsuchen des Partners; man nennt auch diese Handlungen triebhafte; in bezug auf das psychische Geschehen, wenn man bei primitiven Geschöpfen den Ausdruck brauchen darf, sind es aber Reaktionen auf Reize. Man kann sich zwar ausdrücken, daß das Ei eine Tendenz besitze, sich zu entwickeln. Wir wissen aber, daß diese „angeregt" wird durch die Verbindung des eigenen Kernes mit dem Spermakopf, und daß die Anregung ersetzt werden kann durch chemische Reize. Die Tränendrüse sezerniert zwar auf gewisse Reize besonders stark, ist aber auch sonst in gewissem Maße beständig in Tätigkeit. Der Unterschied zwischen Reaktion und spontaner Aktivität kann also wohl nicht prinzipiell sein.

Jedes Lebewesen besitzt somit aus seiner Organisation heraus eine Aktivität auf Reiz und eine spontane Aktivität, Reaktionsfähigkeit und Triebe oder Strebungen, Dinge, die aber ineinander übergeben und biologisch nicht prinzipiell zu trennen sind.

Solche Funktionen kommen dem ganzen Geschöpf wie jedem einzelnen Teil desselben zu. Bei den einfachsten Lebewesen sehen wir noch keine Differenzierung, keine besonderen Organe für die einzelnen Funktionen. Die höheren Pflanzen besitzen mancherlei Spezialisierungen, Apparate für Assimilation, Zirkulation, Geschlechtsfunktion, Stütze usw., gerade aber für diejenigen Funktionen, die uns hier besonders interessieren, die Reiz aufnehmenden, leitenden und abgebenden sind bei den Pflanzen die Organe noch nicht recht bekannt, wenn sie überhaupt herausdifferenziert sind (einige Sinnesorgane sind beschrieben, z. B. eine Art Augen bei der Hainbuche). Bei den höheren Tieren haben wir durchgehende Spezialisierungen für diese Funktionsgruppen: Sinnesorgane für die Reizaufnahme und, indem jedes Sinnesorgan nur auf bestimmte Reize gestimmt ist, für eine primäre Unterscheidung; dann Reaktionsorgane und zwischen den beiden Gruppen reizleitende und event. Reize ordnende und umwandelnde Organe, das Nervensystem mit seinem Zentralorgan.

Diese Einrichtungen, wie das ganze Tier und alle andern seiner Apparate, benutzen zunächst die phylogenetische Erfahrung. Das geschieht auf verschiedene Weise. Am einfachsten entsteht eine Anpassung durch Variation und Auslese: Variationen, die unzweckmäßig sind, führen den Untergang des Geschöpfes oder der Art herbei. Günstige Variationen erlauben ihm Dasein und Vermehrung. Es sind also nur diejenigen Formen vorhanden, die aus in ihrer Summe günstigen Variationen entstanden sind.

Andere Entwicklungswege als Variation und Auslese des Geeignetsten sind denkbar, sogar wahrscheinlich; wir kennen sie aber noch nicht. Für uns genügt es, sich einen Begriff von der Anpassung oder noch besser von dem Angepaßtsein zu machen.

Die phylische Anpassung kann natürlich nur Rücksicht nehmen auf diejenigen Verhältnisse, die sich im Laufe der Generationen immer wiederholen. Für Situationen, schädliche und vorteilhafte, die bloß dem Individuum begegnen, kann sie sich nicht einrichten. Die hungrige

Spinne stürzt sich viele Male auf denselben Nagelkopf, weil so aussehende Dinge für sie gewöhnlich etwas Fressbares sind. Das Küken folgt dem ersten Gegenstand, den es sich bewegen sieht, auch wenn er nicht die Mutter ist; die Motte fliegt ins Licht, obschon sie darin verbrennt; die Rehgeiß kennt ihr Zicklein nicht mehr, wenn Menschen es intensiver berührt haben, und läßt es verhungern.

Diese Nachteile, daß vom Individuum immer wieder die nämlichen schlechten Erfahrungen gemacht werden müssen, und daß die Reaktionen nur auf eine Nebensache antworten und deshalb in ungewöhnlichen Verhältnissen gleich in die Irre gehen, können vermieden werden durch Benutzung der individuellen Erfahrung. Dazu bedarf das Tier einer Nachwirkung, einer Aufbewahrung der Erfahrungen, damit sie in späterer ähnlicher Situation verwendet werden können: des individuellen Gedächtnisses. Andeutungen eines solchen Gedächtnisses finden wir schon bei Infusorien, die z. B. den Weg zu einer bestimmten Art Futterergreifung abkürzen lernen; ferner in den peripheren Nerven und in den unteren Nervenzentren; kompliziertere Gedächtnisfunktionen sehen wir aber immer an ein Zentralnervensystem[1]) geknüpft. Als Äußerungen desselben erkennen wir vielleicht zuerst die Möglichkeit des Wiederauffindens der Wohnung, dann des Futters an einer bestimmten Stelle und event. die Vermeidung einer Situation, die schon einmal Abwehr erzeugt hat.

Beispiele bei niederen Tieren: Ein Raubfisch ist durch eine ihm unsichtbare Glasplatte von den Speisefischen getrennt. Auf der Jagd nach diesen stößt er sich die Schnauze an; nach wenigen Versuchen gibt er die Jagd auf: er „weiß“, daß er unter diesen Umständen nichts erreichen kann als Schmerz und richtet sich darnach. Gibt man einer springenden Spinne eine mit Terpentin bestrichene Fliege, so hüpft sie zuerst einige Male darauf, dann die folgenden Tage nur je einmal. Ein (für sie ungenießbares) Käferchen betastet sie, wendet sich ab und kümmert sich dann die nächsten Stunden nicht mehr um dasselbe[2]).

Außer der Benutzung früherer Erfahrung zur abändernden Anpassung von Reaktionen an neue Situationen hat das Gedächtnis noch einen gewissen Wert darin, daß es erlaubt, eine Reaktion, an der das Geschöpf verhindert ist, hinauszuschieben, bis es frei ist: Die Biene hat irgendwo gute Beute gesehen, wird aber vom Wind vertragen, oder das Wetter erlaubt ihr sonst nicht gleich das fertige Sammeln. Sie wird am folgenden Tage hinfliegen.

Noch wichtiger ist, daß eine aufgeschobene Reaktion oder nur ein Reiz oder eine Tendenz zu einer Reaktion, die ungenügend waren zur Auslösung der Handlung oder zur Überwindung der Widerstände, als Strebungen aufbewahrt bleiben können, die sich dann zu den durch neue Reize ausgelösten gleichartigen Tendenzen summieren, so daß schließlich eine Mehrzahl schwacher Reize doch zu einer Wirkung kommen können, und „viele Nadelstiche“ den Menschen oft erst nach vielen Jahren zur Explosion bringen (vgl. Gelegenheitsapparate).

---

[1]) Es wäre interessant, einmal nach Spuren individuellen Gedächtnisses bei Pflanzen zu suchen. Vielleicht gehört es dazu, wenn Pflanzen, die aus der Südhälfte der Erde in die Nordhälfte versetzt werden, die Reaktion auf die Jahreszeiten umkehren. E. Becher (Fremddienliche Zweckmäßigkeit der Pflanzengallen. Leipzig, Veit & Co., 1917, 139) hat bei Mimosen vergeblich engraphische Assoziationen hervorzurufen versucht.

[2]) Dahl, Vierteljahrschr. f. wissenschaftl. Philosophie. IX. 1885.

Auch diese Funktion der Summation unterschwelliger Reize finden wir bereits in den tiefsten Zentren, doch nur bei sehr beschränkten Zwischenräumen, die oft eine Sekunde nicht erreichen. So erweist sich der Unterschied zwischen dem Gedächtnistier und dem bloß organisch reagierenden auch in dieser Beziehung nicht als absoluter, so groß er der direkten Beobachtung erscheinen muß.

Ein individuelles Gedächtnis kann nur dann einen erheblichen Wert bekommen, wenn es das ganze Tier betrifft, wenn die verschiedenen Einzelapparate in einer Zentralstation zusammengefaßt sind. Bei der phylogenetischen Anpassung versteht es sich von selbst, daß alle Einzelfunktionen trotz ihrer weitgehenden Selbständigkeit und ihrer Variabilität im Laufe der Zeiten in harmonischer Weise zusammenarbeiten. Ein Geschöpf, das mit Vorliebe Blätter fressen würde, aber nur am Boden kriechen könnte oder der Fleischnahrung bedürfte, wäre nicht existenzfähig. Die Einheit der Reaktion wird deshalb auch bei komplizierten Wesen früh irgendwie einigermaßen gesichert (die einzelnen Arme des Seesterns haben ziemlich große Selbständigkeit; daneben aber wird lokomotorisch doch das ganze Tier einheitlich dirigiert). Das individuelle Gedächtnis finden wir deshalb deutlich entwickelt nur in einem Zentralnervenknoten (Gehirn).

Ein primitives Gedächtnis ist ohne Bewußtsein denkbar und kommt offenbar auch wirklich vor ohne Bewußtsein und kann in folgender Weise sich ausdrücken: Eine bestimmte hohe oder niedrige Temperatur schädigt ein Geschöpf; es besitzt einen Reflexapparat, der es aus Stellen mit dieser Temperatur sich fortbewegen läßt. Unter bestimmten Umständen sei nun die größere Wärme mit irgendeinem besonderen physikalischen oder chemischen Reiz, z. B. dem Auftreten von Licht so verbunden, daß der Bereich des Lichtes zeitlich oder räumlich größer ist als der der schädigenden Wärme („Hitze"). Lichtempfindung geht dann dem Reflex oder Tropismus voraus. Ist sie in ihrer Dauer verlängert, „engraphiert", so wird dieses Engramm mit dem späteren Reflex irgendwie verbunden, „assoziiert". Das hat zur Folge, daß der Reflexapparat von nun an auch auf Erscheinung des Lichtes in Aktion treten kann, während er phylogenetisch, der Anlage nach, nur auf den Hitzereiz eingestellt war. Daß diese Ersetzung des einen Auslösungsreizes durch andere nicht nur möglich, sondern tatsächlich ein gewöhnliches Vorkommnis in jedem mit Gedächtnis ausgerüsteten NS. ist, beweisen unter anderem die Pawlow-Bechterewschen Studien über Assoziationsreflexe an Menschen und Tieren.

Mit dieser Aufbewahrung von Vorkommnissen in fortwirkenden Gedächtnisbildern („ekphorierbaren Engrammen") in Verbindung mit den organischen Reaktionsfähigkeiten und Trieben ist im Keim alles vorhanden, was zu einer Psyche notwendig ist. Wir können die Psyche objektiv zergliedern wie wir wollen, wir finden nichts Neues darin, sondern nur Entwicklung oder Komplikation dieser Funktionen. Erst aber das Gedächtnis bringt in die niederen zentralnervösen Funktionen das Neue hinein, das die Funktion zur eigentlich psychischen[1]) stempelt. Das komplizierteste Lebewesen wäre ohne Gedächtnis eine Maschine, ein Automat. Mit dem Gedächtnis kommt die individuelle Anpassung und das Plus, das bis jetzt der ganzen

[1]) Die Instinkte lassen hier wir unberücksichtigt.

übrigen Welt als etwas Besonderes gegenübergestellt worden ist, aber wie im vorhergehenden Abschnitt gezeigt wurde, **nichts als eine unausweichliche Folge dieser funktionellen Einrichtungen ist, das Bewußtsein.**

Was mit Hilfe des Reflexapparates, der nach bestimmten Erfahrungen auch auf Licht statt bloß auf Hitze reagiert, geschieht, können wir ohne irgend etwas hineinzulegen in Worten ausdrücken, die die wichtigste psychische Funktion, das Denken, bezeichnen: Das Tier hat „erfahren", daß auf Licht der schädigende Hitzereiz gefolgt ist. Es zieht den „Schluß" eines gewissen zeitlichen Zusammenhanges (es ist hell geworden, also wird es warm werden) und „handelt" darnach, indem es sich schon auf Lichtreiz zurückzieht, statt nur auf Hitzereiz. Oder in ein Beispiel vom Menschen übersetzt: Das einjährige Kind hält seinen Finger an die Kerzenflamme, brennt sich; der Schmerz veranlaßt es, den Finger zurückzuziehen. Nun „weiß" es, „daß die Kerzenflamme den hingehaltenen Finger brennt"; es zieht von nun an den Finger schon auf den optischen Reiz der sich annähernden Flamme zurück: es „fürchtet" die Flamme oder die Nähe der Flamme. Sieht man hier ab von dem Bewußtwerden der Funktion, so ist sie prinzipiell durchaus identisch mit der, die das niedrige Tier aus der Erfahrung auf Lichtreiz statt auf Wärme reagieren läßt. Das Kind wird ohne weiteres verschiedene Kerzenflammen und überhaupt jedes Feuer fürchten, ebenso wie das hypothetische primitive Tier auf jedes Licht sich zurückzieht. Es wird also von einer verallgemeinerten Erfahrung, von etwas wie einem aus der Erfahrung abstrahierten Begriffe geleitet. In gewöhnlichen logischen Formeln ausgedrückt würde das, was in ihm vorgeht, (abgesehen vom Bewußtsein) heißen: „Wenn ich das Feuer berühre, macht es mir Schmerz. Ich fürchte Schmerz. Ich berühre also das Feuer nicht" oder „ich fürchte deshalb auch das Feuer, das mir Schmerz bringt". Die Reaktion des gebrannten Kindes enthält also alle Elemente des Denkens, Abstraktion, Assoziation nach Ähnlichkeit der Erfahrung, Kausalität, Schlußvermögen. Das Denken stellt sich, wie später genauer ausgeführt werden soll, als eine bloße Weiterbildung dieser Reaktion dar, ohne daß etwas Neues hinzugekommen wäre. Das Denken ist die Intelligenzfunktion; es ist also mit dieser Einrichtung auch die Intelligenz gegeben.

A. Das Gedächtnis.

INHALT. Erinnerung, Übung und Summation von Reizen beweisen, daß Funktionen im CNS. und in der Psyche Spuren hinterlassen, die nachher wieder zu ähnlichen oder gleichen Funktionen Anlaß geben. Die Spuren nennt man „Engramme"; wenn sie wieder in Tätigkeit kommen, werden sie „ekphoriert". Der Begriff der Engramme läßt sich sowohl aus psychologischen wie aus physischen Erfahrungen ableiten; er enthält auch nichts darüber, wie man sich diese Gedächtnisspuren denken soll. Für denjenigen, der die Identität der psychischen Vorgänge mit gewissen zentralnervösen annimmt, sind natürlich psychische Erinnerungsfähigkeit und engraphische Spur im CNS. das nämliche. Die Engramme sind sehr wahrscheinlich gleichartig mit den allerdings auch noch anatomische Verbindungen voraussetzenden Dispositionen des Nervensystems, die einen Reflex, einen Instinkt oder irgendeine andere angeborene Reaktionsweise besorgen. Phylische Reflexe und Instinkte, ekphorierte Individualengramme und aktuelle zentralnervöse Vorgänge bilden zusammen so untrennbare Einheiten, und können einander so deutlich ersetzen, daß man diese Vorgänge als prinzipiell identisch ansehen muß. Wir bilden in den Gelegenheitsapparaten durch psychische Einstellung ganz gleiche Einrichtungen, wie wir sie angeboren in den Reflex- und Instinktapparaten vorfinden. Die angeborene zentralnervöse Anlage besteht also nicht bloß in einer anatomischen Einrichtung, sondern auch in einer Mitgift von Engrammen. Das gibt Anlaß zu recht weitgehenden Vermutungen über die Engrammnatur der Gene und den Zusammenhang des Lebens mit derjenigen Energie, die uns vielleicht etwas spezialisiert im Neurokym entgegentritt.

Die Engramme dauern so lange als das Gehirn, das sie trägt, wie unter vielem anderen das besonders deutliche Überdauern der Jugenderlebnisse in den Erinnerungen organisch Geisteskranker beweist. Ein Abblassen und Verschwinden der Engramme gibt es nicht; was uns einen solchen Eindruck macht, ist eine Bildung von Vorstellungen mit Hilfe der Wahrnehmungsengramme, wobei die assoziativen (ekphorischen) Zugänge zu den letztern als unnütz und störend für den gewöhnlichen Gebrauch schwer gangbar gemacht werden. Die Erinnerungen an eben vergangene Erlebnisse, die „nachbelebten" Engramme behalten ihre sinnliche Lebhaftigkeit gewöhnlich nur einen Bruchteil einer Sekunde bis einige Sekunden, funktionieren aber noch viel länger, so daß für uns jede Handlung oder z. B. ein ganzer Vortrag, den wir anhören, eine Einheit bildet, in der nicht nur die momentanen Eindrücke, sondern alles vorher dazugehörige Erlebte enthalten ist. Wenn die Sinneseindrücke nicht verarbeitet werden, bleibt die Zugänglichkeit zu ihren Engrammen häufiger erhalten (neben der Aufmerksamkeit Wahrgenommenes taucht besonders oft mit sinnlicher Deutlichkeit auf; Traumbilder bringen gern gerade das im Wachen nicht Beachtete); die Erinnerungsbilder werden ekphorierbarer durch eine Art „Reifung", die nicht nur darin besteht, daß dieselben in bequemere Begriffe umgewandelt werden, sondern offenbar auch darin, daß sie mit anderen Erlebnissen in assoziative Verbindung gebracht werden. Bei jeder Ekphorie wird das Engramm wieder zu neuen Verarbeitungen benutzt, indem es in neue Zusammenhänge gebracht wird, namentlich enthalten die jeweilen neuesten Vorstellungen irgendwie die früheren. Die Verstärkung der Erinnerungsfähigkeit und die Wirkung der Übung muß ein ähnlicher Vorgang sein, indem die Engramme des früheren Erlebnisses Bestandteil des neuen ähnlichen Erlebnisses werden, und so eine Summierung der assoziativen Energien bewirkt wird. Bei jedem Lernen oder Üben ist die Absperrung unnötiger assoziativer Bahnen so wichtig, wie die „Einschleifung" der geübten. Jede Übung setzt also zugleich Hemmungen für mancherlei Vorgänge in Gedanken und Bewegungen voraus. Außerdem spielen bei der Übung Abkürzungen mit, ähnlich wie bei Kurzschlüssen in einer elektrischen Anlage; was zuerst über das ganze Ich ging, kann in direkter assoziativer Verbindung zwischen Reiz und Erfolg zur automatischen Funktion werden.

Ob die Engramme auch in gewöhnlichem Zustande der Latenz irgendwie ein wenig tätig sind, ist eine nebensächliche Frage. Sehr wahrscheinlich ist es der Fall in Form der gewöhnlichen Lebensäußerungen, wie wir sie (allerdings in minimalster Form) sogar noch bei jedem keimfähigen Samenkorn annehmen müssen; aber das, was man unbewußte Funktion nennt, sind ekphorierte Engramme.

Die Engramme sind zunächst zeitlich verlängerte Empfindungen resp. Wahrnehmungen; aber, wie oben angedeutet, werden gewöhnlich nicht die direkten Engramme der Erlebnisse benutzt, sondern Neubildungen, die mit Hilfe dieser direkten Engramme erst geschaffen werden.

Die Ekphorie geschieht, soviel wir wissen, immer auf dem Wege der Assoziation. Engramme werden durch ähnliche Erlebnisse oder durch Vorstellungen, die früher mit ihnen gleichzeitig oder unmittelbar nacheinander stattgefunden haben, wieder belebt. Die Assoziationen nach Ähnlichkeit und die nach zeitlichem (oder räumlichem) Zusammenhang sind psychologisch identisch (siehe Abschnitt Denken). Je mehr Assoziationswege zur Ekphorie eines Engrammes vorhanden sind, um so leichter ist, alles andere gleichgesetzt, die Ekphorie. Insofern aber viele Assoziationsmöglichkeiten eine Auswahl nötig machen, bilden sie auch eine Erschwerung. Namentlich stören ähnliche Vorstellungen die Ekphorie von ähnlichen, wenn sie nicht unter einem gemeinsamen Gesichtspunkt vereinigt sind. Die Affekte haben einen großen Einfluß auf die Erinnerungsfähigkeit. Was man gern erinnert, wird auch leicht erinnert (vgl. FREUD). Was zur Zeit des Erlebens mit Affekt betont war, wird, alles übrige gleichgesetzt, leichter erinnert als gleichgültiges Material. Aktueller Affekt, namentlich ängstlicher, kann die Ekphorie hindern (Affektstupor). Sind die Ideenassoziationen oder das Ich zur Zeit der Ekphorie ganz anders geschaltet, als zur Zeit der Engraphie, so fehlen die Wege zur Ekphorie (Amnesie nach Dämmerzuständen).

Die Behauptung, daß Säuglinge kein Gedächtnis haben, ist unrichtig. Man engraphiert im Gegenteil nie so viel Neues wie im ersten Lebensjahr.

Man hat im Gedächtnis verschiedene Richtungen und Anlagen unterschieden, ohne dieselben systematisch abzugrenzen. So sprach man von einem logischen oder judiziösen, einem schlagfertigen, einem unfangreichen Gedächtnis. Ferner können verschiedene Verarbeitungen des Materials verschiedene Reproduktionsweisen bedingen (mehr als Übersicht, oder mehr in Einzelheiten und ähnliches). Das Wiedererkennen beruht darauf, daß durch eine neue Erfahrung die gleichwertigen früheren Engramme wieder ekphoriert werden, wodurch ein viel komplizierterer Psychismus entsteht, als bei dem ersten Erleben, so daß die beiden Vorkommnisse sich unterscheiden.

Krankhafte Störungen des Gedächtnisses sind die Gedächtnishalluzinationen, die Konfabulationen, die Pseudologie, die Gedächtnisillusionen, die identifizierenden Gedächtnistäuschungen, die Kryptomnesien. Bei der Gedächtnisstörung der organischen Geisteskrankheiten ist typisch, daß die Ekphorierbarkeit der frischen Engramme ungleich mehr leidet, als die der älteren. Der Wernickesche Begriff der Merkfähigkeit ist in der Pathologie direkt falsch, auch in der Psychologie des Gesunden sehr mißverständlich und deshalb durch den der Engraphie zu ersetzen.

Wir erinnern uns subjektiv an frühere Erlebnisse; wir konstatieren aber auch objektiv an Tieren Gedächtnisfunktion: Stentor und Vortizellen, nervenlose Geschöpfe, kürzen, wenn ihnen mehrfach in gleicher Weise Futter geboten wird, die Bewegungen, die zur Aufnahme führen, ab[1]); Schmetterlinge berühren gewisse Punkte immer wieder; viele Tiere finden ihre Futterplätze oder namentlich ihre Wohnung wieder; eine Menge von Funktionen werden durch Übung erleichtert; sie laufen widerstandsloser ab, können schon durch Teilreize, durch schwächere Reize, durch andere, bloß ähnliche Reize ausgelöst werden[2]); überhaupt läuft jeder psychische Vorgang um so leichter ab, je öfter er sich wiederholt. Auch die Summation von schwachen Reizen, die einzeln keine Reaktion auslösen, seien es unterschwellige oder bemerkbare, ist eine Gedächtnisfunktion, wenn auch vielleicht nicht eine ganz identische mit den eben erwähnten Beispielen, indem — wenigstens in den unteren Zentren — nur kurze Intervalle Summation erlauben, während allerdings „die vielen Nadelstiche", die den Menschen schließlich zur Explosion bringen, sich auf Jahrzehnte verteilen können[3]).

Bei der Erinnerung muß eine dem früheren Vorgang wenigstens ähnliche, bei der Wiederholung einer eingeübten Bewegung genau die nämliche Funktion wieder ablaufen. Diese Vorgänge zeigen, daß 1. durch ein Erlebnis eine Veränderung (Engramm) gesetzt wird, die den Ablauf eines gleichen oder ähnlichen Vorganges ermöglicht oder erleichtert, 2. daß diese Veränderung erhalten bleibt, und 3. daß sie unter bestimmten Umständen wieder in Tätigkeit gesetzt (ekphoriert)[4]) werden kann. Die Engramme werden um so wirksamer, je häufiger der nämliche Vorgang abgelaufen ist. Immerhin gibt es täglich unzählige einmalige Erlebnisse, die doch erinnerungsfähig bleiben. Eigentlich geübt wird nur ein kleiner Teil. Dieser automatisiert sich leicht, d. h. kann unbewußt ablaufen.

Als Engramm fixiert wird alles, was wir erleben, sei es unbewußt oder bewußt, sei es mit oder ohne Aufmerksamkeit erfahren worden. Das zeigen Tausende von Stichproben bei zufälligen Erinnerungen, im Traum, Experimente in der Hypnose, ferner die Erfahrung, daß die unbedeutendsten Veränderungen auch an Dingen auffallen, die

[1]) JENNINGS, Modificability in Behavior, J. experim. Zoology II. 1905, S. 485 u. a.

[2]) Es gibt auch Anordnungen, wo durch die Übung die Auslösbarkeit beschränkt, der auslösende Reiz immer schärfer von andern abgegrenzt wird (z. B. bei den Assoziationsreflexen).

[3]) Siehe Kapitel Psychokym.

[4]) Nomenklatur nach SEMON.

man sonst gar nicht beachtet. Es wäre auch nicht abzusehen, wo das Gedächtnis eine Grenze machen sollte zwischen den Erlebnissen, die es fixieren soll, und den andern. Daß wir nur einen ganz kleinen Bruchteil alles Erlebten wieder erinnern können, beruht auf den Mechanismen des Erinnerns nicht der Engraphie.

Wie sich die Engraphie quantitativ bei den niederen Tieren macht, wäre sehr interessant zu wissen. Man kann ja in ihre kleinen und einfachen Nervenknoten nicht die Mannigfaltigkeit unserer Gehirne hineindenken, obgleich ein noch viel kleineres Ding, z. B. der Spermakopf einer Ameise, wenigstens in der Anlage eine nicht geringere Menge von Reflexen und komplizierten Instinkten und Trieben enthalten muß — neben all den abertausend anderen Erbeinheiten organischer und chemischer Natur. Die niederen Tiere nun werden sich um das Weltall nicht viel kümmern und wohl nur registrieren, was sie brauchen, um sich zum Nest, zu einmal entdeckten Nahrungsquellen oder Feinden zu orientieren. Frösche reagieren nur auf wenige Gehörseindrücke: Summen von Insekten, Tritte und vielleicht noch einiges Ähnliche; ob sie andere Töne gar nicht wahrnehmen (sei es im Gehör oder in den einzelnen Hirnabteilungen resp. in dem, was man geneigt ist, bei ihnen als Psyche zu bezeichnen), ist bis jetzt nicht nachgewiesen, obschon es an der negativen Schwankung[1]) wenigstens theoretisch zu erkennen wäre. Jedenfalls aber fehlt den niederen Wesen überall da, wo sie die Eindrücke nicht direkt brauchen, die Differenzierung; die Spinne verwechselt einen Nagelkopf sogar mit einer freßbaren Fliege; da darf man als gewiß annehmen, daß sie ihn noch weniger von einem andern dunkeln Fleck ähnlicher Größe unterscheiden kann. Ich glaube nicht einmal, daß eine Maus einen Ofen und ein Klavier und einen Blumenstrauß als solche unterscheide, sondern nur insofern, als ihr diese Dinge Unterkunft oder Nahrung oder Gefahr oder Anhaltspunkte zur Orientierung bieten. So müssen die niederen Tiere nur einen äußerst beschränkten Teil von unserem Weltbild aufnehmen, weil sie die ungezählten Sinneseindrücke, die wir als Dinge in Gruppen einteilen, nicht aus dem Chaos einiger Gesamteindrücke herausarbeiten.

Die Eigenschaften der Engramme. Der Begriff der Engramme an sich ist weder ein hirnphysiologischer noch ein psychologischer; er ist einfach der Ausdruck der Tatsache, daß durch ein Erlebnis eine Veränderung gesetzt wird, die einen dem Erlebnis gleichen oder ähnlichen Ablauf erleichtert oder ermöglicht. Solche Veränderungen sehen wir in der Psyche und in den Funktionen des CNS.; ob die beiden Veränderungen identisch seien, ob das Eine das Andere bedingt, wo überhaupt die Veränderung ihren Sitz habe, ist bei der Setzung des Begriffes offen gelassen. Für uns allerdings ist das psychische Engramm identisch mit dem physischen, oder anders ausgedrückt: auch das psychische Gedächtnis ist eine Funktion des CNS. Wir finden Gedächtnis denn auch im Keim schon in den peripheren Nerven, die Summationserscheinungen und eine gewisse Übungsfähigkeit zeigen, namentlich aber bei den Reflexen.

Die Engramme sind offenbar prinzipiell nicht verschieden von den phylogenetisch erworbenen zentralnervösen Einrichtungen (Reflexen usw.).

Man pflegt sich diese letztern fälschlicherweise nur als anatomische Gebilde vorzustellen, die wie eine elektrische Anlage die ankommenden Energien in entsprechende Erfolgsorgane leiten. Nur Wenige machen sich eine klare Vorstellung davon, daß es sich selten, wenn überhaupt, um eine bloße Weiterleitung von Neurokym handelt, sondern um eine Auslösung einer Funktion durch den Reiz. Die Funktion (z. B. ein Kratzreflex) hat wieder ihre besondere Energiequelle, und — woran nun offenbar

[1]) Negativ Elektrischwerden einer Stelle des Nervensystems im Moment ihrer Aktivität bzw. des Durchtritts einer Neurokymwelle.

gar nicht gedacht wird — eine Plastizität, eine Bildsamkeit je nach den begleitenden Umständen, die nicht in anatomisch vorgebildeten Einrichtungen, sondern nur in einem Zusammenwirken von vielen Neurokymfunktionen begründet sein kann.

Die Bildsamkeit der Reflexe, die z. B. je nach der Ausgangsstellung des reagierenden Gliedes ganz andere Muskeln in Bewegung setzt, ist natürlich in bezug auf den Neurokymvorgang prinzipiell das nämliche wie die Plastizität der Psyche. Der Unterschied zwischen Reflex und Psyche liegt nur im individuellen Gedächtnis, das dem ersteren praktisch fehlt, beim zweiten aber erlaubt, daß nicht nur gleichzeitige, sondern auch frühere Erfahrungen die Reaktion beeinflussen.

Anatomisch läßt sich zurzeit der Unterschied zwischen den beiden Einrichtungen nicht so bestimmt definieren. Selbstverständlich bilden beim Reflex die anatomischen Anlagen den wichtigsten Teil, und die bildsamen, aus einer Art phylisch vererbter Engramme bestehend, treten zurück. Bei der Psyche könnten wir uns vorstellen, daß anatomisch gar nichts besteht als eine mit Gedächtnis ausgerüstete Masse mit ihren zentripetalen und zentrifugalen Verbindungen, in der außerdem die Aktionsrichtungen als ererbte Engramme vorhanden und die Anpassung an die Umgebung im einzelnen der Erfahrung, d. h. den individuell erworbenen Engrammen überlassen wäre. Doch läßt die Analogie zu den unteren Organen vermuten, daß die verschiedenen Strebungen, die Richtungsbestimmungen unseres Handelns, die uns bestimmte Einflüsse und Tätigkeiten aufsuchen, andere vermeiden lassen, außerdem irgendwie mit Hilfe anatomischer Einrichtungen zustande kommen.

Die Identität der phylischen mit den individuellen Engrammen zeigt sich in den verschiedensten Richtungen. Wir können durch Engramme genau gleiche Apparate schaffen, wie die Natur sie vorgebildet hat, wenn wir uns z. B. „einstellen". auf ein rotes Licht mit der linken, auf ein grünes mit der rechten Hand zu reagieren[1]). Wir können vorgebildete und erworbene Funktionen als ganz gleichwertige Bestandteile zu einer Einheit zusammenstellen: das oben supponierte Tier, das auf Licht reagieren lernt wie auf die schädliche Wärme, verbindet die Fluchtreaktion, die aus phylogenetischer Anlage die Hitze vermeidet, mit dem Lichtreiz; der Lehrbube, der gewohnt ist, auf bestimmte Bemerkungen seinerseits oder auf bestimmte Handbewegungen seines Meisters eine Ohrfeige zu spüren, weicht dem Schmerz automatisch aus, schon bevor die Ohrfeige gefallen ist. Ebenso in den Assoziationsreflexen. Überhaupt lassen sich die Reflexe durch Ekphorate genau in gleicher Weise beeinflussen, modifizieren und hemmen wie durch gleichzeitige frische Reize. In unseren Strebungen und Wollungen, in der Ausübung der menschlichen und tierischen Instinkte, mischen sich neue Reize, Ekphorate individueller Engramme und phylogenetisch vorgebildeter Mechanismen zu einer kaum mehr zerlegbaren Einheit. Das ist nur dann leicht verständlich, wenn die drei Vorgänge sich prinzipiell nicht unterscheiden. Die angeborene zentralnervöse Anlage bestände also nicht nur in einer bestimmten anatomischen und

[1]) Siehe Gelegenheitsapparate.

chemischen Organisation, sondern auch in einer Mitgift von Engrammen. Damit ist auch gesagt, daß die Engramme nicht aufgespeicherte Energie (Wernicke) sondern eine Disposition für eine bestimmte Funktion sind.

Die Gleichsetzung der neuen individuell mnemischen Apparate mit den phylogenetisch mnemisch vorgebildeten Reflex- und Instinktapparaten muß natürlich einmal bedeutungsvoll werden für das Verständnis unserer Nervenfunktionen aus der Organisation des Nervensystems. Hinter den Engrammen steckt ja, trotz einiger grober Versuche für eine solche Annahme, nichts, was irgendwie anatomisch faßbar wäre. Die Engramme müssen unsichtbare Veränderungen in den sichtbaren (materiellen) Elementen sein. Nun ist selbstverständlich eine Reflexfunktion in der anatomischen Anordnung der Bahnen und Zentren mitbegründet. Zum Zustandekommen des Patellarreflexes ist eine Verbindung zwischen sensiblem Organ in der Sehne über das Rückenmarksgrau zum Quadrizeps nicht zu entbehren. Wir können uns aber die vielseitige Beeinflussung auch eines so einfachen Reflexes viel besser denken, wenn wir nicht bloß mit einem starren Leitungssystem zu tun haben, sondern auch mit Tendenzen innerhalb desselben nach Analogie der durch die individuelle Erfahrung in Form von Engrammen gesetzten. Und wollen wir nicht nur ganz einfache Reflexe sondern die Instinkte und Triebe aus dem Nervensystem ableiten, so wird uns eine starre anatomische Einrichtung erst recht unfaßbar; um so eher aber können wir uns eine Art Abstimmung des Nervensystems nach Art der Engramme denken, die sich auf alle Teile übertragen kann (siehe später: Lokalisation der Triebe).

Wenn die Strebungen, wie Futter suchen, Nestbau, Fortpflanzungstrieb, in allen ihren Einzelheiten und Komplikationen allein in der anatomischen (und chemischen) Organisation eines bestimmten Apparates des Zentralnervensystems begründet wären, könnte man sich nicht recht vorstellen, wie die ganze Persönlichkeit dadurch im gleichen Sinne beeinflußt wird. Lokalisierte Funktionen wie Reflexe (ob sie nun auf bloßer Organisation oder zugleich auf engraphieartiger Erbmasse beruhen), beherrschen die Persönlichkeit nicht so wie der Sexual- oder Nahrungstrieb. Dagegen wissen wir, daß die psychischen Funktionen, bestehen sie aus neuen Prozessen (Wahrnehmungen) oder in Ekphoraten, das ganze Nervensystem in seinen Schaltungen beeinflussen; die Funktion des Psychokyms an sich ist eben etwas, das sich diffus verbreiten kann, ohne an bestimmte Elemente gebunden zu sein; die nämliche „Schwingungsart" des Neurokyms kann sich wohl über die ganze Rinde, wenn nicht über das ganze Nervensystem verbreiten, nicht aber ein durch die Lokalisation in einen bestimmten Apparat in seiner Eigenart definierter Prozeß.

Noch ein weiterer Unterschied zwischen anatomisch und engraphisch besteht darin, daß jede durch die Organisation begründete Funktion an eine bestimmte Menge von Masse, eben diesen Apparat, gebunden ist, und daß der Apparat mit der Komplikation der Funktion in Masse und anatomischer Komplikation zunehmen muß. Weder die Komplikation eines einzelnen Apparates noch die Summe vieler einzelner Apparate läßt sich nun aber in einem Nervensystem von bestimmter Größe beliebig vermehren, etwa dadurch, daß man die elementaren Bestandteile verkleinert. Bei der Größe der Kolloidmoleküle und ihren Distanzen sind wir mit den feinsten Nervenstrukturen, die eben an der Grenze der Sichtbarkeit sind, schon unheimlich nahe auch an die Grenze der denkbar feinsten Elemente gekommen; wird doch eine in der Organisation bedingte Funktion nur durch die Kombination einer Vielheit von Molekülen möglich. Wenn wir also in dem winzigen Gehirnknoten eines eben aus dem Ei geschlüpften Spinnchens die Komplikation eines Apparates suchen wollen, der neben tausend andern Dingen z. B. den Netzbau mit allen seinen Anpassungen an jede beliebige Umgebung zustande bringt, oder wenn wir die Summe von individuellen und sozialen Instinkten nebst den Gleichgewichtsbewegungen irgendeiner kleinen Ameise in eine entsprechende Anzahl von besonderen Hirnapparaten verlegen wollen, so würde uns wahrscheinlich nicht die nötige Zahl von Molekülen zur Verfügung stehen. Da wird uns die Vorstellung vertrauter, daß die nämliche Masse verschiedener „Schwingungen" in beliebigen Komplikationen fähig ist, daß diese das Wesentliche sind, und daß die anatomische Organisation mehr der Zu- und Ableitung der Reize dient, als der qualitativen Differenzierung derselben. Auf die nämliche Vorstellung sind wir ja mit beinahe zwingender Notwendigkeit auch von anderer Seite gekommen, soweit es die psychischen Funktionen betrifft, die ganz diffus in der Hirnrinde lokalisiert sind, so daß die nämlichen Elemente an ungezählten verschiedenen Funktionen beteiligt sein müssen.

Beruht das phylogenetische Gedächtnis wie das individuelle auf Engrammen, so verstehen wir das einheitliche Zusammenspiel der angeborenen Einrichtungen mit Ekphoraten individuellen Ursprungs und aktuellen Reizen von außen und innen. Es wird dann auch wahrscheinlich, daß das individuelle Gedächtnis als organisierte Funktion sich erst aus dem phylogenetischen entwickelt habe, das ja das ältere ist, obschon das einzelne Geschöpf es ist, das die Reize aufnimmt. Die Empfindlichkeit des phylischen Gedächtnisses ist aber so zu denken, daß höchstens von Generation zu Generation häufig wiederholte ähnliche Erfahrungen ein wirksames Engramm hinterlassen können (ich kenne die Schwierigkeiten der phylischen Benutzung von Erfahrungen, weiß z. B., daß ein Schmetterling seinen Nachkommen so viel wie nichts von seiner Erfahrung hinterlassen kann, weil seine Generationszellen schon reif sind, wenn er Schmetterling wird). Jedenfalls sind für die Art nur sich immer wiederholende Erlebnisse von Bedeutung.

Ausblicke. Ich vermute, daß ein genaueres Studium der Eigenschaften der Engraphie uns Aufschluß geben könnte über die Natur nicht nur der nervösen Funktionen, sondern der Lebensfunktionen überhaupt, und daß umgekehrt bessere Kenntnis des phylischen Gedächtnisses Licht auf die Engramme des Individuums werfen würde. Gibt es ein phylogenetisches Gedächtnis in dem Sinne, daß die Gleichheit der Funktion von Eltern und neuen Generationen auf einer Ekphorie phylischer Engramme beruht, so sind auch die Gene Engramme, so daß eine erbliche Eigenschaft, sagen wir die Fähigkeit, in einem besonderen Apparat zu verdauen, auch schon in den Genen vorhanden sein muß und sich einerseits den Magendarmkanal mit seiner absondernden und motorischen Tätigkeit schafft, anderenteils im fertigen Organismus oder speziell in dessen Darmtraktus die Verdauungsfunktion ekphoriert, sobald Speisen eingeführt werden. Auf solchen und noch anderen Wegen kommt man zu Ansichten, wie sie SEMON in seiner Mneme, ohne auf das Wie näher einzugehen, entwickelt hat.

Nun hat man sich die Erbeinheiten, die Gene, in der Biologie als Molekularstruktur, eine Art materieller Organe (Biophoren) vorgestellt. Man hat sogar Anhaltspunkte gefunden, sie in den Chromosomen, wenn diese Stäbchenform angenommen haben, zu lokalisieren; WEISMANN nimmt an, daß durch allgemeine Ernährungsstörungen einzelne Gene unter Erhaltung der übrigen vernichtet werden könnten. Und dennoch bietet diese Vorstellung zu viele Schwierigkeiten.

Zunächst einmal sind auch dann, wenn man nur die allgemeinsten Grundlinien der Entwicklung in die Gene zu verlegen versucht, und dem Individuum die Ausbildung der Einzelheiten aufs Weitherzigste überlassen möchte, der Gene so viele vorauszusetzen, daß man mit der Molekülzahl der Chromosomengarnitur einer Keimzelle lange nicht mehr auskommen kann. Man kann doch nicht wohl anders als wenigstens einmal ein Gen für jeden einzelnen Muskel annehmen. Nun aber besteht dieser aus einer großen Menge von Fasern. Man könnte sich zunächst denken, daß das Gen die Bildung und Gestaltung und Anordnung derselben dem Individuum überlasse, das sie nach irgendeinem allgemeinen Prinzip oder einer diffusen Wirkung entstehen lasse. Aber auch dann müßte man voraussetzen, daß dieses Allgemeine nur auf dieses Gen mit der gerade entstehenden Anordnung der Fasern reagieren könnte; wäre das Gen etwas anders in seinen Wirkungen, so müßten also doch andere Faseranordnungen entstehen; das Gen muß also gerade dieser Faserordnung und keiner anderen entsprechen, es muß, wenn auch vielleicht nicht allein, doch die einzelnen Fasern in ihrer Individualgestaltung und ihrer besonderen Anordnung enthalten, sich dadurch von andern möglichen Genen unterscheiden, und wenn es gestört würde, so würde auch die Faseranordnung gestört. Kurz, der Feldherr kann den untergeordneten Organen nur dann die Ausführung eines allgemeinen Planes überlassen, wenn diese speziell dafür gedrillt sind, d. h. auf unsere Gene übertragen: auch wenn wir nur ein allgemeines Gen für einen jeden Muskel voraussetzen, so muß dieses Gen wieder Untergebene für jede einzelne Faser enthalten. Die nämliche Überlegung kann man auch wieder in bezug auf die Muskelkästchen in jeder einzelnen Faser machen, wenn man nicht annehmen will, daß wir damit an ein Ende kommen, indem die Muskelkästchenanordnung wie ein Kristall von den Molekularkräften gebildet werde; aber dann muß man wieder voraussetzen, daß im Gen die Entstehung gerade solcher Molekülkomplexe vorgebildet sei. All das müßte vererbt werden, entspräche also wieder Genen niederer Ordnung[1]). Wieviel Gene müßten sein, um das menschliche Gehirn zu bilden? oder um das unendlich komplizierte chemische Gleichgewicht aller Körperorgane untereinander zu unterhalten oder die einzelnen dabei beteiligten chemischen Agentien und Reaktionen zu schaffen? Dann die Gene der Reflexe und Instinkte nur einer Ameise in ihrer Kompliziertheit und Abstufung und Variabilität überhaupt? Unser Verstand kann ja nicht einmal etwas so Einfaches wie einen Kratzreflex übersehen, während die im Chromosom möglichen Molekülzahlen noch vorstellbar sind. Auch kann man nicht einmal mit der bloßen Aufzählung solcher schon aus vielen Genen zusammengestellten Funktionen fertig werden. Sobald wir uns für ein einzelnes Gen eine Zahl von Molekülen vorzustellen versuchen, die es innerhalb eines Chromosoms enthalten könnte, so erscheint sie uns für die Bildung eines solchen Organs zu klein. In einem winzigen Spermakopf machen die Chromosomen nur einen Teil aus. Von reinem Eiweiß können nach einem hiesigen Chemiker im Kubikmikron nicht mehr als etwa 12 Kubikmillimikren enthalten sein. Die Eiweißmoleküle, von denen die lebenden wohl die kompliziertesten sind, können nach allgemeiner Annahme nicht sehr weit von der ultramikroskopischen Sichtbarkeit entfernt sein. So konnte Nägeli von der in dieser Beziehung ähnlichen Keimchentheorie sagen: „Wird die Menge der Keimchen so hoch angenommen, als es die Darwinsche Theorie wirklich verlangt, so ergibt sich auch für kleinere Phanerogamen, daß ihre einzelligen Keime millionenmal größer sein mußten, um alle Keimchen bloß in der Form von Eiweißmolekülen oder kleinsten Mizellen aufzunehmen."

Sind solche materielle Biophoren-Gene überhaupt möglich, so weiß man nicht recht, wie sie wirken sollen. Soll jedes Gen aus einer Gruppe von Molekülen bestehen, die sich zu den betreffenden Organteilen entwickeln? Dann müßte die Molekülgruppe als solche zugleich die Engramme produzieren können, die notwendig sind für die präformierten Tätigkeiten im CNS. (Reflexe, Instinkte, vielleicht auch Zellentwicklung), oder es müßten diese materiellen Gene zugleich noch Träger von Erb-Engrammen sein. Wenn nun doch vererbbare Engramme nötig wären, so verliert die Annahme von molekularen Genen ihre Existenzberechtigung. Da ferner das Zellprotoplasma einen wesentlichen Anteil an der Bildung der Organe nimmt, müßten die Molekül-Gene sich mit ihm irgendwie mischen[2]). Es gibt aber wieder Gründe dafür, daß auch später die Gene in Biophorengestalt in den Kernen enthalten seien, und die Verbindung von kernlosen Seeigeleiern mit dem Sperma einer andern Art, sowie die Versuche von Guthrie[3]), wenn sie sich bestätigen, würden beweisen, daß Erbmasse sowohl in den Kernen wie im Protoplasma vorhanden ist. Mischen sich die Gene nicht direkt mit dem Protoplasma, beeinflussen sie es nur, so muß man wieder eine besondere Kraft annehmen, die von den Biophoren-Genen auf das Protoplasma wirkt. Stellen wir uns noch das Zusammenwirken von materiellen Genen vor; eine Haaranlage verlangt eine Mehrzahl von Genen nur für die Farbe: dann gibt es Gene für die Verteilung der Farben (einfarbig oder gefleckt), für die Dichte des Pelzes, die Länge, die Dicke, die Gestaltung (kraus oder schlicht) des einzelnen Haares und gewiß noch sehr viele

[1]) Nicht ganz nötig ist es anzunehmen, daß jedes Blatt, das ein Baum während seines ganzen Lebens hervorbringe, durch ein Gen bestimmt sei. Es könnte ein Gen genügen, das etwa die Tendenz hätte, bis zu einem gewissen Sättigungsgrad an jedem geeigneten Platz ein Blatt hervorzubringen. Wird eines vernichtet oder im Herbst abgeworfen, so schafft das Bedürfnis ein neues Blatt. Bei den Muskelfasern kann man die Vorstellung nicht so leicht vereinfachen, weil die verschiedenen Fasern einander nicht gleichwertig sind, jede einen bestimmten Ort, eine den speziellen Verhältnissen angepaßte Länge und Zahl der Muskelkästchen und eine bestimmte Innervation besitzen muß. Eine solche Anpassungsfähigkeit müßte wohl für ein allgemeines Muskel-Gen (nach Art des oben angenommenen Blatt-Gens) eine so komplizierte Formel verlangen, daß sie kaum denkbarer wäre als die eines besonderen Gens für jede einzelne Faser.

[2]) Das scheint sich wirklich so zu verhalten, da außerhalb des Vermehrungsstadiums die Grenzen zwischen Chromosomen und Protoplasma der Keimzellen verwischt sind. Vgl. auch die Theorien von Grawitz und anderen, die Zellen aus Zwischensubstanz oder an kernfreien Stellen, z. B. einer Muskelfaser, entstehen lassen.

[3]) Further results of transplantations of ovaries in chickens. J. exper. Zool. Bd. V, S. 563. Ref. Arch. f. Rassen- u. Gesellschaftsbiol. 1909, 392. Vertauschung der Eierstöcke bei weißen und schwarzen Hennen zeigten starken Einfluß der Adoptivmutter auf die Produkte ihres eingepflanzten Eierstockes.

andere. Es wird nun nicht recht vorstellbar, wie sich alle diese Komponenten zu der Einheit des wirklichen Haares zusammensetzen sollen, indem an eine allgemeine „Haaranlage“ sich diese Gene angliedern, während uns von den psychischen Funktionen her geläufig ist, wie ekphorierte Engramme sich zu einer wirklichen Einheit zusammenfügen, ohne deshalb ihre Individualität zu verlieren.

Wie sollen nun starre Organe wie die Biophoren die Variabilität, die Anpassungsfähigkeit an neue Verhältnisse im Innern und Äußern ermöglichen? Wie sollen Variationen entstehen? Soll etwa jede Generation während der phylischen Entwicklung des Magendarmkanals ein Molekül mehr zu gewissen Genen hinzufügen, um den Magen auf eine höhere Stufe zu bringen? Wenn die verschiedenen Erbeinheiten aus Molekular-Genen bestünden, so müßten sie sich irgendwie ziemlich scharf abgrenzen, wenn wir uns auch vorstellen dürften, daß sie Gruppen bilden, die bald als Ganzes wirken, bald in verschiedener Weise zersplittert werden können. Trotz aller schematischen Mendeltheorien war aber bis jetzt ein solches Verhalten aus den Tatsachen nicht zu erweisen. Man kann verhältnismäßig wenige Erbeinheiten als wirkliche Einheiten abgrenzen und hat auch von diesen zu gewärtigen, daß sie sich noch auflösen. Und zwischen Mendelscher und intermediärer Vererbung gibt es alle Übergänge usw.

Alle diese Schwierigkeiten werden geringer oder fallen ganz weg, wenn man, ausgehend von der tatsächlichen Leistung der Engramme im fertigen Organismus, die Gene als Engramme betrachtet. Zunächst einmal kann die nämliche Molekularmasse Träger vieler Engramme sein, oder die nämlichen Moleküle können sich einzeln oder in Gruppen an verschiedenen Engrammen beteiligen, ja es besteht die Möglichkeit, daß Kräfte, die feineren Strukturen als den Molekeln entsprechen, mitwirken oder gar das Engramm bilden. Auch eine Lokalisation ist möglich, sei es, daß, wie es bereits angenommen werden mußte, ein ganzes Gen-Engramm in einem bestimmten Teil eines Chromosoms lokalisiert wäre, oder daß, wie wahrscheinlich bei den Engrammen des Gehirns, ein bestimmter Teil besonders wichtig für die Funktion des Gens wäre, so daß sein Wegfall seine Wirkung ganz oder teilweise aufheben würde[1]). Neben dieser Lokalisation wäre doch eine beliebige Diffundierbarkeit garantiert, die erklären könnte, daß auch das Zellprotoplasma nicht ohne Einfluß auf die Gestaltung des späteren Individuums ist, und die endlich, ohne die unwahrscheinlich grobe Keimchentheorie zu benutzen, ein Mitschwingen des Keimplasmas mit den Erfahrungen der Körperzellen und damit die Vererbung erworbener Eigenschaften erklären könnte, wenn dieses immer wieder auftauchende Postulat einmal zu beweisen wäre[2]). Die Regeneration und die Bildung von Pflanzen

---

[1]) So sehr die Vorstellung von den ausschließlich in den Chromosomen lokalisierten Genen an Breite gewonnen hat, sie erscheint doch immer etwas zu schematisch, als daß man alle Zweifel unterdrücken könnte. Erst unmittelbar vor dem Druck werden mir die GRAWITZschen Schlummerzellen bekannt, die sogar aus Interzellularsubstanz entstehen sollen, und heute kaum mehr geleugnet werden können. Die GRAWITZsche Vorstellung läßt sich wohl nur mit der Engrammtheorie vereinigen, die zwar gewisse Zentren der Mnemefunktion in die Biophoren verlegen, aber zugleich auch voraussetzen kann, daß das ganze Protoplasma und die lebende Substanz überhaupt die Einwirkung dieses Engramms spürt und behält. Es würde dann nicht mehr heißen: omnis cellula e cellula, sondern omnis cellula ex engrammatophoro, d. h. aus einer Substanz, die Engrammträger ist. Dabei wäre das gestaltende Prinzip das Engramm (das natürlich die Eigenschaften der Moleküle benutzt); es kann das vorhandene substanzielle Material anders aufbauen, ein Individuum in zwei teilen; es kann aber auch anderes Material aufnehmen, es seinem Mikroorganismus assimilieren und ihm seine eigenen Engramme mitteilen. Gegen die begrenzte Lokalisation der Anlagen in den Chromosomen spricht auch die Tatsache, daß ein einzelnes Chromosom unter Umständen, wenn es abgesprengt wird, wieder eine volle fortpflanzungsfähige Zelle bilden kann (JUEL), oder daß ein Infusoriumstück sich zu einem vollen Tier regeneriert, wenn es nur einen Teil des Kerns besitzt.

[2]) Es gibt Verhältnisse, wo der Wirt in so raffinierter Weise den Bedürfnissen seines Parasiten entgegenkommt (z. B. gewisse Pflanzengallen), daß die bisherigen Erklärungsprinzipien alle glatt versagen; eine anpassende Auslese in den Wirtsgenerationen zugunsten des Parasiten ist doch wohl ausgeschlossen. Da läßt sich trotz ihres phantastischen Aussehens die Gedankenverbindung nicht ganz unterdrücken, daß Engramme von Protoplasma zu Protoplasma übertragbar sind, so daß nach unseren jetzigen Kenntnissen die Möglichkeit nicht auszuschließen ist, daß das Verhalten der Galle, soweit es bloß dem Parasiten nützt, eine Funktion des letzteren ist, die in Form von Engrammen von seiner

aus kleinen Bruchstücken beweist, daß manche (alle?) Körperzellen die Gene des ganzen Individuums in sich haben, und daß die Zellen voneinander so deutliche und funktionsauslösende Kunde haben, daß sie je nach den gegenseitigen Bedürfnissen und nach denen des Gesamtorganismus neue Organe schaffen. Aus der Engrammatur ließen sich allein oder doch leichter verstehen die Wiederholung der Phylogenese durch die Ontogenese, der Funktionswechsel von Anlagen (ein Teil des Unterkiefers wird zu Hammer und Amboß), eine oft vermutete Tendenz, eine Eigenschaft in bestimmter Richtung zu entwickeln, die unscharfe Abgrenzung der Erbeinheiten, ihre Zerlegbarkeit nach verschiedenen Richtungen, das Nebeneinanderbestehen von intermediärer und Mendelscher Vererbung, der Wechsel der Dominanz mit der Entwicklung, das Auftreten von atavistischen Erscheinungen, wenn diese wirklich außerhalb der Mendelschen Gesetze vorkommen, das Bestehen von latenten Dispositionen abgesehen von der Rezessivität, die scheinbar unvermittelt zur Mutation führen, der Artbeeinflussung durch Wärme und Kälte, wie sie Standfuss an Schmetterlingen nachgewiesen, die in der Regeneration nach Verwundungen oder Amputationen oder Teilungen sich ausdrückende Integration der Funktion, die Heraushebung eines Zweckes, der mit verschiedenen Mitteln erreicht wird (die Retina kann die empfindenden Elemente außen oder innen haben; eine Art Linse kann nach Herausnahme der ursprünglichen auch aus Elementen der Regenbogenhaut gebildet werden; die optische Akkommodation geschieht nach ganz verschiedenen Prinzipien. Und dennoch entstehen bei ganz verschiedenen Tierklassen analoge (nicht homologe) Augen nach wenigen Bauplänen). Bei sich entwickelnden Amphioxuseiern können nach der ersten Teilung die beiden Zellen voneinander getrennt werden, wobei jede sich zu einer Larve entwickelt, die zwar nur die Hälfte der normalen Zellenzahl und damit nur die halbe Größe der normalen besitzt, aber ein ganzes Tier darstellt. Umgekehrt können bei Askariden und Seeigeln durch Zusammenschmelzen von zwei Eiern Riesenembryonen erzeugt werden. Der Organismus hält also in der Entwicklung einen allgemeinen „Plan" fest, auch wenn einzelne scheinbar vorgebildete Teile verdoppelt oder halbiert werden, vielleicht auch ganz fehlen.

Die Richtigkeit des ursprünglichen Mutationsbegriffes im Sinne plötzlicher Umgestaltung einer Anlage ist noch lange nicht bewiesen. Wenn, wie z. B. Otto Nägeli annimmt, eine Anzahl unserer erblichen Krankheitsanlagen (wie Migräne, Sechsfingerigkeit, Bleichsucht) als Mutationen aufzufassen sind, so entstehen in verschiedenen Stämmen ungefähr gleichartige Mutationen. Das würde die auch sonst wahrscheinliche Voraussetzung beweisen, daß die plötzliche Umgestaltung überhaupt nicht existiert, sondern daß in der Organisation des Genus vielerlei Entwicklungsmöglichkeiten vorhanden sind, von denen in einem Individuum je nach Umständen die eine oder die andere aktuell werden kann. Man kann auch bei den Standfussschen Kälte- und Wärmeschmetterlingen, die arktische oder südliche Formen nachahmen, nicht an eine Umgestaltung, eine Neuformation denken, sondern nur an spezielle Entwicklungsformen von Organismen, in deren Natur es liegt, bei verschiedenen Temperaturen verschiedene Gestaltungen anzunehmen. Auch die biologischen Variationen der Bakterienstämme, bei denen teilweise jetzt schon Reversibilität bekannt ist, kann doch wohl nicht anders erklärt werden. Liegen nun in den einzelnen Organismen verschiedene Entwicklungsmöglichkeiten, so kompliziert das entweder den Begriff des Gens oder die Menge der anzunehmenden Einzel-Gene noch weiter in unübersehbarer Weise und macht die Vorstellung materieller Gene noch unmöglicher.

Nur Engramm-Gene haben ferner quantitativ und qualitativ die Variations- und

Substanz auf diejenige der anliegenden Wirtszellen übergegangen ist. Eine Schwäche dieser höchstens heuristisch zu verwertenden Idee sehe ich weniger darin, daß sie ungewöhnlich und meinetwegen phantastisch erscheint, sondern darin, daß sie (gerade wie die Anpassungstheorien von der andern Seite) nur die eine Hälfte des zusammenhängenden Ganzen berücksichtigt, das darin besteht, daß eben bei den Lebewesen eine Galle und ein Parasit einander entsprechen wie ein Insektenrüssel und eine Blütenkonfiguration oder wie der Penis einer Insektenart der Vagina der nämlichen Art. Ich möchte also nicht etwa die „Theorie aufstellen", daß die Pflanzengallen in ihrer Form und ihren Wandlungen durch die Engramme der Parasiteneier bestimmt werden: aber es scheint mir nicht unwichtig, an diesem Beispiel darauf aufmerksam zu machen, was Engrammgene möglicherweise alles leisten können.

Anpassungs- und Entwicklungsfähigkeit, die wir beobachten und die bei Biophoren-Genen nicht leicht vorstellbar wäre. Engramme von Vater und Mutter, die nicht ganz identisch sind, können (müssen indes nicht) sich leicht zu einer einheitlichen Wirkung integrieren, ganz wie verschiedene Ideen in einem Gehirn. Von Molekular-Genen ist das nicht recht vorstellbar. Engramme können Erfahrungen summieren, neue Erfahrungen müßten ein Biophoren-Gen in seinem Bestand umbilden, Bestandteile müßten ab- und zugehen, umgelagert werden, wobei die biologische Wertigkeit desselben nicht in Frage gestellt werden dürfte, so daß das Gen immer wieder als etwas Ganzes und gegenüber den andern Genen und den Lebensanforderungen Harmonisches funktionieren würde; Engramm-Gene können einfach durch die Erfahrung ein wenig modifiziert werden, wie wir die Muskelkoordinationen beim Anfassen eines sich bewegenden Körpers dadurch modifizieren, daß wir sie den durch die Augen wahrgenommenen Ortsveränderungen des Gegenstandes anpassen, wobei, wenn wenigstens die Analogie mit den psychischen Engrammen soweit ins Einfache hinab Geltung hat, die Anpassung nicht eine zufällige, sondern eine im Prinzip gerichtete und zugleich kontinuierlich (nicht bloß sprungweise) modifizierbare wäre. In letzterer Beziehung kann man wahrscheinlich noch weiter gehen. Wir sehen, daß die Gene alle harmonisch zusammenarbeiten[1]), von den unendlich vielen Möglichkeiten der Dysharmonie wird so wenig Gebrauch gemacht, daß die Lebewesen sich in Individuen und Arten erhalten, und die vorkommenden Variationen meist nur lebensmögliche Kombinationen schaffen. Eine Anpassung aneinander ev. an leitende „Prinzipien“ kann nur eine Funktion, nicht eine Summe von Strukturen leisten, wenn wir auch so weit ins Elementare gehen können, daß wir z. B. das Sonnensystem mit diesen Dingen parallelisieren, in dem alle Störungen sich von selber ausgleichen, obgleich keine Planetenbahn geändert werden kann, ohne daß alle andern sich mit ihr abfinden, sich in ein neues Gleichgewicht setzen. Nach Analogie der Biophoren-Gen-Organisation müßte die Anpassung so geschehen, daß bei jeder Störung die einzelnen Planeten ihre Masse und Bewegungstendenz änderten. Wenn ich da von einem „Prinzip“ gesprochen habe, so darf man die Analogie mit unseren als Ideen ausgedrückten psychischen Prinzipien recht weit treiben. Unter Funktionen, wie wir sie bei Engrammekphorien uns vorzustellen haben, gibt es schöpferische Resultanten als Abstraktionen, nicht bloß in dem Sinne, wie eine Lokomotive aus ihren Bestandteilen gebildet wird.

Jedenfalls beweisen die Regenerationen, daß die einzelne Körperzelle nicht nur irgendwelche Nachrichten vom Befinden der übrigen Zellen, sondern auch von dem des Ganzen erhält, und daß sie bestrebt ist, das letztere nach dem ursprünglichen Plan harmonisch zu gestalten. Das geht so weit, daß eine herausgenommene Linse von einem andern Teil des Auges ersetzt werden kann (allerdings, so viel ich weiß, nicht funktionsfähig), und daß die Stücke einer Planarie, die sich zum Tier ergänzen, die vorhandenen Teile so umschmelzen, daß ihre Größe dem vorhandenen Bildungsmaterial entspricht, so daß die Proportionen der alten und der neugebildeten Teile richtig sind. Ich überlasse es andern, zu entscheiden, ob man daraus Lamarckistische Entwicklungsfunktionen ableiten könne. Jedenfalls aber folgt aus all dem, daß die Erbeinheiten nicht bloß oder gar nicht ein bestimmtes Quantum (Länge, Breite, Stärke, Farbe), sondern ein Verhältnis, eine Beziehung zwischen verschiedenen Einheiten ausdrücken. Das Gen, das die Größe des Auges bestimmt, verlangt nicht soundso viel Millimeter Durchmesser, ev. bei Nahrungsmangel soundso viel Prozente weniger, sondern die Augengröße ist (auch noch) eine Funktion der Beziehung zu allen andern Genen des Auges und, wenn man es ganz genau nehmen will, zu allen andern Genen des Körpers. Ein Gen ist überhaupt nicht eine Tendenz, eindeutig bestimmte Eigenschaften zu bilden

[1]) Die Veränderung einer Eigenschaft in einem Organismus ist nicht möglich, ohne daß alle andern sich mit ihr in ein neues Gleichgewicht stellen. Diese Anpassung der unzählbaren Eigenschaften an die Änderung einer einzelnen wäre schwer denkbar aus bloßer Auslese des Zufälligen; viel eher ist anzunehmen, daß die Eigenschaften aufeinander wirken. Eine solche Funktion, sowie die Vereinigung zu Resultanten, die Unterordnung unter einen allgemeineren „Funktionsplan“, die Integration, liegt in der Natur der Engramme. Schon die Symmetrie der Entwicklung bei der ersten Halbteilung setzt etwas wie eine Integration voraus. — Etwas, das wie eine Assoziation aufgefaßt werden kann (nicht muß), drückt sich darin aus, daß gewisse Aszidien, die Augen um Mund und After haben, um jede irgendwo künstlich gemachte Körperöffnung Augen bilden.

sondern je nach Umständen diese oder jene Eigenschaften zu entwickeln. Ich kann immer noch nicht darum herumkommen, die sogenannten Mutationen auf diese Weise aufzufassen; wie sollte man sonst erklären, daß die nämlichen Mutationen vielfach entstehen (in der Pathologie die Migräne, die Sechsfingerigkeit und vieles andere).

Diese Andeutungen mögen genügen, solange man nichts als Vermutungen äußern kann. Es wäre aber eine dankbare Aufgabe zu untersuchen, ob nicht die Art der Variabilität der Gene Anhaltspunkte gibt zur Entscheidung der Frage, ob die Gene funktionelle Engramme oder materielle Organe sind.

Das Gedächtnis wird wohl auch einmal die Entstehung von speziellen Organen erklären. Wenn in einer undifferenzierten Zellenmasse zwei voneinander entfernte Punkte oft mit- und nacheinander gereizt werden (oder in Tätigkeit kommen), so entsteht eine engraphische (und zugleich assoziative) Verbindung zwischen beiden. Die Verbindung wird dabei die Linie des geringsten Widerstandes bevorzugen oder am stärksten benutzen und damit am stärksten verändern. Eine Stelle sezerniert besonders oft. Die Sekretion wird immer leichter vor sich gehen, der betreffende mit dem Engramm der Sekretion besetzte Zellhaufen wird zu einer Art Drüse. Daß aus diesem zunächst rein funktionell engraphischen Organ, das sein Analogon hat in den Gelegenheitsapparaten der Hirnrinde, ein anatomisches, histologisch sich von der Umgebung unterscheidendes Organ entsteht, ist wieder eine Gedächtnisleistung. Bestimmte Stoffe werden an dieser Stelle häufig assimiliert und dissimiliert; ihre Anhäufung beziehungsweise Abfuhr muß also besonders geübt werden. Sie werden sich als solche oder in Vorstufen in dem Substrat der Engramme anhäufen, kurz das Organ muß in seinem chemisch-molekulären Bestand verändert werden, und das ganz allgemein, denn der Kampf anderer Moleküle, die an der Leistung nicht teilnehmen, um die Existenz wird erschwert, sie nehmen ab oder verschwinden, das ganze Gleichgewicht ist anders eingestellt.

Ob außerdem zur Erklärung der histologischen Differenzierungen noch ein besonderer formativer Reiz der Engramme auf ihre Träger angenommen werden muß, möchte ich noch nicht entscheiden. Vielleicht schafft die Funktion selbst bestimmte Zusammenlagerungen der verschiedenen Molekülgruppen (Zufuhr und Abfuhr, Diffusionsverhältnisse), vielleicht hilft auch die gestaltende Eigenschaft der Moleküle (in ähnlicher Weise wie bei Kristallen) mit.

Bestehen solche Differenzierungen innerhalb einer einzigen Zelle, so können sie sich ohne weiteres durch Teilung vererben und in den folgenden Generationen immer mehr ausbilden. Bei den Metazoen müßte nur das Engramm ohne das Organ in die Keimzelle übergehen. Aber nicht nur das Engramm der Funktion, sondern auch das der Entstehung eines Organes, so daß diese aus einer ontogenetischen eine phylogenetische würde. Wir wissen wohl noch zu wenig, als daß es sich lohnte, diese Vorstellungen noch mehr auszubauen; es genügt vorläufig zu zeigen, daß die Auffassung der Gene als Engramme denkbar ist. Sehen wir von einer Generation zur andern nichts von Engraphie, so ist das nur selbstverständlich; wenn nicht die zufälligen Erfahrungen eines Individuums seine Erbmassen in einseitiger Weise umbilden und damit für die gewöhnlichen Verhältnisse unbrauchbar machen sollen, so darf nur eine Summierung, „Übung“ und „Abstraktion“ des Gewöhnlichen sich durchsetzen, und dazu stehen unbegrenzte Zeiträume zur Verfügung.

Es wurde früher hervorgehoben, daß das Gedächtnis eine allgemeine Funktion des lebenden Protoplasmas ist, die nur in unserer Hirnrinde eine besondere Ausbildung erlangt hat. Wenn nun die Entwicklung aus dem Ei und die Funktion der Organe nichts anderes sind als Engrammekphorien, so weiß man nicht recht, was irgendeiner andern Lebensfunktion noch zu tun übrigbleibt. Mit anderen Worten, mit dem Gedächtnis, das die Erhaltung und die Fortpflanzung besorgt, ist eigentlich fast oder ganz alles gegeben, was wir vom Leben kennen. Gibt es nun noch etwas anderes, das am Aufbau des Lebens beteiligt sein muß? Wir wissen es nicht. Jedenfalls können wir unsere jetzigen Kenntnisse so ausdrücken: das Leben ist eine Äußerung von Eigenschaften des Kolloids, die wir nicht abzugrenzen vermögen von den mnemischen Eigenschaften.

Suchen wir uns nun klarzumachen, was die Ekphorien im Organismus alles bewirken, so stoßen wir auf eine andere Gedankenreihe, die sich auf der Suche nach dem Ursprung und dem Wesen des Lebens wohl jedem aufgedrängt hat: Fermente, Katalysatoren und andere ähnliche Körper, die in irgendeinem chemischen Milieu zusammengebracht werden, schaffen ein sehr labiles Gleichgewicht von Substanzen und Kräften, das manche Eigenschaften mit dem Leben eines Organismus gemein hat. Und wir finden immer mehr, daß die chemischen Vorgänge und damit alle andern im Körper mit solchen Stoffen zusammenhängen. Die Erhaltung eines Gleichgewichtes ist ferner eine allgemeine Funktion von chemischen oder dynamischen Systemen und auch von komplizierteren (Sonnensystem; aber auch Gleichgewicht zwischen Pflanzen und Tieren)[1]). Wenn ich Zeit hätte, würde ich untersuchen, ob die beiden relativ einfachen Funktionen des Lebens, die dynamische des Gedächtnisses und die chemische zusammen „das Leben" bilden könnten. Würde die Frage bejaht, so wären wir allerdings noch nicht am Ende; das wichtigste neue Problem wäre dann das der Natur der Energieform, die wir in dem Gedächtnis tätig sehen. Wäre diese eine noch unbekannte Form, so würde das nicht etwa vitalistische Anschauungen begründen, die den lebenden Organismus durch ein Plus prinzipiell unterscheiden wollen von der übrigen Welt.

Eine dritte Theorie knüpft an die halb durchlässigen Membranen an mit ihrem verschiedenen elektrischen Potential auf jeder Seite. Auch sie ist noch nicht fertig durchdacht.

Wir haben zwingende Gründe anzunehmen, daß die Engramme, wenn sie einmal gesetzt sind, so lange dauern, wie das Gehirn, das sie trägt; die engraphische Veränderung im Kolloid ist irreversibel. Man stellt sich zwar allgemein vor, daß die Engramme mit der Zeit „abblassen", sich verwischen wie eine Fußspur im Sande oder ein Flußbett, in dem kein Wasser mehr läuft. Wir werden sehen, daß die dieser Auffassung zugrunde liegenden Tatsachen anders zu erklären sind. So ist das Erinnerungsbild eines Gegenstandes, das so viel blasser und unbestimmter ist als das Wahrgenommene, nicht die direkte Ekphorie der Wahrnehmung, sondern die einer nachträglichen Bearbeitung, die zwar das ursprüngliche Engramm bestehen läßt, aber dessen ekphorische Zugänglichkeit herabsetzt, indem sie an seine Stelle die zum Leben besser brauchbare oder meist allein brauchbare „Vorstellung" setzt. (Siehe folgendes Kapitel.) Dafür zeigen uns Tausende von Stichproben, daß alles sich so engraphiert, wie es erlebt wird, und

---

[1]) Es scheint gar nicht anders möglich, als daß alle Verhältnisse einem Gleichgewicht zustreben; der Stein fällt so lange, bis ein Widerstand die Wirkung der Erdschwere kompensiert. Das Sonnensystem fällt nicht zusammen, weil es eben von jeher so weit „zusammengefallen" ist, daß Anziehungen und Zentrifugalkräfte miteinander im Gleichgewicht sind. Das Wasser fließt abwärts, bis alle Teilchen gleicher Höhe unter gleichem Druck stehen. Eine Art vermehrt sich, bis ihre Lebensbedingungen eine weitere Vermehrung nicht mehr zulassen. Parasiten und Wirte müssen in einem Gleichgewicht der gegenseitigen Schädlichkeit und Widerstandsfähigkeit stehen: eine Parasitenart kann ihrer Wirtart auf die Dauer nur so weit schädlich sein, als sie sie nicht ganz vernichtet, sonst könnten beide Genera nicht mehr da sein; und der Wirt vermag den Parasiten nie ganz umzubringen, sonst wäre dieser nicht mehr da; ändern sich die Verhältnisse z. B. durch Verschleppung eines Parasiten in andere Gegenden, so muß sich ein neues Gleichgewicht herausstellen, das allerdings in einem solchen Falle in der Vernichtung der einen oder beider Arten bestehen kann.

Erklärt werden muß also nicht das Gleichgewicht, sondern die Abweichung vom Gleichgewicht. Und da fällt die Frage nach dem Rhythmus des Lebens zusammen mit der, warum das Weltall nicht überhaupt in Ruhe ist. Einen lebenden Organismus, das Individuum wie das Genus, können wir vielleicht als ein System auffassen, das sein Gleichgewicht erhält wie das Sonnensystem, wobei beim einen wie beim andern sowohl das innere Gleichgewicht wie das der Wechselbeziehungen mit der Außenwelt in Betracht kommt. Wir hätten dann den Rhythmus wenigstens zum Teil als Oszillationen zur Rückkehr zu einem allgemeinen Gleichgewichtszustande aufzufassen. Daß dieser nicht schon besteht, wäre leicht zu denken, solange man sich nach der Gastheorie alle Elemente der Welt als lauter Moleküle vorstellt, die sich ungeordnet bewegen und so „zufällig" zur Bildung von Agglomeraten führen müssen, von denen man sich einzelne ungestraft so groß vorstellen kann wie die ganze uns bekannte Welt. Daß aber diese Moleküle nicht das letzte sind, wissen wir schon jetzt, und an der Bildung der „Welt" wird noch vieles beteiligt gewesen sein, was wir nie kennen.

daß die Engramme weder auslöschen noch sich verändern. Wer sich das nicht gleich denken kann, der wird den nötigen Respekt vor dem Gedächtnis des lebenden Kolloids bekommen, wenn er sich vergegenwärtigt, daß es Tiere gibt, die sich seit den ältesten geologischen Zeiten gleich erhalten haben, und daß die phylischen Engramme auch derjenigen früheren Lebewesen, die sich zu den jetzigen Formen fortentwickelt haben, doch in irgendeiner Weise weiter wirken (wie z. B. die Kiemenanlage beim Menschen).

Wir kennen zwar einige wenige Tatsachen, die auf eine Flüchtigkeit der individuellen Engramme im fortlebenden CNS. hindeuten: Bienen, die außerhalb ihres Stockes narkotisiert worden sind, sollen ihre Heimat nicht mehr finden. Wenn das bedeutet, daß gewisse narkotische Stoffe die Engramme vernichten können, so ist das wenigstens kein physiologischer Vorgang und einer, der beim höheren Tier und speziell beim Menschen überhaupt in der Weise nicht zu konstatieren ist, wenn auch vulgär die Meinung herrscht, daß eine chirurgische Narkose nicht nur die bereits vorhandenen Engramme sondern auch das Gedächtnis für spätere Erlebnisse schädigen könne. Die Reaktionsveränderungen, die man am Stentor hervorbringen kann, sollen nach etwa fünf Stunden vorübergehen; das hat aber wohl guten Grund darin, daß die Reaktion nur für eine bestimmte Art der Futterdarreichung gut ist und für andere Fälle wieder abgestellt werden muß. Es wäre interessant, den Versuch auch auf die Frage auszudehnen, ob die Ausbildung der neuen Reaktionsweise bei Wiederholung des Versuchs später irgendwie zeitlich abgekürzt ist (Übungsersparnis)[1]. Beim Menschen sehen wir alltäglich, daß im Gegensatz zu der gewöhnlichen Anschauung bei diffuser Schädigung der Rinde (organische Psychosen) oder vorübergehender Folgen von Gehirnerschütterung die ältesten Engramme ihre Wirksamkeit am spätesten verlieren; ihre Ekphoriefähigkeit ist die solideste, und wenn von den Erinnerungen der letzten Jahrzehnte nichts mehr zugänglich ist, kommen oft wieder Bilder aus der Jugend, die Jahrzehnte lang nicht mehr vorhanden schienen, zum Bewußtsein, nicht selten mit solcher sinnlicher Lebhaftigkeit, daß die Kranken sie mit der Wirklichkeit verwechseln. Umgekehrt können auch bei schweren organischen Gedächtnisstörungen, in denen scheinbar alles gleich wieder vergessen wird, auch einzelne frische Erinnerungen durch zufällige, namentlich affektbetonte Ereignisse ekphoriefähig bleiben, oder einzelne Male in Halluzinationen oder Wahnideen auftauchen, und durch die Ersparung beim Auswendiglernen von sinnlosen Silbenpaaren kann man noch nach einem Jahre die Wirkung der scheinbar spurlos verwischten Engramme der früheren Übung nachweisen.

Hellpach[2]) erzählt von einem Senilen, der für die letzten 20 Jahre völlig, für Jünglings- und Mannesalter fast völlig amnestisch war und nur wenige Kindheitserinnerungen besaß, der aber von Erinnerungen aus allen Lebensperioden förmlich überfallen wurde, wenn er einmal eine starke Dosis Alkohol zu sich nahm. Auch im Fieber und vor dem Tode soll eine „Regression“ des Gedächtnisses statt-

[1]) Bei der Küchenschabe bleibt die durch elektrische Schläge verkehrte Lichtreaktion 4—55 Minuten bestehen. Später konstatiert man noch Übungsersparnis (Szymanski, Änderung des Phototropismus durch Erlernung. Arch. f. d. ges. Physiologie **144**, 1912, S. 132.)

[2]) Psychologie der Hysterie, S. 461.

finden, so daß nur noch frühere Erinnerungsbilder zur Verfügung stehen, und zwar auch solche, die vorher dem Kranken nicht mehr zugänglich waren, also vernichtet erschienen. Beispiele siehe in RIBOT[1]) und CARPENTER[2]).

Durch einzelne, aber doch relativ häufige Erfahrungen in unseren Träumen, in plötzlich auftauchenden besonders lebhaften Erinnerungen, in lebhaften Vorstellungen bei künstlerisch angelegten Naturen oder experimentell in der Hypnose können wir zeigen, daß die Erinnerungsbilder dauernd vorhanden sind, und zwar mit der ursprünglichen sinnlichen Frische. Ich habe sehr schlechte optische Erinnerungsbilder. Von den Personen, die Jahrzehnte lang um mich sind, habe ich viel mehr einen Eindruck als eine eigentliche optische Vorstellung. Wenn ich aber in einem Tage 14 und mehr Stunden mikroskopiert hatte, so konnte ich namentlich im Dunkeln ganz scharfe mikroskopische Bilder vor mir sehen, die ich so gut hätte zeichnen können wie das wirkliche Präparat. Oder wenn Einer von denen, die ich mir gar nicht vorstellen kann, irgendwie ein wenig anders aussieht als sonst, so fällt es mir auf. Ähnliche Erfahrungen macht jeder, der sich beobachtet.

Eine Fähigkeit wie Schwimmen und ähnliches, was nicht sekundär gehemmt wird durch ähnliche Funktionen (im Sinne von RANSCHBURG), bleibt nach vielen Jahren der Nichtübung erhalten[3]). Eine bestimmte Affektreaktion aus der Pubertät kann nach mehr als fünfzigjähriger Verdrängung wieder ganz frisch zum Vorschein kommen.

Abgesehen davon, daß mit dem Altern der Engramme ihre Widerstandsfähigkeit gegen bestimmte, die Ekphorie hindernde Schädigungen wie Hirnatrophie, gewisse Vergiftungen (Fieber u. ä.) zunimmt, was nicht einmal ganz sicher auf Veränderung des Engrammes selber beruhen muß, sondern auch Folge von vermehrten Verbindungen sein könnte, fehlen alle Anhaltspunkte, um eine Umgestaltung der Engramme anzunehmen. Wenn uns das Haus, das wir in der Kindheit bewohnt, später viel kleiner vorkommt, als wir uns vorstellten, so hat eben der Maßstab, unsere Körpergröße, sich in der Zwischenzeit verändert. Wir korrigieren Tausende von Erinnerungen nicht bloß infolge des Nachweises, daß sie falsch sind, sondern viel häufiger aus dem eigenen Gedächtnis heraus. Bei den Gedächtnisillusionen der Geisteskranken läßt sich mit einiger Geduld an häufigen Stichproben nachweisen, daß die ursprünglichen Engramme noch vorhanden sind, daß also nicht ein umgeändertes Engramm, sondern ein neugeschaffenes vorliegt, neben dem das ursprüngliche weiter besteht. Wenn sich z. B. ein Paranoiker beklagt, daß der Pfarrer gestern in der Predigt die und die Anspielungen auf ihn gemacht habe, so kann man regelmäßig, wenn auch nur mit großer Mühe, noch vom Patienten selbst feststellen lassen, welche Worte der Geistliche gebraucht hat, die dann gar nicht mit den zuerst angegebenen und zunächst hartnäckig festgehaltenen übereinstimmen.

1) Les maladies de la mémoire. 8. Aufl. Alcan, Paris 1893.

2) Mental Physiology, 7. Ed., London 1896.

3) Etwas anders eine nicht geübte Sprache, die durch die Benützung anderer Wege des Ausdrucks der Gedanken direkt abgespalten, in einem gewissen Sinne verdrängt wird. Eine Sprache, die nur in der früheren Kindheit gebraucht worden, ist später besonders deshalb schwer zugänglich, weil in der Zwischenzeit die Persönlichkeit und ihr Ideenkreis stark geändert hat, so daß von diesem aus keine direkten Assoziationsbahnen zur nicht mehr geübten Sprache vorhanden sind.

Vor allem aber ist die *sinnliche Ausprägung* und *Lebhaftigkeit*, die *„Leibhaftigkeit“*, die der oberflächlichen Beobachtung nur der aktuellen Empfindung und höchstens den primären Engrammen (s. gleich unten) anzugehören scheint, nicht der „abblassenden“ Veränderung unterworfen, die man glaubt schon nach wenigen Augenblicken konstatieren zu können. Unmittelbar nach einer Wahrnehmung haben wir von ihr in dem „primären Erinnerungsbild“ oder dem „nachbelebten Engramm“ meist eine so lebhafte Vorstellung, daß wir oft noch Einzelheiten daran beobachten, die wir während des bestehenden Sinneseindrucks nicht wahrnahmen. Wir können namentlich gehörte Worte unmittelbar nachher noch wiederholen, unter Umständen bis zu einem ganzen Hexameter in einer unverständlichen Sprache, Schläge der Uhr noch zählen, Einzelheiten in einem Bilde sehen, aber für gewöhnlich nur wenige Sekunden lang. Dann „verblaßt“ das Erinnerungsbild rasch; der Vorgang und damit der Unterschied der primären und der späteren Engramme sind jedem ohne weiteres geläufig (vgl. Bildung der Vorstellungen). Wenn wir aber glauben von einer Person, von einer Landschaft oder irgendeinem andern Ding nur ein ganz undeutliches und „blasses“ Bild behalten zu haben, so beweist uns ein Traum oder sonst eine Vorstellung unter besonderen Umständen auf einmal, daß wenigstens einzelne Bestandteile mit voller sinnlicher Schärfe fixirt geblieben sind. Auch die Hypnose oder eine Halluzination kann manchmal zeigen, daß irgendein Sinnesbild mit einer Schärfe erhalten ist, die der der Wahrnehmung gleichkommt. Daß überhaupt unsere Erinnerungsfähigkeit, die Lebhaftigkeit der Vorstellungen, kein Maßstab ist für die Erhaltung und die Beschaffenheit der Engramme, erhellt ohne weiteres daraus, daß wir uns die nämlichen Dinge bald nur blaß und unklar und stark schematisiert, bald aber viel ähnlicher den Wahrnehmungen vorstellen, auch wenn diese Ähnlichkeit nur selten bis zur Identität geht. Ferner daraus, daß wir unzählige Dinge zu einer bestimmten Zeit nicht zur Verfügung, „vergessen“, haben, an die wir uns zu andern Zeiten wieder erinnern. Wenn wir eine Straße, die wir gegangen sind, auch eine, die uns wohl bekannt sein sollte, beschreiben sollen, so steht uns nur sehr wenig Material zur Verfügung. Ist aber irgendwo eine Veränderung gemacht worden an einem Gebäude, ein Baum geschnitten worden oder irgendeine andere Kleinigkeit umgewandelt, so fällt uns das sofort auf, d. h. wir merken den Unterschied gegenüber dem früheren Eindruck, der also erhalten sein muß. Vor einiger Zeit beobachtete ich hypnagogisch einige nicht zusammenhängende Zweige mit Birnbaumblättern so klar, daß ich die Blätter zu zählen anfangen konnte[1]); auf jedem Blatt sah ich den Reflex von der Sonne, die Farbe war ein lebhaftes Grün, das mir aber durch ein besonderes Timbre auffiel, das ich nur mit besonders lebhaften Farben einer Kamera auf einer Mattscheibe vergleichen konnte. Trotz

[1]) Beiläufig sei für andere ähnliche Beobachtungen erwähnt, daß ein bestimmter Zweig im Zentrum des Gesichtsfeldes war, daß aber die übrigen, stark peripheren, kaum weniger deutlich waren, jedenfalls viel deutlicher als beim Wahrnehmen, das ich nachher studierte. Ich könnte keine einzelnen Blätter an einem Zweige zeichnen, der auf eine Distanz von 5 m nur 60 cm vom Blickpunkt entfernt ist. — Nachträglich finde ich noch die nämliche Verdeutlichung peripherer Bilder auch bei JOH. MUELLER (JASPERS, Allgem. Psychopathologie. Berlin, Springer, 1913. 1. Aufl. S 34).

allen Suchens fand ich das Original erst am folgenden Tage; es war das Spiegelbild von einem Birnbaumrand, gesehen in einem Fensterflügel mit dunklem Hintergrunde; das Bild war deshalb so schmal, weil das Fenster fast senkrecht gegen mich gestellt war, und aus dem nämlichen Grunde des schiefen Winkels wurde ein ausnahmsweise lebhaftes Bild reflektiert. Wohl jeder, der sich genau beobachtet, hat schon Ähnliches erlebt.

Daß die ursprüngliche Beobachtung des Baumbildes eine unbewußte war, scheint mir bedeutsam. Auch sonst habe ich hundertfältig die längere Zugänglichkeit von Wahrnehmungsengrammen beobachtet, die mir zunächst unbewußt waren. Ich gehe an einem Buchladen vorbei, etwas ganz anderes denkend; erst zehn und noch mehr Schritte nachher lese ich noch einen Titel; mit etwas beschäftigt, höre ich den Stundenschlag nicht; wie ich aber z. B. mit dem Niederschreiben eines Satzes fertig bin, höre ich ihn nachträglich mit voller Deutlichkeit, so daß ich (bis 5) nachzählen kann. Musikalische Leute werden wohl unter solchen Umständen viel längere Tonfolgen in primären Engrammen wahrnehmen. — Auch dieses Verhalten spricht dafür, daß bei unbewußten Erlebnissen eine Verarbeitung ausfallen kann, die sonst gewöhnlich stattfindet und um so intensiver ist, je bewußter man sich mit der Sache beschäftigt. Auf anderen Gebieten kennen wir Gleiches, indem ins Unbewußte verdrängte Vorstellungen und Affekte ein halbes Jahrhundert lang unverändert liegen bleiben können. So hebt auch der Traum manchmal von einem Eindruck des Vortrages gerade diejenigen Bestandteile heraus, die im Wachen nicht beachtet worden waren.

Gross[1]) nennt die Nachbelebtheit der Engramme „Sekundärfunktion“ und gibt ihr wichtige Beziehungen zu normalen und krankhaften psychischen Erscheinungen (z. B. erklärt er die Ideenflucht aus verminderter Dauer derselben). Dieser Gedanke ist gewiß fruchtbar; unbegründet aber ist des Autors Annahme, daß die Nachbelebtheit ein Reizzustand sei infolge Regeneration des durch die primäre Funktion verbrauchten Energievorrates.

Ich habe lange Zeit versucht durch Übung die Dauer der primären (nachbelebten) Erinnerungsbilder zu verlängern, hatte aber nicht nur keinen Erfolg, sondern ich bekam sehr bestimmt den Eindruck, daß die Wendung der Aufmerksamkeit auf diese Dinge den Prozeß des „Verblassens“ nur beschleunigte, so daß ich immer weniger Einzelheiten nachträglich sehen konnte. Auch diese Beobachtungen, die Jahrzehnte vor der jetzigen Deutung gemacht worden sind, scheinen in der nämlichen Richtung zu weisen.

Die Erinnerungsfähigkeit der Engramme scheint in einem gewissen Grade von einer Art Reifung derselben abhängig zu sein. Wir sehen dabei ab von den Konstatierungen des Laboratoriums, daß die Reproduktion nach einer gewissen Zeit viel leichter ist als zu einer anderen, wobei es sich meist um Sekunden oder Bruchteile von solchen handelt, und irgendeine Periodizität der nervösen Funktion im Spiele zu sein scheint. Dagegen ist von verschiedenen Seiten konstatiert, daß irgendwelche Erinnerungsbilder, mit denen man sich nicht beschäftigt, ekphorierbarer werden können. Man kommt oft bei einer Übung nicht mehr recht weiter, so beim Schlittschuhlaufen, Maschinenschreiben und vielen

[1]) Die zerebr. Sekundärfunktion, 1902 und Über psychop. Minderwertigkeiten. Wien, Braumüller, 1909.

ähnlichen Dingen; nimmt man die Versuche nach einer Pause von Tagen oder Wochen, ja nach Monaten, wieder auf, so konstatiert man, daß es viel besser geht. So kann es bei kleinen Kindern wie bei Erwachsenen sein. Im Laboratorium hat man nachgewiesen, daß stärker gefühlsbetonte Wahrnehmungen oder geistige Arbeit vorhergehende Wahrnehmungen „auslöschen“ oder hemmen[1]) oder Erinnerungen an schwache Sinneseindrücke verloren gehen, wenn diesen stärkere folgen[2]). Nach dem Schlaf sitzt manches Gelernte besser als vorher, umgekehrt wird die Erinnerungsfähigkeit herabgesetzt, wenn gleich nach einer Einprägung eine andere geistige Arbeit unternommen wird; die psychische Verdauung wird dann gestört[3]). Auch KRAEPELIN fand nach BUMKE[4]), daß er sich nach einer gewissen Zeit der Sammlung besser über die Eindrücke in einem Konzert Rechenschaft geben konnte als unmittelbar nachher. Ein Schüler mag den Unterricht ganz gut auffassen; wenn er nebenbei kein Interesse dafür zeigt, und mit um so mehr Eifer Allotria treibt, so wird das Gelernte auch bei sonst gutem Gedächtnis vergessen oder bleibt als totes unbrauchbares Material liegen. MÜLLER und PILTZECKER haben gezeigt, daß je vier Lesungen an drei verschiedenen Tagen mit Reproduktion nach 12 Minuten nach der letzten Lesung bessere Resultate haben als 14 Lesungen unmittelbar nacheinander und Reproduktion wie im ersten Falle.

Es besteht also kein Zweifel, daß ganz ohne unser Zutun durch eine unbewußte Arbeit im Wachen oder im Schlafe die Engramme benutzbarer gemacht werden können, wenn nur diese Arbeit nicht aktiv durch andere Tätigkeit gestört wird.

Worum es sich dabei handelt, zeigt vielleicht am besten die Ausdrucksweise KRAEPELINS, die voraussetzt, daß die Erlebnisse bei dieser unbewußten Arbeit in engere Verbindung mit unserem sonstigen Wissen gebracht werden. Auch dieser Prozeß bedeutet darnach nicht eine Umbildung der Engramme, sondern Neubildung, die das ursprüngliche Material benutzt, aber als solches bestehen läßt, wie ein Lichtdruck eine photographische Platte. Es mögen außerdem die Erinnerungen in zum Vorstellen oder zum Denken handlichere Formen verarbeitet werden.

Einen besonderen Einfluß der Verarbeitung siehe bei den verschiedenen Arten Gedächtnis bei Imbezillen.

Eine weitere Verarbeitung der Engramme, an die man gewöhnlich gar nicht denkt, findet jedes einzelne Mal statt, wenn eines ekphoriert wird. Ein Engramm kommt, wenn überhaupt, gewiß

---

[1]) DE HAAN, Zurückgreifende Verdrängung von Bewußtseinsinhalten Diss. Gronigen 1918. Ref.: Ztschr. f. d. ges. N. u. Ps. **17**, 1918, S. 11.

[2]) WIERSMA, Psychische Nachwirkungen. Ztschr. f. d. ges. N. u. Ps. Or. **35**, 1917, S. 196. Vgl. auch SWIFT, Studies in the Psychol. and Physiol. of Learning. Amer. Jl. of Psychol. **14**, S. 201—251. Ref.: Ztschr. f. Psychol. **41**, 1906, S. 195. (Spielen mit 2 Bällen nach 3 Monaten.)

[3]) GAUPP, Schlaflosigkeit. Deutsch. Kongr. f. inn. Medizin. 1914. TROEMNER, Berl. kl. Wochenschr. 1910. LIPPS, Leitfaden der Psychologie. Leipzig 1903. MORGENTALER, Gedächtnis, S. 9. S. A. Mediz. Klinik, 1912, Nr. 38 u. 39. LAY, Ztschr. f. Erforschg. u. Behandl. d. jugendl. Schwachs. **5**, 1910. VOGT, Zentralbl. f. N. u. Ps. 1904, S. 29. SPECHT, Neue Untersuchungen über die Beeinflussung der Sinnesfunktionen durch geringe Alkoholmengen. Zeitschr. f. Pathopsych. 1915, S. 180. Ebenso: Zur Analyse der Arbeitskurven. Ztschr. f. pädag. Psychologie 1910.

[4]) Die Diagnose der Geisteskrankheiten. Wiesbaden, Bergmann, 1919. S. 67.

nur ausnahmsweise als Rohmaterial, so wie es einmal gebildet worden ist, zur psychischen Wirkung oder gar zum Bewußtsein; wir finden es jedesmal in neuen Kombinationen, gerade wie wir die Empfindungen nie als solche erfahren, sondern nur als Wahrnehmungen. Die Ekphorie ist niemals eine bloße Wiederbelebung einer Disposition, etwa wie man eine elektrische Glocke beliebig oft einschaltet, sondern eine neue Bildung von Kombinationen an Hand der früheren Engramme. Jedes gebräuchliche Engramm besteht also aus der Kombination einer großen, oft ungeheuerlichen Anzahl von Einzelengrammen. Jede folgende Benutzung schafft wieder eine neue Gestalt, die bei wenig gebrauchten Vorstellungen deutlich von den früheren abweicht, bei schon oft vorgekommenen nur unmerklich. (Vgl. die analogen Ausführungen in dem Abschnitt über die Vorstellungen.)

Wie wenig es sich bei den gewöhnlichen Erinnerungsbildern um Originalengramme, sondern um Verarbeitungen handelt, zeigt am besten der Vergleich zweier vorgestellten Intensitäten. Das gebräuchliche Erinnerungsbild eines in unmittelbarer Nähe abgefeuerten Schusses und das ähnliche, aber in bezug auf Intensität des Inhaltes maximal verschiedene eines Knalles beim Aufschlagen eines niederfallenden kleinen Lederballs unterscheiden sich nicht in bezug auf irgend etwas, das man Intensität der Vorstellung nennen könnte. Das gewöhnliche Erinnerungsbild enthält von diesem Unterschied nicht mehr als irgendein Bericht darüber, in dem wir von einem starken und einem schwachen Knall reden. Ich möchte sagen, das gewöhnliche Erinnerungsbild ist wirklich nichts anderes als ein Bericht, der nur einen minimen Teil des Erlebten gleichsam als Muster reproduziert, das Übrige aber durch Symbole ersetzt. Ich kann über die Musik und das Libretto einer Oper verständlich erzählen, und dabei gar nichts, oder nur wenig einer Arie und vielleicht mit Hilfe einer Zeichnung ein wenig von der Szenerie oder der Gestalt eines Schauspielers darstellen, so wie ich es gesehen. Ein solcher Bericht sind die meisten der gebräuchlicheren Engramme. Während ich (der Verfasser) mir einen Knall ohne besonderen Grund geradezu niemals mit auch nur der leisesten Spur der akustischen Komponente vorstelle, sondern nur mit seinem Photisma, das die Ton-Nuance und die Stärke in „optischer" Darstellung enthält, bin ich unter andern Umständen doch fähig, auch akustische Vorstellungen so lebhaft sinnlich zu bilden, daß sie mit frischen Eindrücken zu verwechseln sind (z. B. die Stimme einer Person, wenn ich ihre Photographie sehe). Interessant mag sein, daß ich bis zu Ende meiner Studienzeit glaubte, Töne in der Vorstellung nicht akustisch reproduzieren zu können. Ich habe es erst später gelernt, wenigstens soweit bewußte klare Vorstellungen in Betracht kommen.

Eine wirkliche Veränderung der Engramme könnte ihre Verstärkung durch Wiederholung sein. Genau genommen gibt es aber keine Wiederholung; denn nicht nur gibt es niemals zwei an sich ganz gleiche Erlebnisse, sondern in unserer Psyche ist nichts isoliert, und die mit einem Erlebnis verbundene psychische Umgebung variiert regelmäßig; das kritische Erlebnis selbst aber wird mindestens dadurch ein anderes beim zweiten Male, daß eben nur das zweite Erlebnis das Engramm des ersten ekphoriert; im zweiten Male findet also ein Wiedererkennen oder ein ähnlicher Vorgang statt, der beim ersten Male nicht ablief. Das Wiedererkennen eines Dinges oder einer Person ist niemals gleich der ersten Wahrnehmung. Da man im Prinzip bei Wiederholungen eines Erlebnisses die einzelnen Male auch im Gedächtnis auseinanderhalten kann, so ist auch direkt bewiesen, daß das erste Engramm nicht im zweiten aufgeht, sondern daß ein neues neben dem ersten gebildet wird.

Was ist nun unter diesen Umständen die Verstärkung, die Übungsfähigkeit? Nach zweimaliger Ausführung einer Handlung oder einer gedanklichen Assoziation bestehen zwei Engramme; das alte ist ein Bestandteil des neuen, weil es mit dem zweiten Erlebnis ekphoriert wurde; beide wirken in gleicher Richtung; so können wir uns, wenigstens an einer Art Bild vorstellen, wie die Verstärkung, die leichtere Ekphorierbarkeit zustande kommt.

Es kommen aber noch andere Momente hinzu. Bei jeder Wiederholung sind wieder andere Nebenfunktionen (z. B. Vorstellungen) vorhanden, die mit der Hauptfunktion verbunden sind, so daß jedesmal eine ganze Anzahl neuer Assoziationen mit dem wiederholten Vorgang gebildet werden, und dessen Engramm wieder auf neuen Wegen ekphoriert werden kann.

Andere neue Wege entstehen dadurch, daß schon nach einmaligem Erleben eine Reihe von Einzelfunktionen, die nacheinander ablaufen sollen, unter einheitlichen Gesichtspunkten zusammengefaßt werden, oder daß die einzelnen Glieder besondere Beziehungen untereinander bekommen, die die Ekphorie erleichtern. Diese Ausarbeitung wird durch Wiederholung immer intensiver. Eine mehrfach gehörte Geschichte wird besser „überblickt".

Bei der Übung kommt in Betracht, daß Vertrautheit mit einer Aufgabe den hemmenden Stupor vermeiden hilft, der sonst neuen Aufgaben gegenüber so leicht auftritt; ferner wird der geeignetste Weg gefunden, die beabsichtigten Bewegungen zu machen und die nicht dazugehörigen auszuschließen.

Letzteres namentlich ist sehr wichtig. Wie bei den Assoziationen des Denkens ist bei den körperlichen Fertigkeiten die Absperrung der unrichtigen und unnötigen Bahnen mindestens so wichtig wie die Auffindung der richtigen. Das Neugeborene besitzt schon eine Anzahl von Fertigkeiten, z. B. Fassen, sich mit den Händen halten, die aber nur ausnahmsweise benützt werden können, weil allgemeine Muskelbewegungen eine jede fortdauernde Koordination stören. Beim Radfahren braucht man zuerst wegen der Innervation einer Menge unnötiger oder geradezu antagonistischer Muskeln ganz ungleich viel mehr Kraft als nach genügender Übung[1]). Daß Lernen und Üben nicht nur ein Setzen neuer Assoziationen bedeutet, sondern ebensosehr ein Absperren anderer Assoziationen, wird meist zu wenig beachtet. Durch Übung gewinnt man nicht nur neue Fähigkeiten, sondern man verschließt sich auch andere.

Bei den meisten Übungen ist wichtig die Bildung von Abkürzungen („Kurzschluß"), indem man z. B. beim Radfahren im Anfang sich überlegt, daß die Lenkstange nach der Seite des drohenden Falls zu drehen ist, nach und nach aber diese Bewegung ohne Eingreifen der Überlegung macht, wie der Wurm, der vom Licht ins Dunkle geht, um die Hitze zu

[1]) Der Nachteil, den der neugeborene Mensch gegenüber den meisten Tieren hat, ist zugleich seine Stärke. Er bringt weniger artmäßig vorgebildete Mechanismen mit ihrer beschränkten Anpassungsmöglichkeit auf die Welt; dafür eine Hirnrinde, in der alles mit allem zusammenfließt, nicht nur die neuerworbenen Reize und ihre Engramme, sondern auch die noch erhaltenen in unteren Zentren ausgebildeten, von vierhändigen Vorfahren überlieferten Fertigkeiten, wie das Tragen des ganzen Körpers mit den einen astförmigen Gegenstand umklammernden Händen. Nur auf diese Weise kann die individuelle Erfahrung die unendliche Mannigfaltigkeit von Verbindungs- und Absperrungsmöglichkeiten bewirken, die den Menschen auszeichnen.

vermeiden: Es wird einfach die Empfindung des Schwankens nach der einen Seite ohne den Umweg über das bewußte Ich assoziativ verbunden mit der entsprechenden Korrekturbewegung. Damit sind auch alle die Fehlerquellen ausgeschaltet, die so gefährlich sind, wenn die Funktion über die komplizierte Psyche geht.

Die Engramme sind also gar nicht zu vergleichen vom Wasser gegrabenen Rinnen, die sich, wenn kein Wasser durchläuft, verwischen und durch erneutes Durchfließen vertiefen. Sie sind eher wie ein Palimpsest, das immer wieder neu überschrieben wird, zwar mit dem nämlichen Worte, aber jedesmal in anderen Zusammenhängen. Die einzelnen Engramme sind auch nicht wie Steine, die man beliebig zu immer wieder neuen Mosaikfiguren zusammensetzt, schon weil sie nichts Isoliertes sind; jede neue Erinnerung eines Engramms, jede Wiedererinnerung, ist ein neues Erlebnis, das seinerseits wieder engraphiert wird, und von dem das Ekphorat des früheren Engramms ein Teil ist, und das selber wieder engraphiert wird, d. h. es entsteht durch die Wiederholungen eine Einschachtelung von Engrammen fast bis ins Unendliche, die noch dadurch kompliziert wird, daß eben kein Engramm und kein Erlebnis isoliert ist, sondern jeder einzelne Teil einer komplexen Vorstellung auf verschiedene Weisen mit einer Menge anderer Dinge zusammenhängt. Wird das nämliche Engramm häufiger erregt, so entstehen Abkürzungen dieser Vorgänge durch Neubildung von zusammenfassenden Vorstellungen und durch Kurzschlüsse in den Verbindungen. Wenn ich das lateinische Wort pater zum ersten Male höre, so wird es engraphiert in Verbindung mit dem Wort und mit dem Begriff „Vater". Das nächste Mal, da ich es höre, wird es wieder ekphoriert mit seinen früheren Zusammenhängen; ebenso, wenn mich der Lateinlehrer fragt, was heißt „Vater"? Das zweite Mal erinnere ich mich deutlich an das erste Mal, vielleicht auch noch beim dritten an das zweite und erste Mal. Dann aber wird aus diesen Erfahrungen ein abgekürzter oder allgemeiner Begleitbegriff gebildet, der etwa zu dem Pater hinzufügt: „das schon Bekannte" (die Empfindung des Schonerlebt), und nach und nach verschwindet auch diese Vorstellung wieder aus dem Bewußtsein, indem einfach „automatisch" durch das Wort der Begriff „Vater" und durch den Begriff im Zusammenhang mit lateinischer Rede das Wort „pater" ekphoriert wird. Aber jede dieser Ekphorien wird wieder besonders engraphiert mit ihren eigentümlichen Zusammenhängen — ich weiß, daß und unter welchen Umständen ich gestern und heute das Wort gedacht habe — und in jeder derselben steckt etwas von jedem der früheren pater-Erlebnisse.

Eine Frage untergeordneter Bedeutung ist die, ob die Engramme beständig in schwacher Funktion oder, außer im ekphorierten Zustand, wirklich nur latente Dispositionen sind. Da alles Leben mit Energieproduktion verbunden ist, und Reize erst mit dem Tode aufhören, ist es schon von vornherein nicht wahrscheinlich, daß die Engramme ganz in Ruhe bleiben können. Wir sehen denn auch an der Veränderung ihrer Ekphorierfähigkeit durch die Zeit, daß sie als lebende Organismen zu gelten haben. Auch die latenten Einstellungen scheinen zu beweisen, daß sie immer einen Einfluß auf das Denken haben können. Ich suche z. B. einen Namen, kann ihn aber viele Tage lang nicht finden und denke nie mehr daran. Dann, bei einem beliebigen Anlaß, taucht der Name auf oder zunächst eine Assoziation, von der aus er zu finden ist, und dann finde ich ihn auch. Die ganze unbewußte Einstellung der Aufmerksamkeit auf bestimmte bloß zu erwartende Ereignisse ist vielleicht nur verständlich unter der Annahme, daß die Engramme beständig irgendeinen Grad von Funktion haben.

Müller und Piltzecker haben experimentell nachgewiesen, daß auch nicht aktuelle (nicht merkbar ekphorierte) Vorstellungen hemmend auf andere einwirken können. Es ist auch sonst wahrscheinlich, daß die Denkrichtung von den latenten Engrammen mitbestimmt wird, und ziehen wir die Konsequenzen des Vorhergehenden, so müssen wir vermuten, daß die ganze Persönlichkeit nicht nur deshalb aus der Vergangenheit aufgebaut sei („der Mensch stammt aus seiner Jugend", Freud), weil viele der früheren Erlebnisse bewußt oder unbewußt immer wieder reproduziert werden, sondern weil auch die nicht ekphorierten einen gewissen, allerdings schwer abzuschätzenden Einfluß auf unser Wesen auszuüben vermögen.

Deshalb aber können wir uns nicht der Ansicht von Freud anschließen, der zu seinem Unbewußten auch die latenten Engramme rechnet. Was bei den Freudschen Mechanismen aus dem Unbewußten wirkt, das sind nicht „latente" sondern ekphorierte Engramme, wenn auch davon dem Bewußtsein direkt nichts bekannt wird. Aber wir merken uns, daß aller Wahrscheinlichkeit nach zwischen latenten und ekphorierten Engrammen kein absoluter Unterschied besteht, indem auch die latenten eine gewisse Funktion besitzen; doch muß für gewöhnlich ein so starker Unterschied vom einen zum andern bestehen, daß wir ihn für die meisten Betrachtungen als absolut ansehen dürfen, denn bei unseren bewußten und unbewußten Erinnerungen haben wir es ausschließlich mit ekphorierten, niemals mit latenten Engrammen zu tun.

Die Funktion der Engramme. Ein Engramm hat zunächst die Eigenschaft und Bedeutung einer verlängerten Wahrnehmung. Was wir in einem Moment wahrnehmen, ist uns im folgenden noch lebendig, noch bewußt, so daß ein Nacheinander als eine Einheit wahrgenommen werden kann. Die Laute setzen sich zu Worten zusammen, die Worte zu Sätzen und von einer langen Rede bleibt während des Anhörens ein Zusammenhang der ganzen Entwicklung aktuell. Einen größeren Gegenstand, eine Landschaft, eine Situation übersehen wir nur mit vielen Blicken, empfinden aber alles als ein räumliches Nebeneinander, ohne für gewöhnlich den zeitlichen Aufbau des psychischen Bildes zu bemerken. Wir wiederholen einen vorgesprochenen Satz so automatisch, wie wenn wir ihn noch hören oder lesen würden, zeichnen eine Figur nach, während wir bei den einzelnen Strichen nicht mehr auf die Vorlage, sondern nur auf unser Zeichnungspapier blicken. Wir verbinden die jetzigen Erlebnisse assoziativ mit den vorhergehenden, was nicht möglich wäre, wenn die letzteren nicht mehr (als Engrammfunktion) existieren würden.

Die Psychologen, die die Merkfähigkeit[1]) vom Gedächtnis trennen wollen, rechnen gewöhnlich (offenbar ohne sich darüber klar zu sein) diese nachbelebten Engramme nicht zum Gedächtnis, prüfen aber dann

[1]) Vergl. S. 110.

doch nicht das Nachsprechen, sondern die gewöhnliche Ekphorie nach Erlöschen des Nachlebens der Engramme. Man denkt überhaupt zu wenig daran, daß schon das unmittelbare Nachsprechen eine Nachdauer des Sinneseindruckes, irgendeine Art Engramm, verlangt. Wir haben nun nicht die geringsten Anhaltspunkte, daß das nachbelebte Engramm sich von dem wiederbelebten (ekphorierten), das einmal untätig gewesen, unterscheide, und können uns überhaupt nicht vorstellen, daß es zwei Arten Engramme geben soll, eine für die unmittelbare Nachdauer und eine für die Wiederdauer der Erfahrungen.

Daß ein frisch geschaffenes Engramm noch belebt ist, erscheint uns selbstverständlich; es ist ja im Zusammenhang mit dem Psychismus, der es schafft; es ist aber nicht zu verwechseln mit Nachbildern, die offenbar ein viel periphererer Vorgang sind.

Trotzdem wir die Identität der den beiden zeitlich verschiedenen Nachwirkungen zugrunde liegenden Engramme annehmen müssen, unterscheidet doch jedermann zwischen den unmittelbaren, nachbelebten, und den wiederauftauchenden, ekphorierten, Erinnerungen und zwar nicht nur aus ihren zeitlichen Zusammenhängen, sondern inhaltlich. Denn ein nachbelebtes Engramm hat zunächst einen Bruchteil einer Sekunde bis mehrere Sekunden lang die nämlichen Eigenschaften, wie das aktuelle Erlebnis, „verblaßt“ dann aber sehr rasch, und bei späteren Ekphorien erscheint es gewöhnlich nur als ein Schemen seiner früheren sinnlichen Gestalt.

Was wir ekphorieren, ist nämlich nur ausnahmsweise ein ursprüngliches (unverarbeitetes) Engramm, sondern ein Neugebilde, die Vorstellung, die mit Hilfe des Engrammes und meist noch mancher anderer Wahrnehmungen und ihrer Relikte, durch Abstraktion geschaffen worden ist, wie wir mit Hilfe photographischer Platten eine Typenphoto darstellen, ohne dabei die Platten umzuarbeiten oder zu zerstören. Der wichtigste Teil dieses Verarbeitungsprozesses namentlich in bezug auf die Ausschaltung der sinnlichen Qualität erfolgt also schon während der Nachdauer. Doch wird gewiß manches auch später noch weiter entwickelt (so bei komplizierteren Ideen), und jedes Engramm kann an späteren Vorstellungsbildungen entsprechenden Inhalts wieder teilnehmen. Außer Funktion gesetzt wird also das nachbelebte Engramm offenbar durch diese Verarbeitung, die etwas Neues, die erste Funktion Hemmendes schafft und an seine Stelle setzt. Wird das Engramm nicht verarbeitet, was namentlich bei unbewußten Sinnesempfindungen häufig der Fall zu sein scheint, so kann es seine Frische behalten (man kann die Schläge der Uhr erst nach einiger Zeit noch zählen; das Beispiel von den hypnagogisch gesehenen Baumästen S. 94). Dadurch wird auch verständlich, warum mir die nachbelebten Erinnerungen um so rascher entwischten, je mehr ich die Aufmerksamkeit darauf wandte.

Die Verarbeitung der Engramme zu Abkürzungen und Verallgemeinerungen hat im ganzen große Vorteile, in Ausnahmsfällen aber auch Nachteile, die uns erst den ganzen Mechanismus zum Bewußtsein bringen. Wir sind aus guten Gründen nicht darauf eingestellt und eingeübt, die einzelnen Dinge, wie wir sie gesehen haben, zu reproduzieren; solche Engramme wären für das Denken und noch mehr für das Sprechen von einer unerträglichen Umständlichkeit (die Sprache Primitiver abstrahiert ungenügend, kann z. B. nicht von einem Menschen im allgemeinen reden, sondern nur von einem erwachsenen Mann, der links in erreichbarer Nähe neben mir steht usw. Vgl. den Abschnitt „Vorstellungen"). Wenn wir aber einmal ein Ding aus der Erinnerung zeichnen sollten, so geht es sehr schlecht. Haben die Allgemeinvorstellungen den Vorteil, daß sie leichter assoziierbar sind (u. a. hat „Werkzeug" viel mehr assoziative Verwandtschaften als „Hobel"), so werden diese Abkürzungen in Einzelfällen zu weit getrieben, und wir werden zuweilen dadurch gestört, daß wir von einer zu erinnernden Sache oder gar einem Wort zunächst nur einen ganz allgemeinen unbestimmten Begriff ekphorieren, mit dem wir nichts Rechtes anzufangen wissen. Diese unangenehmen Folgen der verallgemeinernden und abkürzenden Verarbeitung der direkten Erfahrungen sind aber verhältnismäßig seltene Ausnahmen.

Die Ekphorie der untätig gewordenen Engramme — auf psychischem Gebiete die Erinnerung — geschieht, soviel wir wissen, immer auf dem Wege der Assoziation[1]), d. h., wenn wieder ein ähnlicher Reiz kommt, so tritt das Engramm in Wirksamkeit; neuer Lichtreiz löst bei dem hitzeempfindlichen Tier die Fluchtbewegung aus; wenn wir ins Wasser kommen ohne auf Grund zu stehen, werden automatisch die Schwimmbewegungen ausgelöst; wenn ich meinen Namen schreiben soll, laufen die erlernten Schreibbewegungen ab; wenn ich den Namen Alexander höre, so denke ich an Alexander den Großen oder irgendeinen andern Mann dieses Namens, der in meinem Hirn engraphiert ist. Kurz wir haben die „Assoziationen" nach Ähnlichkeit (Gleichheit existiert in Wirklichkeit nicht), Kontrast und zeitlicher und räumlicher Kontiguität, Vorgänge, die in ihrer Natur ziemlich selbstverständlich sind, obschon man darüber sehr viel zu reden für gut findet. Nur muß man sich bei allen diesen Dingen klar sein, daß wir es mit einer Psyche oder einem CNS. zu tun haben, d. h. Dingen, in denen nicht isolierte Vorgänge sondern nur sehr komplizierte existieren. Wir verwundern uns deshalb nicht, daß der Speichelreflex nur dann eintritt, wenn das Tier nicht gesättigt ist, oder daß die Konstellation, die Zielvorstellung, die Auswahl der Assoziationen mitbedingt. Wir werden, wenn wir bei der Erzählung einer Schlacht von „Pulver" reden hören, nicht an Morphium denken, wohl aber, wenn wir das nämliche Wort in der Krankenbehandlung vernehmen. Auf viele Ideen, die wir haben, sind an sich Tausende von Assoziationen gleich möglich, und dennoch wird die Auswahl meist so eindeutig bestimmt, daß wir sie gar nicht bemerken. Den vielen Möglichkeiten gegenüber bestehen ebenso viele Bestimmungen; denn jeder einzelne Bestandteil einer Idee bahnt die ihm ähnlichen oder mit ihm verbundenen und hemmt die übrigen, so daß nicht viele Wege offen bleiben. In vielen Fällen ist allerdings schon eine ganz geringe Kombination von Vorstellungen zur eindeutigen Bestimmung einer Assoziation genügend, so wenn wir fragen, wie die Hauptstadt von Deutschland heiße. (Weiteres über Bestimmung der Assoziationen durch Konstellation und Ähnlichkeit sowie über die Polarisation der Engramme, die Einseitigkeit der Richtung vom früher erlebten zum folgenden Ereignis, und der Umkehrung der Assoziation gibt das Kapitel über das Denken.)

[1]) Ein spontanes (periodisches) Auftauchen von Erinnerungen wird u. a. von SWOBODA und von FLIESS behauptet, aber nicht überzeugend bewiesen.

Je mehr Wege zur Ekphorie eines Gedächtnisbildes vorhanden sind, um so leichter wird einer gefunden. Die Zahl der Assoziationen ist abhängig einesteils von der Anlage des Gehirns (Intelligenz), das reich oder arm an Assoziationswegen sein kann, andernteils von der Erfahrung. Was man allseitig durchdacht, in alle möglichen Beziehungen gebracht hat, wird nicht mehr vergessen, um so schneller etwas Unverstandenes, ein chinesisches Gedicht, das ich höre. (Letzteres allerdings auch deswegen, weil mir die Worte ungewohnt sind; ich kann das Ganze nicht in bekannte, d. h. geübte Einzelheiten zerlegen.) So sind u. a. selbst gemachte Assoziationen leichter zu reproduzieren als von außen gegebene, schon weil sie aus dem vorhandenen Assoziationsschatz heraus entstanden sind.

Bei vielen Möglichkeiten spielt aber die Auswahl eine große Rolle im Sinne der Erschwerung. Es braucht weniger Zeit, das erste Drama von Schiller zu nennen als ein beliebiges von Schiller; Assoziationen auf irgendein Wort, die ganz frei sind, brauchen mehr Zeit, als wenn man sie zum voraus genauer bestimmt, indem man z. B. Überordnungen verlangt. Je mehr „Ähnlichkeiten“ zur Auswahl vorhanden sind, um so schwieriger die Auswahl und damit die Assoziation. Das nämliche formuliert Ranschburg dahin, daß ähnliche Funktionen, die nicht das gleiche Ziel haben, einander hemmen, ein sehr wichtiges Gesetz, das in erster Linie unser Vergessen beherrscht.

Der Deutschschweizer verliert in einem andern deutschen Kanton sehr rasch die Fähigkeit, seinen Dialekt rein zu sprechen; ein Aufenthalt von Jahrzehnten in einem welschen Kanton bleibt meist ohne diesen Einfluß. Zwei ähnliche Namen oder Zahlen oder auch kompliziertere Dinge zu merken, ist viel schwieriger als zwei verschiedene. Der Schüler soll „Aristoteles“ sagen, ein Name, der ihm schon geläufig war; nun hat er kurz vorher von Aristides gehört, und so kommt ihm statt des richtigen dieser Name, erst noch halb verstümmelt, in den Sinn; aber „Aristoteles“ kann er einfach nicht finden. Ist, wie häufig, auf diesem oder ähnlichen Wegen die suchende Psyche auf falsche Assoziationsbahnen gekommen, so ist das beste Mittel, etwas ganz anderes zu denken. sich irgendwie abzulenken, worauf sich oft auf einmal die gesuchte Erinnerung einstellt. Die neue Konstellation hindert dann die Ekphorie nicht mehr.

Einen besonders großen Einfluß auf die Erinnerungsfähigkeit besitzen die Affekte. Auch hier wird wie im gewöhnlichen Denken das gebahnt, was dem aktuellen Affekt entspricht, das Entgegenstehende gehemmt. Der nämliche Schüler, der ein hübsches Gedicht nach einer oder wenigen Lesungen flott auswendig weiß, kann sich stundenlang abmühen, um ein paar Verse aus einem Kirchenliede, das ihm langweilig vorkommt, in den Kopf zu bringen. Wer ein angeborenes Interesse für Zahlen hat, besitzt auch ein gutes Zahlengedächtnis[1]). Was man ungern erinnert, namentlich wenn es die eigene Person herabsetzt, wird schwer oder gar nicht ekphoriert[2]); Schmerz wird relativ rasch

[1]) Allerdings kommt dazu, daß der Zahlenmensch seine Zahlbegriffe in besonders viele Beziehungen bringt, die ihm die Ekphorie erleichtern.

[2]) Das ist zwar gewöhnlich so, aber im Prinzip nur richtig, soweit nicht andere Mechanismen die negative Affektwirkung stören. In der depressiven, d. h. unangenehmen Natur eines Affekts liegt allerdings die Tendenz, ihn mit der Vorstellung, die ihn trägt,

„vergessen". So wird die Erinnerung an das eigene Leben immer nicht unbeträchtlich gefälscht. Manchmal taucht eine „Deckerinnerung" statt einer unterdrückten auf. Wieder andere Engramme werden zwar ekphoriert, aber nicht mit dem Ich verbunden, bleiben also unbewußt. Allen diesen Dingen kommt schon für das Alltagsleben, noch mehr aber für die Psychopathologie eine sehr große Bedeutung zu. Sie sind namentlich von Freud studiert worden, auf dessen Schriften hier verwiesen sei.

Was überhaupt zur Zeit des Erlebens mit Affekt betont war, bekam dadurch lebhafte Assoziationen mit der ganzen Persönlichkeit, die ja während dieser Zeit in allen Beziehungen intim mit dem affektbetonten Ereignis verbunden ist. So hat man früher beim Setzen von Marksteinen die Jungen geprügelt, damit sie die Stellen dauernd im Gedächtnis behalten. Handelt es sich aber um einen Affekt, der die Assoziationen, das Denken, stark und allgemein beeinflußte, einen schweren Wut- oder Angstanfall, namentlich bei sehr affektiven oder mit geringer intellektueller Widerstandsfähigkeit ausgerüsteten Leuten, so wird der Unterschied zwischen der Zusammensetzung der Persönlichkeit im Anfall und außerhalb desselben zu groß, als daß eine genügende Anzahl brauchbarer Assoziationswege vom Ruhezustand in die Engrammgruppe der Aufregung führen könnte. Wir beobachten deshalb nach einem Zuchthausknall und ähnlichen schweren Erregungen, namentlich bei Psychopathen und Geistesschwachen, regelmäßig eine teilweise oder vollständige Amnesie, und bei Gesunden eine lückenhafte und namentlich auch gefälschte Erinnerung (Aussagen über eine Rauferei, in die die Zeugen affektiv verwickelt waren, auch wenn sie nicht als Mittäter in Betracht kommen). Auch der Affektzustand während der Ekphorie hat verschiedene Bedeutung. Ist man „gut aufgelegt", so strömen alle Erinnerungen leichter zu. Eine Hemmung des dem Affekt nicht Passenden und eine Förderung des ihm Entsprechenden ist manchmal auch außerhalb der eigentlichen logischen Operationen deutlich. Besonders wichtig ist der Affektstupor (Examenverwirrung), der namentlich durch ängstliche Affekte hervorgerufen wird. Angst ist die Reaktion auf die Vorstellung einer Bedrohung, der man sich nicht gewachsen fühlt. Da gibt es entweder ein rücksichtsloses Davonlaufen oder ein Nichthandeln, um nicht selbst in die Gefahr zu laufen, um sich nicht bemerkbar zu machen, sich einem Feind nicht gefährlich zu zeigen: Gedanken und Bewegungen stehen still: Angststupor, Angststarre vieler Tiere. Bei unbehilflichen Leuten wird diese Reaktion viel zu ausgesprochen, und zu oft auch da ausgelöst, wo sie nicht am Platz ist, so daß die Betroffenen in jeder ein wenig ängstlichen Situation eine Sperrung der Gedanken haben, die sie nicht überlegen, die Erinnerungen nicht finden läßt.

Da die Ekphorie auf den Assoziationsbahnen geschieht, ist es selbstverständlich, daß ein verändertes Ich nicht die nämlichen Erinnerungen zur Verfügung hat wie das Vorhergehende. So sehen wir nach

auszuschalten. Aber auch die negativen Affekte haben wie alle andern die Tendenz, sich durchzusetzen. Je nach Anlage und zufälliger psychischer Umgebung kann auch einmal die letztere die mächtigere sein: der Stachel bleibt im Herzen; dieses kann ihm gegenüber sogar immer empfindlicher werden, so daß schließlich auch die entferntesten Anspielungen die unangenehme Idee samt ihrem Affekt zum Bewußtsein und zur Herrschaft über die Persönlichkeit bringen. Solche Fälle haben aber meist etwas Krankhaftes.

Dämmerzuständen mit ihren Assoziationsstörungen in der Regel vollständige oder teilweise Amnesien; es kann aber sowohl bei hysterischen wie bei epileptischen wie bei toxischen Dämmerzuständen (auch beim bloßen Rausch) vorkommen, daß in einem folgenden ähnlichen Anfall die Erinnerung wieder zugänglich ist, weil eben diejenigen Ideenkombinationen wieder existieren, die in assoziativer (zeitlicher und logischer) Verbindung mit den Erlebnissen waren. So drängen sich in einem späteren Anfall des manisch-depressiven Irreseins die Erinnerungen aus den früheren gleichartigen Anfällen manchmal in geradezu lästiger Weise auf. So erinnern wir uns bewußt meist nur an Geschehnisse, die wir auch bewußt erlebt haben, namentlich wenn die Aufmerksamkeit dabei darauf gewendet war, während unbewußt Erlebtes nur zufällig einmal auftaucht (der Einfluß der Aufmerksamkeit während des Erlebens besteht allerdings auch darin, daß sie möglichst viele passende Assoziationen schafft). Daß wir uns an unsere erste Lebenszeit so wenig erinnern, hat auch seine Gründe in der raschen Umbildung der Psyche in den ersten Jahren. Die allgemeine Konstellation eines sechsjährigen Kindes ist von der des sechs Wochen alten Säuglings in bezug auf eingesammeltes Erfahrungsmaterial gewiß viel verschiedener als von der eines in der Familie aufgezogenen Hundes, soweit wenigstens die nämlichen Sinneseindrücke in Betracht kommen (wenn wir also die Geruchsempfindungen des Tieres nicht berücksichtigen); der Hund hat fertige lokale und orientierende Anschauungen, der Säugling nur rudimentäre, die erst noch in beständigem Wandel begriffen sind. Auch die Begriffe selbst, wie z. B. der der Mutter, werden in den beiden Altern des Kindes in höchstem Grade verschieden sein. So sind Ausgangspunkte sowohl wie Ziele der Assoziationen beim Säugling und dem Sechsjährigen so verschieden, daß die beiden Wesen unmöglich die nämlichen Wege benutzen können. Man hat in der grünen-Tischpsychologie aus dem Mangel an Erinnerungsfähigkeit geschlossen, daß das Kind im ersten halben Jahre noch kein Gedächtnis habe; in Wirklichkeit nimmt es in keiner Lebensperiode so viel Neues an Kenntnissen und Übung auf. Freud nimmt an, daß nach dem Säuglingsalter die verschiedenen, bei jedem Kinde von ihm vorausgesetzten abnormen Richtungen des Sexualtriebes verdrängt werden, und daß damit die übrigen Erlebnisse dieser Zeit ins Unterbewußte gerissen werden. Ich kenne keine genügenden Gründe für diese Ansicht.

Wir haben oben angeführt, daß die Engramme unbeschränkte Dauer haben. Daß man dennoch die meisten derselben nicht mehr zur Verfügung hat, daß man beim Auswendiglernen so viele Zeit und Anstrengung braucht, beruht, abgesehen von der oben beschriebenen Verarbeitung, zu einem wichtigen Teil darauf, daß die vielen ähnlichen Assoziationen einander hemmen. Wenn ich innert eines längeren Zeitraumes nur eine einzige Jahrzahl höre, so bleibt sie; muß man die unsinnige Masse von Jahreszahlen für die Geschichtsmaturität auswendig lernen, so sind nur wenige sicher ohne sehr viele Wiederholungen. Der Name des ersten Schiffes, das ich auf einer größeren Reise benutzte, kommt mir so selbstverständlich ins Gedächtnis wie die Bezeichnung Tisch. Auf die Namen der folgenden muß ich mich besinnen.

Die Auffindung von Engrammen kann erleichtert werden dadurch, daß sie unter einen höhern Gesichtspunkt geordnet sind. Die Einzelheiten einer Geschichte würde man viel leichter vergessen, wenn sie nicht mit logischer Notwendigkeit zusammenhingen; eine Deduktion, die man nicht versteht, ist schwer zu behalten; sinnlose Silben haften viel besser, wenn sie als Rhythmus betont werden usw. Ich brauche das nicht weiter auszuführen, da es bekannte Dinge sind.

Ebenso wird die bloße Konstatierung genügen, daß es verschiedene Formen des Gedächtnisses gibt, das rein mechanische, das nur wiederholt, was und wie es erlebt worden; das logische, oder judiziöse, oder wie man es noch nennt, das eben die Einzelheiten nicht nach den erlebten Zusammenhängen ordnet, sondern nach selbstgemachten logischen Verbindungen. Auch die Begriffe des schlagfertigen oder des umfangreichen Gedächtnisses und ihre Gegensätze brauchen nicht erläutert zu werden.

Unsere Auffassung findet eine beachtenswerte Stütze in den Beobachtungen von GOLDSTEIN[1]), der die bloße „Einprägung", d. h. die Benutzung wenig verarbeiteter Engramme unterscheidet von dem „assoziativen Gedächtnis", d. h. der Benutzung stark verarbeiteter und mit andern Vorstellungen in Verbindung gebrachter Engramme. Er redet geradezu von zwei Arten des Gedächtnisses. Die Erinnerungsfähigkeit nach längerer Zeit steht in direktem Verhältnis zur Assoziationsfähigkeit, während die Reproduktion nach kurzer Zeit (wenigen Minuten) davon unabhängig ist und eher durch viele Assoziationen gestört wird. Imbezille lernen oft sinnlose Silben und Zahlen, überhaupt Material mit geringer Assoziationsmöglichkeit leichter als assoziationsreiches (Bilderversuche). Unmittelbar nach der Einprägung haben sie einen auffallend geringen Abfall der Erinnerungstüchtigkeit; schon nach 24 Stunden aber ist der Erinnerungsverlust ein größerer als bei Normalen. Ablenkung durch Beschäftigung zwischen Einprägung und Ekphorie stört um so mehr, als sie ähnliches Material bietet. Außerdem kommt es beim Gedächtnis noch auf die Erfassung des Materials durch die Aufmerksamkeit, auf die „apperzeptive Anlage" an.

Dieses Verhalten ist von unserem Standpunkte aus selbstverständlich: 1. Das, was GOLDSTEIN die Einprägung nennt, ist bei uns das Zugänglichbleiben der rohen oder wenig verarbeiteten Engramme. Da die Verarbeitung die ursprünglichen Engramme unzugänglich macht, wirkt der Mangel an Assoziationen, die die Verarbeitung bedingen, für die Reproduktion unverarbeiteter Engramme begünstigend. Die Erinnerungsfähigkeit muß aber ceteris paribus nach der Einprägung rasch abnehmen, weil wenige Wege zur Ekphorie führen und neue Erlebnisse und Einstellungen keine Verbindungen mit den Engrammen haben[2]). Ablenkung stört die Reproduktion der assoziationslosen Einprägung, und zwar ähnliches Material mehr als fremdes, weil das erstere doch eine gewisse Verarbeitung bewirkt, namentlich aber auch die Auswahl der Wege erschwert[3]). 2. Je verarbeiteter ein Engramm ist, um so mehr Beziehungen hat es mit irgendwelchen anderen Ausgangspunkten, um so leichter ist es zu ekphorieren. Da diese Verarbeitung Zeit braucht, werden die verarbeiteten, assoziationsreichen Vorstellungen nicht nur bei größerer Assoziationsfähigkeit besser reproduziert, sondern auch bei größerem Zwischenraum zwischen Engraphie und Ekphorie. 3. Eine weitere Stufe der Erinnerungsfähigkeit wird erreicht durch die Subsummierung der einzelnen Begriffe und Ideen

[1]) Merkfähigkeit, Gedächtnis und Assoziation, Zeitschr. f. Psychol. **41**, 1906, S. 38.

[2]) Daraus erklärt sich, daß ganz primitive, ja debile und ungebildete Menschen manchmal ihre Lebensgeschichte chronologisch genau mit beliebig vielen Einzelheiten und besonders anschaulich erzählen können, während reichere Persönlichkeiten nur bei besonderer künstlerischer Begabung dazu fähig sind. (Vgl. z. B. „Dulden". Aus der Lebensbeschreibung einer Armen. Herausgegeben von BLEULER. München, Reinhardt.) Dahin gehört es auch, daß der Arzt, namentlich bei Halbgebildeten, oft so viel Mühe hat, eine Beschreibung der Symptome dessen, was die Kranken fühlen, zu erhalten; sie können mit all ihren vielen Worten nur die Ursache der Symptome, die sie sich einbilden, statt jener selbst, geben oder ihre pathologische Auffassung und die Folgen, nicht aber, was man haben sollte.

[3]) Vgl. auch die Resultate von RANSCHBURG in BUMKE, Diagnose der Geisteskrankheiten. Wiesbaden, Bergmann, 1919. S. 83.

unter allgemeinen Gesichtspunkten, d. h. durch die intellektuelle Verarbeitung des Materials. Eine Geschichte, deren Pointe man verstanden, die Beschreibung einer Pflanze, die man in eine Klasse eingereiht hat, wird nicht so leicht vergessen, weil einmal der allgemeine Gesichtspunkt wie alle Allgemeinheiten leicht zu ekphorieren ist, und anderseits die Einzelheiten ihre Verbindungen mit diesem allgemeinen Gesichtspunkt haben, unter dem sie sich oft von selbst logisch oder nach einem System ordnen. Das ist wohl das, was GOLDSTEIN als Wirkung der „Apperzeptionsanlage" bezeichnet.

Die Gedächtnisfunktion verhält sich überhaupt in gewisser Beziehung umgekehrt wie die Intelligenz. Es ist selten, daß der nämliche Mensch sowohl die wenig verarbeiteten, wie auch die zu Begriffen und Ideen abstrahierten Erfahrungen zu seiner Verfügung hat. Wer ein besonders scharfes Gedächtnis hat, produziert meist wenig Neues, denn er verarbeitet nicht. FOREL sagte, das Vergessen sei eine Bedingung der Intelligenz. Der Intelligente behält ceteris paribus mehr die bequemeren, aber auch weiter tragenden Resultate seiner begrifflichen Bearbeitungen zu seiner Verfügung als die Einzelheiten, aus denen er sie abstrahiert hat[1]). Die sogenannten Rechengenies mit ihrem fabelhaften Gedächtnis und unmittelbaren Vorstellungsvermögen für Zahlenreihen sind meist mehr oder weniger schwachsinnig.

KRAEPELIN vermutet auch, daß die Gedächtnismenschen weniger schlafen müssen, weil sie im Schlaf nicht verarbeiten. Ein bekannter Gelehrter mit einem phänomenalen Gedächtnis schlief anhaltend nur vier Stunden. Daß wir im Schlafe nicht nur unsere Engramme verarbeiten, sondern uns auch mit vielen andern Schwierigkeiten des Lebens abfinden, ist bekannt. Ob aber der Traum zu solchen Leistungen nötig sei, wie KRAEPELIN meinte, ist mir fraglich.

Für die ganze psychische Einrichtung sehr bezeichnend ist die Beeinflussung der Erinnerungsfähigkeit durch bewußte vorherige Einstellung (s. Gelegenheitsapparate). Wenn man sich auf bestimmte Zeit oder bei einer bestimmten Gelegenheit, oder auf irgendein Signal hin etwas zu tun vornimmt, so wird es, wenn die Zeit oder die Gelegenheit oder das Signal da ist, in der Regel assoziiert, ja nicht selten sogar automatisch ausgeführt. Die Ausführungen posthypnotischer Befehle zeigen das nämliche in besonders scharfer Ausprägung. Man hat auch nachgewiesen, daß dasjenige, was für einen bestimmten Zeitpunkt gelernt worden ist, nach diesem Zeitpunkt auffallend rasch vergessen wird, und die Kenntnisse der gewesenen Maturanden sind recht geeignet, die Ergebnisse der Laboratoriumsversuche zu stützen.

Eine besondere Art der Erinnerung ist das Wiedererkennen. Man spricht von einer etwas rätselhaften „Qualität" des schon Erlebten. Die Sache ist aber, so weit es nur diese Funktion betrifft, sehr einfach und selbstverständlich. Es ist doch ein wesentlicher Unterschied, ob ein Erlebnis zum ersten Male vorkomme und erst engraphiert werde, oder ob es auf ein altes ähnliches Engramm stoße. Dabei sind, wie die Selbstbeobachtung ohne weiteres konstatieren läßt, zwei Dinge auseinanderzuhalten: Erstens die einfache Tatsache, daß der jetzigen Wahrnehmung die frühere durch Ekphorie assoziiert wird, worin eben das

[1]) Zur Aufbewahrung der farbigen Einzelheiten können andere Tendenzen mitwirken, z. B. künstlerisches Bedürfnis nach Anschaulichkeit. Ferner neigt die weibliche Psyche mit ihrer Wertschätzung konkreter Züge (namentlich auf persönlichem Gebiet) besonders stark dazu.

liegt, was man die „Qualität des Schon-erlebt“ genannt hat; dann aber die ganze psychische Umgebung; fragt man sich: Habe ich dieses Gesicht schon einmal gesehen? so orientiert man sich instinktiv am liebsten daran, daß man nach Assoziationen des Eindruckes sucht; dann kommt man darauf, daß es mit einem bestimmten Ort, einer Zeit, einem gewissen Erlebnis assoziativ verbunden ist, womit nicht nur gegeben ist, daß man das Gesicht schon einmal gesehen, sondern auch, wo und unter welchen Umständen das war. Da eben nicht nur das isolierte Engramm der ersten Begegnung, sondern auch viele seiner Zusammenhänge ekphoriert werden, so stößt die „Erinnerung“ zunächst auf den ganzen Begriff des Dinges oder der Person, und dann noch auf deren äußere Zusammenhänge. Man wird nicht nur auf das Schon-erlebt aufmerksam, sondern auch eventuell auf den Namen der Person, deren Stellung in der Gesellschaft und uns gegenüber, den Eindruck, den sie auf uns gemacht; mehr oder weniger deutlich werden auch die begleitenden Umstände, die Einreihung der ersten Begegnung in Zeit und Ort mitekphoriert; ist die Wahrnehmung eine gewohnte, so werden nicht die einzelnen Male der Begegnung ekphoriert, sondern eben die daraus abstrahierte Gesamttatsache, daß das der und der Freund, der Verwandte, der Nachbar sei, Begriffe, die alle früheren Erfahrungen irgendwie enthalten.

Der Erklärung bedürfen noch die Paramnesien. Für die Halluzinationen des Gedächtnisses und die Konfabulationen[1]) haben wir im gesunden Leben Analogien: Wenn man sich irgendeine flüchtige Handlung, namentlich etwas zu sagen, lebhaft vorgestellt hat, so kann man nachher im Zweifel sein, ob man den Vorsatz ausgeführt habe, und es wird jedem einmal begegnen, daß er glaubt, etwas gesagt zu haben, was er sich nur vorgestellt hat. So wird das Engramm der Vorstellung mit dem der geschehenen Handlung verwechselt, besonders wenn mit dem ersteren auch die begleitenden Umstände klar gedacht worden sind. Wir können uns nun denken, daß solche Vorstellungen, die im Unbewußten abgelaufen sind, bei Schizophrenen nachher bewußt ekphoriert und dann mit wirklichen Erlebnissen verwechselt werden; dies ist um so leichter, wenn die Kritik eine ungenügende ist, oder wenn nicht nur ein in der Luft stehendes Ereignis, sondern auch noch dessen Umgebung, der Anlaß, wo das geschehen, wer dabei war, usw. lebhaft mitvorgestellt war, oder wenn es in eine wirkliche psychische Umgebung hineingesetzt wird.

Kümmern wir uns um das Unbewußte nicht, obgleich die meisten schizophrenen Gedächtnishalluzinationen ihm entspringen, so können wir den Vorgang, der die Gedächtnishalluzination zustande bringt, etwa folgendermaßen auffassen: die Vorstellung einer Begebenheit bekommt

[1]) Halluzinationen des Gedächtnisses: Es taucht plötzlich und unvermittelt die (meist recht genaue) Erinnerung an ein Erlebnis auf, das in Wirklichkeit gar nicht stattgefunden hat (wohl nur bei Schizophrenen.) — Konfabulation: Das Bedürfnis etwas zu erzählen, zu blagieren, auf eine Frage zu antworten, schafft momentan die bestimmte Vorstellung, etwas erlebt zu haben, wobei diese Vorstellung durch neue Einzelbedürfnisse beständig weiter ausgebaut werden kann (in typischer Weise zur Ausfüllung der Gedächtnisleere wohl nur bei den organischen Psychosen.) Gedächtnisillusionen, Paramnesien im engeren Sinne, sind Umgestaltungen wirklicher Erinnerungen, die bei jedermann vorkommen, aber bei Geisteskranken oft stark übertrieben werden.

die Farbe des „Erlebt", wenn sie in ähnlicher Weise ausgebildet wird. wie die bewußt werdenden Erinnerungen, und wenn sie assoziativ in den Zusammenhang von einer mehr oder weniger bestimmten Vergangenheit eingereiht wird. Ich kann mir vorstellen, daß ich einem Gewitter zuschaue, oder ich kann mich erinnern, daß ich gestern nachmittag um drei Uhr Zeuge eines Gewitters war. Im ersteren Falle fehlen alle zeitlichen Beziehungen der Vorstellung, und es wird in diese Vorstellung des „dem Gewitter Zuschauens" nichts Bestimmtes, Sinnliches eingehen, nicht ein bestimmter Donnerschlag, bestimmte Blitze über einer bestimmten Stelle einer bestimmten Gegend von einem bestimmten Standpunkt aus gesehen, meine eigene Stellung und meine Gefühle; ebenso werden fehlen alle zeitlichen Beziehungen zu einer gleichzeitigen und unmittelbar vorangehenden und nachfolgenden Umgebung, zu den Erlebnissen eines bestimmten Tages überhaupt, wie sie bei einer Erinnerung in der Regel mitklingen und das psychische Gebilde zeitlich lokalisieren. Im Kapitel über die Vorstellungen werden wir sehen, wie sehr diese etwas Fließendes sind, wie ein relatives Mehr oder Weniger von Teilekphorien in einer Vorstellung entscheidet, ob es sich um bloße Vorstellung handle, oder ob das Gebilde als Wahrnehmung imponiere und so zur Halluzination werde: die Vorstellung eines „Berges" ist für gewöhnlich eine sehr vage; sie kann aber durch Aufnahme von Einzelheiten. die einen bestimmten Berg von einer bestimmten Seite aus charakterisieren, und namentlich von sinnlichen Engrammen, immer plastischer werden. bis sie in dieser Beziehung mehr einer Wahrnehmung als einer Vorstellung ähnlich wird. Auf gleiche Weise kann sie Material aufnehmen, das sie einer Erinnerung von etwas Erlebtem gleich macht. Wie bei den Halluzinationen der Wahrnehmung die Anknüpfung an die wahrgenommene Umgebung, so kommt hier die assoziative Verbindung und Einreihung in die Ereignisse eines bestimmten Tages hinzu, ein Vorgang, der auch nur einen quantitativen Unterschied gegenüber dem gesunden Geschehen bedeutet.

So sehen wir, daß zwischen Wahrnehmungshalluzinationen, Gedächtnishalluzinationen, Wahnideen, autochthonen Ideen und den andern ähnlichen psychischen Gebilden kein prinzipieller Unterschied besteht: es erscheint fast gleichgültig, welche von diesen Formen ein krankhafter Psychismus annehme, und Schizophrene können oft beim besten Willen nicht sagen, welcher speziellen Art ein Wahngebilde angehört.

Wenn man etwas in einem bestimmten Zusammenhang bringen soll, wenn man etwas wünscht oder fürchtet, oder namentlich wenn man sich zu entschuldigen hat, ordnen sich die Tatsachen zunächst immer im Sinne der Rechtfertigung, und wohl niemand ist ganz frei von solchen Gedächtnisillusionen, von der Versuchung, wenigstens im ersten Augenblick auch neue Einzelheiten als erlebt hinzuzudenken. Man wird auch leicht rechtfertigende Erlebnisse aus andern Zusammenhängen in den aktuellen hineinbringen usw. Die letzteren Zutaten haben zuletzt den Charakter des Erlebten und können ihn vielleicht auf das Ganze übertragen. Es könnte auch sein, daß die momentan gebildete Vorstellung schon im nächsten Augenblick als Engramm ekphoriert wird, so daß sie, wie man es bei der Entstehung von Gedächtnishalluzinationen hat annehmen wollen, kurz nach ihrer Entstehung wieder in Form einer Erinnerung auftaucht. Es ist mir indessen sicher, daß in allen diesen Dingen nicht nur ein einziger Mechanismus mitspricht, sondern verschiedene, so daß das nämliche pathologische Symptom aus mehreren Wurzeln entstehen kann.

Die identifizierenden Gedächtnistäuschungen, bei denen man fälschlich das Gefühl hat, ein eben ablaufendes Ereignis habe man schon einmal erlebt, kann ich noch nicht erklären. Ganz in der Luft stehen Theorien wie die, daß das Ereignis in der einen Hirnhälfte etwas verspätet wahrgenommen werde, so daß es bereits auf ein Engramm in der zweiten Hälfte stoße.

Eher verständlich sind die Kryptomnesien, bei denen man glaubt, etwas selbst zu kombinieren, was man in Wirklichkeit von einem andern (gelesen oder gehört) hat (ein Kritiker schreibt eine Kritik, die schon in einer andern Zeitung steht; Helen Keller dichtet den „Winterkönig“, den sie irgendwo einmal gelesen, aber im Bewußtsein vollständig vergessen hat). Hier werden Engramme ohne die andern ursprünglich mit ihnen zusammenhängenden Assoziationen ekphoriert; an Stelle der letzteren treten die Verbindungen der neuen psychischen Umgebung; der Vorgang ist ein bloßer Grenzfall des gewöhnlichen psychischen Geschehens, in dem ja niemals alle Assoziationen einer Vorstellung ekphoriert werden, sondern nur eine Auswahl.

Sowohl bei Kranken wie bei Normalen ist der Ausfall von Erinnerungen, das Vergessen, wohl immer ein Versagen der Ekphorie, nicht ein Zugrundegehen der Engramme, wenn auch mit den sensorischen und motorischen Rindenflächen wichtige Bestandteile derselben zerstört werden mögen. v. Monakow nimmt auch bei Apraxie an, daß die unbrauchbar gewordenen erworbenen Bewegungsformeln nicht ausgefallen seien, sondern nur ihre Ekphorierbarkeit eingebüßt haben, und bei organischen Geisteskrankheiten, d. h. bei schweren diffusen Reduktionen der Hirnrinde, läßt sich trotz scheinbaren sofortigen Verlusts aller frischen Erlebnisse in tausend Stichproben und in der abgekürzten Zeit beim Wiedererlernen von früher eingeprägten Silbenpaaren das Fortbestehen der Engramme nachweisen.

Für das Verständnis der Gedächtnisfunktion mag es einmal wichtig werden, daß bei diffuser Reduktion der Hirnrinde, also bei den organischen Geisteskrankheiten die Erinnerungsfähigkeit abnimmt und zwar in ganz ungleich stärkerem Maße für die neueren Erinnerungen als für die früheren; Erlebnisse aus der Kindheit können sogar mit einer solchen Frische erinnert werden, daß der Kranke sie halluzinatorisch wieder durchlebt, während aus dem Mannesalter nichts mehr ekphoriert werden kann. (Die Wernickesche Formulierung von der einseitigen Zerstörung seiner „Merkfähigkeit“ ist falsch. Auch die vor der Krankheit engraphierten Erlebnisse werden im umgekehrten Verhältnis zu ihrem Alter vergessen. Der Begriff der Merkfähigkeit ist überhaupt ein sehr mißverständlicher und durch den klaren der Engraphie zu ersetzen.)

Leicht verständlich ist auch, daß bei organischen Alterationen eine Funktion, Gleiches vorausgesetzt, um so leichter gestört wird, je bewußter sie ist. Substantiva fallen bei aphasischen Störungen am ehesten aus, und von diesem wieder die konkreten früher als die abstrakten, während Partikeln oft auch bei Schwerkranken noch erhalten sind. Je automatischer eine Funktion ist, um so beschränkter sind ihre Bahnen;

sie ist im Nachteil dann, wenn die Funktion von verschiedenen Stellen aus ausgelöst werden muß; die wenigen Bahnen sind dann schwerer aufzufinden. Ist aber eine Funktion nur von einer einzigen Vorstellung aus zu assoziieren, so bekommt eine solche einzige Verbindung schon durch die Übung eine besondere Festigkeit; auslösende und ausgelöste Funktionen werden geradezu zu einer funktionellen Einheit. Taucht während des Sprechens das Verhältnis der Nebeneinandersetzung zweier Vorstellungen auf, so ist das Wort „und" das gegebene und nur dieses; es bedarf zur Auslösung keiner anderen Direktiven, keiner Wahl mehr wie bei andern Wörtern, auf die besondere Konstellation ist keine Rücksicht zu nehmen, und so läuft die Maschine eben automatisch in der Richtung des „und". Substantive und Verben aber können in den verschiedensten Verbindungen gebraucht werden, und man kann auch wählen, welche unter mehreren man zum Ausdruck der nämlichen Idee verwenden wolle, so daß die Richtung sofort ungenügend bestimmt ist, sobald eine Komponente ausfällt oder unklar angetönt wird. Je konkreter ein Begriff ist, um so weniger Bedeutung hat für ihn das ihn bezeichnende Wort; in der psychischen Darstellung des Begriffes „Tisch" ist das Wort gar nicht nötig, und wenn es auch mitassoziiert ist, so spielt es doch eine viel geringere Rolle dabei als die Vorstellung des Tisches selbst; diese allein ist beim gewöhnlichen Denken verbindungtragend; man denkt in den gewöhnlichen Überlegungen den Begriff überhaupt oft (viele Leute meist) ohne das Wort. Bei abstrakten Vorstellungen dagegen bildet das Wort die bequemste und klarste Komponente, die am leichtesten bestimmte Assoziationen auslösen und von außen angeregt werden kann.

Wenn wir etwas fassen wollen, so ist die einzige Assoziation der Fingerschluß; wenn man aber den Auftrag bekommt, die Finger zu schließen, bedarf es eines komplizierten Vorganges, nur zur Vorstellung zu kommen, was man eigentlich machen soll, und außerdem ist die Assoziation der Bewegungsauslösung eine ganz ungewöhnliche, so daß sie von Gesunden oft nicht gleich gefunden wird, wie jeder Nervenarzt weiß, der zwecklose Bewegungen auf Befehl machen läßt. So muß sie bei ungewöhnlichem Zustand des Nervensystems leicht versagen. Hier kommt allerdings noch etwas anderes hinzu: die Faßbewegung hat jedenfalls in unteren Zentren einen eigenen Mechanismus, und ich kann nach Analogie mit andern Funktionen nicht zweifeln, daß, wenn die Hirnrinde versagt, die tieferen Mechanismen wieder eintreten, hier fördernd und ersetzend, an andern Orten störend. Auch bei peripherer Reizung kommt bei Funktionsausfall des obersten Zentrums der alte Babinski oder der v. Monakowsche Reflex wieder zum Vorschein.

Anmerkung. Während der Korrektur kommt mir zu Gesicht E. Becher, Über physiologische und psychistische Gedächtnishypothesen (Arch. f. d. ges. Psychol. 1916, S. 125). Ich bin erschrocken über die Naivität der Ansichten, die der Autor als physiologische Gedächtnishypothesen vorfindet, und in denen er dann sehr leicht das Unzulängliche der physiologischen Hypothese überhaupt nachweisen zu können glaubt, während er in Wirklichkeit nur Einfältigkeiten bestreitet, die den Hirnphysiologen nichts angehen. Es sollen Einwände gegen die physiologische Gedächtnishypothese sein, daß alle die unzähligen optischen Bilder in die nämlichen Hirnteile kommen, daß mehrere gleiche akustische Empfindungen getrennt registriert werden, oder daß Assoziationen auf Gesichtsempfindungen stattfinden, die bei der Engraphie vom gelben Fleck, aber bei der Ekphorie von einer andern Retinastelle aus ausgelöst werden. Ich möchte

Leute, die so bedenklich kindische Begriffe von einer Rindenfunktion haben, daß sie solche Auffassungen (wenn sie wirklich noch vorkommen) ernst nehmen können, dringend vor biologisch-psychischen Studien warnen und namentlich bitten, dieses Buch ja aus der Hand zu legen; sie können nur Mißverständnisse daraus herauslesen.

Bechers psychistische Hypothese ist für unsere Auffassung der Hirnphysiologie ganz unnötig; und das ist gut; denn sie versetzt einfach die Assoziationen, die sie sich im Gehirn nicht vorstellen kann, in eine besonders supponierte Seele, der man alle Eigenschaften zuschreiben kann, die das Herz begehrt, da man sie in diesem Sinne nicht kennt, und man nicht untersuchen kann, ob die Eigenschaften dort fehlen. Da ist's wie mit der Unsterblichkeit, die Kant hier nicht fand, aber in die intelligible Welt versetzte. Doch war Kant wenigstens konsequent, wenn er auch mit seiner Unsterblichkeit „keinen Staat machen" wollte. Becher aber kann doch noch die Hirnvorgänge nicht entbehren, wenn er die psychischen Störungen bei Hirnveränderungen und Vergiftungen erklären möchte. Wozu denn aber der Sprung ins Leere?

Daß so kindliche Auffassungen der Hirnvorgänge und ihres Zusammenhanges mit der Psyche, wie sie oben angedeutet wurden, noch in neuerer Zeit benutzt werden können, macht mich fürchten, meine kurzen Andeutungen über Psychokym und Lokalisation im Gehirn möchten nicht genügen, eine Vorstellung zu geben von den Grundlagen unserer Anschauungen. Ich weiß mir aber auch jetzt noch nicht anders zu helfen als zu warten, bis die Einwände kommen. Es brauchte ja ein besonderes Buch, all das Zeug wegzuschaffen, das dereierendes und unvorsichtiges Denken hineingelegt hat. Die Aufgabe besteht eben zum geringsten Teil darin, die Eigenschaften der elementarsten Vorgänge positiv festzustellen, sondern darin, unrichtige Anschauungen aus dem Wege zu räumen.

B. Aufnahme und erste Verarbeitung des Materials: Empfindung, Wahrnehmung. Abstraktion, Begriff. Vorstellung. Sinnestäuschungen.

INHALT. 1. Das Problem. Wenn wir im folgenden von Halluzinationen reden, so denken wir nur an diejenigen, die aus Vorstellungen entstehen, nicht an diejenigen, die eigentlich illusionistisch umgedeutete Parästhesien sind. Man hat gemeint, Mitwirkung der peripheren Sinnesorgane oder subkortikaler Hirnteile oder auch der primären Endigungszentren der Sinnesfasern in der Rinde zur Erklärung des Halluzinationsvorganges herbeiziehen zu müssen. Oder man dachte daran, daß die Stärke einer Vorstellung ihr sinnliche Kraft geben könne. Alle diese Theorien halten vor der Kritik nicht stand.

2. „Projektion nach außen. Wahrnehmung und Vorstellung. Die Inhalte unserer psychischen Vorgänge ordnen sich durch ihre assoziativen Zusammenhänge und durch Ähnlichkeiten ganz von selbst in zwei Reihen. Die Einzelheiten der einen Reihe haben unter anderen besonderen Eigenschaften enge Beziehungen zu unseren kinästhetischen Vorstellungen (Empfindungen), die anderen gar keine. Innerhalb der ersten Gruppe heben sich Untergruppen von immer sich in ähnlicher Weise wiederholenden Empfindungszusammenhängen heraus und bilden die Dingvorstellungen.

Die Zusammenhänge und ihre Abgrenzungen werden bestimmt teils durch die äußere Erfahrung, teils nach sich wiederholenden in der Organisation liegenden Reaktionen aus bestimmten Gruppen der Sinneseindrücke.

Unter diesen (aber allerdings offenbar nicht, ohne daß die Einreihung schon primär geschieht) zeichnen sich die von unserem Körper ausgehenden Empfindungen besonders aus. Viel später werden die psychischen Vorgänge (wie Empfinden, Wahrnehmen, Erinnern, Denken) von deren Inhalten deutlich abgesondert. Es entsteht die bewußte psychische Reihe. Diese, in Verbindung mit dem Körper, bildet das Ich des Naiven.

Durch den gewöhnlichen Assoziations- und Abstraktionsvorgang wird der Inhalt der psychischen Vorgänge in Innenwelt und Außenwelt geordnet. Es gibt kein Projizieren nach außen, sondern gewisse Zusammenhänge und eventuell die Gebilde, aus denen sie bestehen, nennen wir die Außenwelt. Andere Zusammenhänge nennen wir die Innenwelt. Die letztere wird, wenn auch nicht genau lokalisiert, irgendwie „in uns" verlegt, weil sie mit unserem Körper eng zusammenhängt; im übrigen fehlen ihr die Dimensionen des Raumes, oben unten, vorn hinten, links und rechts.

3. Unterschied zwischen Wahrnehmung und Vorstellung. Die gewöhnlich angegebenen Unterschiede in sinnlicher Kraft, Anschaulichkeit, Deutlichkeit, Vollständigkeit, Stärke, Konstanz, Lokalisation sind alle ungenügend zur Erklärung der Unterschiede von Wahrnehmung und Vorstellung. Es ist allein der psychische Zusammenhang, der bei der Unterscheidung der beiden Psychismen maßgebend ist. Schon die Wahrnehmung ist eine Bearbeitung der Sinnesempfindungen nicht bloß in ihrer Zusammenfassung, sondern auch insofern, als sie manches ignoriert, was der Empfindung angehört, und dafür manches aus früheren Erfahrungen hinzusetzt. Vor der eigentlichen Wahrnehmung muß eine, wenn auch noch so primitive Vorstellung des Dinges entstanden sein. Die ausgebildete Vorstellung ist gegenüber der Wahrnehmung eine weitere Bearbeitung zum Zwecke der Orientierung und zu dem des Denkens. Dazu ist die Einbeziehung von sinnlichen Engrammen, die genau die Empfindungen reproduzieren könnten, zwar möglich, aber meist unnütz oder gar hinderlich. Sie wird deshalb ausgeschlossen. Es fehlt den Vorstellungen für gewöhnlich die sinnliche Frische, die Anschaulichkeit.

4. Empfindung, Wahrnehmung, Vorstellung, ihre Entstehung. Aus dem Chaos, in dem in der ersten Lebenszeit die psychischen Vorgänge zusammenfließen, müssen die sich wiederholenden Gruppen mit Hilfe des Gedächtnisses, in welchem ähnliche neue Erlebnisse die früheren ekphorieren und mit ihnen assoziiert werden, sich zu Vorstellungen herausheben. Treten wieder analoge Empfindungsgruppen, wenn auch nur in wenigen Bestandteilen, auf, so werden die übrigen Bestandteile aus der früheren Erfahrung ergänzt: Wahrnehmung. Geschieht die Ergänzung in falscher Weise, so entstehen Illusionen. Der ganze Vorgang läßt sich unter dem Bilde einer Typenphotographie darstellen, wobei nur zu bemerken ist, daß die ursprüngliche Einzelplatte dabei nicht vernichtet, sondern jedesmal ein neues Bild mit Hilfe der früheren Engramme geschaffen wird. Der nämliche Vorgang, der auf diese Weise einzelne Dingbegriffe, Mutter, Tisch usw. bildet, fortgesetzt, führt zur Abstraktion, wobei von der einfachsten Form derselben, z. B. der des Tisches aus der allgemeinen Wahrnehmung des Zimmers, bis zu der höchsten Begriffsbildung des philosophischen Denkens nichts Neues hinzukommt.

Die einfache Empfindung kommt direkt nicht zur psychischen Kenntnis. Der primäre Vorgang für unser Bewußtsein ist die Wahrnehmung. Der Begriff der einzelnen Empfindung wird erst durch die nämliche Abstraktion herausgehoben, die wir überall tätig gesehen haben. Die Vorstellungen, seien es die einfacher Dinge, oder die abstrakter, sind nicht eine stereotype Münze, sondern wandelbare Gebilde, die bei jedem einzelnen Auftauchen wieder eine andere Gestalt annehmen, bald nur wenig abweichend von früher, bald in den verschiedensten Richtungen verändert, abgekürzt, ergänzt und dergl.

Die Vorstellungen sind überdauernde (wenn auch zu ihrem besonderen Zweck etwas umgearbeitete) Wahrnehmungen. Sie dienen unter anderm zur Orientierung im Raum und zur richtigen Reaktion, und werden zu diesem Zwecke genau im Raum lokalisiert. In zweiter Linie dienen sie zum Denken, zur Bildung neuer Kombinationen; dazu müssen sie sich von den sinnlichen Bestimmtheiten der Empfindungen und Wahrnehmungen möglichst frei machen; sie sind „blasser" und abstrahiert; die Abstraktion besteht übrigens nicht nur in einem Überbordwerfen von Einzelheiten, sondern auch in der Bildung einer höheren Einheit; der ganze Vorgang ist prinzipiell nichts Neues, sondern basiert auf den gleichen Mechanismen, die auch die Wahrnehmung bedingen; so führt die weitestgehende Abstraktion die Vorstellungen niemals aus dem Wahrnehmungsraum hinaus.

5. Die Halluzinationen. Die nämlichen Unterschiede wie zwischen Wahrnehmungen und Vorstellungen bestehen zwischen Halluzinationen und Vorstellungen. Was eine Vorstellung zur Halluzination machen kann, das ist in erster Linie positiv die Assoziation der Vorstellung mit bestimmten Lokalzeichen, namentlich mit den Wahrnehmungen der Umgebung, so daß sie lokalisierend in diese eingereiht werden, und negativ die fehlende Empfindung des assoziativen Zusammenhangs oder ihrer assoziativen Ursache mit dem Ich überhaupt, so daß sie für das Ich von außen kommen, wie eine Wahrnehmung. Weniger notwendig, als man sich gewöhnlich vorstellt, aber oft mit dem Halluzinationsvorgang verbunden und die Anschaulichkeit der Trugwahrnehmung bedingend, ist die Ekphorie wenig oder gar nicht verarbeiteter Engramme der Sinnesempfindungen, die die ursprünglichen Farben, Formen, Töne darstellen. Namentlich bei optischen Halluzinationen ist dabei die Vollständigkeit des Bildes, bei Stimmen die genaue akustische Ausprägung der einzelnen Laute von Bedeutung Außerdem kommt es in manchen Beziehungen auf die Kritik an; wenn sie die krankhafte Natur des Truggebildes erkennt, sind Vorstellungen mit unverarbeiteten sinnlichen Engrammen, guter Vollständigkeit und voller Einreihung in die Umgebung Pseudohalluzinationen. Wenn sie ungenügend ist, echte Halluzinationen.

6. Verhältnisse, aus denen Halluzinationen entstehen. So treten Halluzinationen zunächst überall da auf, wo Schwäche der Schaltungsspannung auch ungewohnte Bahnen einzuschlagen erlaubt, wo deshalb die primären Engramme nicht mehr unterdrückt werden, und die assoziativen Beziehungen eines psychischen Inhaltes zu einer der beiden Reihen, der psychischen oder der physischen gelockert sind, so daß eine genau lokalisierende assoziative Verbindung von Vorstellungen mit den Lokalwerten einer bestimmten Stelle der Außenwelt entstehen kann, und wo die Kritik wenigstens in dieser Richtung[1]) mangelhaft ist. Das alles ist im Traum, bei vielen Vergiftungen und in der Schizophrenie der Fall. Wo wir Verdrängung ins Unbewußte haben, bei Schizophrenie und Hysterie kommt von selbst die Note des Fremden, von außerhalb des bewußten Ich Kommenden, dazu.

Zu diesen Dispositionen, die die Möglichkeit des Halluzinierens schaffen, kommen dann noch innere Bedürfnisse, Wünsche, bestimmte Dinge wahrzunehmen; die Möglichkeit zum Halluzinieren wird benutzt, indem die dazu notwendigen Verbindungen wirklich hergestellt werden.

1. Das Problem.

Die Beschreibung von Empfindung, Wahrnehmung und Vorstellung[2]) möchte ich an dem Problem der Halluzinationen entwickeln. Das Kapitel war als selbständiger Aufsatz ausgearbeitet; dabei zeigte sich, daß die Fragen nach der Natur und den Unterschieden von Wahrnehmung und Vorstellung wie viele andere Probleme an Hand der Pathologie besser zu beleuchten seien, als wenn systematisch die normalen zentripetalen Funktionen und dann die daraus resultierenden Begriffe und die Vorstellungen beschrieben würden. Ich füge deshalb den Aufsatz mit den notwendigen Kürzungen und einigen sonstigen Änderungen hier ein.

Infolge des Ausgangs von den Halluzinationen werden die Eigenschaften und Unterschiede der Wahrnehmungen und Vorstellungen an gegenständlichen Psychismen, nicht an einfachen Tönen oder Lichterscheinungen entwickelt. Was aber von den komplizierteren Gebilden gesagt wird, gilt auch von den einfacheren, man müßte von den letzteren prinzipiell genau das Gleiche sagen. Die leichte Arbeit, die folgenden Ausführungen auch für einfachere Verhältnisse anzuwenden, darf ich wohl dem Leser überlassen. Ich möchte nur andeuten, daß auch die oft als Empfindungen bezeichneten einfacheren Wahrnehmungen von Tönen oder Farben, in der Beziehung, auf die es hier ankommt, keine elementaren Empfindungen sind, sondern Wahrnehmungen genau wie die Wahrnehmungen eines Gegenstandes. Wir hören niemals einen Ton an sich, sondern einen Glockenklang, einen Trompetenton, einen Schrei, sehen nicht eine Farbe, sondern eine farbige Fläche oder einen farbigen durchsichtigen Körper usw.

Die krankhaften Sinnestäuschungen werden in Illusionen und Halluzinationen eingeteilt. Die Illusionen sind Wahrnehmungen, die gefälscht werden durch nicht dazugehörige Zutaten, durch Weglassungen und Veränderungen in den Komplexen gewöhnlicher Sinnesempfindungen. Halluzinationen sind für die Psyche Wahrnehmungen wie jede andere, entstehen aber von innen, nicht durch Reizung der Sinnesorgane von außen.

Pseudohalluzinationen sind Halluzinationen, die vom Patienten als solche erkannt werden. Sie haben auffallend häufig vollkommene sinnliche Deutlichkeit, wohl deshalb, weil sie sonst nicht beachtet würden. Jaspers will sie, nament-

[1]) Einseitige Mangelhaftigkeit der Kritik sehen wir bei allen katathymen Erscheinungen, auch wenn eine allgemeine Störung zugrunde liegt.

[2]) Empfindung, Wahrnehmung und Vorstellung haben leider einen dreifachen Sinn: 1. das Empfundene, Wahrgenommene, Vorgestellte, der Inhalt, 2. das Empfinden, Wahrnehmen, Vorstellen, der psychische Vorgang, 3. beides als Einheit gedacht, bald in unabsichtlicher Unklarheit verquickt, bald mit Bewußtsein als ein einheitlicher Begriff. Wir reden in diesem Kapitel zunächst nur vom Inhalt.

lich gestützt auf eine Bemerkung KANDINSKYS, der seine eigenen Pseudohalluzinationen nicht einmal ins Augenschwarz lokalisierte, zu den Vorstellungen zählen. Ich halte eine solche Diskussion für unnötig. Sicher gibt es Pseudohalluzinationen, die sehr genau im Raum lokalisiert werden[1]). Die sinnliche Deutlichkeit und die Art des Auftretens und Verschwindens haben sie mit den Halluzinationen gemeinsam; daß die Kritik des Patienten selbst sie mehr oder weniger sekundär als eine subjektive Schöpfung erkennt, nähert sie den Vorstellungen — aber nur wenig, sonst wäre ein Ohrenläuten auch eine Vorstellung; die Psyche empfindet ja nicht, ob der Ursprung der Sinnestäuschung im peripheren Sinnesorgan sei, wie beim Ohrenläuten, oder im Gehirn, wie bei der Pseudohalluzination.

Der Unterschied zwischen Pseudohalluzination und Vorstellung mit sinnlicher Deutlichkeit besteht in der Art des Auftretens und der Lokalisation, Dinge, die bei der Vorstellung einen ganz bestimmten Charakter haben, der gerade den Pseudohalluzinationen fehlt; diese „erscheinen" ganz wie ein äußeres Ding, das plötzlich wahrgenommen wird, und sind an einer ganz bestimmten Stelle der Außenwelt lokalisiert genau wie die wirklichen Dinge. Auch den sinnlichsten (anschaulichsten) Vorstellungen dagegen fehlt im gewöhnlichen Leben die genaue Lokalisation, ferner werden sie unter normalen Verhältnissen immer assoziativ von andern Psychismen aus angeregt, oder sind sie wenigstens vom Gedankengang fühlbar abhängig.

Ein Teil der als Halluzinationen bezeichneten Sinnestäuschungen sind illusionistisch ausgelegte Parästhesien infolge von Reizzuständen im Nervensystem: die farblosen, beweglichen, kleinen multiplen Tiervisionen der Alkoholdeliranten sind Umdeutungen von kleinen Schatten- und Helligkeitserscheinungen; viele Körperhalluzinationen der Schizophrenen sind ähnliche falsche Auslegungen von Parästhesien infolge reizender Prozesse oder Giftwirkungen im Gehirn. Ihnen gegenüber stehen die in die äußere Realität projizierten Vorstellungen, wie sie sich am reinsten in hysterischen Zuständen finden. Die erste Klasse sind in bezug auf die Außenwelt Halluzinationen, in bezug auf den psychischen Vorgang Illusionen und in ihrem Mechanismus ohne weiteres klar. Die Schatten werden als Tiere verkannt, wie wir beim Einschlafen Geräusche als Worte verkennen. Nicht so die zweite Kategorie, die aus Vorstellungen entstehenden Halluzinationen, mit denen wir uns im folgenden allein beschäftigen.

Natürlich gibt es Mischfälle verschiedenster Art. Wenn z. B. das Herz des Deliranten anfängt zu versagen, macht die Angst aus den Schatten statt der indifferenten Tiere drohende Gestalten. Oder eine leichte Dysästhesie bleibt unbeachtet und wirkungslos, bis ein psychisches Bedürfnis sie zu einer Halluzination umgestaltet. Oder eine schizophrene Körperhalluzination ist ursprünglich bloße Umdeutung einer Parästhesie, wird dann aber durch die Gewohnheit auf psychischem Wege auslösbar, ohne daß die Parästhesie dazu den Anstoß geben oder auch nur während des Halluzinationsvorganges vorhanden sein müßte. Während bei den hysterischen Halluzinationen keine elementare Denkstörung vorhanden ist, beruht bei den schizophrenen die Fähigkeit zum Halluzinieren offenbar auf einer Assoziationsanomalie, die vielleicht auch die Empfindungen abnorm gestaltet und so indirekt zum Halluzinieren nach dem ersten Schema beiträgt. Auf alle solchen Komplikationen nehmen wir im folgenden keine Rücksicht, sondern wir werden ganz unabhängig davon zu verstehen suchen, wie aus einer Vorstellung eine Halluzination werden kann.

So viele Theorien die Genese der ideogenen Halluzinationen auch verständlich machen sollen, aus guten Gründen hat keine Anklang gefunden. Merkwürdig Naive haben sich vorgestellt, daß zur Halluzination, d. h. zur „Projektion einer Vorstellung nach außen"[2]), eine rückläufige Erregung des Sinnesorganes not-

---

[1]) Ein Patient BONHOEFFERS (Konstitut. Wachträume, Monatsschr. f. Psych. u. Neur. **34**, 1913, S. 512 u. 513 sah sich selbst so lebhaft, daß er die Tendenz hatte, sich auszuweichen.

[2]) Der Ausdruck ist gebräuchlich und wird verstanden, ist aber sehr ungenau, indem er nicht Vorstellungsakt und Inhalt unterscheidet und nicht darauf Rücksicht nimmt, daß die Inhalte aller die Außenwelt betreffenden Vorstellungen nach außen projiziert werden, wenn auch in anderer Weise als die der Wahrnehmung. Um nicht einen neuen Ausdruck einführen zu müssen oder schleppend zu werden, benützen wir den gebräuchlichen.

wendig sei, weil eben im gewöhnlichen Leben nach außen projiziert wird, resp. als Wahrnehmung gilt, was durch die Sinne eingeht. Dagegen läßt sich neben manchem anderen folgendes sagen: Die ganze Theorie nützt nichts, denn zur psychischen Wahrnehmung kommt doch nur die Rindenfunktion; wenn nun der halluzinatorische Vorgang einen genau wie die sinnliche Wahrnehmung abgestuften und zusammengesetzten Reiz in die Peripherie schicken kann, so kann er auch einen solchen Reiz direkt an diejenige Stelle schicken, die die gewöhnlichen Sinneserregungen zum Bewußtsein bringt; letzteres wäre viel einfacher und ich möchte sagen naturgemäßer; denn die Hirnrinde ist dazu gemacht, zusammenhängende Funktionskomplexe ebensowohl durch zentrale wie durch periphere Anregung hervorzubringen, während das periphere Sinnesorgan, einschließlich seine Zuleitungen bis zur Rinde, dazu gar nicht eingerichtet ist, und es wirklich unverständlich wäre, warum vom „Vorstellungszentrum" aus ein Reiz zuerst zur Ankunftsstelle a der Sinnesempfindungen in der Rinde — nur von dort aus könnte er ja zur Sinnesfläche kommen — und dann von da in widernatürlicher Weise zur peripheren Sinnesfläche reisen soll, bloß damit er (unverändert?) wieder an die Stelle a zurück komme und da, wo er schon war, endlich perzipiert werden könne. Warum wird er nicht bei seiner ersten Anwesenheit in den Sinneszellen perzipiert? Die Reperzeptionstheorie, die die Vorstellungen unter Mithilfe von „Sinneszellen" entstehen läßt, begnügt sich denn auch mit dieser e i n e n Anwesenheit des Reizes in „Perzeptionszentren", und wir haben doch keine Anhaltspunkte dafür, daß für die Bedeutung eines Funktionskomplexes in einem zentralen Gebilde der Ausgangsort oder die Richtung des auslösenden Reizes von Belang sei. Es ist übrigens ganz sicher, daß dieser Umweg über die Sinnesfläche wirklich vermieden wird, schon deshalb, weil die allermeisten Halluzinationen, wie jeder Beobachtende weiß, trotz ihrer sicheren Projektion nach außen in sehr vielen Beziehungen gar nicht die Qualitäten der Reizungen von Sinnesflächen besitzen[1]), indem ihnen ja gerade die sinnliche Lebhaftigkeit der wirklichen Sinnesempfindungen so oft abgeht; ob man ihm Gedanken macht oder Stimmen, kann der Halluzinant oft gar nicht unterscheiden. Man vergißt auch, daß dann z. B. die Gesichtshalluzinationen mit den Bewegungen der Bulbi, die Gehörshalluzinationen mit denen des Kopfes wandern müßten, was ziemlich selten vorkommt.

Es gibt sogar Leute, die besonders im Hinblick auf die Auslösung von Halluzinationen durch periphere Reizung den ganzen Vorgang in das Sinnesorgan verlegen wollen. Da die Halluzinationen meist nicht ungeordnete Elementarempfindungen, sondern Begriffe und Ideen ausdrücken, braucht man diese Vorstellung nicht ernst zu nehmen. Und zum Überfluß kann man ungehindert weiter halluzinieren nach Zerstörung des entsprechenden Sinnesorganes. Andere haben deswegen eine M i t w i r k u n g b l o ß d e r b a s a l e n Z e n t r e n verlangt. Das hat einen gewissen Sinn deswegen, weil von da aus jedenfalls nebst der Hauptempfindung des Sinneseindruckes (Farbe, Schall usw.) eine große Menge von reflektorischen, ordnenden, einreihenden Empfindungen zum Gehirn gehen, die wohl die meisten Vorstellungen nicht zu begleiten pflegen. Aber wenn solche Begleitempfindungen zur Projektion nach außen wirklich notwendig wären, so könnten sie ja einfacher in der Hirnrinde selbst als in den entfernten Basalzentren angeregt, d. h. mithalluziniert werden.

Wieder um eine Stufe denkbarer ist die Vorstellung, daß die lebhafte M i t w i r k u n g v o n k o r t i k a l e n „P e r z e p t i o n s z e n t r e n" das Ausschlaggebende sei. Bei jeder Vorstellung würden diese „schwach" erregt. Entsteht in diesen Zentren ein krankhafter Reiz, so nimmt er subjektiv die Form einer „Perzeptionshalluzination" an, die nicht im Zusammenhang mit dem übrigen Denkinhalt ist, sich z. B. durch abgerissene Kürze charakterisiert und gern stereotypen Charakter hat. Wird die Reizung des Perzeptionszentrums deshalb zu stark, weil das Vorstellungszentrum ihm abnorm starke Reize schickt, oder verminderter Widerstand der Reizleitung vorliegt, so entstehen „Apperzeptionshalluzinationen", die dem Denkinhalt entsprechen (am innigsten in dem „Gedankenhören"). Wir werden sehen, daß die Theorie dem Aufbau der Wahrnehmungen und Vorstellungen widerspricht: vor allem aber kennt die Beobachtung diesen Unterschied von Perzeptions- und Apperzeptionshalluzinationen nicht: Halluzinationen, die mit dem bewußten Gedankengang im Zusammenhang sind, können ebensogut wie solche, die in allen

[1]) Vgl. z. B. SCHROEDER, Von den Halluzinationen. Monatsschr. f. Psych. u. Neur., **37**, 1915.

Beziehungen aus dem Unbewußten auftauchen, alle Charaktere annehmen, wenn auch aus sonst verständlichen Gründen eine gewisse Vorliebe für die von der abgelehnten Theorie vorausgesetzten Kombinationen nicht zu leugnen ist.

Grob hylozoistisch mutet die WERNICKEsche Theorie an: der Autor hat die Sperrungen und Ausschaltungen von gewissen Bahnen bei der Schizophrenie für lokale Blockierungen des Nervenstromes angesehen, die eine Anstauung und damit einen irregulären Übergang irgendwelcher Reize auf andere Bahnen bewirken, von welch letztern für die Halluzinationen der Einordnung der Reize nach bestimmten Körperteilen dienende Zellen von Wichtigkeit wären. Ihre Reizung würde den nämlichen Effekt haben wie die Erregung der Sinnesflächen.

Nun kennen wir im Nervensystem weder eine Blockierung, noch eine Stauung[1]) in diesem Sinne, wir können uns auch nicht vorstellen, wie solche zufällig herumvagierende Reize nicht etwa zu Elementarhalluzinationen, sondern zu bestimmten Ideen entsprechenden Worten und Visionen werden könnten, und außerdem ist es gar nicht gesagt, daß die Halluzinationen ein Plus von Reiz bedeuten; im Traum, vielleicht auch im Fieber und manchen Schwächezuständen, entsprechen sie nach allem, was wir wissen, umgekehrt einem Nachlaß der Energie, resp. einem Minus von Psychokym.

Von ARISTOTELES über HUME bis in die neueste Zeit wird von Vielen der Unterschied von Wahrnehmung und Vorstellung (und damit zwischen Halluzination und Vorstellung) darin gesehen, daß die ersteren der starke, die letzteren der schwache Vorgang seien. Eine solche „Erklärung" würde das Strafrecht als einen Versuch mit untauglichen Mitteln bezeichnen. Für die Messung der Stärke psychischer Vorgänge fehlt uns doch jedes Maß; soweit wir aber aus der Stärke der eintretenden sinnlichen Reize und der abgehenden Reaktionen schließen dürfen, hat die Unterscheidung mit dynamischen Verhältnissen gar nichts zu tun: der leiseste sinnliche Reiz wird meist mit Sicherheit nach außen projiziert, während Vorstellungen, die zu den stärksten Reaktionen führen, beim Gesunden ihren Charakter beibehalten. Wo wir in die psychischen Mechanismen hineinsehen, bedingen immer die Art und Zahl der Assoziationen und nicht die Stärke des einzelnen Vorganges die wesentlichen Richtungen des Geschehens. Die Lücke in unserem Wissen ist also nicht so empfindlich. Wir dürfen auch auf die weniger wesentliche Rolle der dynamischen Verhältnisse gerade daraus schließen, daß sie sich uns nicht zu erkennen geben. (Vgl. auch das Alles- oder -Nichts-Gesetz, das jede nervöse Dynamik auf die Zahl der arbeitenden Elemente zurückführt.)

Recht sonderbar erscheint die Theorie von STOECKER[2]): Halluzinationen entstehen dadurch, daß entgegenstehende Affekte die Vorstellung für einen Augenblick oder dauernd als etwas Fremdes erscheinen lassen, wobei Reizzustände und Ähnliches das Zustandekommen des psychischen Gebildes unterstützen. Die Vorstellung wird aber erst nachträglich durch eine Erinnerungsfälschung „schlagartig" in eine Halluzination umgewandelt. Nun gibt es massenhaft Halluzinationen, die sich schon primär, beim ersten Bewußtwerden ihres Inhaltes, als solche darstellen. An der Mitwirkung entgegenstehender Affekte ist aber etwas Richtiges. Wir pflegen das durch die Vorstellung von ins Unbewußte verdrängten Komplexen auszudrücken.

2. Außenwelt, Innenwelt, Ich. „Projektion nach außen".

Für Viele ist es überhaupt unmöglich, solche Dinge zu verstehen, so für diejenigen, die schon an dem „Problem" scheitern, wie denn die Seele, die in unserem Körper sitze, Vorgänge in ihr an einen ganz anderen Ort, „nach außen" verlegen könne, wo sie gar nicht ist[3]). Für

[1] Die Ansammlung gleichgerichteter unterschwelliger oder irgendwie an der Wirkung gehinderter Reize auf reflektorischem und psychischem Gebiet ist etwas ganz anderes, ebenso der Übergang der Reize auf einen weiteren Kreis von Reaktionsorganen, wenn die adäquate Bewegung irgendwie unmöglich geworden ist.

[2]) Genese der Halluzinationen. Ztschr. f. d. ges. Neur. u. Psych. **50**, 1919, S. 291.

[3]) Z. B. O. SCHULTZE, Grundsätzliches und Kasuistisches über die Bildung von Begriffen. Arch. f. Psychiatrie **59**. 1918, S. 547. „Die Sinneserscheinungen sind so gut wie nie an den Stellen lokalisiert, wo das Gehirn auf ihre Entstehung auslösend wirkt.' „Unser

den Naturwissenschafter, und man sollte meinen für jeden denkenden Menschen, existiert diese Frage gar nicht: Wir kennen psychische Vorgänge (die wir als Wahrnehmungen und Vorstellungen und ähnliches bezeichnen); ihr Inhalt ordnet sich von selbst in zwei Reihen, deren Einzelbestandteile unter sich, nicht aber mit denen der anderen Reihe zusammenhängen. Die eine dieser Reihen nennen wir die Außenwelt; sie ist durch eine Anzahl Eigentümlichkeiten charakterisiert und zusammengehalten, z. B. durch ihre exakten Beziehungen zu unseren kinästhetischen Empfindungen. Die andere Reihe hat keine solchen Beziehungen: Wir nennen sie die Innenwelt, das Psychische.

Die Einteilung ist aber nicht so elementar, wie es aus dieser und den häufigsten Beschreibungen scheinen möchte: das Neugeborene nimmt wahr und reagiert auf Wahrnehmungen; ich sage nicht „es empfindet"[1]); denn, sobald es reagiert, hat es eine Auslese getroffen, also nicht einen primitiven Wahrnehmungsakt getan. Wenn wir uns auch nicht mehr an jene Zeit erinnern, so können wir doch aus dem, was wir aus ein wenig späterer Zeit wissen, was wir an den Kindern selbst beobachten, und was auch vom naiven Erwachsenen gedacht wird, schließen, daß für das Bewußtsein des Kindes (in welchem Zeitpunkt Bewußtsein auftritt, wissen wir nicht) zunächst nur der Inhalt seiner Wahrnehmungen existiert, nicht das Sehen der Mutter, sondern die Mutter. Es unterscheidet noch nicht Wahrnehmungsakt und Inhalt; es hat auch nicht zuerst Einzelempfindungen, die es dann zu Wahrnehmungen zusammensetzt. Für die Psyche, in der ja alle Empfindungen zusammenfließen, muß zunächst ein Chaos existieren, *eine* Empfindung, die erst durch die Erfahrung in Einzelwahrnehmungen zerlegt, und als zusammengesetzt erkannt werden kann[2]). Aus dieser Einheit werden nun be-

Gehirn erzeugt die Sinneserscheinungen; kein Mensch weiß, weshalb sie an Stellen auftreten, die weit vom Gehirn entfernt sind. Nirgends entsteht ein räumlicher Zusammenhang zwischen Ursache und Wirkung." „Es scheint eine actio in distans vorzuliegen." Verwechslung von Funktionen und Inhalt. — Gleich verständnislos ist das BERGSONsche „nous replaçons les perceptions dans les choses" (zitiert nach ZIEHEN). Auch Metaphysiker (z. B. DEUSSEN) gehen von ähnlichen Vorstellungen aus, die die so einfache Wirklichkeit hoffnungslos mit sinnlosen Einbildungen vermengen und verwirren.

[1]) „Empfinden" ist der elementare Vorgang: eine Farbe, ein Schall wird empfunden; ein Gegenstand wird wahrgenommen, indem die Empfindung Komplexe früherer ähnlicher Empfindungen, die für uns den Begriff eines Dinges repräsentieren, ekphoriert.

[2]) So im Prinzip und insofern, als die funktionelle Einheit eines Organismus von Anfang an gewährleistet sein muß: schon ein so einfaches Wesen wie eine Amöbe kann nicht zugleich nach zwei Seiten fliehen oder streben, eine Fliege nicht zugleich fressen und das Weibchen aufsuchen. Ein gewisses Isolieren einzelner Komplexe muß aber schon der Bildung der Psyche parallel gehen, so daß, sobald man von der Existenz einer Psyche sprechen kann, auch schon eine gewisse, wenn auch unvollkommene Scheidung in einzelne Funktionskomplexe, embryonale Wahrnehmungen besteht. Ich schließe das daraus, daß phylogenetisch und ontogenetisch zuerst die einzelnen Apparate vorhanden sind, die beim höheren Tier erst sekundär in der Hirnrinde eine zusammenfassende Oberinstanz bekommen. Ein Reflex reagiert nur auf einen bestimmten Reiz; andere Reize existieren für ihn nicht, außer wenn sie ihn (auf Umwegen) hemmen oder fördern. Den Reflexen der verschiedenen Zentren von den niedersten bis hinauf zur Hirnrinde selbst entsprechen bestimmte Empfindungen sowohl des Reizes wie der dazugehörigen Bewegung. Da ist es selbstverständlich, daß solche Empfindungsgruppen von Anfang an ein besonderes inneres Gefüge, stärkere Festigkeit der inneren assoziativen Verbindungen und damit eine Art Abgrenzung gegenüber der übrigen gleichzeitig bestehenden Empfindungsmasse bekommen. Deswegen bleibt aber in dieser relativ einheitlichen Funktion der Akt einer

stimmte Komplexe als Reaktionseinheiten[1]) oder, wie wir sie später nennen, als Dinge herausgehoben.

Da ist z. B. die Mutter, d. h. das, was später die Mutter genannt wird, zuerst bestehend aus einer verhältnismäßig geringen Anzahl, wenig, aber nicht etwa gar nicht, verbundener Empfindungen von Wärme, Hungerstillen, Gerüchen, Tastempfindungen, bestimmten Farbenflecken (diese wohl verhältnismäßig spät, weil sie nur in größerer Komplikation einen Erkenntniswert haben), das was auf Schreien herkommt, das worauf das Kind mit bestimmten Gefühlen und Bewegungen reagiert usw. Diese Empfindungen einzeln und in größeren Gruppen haben bestimmte Beziehungen zu seinen aktiven und passiven kinästhetischen Empfindungen, Reflexen, Trieben usw., Beziehungen, die andern Reizen fehlen. Alles zusammen bildet den primären Begriff der Mutter, von dem gewiß erst später das, was der eigenen Reaktion angehört, z. B. die Empfindung des Saugens, abgetrennt wird, so daß dann nur der Komplex der Engramme (mehr oder weniger verarbeiteter) sinnlicher Empfindungen in dem definitiven Begriff der Mutter bleibt. So mit allen Gegenständen der Außenwelt.

Sehr früh (vielleicht schon vor der Geburt?) wird eine zweite Reihe von psychischen Vorgängen unterschieden: das, was man später mit Ich zu bezeichnen lernt. Dieser Komplex hat ganz andere Qualitäten und Verbindungen als die von den fremden Dingen ausgehenden Empfindungen; zu ihm gehört zunächst der Körper, den man sowohl sehen als

---

Isolierung doch nötig. Gerade der eben ausgeführte Vorgang ist die Isolierung. Ich stelle mir vorläufig vor, daß gewisse dieser Abgrenzungen schon intrauterin geschehen. Sollte aber die Vorstellung recht haben, daß die Psyche als solche erst mit der Geburt mit einer gewissen Plötzlichkeit funktioniert — dann allerdings wäre das Chaos, aus dem die Einzelheiten isoliert werden müssen, im striktesten Sinne zu verstehen.

[1]) Es ist selbstverständlich, daß die Abgrenzungen eigentlich nach praktischen Gründen, d. h. nach unseren verschiedenen Reaktionen, gemacht werden, wenn es uns auch so vorkommt, daß an sich ein Ding vom andern oder von der Umgebung überhaupt sich unterscheide. Jedes Geschöpf nimmt diejenigen Reize auf, die es braucht, und wenn es nicht ein Mensch ist, kümmert es sich kaum um die andern. Ich denke mir, daß auch unter den Beziehungen und Zusammenhängen, die wir verarbeiten, im Prinzip eine Auslese nach praktischen Gesichtspunkten stattfindet. Doch werden eben die praktisch wichtigen Zusammenhänge, aus denen wir Einheiten bilden, zusammenfallen mit denen, die objektiv das Wesentliche wären (wenn es in diesen Dingen etwas Objektives gibt). Wir vermuten also, es sei nicht nur praktisch notwendig, daß das Kind den Begriff der Mutter bildet, sondern es sei auch von außen gegeben, daß die verschiedenen Empfindungen, aus denen sich der Begriff zusammensetzt, gewöhnlich in Gruppen vereinigt vorkommen. Möglicherweise aber kommen noch andere Beziehungen zwischen den wahrzunehmenden Kräften vor, so das man auch ganz andere Arten von „Dingen“ zusammensetzen könnte. Der Frosch „hört“ nur eine Auslese von Tönen; viele Ameisen und der Maulwurf sind blind geworden, nachdem sie die Gesichtsbilder nicht mehr benutzten.

Die isolierende und die zusammenfassende Herausbebung derjenigen Reizgruppen (Einzelreize kommen kaum in Betracht), die eine bestimmte Bedeutung für die Existenz des Geschöpfes haben, wird phylogenetisch in den verschiedenen vorgebildeten Apparaten für Reflexe und Instinkte besorgt, von denen jeder auf bestimmte Reize eine bestimmte Reaktion ausführt. Ontogenetisch geschieht das in der plastischen Rindenfunktion durch die einzelnen Bedürfnisse. Dabei wird die Zusammengehörigkeit und Abgrenzung (was eigentlich dasselbe ist) eines Komplexes sowohl durch die Zusammengehörigkeit der äußeren Vorgänge wie durch das Bedürfnis bestimmt, und beide Bestimmungen fallen meist zusammen. Wir werden schon aus Gründen des gewöhnlichen Zusammentreffens den Hund mit Kopf und Leib und Beinen und Schwanz als eine Einheit betrachten, und nicht den Kopf zu einem bestimmten Teil der Umgebung und den Schwanz zu einem anderen rechnen. Zugleich verlangt das Reaktionsbedürfnis, daß wir das ganze Tier als eine Einheit behandeln und von der Umgebung abgrenzen; denn nur damit können wir etwas anfangen.

auch betasten kann, von dem man beim Betasten zwei Empfindungen hat, dessen Gestaltung mit den aktiv und passiv kinästhetischen Empfindungen in mathematisch exakter Weise bis in alle Nuancen hinein verbunden ist. Wenn er von außen berührt, von Licht getroffen wird, so entstehen wieder eigenartige Empfindungen (sensorische, Reflexe, Triebe, aktive Bewegungen usw.). Gewisse Empfindungen wie Bauchweh, Kollern im Leib haben ausschließlich Beziehungen zu dem Komplex, den man später den Körper nennt. Dadurch, daß in den Empfindungen und allen andern Psychismen der Vorgang vom Inhalt abgesondert und so für sich wahrgenommen wird, entsteht eine dritte Reihe, eben die der psychischen Vorgänge. Auch sie entbehrt vollständig der Beziehungen, die die Fremddinge miteinander verbinden, und besitzt zugleich einen großen Teil derjenigen Beziehungen, welche die Körperwahrnehmungen auszeichnen: z. B. der lokalisatorischen, „das" Sehen, Fühlen, Denken, Wollen, kurz unsere psychischen Tätigkeiten[1]). Diese Reihe wird zusammen mit den Körperwahrnehmungen zu der Einheit des (naiven) Ich verschmolzen, Die letztere Reihe allein wird erst spät[2]) (und vielleicht bloß vom Kulturmenschen) vom Körper abgesondert und als Innenwelt der Außenwelt gegenübergestellt, zu welch letzterer dann in dieser Auffassung der andere Teil des Ich, unser Körper, zählt. Man hat dann nur noch Innenwelt und Außenwelt. Das Ich ist dann in nicht zu klarer Begrenzung eine Zusammenfassung der Innenwelt eines Individuums als wahrnehmender und handelnder Komplex. Ein wieder etwas engeres Ich mit Beziehung auf seine ganze Stellung im Leben und namentlich auf seine es von andern unterscheidenden Reaktionsarten wird als Persönlichkeit bezeichnet.

Die Innenwelt, die aus Vorgängen besteht, besitzt unter andern die Eigentümlichkeit. daß jedes einzelne Geschehen erst nachträglich, nicht während seines Ablaufes beobachtet werden kann. Während wir eine Raupe beobachten, können wir nicht zugleich beobachten, was dabei in uns vorgeht, was die Beobachtung selbst für ein Vorgang ist. Wollen wir das letztere, so müssen wir die Beobachtung der Raupe aufgeben; wenn wir das Tier auch noch vor uns sehen, so ist dieser Akt des Vorsichsehens etwas ganz anderes als die Beobachtung, die wir studieren möchten. Man ist also darauf angewiesen, die Raupe zu beobachten wie sonst, und dann nachträglich das entstandene (vielleicht noch nachbelebte) Engramm des ganzen Beobachtungskomplexes zu zergliedern, und den Tätigkeitsteil zu studieren.

Das kommt nicht bloß davon her, daß wir die Aufmerksamkeit (für gewöhnlich) nur auf *einen* Gegenstand richten können. Wir können uns diesen Umstand ohne weiteres wegdenken; er gehört nicht zu den prinzipiellen Eigenschaften unserer psychischen Organisation. Ja, es

---

[1]) Als Tätigkeiten werden alle diese Veränderungen des Ichkomplexes, auch die Sinnesempfindungen, empfunden; noch der naive Erwachsene „sieht" und „hört" und „empfindet", er ist Subjekt und weiß nicht, daß das sinnliche Empfinden eine passive Erregung seiner Sinnesorgane und damit seiner Psyche ist. Sogar das Leiden ist ihm etwas Aktives („ich leide"; anders in dem Ausdruck: „es tut mir weh").

[2]) Daß die Innenwelt sehr viel später zum klaren Bewußtsein kam, zeigt sich auch darin, daß die Bezeichnungen der seelischen Vorgänge fast alle der Außenwelt entnommene Symbole sind: Neigung, Tendenz, Trieb, Absicht, Gefühl, Seele selbst und Spiritus und Anima, Ziel, Zweck, Motiv, Grund, begreifen, niedergeschlagen, fromm, feige, Rat, raten usw.

kommt z. B. bei Schizophrenen nicht so selten vor, daß sie gleichzeitig zweierlei Dinge beobachten; andeutungsweise kann das jeder; man erzählt von Cäsar, daß er mehrere Dinge nebeneinander tun konnte, und gerade jetzt berichten die Zeitungen von einem Japaner, Kajiyama, der fünferlei nebeneinander bewältigen soll: Zeitungslesen, Aufschreiben, was er liest, am Telephon ein Gespräch anhören, die telephonisch an ihn gestellten Fragen beantworten, und eine Kopfrechnung ausführen[1]).

Eine prinzipiell unüberwindbare Schwierigkeit, eine Unmöglichkeit, sein psychisches Geschehen in gleicher Weise zu beobachten wie das äußere, ergibt sich daraus, daß der Beobachtungsvorgang Objekt der Beobachtung werden soll. Von dem Augenblick an, da ich das unternehme, ist eine zweite Beobachtung eingerichtet, eben die des ersten Beobachtungsvorgangs; die Psyche ist also nun im besten Falle in einer Doppeltätigkeit, nicht mehr in der vorhergehenden allein, und was ich innerlich beobachte, wäre etwas ganz anderes, als was ich mir zum Ziele gesetzt hätte. Auch die Beobachtung der Raupe selbst, für sich allein genommen, wäre eine andere geworden, indem nicht mehr die ganze Psyche daran teilnimmt. Schalten wir in der Vorstellung die beiden Geschehen hintereinander statt nebeneinander, so ist es nicht besser. Das Ich beobachtet die Beobachtung der Raupe; dann ist auch es in seiner früheren Form nicht mehr da, es ist kein Ich mehr vorhanden, das die Raupe beobachtet; für die letztere Beobachtung fehlt in gewissem Sinne das Subjekt; ein solches kann also weder beobachten, noch beobachtet werden. Jedenfalls ist dann die Psyche, die man beobachten will, nicht mehr die nämliche, wie die, die die Raupe beobachtete, und der Vorgang der Beobachtung der Raupe selbst ist im besten Falle ein anderer, wenn er nicht ganz aufhört. — Machen wir die nämliche Überlegung statt im Hinblick auf den ganz aktiven Vorgang der Beobachtung mit Bezug auf den mehr passiven der Empfindung, so erscheinen die Verhältnisse vielleicht zunächst weniger durchsichtig, aber bei genauem Zusehen erweisen sie sich als gleich: das Ich antwortet zunächst nur auf den Inhalt der Empfindung, und die Heraushebung des Empfindens selbst ist ein sekundärer Vorgang.

Soviel ich weiß, ist dieses Problem nicht klar zu Ende gedacht worden. Es fällt schließlich zusammen mit dem, wie „unser Geist sich selbst beobachten könne". In letzterer Beziehung hat man sich u. a. mit einem Wort geholfen, das für niemanden einen Sinn hat, wenn es nicht nur die Tatsache mit einem Wort statt mit einem Satze beschreiben soll, daß wir uns selbst beobachten: man sagte, der Mensch sei Subjekt-Objekt. Ich glaube aber, von unserem Standpunkt aus sei es möglich, das Problem dem Verständnis um einen Schritt näherzubringen, wenn ich mir auch bewußt bin, noch nicht alles erledigt zu haben.

Ein Reiz (die von einer Raupe ausgehenden Lichtstrahlen) trifft unser Auge

---

[1]) Wir müssen auch in so komplizierten Fällen, noch vielmehr bei Cäsar, daran denken, daß die Aufgaben doch in einem zeitlichen Nacheinander ausgeführt werden, indem im einen Moment ein Stückchen von der einen, im andern eines von der andern weitergeführt wird; doch wäre der Unterschied kein ganz prinzipieller, indem ja während der einen Überlegung die andere doch immer aktuell (als nachbelebtes Engramm) im Geiste behalten werden müßte, damit sie sofort wieder aufgenommen werden kann. Auch müssen äußere Handlungen, wie Sprechen und Schreiben, zusammenhängend fortgeführt werden; das wäre nun infolge von Einstellung von Gelegenheitsapparaten nicht ganz undenkbar; jeder überlegt sich ja während des Sprechens, was er weiter sagen wolle; aber wenn nicht dann und wann bei neuen Wendungen eine Stockung eintreten soll, so muß doch eine eigentliche Kontinuität paralleler Vorgänge vorhanden sein.

und löst in dem Komplex der psychischen Vorgänge, auf den er trifft, eine Veränderung aus, die wir als Wahrnehmung bezeichnen.

Da ist nun zuerst eine begriffliche Schwierigkeit zu erledigen. Mit dem Worte „Veränderung“ bezeichnen wir einen Begriff, den wir wieder zerlegen in den Vorgang der Veränderung und den Inhalt der Veränderung, das anders Werden und das anders Werden. Man könnte sich vorstellen, daß das erste das Objekt wäre, das der Psychologe beim Studium des Aktes der Wahrnehmung zu beobachten hätte, während das zweite den Inhalt der Wahrnehmung bilden würde. Ich weiß aber nicht nur nicht, ob das in irgendeinem Sinne zutrifft, sondern auch nicht, ob diese Unterscheidung für die innere Wahrnehmung überhaupt einen Sinn hat, und eventuell unter welchen Umständen? In bezug auf welche Überlegung? Es ist mir geradezu wahrscheinlich, daß es nicht der Fall ist, daß nur ein Geschehen wahrgenommen wird, nicht ein Inhalt des Geschehens. Doch konstatiere ich, daß ich diese schwierige Gedankenreihe bis jetzt nicht fertiggedacht habe.

Für unsere Frage aber ist festzustellen, daß wir nicht das abstrakte Geschehen beobachten wollen, wenn wir eine Wahrnehmung studieren, sondern die Art der Tätigkeit unserer Seele; wir beobachten also einesteils die Raupe, andernteils wollen wir wissen, was in unserer Seele aktiv und passiv dabei geschieht.

Da kommt nun folgendes in Betracht: das optische Sinnesbild der Raupe setzt eine komplizierte Veränderung in den Funktionskomplex der Rinde. Ein ganz bestimmt abgegrenzter Teil der Veränderung löst Reaktionen in den Sehorganen, den Eindruck der Farbe, der Form, den Begriff Raupe, eventuell Freude oder Abscheu oder Interesse aus: ein anderer Teil bewirkt weitergehende Veränderungen in der ganzen Psyche: auf einem Umweg über die Vorstellung der Raupe wird ausgelöst Freude oder Abscheu, direkt aber vieles andere, eben noch nicht recht Studiertes oder Definiertes, Aufmerksamkeitszuwendung, begleitende Empfindungen der Tätigkeit des Auges (Bewegungsimpulse und -tendenzen, Reflexe), Hemmungen anderer psychischer Vorgänge und ähnliches. Für gewöhnlich ist nur der erste Teil, „die Raupe“, der Verbindungsträger; von ihm oder zu ihm gehen alle assoziativen Verknüpfungen. Der andere Teil bleibt ganz oder im wesentlichen ohne Assoziationsverbindungen mit andern Dingen, und nur in losem Zusammenhang mit dem Ich, d. h. er bleibt wenig bewußt. Wenn ich aber diesen Teil beobachten will, so muß ich ihn zu diesem Zwecke innig mit meinem Ich verbinden, so wie sonst den Raupenteil, mit andern Vorstellungen von Augeneinstellung, Sinnesermüdung, Aktivität und Passivität des Ich assozieren, kurz diese Gruppe zum Verbindungsträger machen[1]). Damit ist auch gesagt, daß unter gewöhnlichen Umständen dadurch die Verbindungen der ersten Gruppe gehemmt werden. Wäre es aber möglich, beide Assoziationsgruppen nebeneinander funktionieren zu lassen, so wäre doch das, was man beobachtet, nicht mehr die Wahrnehmung der Raupe, sondern die Wahrnehmung der Raupe plus Selbstbeobachtung, ein subjektiv und objektiv ganz anderer Vorgang.

Genau so, wenn ich einen andern psychischen Vorgang beobachten will, z. B. eine Bewegung. Abgesehen von dem äußern Vorgang der Bewegung des Gliedes, der uns hier nicht beschäftigt, nehmen wir einen Komplex von Muskel- und Gelenkempfindungen wahr, wie bei jeder anderen Sinnesempfindung (Analogie mit dem optischen Bilde der Raupe). Was wir dabei tun, können wir uns als Willensakt voraus vorstellen oder nachträglich ekphorieren, aber nicht gleichzeitig beobachten.

Die drei Reihen, Außenwelt, Innenwelt, Ich, von welch letzterem ein Teil der Außenwelt, ein anderer der Innenwelt angehört, haben untereinander sehr wesentliche Verschiedenheiten in ihren Zusammenhängen. Das Verhältnis der Einzelheiten in der Reihe der mit der Kinästhetik verbundenen Wahrnehmungsinhalte nennen wir den Raum[2]). Da wir unseren Körper auch mit den Sinnen wahrnehmen, wird er in den Raum hinein lokalisiert, wie ein anderer Wahrnehmungsinhalt. Insofern ist er auch für den Naiven ein Bestandteil der Außenwelt. Die psychische Reihe der inneren Tätigkeiten wird an den nämlichen Ort

[1]) Das geschieht, wenn die Strebung nach Erforschung dieser Zustände größer ist als die nach Wahrnehmung der Raupe.

[2]) Siehe das besondere Kapitel.

lokalisiert wie der Körper, man kann sogar früh, wenn nicht von Anfang an, noch spezieller angeben, das Sehen wird in die Augen, das Hören in die Ohren, das Tasten und die andern „niedern“ Sinnesempfindungen in den empfindenden Körperteil verlegt. Die Affekte verlegt man hauptsächlich in die Brust, weil daselbst die stärksten affektiven Funktionsveränderungen in Herztätigkeit und Atmung vor sich gehen. Dahin wird überhaupt das ganze Ich in erster Linie lokalisiert; wer „Ich“ sagt und dem Nachdruck geben will, deutet unweigerlich auf die Brust. Der Traum, die kindliche Phantasie, das Märchen weiß zu erzählen, wie jemandem oder „mir“ der Kopf abgehauen worden, wie der nämliche „Jemand“ oder „Ich“ ihn wieder gefunden und sich aufgesetzt hat. Das Denken, heißt es, „fühle“ man im Kopf. Das wird bei den Einen mehr oder weniger richtig sein, bei andern sicher gar nicht. Es gibt ja beim angestrengteren Denken gewisse Mitbewegungen resp. Spannungen der Muskeln am Kopfe; und diejenigen, die besonders in Worten denken, werden bestimmte örtliche Beziehungen zu den Sprechorganen spüren; aber auch in der Brust hat man Begleitempfindungen des Denkens, und viele naive Vorstellungen versetzen auch die denkende Seele dahin; ich erinnere mich selbst noch aus meinen ersten Jahren, daß ich verwundert war, als ich hörte, daß man im Kopf denke, und mein noch nicht vierjähriger Junge behauptet, er habe (zum Unterschied von den Tieren) ein Herz, das könne schwatzen und weinen (er kennt die Lokalisation der Herzgegend). Jedenfalls ist es eine unsinnige Verkennung der Verhältnisse, wenn man meint, daß man das Denken deshalb in den Kopf verlege, weil man mit dem Gehirn denke. *Der von außen bestimmte Ort der psychischen Funktion hat mit der subjektiven Einreihung derselben in räumliche Verhältnisse auch gar nichts zu tun.*

Die Lokalisation des Denkvorganges ins Gehirn ist eine *objektive* (das Subjekt weiß überhaupt nichts von einem Gehirn). Sie wird — abgekürzt ausgedrückt — daraus erschlossen, daß wir bei Hirnalterationen Anderer (Schlagen auf den Kopf, Krankheiten usw.) Veränderungen der Psyche und speziell des Denkens sehen, die wir einigermaßen jenen Hirnveränderungen parallelisieren können.

Subjektiv und an sich gibt es keine Lokalisation eines psychischen Vorganges, die in irgendeiner Beziehung der objektiven Lokalisation entsprechen würde, und keine Lokalisation überhaupt außer der zunächst ganz unräumlichen in das Ich. Insofern aber der Körperanteil des Ich in den äußeren Raum sich einordnet, wird er — *und damit sekundär das ganze Ich* — in diesen lokalisiert. In einen speziellen Körperteil (also auch das Gehirn) kann subjektiv ein psychischer Vorgang nur insofern lokalisiert werden, als lokalisierte Begleiterscheinungen das bedingen (Beispiel: Verlegung der Gefühle in die Brust, wo Atmung und Herztätigkeit beeinflußt werden); dabei ist es ganz gleichgültig, wo in Wirklichkeit der Vorgang ablaufe (wir glauben, mit den Händen, unter Umständen sogar mit einem Stabe zu tasten, mit den Augen zu sehen, während die psychischen Empfindungs- oder Wahrnehmungsvorgänge in Wirklichkeit in der Hirnrinde ablaufen).

Die naive Ansicht hat aber recht, soweit es sich um die räumliche Zuordnung handelt: die entsprechenden Empfindungen haben ihre (räumlichen) Beziehungen zu ihren Sinnesorganen genau wie irgendein äußerer Gegenstand. Wir tasten mit den Händen, wie wir mit ihnen etwas fassen; die Tastempfindungen und das Fassen sind gleicherweise mit bestimmten kinästhetischen, unsere und der Hände Stellung betreffenden Empfindungen verbunden. Analog die Augenmuskeln und die vom Licht getroffenen Retinastellen.

Die Frage nach der direkten Lokalisation psychischer Vorgänge im Raum beruht auf der nämlichen absoluten Verkennung der wirklichen Verhältnisse, wie das Befremden darüber, daß es möglich sei, „trotz“ umgekehrter Retinabilder die Welt aufrecht zu sehen. Das Aufrecht- oder Umgekehrtstehen der Retinabilder hat mit der richtigen Lokalisation, mit dem Aufrechtstehen des Weltbildes im aller absolutesten Sinne gar nichts zu tun; beide Dinge haben weder Berührungs- noch Vergleichspunkte. Man könnte das ganze Hirn umdrehen, wenn nur die Verbindungen zwischen Retinabild und den übrigen sensibeln und den motorischen Apparaten erhalten bleiben, die Psyche würde nichts davon merken, ebensowenig, wie es in den Erfolgsapparaten einer elektrischen Anlage darauf ankommt, ob das Schaltbrett horizontal oder senkrecht gestellt werde. Auch die Retinabilder könnten beliebig gedreht, sogar zu beliebig vielen Stücken auseinandergerissen sein (wenn nur nach bestimmten Regeln), das würde unsere Raumvorstellungen nicht verändern. Zum Überfluß hat man versuchsweise mit Prismen die Retinabilder aufrecht gestellt, woran sich die Psyche in zwei Tagen gewöhnte, so daß sie die Welt wieder aufrecht sah. Wer die umgekehrten Retinabilder in Beziehung bringt mit der räumlichen Lokalisation in der Psyche, der tut genau dasselbe, wie der, der voraussetzt, daß die Gehirnfunktion, die uns als Blau zum Bewußtsein kommt, auch blau sei, oder diejenige, die einen Ton darstellt, auch töne (auch dieser Unsinn ist wirklich angenommen worden). Die Psyche selber oder irgendein wichtiger Vorgang in ihr ist weder aufrecht noch nicht-aufrecht, ebensowenig, wie sie blau oder hart ist. Hier, zwischen psychischem Vorgang und seinem Inhalt, gibt es „nur einen Sprung“, nicht aber zwischen Wahrnehmungs- und Vorstellungsraum, d. h. zwischen dem Raum des Inhalts der Wahrnehmung und dem des Inhalts der Vorstellung (wie Jaspers meint).

Unser (naives) Ich besteht also aus Körper und Psyche. Beide zusammen werden in den äußeren Raum eingereiht, sind also da lokalisiert, aber in verschiedener Weise. Auch die psychische Funktion ist lokalisiert in unserem Körper; sie ist irgendwo im Raum[1]). Sie hat aber keine raumdimensionalen Eigenschaften, keine Länge, keine Größe, kein oben, kein links. Es ist ein direkter Widerspruch mit den Tatsachen, wenn behauptet wird, daß die Psyche nicht lokalisiert sei. Subjektiv ist sie ein Teil unseres Ich. und dieses ist in den äußeren Raum lokalisiert. Objektiv verlaufen die psychischen Vorgänge diffus in der Rinde. Ein noch durchsichtigerer Widerspruch ist es, für den Inhalt der Vorstellungen einen besonderen Raum anzunehmen, einen Raum, von dem aus zu dem äußeren Raum, dem der Wahrnehmungen, es keinen Übergang gebe.

So sind Innenwelt und Außenwelt, aber auch Ich und psychischer Vorgang, Begriffsbildungen, die sich in keiner Weise von anderen Begriffsbildungen unterscheiden. Einander ähnliche und assoziativ zusammenhängende Elemente werden von andern Elementengruppen, die andere Ähnlichkeiten und andere Zusammenhänge besitzen, abgegrenzt und als Einheiten zusammengefaßt. Die Empfindungen werden nicht in eine vor ihnen bestehende Außenwelt hineinlokalisiert, sondern die Zusammenhänge der Empfindungen bilden erst diese Außenwelt mit ihrem Raum. Wenn die Zusammenhänge einmal herausgehoben sind (es braucht nicht be-

[1]) Ebenso ist sie zeitlich lokalisiert wie jeder andere Begriff.

wußt zu sein), dann kann man sich ja ausdrücken, eine neue Empfindung werde in den schon bestehenden Raum lokalisiert, wenn sie mit den Raumvorstellungen assoziativ verbunden wird. Aber prinzipiell ist damit nichts Neues gesagt; es ist der gleiche Vorgang wie bei der Abtrennung der Außenwelt von der Innenwelt.

3. Unterschied zwischen Wahrnehmung und Vorstellung.

Nach JASPERS[1]) unterscheiden sich Wahrnehmung und Vorstellung zunächst durch Leibhaftigkeit auf der einen und Bildhaftigkeit auf der anderen Seite. Was mit den beiden Ausdrücken bezeichnet wird, wird meist richtig verstanden[2]). Der Unterschied ist aber nicht ausschlaggebend, wenn man nicht die Voraussetzung des zu Beweisenden, eben die vorhandene oder fehlende Projektion nach außen, in die Begriffe der Leibhaftigkeit und Bildhaftigkeit einschließen will. Pseudohalluzinationen können die denkbar stärkste Leibhaftigkeit besitzen und alle Qualitäten von Wahrnehmungen haben, so daß sie nur mit dem Verstande von ihnen unterschieden werden können, etwa wie Ohrenläuten von anderem Läuten; echte für unanfechtbare Realität angesehene aber gedankenhafte Halluzinationen ermangeln der Leibhaftigkeit. Jeder Normale hat gelegentlich, ein Künstler manchmal, Vorstellungen von großer Leibhaftigkeit, ohne deswegen sich zu täuschen.

Zur „Leibhaftigkeit" gehört zunächst einmal die sinnliche Qualität von blau, warm usw., etwas, das man nicht beschreiben kann, das aber jedermann kennt. In den Vorstellungen fehlt sie gewöhnlich. Die meisten Erinnerungsbilder sind „blaß", ebenfalls eine nicht zu beschreibende, aber wohl von jedem gekannte Qualität, auch wenn man den Ausdruck für andere Sinne als das Gesicht, z. B. für den Geschmack braucht. Man stellt sich nun vor, daß diese Blässe eine Folge des Übergangs der Empfindungen in Engramme oder eine Abschwächung der ursprünglichen Engramme sei, so daß jede Erinnerung an eine Empfindung eine blasse wäre, oder würde. Das ist unzweifelhaft falsch. Wir engraphieren alles, auch die Empfindungen so, wie sie empfunden werden, und diese Engramme sind auch potentia alle in dieser Gestalt ekphorierbar, so daß zwischen der ursprünglichen Empfindung an sich und dem ekphorierten Engramm derselben kein bekannter Unterschied besteht. J e d e r v o n u n s h a t g e l e g e n t l i c h, u n d w e n n e s n u r i n d e n T r ä u m e n w ä r e, H a l l u z i n a t i o n e n o d e r V o r s t e l l u n g e n m i t v o l l e r S i n n l i c h k e i t d e r F a r b e n o d e r a n d e r e r e i n z e l n e r o d e r a l l e r K o m p o n e n t e n. Experimentell lassen sich in der Hypnose unverarbeitete Sinnesengramme ekphorieren. Schizophrene statten nicht selten ihre gewöhnlichen Vorstellungen willkürlich oder gegen ihren Willen mit sinnlicher Lebhaftigkeit aus. Auch daß uns an bekannten Dingen jede

---

[1]) Psychopathologie. Berlin, Springer, 1920.

[2]) Bei JASPERS allerdings scheint Leibhaftigkeit identisch mit Wahrnehmungsqualität; bei uns meint der Ausdruck im Gesichtsbild die bestimmte Farbe, bestimmte Umrisse, Größe, Lokalisation, eventuell die Greifbarkeit und ebenso bestimmte Empfindungen anderer Sinne, also etwas Ähnliches wie „sinnliche Frische', sinnliche Lebhaftigkeit, Anschaulichkeit. All das haben lebhafte Pseudohalluzinationen, wenn auch meist bei ihnen nur e i n e Sinnesqualität, die des Gesichtes, in Betracht kommt. Meistens decken sich allerdings der JASPERsche Begriff und der unsrige.

Änderung der Farbe oder einer andern sinnlichen Qualität auffällt, ist bei der Regelmäßigkeit und Empfindlichkeit dieser Reaktion kaum anders als durch unveränderte Sinnesengramme zu erklären.

Wenn man also nicht annehmen will, daß die Farben (und andere Sinnesqualitäten) a priori in uns stecken, sind sie als Engramme erhalten. Die Blässe der Erinnerungsbilder gehört einem neuen Psychismus an, der mit Hilfe des ursprünglichen Engramms nachträglich durch einen Abstraktionsvorgang geschaffen worden ist (s. Abschn. Gedächtnis).

Das gesehene leuchtende Blau bleibt dabei als Engramm bestehen, ist aber für gewöhnlich, aus Gründen, die wir später erwähnen werden, der Ekphorie nicht zugänglich. Das vorgestellte blasse Blau enthält nur einige wenige Komponenten dessen, was uns blau in der Empfindung ist, namentlich das, was wir den „Eindruck" nennen. Ebenso von warm. Von Tönen stellt man sich, wenn man Farbenhörer ist, statt des akustischen Eindruckes unter Umständen nur das Photisma vor usw.

Etwas anderes ist es, wenn man den Empfindungen eine im Wesen allen gemeinsame Empfindungsqualität in dem Sinne zuschreibt, daß eben der Vorgang als Empfindung gegenüber bloßer Reproduktion dadurch gekennzeichnet sei. Wernicke meint, das komme von dem Reizzustand bestimmter Zellen her, die der ankommende Sinnesreiz passiere, und die er „Körperzellen" nennt, weil ihre Erregung die Körperlichkeit, den Ursprung des Vorganges von einer peripheren Stelle anzeige. Wir kennen keine Anhaltspunkte für diese Vorstellung, wenn nicht, daß die Eintrittstelle eines Reizes in das Organ der Psyche für diese nicht gleichgültig ist. Jedenfalls müßten bei lebhaften Vorstellungen und beim Halluzinieren diese Zellen oder die Erinnerung an ihre Tätigkeit auch vom Zentrum aus so gereizt werden können, daß ein Vorgang erfolgt, der von einer Sinnesempfindung nicht zu unterscheiden ist. Damit fällt aber die ganze Bedeutung der Annahme dahin.

Auch die bestimmte und vollständige Zeichnung der Wahrnehmung ist kein wirkliches Kriterium. Richtig ist ja, daß die Wahrnehmungen im allgemeinen eine große Vollständigkeit und Bestimmtheit besitzen, die den Vorstellungen meist abgeht, wenn auch sogar bei den ersten lange nicht alle Bestandteile zum Bewußtsein kommen. Man sieht einen Hund in einer bestimmten Größe, Farbe, Haltung, Rasse und Individualität, bestimmter Beleuchtung, Lokalisation usw. Der vorgestellte Hund hat höchst selten solche Eigenschaften. Er kann auch nur ein Hund überhaupt sein. Es ist allerdings behauptet worden, daß man sich einen Allgemeinbegriff gar nicht vorstellen könne. Das ist wahr oder falsch je nach dem Begriff, den man mit „Vorstellen" bezeichnet. Wenn ich[1]) z. B. in der Geometrie von einem Dreieck im allgemeinen rede, so ist es durchaus nicht richtig, daß ich mir dabei nur ein bestimmtes, rechtwinkliges oder gleichseitiges oder ungleichseitiges Dreieck denken oder vorstellen könne; ich operiere dabei wirklich nur mit einem Allgemeinbegriff, dem gar nichts von jenen speziellen Eigenschaften zukommt, ebenso wie ich mir ohne zwingenden Anlaß niemals einen Hund denke, dem Rasseneigenschaften oder eine bestimmte Stellung, Größe usw. zukommt. Erst wenn ich aus der allgemeinen Vor-

[1]) Von Person zu Person sind offenbar in dieser Beziehung große Unterschiede.

stellung etwas ganz anderes mache, wenn ich ein bestimmtes „Beispiel“ oder sonst eine „lebhaftere“ Vorstellung haben möchte[1]), dann kommt das Bedürfnis, einige solche Einzelheiten in die Vorstellung eintreten zu lassen. Ja in vielen Vorstellungen ist überhaupt gar nichts mehr vom sinnlichen Eindruck, man benutzt statt dessen ein Symbol, z. B. in meiner Vorstellung einer Melodie (ich bin unmusikalisch) liegt ohne besondere Anstrengung auch gar nichts mehr vom akustischen Eindruck; in einer geometrischen Berechnung wird π verwendet, ohne daß man sich jedesmal klar macht, es sei das Verhältnis von Halbmesser zum Kreisumfang. Dennoch sind solche Unterschiede nicht wesentlich. Wie viele nebelhaften Wahrnehmungen, wie viele Halluzinationen mit subjektiv absolutem Wahrnehmungscharakter sind höchst unbestimmt und unvollständig; und wenn auch (abgesehen von den Pseudohalluzinationen) ganz genaue und vollständige Vorstellungen selten sind, so kommen sie doch viel zu häufig vor, als daß sie übersehen werden dürften. Ich kenne eine Malerin, die z. B. in zwei Sitzungen ein (ausgeführtes) Porträt zeichnet, das von niemandem erkannt wird und auch von der Psyche des Modells nichts gibt. Nachher sieht sie, besonders nachts, das Bild vor sich, erkennt die Mängel und korrigiert sie aus der Erinnerung so, daß die Ähnlichkeit nichts zu wünschen übrig läßt, und der Ausdruck mehr gibt als bei manchem Künstler von einem gewissen Namen. Ihre Vorstellung ist, wenigstens in der Beziehung, worauf es beim Zeichnen ankommt, genauer und vollständiger als ihre Wahrnehmung. Das ist deshalb möglich, weil alle Empfindungsengramme aufbewahrt werden. Damit sie aber eine reproduzierbare Form darstellen, müssen sie in ihre feinsten räumlichen Beziehungen (beim Porträt auch in die zum mimischen Ausdruck notwendigen) zueinander gesetzt und diese Beziehungen aufgefaßt werden. Das braucht Zeit und kann statt im Moment der Wahrnehmung auch erst nachträglich geschehen.

Die sinnliche Frische (Anschaulichkeit), die weiter angeführt wird, ist ebensowenig ausschlaggebend. Jaspers selber muß zugeben, daß sie bei Vorstellungen vorhanden sein kann, wie er meint allerdings nur in „höchstens einzelnen Elementen“[2]). Sie kann aber auch in allen Elementen da sein, so in den Vorstellungen von Künstlern, in Pseudohalluzinationen, in den Bildern, die man z. B. nach ermüdendem Mikroskopieren beim Schließen der Augen sieht. Umgekehrt fehlt sie ganz häufig den Halluzinationen und manchen undeutlichen und schwachen Wahrnehmungen, wo man sich fragt, ob man wirklich etwas sehe und höre, wenn man nicht wieder den Begriff der sinnlichen Frische so erweitert, daß eine Setzung des zu Beweisenden darin liegt.

Etwas mehr Richtiges liegt in der Konstatierung, daß die Wahrnehmungen eine deutliche Konstanz haben (weil sie durch den dauernden Reiz von außen unterhalten werden), während die Vorstellungen zerflattern und nicht festgehalten werden können. Nun werden aber „zerflatternde“ äußerst flüchtige Wahrnehmungen und Halluzinationen, die

[1]) Wenn ich z. B. zu einer geometrischen Erläuterung ein Dreieck zeichnen will, so weiß ich in der Regel noch beim Ziehen der ersten Linie nicht, was für eine Art Dreieck ich darstellen werde; meist ist die Vorstellung noch in manchen Teilen unbestimmt, wenn ich zum Ziehen der dritten Seite ansetze.

[2]) Das setzt ebenfalls die unveränderte Erhaltung und Ekphorie wenigstens der Engramme jener „einzelnen Elemente“ voraus.

es doch gibt, deswegen nicht mit Vorstellungen verwechselt, und umgekehrt gibt es unter krankhaften Umständen Vorstellungen, die eine gewisse Konstanz haben, und Pseudohalluzinationen, die trotz trefflicher Konstanz nicht als Realität angesehen werden.

Die Wahrnehmungen sollen unabhängig vom Willen sein, die Vorstellungen lenkbar und erzeugbar. Die Formulierung läßt etwas zu wünschen übrig. Auch die Existenz der Wahrnehmung ist vom Willen abhängig, indem ich meine Sinnesorgane (in gewissem Sinne auch die Aufmerksamkeit) auf sie wende, oder nicht, indem ich das Sinnesorgan verschließe usw. Man sollte sagen: die Vorstellung ist anders vom Willen abhängig als die Wahrnehmung. Diese verschwindet, wenn wir den Sinn verschließen oder wegwenden, die Vorstellung, wenn wir etwas anderes denken. Auch insofern besteht ein Unterschied, als die Qualität der Wahrnehmung vom Willen zwar nicht unter allen Umständen[1]), aber doch für gewöhnlich unabhängig ist, während die der Vorstellungen in ziemlich weitgehendem Maße, aber gar nicht immer und nicht in allen Beziehungen, vom Willen gelenkt werden kann. Eine direkte deutliche Empfindung[2]) der „Passivität" der Wahrnehmungen besteht, wie früher angedeutet, gar nicht, während viele Vorstellungen sich sogar beim Gesunden und noch viel mehr beim Kranken ohne oder gegen den Willen aufdrängen, jedenfalls die von Jaspers herausgehobene Aktivitätsempfindung vermissen lassen.

Wichtiger ist es wohl, daß der Inhalt der Wahrnehmung uns fremd gegenübersteht, während wir über den der Vorstellungen frei verfügen; dieser ist unser Eigentum geworden. Der ganze Vorgang und damit in gewisser Beziehung auch sein Inhalt ist in unser Ich lokalisiert vermöge der engen Assoziation mit den übrigen psychischen Vorgängen; er bildet einen Teil des Ich. Der Inhalt der Wahrnehmungen dagegen hat seine direkten Beziehungen zum äußeren Raum und seinen Gegenständen, eine ganz bestimmte Lokalisation in der Außenwelt, Beziehungen zu unseren Bewegungen und unseren Sinnesorganen. Um mit der Hand oder mit dem Blick von meinem Tisch zu meinem Stuhl zu kommen, muß ich ganz bestimmte Bewegungen machen, die mit einem Stellungsempfinden in streng definiertem Verhältnis stehen. Der Akt der Wahrnehmungen selbst wird begleitet von allerlei Reflexen und Bewegungstendenzen. Wir können auf sie reagieren, auf die Vorstellungen nur, wenn sie gerade der Wirklichkeit entsprechen.

So finden wir in den beiden Vorgängen der Wahrnehmung und der Halluzination selbst nur begleitende Unterschiede aber keine Kriterien, die eine Unterscheidung mit Sicherheit gestatten. G. F. Lipps behauptet deshalb mit Andern, daß nur die psychische Umgebung die Unterscheidung gestatte, vor allem sei ausschlaggebend, daß andere Personen unsere Vorstellungen nicht wahrnehmen können; er meint sogar, daß wir ohne das letztere Unterscheidungszeichen die beiden Dinge nicht auseinander halten können[3]), was nun sicher nicht richtig ist; auch

---

[1]) Man kann z. B. in den Vexierbildern die Katze oder den Baum sehen.

[2]) Der Naive hat im Gegenteil die Empfindung, daß das Sehen vom Auge zum Körper gehe. Etwas Passives liegt nur darin, daß wir zu der Wahrnehmung nichts hinzu und nichts wegtun können, als das Sinnesorgan zu- und wegwenden; das ist aber sekundär.

[3]) In Hintermann, Exper. Untersuchungen der Bewußtseinsvorgänge. Diss. Zürich 1917.

der Vereinzelte besitzt doch eine ganze Menge von brauchbaren Unterscheidungszeichen, wenn diese auch in Ausnahmefällen einmal versagen. Aber es bleibt die Tatsache bestehen, daß von allen Eigenschaften der beiden Funktionen selbst weder eine einzelne noch ihre Summe eine sichere Unterscheidung erlaubt. Wir können geradezu sagen, die für die Hauptbedeutung (die Direktion unseres Handelns) wesentlichen Bestandteile von beiden Funktionen seien die nämlichen[1]. Sie werden aber das eine Mal von den Sinnen, das andere Mal von den Vorstellungen aus angeregt. Über den Realitätswert des Inhalts der beiden Gebilde war man lange im unklaren; hat man doch den Vorstellungen (Ideen) größere Realität zuschreiben können, als den Wahrnehmungen.

Die Unterschiede sind aber für das Realitätsurteil nicht nur unwesentlich; wir beobachten außerdem, daß es eine kontinuierliche Stufenleiter vom einen zum andern gibt.

Vorstellungen können ohne jeden Sprung immer an Lebhaftigkeit zunehmen, bis sie zu Halluzinationen werden, d. h. bis ihr Inhalt den vollen Charakter der Realiät bekommt[2]. G. F. Lipps drückt das nämliche Verhältnis in etwas anderem Zusammenhang mit den Worten aus: „alle Vorstellungen haben die Tendenz zum vollen Erleben zu kommen, d. h. leibhaftige Halluzinationen zu werden"; Wundt schreibt den Vorstellungen das „Streben" zu, in Einzelbilder überzugehen.

Da es sich um verschiedene Bearbeitungen handelt, für die wir sonst ohne Widerspruch das Bild einer Typenphoto benutzen werden, möchte es auffallen, daß die Entwicklung von der Wahrnehmung zum Begriff nicht sprunghaft vor sich geht. In dieser Beziehung stimmt der Vergleich mit der Photographie eben nicht, wie diese Übergänge beweisen, wie aber auch sonst aus unseren Anschauungen von den Vorgängen in der Psyche sich ergeben würde. Auch diese Verarbeitungen sind eben etwas Kontinuierliches, indem, wenn z. B. zwei Wahrnehmungen des nämlichen Gegenstandes zu einer Vorstellung kombiniert werden, nicht alle diejenigen Bestandteile der Wahrnehmungen auf einmal wegfallen, die nicht beiden Wahrnehmungen gemeinsam waren, oder die deutlichen Farben eines Gesichtsbildes auf einmal unterdrückt werden, sondern so, daß diese Eigenschaften allmählich zurücktreten, wie wir es am nachbelebten Engramm unmittelbar nach einem optischen Eindruck beobachten können, wenn auch hier der Prozeß besonders rasch abläuft. Umgekehrt läßt sich bei dem Sinnlicherwerden einer Vorstellung oft eine allmähliche Verdeutlichung, ein allmähliches Leibhaftigerwerden des Gebildes direkt beobachten, wenn auch dabei die sprunghaften Änderungen die gewöhnlichen zu sein scheinen (wenigstens bei mir).

Fügen wir noch hinzu, daß es manchmal schwer ist, in der Erinnerung Vorstellung und Erlebnis zu unterscheiden, und daß auch der Gesunde da sich manchmal täuscht; so haben wir Unterschiede und Ähnlichkeiten von Wahrnehmungen und Vorstellungen wohl in allen wichtigeren Punkten gezeichnet.

Die Unterschiede sind notwendig schon deshalb, weil wir Vorstellungen und Wahrnehmungen unterscheiden müssen, aber auch deshalb, weil die beiden Funktionen nicht nur gleichen, sondern auch noch ganz verschiedenen Zwecken dienen, obwohl die Vorstellungen nichts als zeitlich verlängerte Wahrnehmungen sind. Hätten die letzteren ihre ganze sinnliche

---

[1]) Das war auch zu erwarten, weil die einfacheren Vorstellungen als verlängerte Wahrnehmungen teilweise zum gleichen Zwecke da sind wie die frischen Wahrnehmungen.

[2]) Auch daraus sieht man, daß kein „Sprung" ist vom Raum des Vorstellungsinhaltes zum Raum des Wahrnehmungsinhaltes.

Deutlichkeit, z. B. als ekphorierte genaue Erinnerungsbilder einzelner Wahrnehmungen, so kämen sie mit den aktuellen Wahrnehmungen in Konflikt. Gedankenhören ist bei Geisteskranken ein sehr störendes Symptom, und TESLA[1]) litt bis zu seinem zwölften Jahr darunter, daß seine Vorstellungen sinnliche Deutlichkeit bekamen. SCHILDER[2]) zeigt, daß Vorstellungen und Wahrnehmungen im Sehfeld miteinander in Wettbewerb treten können, was die Identität ihrer Lokalisation und Art beweist: wenn man sich lebhaft ein Ding hinter einem Vorhang vorstellt, verschwindet der Vorhang an der betreffenden Stelle nahezu oder ganz (ich kann das bestätigen). Ferner macht er daranf aufmerksam[3]), daß man sich bei kalorischer Reizung des Ohres, wenn gesehene senkrechte Linien schief erscheinen, senkrechte Linien auch nicht vorstellen kann. Es begegnet auch jedem Gesunden, daß er einmal lebhafte Vorstellungen von Jucken oder vom Rollen eines ungeduldig erwarteten Wagens für Wahrnehmungen hält.

Währens der Korrektur finde ich eine hüsche Arbeit von LINDWORSKY (Wahrneh. u. Vorstellung Ztsch. f. Psyhhol. **80.** 1918. 203), der in bezug auf Raumlokalisation und die Unterschiede und Zusammensetzungen der Wahrnehmungen und Vorstellungen zu prinzipiell den nämlichen Ansichten kommt. Er berichtet über interessante Versuche von PERKY, der sich eine Orange vorstellen ließ, während er ohne Wissen der Versuchsperson ein ganz schwaches Bild der nämlichen Frucht auf einen Schirm warf. Die Versuchspersonen hielten das letztere für ihre Vorstellung. MARTIN (ebenda) ließ neben einem wirklichen Puppenkopf einen zweiten sich vorstellen, der sich dann in den wesentlichen Dingen nicht vom ersten unterschied. Ferner GRUENBAUM (Vorstellg. der Richtung und Augenbewegen. Ned. Tydschr. v. Geneesk. **63.** 2014. 1919. Ref. Ztschr. f. d. g. Neur. u. Ps. **19.** 412) darauf aufmerksam gemacht, daß den Vorstellungen einfacher Objekte im Raum Augenbewegungen in entsprechender Richtung vorangehen, und Unterdrückung dieser Bewegungen die vorstellende Lokalisation erschweren. All das spricht deutlich gegen JASPERS Ansicht.

Die Vorstellungen dienen auch zum Denken; schon damit man die Analogien von einer Erfahrung zur andern ziehen könne, die Mutter in verschiedenen Distanzen, Stellungen, Kleidern erkenne, darf das Erinnebild keine sklavische Wiederholung der sinnlichen Wahrnehmung sein; um gar allgemeiner denken zu können, muß man mit Abstraktionen operieren, denen nur eine Auswahl der Eigenschaften einzelner Wahrnehmungen oder gar nichts mehr davon, sondern nur Verhältnisse zukommen. Wahrnehmungen und Vorstellungen sind zu verschiedenen Zwecken gemachte verschiedene Bearbeitungen äußerer Empfindungen. Die „Blässe", die „Unvollständigkeit" der Vorstellungen ist nicht eine Schwäche derselben, sondern eine Notwendigkeit. Je mehr man im Denken und in der Abstraktion geübt wird, d. h. von der Kindheit bis zum höheren Alter, um so mehr nimmt die Fähigkeit ab, die ursprünglichen Engramme der Sinnesempfindungen zu ekphorieren. Je älter man ist, um so „unanschaulicher" werden die Vorstellungen.

---

1) LAUDER BRUNTON, J. ment. science 1904, S. 239.
2) Wahn und Erkenntnis. Berlin, Springer, 1918.
3) Studien über den Gleichgewichtsapparat. Wiener kl. Wochenschr. 1918, Nr. 51.

Bei der eigenen Orientierung oder der Lokalisation der Vorstellung im Raum bedarf es ihrer sinnlichen Komponenten nicht, sondern nur ihrer räumlichen Beziehungen. Ich brauche mir keine sinnliche Einzelheit eines Dinges vorzustellen, wenn ich es suche oder ihm im Dunkeln ausweichen will. Noch weniger benutze ich für gewöhnlich sinnliche Komponenten eines Begriffes im Denken. Wenn ich an meinen Vater denke, so ist es sein Charakter, seine Stellung in der Familie oder zu mir selbst und ähnliches, das notwendig ekphoriert werden muß; wie er aussah, ist meist ganz gleichgültig. Daß gar Allgemeinbegriffe und Abstraktionen nicht nur der sinnlichen Engramme nicht bedürfen, sondern daß durch deren Mitekphorie der ganze Zweck der Abstraktion vereitelt würde, ist selbstverständlich. Es ist also eine seltene Ausnahme, daß auch sinnliche Engramme benutzt werden können oder dürfen; nur die komplizierteren, Beziehungen ausdrückenden Komponenten sind Assoziationsträger und werden auf assoziativem Wege direkt erregt und benutzt. So können wir uns nicht wundern, wenn die sinnlichen Engramme prinzipiell vom gewöhnlichen Denken ausgesperrt werden; sogar im Traume sind andere als optische und kinästhetische Halluzinationen von sinnlicher Frische selten und auch von den lebhaften visuellen Bildern wird in den häufigeren Traumformen nur so viel ekphoriert, als notwendig ist. Wirklich leibhaftig wird gewöhnlich im Traum von einer halluzinierten Person nur ein kleiner Teil gesehen; das Übrige ist mehr vorgestellt als gesehen. Man versuche nur, sich eine gut erinnerte Traumfigur in allen Einzelheiten vorzustellen, ihre Haltung, ihre Füße, ihre Kleider; da wird sich zeigen, wie unvergleichlich mehr fehlt als halluziniert ist.

4. Empfindung, Wahrnehmung, Vorstellung, ihre Entstehung.

Oben haben wir die ersten Empfindungen eines Neugeborenen mit einigen Vorbehalten als ein Chaos bezeichnet, aus dem einzelne Teilempfindungen erst sekundär herausgehoben werden, sei es, weil sie sich in ähnlicher Weise wiederholen[1]), sei es, weil ihnen bestimmte Reaktionen entsprechen. Diese Heraushebung ist nur möglich mit Hilfe des Gedächtnisses. Der S. 119 in Andeutungen beschriebene Komplex von Empfindungen, aus dem sich „die Mutter“ als Ding der Außenwelt zusammensetzt, ist dadurch entstanden, daß eine Menge von Empfindungskomplexen nacheinander erlebt wurden, die alle etwas Gemeinsames hatten, das in diesem Falle zunächst wohl vor allem in dem Zusammenhang mit dem Saugakt und anderen angenehmen Empfindungen und Gefühlen und der Beseitigung von Unannehmlichkeiten besteht. Nach und nach wird das optische Bild eine dominierende Stellung bekommen wegen seiner Bedeutung für die Orientierung. Der ganze Vorgang läßt sich mit der Darstellung einer Typenphoto vergleichen: das Engramm eines Empfindungskomplexes (die Platte Nr. 1) wird, wenn ein ähnliches

[1]) Es ist interessant, sich vorzustellen, daß es unmöglich wäre, etwas herauszuheben, wenn nicht Ähnlichkeiten und Verschiedenheiten in dem Chaos sich wiederholten. Lauter Verschiedenheiten könnten nicht geordnet werden, jede Einzelheit wäre gleichwertig jeder andern; lauter Ähnlichkeiten würden nur eine einzige Abstraktion ergeben, die, weil sie keinen Gegensatz hätte, nicht abgegrenzt werden, nicht zum Bewußtsein kommen und überhaupt keine Bedeutung in irgendeinem Sinne erhalten könnte.

erlebt wird, ekphoriert („Assoziation durch Ähnlichkeit"). Die Platte Nr. 1 und das neue Erlebnis 2 werden zusammen auf *eine* Platte (Nr. 3) neu photographiert, wodurch nur das Gemeinsame zur klaren Darstellung kommt. Ein drittes ähnliches Erlebnis ekphoriert diese Typenphoto (Platte Nr. 3) nebst den Engrammen der beiden ersten Erlebnisse, was alles zusammen mit dem neuen Eindruck wieder auf eine Platte (Nr. 4) photographiert wird, und das wiederholt sich so oft, als die Mutter wieder wahrgenommen wird, so daß auf den neuen Typenbildern das Gemeinsame immer mehr herausgearbeitet wird, das Verschiedene immer mehr zurücktritt[1]). So entsteht der Begriff der Mutter[2]). Es ist aber eine ganz ungenügende und falsche Vorstellung, die man etwa ausdrückt: ich sehe einen Baum; dieser ekphoriert alle früheren Bilder von Bäumen, und so entsteht die Typenphoto. Ich „sehe" eben niemals einen Baum, wenn ich unter „sehen" nicht wie vulgär bereits die Heraushebung des Baumes an Hand des schon gebildeten Baumbegriffes verstehe, sondern ich sehe viele Farben und Schattierungen und Formen, aus denen ich den Baum unter gewissen Voraussetzungen heraushebe wie auch ungezählte andere Dinge, die Wiese, auf der er steht, bestimmte Personen, die in seiner Nähe sind, eine Bank, ein Haus, die Äpfel, die an ihm hangen, seinen Stamm; zugleich werden die gleichzeitigen Worte und andere Schallempfindungen, Gerüche, mein eigenes Kleid, meine örtliche und zeitliche Situation, auch meine innere Situation, meine Stimmung usw. usw.[3]) zusammen als eine gewisse Einheit erlebt und engraphiert und müßten ohne besondere Auswahl alle wieder mitekphoriert werden, und jede Einzelheit müßte wieder neue solche Bilder ekphorieren. Es kann auch nicht so sein, daß ohne weiteres, wenn wir einen Baum sehen, nur alle Bilder mit einem Baum ekphoriert würden, wodurch schließlich auch der Begriff des Baumes entstehen könnte. Denn auf diese Weise könnte die Assoziation nur gehen, wenn man den Begriff des Baumes schon besäße; sonst wäre ja nicht abzusehen, warum nur gerade die Bilder mit Bäumen ekphoriert werden sollen und nicht auch alle die mit Äpfeln, oder mit einem Haus oder mit einem Kleid, wie ich oder irgendeine der anwesenden Personen es trug, oder mit gleicher Stimmung, oder mit einem gleichen dabei gehörten Wort, wobei erst noch jedes dieser ekphorierten Bilder einige Tausend andere nach gleichem Prinzip ekphorieren müßte.

Eine andere Art Sichtung liegt, wie in anderem Zusammenhange ausgeführt, bereits in den nervösen Apparaten, und zwar schon in den untern: die einfachsten Reflexe heben nur einzelne Reize zur Reaktion heraus, wenn noch so viele andere Empfindungen zuströmen; der Kniereflex antwortet nur auf eine bestimmte Reizung einer bestimmten Sehne.

---

[1]) Inwiefern der Prozeß vereinfacht wird, wenn die Mutter zum tausendsten Male wahrgenommen wird, lassen wir hier ununtersucht.

[2]) In diesem Abschnitt ist nur derjenige Akt der Heraushebung von Einzelheiten beschrieben, der zur Bildung von Dingbegriffen führt. Daneben gibt es eine andere Form, die z. B. bei der Urteilsbildung eine Rolle spielt: wenn zu einer Gleichförmigkeit oder dem Gewohnten etwas „anderes" hinzukommt, oder wenn etwas weggeht, resp. durch etwas anderes ersetzt wird, oder sich sonst verändert, so wird das Ersetzte und das Ersetzende herausgehoben (soweit es besonders beachtet, „apperzipiert ' wird).

[3]) Das geht so weit, daß man sich wirklich sehr häufig einen bestimmten Baum nur mit einer großen Zahl solcher Einzelheiten zusammen wieder vorstellen kann, und zwar auch noch nach Jahrzehnten.

Genau so die komplizierteren Funktionen, die ebensowohl psychisch wie reflektorisch genannt werden können: ein vom Feuer gebranntes Geschöpf bildet bei jedem Anblick, der als Komponente ein Feuer enthält, die Tendenz zu fliehen. Durch den Fluchtreflex wird der Anblick des Feuers aus dem ganzen Komplex der Wahrnehmungen, die eine große Zahl von „Nebenumständen" enthalten, herausgehoben, besonders betont, abgegrenzt und in eine besondere Beziehung zum Ich gesetzt. Schon dadurch wird eine Auslese bedingt, so daß der Anblick einer beliebigen Umgebung (Küche, Stube, freies Feld, andere Menschen dabei oder nicht usw.), in der ein Feuer in der Nähe ist, wenigstens in erster Linie Bilder ekphoriert, die ein Feuer enthalten. Aus dem „in erster Linie" wird ein „nur" dadurch, daß jeder Psychismus entgegenstehende hemmt; wenn unser Ich von der Feueridee und der Fluchttendenz besonders in Anspruch genommen ist, so werden abgesehen vom Feuer und den Wegen zur Flucht alle andern Psychismen gehemmt, vor allem die die sonstige Umgebung betreffen, die Küche, die Personen usw. Diese werden also nicht assoziiert und können folglich nicht zur Wirkung kommen. Wenn das Kind Hunger hat, werden diejenigen Bilder besonders lebhaft ekphoriert, die mit dem Hungerstillen, also der Mutter, im Zusammenhange sind, die andern werden unterdrückt; damit ist die Auswahl gegeben. Wir können uns auch mehr psychisch ausdrücken, ohne im Prinzip etwas zu ändern: im Blickpunkt der Aufmerksamkeit sind immer nur einzelne Reizgruppen, wodurch immer eine Auswahl stattfindet.

Die Tatsache, daß das Kind, wenn es das Feuer fürchtet, unter allem gleichzeitig Erlebten und unter seinen Engrammen nur diejenigen assoziiert, in denen Feuer einen Bestandteil bildet, beruht auf einem allgemeinen Prinzip. In irgendeiner Gruppe von Empfindungen oder Vorstellungen oder irgendwelchen andern Psychismen, wird ein einzelner Bestandteil durch Interesse, durch Wiederholung, durch Wechsel, kurz durch irgendeinen der bekannten Einflüsse, die die Schaltungen stellen, herausgehoben und damit zum Assoziationsträger; er wird, wie man in der physiologischen Chemie sagt, haptophor. Hat das Kind infolge früherer schlimmer Erfahrung Angst vor dem Feuer, so wird aus allem, was es momentan empfindet, gerade das Feuer herausgehoben, und nur an diesen Teil der Erfahrung knüpfen sich weitere Assoziationen. Interessiert man sich für die Verschiedenheiten unter den Gegenständen, so werden die einzelnen Eigenschaften, die wir als blau, viereckig, groß bezeichnen, die Assoziationsträger und führen damit zur Abstraktion dieser Vorstellung (blau usw.) im allgemeinen. Achte ich auf die Beziehungen der Gegenstände zu mir, so werden Psychismen, wie „schön", „schlecht" und „nützlich", assoziationstragend. Verfolge ich Geschehnisse statt Dinge, wird alles das assoziiert, was später als Allgemeinbegriff, als „gehen", „fallen", „Bewegung", „Handlung", „Geschehnis", bezeichnet wird.

All das folgt von selbst aus den Schaltungen, wie wir später sehen werden.

Es ist nun möglich, und mir sogar nicht unwahrscheinlich, daß schon phylogenetisch eine gewisse vage Tendenz des kortikalen Psychokyms besteht, die einzelnen gleichartigen Engrammgruppen herauszuheben, so daß, wenn wir Landschaften mit Bäumen, dann wieder mit Häusern, dann mit beiden zusammen, dann ohne beides, dann mit Bäumen und einer Brücke, dann mit einer Brücke und Häusern usw. sehen, die Komplexe von Haus, Baum, Brücke eine gewisse Selbständigkeit bekommen. Ein prinzipieller Unterschied gegenüber der ersten Auffassung besteht allerdings dabei nicht, sondern nur ein quantitativer, da wir ja, wenn wir überhaupt reagieren, auf einen Baum anders reagieren als auf ein Haus, und da, wenn wir nicht reagieren, doch in jedem Reiz eine gewisse Tendenz liegt zu reagieren, die wenigstens assoziativ mitbestimmend wirken muß. Auch wenn wir sagen würden, die Prozesse der Wahrnehmung und der Begriffsbildung heben das Wesentliche vom Unwesentlichen heraus, würden wir nichts Neues hinzufügen. Das Wesentliche ist eben in erster Linie das, worauf wir reagieren, und das, was sich immer wiederholt.

So wie wir hier die Entstehung der Wahrnehmungen beschreiben, wird mit Recht auch die Begriffsbildung geschildert. Begriffsbildung und Wahrnehmung sind Vorgänge, die nicht voneinander zu trennen sind. Wie wir sie in unserer Beschreibung nicht auseinanderhalten können, so sind auch beide Tätigkeiten im Anfang der ontogenetischen Entwicklung eins. Eine gesonderte Art Wahrnehmung wird erst möglich, wenn wenigstens rudimentäre Begriffe sich gebildet haben, und durch neue solche Wahrnehmungen werden die Dingbegriffe weiter ausgebaut. Es ist zu vermuten, daß schon wenige Wochen nach der Geburt solche (unbewußte) Begriffsrudimente gebildet seien.

In der Wahrnehmung liegt wie in der Begriffsbildung nicht bloß ein Herausheben und Zusammenbringen des Ähnlichen und eine Abgrenzung und ein Ausschluß des Unähnlichen, sondern auch noch etwas Schöpferisches. Die Gestaltsauffassung[1]) ist natürlich ein besonderer Akt, aber in gewissem Sinne für die Psyche (nach WITASEK) so primär „wie die Einzelauffassung". Man könnte ebensogut sagen, es seien beide Funktionen sekundär, indem sie eben eine (vorpsychische) Verarbeitung des theoretischen Empfindungsmaterials sind. Im gleichen Sinne sind sekundär oder primär die Melodien und Harmonien, die wir aus Folgen und Zusammenklängen von Tönen heraushören, ohne deswegen die Auffassung der einzelnen Töne aufzuheben. Beim Sprechen hören wir bloß die Worte; das Kind und der Primitive haben große Mühe, die einzelnen Laute zu isolieren. In jeder Wahrnehmung stecken aber auch hineingearbeitete Beziehungen der Teile eines Dinges untereinander (z. B. tragende und getragene Organe eines Ganzen), ferner die Bedeutung des Dinges für uns oder die äußere Umgebung und vieles andere. Alles das ist so selbstverständlich, daß diese Andeutungen wohl genügen mögen.

Ist nun auf irgendeine Weise einmal ein größerer Teil des Gleichartigen und Zusammengehörigen in unserem Weltbild herausgehoben, so wird alles neu Hinzukommende, das man sieht, von selbst durch die Grenzen der umgebenden Dinge als eine Einheit und als etwas besonderes herausgearbeitet, ganz abgesehen von dem affektiven Interesse, das das Unbekannte bei jedem Menschen und bei vielen Tieren erregt. Es

---

[1]) WITASEK, Assoziation und Gestalteinprägung. Ztschr. f. Psychol. **79**, 1918. Ref. Ztschr. f. d. g. Neur. u. Psych. **21**, 1920, S. 10. Ferner WERTHHEIMER, Ref. Ztschr. f. d. g. Neur. u. Psych. **21**, 1920, S. 193.

bedarf dann nicht mehr einer besonderen Reaktion oder eines besonderen Verhältnisses zu uns, um solche Dinge herauszuheben, sei es als verbindungtragend für die Leitung der weiteren Assoziationen, sei es für unsere Einzelwahrnehmung.

Es ist vielleicht besonders darauf aufmerksam zu machen, daß ich hier die Begriffsbildung aus Einzelerfahrungen nicht in der Weise habe entstehen lassen, daß die einzelnen Engramme als solche in den neuen Komplex eingehen, daß sie umgestaltet werden, sondern so, daß jedes Engramm (bildlich: jede Platte) erhalten bleibt, und daß dazu ein neues Engramm (die Typenphoto) geschaffen wird, von dem ihre Reproduktionen, nicht aber sie selbst, einen integrierenden Bestandteil bilden. Die Originalplatten, wie jede Typenplatte, bleiben aufbewahrt und können nachher in beliebigen Kombinationen zu neuen Typenphotos verwendet werden. (Vgl. Kapitel Gedächtnis[1].)

Wir haben uns bei der Beschreibung der Abstraktion und der Verwertung der Wahrnehmungen und ihrer Engramme nicht darum gekümmert, ob der Begriff eines Einzeldinges (bestimmte Person) oder ein Sammelbegriff (Mensch) oder ein Abstraktum (Menschheit) gebildet werde. Der Prozeß ist überall der gleiche: es treten die sinnlichen Bestandteile zurück, und von den übrigen werden nur gemeinsame in den Begriff aufgenommen (mit vagem Bewußtsein der Schwankungsbreiten usw.). Bloß, wenn wir einen Gegenstand, ein Ereignis nur einmal gesehen haben, tritt nur der erste Vorgang, der Abbau des Sinnlichen in Funktion. Es gibt dabei nichts zusammenzusetzen. Schließlich wird für jeden Begriff eine so starke Abkürzung geschaffen, daß wir von einem „Symbol" reden können. Wenn wir an den Begriff Mensch denken, so ist nur ganz wenig von dem psychisch aktuell, was ihn zusammengesetzt hat, und für Viele scheint d a s W o r t der Hauptrepräsentant des Begriffes. Für andere sind es andere Bestandteile, z. B. das Photisma des Wortes, das eventuell ungefähr die Umrisse eines Menschen annehmen kann usw. Je nach dem Zusammenhang, oder nach der Lebhaftigkeit des Vorstellens kann aber von den übrigen Bestandteilen ein immer größerer Teil zum Bewußtsein kommen; es ist, wie wenn alle Teile des Begriffes in dem Symbol enthalten, aber für gewöhnlich nicht beachtet wären. Wenn ich z. B. an Karlsruhe erinnert werde, habe ich nur eine ganz vage Vorstellung seiner Lage im Badischen, und daß es die Hauptstadt des Landes ist. Nun bekomme ich eine Einladung hinzugehen. Da fügt sich die genaue Vorstellung der Reiseroute hinzu, ferner mir bekannte Einzelheiten über den Weg vom Bahnhof zum Versammlungslokal und manche andere mir bekannten Einzelheiten in der Stadt.

Andere Umarbeitungen erkennen wir z. B., wenn wir uns an ein einzelnes Kunstwerk erinnern; es bleibt der Ort, wo es war, eventuell der Künstler, der es geschaffen, wenn er eine Beziehung zu unserem sonstigen Wissen hat, der Eindruck, den das Werk auf uns gemacht, und ähnliches in den Begriff verschmolzen. Von einem kombinierten Ereignis, einem Drama, bleibt in erster Linie der Zusammenhang als Begriff des Dramas. So ist die Begriffsbildung etwas Schöpferisches, nicht nur indem das Wesentliche herausgehoben wird, und die Einzelheiten miteinander in Beziehung gebracht werden, sondern auch, indem die Erfahrung in bestimmte Beziehungen mit unserem übrigen Wissen und Fühlen gebracht wird.

Insofern als der erste der Mutter angehörige Empfindungskomplex von einem folgenden wieder ekphoriert wird, macht das Kind eine rudimentäre W a h r n e h m u n g. Wollen wir aber den Begriff der Wahrnehmung im nämlichen Sinne fassen, wie wir es beim älteren Menschen zu tun gewohnt sind, so müssen wir sagen, das Kind kann die Mutter erst wahrnehmen, wenn es den „Begriff der Mutter" gebildet hat; die neue Erfahrung ekphoriert den Begriff der Mutter, das Kind „erkennt" die Mutter. Der Unterschied gegenüber dem oben als rudimentär bezeichneten Vorgang ist allerdings ein rein gradueller.

Die Wahrnehmung ist ein Vorgang von einer Komplikation, die nicht leicht zu überschauen ist. Nicht nur im Dunkeln oder sonst bei

---

[1]) Es ist ein ähnlicher Vorgang, wenn wir eine Tonfolge zur Melodie zusammensetzen, ohne daß deshalb die einzelnen Töne aus der Wahrnehmung verschwinden.

unvollständigen Wahrnehmungen tun wir oft viel mehr hinzu, als in der Empfindung gegeben ist. Wenn ich eine Taschenuhr in irgendeiner Ansicht sehe, so füge ich den ganzen Begriff der Uhr hinzu, ja bei einem einfachen Körper, wie einer Kugel, setze ich (zunächst ganz unberechtigterweise) hinzu, daß die Rückseite ebenfalls konvex und nicht hohl sei. Wie wenig man diese Zutaten im Wahrnehmungsvorgang bemerkt, zeigen die Zeichnungen kleiner Kinder und primitiver Erwachsener, die gar nicht fähig sind, auch nach dem Modell zu Papier zu bringen, „was man sieht“, sondern etwas darstellen, das sie aus anderen Erfahrungen „wissen[1]), Unser Wahrnehmen ist überhaupt viel mehr, als man sich denkt, ein Illusionieren. Wir merken gar nicht, daß uns das Telephon einzelne Laute gar nicht wiedergibt, bis wir ein unbekanntes Wort, z. B. einen Namen auffassen sollten; wir übersehen Druckfehler, manchmal ganze sinnlose Wörter, richtige an ihrer Stelle sehend. Und es kommt dabei vor, daß wir falsch gelesene Buchstaben gerade besonders deutlich zu sehen glauben, also Vorstellung ausdrücklich mit Empfindung verwechseln. An die krankhaften Illusionen brauche ich nur zu erinnern. Wenn der Alkoholiker statt einer Brille ein Fernrohr sieht, so ist der Vorgang der Wahrnehmung nicht prinzipiell verändert, sondern bloß stark karikiert. So kommt es auch beim Erkennen viel weniger auf die Sinnesschärfe als auf die psychische Einstellung zu den Empfindungen an. Ich kannte eine Dame mit über zwanzig Dioptrien Myopie und außerdem ganz ungenügender Sehschärfe, die ohne Brille regelmäßig die ersten Veilchen aus den Wiesen heimbrachte. Die Primitiven haben keine wesentlich schärferen Sinne als wir, aber sie heben andere Empfindungskomplexe heraus und ergänzen sie auf andere Weise als wir. Dafür können sie oft ein Bild nicht erkennen, weil sie unsere Schwarzweißkunst und unsere Perspektive nicht auslegen gelernt haben.

So gibt es ganz verschiedene Arten des Sehens. An den nämlichen Objekten sehen Künstler, Dichter, Arzt, Botaniker, Entomologen oft ganz verschiedene Dinge und Zusammenhänge. Im Nachbild und im Traum[2]) kann man ganz andere Einzelheiten einer Wahrnehmung reproduzieren, als man beim sinnlichen Eindruck beachtet hatte. In den Pareidolien (Auslegung von Klecksen, Wolken, Tapetenblumen usw.) faßt man den nämlichen Eindruck in ganz verschiedener Weise auf. Ja die Verwertung von Empfindungen ist so sehr abhängig von der psychischen Umgebung, daß unser Geschmack und Geruch oft ganz hilfslos ist, wenn das Gesicht ausgeschlossen wird (Spezialfall der Diaschise von Monakows im Normalen).

Das nämliche treffen wir bei elementareren Vorgängen aus der Wahrnehmung. Unter gewöhnlichen Umständen sehen wir einen Kreis rund, ein Rechteck rechteckig, ganz unabhängig davon, in welcher Pro-

---

[1]) Verworn, der das „physioplastisch“ genaue vom „ideoplastischen“ Zeichnen unterscheidet, meint, das komme von den Ideen, die man dem Kinde anerzogen habe. Die genaue Beobachtung des kindlichen Zeichnens zeigt, daß das eine Täuschung ist. Das Kind kann die ursprünglichen sinnlichen Engramme mit ihren Zusammenhängen nicht ekphorieren, und benutzt Bearbeitungen, die für den Zweck der Zeichnung ungenügend sind, so wenn es die Arme an den Kopf setzt, ein Auge neben das Gesicht zeichnet. Auch der Erwachsene zeichnet die Dinge nicht gleich, wie er sie gewöhnlich sieht, sondern in irgendeiner leicht vorstellbaren Stellung, einen Menschen im Profil oder genau von vorn.

[2]) Poetzl, Experimentell erregte Traumbilder. Ztschr. f. d. g. Neurol. u. Psychiatrie. Or. 37, 1917, S. 278.

jektion die Dinge sich unserer Retina bieten[1]); daß ein Ding in zwei Metern nur noch halb so groß erscheine, wie in einem, daß ein Federhalter oder die Hand, sich vergrößern oder verkleinern, wenn man sie von und zum Auge bewegt, sieht primär trotz aller Gegenbehauptungen kein Mensch. Die Perspektive der Maler ist viel mehr aus der Überlegung als aus der Erfahrung herausgewachsen[2]). Die meisten Beleuchtungsabstufungen nehmen wir weder bewußt noch unbewußt als solche wahr, sondern als Konstituenten unserer stereoskopischen Empfindungen, d. h. als Tiefenempfindung. Der Maler braucht Jahre, um sie genügend als Helligkeiten sehen zu lernen.

Die Empfindung gibt keine Lokalisation, keine Form; Lokalisation und Form sind Verhältnisse, Inbeziehungsetzungen von vielen aktuellen und ekphorierten Empfindungen und ganzen Empfindungskomplexen zueinander, also schon weitgehende Verarbeitungen. Kommt die Einreihung optischer Empfindungen in die Fläche durch relativ einfache Bearbeitung zustande, so ist die Ableitung der optischen Tiefendistanz aus den Unterschieden der beiden Retinabilder, den Abstufungen der Helligkeiten und den Verhältnissen der Perspektive schon recht kompliziert. Wie wenig der einzelne Reiz auch bei den einfachsten Reaktionen zu bedeuten hat, kann beispielsweise die Mücke zeigen, die ins Licht fliegt, — aber nur wenn es um das Licht herum dunkel ist. Die Umgebung ist hier nicht deswegen ein wichtiger Faktor für die Bedeutung des Einzelreizes, weil, wenn sie auch hell wäre, jede Stelle der Retina gereizt würde, so daß die unendliche Zahl der Tropismen einander hemmen würde, wie die beiden Heubündel Buridans Esel, sondern deswegen, weil die reizende Funktion, der helle Fleck, eben nur in dem Unterschied zur Umgebung besteht[3]).

Am besten kann man sich vielleicht die Kompliziertheit solcher Verhältnisse klarmachen an der Wahrnehmung einer durchsichtig farbigen Flüssigkeit in einem durchsichtigen Gefäß: da die Flüssigkeitsschichten von jedem Standpunkt aus ganz verschieden dick sind, hat eine homogene Flüssigkeit im durchfallenden Licht an den verschiedenen Stellen ganz verschiedene Farbenintensitäten, und wenn wir diese Verschiedenheiten nicht ganz genau werten gelernt hätten, so daß jeder Fünfzigstel eines Millimeters Fläche im Verhältnis zur Form in unserer Erwartung ganz genau seine bestimmte Farbenintensität besitzt, so könnten wir die Flüssigkeit nicht als gleichmäßig gefärbt erkennen. Da wo man die räumlichen Verhältnisse ungenügend übersieht, oder wenn

---

[1]) Die genaue En-face-Vorstellung ist eine Endstellung, die optisch nur ausnahmsweise vorkommt. Sie ist aber nicht nur diejenige, die sich am schärfsten und bequemsten charakterisiert, sondern auch diejenige, die den Gliedbewegungen entspricht, die man zu machen hat, um die Form darzustellen. Zeichnet man einen Winkel ab, so kümmert man sich um die Perspektive, die Form des Retinabildes nicht, sondern man richtet sich so ein, daß die Kopie bei gleicher Projektion dem Original gleich erscheint.

Bei Hirnverletzten kann die Umsetzung der perspektivischen Verkürzung in die gewöhnte En-face-Vorstellung gestört sein, so daß der Patient statt des Kreises ein Oval sieht, wenn das Bild nicht ganz senkrecht vor seinem Auge liegt.

[2]) Obschon dann und wann ein künstlerisch angelegtes Kind instinktiv perspektivisch zeichnet.

[3]) Die Kompliziertheit der Gebilde, die für die Psyche als elementar gelten müssen, ist natürlich manchen andern auch bekannt. (Vgl. z. B. Poppelreuter, Ordnung des Vorstellungsablaufes. I. Teil. Sammlung zur Abhandlung zur psychol. pädag. Arch. f. d. ges. Psychol. III. Band.) Sie wird aber immer noch zu wenig gewürdigt.

die Farbenunterschiede ungewöhnlich groß sind, wie bei einer auf unebenem Grund ausgegossenen Flüssigkeit, wo die Dicke der Schicht leicht um das Tausendfache oder mehr schwanken kann, sieht man dann auch meist die dünnere Schicht als schwächer gefärbt. Wenn man nicht noch viel kompliziertere Verhältnisse von Färbung zur Form annehmen will, so muß man voraussetzen, daß wir beim Anblick einer solchen Flüssigkeit sofort einen Maßstab bekommen, wie intensiv die Färbung bei einer bestimmten Dicke der Schicht erscheinen muß, und daß wir diese Kenntnis bis auf einen kleinen Bruchteil eines Millimeters genau verwenden können, so daß wir einesteils die Abstufungen gar nicht als solche, sondern nur als Formkomponente sehen, andernteils die Flüssigkeit trotz der verschiedenen Farbensättigung ihres optischen Bildes vom Maximum bis Null als homogen beurteilen. Dabei schließen wir ebensogut von der bekannten Form auf die entsprechende Farbenintensität wie umgekehrt. Mit den Helligkeiten jeder beliebigen Oberfläche in ihren Beziehungen zur allgemeinen Beleuchtung verhält es sich übrigens nicht anders. Wir werten alltäglich verschiedene Helligkeiten der Teile eines Gegenstandes als ganz gleich, die die Photographie als sehr verschieden wiedergibt, d. h. wir erkennen die Gleichmäßigkeit der Helligkeit des Gegenstandes trotz der Ungleichmäßigkeit der Beleuchtung, sehen aber ohne besondere Übung die letztere nicht.

Das psychische Gebilde, mit dem die Erkenntnis der Welt beginnt, ist also die Wahrnehmung, nicht die Empfindung. Vor ihr ist nur das Chaos aller gleichzeitigen Empfindungen verschmolzen in *eine* (mit Verstand zu verstehen; vgl. oben S. 118). Aus ihm heben sich ganze Komplexe, nicht einzelne Empfindungen heraus, denen eine bestimmte Reaktion entspricht, und die als häufiges Nach- oder Nebeneinander auftreten: die Dinge, zunächst als etwas, für das wir keinen anderen Ausdruck haben als den des „Begriffes", das aber gewiß lange nicht anders als in der Form der Wahrnehmung zur bewußten Erkenntnis kommen kann. Werden die Sinne wieder durch die vom (äußeren) Ding ausgehenden Energien gereizt, so wird durch Ähnlichkeitsassoziationen der ganze einmal gebildete Komplex, der Begriff, angeregt: es entsteht eine Wahrnehmung (der Mutter, der Milchflasche, einer Kugel).

Der Begriff ist zwar eine Zusammensetzung oder Typenphoto von Empfindungskomplexen, aber die einzelne Empfindung ist deswegen doch nicht das primäre psychische Gebilde, sondern sie ist in funktionellem Sinne vorpsychisch. Allerdings sind einfachere Reflexe Reaktionen auf bloße Empfindungen; die Psyche aber antwortet wohl nur auf Dinge und ganze Situationen, wenn auch die letzteren unter Umständen recht elementar sein mögen. Das Kind fürchtet nicht die Helligkeit, sondern das Feuer, an dem es sich gebrannt hat. Und sogar wenn ein Hund, der einen spazierengeführten Löwen offenbar für seinesgleichen hält, und seine Witterung nehmen will, „vor Schreck" ohnmächtig zusammenbricht, so ist nicht anzunehmen, daß die bloße Geruchsempfindung diese Wirkung gehabt habe, sondern ihr Zusammenvorkommen mit dem großen Tier. Wir kennen die Empfindungen gar nicht direkt, sondern nur aus der abstrahierenden Überlegung, so daß sie wohl erst beim gebildeten Kulturmenschen eine gewisse Realität bekommen. Ganz so wie wir aus der abstrahierenden Zusammensetzung von ähnlichen Empfindungskomplexen den Begriff einer Person, eines Dinges ableiten, so bilden wir den Begriff der Empfindung: wir erfahren einerseits Empfindungskomplexe, von denen die blaue Farbe ein Bestandteil ist, andere ohne diese; alle mit der blauen Komponente ekphorieren einander nach den Gesetzen der Ähnlichkeitsassoziationen; was in der Typenphoto des allgemeinen Erlebnisses übrigbleibt, ist die Farbe Blau, deren Bewußtwerden wir (viel später) als eine einfache Empfindung bezeichnen, obschon wir wissen, daß auch diese abstrahierte Empfindung von Blau noch kein Element ist: sie wird lokalisiert, besitzt also Lokalzeichen, hat Ausdehnung, Form, bestimmte Helligkeit, Nuance, Sättigung, und vielleicht noch andere Einzelqualitäten, die höchstens in gleicher Weise herausgehoben werden können, wie „blau" selbst. Ebenso bei jeder andern Empfindung, Ton, Wärme, Schmerz, kurz wir haben nicht einmal Worte, um wirklich einfache Empfindungen zu bezeichnen[1]).

Durch abstrahierende (vorpsychische) Verarbeitungen der Empfindungen entstehen (zunächst latente) Begriffe; durch Kombinationen neuer, zum großen Teil erst in ähnlichen Verarbeitungen bewußt werdender Empfindungen (man denke an die Schattierungen) mit Begriffen entstehen die Wahrnehmungen. Diese sind also zwar für unser Bewußtsein das Erste; aber ihrer Entstehung nach sind sie komplizierte Verarbeitungen von frischen Empfindungen zusammen mit Engrammkomplexen, die man als „Begriffe der Dinge" bezeichnen kann.

Für gewöhnlich bildet die Anregung durch das, was wir Empfindung nennen, und diese selbst, also die lebendige Farbe, der lebhafte Klang usw., in relativ wenig verarbeiteter Form einen Bestandteil der Wahrnehmung: dieser Bestandteil fehlt gewöhnlich der Vorstellung. Das ist der einzige Unterschied, zwischen beiden psychischen Gebilden, den wir objektiv erfassen können; er ist aber nicht ein prinzipieller, immer vorhandener, nur ein oft zu konstatierender.

Der sinnliche Eindruck lebt trotzdem als Engramm unverändert weiter und kann potentia durch Ekphorie zu jedem psychischen Gebilde wieder zugezogen werden. Ekphorate von sinnlicher Lebhaftigkeit mischen sich denn auch bei jedermann gelegentlich einmal in die Vorstellungen, und im Schaffen manches Künstlers bildet ein solches Verhalten eine gewisse Regelmäßigkeit. In beiden Fällen aber werden die Vorstellungen nur ganz ausnahmsweise mit Wahrnehmungen verwechselt. Offenbar gibt es auch umgekehrt Wahrnehmungen, deren sinnliche Komponente so schwach und unklar ist, daß sie diejenige einer gewöhnlichen Vorstellung nicht übertrifft. Und in den Pseudohalluzinationen haben wir intrapsychische Gebilde, die an sich in keiner Weise von den Wahrnehmungen unterscheidbar sind, aber infolge einer sie begleitenden Kritik doch nicht mit diesen verwechselt werden, zugleich aber auch sich durch ihre sinnliche Komponente und ihre scharfe Lokalisation in die Außenwelt ohne weiteres vor den Vorstellungen auszeichnen. Eigentliche Halluzinationen aber entbehren der sinnlichen Komponente sehr häufig und werden dennoch mit einer Überzeugung,

---

[1]) ZIEHEN nennt die Eigenschaftsabstraktionen (wie blau) Isolationsvorstellungen oder Merkmalvorstellungen, die zusammensetzenden (Haus, Stadt). komplexe Vorstellungen.

die durch nichts ins Schwanken gebracht werden kann, als Wahrnehmungen aufgefaßt.

Auch die sinnliche Komponente ist also nicht ein absolutes Unterscheidungszeichen zwischen Vorstellung und Wahrnehmung. Die Ekphorate von Engrammen überdauernder Erlebnisse können deshalb *an sich* nicht von den frischen Erlebnissen, und wären es sinnliche Empfindungen, sicher unterschieden werden.

Der Unterschied selbst zwischen frischer Empfindung und Ekphorat verwischt sich übrigens noch mehr, wenn wir daran denken, daß ebensowohl die Empfindungen zum großen Teil gar nicht direkt, sondern nur in Bearbeitungen zum Bewußtsein kommen (Helligkeitsempfindungen als räumliche Dimensionen usw.), wie auch die Engramme unzweifelhaft nicht direkt verwendet werden, sondern bei jeder Benutzung in statu ecphorandi zur Schöpfung eines neuen psychischen Gebildes dienen müssen, wie die Originalplatte zur Anfertigung der Typenphoto. Erst der neu gebildete Psychismus hat praktische Bedeutung und nur dieser kann (für. gewöhnlich) zum Bewußtsein kommen. Er enthält zwar nicht einen unmittelbaren Abklatsch des früheren Erlebnisses, sondern eine Verarbeitung desselben, aber auch die Wahrnehmung enthält zu einem großen Teil nur Verarbeitungen derjenigen sinnlichen Vorgänge, die uns unter Umständen noch als die periphersten wahrnehmbar sind.

In der Bildung des Begriffes eines Einzeldinges, z. B. der Mutter, ist das Wesentliche die Abstraktion, d. h. die Zusammensetzung von verschiedenen Erlebnissen unter Ausscheidung des nicht Gemeinsamen. Das, was man in der Grammatik Abstraktion nennt, ist genau der nämliche Vorgang, dessen Fortsetzung von der Empfindung von Gruppen von Sinnesreizen über die Bildung von Begriffen des konkreten Gegenstandes zu den Allgemeinbegriffen und schließlich zu den allerabstraktesten Vorstellungen führt, ohne daß irgendwie etwas Neues hinzugekommen wäre. Wie aus den verschiedenen Einzelerfahrungen über die Mutter der Begriff der Mutter gebildet wird, ganz so entsteht aus den Erfahrungen über viele Einzelmenschen der des Menschen im allgemeinen, und auf ähnliche Weise der des lebenden Wesens bis zu den abstraktesten Begriffen. Es ist immer der nämliche Vorgang der Typenphotographierung des Ähnlichen, wie in der Psychologie schon allgemein bekannt, nur geht in die abstrakteren Begriffe sehr wenig bloße Sinneserfahrung ein, dafür aber viel Verarbeitung derselben im Sinne von Verhältnissen der Erfahrungen zueinander. Wie man aus der Erfahrung von vielen gehenden Geschöpfen den Begriff des Gehens abstrahieren kann, bildet man aus bestimmten Formen von Nacheinander den der Kausalität, aus bestimmten Formen von Nebeneinander den des Raumes usw.

Das gegebene Schema ist gewiß richtig für die ersten Lebenszeiten. Ich glaube nicht, daß es dem Kinde möglich wäre, begrifflich (im rudimentärsten Sinne) einzelne Gegenstände, die es nur einmal sieht, herauszuheben. Die Umbildung der Dingbegriffe kann man oft verfolgen. Für eines meiner Kinder war das Wesentliche an mir wochenlang der Teil des weißen Hemdes, den der Westenausschnitt freiläßt; auf andere weiße Flecke von ähnlicher Form reagierte es wie auf mich;

später war ich ihm ein vorwiegend musikalischer Begriff, weil ich gelegentlich versucht hatte, ihm zu singen.

Von selbst und gewiß noch im ersten Jahr wird auch der Begriff des Dingbegriffes abstrahiert und schematisiert (selbstverständlich, ohne daß irgend etwas, von dem, was wir hier ausdrücken, klar erfaßt oder überhaupt nur in Spuren bewußt würde). Das Kind hat bald viele Dinge wahrgenommen; bemerkt es nun wieder Empfindungskomplexe mit ähnlichem Zusammenhang, wenn auch nur ein einziges Mal, so sind sie ihm wieder das nämliche, d. h. Dinge, wie die früher bemerkten; durch Assoziation nach Ähnlichkeit wird die Abstraktion gemacht und zwar nun einzeitig.

Weniger beachtet wird es, daß auch die Vorstellungen gar nicht die stereotype Münze sind, mit der man unter ihrem Namen der Bequemlichkeit halber in der Psychologie zu operieren beliebt. Es gibt je nach den Zusammenhängen und der Zeit, in der die Vorstellungen gebildet und benutzt (ekphoriert) wird, vielerlei Vorstellungen, die ich durch das Wort „Hund" bezeichne. Das eine Mal denke ich mir das Tier als Säuger, dann als Hausfreund oder Jagdgehilfe; als nahe oder ferne, als großes oder kleines Tier, usw.; ich möchte sagen, jedesmal, wenn ich den Begriff benütze, wird er neu gebildet (wobei die früheren Vorstellungen „Hund" in abgekürzter Weise als integrierender Bestandteil in den neuen Begriff eingehen; jeder der früheren bleibt dabei als selbständiges Engramm bestehen). Bei jeder Benützung des Begriffes hebe ich dasjenige besonders heraus, oder lege ich das besonders hinein, was in dem speziellen Zusammenhang gerade von Bedeutung ist, und unterdrücke ich, was im gegebenen Falle bedeutungslos ist. Wilde zeichnen an Figuren den Mund nicht, wenn die Nase mit einem Ring geschmückt ist, die Nase nicht, wenn die Lippe den Ring trägt. Der Traum und die schizophrenen Halluzinationen geben oft von einem Ding nur gerade den Bestandteil, den man braucht.

Auch die Wahrnehmung trifft ihre Auswahl. Wenn wir eine Rede hören, beachten wir den Inhalt oder die Sprache, oder die Stimme, oder die affektive Betonung, selten alles zusammen, überhören auch die meisten Nebengeräusche; der Maler muß sehen lernen, was für ihn wichtig ist. Da aber das Gedächtnis alles engraphiert, auch das, was man nicht bewußt wahrnimmt, hat es die (allerdings relativ selten benützte) Möglichkeit, nachher in der Vorstellung wieder alles zu reproduzieren, so daß diese volle sinnliche Kraft haben kann oder wie bei unserer Malerin[1]) mehr bietet, genauer und vollständiger ist, als die mehrstündige Wahrnehmung. Möglich und nicht unwahrscheinlich ist auch, daß in jenem Falle die Vorstellung eine Bearbeitung der ursprünglichen Sinnesengramme wiedergab, die unbewußt das heraushob, was zum Zeichnen nötig war.

Die Bedeutung der Vorstellungen kann man sich vielleicht am besten auf folgende Weise klarmachen: Ich sehe ein Zimmer an und schließe die Augen. Obgleich ich nichts mehr wahrnehme, kann ich mir den Raum mit seinem Inhalt so „vorstellen", daß ich blindlings herumgehen, die Richtung nach einzelnen Gegenständen oder Personen bezeichnen könnte. Solange ich nur ein Büchergestell voll Bücher hatte, konnte ich im Dunkeln, bloß der Vorstellung folgend, jedes beliebige Buch ohne eigentliches Tasten herausgreifen. — Ich werde von irgendeinem Feinde verfolgt und renne davon. Ich brauche nun den Feind weder zu sehen noch zu hören, stelle mir vor, daß er hinter mir ist, event. sogar in welcher Distanz er mir folgt, ob er näher kommt

[1]) S. 127.

oder ich mich von ihm entferne. — Eine Maus rennt hinter ein Möbel; ich erwarte sie auf der andern Seite und stelle mir zugleich vor, wie sie in dem Winkel zwischen Wand und Fußboden weiterläuft oder event. sich hinter einem Fuß des Möbels versteckt. — Ich stelle mir Rom vor, in bestimmter Richtung und Entfernung von mir aus, mit seinen Gebäuden usw., so daß ich hinreisen und die Gegend bestimmen könnte, wo ich die Stadt betreten werde.

Daraus geht hervor:

1. Der Inhalt der Vorstellungen bestimmter Dinge wird ganz in denselben Raum projiziert wie der der entsprechenden Wahrnehmungen.
2. Die Vorstellungen sind ihrer Bedeutung nach zeitlich verlängerte, „überdauernde Wahrnehmungen", wenn auch meist weiter umgearbeitet.

Die „überdauernde Wahrnehmung" dient zunächst zur Orientierung im Raum. Mit der Komplikationsmöglichkeit der Engramme in der aufsteigenden Reihe der Gedächtnistiere bekommt sie aber in allmählichem Übergang noch eine in ihrer höchsten Entwicklung neu erscheinende Bedeutung: die der Kombination der Erfahrung zu (Analogie)schlüssen. Ich kann die Vorstellung der Maus nicht nur dazu verwenden, dem Tier abzuwarten, wenn es hinter einem Möbel durchläuft, ich kann mir auch aus der Erfahrung merken, daß eine Maus überhaupt die und die Gewohnheiten zeigt, wenn sie verfolgt wird, und mein Handeln darnach einrichten. Zu dieser Denkfunktion brauche ich aber nicht mehr den Begriff der speziellen Maus mit ihrer Lokalisation hinter dem bestimmten Möbel, sondern den einer Maus überhaupt in ganz verschiedenen Lokalisationen, ja ich kann für meine Zwecke der Jagd Erfahrungen an anderen Tieren als Mäusen benutzen.

Die Lokalisation des Vorstellungsinhaltes unterscheidet sich also nicht dadurch von der des Wahrnehmungsinhaltes, daß sie in einem prinzipiell anderen Raum stattfindet, sondern dadurch, daß sie freier ist — aber immer innerhalb des gewöhnlichen Raumes. Die Lokalisation des Wahrgenommenen ist gebunden durch dessen Verhältnis zu den Sinnen, namentlich den kinästhetischen. Ich kann einen wahrgenommenen Gegenstand nur dahin lokalisieren, wo ich ihn sehe oder greife; die Lokalisation des Vorgestellten kann ich beliebig ändern; ich kann mir *die* Maus oder eine abstrahierte beliebige Maus hinter einem andern Schrank vorstellen. Ich weiß aber dann, daß ich mir etwas vorstelle, was mit den Tatsachen nicht stimmt (wenn es die Maus hinter dem ersten Schrank ist), oder daß ich einfach „vermute" oder „rate", wo sie ist, oder daß ich eine Fiktion mache (mit der „beliebigen" Maus). Ich kann mir vorstellen, daß ich ein sichtbares oder vorgestelltes Dreieck auf ein anderes lege, daß ich die Äpfel vom Baume herunterhole, oder daß sie geholt seien, daß der abwesende Freund bei mir sei.

Ich brauche also das Vorgestellte

1. zur bestimmten Orientierung genau wie das Wahrgenommene, wobei es wie dieses lokalisiert ist,
2. aber auch zum Denken, wobei ich in der Lokalisation freier bin, ohne irgendwie aus dem gewöhnlichen Raum herauszukommen;

das Vorgestellte wird niemals in einen „andern“ Raum versetzt. Einen solchen kennen wir nicht.

Man sagt, Abstracta werden prinzipiell anders lokalisiert als Concreta oder gar nicht; sie werden indessen nur unbestimmter und freier lokalisiert. Wie ich mir eine beliebige Maus ohne besonderen Grund immer „irgendwo“ auf oder in der Erde vorstelle, so den Mut als Eigenschaft der Menschen auf der Erde, ebenso die Farbe Blau, den Kredit, die Überzeugung; „Schönheit“ kann ich beliebig in den ganzen Raum versetzen, insofern ich nicht denke, daß ein Schönheit empfindendes Wesen dazu gehöre, ebenso „Beziehung“ usw.

Zum Denken sind die Verallgemeinerungen unentbehrlich. Ich möchte wissen, wie viele Kammern das Herz des Wals besitzt; dazu reihe ich ihn an Hand irgendeines einzelnen oder mehrerer gemeinsamer Merkmale (Assoziation durch Ähnlichkeit) in die Säugetiere ein, in deren Begriff es liegt, daß sie ein vierkammeriges Herz haben, und damit ist die Frage beantwortet. *Nach Analogie dieses Beispiels wird unser ganzes Handeln gelenkt und geschieht unser Denken vom einfachsten bis zum abstraktesten und kompliziertesten Schluß.*

Und dabei leisten die abstrakten Begriffe das nämliche, was z. B. der Buchstabe π in der Geometrie: sie setzen Abkürzungen für Massenerfahrungen und Verhältnisse, die sonst unübersehbar wären. Man stelle sich vor, man müsse in einer komplizierten physikalischen Gleichung, statt mit Buchstaben und Zahlen, nicht nur mit den durch diese bezeichneten Begriffen, sondern mit den Wahrnehmungskombinationen, aus denen sie gebildet sind, operieren, oder in einer botanischen Überlegung statt mit „Baum“ mit der Summe aller einzelnen Bäume, die man gesehen. Wie mühsam wäre es, wenn irgendein bestimmtes Erlebnis, eine Geschichte, unser ganzes bisheriges Leben, um vorgestellt zu werden, jedesmal von Anfang bis zu Ende im Gedächtnis abschnurren müßte, wie es erlebt worden. Schon während der Erfahrung und nachher bei jeder Erinnerung bilden wir zusammenfassende Allgemeinvorstellungen (nicht nur eine), die später wieder benutzt werden, wobei Einzelheiten nur ausnahmsweise, meist dann, wenn sie nötig sind, zur Erinnerung kommen.

Es leuchtet ohne weiteres ein, daß wir zu allgemeinen Schlüssen nur solche psychische Einheiten brauchen können, die eben den Massenerfahrungen entsprechen. Wenn wir den Begriff Hund im zoologischen Sinne benutzen sollen, so darf er keine bestimmte Farbe oder Größe oder Rasse oder gar Stellung und Raumlokalisation enthalten. Es gehört dem Allgemeinbegriff nur das allen Hunden Gemeinsame an und außerdem irgendeine vage Vorstellung von den Variationsmöglichkeiten, also, daß er nicht so groß ist wie ein Elephant oder eine Maus, sondern sich in der Mitte zwischen diesen Größen hält, daß er nicht blau und grün, aber weiß und schwarz und braun und rot sein kann. *Die zum abstrakten Denken dienenden Begriffe dürfen also meist von den sinnlichen Qualitäten nichts mehr enthalten, wenn sie brauchbar sein sollen. Sie sind zwar auch überdauernde Wahrnehmungen, aber in einer stärkeren Bearbeitung (im Sinne der Typenphoto) als die, welche wir zur unmittelbaren Benutzung der Erfahrung anwenden. Etwas prinzipiell Neues aber gibt es nicht vom einfachsten Begriff eines einzelnen Gegenstandes bis zum abstraktesten Begriff, den ein Philosoph ausdenkt.*

Auch die abstrakten Begriffe sind überdauernde Wahrnehmungen aber nicht eines einzelnen Dinges oder Vorganges, sondern von vielen Verhältnissen und Vorgängen. Auch sie sind in die gewöhnliche Welt lokalisiert, nur eben in abstrakterer Weise. Bei der Bildung des Begriffes „Tugend“ haben wir nach Möglichkeit von allen räumlichen Beziehungen abstrahiert. Dennoch liegt es in seinem Wesen, daß er sich auf Geschöpfe unserer Welt einschließlich uns selber bezieht. Er ist eben das für unsere moralischen Gefühle Gemeinsame an dem Eindruck, den alle guten Handlungen und Unterlassungen, die wir erfahren haben, auf uns machen.

Abstraktionen haben ferner die Bedeutung, daß sie nicht bloß das der bisherigen Erfahrung Entsprechende erkennen, zum voraus berechnen lassen, sondern daß sie neue Kombinationen zu bilden gestatten. Ich habe niemals einen blauen Hund gesehen, aber nachdem ich die Begriffe des Hundes und des Blau einmal abstrahiert habe, kann ich aus einem Dingbegriff die durch die Erfahrung gegebene Farbe herausnehmen und ihm eine andere geben. So kann ich mir einen blauen Hund vorstellen. Der Erfinder der Flugmaschine hat zunächst noch keine gesehen; er kombiniert sie aus früher abstrahierten Vorstellungselementen.

Sind sowohl Wahrnehmungen wie Vorstellungen komplizierte gleichartige Verarbeitungen des nämlichen Sinnesmaterials, und sind die Vorstellungen eigentlich nichts als verlängerte und meist, aber nicht immer, etwas stärker verarbeitete Wahrnehmungen, so begreifen wir ohne weiteres, daß die beiden Psychismenarten nicht so scharf getrennt sind, wie man sich gewöhnlich vorstellt, ja daß sie ineinander übergehen und miteinander verwechselt werden können. Wenn ich ein Geldstück vom Tisch nehme und einem andern gebe, so bemerkt dieser nicht, daß es auf dem Wege von mir zu ihm in meiner Hand verschwunden war. Dem Wilden kommt für gewöhnlich gewiß nicht zum Bewußtsein, ob er ein Tier, das auf der einen Seite hinter seine Hütte gegangen und auf der andern hervorgekommen ist, hinter der Hütte wahrgenommen oder sich nur vorgestellt hat. Beides ist ihm hier eines usf. Er verwechselt aber auch sonst seine Vorstellungen so sehr mit den direkten Erfahrungen, daß er überhaupt gar nicht den nämlichen allgemeinen Begriff der Realität hat wie wir. Aber auch uns wird die Vorstellung von Jucken leicht so lebhaft, daß man sie für eine Wahrnehmung hält. Einen mit Ungeduld erwarteten Wagen glaubt man oft rollen zu hören.

Je mehr man sich in der Verarbeitung und logischen Verwendung seiner Vorstellungen von der sinnlichen Erfahrung entfernt, um so größer wird die Gefahr, daß auch der Kulturmensch sich täuscht. Umgekehrt trägt aber auch eine Vorstellung um so eher den Charakter einer Wahrnehmung, je mehr unverarbeitete oder je weniger verarbeitete, also der Sinnesempfindung am nächsten stehende Engramme und je weniger zur Hauptvorstellung nicht passende Einzelheiten[1]) in sie eingehen.

[1]) Wenn ich mir einen Hund leibhaft vorstellen oder wenn ich ihn halluzinieren soll, so kann er nicht zugleich lange und kurze Ohren, braun und zugleich weiß sein, Dinge, die dem allgemeinen Begriff Hund im gewissen Grade angehören.

Da die Sinnesempfindungen so gut engraphiert werden wie die übrigen Vorgänge in der Hirnrinde. stehen ihre Engramme bei der jeweiligen Vorstellungsbildung potentia zur Verfügung. Sie werden allerdings, wie früher erwähnt, aus guten Gründen für gewöhnlich nicht benutzt, sind deshalb den Meisten gar nicht willkürlich zugänglich. Ich kann mir wohl eine Farbe, einen Geschmack, eine kinästhetische Empfindung mit nahezu oder ganz sinnlicher Deutlichkeit vorstellen, schwerer aber einen Ton und nie einen ganzen Gegenstand. Anderen Leuten aber, wie z. B. Künstlern, stehen auch die Engramme von Sinnesempfindungen so gut zur Verfügung, daß sie nach einer solchen Vorstellung malen können, oder ein alter Grieche behaupten kann, Aphrodite in Person habe ihm gesessen. Bei Primitiven unterscheiden sich die physioplastischen Zeichnungen von den ideoplastischen (Verworn) dadurch, daß die ersteren weniger oder unter Umständen gar nicht verarbeitete Engramme benutzten, die letzteren nur stark verarbeitete.

5. Die Halluzinationen.

Das Gesagte läßt sich ohne weiteres zum Verständnis der Halluzinationen verwenden.

Den meisten bisherigen Theorien, die die Halluzinationen erklären sollen, liegt der Begriff der Reperzeption zugrunde; man denkt sich Sinnlichkeit und Projektion nach außen eng verbunden, die erstere die letztere wesentlich bedingend. Bei jeder Vorstellung finde ein gewisses Mitklingen von ehemaligen sinnlichen Empfindungen statt. Sei das Mitklingen sehr stark, oder sei es ausgedehnt auf viele sinnliche Elemente (die wirklichen Farben, Formen, Distanzen usw.) oder beides zusammen, so werde die Vorstellung zur Wahrnehmung resp. zur Halluzination. Es ist nun selbstverständlich, daß die Stärke und Anzahl der sinnlichen Qualitäten in einem psychischen Gebilde die Auffassung desselben als Wahrnehmung (Halluzination) begünstigt, aber ausschlaggebend ist sie nach dem früheren nicht.

Die Überlegung bleibt die gleiche, wenn wir den Reperzeptionsvorgang nach unserer Auffassung denken: die Vorstellung wird um so sinnlicher, anschaulicher, je weniger verarbeitet (der sinnlichen Empfindung näher stehend) die Engramme sind, die in sie eingehen, und je mehr dieser Elemente sie enthält; aber sie wird auch bei einem Maximum solcher Bestandteile, das in Qualität und Zahl (Vollständigkeit)[1]) genau der Wahrnehmung entsprechen würde, noch nicht zur (subjektiven) Wahrnehmung, sondern nur zur Vorstellung mit sinnlicher Deutlichkeit oder höchstens zur Pseudohalluzination[2]).

Umgekehrt mangeln diese Bestandteile den Halluzinationen nicht nur häufig, sondern mehr als nicht, und zwar nicht nur den schizophrenen, sondern auch anscheinend ganz lebhaften hysterischen; und wenn man in der Hypnose ein Bild auf ein Blatt Papier suggeriert, und die Versuchsperson auch bei klarem Bewußtsein der Überzeugung ist,

---

[1]) Ein Gegenstand mit allen seinen Merkmalen, nicht nur „Hund" im allgemeinen, auch nicht nur ein bestimmter Hund, sondern dieser in bestimmter Stellung, Entfernung usw.

[2]) Die Intensität, die Stärke eines Vorganges ignorieren wir hier, und zwar deshalb, weil wir nicht anders können, und weil wir keinen Grund haben, in ihr etwas für unsere Überlegungen Wichtiges zu vermuten.

ein ganz gewöhnliches scharfes Bild vor sich zu haben, so deckt der Auftrag, die Grenzen nachzuzeichnen, bei den nicht zeichnerisch Begabten ganz schwere Defekte des Bildes auf.

Die sinnliche Komponente, die Vollständigkeit, die Lebhaftigkeit, die Leibhaftigkeit, die Anschaulichkeit einer Vorstellung, alle diese Eigenschaften sind also nicht maßgebend, nur begünstigend für die Projektion in die Realität der Außenwelt. Sie können einerseits fehlen bei sicherer Projektion, und anderseits vorhanden sein, ohne daß deswegen aus der Vorstellung eine Halluzination würde.

Das wesentliche Unterscheidungszeichen liegt in der psychischen Umgebung, den assoziativen Zusammenhängen des Gebildes, das als Wahrnehmung oder als Vorstellung erkannt werden soll, wie die G. F. Lippssche Schule richtig annimmt.

Wir setzen voraus, daß unser antiker Maler an die körperliche Anwesenheit seiner Göttin geglaubt habe; die Erscheinung war „also“ eine Halluzination. Hätte er daran nicht geglaubt, oder würde einem modernen Psychiater ein Heiliger oder ein Einhorn mit der nämlichen Deutlichkeit erscheinen, so könnten wir höchstens von einer Pseudohalluzination reden. Überhaupt kommt es bei diesen Unterschieden in hohem Grade auf die Kritik an; im ersten Moment kann mancher irgendeine Erscheinung für Wirklichkeit halten, die er gleich darauf in ihrer Natur erkennt. Umgekehrt erfaßt der besonnene Geisteskranke manches als Pseudohalluzination, was ihm gleich nachher in einem Augenblick der Verwirrung als Wirklichkeit vorkommt. Man wendet hier gleiche und ähnliche Kriterien an, wie bei der Unterscheidung von Ohrenläuten oder einer anderen Parästhesie von außenbedingter Empfindung.

Zur Kritik verwenden wir unter anderem ganz im allgemeinen das Ungewohnte, mit den bisherigen Erfahrungen in irgendeiner der vielen möglichen Beziehungen nicht im Einklang Stehende. Eine Stimme von einem Orte her, wo niemand ist oder nach aller Erfahrung niemand sein kann, muß als etwas Besonderes auffallen, ebenso ein Mensch, der auf einmal in unserer Nähe gesehen wird, ohne daß wir sein Kommen bemerkt haben, oder der aus der Mauer tritt oder in der Luft schwebt. Die Vision kann sich so von andern Dingen oder Wesen unterscheiden, daß man sich gleich sagen muß, „so etwas gibt es nicht“; oder die Stimme sagt unsere aktuellen oder früheren Gedanken, die kein anderer Mensch wissen kann usw. usw. An solchen Zeichen erkennen ja die Schizophrenen meistens die Halluzinationen, zwar nicht als solche, aber als das Besondere, dem sie eben ihrer Meinung nach ausgesetzt sind.

Die Kritik kann nicht nur ein Gebilde als krankhaft, unreal, erscheinen lassen, sondern sie kann den ganzen psychischen Vorgang hemmen. Wenn wir uns klar sind, daß ein im Dunkeln gesehener Baumstumpf nicht ein Mensch ist, so können wir oft in dem Baumstumpf auch mit aller Anstrengung den Menschen nicht mehr sehen, der uns einige Augenblicke vorher erschreckte oder verwunderte. In dem Moment, wo der Alkoholdelirant, oder auch ein Vorstellungshalluzinant, ins Leere greift statt an einen Menschen, verschwindet auch die optische Erscheinung meistens.

Am wichtigsten ist die Einreihung des psychischen Gebildes.

Der Vorgang der Vorstellung selbst hat seine Erkennungszeichen namentlich darin, daß er durch Assoziationen geleitet wird; wir kennen in der Regel gut die Wege, auf denen wir eine Vorstellung assoziieren. Wir kennen auch die ganz anderen Wege, auf denen wir zu einer Wahrnehmung kommen; es sind bestimmte Richtungen der Sinnesorgane, Öffnen der Augen, etwas in den Mund nehmen (letzteres für die Wahrnehmung von Geschmäcken); wir kennen ferner Zusammenhänge in der Außenwelt, die unsere Wahrnehmungen bestimmen: wenn ich in meinem Zimmer bin, so weiß ich, daß ich das Meer nicht sehen kann, oder daß, wenn ich die Wellingtonia sehen will, ich in einer bestimmten Richtung aus dem Fenster blicken muß. Nehmen wir nun an, die Wellingtonia sei nicht mehr da; da kann ich sie mir vorstellen wie vorher; sehen kann ich sie nicht mehr; kommt mir nun aber doch ein Bild des Baumes zur Erscheinung, wenn ich in der bestimmten Richtung aus dem Fenster sehe, nicht aber wenn irgendeine Assoziation mich an den Baum denken läßt, so wird es schwerlich als eine Vorstellung zu erkennen sein, dafür aber den Eindruck einer Wahrnehmung machen, sei es nun deutlich und vollständig oder nicht. Durch die Richtung, in der ich das Bild sehe (vielleicht auch noch durch andere Zeichen), ist auch bereits inhaltlich seine Stelle im Garten bestimmt, die sich nicht wie bei einer Vorstellung beliebig ändern läßt und auch nicht die Unbestimmtheit der Vorstellungslokalisation hat. An dieser falschen Wahrnehmung der Wellingtonia könnte mir höchstens auffallen, daß ich sie nicht so genau oder nicht so vollständig sehe wie die andern Bäume.

Schon die assoziative Einreihung unter die andern Dinge im Raum, die Unsichtbarkeit der hinter ihr liegenden Dinge, überhaupt die genaue Einordnung in den Sehraum mit seiner Bestimmtheit statt in den Vorstellungsraum, der unter ähnlichen Umständen durch Abstraktion nur ein lokalisatorisches Ungefähr kennt, macht die Vorstellung bei ungenügender Kritik zu einer Halluzination, bei genügender zu einer Pseudohalluzination. Treten nun aber noch Engramme der Farben und genaue Formen in das Bild ein, so kann mir überhaupt nichts mehr auffallen; ich muß glauben, die Wellingtonia stehe da, soweit nur meine falsche Wahrnehmung in Betracht kommt. Da indessen die primären Sinnesengramme zum Halluzinieren nicht nötig sind, kann jede beliebige Verarbeitung und selbst Abkürzung eines Gegenstandsbildes zur Halluzination werden; es können auch solche Bilder extra beim Halluzinationsvorgang, vielleicht *für* denselben — in neuen Kombinationen der Empfindungen — geschaffen werden.

Bei Gehörhalluzinationen, speziell Stimmenhören, hat der Vorgang des Halluzinierens noch weniger Schwierigkeiten: die Stimmen tauchen meist aus dem Unbewußten auf; sie sind also dem Patienten und seinem Gedankengang ebenso fremd wie gehörte Worte. In den meisten Fällen mag das allein ziemlich zur Halluzinierung der Vorstellung genügen, namentlich dann, wenn die Kranken beim besten Willen nicht imstande sind, zu sagen, ob man ihnen Gedanken oder Stimmen „macht“, d. h. wenn die sinnlichen Empfindungsbestandteile gänzlich fehlen. Häufig werden sich aber einige solche beimischen und in vielen Fällen nahezu so viele wie bei der wirklichen Wahrnehmung, so besonders bei dem Gedankenhören, das darin besteht, daß jeder Gedanke, gleich nachdem er gedacht ist, noch einmal reproduziert wird, aber mit der sinnlichen

Deutlichkeit gesprochener Worte. Manchmal ist der Vorgang noch einfacher, indem zu dem in Worten gefaßten Gedanken gleichzeitig die entsprechenden Sinnesengramme reproduziert werden, so daß man die eigenen Gedanken direkt hört. Dies ist einer der selteneren Fälle, wo die Leibhaftigkeit, die Sinnlichkeit, das Wichtigste an der Halluzination ausmacht; immerhin kann dabei die Qualität des Fremden, von außerhalb der Psyche Kommenden nicht fehlen, da die Assoziation von den Gedanken zu den akustischen Engrammen nicht bewußt wird.

Für alle Vorstellungen, die nicht wie Worte, Musik, Knallen von Schüssen notwendig einen bestimmten zeitlichen Verlauf haben, bildet die mangelnde Dauer einen recht stark empfundenen Unterschied von den Wahrnehmungen. Wahrnehmungen bekommen durch das beständige Zuströmen der Sinnesreize fast beliebige Dauer, „Vorstellungen zerflattern und zerfließen und müssen immer von neuem erzeugt werden" (Jaspers). Der Unterschied ist aber nicht prinzipiell. Genau genommen haben auch die Wahrnehmungen keine Dauer; sie sind in jedem Augenblick etwas anderes und erneuern sich beständig. Auch bei der größten Aufmerksamkeit schwanken sie in der Intensität hochgradig; die Eigenschaften, die man beachtet, sind immer wieder andere; nur der peripherste, sinnliche, Bestandteil scheint nicht zu wechseln. Umgekehrt haben manche Vorstellungen Dauer, sogar recht lange, so die unserer Lokalisierungen: jede meiner Handlungen an einem bestimmten Ort wird von der Vorstellung dieses Ortes, und zwar nicht bloß des sichtbaren Teiles des Lokales, begleitet und mit ihr assoziiert, wie man aus der Einreihung der Handlung im Gedächtnis ersehen kann. Während ich hier Notizen mache und zusammenstelle, verläßt mich keinen Augenblick die Vorstellung, daß meine Schreibmaschine hinter mir sei, wenn sie auch sehr schwach und von wechselnder Intensität sein mag. Die Zielvorstellung einer Rede darf den Redner keinen Augenblick verlassen. Der Maler, der aus dem Gedächtnis malt, kann seine optischen Vorstellungen festhalten; im Affekte oder im Fieber hat auch der nicht Geisteskranke manchmal andauernde Vorstellungen, „von denen er nicht loskommt", und der Psychotische beklagt sich nicht so selten über ähnliche Erscheinungen, die zwar in der Intensität schwanken mögen, aber nicht in jedem Moment neu erzeugt werden. Es liegt also nicht im Prinzip der Vorstellungen, daß sie zerflattern; sondern ein großer Teil derselben, diejenigen, die wir im Denken brauchen, haben nur durch ihre Flüchtigkeit praktischen Wert und sind deshalb für gewöhnlich nur in dieser Weise geübt; andere, wie die orientierenden[1]), sind umgekehrt auf lange Dauer eingestellt. So ist es nichts Neues, wenn in der Halluzination auch eine für gewöhnlich flüchtige Vorstellung Dauer bekommen kann; aber es kann besonders stark mithelfen, dem psychischen Gebilde den Charakter der Wahrnehmung zu geben.

Vor den Vorstellungen haben die Wahrnehmungen noch das voraus, daß sie von Reflexen und reflektorischen Tendenzen begleitet werden, ausgelöst durch die Empfindungen (Pupillenveränderungen, reflektorische Blickrichtungen; Kopfdrehungen auf Schall; Gliederbewegungen auf Hautreize usw.). Es ist möglich, daß die Empfindungen dieser reflektorischen Vorgänge, obschon sie nur ausnahmsweise zum Bewußtsein kommen,

[1]) Natürlich sofort nicht mehr, wenn ich sie isoliert und bewußt festhalten will.

eine gewisse Rolle bei der Unterscheidung von Vorstellung und Wahrnehmung zu spielen haben. Nachgewiesen ist es nicht. Sollten sie mitbestimmend wirken bei der Halluzinierung von Vorstellungen, so wäre es natürlich leicht denkbar, daß die entsprechenden Empfindungen bei einer Halluzination mitekphoriert würden.

Die Pseudohalluzinationen, die eine Mittelstellung zwischen den gewöhnlichen Halluzinationen und den Vorstellungen einnehmen, lassen sich beschreiben und verstehen als Vorstellungen, die fremd erscheinen deshalb, weil sie aus dem Unbewußten auftauchen, die aber recht vollständige sinnliche Engramme ekphorieren; ihre pathologische Natur wird aber erkannt, namentlich deshalb, weil die Kritik erhalten geblieben ist. Letzteres kann vielerlei Gründe haben, auf die hier nicht einzugehen ist.

Bei Schizophrenen sehen wir nicht so selten die Umkehrung der Realitätsauffassung, indem die wahrgenommenen Dinge als nicht wirklich erscheinen, während den halluzinierten der volle Wirklichkeitswert verliehen wird; so erscheinen die wirklichen Menschen als „Masken" oder „flüchtig hingemachte Männer". In diesen Fällen ist die Projektion der Wahrnehmungen nach außen ganz normal; auch die primäre Verarbeitung der Empfindungen zu Wahrnehmungen wird kaum gestört sein. Das Abnorme wird wohl in einem komplizierten unrichtigen Realitätsurteil liegen, das eben die halluzinierte Welt aus bekannten Gründen für wichtiger und damit für wirklicher hält als das, was der Gesunde die Realität nennt.

Eine ähnliche, wenn auch elementare Störung ist geeignet, den Charakter der Empfindungen zu beleuchten, die häufig bei Melancholikern vorkommende Erscheinung, daß optisch alles grau scheint, die Speisen keinen Geschmack zu haben scheinen, „wie Stroh", „wie Papier" schmecken; wenn man aber die Sinnesempfindungen prüft, so sind sie normal. Es kann sich hier nicht wohl um etwas anderes als eine ungenügend differenzierte Stellungnahme handeln, wie auf affektivem Gebiet dem Melancholiker alles gleich schmerzlich erscheint. Wie seine affektive Stellungnahme nivelliert ist, so ist es auch eine Zutat unserer Psyche, die als Teil der Farben- und Geschmacksempfindungen selber erscheint. Auch das ist wohl ein Fingerzeig, wie stark verarbeitet die scheinbar einfachsten psychischen Vorgänge schon sind. Ich konnte die Erscheinung einmal an mir selbst beobachten, als ich einen Augenblick lang meinte, eines meiner Angehörigen leide an einer unheilbaren Krankheit. Das ganze Weltbild war mir (ohne weitere Überlegung) einfach grau und blieb es noch viele Minuten lang, nachdem ich die unglückliche Idee korrigiert hatte. So konnte ich konstatieren, wie ich bei darauf gerichteter Aufmerksamkeit jede Nuance so gut unterschied wie sonst; dann schien es, wie wenn sich die Farben in ihrer Mattheit gewissermaßen aufdrängten, vielleicht im Gegensatz zu dem eintönigen Grau, in welchem mir die ganze Welt erschien, wenn ich nicht einzelne Farben besonders beachtete.

6. Die Verhältnisse, aus denen Halluzinationen entstehen.

Woher kommen nun diese Assoziationsstörungen, die zu Halluzinationen führen? Wir sehen solche Täuschungen zunächst einmal dann, wenn die Kritik aufhört, also bei irgendwie gehemmter Überlegung, wo man die Widersprüche der Halluzination mit der Wirklichkeit, vielleicht auch den Unterschied zwischen Wahrnehmung und Vorstellung nicht oder ungenügend fühlt Was das für eine Rolle spielt, zeigt der Umstand, daß Gesichtshalluzinationen in besonnenen Zuständen, und nur in diesen, unendlich viel seltener sind als die der andern Sinne, die nicht so leicht durch andere Erfahrungen kontrolliert werden wie eine Vision. Hierher gehört natürlich auch der Glaube, der in vielen Fällen die Kritik ausschaltet. Bestimmte Formen von Halluzinationen sind nur da möglich, wo man an ihren Inhalt glauben kann.

Am meisten aber werden Halluzinationen begünstigt durch diejenigen Assoziationsstörungen, die die Assoziationsdisziplin aufheben und die geregelten Bahnen des Denkens stören (nicht solche, die bloß die Zahl der Assoziationen vermindern wie die organischen Geisteskrankheiten, die an sich kaum eine Tendenz zum Halluzinieren bedingen). In Betracht kommen in erster Linie die Schizophrenie, der Schlaf, dann manche Erschöpfungszustände[1]), starke Affekte, vielleicht[2]) auch gewisse Intoxikationen. Da ist nicht nur die Kritik vermindert, sondern der Vorstellungsvorgang selbst verliert seine Disziplin, so daß außer den notwendigen Engrammen auch andere in ihm erscheinen, die nicht dazu gehören, und geradezu schädlich sind, wie früher ausgeführt; dazu gehören die primären Engramme mit sinnlicher Frische, dann die Anknüpfung einer Vorstellung an eine bestimmte Stelle der Außenwelt in der Weise, daß sie mit der Blickrichtung nach und von diesem Ort erscheint und verschwindet. Dann entstehen allerlei abnorme Gebilde, denen der Unterschied zwischen Wahrnehmung und Vorstellung abgeht; statt einer Vorstellung kann eine Wahrnehmung entstehen, und das wird sehr oft geschehen, teils weil die Verlegung nach außen das Primäre ist, teils weil Affektwirkungen es verlangen, und das Auftauchen aus dem Unbewußten manchen pathologischen Vorstellungen den Charakter des von außen Kommenden verleiht. Die „Vorstellungsspannung", die Kraft, die die Elemente der Vorstellungen in den richtigen Bahnen und Kombinationen hält, ist nicht eine ad hoc erfundene Theorie. Wir können unter normalen Verhältnissen viele der primären Engramme und Beziehungen nicht ekphorieren, auch wenn wir uns noch so sehr anstrengen, oder ich möchte sagen, um so weniger, je mehr wir uns anstrengen. Genaue Vorstellungen mit sinnlicher Komponente kommen am ehesten bei Nachlaß der Strammheit des Denkens, bei Erschöpfung, beim Einschlafen, im Fieber vor. Interessant ist der von Jaspers[3]) berichtete Fall eines Fieberkranken, der sich das Schachspiel genau vorstellen konnte, während er vorher und nachher dazu nicht fähig war. Hierher gehört auch die alltägliche Beobachtung, daß man im Fieber mit großer Leichtigkeit aus Tapetenblumen oder irgend welchen Flecken Fratzen herauserkennen kann, die man nach Ablauf der Krankheit nicht mehr findet. Es wäre einfach, die Vorstellungs-

[1]) Die farbigen Pareidolien J. v. Müllers verstärkten sich durch Fasten zu „wunderbarer Lebhaftigkeit".

[2]) „Vielleicht — deshalb, weil diejenigen Intoxikationshalluzinationen, die ich beobachten konnte, illusionierte Nervenreize waren.

[3]) Jaspers Psychopathologie. Berlin, Springer, 1920.

spannung als eine Seite der allgemeinen Assoziationsspannung[1]) aufzufassen; vorläufig geht das nicht an, da der sich in den logischen Fehlern zeigende Spannungsnachlaß bei der Schizophrenie nicht im direkten Verhältnis zu der Stärke der Halluzinationsneigung bei diesen Kranken zu schwanken pflegt. Gibt es doch recht dissoziierte Kranke, die wenig halluzinieren und umgekehrt. Man kann aber deshalb noch nicht behaupten, daß die beiden Arten von Spannung ganz unabhängig voneinander seien; es spielen eben da noch manche andere Dinge mit, wie die Komplexwirkungen, die Abspaltungen und Verdrängungen, die die Halluzinationen begünstigen, aber die Assoziationsspannung unberührt lassen. Affektive Bedürfnisse vor allem begünstigen die Entstehung von Halluzinationen, sobald einmal der Nachlaß der Vorstellungsspannung dies erlaubt. Der Wunsch oder die Angst, etwas Bestimmtes wahrzunehmen, kann sich dann ohne weiteres nach bekannten Gesetzen realisieren. Vielleicht besteht also doch ein enger Zusammenhang zwischen beiden Arten von Spannung.

Eine besonders wichtige Rolle spielt beim Halluzinationsvorgang das Unbewußte. Psychische Gebilde, die ihm entsteigen, haben schon an sich den Charakter des Fremden, von außen Kommenden, im gleichen Sinne wie ihn die Wahrnehmungen besitzen, also die Tendenz, entweder als Zwang oder als Wahrnehmung empfunden zu werden. Dem Unbewußten sind auch alle Assoziationen zugänglich, so daß von da aus leicht auch ohne besondere Störung der Vorstellungsspannung primäre (sinnliche) Engramme ekphoriert und zum Bestandteil psychischer Gebilde gemacht werden können.

Da die einzelnen Komponenten der Wahrnehmungen, die Farben, Formen, Größenverhältnisse usw., bei jedem Menschen schon früh durch Abstraktion isoliert worden sind, können sie als Elemente in beliebigen Kombinationen in die Halluzinationen eingesetzt werden, so daß man auch Dinge halluzinieren kann, die man nie wahrgenommen hat[2]). Es ist geradezu selten, daß die Halluzination etwas reproduziert, genau wie man es erfahren hat, und wenn es einmal vorkommt, läßt sich nachweisen, daß ein besonders starker Affekt daran hängt (außer im Traum), wo einzelne an einem der unmittelbar vorhergehenden Tage gehörten Worte, Sätze, Zahlen halluziniert werden, auch wenn sie ganz gleichgültig sind. Sie werden vom Traumzweck einfach als Material benutzt wie irgendein während des Schlafes erfolgender Sinnesreiz).

Bei Hysterischen finden wir die Abspaltungen von ganzen Komplexen ins Unbewußte oft in ausgesprochenem Maße; die Kranken können sich deshalb nicht bewußt sein, daß ihre Halluzinationen in ihnen selber aus ihren Vorstellungen entstanden sind. Eine elementare Denkstörung fehlt ihnen allerdings; dafür besitzen ihre Affekte eine abnorm große Schaltungskraft, die nicht nur alles, was zur Stimmung nicht paßt, auszusperren vermag (in einem Dämmerzustand fast die ganze Wirklichkeit), sondern der Psyche auch Bahnen zugänglich machen kann, die, wie die Einflüsse auf die körperlichen Funktionen, dem Normalen verschlossen sind, und von denen für unser Thema die Ekphorie der

---

[1]) Bleuler, Störung der Assoziationsspannung, ein Elementarsymptom der Schizophrenien. Eine Hypothese. Ztschr. f. Psychiatrie 74, 1918, S. 1.

[2]) Im gleichen Sinne wie man neue Vorstellungen bilden kann.

primären sinnlichen Engramme in Betracht kommt, so daß die Kranken die kompliziertesten halluzinatorischen Gebilde mit aller sinnlichen Deutlichkeit ausstatten können.

Wir verstehen nun auch die extrakampinen Halluzinationen[1]), die durch Zuhilfenahme von Reizen im Sinnesorgan — auch wenn man dieses im allerweitesten Sinne von der Retina bis zur Okzipitalrinde faßte — niemals zu erklären waren. Kommt es nur auf den psychischen Zusammenhang an, so kann eine beliebige optische Vorstellung, auch wenn sie außer das Gesichtsfeld verlegt wird, in den meisten Beziehungen ebensogut in die Außenwelt eingereiht werden wie sonst (nur daß sie dann nicht von dem Öffnen der Augen und der Stellung des Gesichts abhängig ist), und die sinnlichen Empfindungsengramme können ebensogut mit einer solchen Halluzination kombiniert werden, wie mit einer, die ins Gesichtsfeld lokalisiert ist. Sie beweisen besonders drastisch die Identität des Raumes der Vorstellungs- und der Wahrnehmungsinhalte.

Nicht ganz befriedigend können wir bis jetzt die Tatsache erklären, daß viele Patienten gerade im äußeren Lärm Stimmen hören oder Geschmackshalluzinationen haben, während sie essen, oder, was allerdings selten ist, hauptsächlich am Tage Visionen haben, während andere gerade unter solchen Umständen von den Sinnestäuschungen verschont bleiben. Wir können annehmen, daß die Reizung der Sinnesflächen durch Ähnlichkeitsassoziationen die Ekphorie der Sinnesengramme begünstigt, daß das Essen nur den „Anlaß" gibt, jetzt im Unbewußten die Vorstellung und damit auch den Geschmack von Gift hervorzurufen. Wir wissen auch, daß manche der Stimmen, die aus wirklichen Geräuschen herauszukommen scheinen, Illusionen aus Teiltönen des Geräusches sind, neben denen das ganze Geräusch noch wahrgenommen wird. Der Gesunde kann das beim Einschlafen und beim Erwachen ebenfalls an sich beobachten. Auch auf optischem Gebiet kann z. B. irgendein Flimmern, das durch die Augenlider hindurch perzipiert wird, als ein sich drehendes Rad mit glänzenden Speichen und daneben doch noch als allgemeines Flimmern erscheinen. Wenn umgekehrt die Stille der Nacht oder des Gefängnisses zu Gehörshalluzinationen, das Dunkel zu Visionen disponiert, so können wir daran denken, daß die wirklichen Wahrnehmungen wie alle andern Psychismen ceteris paribus andere Psychismen hemmen, besonders diejenigen, die mit ihnen im Widerspruch stehen. Die optischen und akustischen Eindrücke des Tages werden wenig aufdringliche Halluzinationen, entstehen sie aus Reizen oder aus Vorstellungen, leicht „übertönen". Wir können uns auch vorstellen, daß die entoptischen und entotischen Erscheinungen nur bei Ausfall der sie hemmenden Sinnesempfindungen zur Wirksamkeit kommen und nur dann leicht in andere Wahrnehmungen umillusioniert werden können[2]).

Ich frage mich aber, ob nicht noch psychische Gründe, das Bedürfnis

---

[1]) Man sieht den Teufel außerhalb des Gesichtsfeldes, z. B. hinter sich; ein Geruch ist im Nacken; man spürt auf der Hau („sieht" nicht) einen Wasserstrahl aus einer bestimmten Ecke des Zimmers kommen u. dgl.

[2]) Vielleicht hängt es mit solch entotischen Reizen zusammen, wenn einzelne Patienten nur beim Liegen oder umgekehrt nur in aufrechter Stellung halluzinieren. Die Stimmen bei Erkrankungen oder Elektrisation des Gehörs mögen verschiedene Ursachen haben.

nach Reizen, nach Unterbrechung der Stille und ähnliches mitwirken. Ferner ist am Tage die Kritik, der direkte Widerspruch der Visionen mit der Wirklichkeit, viel wirksamer, während auf akustischem Gebiet wirkliche Worte den Unterschied von Stimmen empfinden lassen.

Es ist kein Widerspruch, wenn wir oben angenommen haben, daß Sinnesreize die Ekphorie der Engramme von früheren Sinnesreizen fördern können, und daß wirkliche Wahrnehmungen das Zustandekommen von Halluzinationen hindern. Psychismen wie alle Vorgänge im Zentralnervensystem können sich hemmen oder fördern, je nachdem sie das nämliche Ziel haben oder nicht. Ferner werden Hemmungen der Halluzinationen durch Wahrnehmungen wohl hauptsächlich da ansetzen, wo die Halluzinationen zum Bewußtsein kommen, d. h. sie lassen sie nicht bewußt werden, während eine allfällige Förderung des sinnlichen Bestandteiles im Unbewußten ablaufen müßte.

Ohne genügende Erklärung bleiben noch diejenigen Halluzinationen, die dem Patienten selbst konfus oder ganz unverständlich sind. Zum Teil hängen sie gewiß wie die Traumkonfusionen mit dem gestörten Gedankengang zusammen, der dem halluzinatorischen Zustande zugrunde liegt und im Spaltungsirresein neben geordnetem Denken vorkommen kann. Dann können solche Halluzinationen Reizzustände des Gehirns sein, die halb systematisiert sind. Nach stärkerer Anstrengung der Augen oder hypnagogisch kann man als eine Art Pseudohalluzination Gebilde vor sich sehen, die der Tagesbeschäftigung entsprechen, und zwar mit voller Schärfe; es brauchen aber nicht genaue Reproduktionen des Erlebten zu sein; die Erlebnisse sind vielmehr auch in solchen Fällen oft umgearbeitet. Es ist nun leicht denkbar, daß die Umarbeitung von funktionell systematisierten Reizzuständen zu Halluzinationen nicht gut gemacht wird, so daß unverständliche und verworrene Gebilde entstehen. Wenn ich im Traum etwas lesen soll, so kommt es zuweilen vor, daß ich die sinnlichen Engramme nicht aufbringe. Die Schrift ist undeutlich oder ohne Zusammenhang. Es ist vielleicht nicht Zufall, daß das manchmal nach einem Stadium auftritt, in dem ich ohne Schwierigkeit gelesen habe, aber, soweit ich mich auf die Traumerinnerung verlassen darf, oft indem ich die Schrift mehr vorgestellt als gesehen habe (natürlich ohne dessen bewußt zu werden). Ohne es genauer zu verstehen, können wir uns ferner denken, daß bei Leuten, die sonst unklar sind, sowohl der verstehende Anteil der Psyche wie der halluzinierende zu keiner klaren Leistung fähig sei; man kann sich auch erinnern an die Ffreudschen Erklärungen von verwirrten oder unverständlichen Bildern im Traum, bei denen die Unklarheit selbst immer eine Bedeutung hat, eine Idee symbolisch darstellt; aber befriedigend sind solche Vorstellungen nicht.

Nicht funktionelle Reizzustände werden selten andere als Elementarhalluzinationen hervorbringen: Geräusche, Blitze, Schatten, „elektrische“ Empfindungen u. dgl. Wir wissen aber, daß Elementarhalluzinationen auch psychisch bedingt sein können — dann, wenn sie zu den ideellen Bedürfnissen gehören: Man hat Angst erschossen zu werden und hört Schüsse, verbrannt zu werden und sieht Feuer; letzteres kann auch als Symbol der Liebe gesehen werden. Nicht ganz verständlich sind mir die Halluzinationen von Musik. Wir beobachten sie sehr häufig beim Delirium tremens, gewöhnlich mit ausgesprochener Taktbetonung, können uns aber nicht recht denken, daß der bloße Reizzustand des physischen Gehörapparates (natürlich des zerebralen) ganze Märsche hervorbringen könne, obschon die übrigen Halluzinationen des Delirium tremens sicher unillusionierte Parästhesien sind, und obschon die Vorliebe für den stark markierten Takt auf irgendeinen Hirnvorgang schließen läßt. Wir beobachten Musik ferner bei Ohnmachten und bei Ertrinkenden, aber auch hier nicht recht verständlich, insofern es sich um ausgearbeitete Musik und nicht bloß um ein Durcheinander von Tönen handelt. Anderseits gehört Musik zu den Ekstasen, die bei Hysterischen wohl rein psychogen entstehen, bei Schizophrenen und Epileptischen aber anatomischen und toxischen Hirnreizungen gemischt mit psychischen Bedürfnissen entspringen[1]). Wenn wir überhaupt einleitend die Halluzinationen eingeteilt haben in Reiz- und Vorstellungshalluzinationen, so sind wir uns klar, daß in manchen Fällen beides zusammenwirkt, teils in dem Sinne, daß das Körperliche die Disposition zur psychogenen Halluzination gibt,

[1]) Könnte man aus dieser anscheinenden Sonderstellung der Musik vielleicht etwas schließen zum Verständnis der psychischen Bedeutung dieser Kunst?

teils so, daß nebeneinander beide Arten von Halluzinationen vorkommen; letzteres wird namentlich bei den Körperhalluzinationen der Schizophrenie der Fall sein, die, wie mir scheint, nicht alle aus Parästhesien entstehen, und in jedem Falle so stark umgearbeitet sind, daß der psychogene Anteil der wichtigere ist. Wenn aus irgendwelchen genitalen Elementarempfindungen die Halluzination einer Schändung durch Tiere mit Umdrehen des Uterus wird, so scheint mir der psychische Anteil doch größer als bei den Tiervisionen der Alkoholiker, die aus Schatten- und Lichtflecken entstehen, besonders da die persönliche Beziehung und Stellungnahme zu den Halluzinationen bei den Alkoholdeliranten (wenn nicht Herzschwäche zu viel Angst und damit Komplexe hineinbringt), fast Null, beim Schizophrenen aber maximal ist. Man kann sich indessen bei den Tiervisionen fragen, ob nicht noch eine besondere psychische Geneigtheit dazu gehöre, aus den beweglichen kleinen und multiplen Lichterscheinungen gerade Tiere zu machen. Unbedingt notwendig erscheint uns ein besonderer Mechanismus allerdings nicht, da multiple, kleine, sich bewegende Dinge meist Tiere sind.

An Hand dieser Vorstellungen können wir einen großen Teil der spezifischen Eigentümlichkeiten der Halluzinationen in den verschiedenen Krankheiten und Krankheitszuständen verstehen. Wir leiten die eigenartigen Halluzinationen des Delirium tremens aus den Reizzuständen der Gesichts- und Hautnerven ab, die Seltenheit ähnlicher Gehörshalluzinationen bei der nämlichen Krankheit aus der relativen Immunität des Acusticus gegenüber den hier in Betracht kommenden Autotoxinen, die Seltenheit der Gesichtshalluzinationen außerhalb der Delirien aus ihrem fühlbaren Widerspruch mit der Realität usw. Noch gar nicht verstehe ich, warum im Schlaftraum die akustischen Halluzinationen so stark zurücktreten.

C. Das Denken. Die Assoziationen. Die Intelligenz.

INHALT. Das Denken ist eine Folge der nämlichen Einrichtungen des Gedächtnisses wie die Begriffsbildung. Wie sich uns die Sinnesempfindungen gleichzeitig oder nacheinander in Gruppen bieten, so die Geschehnisse und die Beziehungen zwischen diesen Gruppen. Es gibt deshalb auch keine Grenze zwischen Begriffsbildung und Denken. Schon elementare Leistungen wie die der Entfernungsschätzung aus den optischen Empfindungen hat man ein Schließen genannt, insofern mit Recht, als es genau der gleiche Vorgang ist wie bei einem Schlusse, mit Unrecht, wenn man voraussetzt, daß alles Schließen bewußt sein müsse. Das Kind schreit nach der Mutter, indem es gar nichts anderes als die Erfahrung wiederholt, daß auf Schreien die Mutter kommt und ihm Behagen bringt. Wenn es auch nicht in die Form einer gewöhnlichen Überlegung gekleidet wird, so ist es doch gleichwertig dem, was wir in den Worten ausdrücken: „wenn ich schreie, kommt die Mutter, ich möchte daß die Mutter kommt, also schreie ich". Die Beziehungen „weil", „deshalb", „wenn", „obgleich", „daher", ergeben sich aus den Zusammenhängen von selbst; auch ist z. B. die finale Beziehung durch die bloße assoziative Zusammenstellung gewisser Vorstellungen in einer psychischen Einheit hergestellt. Ebenso ist es mit den Beziehungen der Ähnlichkeit, Gleichheit, Verschiedenheit. Das Urteil entsteht dadurch, daß ein Teilerlebnis (z. B. heiß) durch das Erleben selbst oder durch Analogieassoziationen aus der Gesamtvorstellung (Milch) herausgehoben und mit der letzteren wieder in assoziative Verbindung gebracht wird (die Milch ist heiß). Zwingende Urteile sind nur solche, bei denen im Begriff des Gegenstandes das von ihm Ausgesagte liegt. Ähnlich bei den Schlüssen. Dahin gehören die mathematischen Urteile und Schlüsse, die indessen auch zweifelhaft werden können, nicht nur wenn sie zu kompliziert sind, um klar und restlos übersehen zu werden, sondern auch wenn man vergißt, inwiefern die benutzten Begriffe abstrahiert sind. Der Begriff der mathematischen Gleichheit ist ein relativer. Begriffe wie Unendlichkeit und Null haben recht verschiedene Bedeutung. Jedenfalls stammen auch die mathematischen Urteile ebensogut aus der Erfahrung wie die Kenntnis eines Gegenstandes. Das Schließen wiederholt überhaupt nur die Zusammenhänge der Erfahrung. Der pythagoreische Lehrsatz läßt sich aus sechs Erfahrungen und acht Analogieassoziationen beweisen, wenn einige geometrische Grundbegriffe wie Dreieck, rechter Winkel vorhanden sind. Der bloß gedachte Versuch ist eine klare Analogie des Erlebten. An dem Beispiel der Erfindung der Flugmaschine läßt sich zeigen, wie man auf Neues kommt. Ein Denkvorgang läßt sich ebensogut wie die Begriffsbildung rein physisch (hirnphysiologisch) darstellen.

Allgemeines. Wie die Vorstellung eine ekphorierte (überdauernde) Wahrnehmung einzelner Dinge ist, so ist das Denken eine Ekphorie überdauernder Wahrnehmung der Zusammenhänge der Dinge.

Die Assoziationen. Es gibt keinen scharfen Unterschied zwischen Vorstellungen und ihren Zusammenhängen oder den Übergängen von einer Vorstellung zur andern. Denkt man sich als eine bequeme Abstraktion die Vorstellungen statisch, wobei das Denken von einer zur anderen geht, so kommt man zum Begriff der Assoziation, der nicht ein einheitlicher ist: 1. Assoziationsstiftung durch gleichzeitiges oder Nacheinandererleben zweier Psychismen. 2. Die beiden Psychismen bleiben assoziiert in ihren Engrammen, so daß 3. Ekphorie des einen Engramms die Tendenz hat, das andere zu ekphorieren, „zu assoziieren". 4. Gleichzeitig ablaufende Vorgänge beeinflussen sich, sind also irgendwie funktionell verbunden, assoziiert. Die Assoziationsstiftung ist nicht bloß etwas Positives, sondern in ihr liegt zugleich ein Ausschluß oder wenigstens eine Hemmung anderer Wege des Gedankenganges.

In den Begriff der Assoziation darf nichts Räumliches oder gar Anatomisches hineingedacht werden. Er ist vorläufig rein psychisch aufzufassen.

Die Assoziationsstiftung geschieht allein durch Gleichzeitigkeit oder Nacheinander zweier Erlebnisse. Die Ekphorie benutzt diese erworbenen Verbindungen (Assoziation durch Gleichzeitigkeit und Nacheinander). Es gibt aber auch eine ursprüngliche nicht erworbene Assoziation, die durch Ähnlichkeit. Sie ist eine allgemeine Eigenschaft der zentralnervösen Funktion, im Keime schon bei jeder Reaktion auf Reiz bemerkbar. Die erworbene Assoziation durch Neben- und Nacheinander ist eigentlich nur ein Spezialfall dieser Ähnlichkeitsassoziation. Gleichheitsassoziation im strengsten Sinne gibt es nicht. Was man so auffaßte, sind alles Ähnlichkeitsassoziationen. Daß die Ähnlichkeitsassoziation das Primäre ist, drückt sich auch darin aus, daß das, was man lernen muß, nicht das Erkennen des Ähnlichen und Gleichen ist, sondern das Unterscheiden. Je einfacher die Psyche, um so weniger Unterscheidungen, umso größer die Reizbreite, welche gleiche Reaktion erzeugt. Je größer die Erfahrung und Übung, um so feiner die Unterscheidung. Wenn das Substrat der Psyche gestört ist in organischen Hirnkrankheiten, so leidet die Unterscheidung schon der einzelnen Empfindungen, aber auch der Begriffe und Ideen.

Allein aus diesen Assoziationen nach Erfahrung und nach Ähnlichkeit entsteht noch kein Denken. Es kommt dazu die Zielvorstellung, die in ihrem wichtigsten Teil von den Strebungen gegeben wird. Das Denken hat ja einen Zweck. Die ganze Zielvorstellung besteht aus einer komplizierten Hierarchie von Vorstellungen, die alle die Schaltungen in ihrem Sinne stellen, so daß die Richtung der Gedanken, die Auswahl unter den unendlich vielen möglichen Assoziationen eine gegebene wird. Ein jeder Bestandteil des Denkzieles bahnt die zu ihm passenden Assoziationen und hemmt die ihm nicht entsprechenden. Die Komplikation dieser Konstellation ist aber so groß, daß sich die Bahnen nie mit der Sicherheit eines physikalischen Experimentes berechnen lassen. Man kann so wenig wie bei Wetterprognosen wissen, ob man alle Faktoren in Berechnung gezogen hat. Durch die Konstellation wird auch bestimmt, an welchen Bestandteil eines Begriffes sich die nächste Assoziation anknüpft, welcher Bestandteil „verbindungtragend" ist.

Diese Gesetze des Denkens sind also die der Assoziation. Diese sind die der Ekphorie. Die Ekphorie ist in Art und Inhalt bestimmt durch die Engraphie, in ihrer Auswahl durch die angeborenen im CNS. liegenden Triebe. Die Engraphie ist eine überdauernde Erfahrung. So sind die Gesetze des Denkens die der Erfahrung.

Verschiedene Arten des Denkens. Ein einzeitiges (oder mehrdimensionales) Denken komplizierter Ableitungen ist möglich und kommt in vielen instinktiven Reaktionen, im intuitiven Denken, in plötzlicher Gefahr und sonstigen Ausnahmezuständen vor. Sonst verläuft der Denkvorgang linear. Doch kann man unter Umständen zwei und mehrere Themen nebeneinander denken. In der Schizophrenie sind solche Leistungen nicht selten, wobei allerdings häufig die eine unbewußt vor sich geht.

Das wissenschaftliche Denken kann sich von dem gewöhnlichen Denken nur durch größere Vorsicht, genauere Prüfung aller Voraussetzungen und Schlüsse unterscheiden.

Das dereierende (autistische) Denken. Das Denken muß sich von sklavischer Wiederholung früherer Erlebnisse losmachen und muß Analogien wiederholen, nicht Gleichheiten, wenn es für neue Situationen nützlich sein, zu Neukombinationen führen soll. Wie weit die Analogien im allgemeinen gehen dürfen, ist natürlich nicht zu bestimmen. Manche Analogie, die heute als selbstverständlich erscheint, ist morgen als unrichtig erkannt, und manche, die heute als unmöglich gilt, ist morgen Tatsache. Außerdem ist das Denken in entfernteren Analogien eine notwendige Übung wie das

Spiel des Kätzchens. So ist es unvermeidlich, daß das Denken auch über die Wirklichkeit hinausgeht, und bestimmte Kräfte (Drang nach Erkenntnis, nach Erfüllung beliebiger Wünsche) treiben geradezu, es da zu mißbrauchen, wo es den Verhältnissen nicht mehr gewachsen ist, also zu falschen Schlüssen führt. Wenn uns die Realität Wünsche, wie die nach Liebe, nach Geltendmachung der Person, nach Erkenntnis der Weltzusammenhänge, nach ewigem Leben, nicht gewähren kann, so denkt man sich ihre Erfüllung aus, im Traum des Tages und der Nacht, in Mythologien, Religionen, Dichtungen, in den Wahngebilden der Geisteskranken, in symbolischen Symptomen der Neurotiker. Solche Gedankenverbindungen, die von der Realität beliebig weit absehen, sind auch nicht an die strengen logischen Formen gebunden; statt dieser leiten vage Analogien, Symbole aller Art, die an die Stelle von Wirklichkeiten treten, Klangassoziationen, Verdichtungen mehrerer Begriffe zu einem, paralogische Ideengänge überhaupt die Assoziationen; Widersprüche können unbemerkt neben einanderstehen: das dereirende (autistische) Denken. Da gerade die wichtigsten Ziele unseres Denkens, denen unter anderem der Glaube angehört, unsern tiefsten Instinkten entsprechen, ist es ganz selbstverständlich, daß man die Resultate dieser Denkformen trotz ihres mangelnden Realitätsgehaltes höher einschätzt, seine Persönlichkeit mehr für sie einsetzt, und sich mehr dafür opfert als für Realitäten. Das dereierende Denken kann die Begeisterung für manches Gute und Große höher anfachen und oft mehr Trost spenden als die aus Gutem und Bösem gemischte Wirklichkeit und das realistische kühle Abwägen. Auch geschieht es oft, daß man mit Recht etwas glaubt, ohne es strikte beweisen zu können, z. B. in psychologischen Dingen, d. h. man denkt mit Recht ohne ganz sicheren Beweis; solches Denken muß aber in bezug auf Erfolg wie in der Vorstellung des Denkenden als realistisches gewertet werden. — Zu einem gewissen Teil deckt sich die Phantasie mit dem dereierenden Denken. Je höher eine Psyche steht, um so mehr Gelegenheit und Trieb zum Dereieren und um so größere Disziplin und Fähigkeit zur Unterscheidung von Dereismen und Wirklichkeit muß sie haben, um nicht fehlzugehen, d. h. um Wirklichkeit von Hirngespinsten zu unterscheiden. Das dereirende Denken kommt bei jedem Menschen vor, je weniger Kenntnisse von der Wirklichkeit man besitzt, um so weiteren Raum muß es, alles andere gleich gesetzt, einnehmen, indem es die Lücken des Wissens ausfüllt. Metaphysik und ein ziemlicher Teil der Philosophie, beide insofern sie reine Metaphysik und reine Philosophie sind, sind mehr oder weniger dereierend.

Das dereierende Denken kommt überall vor, wo die Wirklichkeit innere Bedürfnisse gar nicht oder ungenügend befriedigen kann (Mythologie, Zauber, Tagträume, Dichtung), und wo die Assoziationsspannung vermindert ist (Traum, Schizophrenie, Fieber, manche Vergiftungen), selbstverständlich immer mit logischen Denkformen gemischt, aber in sehr verschiedenem Grade.

Unter dem etwas einseitigen Gesichtspunkte der Begriffsbildung haben wir im vorigen Kapitel die Verarbeitung der Engramme und ihrer Verbindungen betrachtet. Genau die gleichen Eigenschaften und Vorgänge und nichts Neues finden wir im Denken[1]).

[1]) Nicht ganz mit Unrecht nennt Fritz LUX in Mannheim eine Vorrichtung, wo das Gedächtnis des einmal magnetisierten Stahls zu einer durch die „Erfahrung" früher eintretenden wiederholten Reaktion führt, eine „denkende Maschine" (Zürcher Post 2. IV. 21). Es strömt Wasser in das Innere eines Raumes mit elastischen Wänden; die herannahende Wasserwelle wirft schon vor dem Eintritt einen Lichtstrahl auf eine Selenzelle, wodurch ein elektrischer Strom geschlossen und ein Stab aus weichem Eisen vorübergehend magnetisiert wird. Gleich nach dem schließt der Überdruck im Raum einen zweiten elektrischen Kontakt, wodurch ein Stahlstab magnetisiert wird. Folgt nun eine neue Wasserwelle, die das Selen belichtet und so den Eisenstab wieder magnetisch macht, so wirken während dieser Zeit die beiden Magnete, der dauernde aus Stahl und der momentane aus Eisen, zusammen und schließen die Eintrittsöffnung „prophylaktisch" wie ein Organismus, der Erfahrung gesammelt hat. Durch eine kleine Austrittsöffnung fließt das Wasser wieder langsam aus, wodurch der Überdruck aufhört, die Eintrittsklappe geöffnet und das Spiel von neuem ermöglicht wird. Es scheint mir, die Vorrichtung ließe sich wirklich zu einem Modell des Denkapparates entwickeln. Wenn man z. B. die Funktion des durch die Selenzelle gehenden Stromes so mit einem den Verschluß hemmenden und einem fördernden Mechanismus in Verbindung brächte, daß, je nach der Tätigkeit des einen oder andern derselben, der Lichtstrahl die Schließung der Kammer auslösen oder unter-

Schon in den Abstraktionen, die wir (nicht ganz richtig) als etwas Statisches, Feststehendes ansehen und u. a. Begriffe nennen, drücken sich gar nicht nur inhaltliche Erfahrungselemente, sondern ebensogut deren Verbindungen aus: Wenn das Kind nicht die Einzeleindrücke des Gesichts, Gehörs, Getasts, der Wärme, des Geruchs, Geschmacks usw. in dem zeitlichen und räumlichen Nach- und Nebeneinander, wie sie ihm von der Erfahrung geboten werden, fixieren würde, so könnte es sie nicht zu der Einheit der Begriffe kombinieren.

Die Erfahrung zeigt nun, daß die Begriffe wieder unter sich bestimmte, wenn auch viel wechselndere Verbindungen besitzen, und daß gewisse Folgen sich immer wiederholen wie: „Unbehagen — Schreien — Mutter kommen — Trinken oder Trockenlegen — Behagen“. Diese Reihen zeichnen sich von den bisher besprochenen u. a. dadurch aus, daß sie immer in der gleichen Richtung gehen; während von der Mutter bald das Gehör, bald das Gesicht die erste Kunde bringt, geht die obige Erfahrungsreihe stets vom Unbehagen zum Trinken. Wenn also ein Unterschied in der Raschheit und Sicherheit der Fixierung solcher Folgen gegenüber den Begriffen besteht, so kann es nur der sein, daß sie im Verhältnis zu der Häufigkeit des Vorkommens noch rascher und bestimmter engraphiert werden. So kommt zu der organisch vorgebildeten Folge „Unbehagen — Schreien“ als weiteres Glied gleich in den ersten Tagen hinzu „Mutter und Behagen“[1]). Die ganze Reihe wird wohl schon durch Übung leicht ablaufend, inkontinent, gemacht. Unbehagen ist aber auch identisch mit dem Triebe, der jetzigen Situation zu entgehen, Behagen identisch mit dem, sie zu erhalten — oder eine solche Situation aufzusuchen, wenn sie nicht vorhanden ist. Zunächst sind das Fliehen aus der unlustigen Situation und das Gewinnen einer behaglichen ebenfalls identisch; das Unlust empfindende Geschöpf ändert (wenn keine andere Richtungsbestimmung der Reaktion vorhanden ist) auf Geratewohl beständig die Situation, bis es in eine kommt, die ihm Lustempfindungen bringt; das sehen wir beim Neugeborenen immer, und beim Tiere dann, wenn wir es in Situationen bringen, für die es keine speziell angepaßten Reaktionen besitzt: Es zappelt oder schlägt oder beißt um sich ohne spezielles Ziel und ohne sich um die Integrität seines eigenen Körpers zu kümmern (die Analogie beim entwickelten Menschen ist der Wutaffekt), oder es flieht mit derselben Rücksichtslosigkeit auf alles, was nachher kommt, und auf die Gefahr hin, sich gerade dadurch ins Verderben zu bringen (Durchbrennen eines Pferdes, blinde Panik des Menschen). Für die durchschnittlichen Situationen aber besitzt das Tier seine reflektorischen oder instinktiven Reaktionen, die geeignet sind, ihm Lust und damit Erhaltung zu bringen; es kann sehr

---

lassen würde, so hätten wir nicht nur Gedächtnis sondern zugleich die assoziative Beeinflussung durch gleichzeitige andere Vorgänge, wie wir es bei einem Reflex treffen, dargestellt. Ohne etwas prinzipiell Neues hinzuzufügen, ließe sich auch ein zweiter Stahlstab mit Selenzelle einfügen, der unter bestimmten Umständen magnetisiert würde und dadurch die Vorgänge beeinflussen könnte. Wir hätten dann sogar die assoziative Ekphorie zweier Engramme nachgeahmt, zwar nicht ganz gleich, aber sehr ähnlich wie beim Denkvorgang.

[1]) Um diese Zeit ist der Begriff der Mutter natürlich noch nicht eigentlich gebildet, auch wenn man darunter nur ein Rudiment verstehen will. Offenbar werden die beiden Dinge „Mutter“ und „Behagen“ erst später auseinandergehalten und sind zu dieser Zeit noch eine Einheit.

geschickt der Unlust entfliehen oder Lust aufsuchen. Das Gedächtnisgeschöpf aber, das den wichtigsten Teil seiner Reaktionen erst aus der Erfahrung gewinnt, muß zuerst die Erfahrung sammeln. Das tut es mit einer merkwürdigen Raschheit. Kaum hat der Säugling die Assoziationen „Unbehagen — Schreien — $\left\{\begin{matrix}\text{Mutter}\\ \text{Behagen}\end{matrix}\right\}$ gewonnen, so wendet er sie auch an. Er antizipiert die Lust, die die Mutter ihm bringen wird, in der Assoziation und schreit deshalb auch, „um sich durch die Mutter Lust verschaffen zu lassen“, oder einfacher und der werdenden Psyche des Säuglings besser angepaßt ausgedrückt, *das Schreien wird leichter ausgelöst, weil es dem Trieb nach Behagen assoziiert wird.* Sobald das Kind nicht Behagen spürt, hat es nun den Trieb, über Schreien Behagen zu gewinnen. Daß dem so ist, ist leicht zu beweisen: springt die Mutter auf jeden Quiek des Kindes bei Tag und bei Nacht herbei, so schreit es alle Augenblicke, während dasselbe Kind, solange es gesund ist, die ganze Nacht durchschläft, wenn die Mutter nur dann reagiert, wenn es notwendig ist.

Solcher Leistungen der Erziehung, des Verstandes oder der Gewöhnung oder wie man sie nennen soll — auf dieser Stufe sind diese Dinge alle identisch — ist jedes normale Kind in den ersten Tagen fähig. Ich konnte eine Gedächtniswirkung einmal schon unmittelbar nach der Geburt konstatieren, während das Kind zur Seite gelegt war, weil die Hebamme zunächst noch sich mit der Mutter beschäftigte: Es fuhr ganz ungeordnet mit seinen Händchen herum, geriet, anscheinend zufällig, mit dem Daumen in den Mund, fing sogleich zu saugen an, aber die unzweckmäßigen Impulse rissen ihm den Finger nach wenigen Zügen wieder aus dem Munde; es fand aber den Mund verhältnismäßig rasch wieder und nachher noch einige Male und zwar jedesmal rascher. Es wurde dann zum Baden weggeholt, durch welche Ablenkung diese erste psychische Leistung spurlos „verwischt“ wurde.

Das Kind, das nach der Mutter schreit, führt eine Zweckhandlung aus, ebenso wie es eine Zweckunterlassung begeht, wenn es die ganze Nacht nicht nach der Mutter schreit, die doch nicht kommt. Schreien bringt ihm dann nicht immer Lust, sondern auch Unlust in Form allgemeiner Erschöpfung und Ermüdung der Stimmorgane. Es „zieht dann vor“, in den Situationen ohne Lust oder mit geringer Unlust nicht zu schreien. Es ist gar kein prinzipieller Unterschied zwischen diesen Handlungen und z. B. der meinigen, wenn ich jetzt über das Denken schreibe: Ich ärgere mich über den vielen Unsinn, den man darüber äußert; ich besitze den für meine Mitmenschen gefährlichen, aber vielleicht in seinen Motiven doch nicht zu tadelnden Trieb, andere von falschen Ansichten zu befreien; deswegen habe ich schon seit langem Beobachtungen gemacht, die mir zeigen sollten, was richtig ist, und nun eine Gelegenheit benutzt oder gemacht, darüber zu schreiben. Ich habe ja auch bemerkt, daß man mit Reden und Schreiben etwas zur Änderung der Ansichten Anderer tun kann, wie der Säugling durch Schreien Änderungen seiner Entfernung von der Mutter bewirkt. Allerdings hat dieser anfangs keine klare Vorstellung davon, was die Mutter und was das Herbeirufen ist; er denkt auch gar nichts anderes als den Zweck, und folglich auch den nicht, wie *wir* ihn denken, da ein Gedanke nur im Unterschied zu andern klar werden kann, während ich viele Dinge, die da in Betracht kommen, der Menschen Schwächen und Tugenden, alten Zopf und Neuerungssucht à tout prix, Druckkosten und Verlagsschwierigkeiten nebenbei zu überlegen habe. Aber das sind keine prinzipiellen Unterschiede, die den Mechanismus der Reaktion in Denken und Handeln betreffen würden, sondern nur Unterschiede der Erfahrung und des Handlungszieles.

Wir haben hier bei dem Säugling Denken und Handeln noch als eine Einheit betrachtet und gewiß mit Recht. Später werden die Vorgänge oft (gar nicht immer) getrennt: Das Kind wird die Assoziation „Mutter herbeirufen" haben, bevor es sie ausführt, indem Hemmungen dazwischen kommen. Es wird die Handlung erst ausführen, wenn bessere Gelegenheit ist, d. h. wenn die Hemmungen wegfallen oder wenn sie durch die zunehmende Stärke des Unbehagens überwunden werden. Es wird zuerst die Assoziation, also im Keime den „Gedanken", haben, die Mutter herbeizurufen. Wird ihm bewußt, daß es sicher die Mutter rufen werde (sobald die entgegenstehenden Hemmungen wegfallen), so hat es einen „Vorsatz", einen „Entschluß" gefaßt.

Außerdem werden natürlich bald auch Assoziationen gebildet, die nicht direkt zum Handeln führen: Mutter geht ans Klavier — Musik; Mutter setzt den Hut auf — Mutter geht aus; Dunkel werden — Bett gehen; Tag werden — aufstehen; Wolken — Regen; Naschen — Ohrfeige.

Aus allen solchen Verbindungen entsteht das Denken. Wir finden im Denken nichts, das sich nicht darauf zurückführen ließe. Wir können auch auf diese Weise unsere Gedanken Anderen ausdrücken, so in den primitiveren Hieroglyphenschriften und im Verkehr mit Taubstummen, die unsere Sprachzeichen nicht gelernt haben. Wir machen z. B. die folgenden Zeichen nacheinander: Sonntag, Du, betrunken; Sonntag, Du, nicht ausgehen. Nun weiß der Schuldige, daß er getadelt wird, weil er am letzten Sonntag betrunken war, und daß er am nächsten Sonntag deshalb nicht ausgehen darf.

Nun aber die Beziehungen „weil" und „deshalb" und so noch viele andere, die wir durch „wenn" und „obgleich" und „nachher" usw. ausdrücken; diese ergeben sich aus den Zusammenhängen, die wir hier nicht genannt haben. Wenn ich die Reihe „Sonntag, Du, betrunken" mime, so heißt das an sich noch nicht, daß der Taubstumme getadelt wird, sondern bloß, daß er am Sonntag betrunken war. Mein Gesicht zeigt ihm aber, daß das nicht als Lob aufzufassen ist wie bei einem Studenten. Diese meine Stellungnahme brauche ich nicht absichtlich zu mimen; die begleitende Mimik ergibt sich mir von selbst[1]). Für das „Weil" und „Dehalb" genügt hier die einfache Folge. Der Mann weiß aus meiner Demonstration, daß die beiden Dinge aufeinander folgen. Wenn ihm das Nichtausgehen Unlust, das Ausgehen Lust bereitet, so muß sich das Nichtbetrinken über die Folge „Betrinken — nicht ausgehen" assoziieren mit dem Trieb auszugehen, das Trinken mit der Erfahrung des Nichtausgehens, in der die Unlust, das Vermeidenwollen liegt. Es wird also ein Trieb in ihm geschaffen, sich nicht zu betrinken

[1]) Das „Sonntag Du nicht ausgehen" bezieht sich auf den nächsten Sonntag; das ergibt sich aus dem Zusammenhang, denn am vorhergehenden Sonntag war der Delinquent ja aus und betrunken. Diese Ergänzung ist allerdings beim Denken, wo die beiden Sonntage sonstwie auseinandergehalten werden, nicht nötig wie hier beim mimischen Sprechen.

und auszugehen, und einer, das Trinken mit dem Nichtausgehen zu meiden. Durch die bloße assoziative Zusammenstellung der verschiedenen Dinge in einer psychischen Einheit ist die „finale“ Beziehung hergestellt.

Das Kind kann die Erlebnisse „Naschen — Ohrfeige“ verschieden verbinden, so daß es in Worte gefaßt heißt: Wenn ich nasche, so kommt die Ohrfeige, oder weil ich nasche..... oder nachdem ich genascht, oder obgleich ich die Erlaubnis zum Essen von der Mutter hatte.... Diese Beziehungen sind ebenfalls bloß etwas Assoziatives.

Hat das Kind zugleich mit der Nebeneinanderstellung „Naschen — Ohrfeige“ die zeitliche Einreihung, den Zeitbegriff assoziiert, so liegt in der bloßen Zusammenstellung der drei Dinge das „Nachher“. Es könnte das auch ausdrücken in der Zusammenstellung „um 5 Uhr habe ich genascht — um 5.05 habe ich die Ohrfeige bekommen“; wobei es ebenfalls gar nichts hinzugemacht hat, um eine Beziehung herzustellen. Es legt nun, wenn es „nachher“ sagt, keinen Wert auf eine so genaue Zeitbestimmung, sondern es hat bloß das zeitliche Verhältnis überhaupt ins Auge gefaßt, d. h. etwas, was es aus einer Menge solcher zeitlichen Folgen abstrahiert hat in der gewöhnlichen Weise, weil alle etwas Gemeinsames haben. Das „Nachher“ liegt also ebensowohl in der speziellen Zusammenstellung

$$\left\{\begin{matrix}\text{Naschen}\\ \text{Ohrfeige}\end{matrix}\right\} \text{ zur bestimmten Zeit,}$$

wie in der Zusammenstellung

Naschen — Ohrfeige — Zeitbegriff.

Hinzugetan ist von der Psyche nichts, als die Gedächtnisfunktion. Die Beziehung lag im Erleben, genau wie sie im Erleben liegt, wenn wir eine Beziehung von oben und unten feststellen: Das Dach ist „auf“ dem Hause; d. h. wir haben beim Blick vom einen zum andern die Bewegung zu machen, die wir als aufwärts und abwärts bezeichnen; diese Bewegungen unterscheiden sich von andern und sind deshalb abstraktiv herausgehoben worden, so daß sie vom fertigen Menschen ohne weiteres an die Vorstellungen (oder den Anblick) des Daches und des Hauses assoziiert werden können. Würde der Begriff „auf dem Hause“ zum ersten Male gebildet, bevor sich diese Abstraktion des „auf“ und „unter“ vollzogen hätte, so wäre die Zusammenstellung der drei Dinge Dach, Haus mit den Blickbewegungen, die von einem zum andern führen, nicht nur genügend, um die Beziehung zu denken, sondern in der Zusammenstellung als Gedanken wie als Wahrnehmungen läge gerade die Beziehung.

Man kann sich nun fragen, wenn die Nebeneinanderstellung genügt, warum haben wir denn noch die vielen Begriffe der verschiedenen Beziehungen gebildet und die Worte, um sie auszudrücken? Es liegt darin eine Abkürzung, die Arbeit erspart, so gut wie in jeder anderen Abstraktion. Wenn man bei der Ohrfeige immer noch denken müßte, um 5 Uhr und um 5 Uhr 05′, so wäre das eine Erschwerung des ganzen assoziativen Prozesses, da solche genaue Daten nicht leicht zu erinnern sind, aber auch eine Erschwerung der allgemein zeitlichen Auffassung des bloßen Nacheinander; man drückt etwas aus, das man nicht wissen will (die genaue Zeitbestimmung), und hebt dasjenige nicht heraus, auf das es in diesem Falle ankommt (das bloße Nacheinander). Deshalb hat man sich diese Verhältnisse aus dem Aufeinanderfolgen von verschiedenen Geschehen abstrahiert.

Die Beziehungen der Dinge liegen also in den Erfahrungen; so weit sie uns bewußt werden oder mit Beziehungsworten ausgedrückt werden, sind sie eine Abstraktion aus vielen Erfahrungen, die in ihrem Wesen nichts anderes ist als die Abstraktion bei den Begriffsbildungen.

Durch ganz gleiche Zusammenstellung entsteht die Beziehung „obgleich“. Die Assoziation {Genascht — Ohrfeige / Mutter erlaubt — keine Ohrfeige} oder die Reihe „genascht — Ohrfeige erhalten — Mutter erlaubt — keine Ohrfeige (d. h. ich habe für das Naschen eine Ohrfeige erhalten, obgleich die Mutter es erlaubt hat) hat in der gleichzeitigen positiven und negativen Setzung der Ohrfeige gegenüber vielen anderen Zusammenstellungen etwas Besonderes, das als solches wahrgenommen werden kann, so gut wie Blau oder Hell. Solche Beziehungen des Gegensatzes oder Widerspruches bezeichnen wir mit „obgleich“, haben aber nichts hinzugetan als die Zusammenstellung und evtl. die Abstraktion.

Hat das Kind bei der Assoziation „genascht — Ohrfeige“ keine weiteren Vorstellungen zugezogen, als daß die beiden Dinge einander regelmäßig folgen, so wird die Beziehung durch „wenn“ ausgedrückt.

Wird „Naschen — Ohrfeige“ zusammengedacht mit irgendeiner Verhinderungs- oder Besserungsabsicht des Erziehers, so wird das Verhältnis mit „weil“ bezeichnet. „Absicht“ ist ein Begriff, der sehr früh abstrahiert werden muß[1]): das Kind wird schon bald beim Herbeirufen der Mutter die Empfindung eigener Tätigkeit haben oder sich der eigenen Tätigkeit bewußt sein; ist es sich gleichzeitig des Strebens bewußt, Lust herauszuschlagen, so liegt in dieser Zusammenstellung der Begriff der Absicht wie in der Zusammenstellung gewisser Sinnesempfindungen der der Mutter. Durch Assoziation der Ähnlichkeit (Analogie) wird die Absicht, die zuerst nur das eigene Ich betrifft, auch auf andere übertragen, ihnen „zugeschrieben“. In dem Begriff der Absicht liegt die Beziehung der Finalität.

Eine Menge von andern Beziehungen werden noch den apriorischen Fähigkeiten der Psyche zugeschrieben, sind aber in gleicher Weise wie das bisherige selbstverständliche Folgen des Gedächtnisses, so die der Ähnlichkeit, Gleichheit, Verschiedenheit. Es ist nun ja selbstverständlich, daß diese „Beziehungen“ nicht in den Dingen liegen sondern nur in der Zusammenstellung von Begriffen der Dinge in eine Einheit, die erst die „Vergleichung“ möglich macht. Das Zusammendenken von zwei Dingen muß einen ganz anderen Eindruck machen, je nachdem sie viele oder wenige oder gar keine gemeinsamen Eigenschaften haben. Auch diese Eigenschaften müssen wahrgenommen und abstrahiert werden; ihre Abstraktionen sind eben die Begriffe der Ähnlichkeit, Gleichheit, Verschiedenheit.

In den Dingen liegen nur die einzelnen Eigenschaften; die Mohnblume sendet „rote“ Strahlen aus, die Nelke sendet „rote“ Strahlen aus.

[1]) Das Kind des Kulturmenschen braucht lange Zeit, um zu lernen, daß der Gegenstand, der ihm wehtut, keine Absicht hat; der Primitive lernt es überhaupt nie.

Das Gleichsein der Farbe der Blumen ist Resultat der Zusammenstellung beider im CNS.; der Begriff der Ähnlichkeit ist also von der Psyche gebildet, aber nicht auf eine andere Weise wie andere Begriffe; sie hat dabei nichts hinzugetan, alles liegt in der allgemeinen Eigenschaft der Engramme.

Gleich einfach erklärt sich die Urteilsbildung[1]). Das Kind möchte seine Milch trinken; sie ist aber heiß. Heiß gehört nicht zu seinem Begriff der Milch; es hat eine neue Erfahrung gemacht: Die Milch ist heiß. Es ist veranlaßt worden, an den Begriff der individuellen Milch den Begriff „Heiß" zu assoziieren. Damit hat es ein Urteil gedacht. Es kann auch das Urteil bilden: Die Milch ist weiß. Weiß gehört zum Begriff der Milch; es gibt aber Gründe, diese einzelne Eigenschaft herauszuheben, so wenn man ihm Kaffee statt Milch geben will, oder wenn man irgendeine anders aussehende Flüssigkeit als Milch bezeichnet, oder wenn es in der Schule die Aufgabe bekommt, die Milch zu beschreiben. In allen diesen Fällen wird infolge von speziellen Assoziationen eine Eigenschaft und ein Begriff, zu dem diese gehört, ekphoriert und in Zusammenhang gebracht. Die Assoziation „Milch — weiß", zusammen mit der Vorstellung, daß weiß eine Eigenschaft der Milch sei, ist ein Urteil. Das ist keine petitio principii. „Eigenschaft der Milch", „zur Milch gehören", ist eine Vorstellung, die ganz früh in irgendeiner elementaren Form gebildet sein muß, weil viele Dinge Eigenschaften wechseln oder einerseits gemeinsame, anderseits verschiedene Eigenschaften haben. Wie die Beziehung der Eigenschaften zum Ganzen kann ich auch irgendwelche andere Beziehungen herausheben und damit ein Urteil bilden. Andere als Urteile bezeichnete Ideenassoziationen werden deshalb gebildet, weil die Kette von Assoziationen, die wir „Schließen" nennen, dazu führt; sie sind das Resultat des Schließens, so wenn ich sage: das Bewußtsein ist eine Folge des Gedächtnisses.

Manche wollen im Urteil mehr sehen als die erfahrungsgemäße[2]) Verbindung von zwei Begriffen, eine Stellungnahme: „Der Himmel ist blau" setze die Stellungnahme der Bejahung voraus. Das ist nicht richtig; die Bejahung liegt in der durch Erfahrung gestifteten Assoziation. Etwas, das man Stellungnahme nennen könnte, liegt nur darin, daß man überhaupt in einem gegebenen Moment diese Assoziationen denkt statt irgend etwas anderes. Das hängt ab von der Konstellation und unseren Strebungen (Interesse). (Siehe später.)

Bei subjektiven Urteilen, „dieser Ton klingt mir unangenehm", verhält es sich nicht anders. Nur die Erfahrung, daß der Ton mir unangenehm klingt, hat das (latente oder ekphorierte) Urteil gebildet. Man kann ja *im* Urteil gar nicht anders Stellung nehmen, als man es tut; man kann nicht urteilen „das Gras ist blau" oder „das Gras ist nicht grün", solange die Assoziationstätigkeit nicht geschädigt ist. Man kann nur das Urteil ekphorieren oder nicht ekphorieren oder bei abgeleiteten, durch Schließen gewonnenen Urteilen bilden oder nicht bilden. Allerdings kann man denken „der Himmel ist nicht blau" — weil er viel

[1]) Urteil im Sinne der Logik, etwa: die Art, wie Erkenntnisse gedacht werden. Nicht: Schließen.

[2]) Gemäß der direkten Erfahrung in: „die Milch ist weiß", der indirekten, mittelbaren, in: „das Bewußtsein ist eine Funktion des Gedächtnisses".

häufiger nicht blau ist als blau. Aber auch dann ist das Urteil als solches keine Stellungnahme, sondern eine Erfahrungssache. Etwas wie Stellungnahme liegt nur darin, daß ich mir in diesem Falle einen nicht blauen Himmel als Subjekt wähle, wie ich mir statt dessen eine Blume als Subjekt hätte wählen können. „Der Himmel" bezieht sich immer auf eine bestimmte Zeit, event. auf den von Wolken freien Tageshimmel, kurz auf einen abstrahierten Himmel, da es nicht Nacht, nicht wolkig, nicht Abendrot ist. „Der Himmel", der blau ist, ist also ein ganz anderes Subjekt als „der Himmel", der nicht blau ist, und wenn eines von beiden einmal gesetzt ist, gibt es keine Stellungnahme, sondern eine einzige Assoziation.

Man will auch zwingende von nicht zwingenden Urteilen unterscheiden; „der Himmel ist blau" habe viel weniger Evidenz als „$2 \times 2 = 4$" (KANT). Gewiß schon deshalb, weil der Himmel nicht immer blau ist, während 2×2 immer $= 4$ ist, weil es eben im Begriff von 2×2 und von 4 liegt, daß sie, zahlenmäßig abstrahiert, einander gleich sind. Aber auch wenn der Himmel blau wäre, hätte das Urteil keine absolute Evidenz. Man könnte sich einen andersfarbigen Himmel vorstellen, weil es nicht notwendig im Begriff des Himmels liegt, blau zu sein. Man kann sich auch eine nicht schwarze Kohle denken. Urteilen wir: „Chemisch reines Wasser ist durchsichtig", so hat das auch eine gewisse zwingende Evidenz; es gibt wirklich kein anderes reines Wasser — nach der bisherigen Erfahrung; aber auch sie ist nicht absolut zwingend, weil die Durchsichtigkeit für uns nicht im Begriff von H_2O liegt; es ist ja denkbar, daß eine andere Form dieser chemischen Verbindung einmal gefunden würde, die nicht durchsichtig ist, und die wir deshalb doch noch Wasser nennen würden (Diamant und Kohle); aber der Begriff Wasser wäre dann ein anderer geworden. Sicher aber ist das Urteil, „das spezifische Gewicht des reinen Wassers ist 1", weil das im Begriff des spezifischen Gewichtes liegt, oder „azur ist blau", oder „(volle) Dunkelheit ist schwarz", weil es im Begriff der Dunkelheit liegt, daß sie schwarz ist. Diese letztere Evidenz ist genau so groß wie die von $2 \times 2 = 4$; und solange ich unter „schwarz" nicht etwas Relatives, sondern den absoluten Lichtmangel verstehe, kann ich den Satz mit der gleichen Evidenz umkehren: „schwarz ist dunkel". Nehme ich die Begriffe „schwarz" und „dunkel" relativ, wie es im gewöhnlichen Leben geschieht, so bleiben die beiden Sätze so lange richtig, als ich für die Begriffe „schwarz" und „dunkel" den gleichen Grad der Relativität annehme, d. h. die nämliche Menge von Licht noch zulasse, um den optischen Eindruck dunkel oder schwarz zu nennen.

Eine besondere und etwas geheimnisvolle Stellung pflegen Manche namentlich den mathematischen Urteilen und Schlüssen zuzuweisen (vgl. besonders KANT). Ich glaube mit vielen andern, von denen ich nur MACH nenne, zu Unrecht. Die Überlegung „alle Menschen sind sterblich, Hans ist ein Mensch, also ist Hans sterblich", ist doch nicht weniger zwingend als die von $2 \times 2 = 4$, ja sie ist für ein Kind viel früher verständlich als die letztere. Das Zwingende der Mathematik kommt von ihrer Abstraktion her, die so weit geht, daß alles genau übersehen wird, daß gegen die Anwendung der logischen Formel keine Einwendung mehr gemacht werden kann, indem keine andern Möglichkeiten überhaupt zu erwägen sind. Auch in der Mathematik hört die

Evidenz auf, wo man die Möglichkeiten nicht mehr ganz übersieht, was beim Nichtmathematiker schon bei verhältnismäßig geringer Abstraktion und Komplikation der Fall ist, und über die kompliziertesten Dinge streiten sich auch Mathematiker. Wenn der Beweis, daß Hans sterblich ist, ein weniger evidenter scheint als $2 \times 2 = 4$, so liegt das in den Grundlagen, nicht im Schluß; diese sind angreifbar, wenigstens in der Vorstellung; hören wir doch von Elias und dem ewigen Juden, daß sie nicht gestorben sind. Die Mathematik abstrahiert von allen Grundlagen im obigen Sinn. In ihren Formen müßten wir sagen: $a =$ sterblich; $b = a$; also $b =$ sterblich.

Es gibt auch ernsthafte Leute, die meinen, die mathematische Evidenz liege darin, daß man die Anschauungen gleich nachprüfen könne. Wer, der über die erste Klasse hinaus ist, prüft denn eine Addition an konkreten Dingen nach? Wie viele Schüler und Lehrer haben schon den Pythagoreischen Lehrsatz auf diese Weise erprobt, bevor sie ihn glaubten? Und das würde nicht einmal viel nützen, denn die Messung, die Erfahrung überhaupt, kann niemals die Genauigkeit der Mathematik erreichen. Man will ja gerade aus dem letzten Umstand die Unmöglichkeit der Erfahrungstheorie beweisen. Darin liegt aber eine lächerliche Verkennung der psychologischen Verhältnisse. Wir werden unten den Pythagoreischen Lehrsatz ableiten und dabei von der Gleichheit der Verhältnisse von Linienstücken zwischen Parallelen ausgehen. Um die Exaktheit brauchen wir uns dabei gar nicht zu kümmern; die ist eine Errungenschaft der allermodernsten Technik und hat bei der Bildung unserer geometrischen Begriffe, die Tausende von Jahren älter sind, nicht das mindeste zu tun. Es kommt ja auch bei der Erfahrung nicht darauf an, ob die Dinge gleich sind, sondern ob sie uns als gleich erscheinen. Bei der Begriffsbildung ist die gewöhnliche Anschauung tätig gewesen, und die zeigt uns Dinge und Größen, die untereinander „genau gleich" sind. Es fällt niemanden ein, die Blätter, die aus der Papierschneidmaschine kommen, als ungleich zu bezeichnen, ja eine Menge Dinge, die von Hand gemacht sind, erscheinen uns ganz gleich und sogar solche, die in der Natur vorkommen. So haben wir den Begriff der Gleichheit *vor* allen Messungen, und mit diesem operieren wir in den geometrischen Deduktionen. Wenn dann hintendrein jemand mit dem Mikrometer nachmessen will, so geht das die Geometrie nichts an. Das nämliche ist von physikalischen Deduktionen zu sagen.

Die Mathematik nimmt aus den Erfahrungen nur die Größenverhältnisse heraus und abstrahiert sie, und zwar in der speziellen Form der Zählung bzw. Messung. Die Art dieser Abstraktion, und wie weit sie getrieben werde, ist nicht so selbstverständlich, wie man gewöhnlich meint. Der mathematische Begriff der Gleichheit z. B. ist ein relativer. Es ist schon rein mathematisch nicht in allen Beziehungen richtig, wenn wir sagen, $2 \times 2 = 4$; denn auch die Mathematik unterscheidet 2×2 von 4, sonst käme sie nicht in den Fall, sie einander gegenüberzustellen. Wenden wir aber diesen Begriff der Gleichheit auf Dinge an, so paßt es das eine Mal, das andere Mal nicht. Dem Kinde, das schon mit Geld umgeht, kann man leicht beweisen, daß zwei halbe Franken einen ganzen ausmachen. Aber ein Imbeziller behauptete mir, das sei nicht richtig; zwei halbe seien mehr wert, denn man müsse den ganzen Franken eher wechseln als die beiden halben und werde dann leichter betrogen. Zwei halbe Brote sind niemals ein ganzes, sondern höchstens ein zerschnittenes; zwei halbe Schweine sind etwas anderes als ein ganzes. Diese Bemerkungen sind keine schlechten Witze; es ist wirklich manchmal nötig, daß man darauf aufmerksam macht. Selbst die Geometrie unterscheidet verschiedene Arten von Gleichheit. Die Gleichheit kat exochen (=) ist ihr die Gleichheit der Größe; die der Form nennt sie Ähnlichkeit; die der Form und der Größe zusammen Kongruenz. Wenn also der Mathematiker schreibt Fläche a = Fläche b, so sind a und b nur in ihren Größenbeziehungen gleich.

Das Pferd ist ein Säugetier; der Igel ist ein Säugetier. Das kann ich in die Formel bringen: Pferd = Säugetier, Igel = Säugetier. Wenn ich die beiden Formeln subtrahiere bekomme ich: Pferd — Igel = 0 oder Pferd = Igel. Das scheint ein Unsinn, ist aber, soweit es das Prinzip betrifft, genau so wahr und so unwahr wie $2 \times 6 = 4 \times 3$. Die Abstraktion ist nur eine ungewohntere. Statt „Pferd" kann ich „Säugetier" setzen in vielen zoologischen oder physiologischen Überlegungen, in den gleichen Zusammenhängen auch statt Igel. Wenn ich schreibe Pferd = Säugetier, so abstrahiere ich von allen seinen Eigenschaften, die nicht jedem Säugetier zukommen, und solange ich diese Abstraktion gelten lasse, gilt auch Pferd = Igel und zwar genau mit der nämlichen zwingenden Sicherheit wie $2 \times 6 = 4 \times 3$. Die Formel sagt, das Pferd ist ein Säugetier wie der Igel. Abstrahiere ich aber anders, so daß Arteigenschaften in den durch die Zeichen „Pferd" und „Igel" bezeichneten Begriffen vorhanden sind, so ist das Gleichheitszeichen falsch und ebenso die daraus folgende Formel Pferd = Igel.

Absolut genau die nämliche Überlegung kann ich mit den Formeln $2 \times 6 = 12$; $4 \times 3 = 12$; $2 \times 6 = 4 \times 3$ machen. Sie sind richtig, **insofern** ich aus allen den Zeichen nur den reinen Zahlenwert abstrahiere. Sie sind aber sofort falsch, wenn ich die Formeln wörtlicher nehme. Wenn mir ein Stück Land zum Kaufen angeboten wird von 2×6 einer bestimmten Größe, so kann ich kein Haus darauf bauen, weil es zu schmal ist, wohl aber auf ein Stück von 4×3. Wenn ich 6 Hennen habe und jede legt täglich ein Ei, so habe ich in zwei Tagen mein Dutzend, wenn ich aber drei habe, so muß ich vier Tage auf die gleiche Zahl warten — als Praktikus abstrahiere ich eben nicht von der Tatsache, daß eine Henne im Tag nur 1 Ei legt. Und wenn ich gar in 2 Tagen je 6 Franken verdiene, so habe ich am Ende derselben mehr, als wenn ich in 4 Tagen je 3 Franken verdiene, denn von den ersten gehen nur 2 Tageskosten ab, von den letzteren 4. Und so weiter. $-a \times b$ ist gar nicht gleich $a \times -b$. Für eine Menge von Fällen ist es falsch zu sagen $\sqrt{a}$ sei $+x$ **oder** $-x$, oder es sei $+x$ **und** $-x$, ebenso wie es wenigstens dem Dilettanten manchmal Schwierigkeiten bereitet, daß man $(-a)^2$ nicht zu unterscheiden pflegt von $(+a)^2$.

Man mag sich streiten, ob $\infty - 7 = \infty$ oder $\infty - 7 < \infty$ sei. Beides ist richtig oder falsch je nach dem Zusammenhang, der eine bestimmte Art Abstraktion verlangt. Abstrahiere ich von jeder Größe, bilde ich also einen Begriff des Unendlichen, der nur aus Zahlenreihe und der Eigenschaft der Grenzenlosigkeit (nach oben) besteht, so ist $\infty - 7 = \infty$[1]);

[1]) Es ist eigentlich nicht gerade geschmackvoll und enthält direkt einen Fehler, zu verlangen, daß man von einem Begriffe aus, der keine bestimmte Stellung in der Zahlen-

beide entsprechen diesem Begriff. $\infty - 7$ ist eine ebenso unbegrenzte Zahlenreihe wie ∞. Ich muß mir aber klar sein, daß es in einem solchen Begriff überhaupt kein Mehr oder Weniger mehr gibt, so wenig als der Begriff „Güte" etwas von Zweibeinigkeit enthält, obschon der Mensch, von dem „die Güte" abstrahiert worden ist, zwei Beine hat. In diesem Begriff der unendlichen Zahl steckt neben der größenlosen, in der Stellung der Reihe nicht bestimmten Zahl[1]) nur die Grenzenlosigkeit. In diesem Begriff gibt es keine relative Größe, weil von der Stellung in der Reihe abstrahiert ist. Wenn ich aber den Begriff der unendlichen Zahl in mathematischen Formeln verwende, so bildet sie eine relative Größe, indem sie in mathematische Beziehung gesetzt wird mit andern. Die Abstraktion geht dann nicht so weit; von dem gewöhnlichen Zahlenbegriff her bleibt die Relativität der Größe darin erhalten. Dann ist $\infty - 7 < \infty$. Wurstle ich die beiden Abstraktionen ineinander, setze ich ∞ als eine Größe mit 7 in Beziehung, nehme aber das Resultat aus dem ersten Begriff der bloßen Unbegrenztheit, dann erfolgt die für diesen Fall unrichtige Gleichung $\infty - 7 = \infty$; denn das erste ∞ ist ein ganz anderer Begriff als das zweite. Es wäre in bezug auf den Fehler analog, zu sagen 5 Kirschbäume = 5 Bäume, womit man nach mathematischen Gesetzen beweisen kann, daß 5 Nußbäume = 5 Kirschbäume oder 1 Kirschbaum = 1 Nußbaum. So mit der unter diesen Voraussetzungen falschen Gleichung: $\infty - 7 = \infty$. Ich setze mit gleichem Recht $\infty - 8 = \infty$ und erreiche durch richtige Operationen der Subtraktion beider Gleichungen den Unsinn $-7 + 8 = 0$ oder $7 = 8$. Das Resultat ist falsch, weil ungleiche Abstraktionen einander gleich gesetzt worden sind.

Ebenso hat die Zahl Null ganz verschiedene Bedeutungen, je nachdem sie entstanden ist aus $2 - 2$ oder aus $3 - 3$ oder gar daraus, daß überhaupt nichts gesetzt ist; wenn einer mit null Hut ausgeht, ist es gar nicht gleichwertig, wie wenn er mit null Hose ausgeht. Von der Null, die aus $\frac{a}{\infty}$ entsteht und eigentlich nicht null ist, wollen wir gar nicht reden. Ein Beispiel, das vielen Leuten aufgefallen sein muß, ist die Ableitung der Lorentz-Transformation bei Einstein[2]). Er setzt: $x - ct = 0$ und $x' - ct' = 0$. Daraus würde bei Gleichwertigkeit der Null hervorgehen: $x - ct' = x - ct$. Einstein setzt aber: $(x' - ct') = \lambda(x - ct)$, leider ohne zu sagen, warum (inwiefern) die erste Formel falsch wäre, was der Faktor λ ist, und inwiefern dieser den Fehler korrigiert.

Auch außerhalb der Mathematik sind die Operationen mit Größenverhältnissen etwas Alltägliches. Letztere werden nur weniger stark von den konkreten Dingen losgelöst und nicht in mathematische Formeln

reihe mehr hat, 7 Schritte zurückgehe. Man mag indessen in Gedanken von einem unendlichen Haufen Körner oder Sterne 7 Stück wegnehmen und die Unendlichkeit des Haufens vor und nach der Operation konstatieren. Dabei werden aber doch dem Unendlichkeitsbegriff wieder relative Größenverhältnisse beigelegt; nicht nur ∞ und $\infty - 7$, sondern auch noch der unendliche Raum, in dem der unendliche Haufen Platz genug läßt, um 7 Körner wegzunehmen.

1) Ich weiß, daß „größenlose Zahl", aus dem Zusammenhang gerissen, ein innerer Widerspruch wäre, hoffe aber hier verstanden zu werden.

2) Über die spezielle und die allgemeine Relativitätstheorie. Braunschweig, Vieweg & Sohn, 1920. 8. Aufl. S. 78.

gebracht. Jedermann operiert mit solchen Vorstellungen. Mit Zahl und Raum und Kräften geht man um, ebensogut, wenn man nach einem Gegenstand langt, wie wenn der Primitive seine Hütte baut. Es muß ein Kind recht klein sein, wenn es nicht bei der Auswahl zweier Äpfel ceteris paribus den größeren nimmt. Wenn es an der Turmuhr schlägt, so braucht man nicht zu zählen, und nicht zu „wissen“, ob es drei- oder viermal geviertelt hat, aber man weiß dennoch, ob man eine ganz bestimmte Zeit nachher den Stundenschlag zu erwarten hat oder nicht. Mein Vater konnte die Schaufeln der vorbeifahrenden Dampfschiffe (bis auf zwölf) zählen, indem er mit den Lippen die Schläge derselben nachmachte, von denen immer einer nach einer Umdrehung stärker war als die andern gleichartigen. Dann verlangsamte er den Rhythmus allmählich so weit, daß er die Schläge zählen konnte. Hier ist die ganz genaue numerische Messung deutlich das Primäre, rein aus der Erfahrung Stammende, das eigentlich Mathematische das Sekundäre. Wenn man an der blinden Schreibmaschine ein Wort zu unterstreichen hat, so guckt man nicht nach dem Maßstab, tippt aber doch gewöhnlich die richtige Zahl von Strichen, wenn man sich wenigstens nicht durch Wenden der Aufmerksamkeit auf die Schwierigkeit die Unbefangenheit zerstört hat. Ein Pferd, das gewöhnt wurde je 30 mal den nämlichen Weg zu machen, hält später nach dem dreißigsten Gang von selbst inne; ja Eidechsen schätzen Serien von zehn Bewegungen ab[1]). Die Zeit schätzen wir im Unbewußten oft sehr genau. Ein Hund kann sich den ziemlich komplizierten Fahrplan der Dampfschiffe mit seinen zeitlichen und lokalen Verhältnissen merken. Kräfte schätzen wir in kompliziertesten Verhältnissen so genau ab, wie es niemals durch eine physikalische Messung und Berechnung erreicht werden kann, so z. B. wenn wir etwas nach einem bestimmten Ziel werfen oder wenn wir geigen. Im ersteren Fall haben wir zu berücksichtigen das Gewicht des Gegenstandes, die Anziehung der Erde, den Luftwiderstand, die zu gebende Beschleunigung, die Länge der Hebelarme unserer Armknochen für Kraft und für Last, die Energie jedes beteiligten Muskels in seinem Zusammenarbeiten mit den andern und, in jedem Zeitpunkt der Aktion, die Ausgangsstellungen der Muskeln, die inneren Reibungen und wohl noch manches andere[2]). Jedenfalls kennen wir einen großen Teil der Dinge, die uns von der Mathematik gelehrt werden ($2 \times 2 = 4$; die Seiten und die Winkel eines Quadrates sind gleich; die Gleichheit der Stücke von Parallelen zwischen Parallelen, viele Ähnlichkeitssätze und hundert andere Dinge), und benutzen sie häufig, lange bevor der Einzelne oder die Kulturstufe eines Volkes etwas von Mathematik weiß.

In der Mathematik formulieren wir diese Kenntnisse nur anders, lösen sie aus den gewohnten Zusammenhängen und bringen sie in andere Beziehungen und machen sie isoliert von den Dingen und Geschehnissen, an denen sie hängen, dem Bewußtsein, der bewußten Berechnung, zugänglich. In Wirklichkeit kennt schon ein ordentlich begabtes Kind aus der Erfahrung sogar die Winkelgröße eines Dreiecks

[1]) SWINDLE, Über einfache Bewegungsinstinkte und deren künstliche Beeinflussung. Ztschr. f. Sinnesphys. **49**, 1916, 247.

[2]) Wir dürfen vielleicht auch sagen, daß unsere nicht-nervöse Organisation die Struktur der Knochenbälkchen, die Form der Knochen, die günstigste Weite der Arterien und ähnliches sehr genau „berechnet“.

oder Vierecks; es hat sie nur nicht gemessen in Graden oder Rechten und kann deshalb ohne weitere Überlegung nicht sagen, daß die des Dreiecks 180° oder zwei Rechte beträgt. Wenn man ihm aber drei Winkel so zusammenstellt, daß es sie in der Vorstellung zu einem Dreieck kombinieren kann, so weiß es leicht, ob sie „passen“ (Versuche an einem 10 jährigen Knaben und einem 13 jährigen Mädchen). So entsprechen denn auch die meisten mathematischen Definitionen gar nicht unseren gewöhnlichen Vorstellungen. Sie sind Abkürzungen, Abstraktionen zu ganz bestimmten Zwecken. Eine Gerade ist einem nicht durch Mathematik einseitig gewordenen Sinn nicht nur die kürzeste Verbindungslinie zwischen zwei Punkten, sondern sie hat noch ungezählte andere gleichwertige Eigenschaften, die sich in den Winkeln, in den Parallelen, bei Verschiebungen, beim Aneinanderlegen, bei der Bewegung, wo sie allein die „Richtung“ nicht ändert, usw. zum Ausdruck bringen. Sie ist auch nicht optisch zu definieren als eine Linie, in der wir beliebige drei Punkte von einem Standpunkt aus zur Deckung bringen können (Einstein); der Blinde hat den Begriff der Geraden so gut wie der Sehende.

Neues lehrt uns die Mathematik genau in der nämlichen Weise wie andere Überlegungen, indem sie uns Verhältnisse zum Bewußtsein bringt, die wir vorher nicht herausgehoben haben, indem sie die Größen und Zahlen in Verhältnisse oder Verbindungen bringt, in denen wir sie noch nicht betrachtet haben, und namentlich indem sie nach Analogie die gewonnenen Erfahrungen auf neue Einzelfälle anwendet, also z. B. die Distanz des Mondes nach Analogie von überseh- und meßbaren Distanzverhältnissen berechnet.

Manche finden Schwierigkeiten in den Brüchen und den negativen Zahlen und suchen sie auf merkwürdige Weise zu umgehen. Jedes Kind, das halbe und Viertelsäpfel unterscheidet, lernt daraus den Begriff der Brüche kennen, und Schulden und Schritte von einem Punkte in einer gewissen Richtung und dann wieder zurück über den Punkt hinaus, ergeben u. a. den Begriff der negativen Zahl ohne weiteres.

So finden wir bei der genauesten Untersuchung nichts in der Mathematik, das nicht aus der Erfahrung stammen würde, und wenn der Elementarlehrer seinen Kindern das Verständnis der Zahlenverhältnisse beibringt, so benutzt er mit Recht den Weg der Erfahrung, indem er die Zahlenverhältnisse an einer Anzahl Stäbchen oder Kugeln demonstriert, resp. von den Schülern abstrahieren läßt, obschon mit sechs Jahren ein großer Teil der Kinder die Zahlenbegriffe schon weitgehend abstrahiert hat. In den folgenden Jahren zeigt er die Dinge nicht (außer in gewissem Sinne in der Geometrie), aber er läßt sie sich vorstellen, und nur auf Grund konkreter Vorstellungen, d. h. Wiederholungen von Erfahrungen kann das Kind gewisse mathematische Verhältnisse, wie die der Brüche „verstehen“. Umgekehrt kann man einem Kind die Kongruenz zweier Dreiecke nicht erklären, solange es nicht genug Erfahrungen gesammelt und verarbeitet hat. Das geometrische Verständnis wäre also, wenn überhaupt, in einem ganz anderen Sinne angeboren als z. B. die Affektivität.

Das Schließen. Die Fähigkeit zu schließen, Schlüsse zu bilden, ist eine selbstverständliche Folge des Gedächtnisses; dazu ist dieses da.

Wenn der Säugling mit seinem Schreien die Mutter herbeilockt, so sagt man noch nicht gern, er habe den „Schluß“ gemacht: „Wenn ich schreie, so kommt die Mutter; ich möchte, daß die Mutter kommt; also schreie ich.“ Der Ablauf der Assoziationsreihe ist zu elementar und zu wenig bewußt; wir sind gewohnt, nur das Schluß zu nennen, bei dem die einzelnen Schritte auseinandergehalten werden können[1]). Wenn aber das Kind nur wenig älter ist, so wird es z. B. die Assoziation bekommen „Mutter Hut aufsetzen — Mutter ausgehen“. Damit sind die Bedingungen für das Ziehen von Schlüssen gegeben; denn wenn es die Mutter den Hut aufsetzen sieht, wird es assoziieren „ausgehen“. Das drücken wir in der umständlichen logischen Formel so aus: Wenn die Mutter den Hut aufsetzt, so geht sie aus; jetzt setzt sie den Hut auf, also geht sie aus. Solche Assoziationen machen wir den ganzen Tag zu tausenden, aber in der Regel in der einfachen, zuerst angedeuteten Form, nach der auch die Psyche eines Hundes oder eines anderen Tieres mit Gedächtnis arbeitet. Wenn ich einmal weiß, wo beim Menschen die Leber liegt, und ich will sie perkutieren, so assoziiere ich gleich das rechte Hypochondrium und klopfe dort; niemals werde ich den Umweg machen: Jeder Mensch hat die Leber im rechten Hypochondrium; dies ist ein Mensch; also liegt seine Leber im rechten Hypochondrium. Der Umweg hat nur dann einen Sinn, wenn der Schluß so weit von der gewöhnlichen Erfahrung abweicht, daß wir uns dessen bewußt werden und seine Grundlagen genau kennen wollen. So assoziieren wir, wenn die Denkrichtung es verlangt, an jeden beliebigen Baum den Begriff der Wurzeln, die wir jedesmal, wenn wir andere Bäume unten angesehen, gefunden haben, und sagen uns nicht: „Jeder Baum hat Wurzeln; das ist ein Baum, also hat er Wurzeln.“

Was wir an früheren Bäumen gesehen, assoziieren wir an neue; was sich nach der früheren Erfahrung des Kindes an das Aufsetzen des Hutes der Mutter anschließt, wird im speziellen neuen Fall erwartet. So hilft dank dem Gedächtnis die frühere Erfahrung uns in der Gegenwart und der Zukunft zurechtfinden, indem wir von dem aktuellen Psychismus, der Auffassung eines Dinges, einer Lage, ähnliche Dinge oder Lagen, die früher erlebt sind, wieder ekphorieren und von diesen die Folgen assoziieren. Irgend etwas anderes liegt auch in der kompliziertesten Denkfunktion nicht.

Der Beweis des pythagoreischen Lehrsatzes setzt sich zusammen aus vier Erfahrungen, die jedermann hat, und aus zwei speziellen, die der Beweisende ad hoc macht. Aus diesen Erfahrungstatsachen (Engrammen) werden acht analoge Assoziationen (Ähnlichkeitsassoziationen, Schlüsse) gemacht. (Begriffe wie Dreieck, Rechter Winkel, Parallele, Multiplikation sind vorausgesetzt, also nicht gezählt.)

[1]) Man streitet sich allerdings darüber. Beruht es, wie HELMHOLTZ will, auf Schlüssen, wenn wir die Distanz der Dinge aus den Verschiedenheiten beider Retinabilder, der Größe und der Luftperspektive und des Verhaltens zu unseren Bewegungen schätzen? Die Frage ist eine sehr unnütze; sie ist sinnlos ohne eine besondere Definition des Schließens und keine Frage mehr, wenn die Definition gegeben ist. Der Vorgang der Distanzschätzung ist der nämliche, wie beim Schließen im engsten Sinne; aber manche wollen ihn nicht zu den Schlüssen zählen, weil er ganz unbewußt, unterpsychisch sei. Wie weit beim Menschen die Hirnrinde dabei beteiligt ist, d. h. wie weit der Vorgang ein phylogenetisch organischer oder ein individuell eingelernter ist, wissen wir nicht. Jedenfalls ist er den Tieren ohne Großhirn und auch so hoch entwickelten Geschöpfen wie dem Küken angeboren.

Die Stücke je zwischen zwei Parallelen jeder der sie schneidenden Linien haben die nämlichen Verhältnisse zu den Stücken der andern Linien zwischen den nämlichen Parallelen. Das ist eine Erfahrungstatsache; man sieht es und schätzt es richtig ab unter den verschiedensten Umständen; verkleinerte oder vergrößerte Figuren werden im richtigen Verhältnis gezeichnet, soweit man zeichnen kann, und jedenfalls

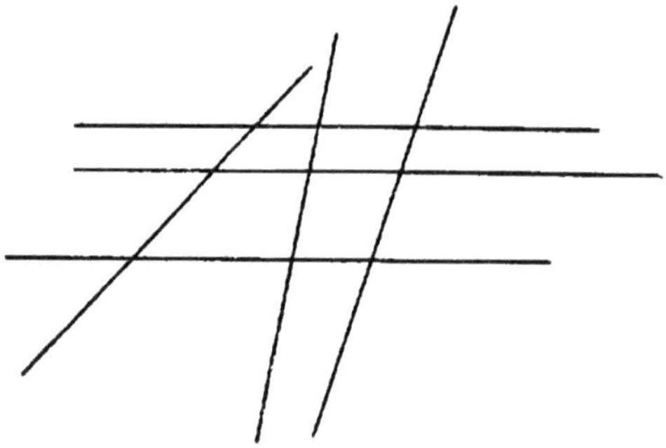

Abb. 1.

in diesem Sinne verstanden; die Vergrößerung und Verkleinerung durch verschiedene Distanzen werden richtig geschätzt und verwertet, ebenso die Verkürzungen in den Projektionen, in denen wir für gewöhnlich die Dinge sehen; diese werden einfach umgesetzt, so daß man ein Quadrat regelmäßig als Quadrat sieht und sich so vorstellt, obschon wir es nur selten direkt von oben in dieser Form wahrnehmen. Man hat also erfahren, daß die Verhältnisse bestimmter Linienstücke zwischen Parallelen zueinander gleich sind (Erfahrung I). Wenn wir nun, wie man

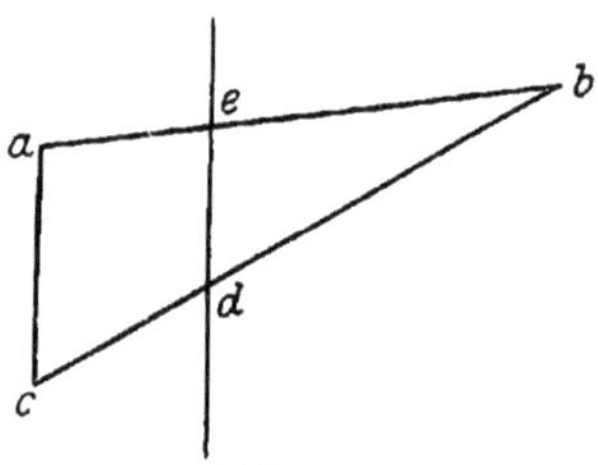

Abb. 2.

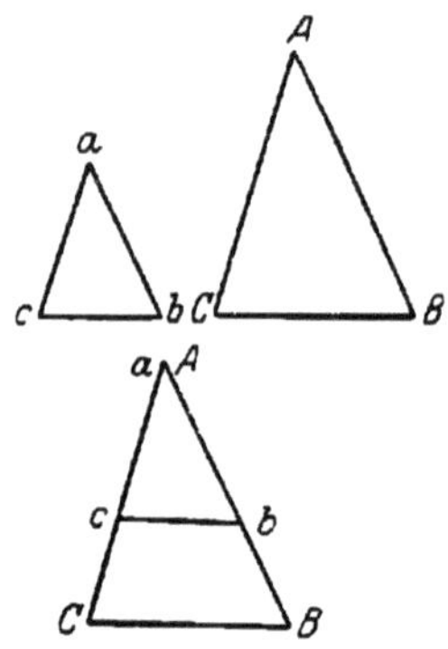

Abb. 3.

oft gesehen hat, in einem Dreieck eine Parallele zu einer Seite zieht (Abb. 2), so hat man solche Verhältnisse, was sich sofort zeigen läßt, wenn man durch die gegenüberliegende Ecke die Parallele wirklich zieht. Oder: die ad hoc gezogene Linie zeigt uns, wenn wir sie nicht sonst gleich sehen, die Ähnlichkeit mit den früher angeführten Verhältnissen (Erfahrung ad hoc I). ae, eb und ab einerseits, cd, db und cb anderseits sind solche Stücke zwischen Parallelen. Die Ähnlichkeitsassoziation sagt uns, daß sie je unter sich in gleichem Verhältnis stehen (Assoziation I).

Ich drücke das in der üblichen mathematischen Abkürzung aus: $ae:cd = eb:db = ab:cb$.

Nun hat jedes normale Kind (namentlich im zweiten Halbjahr) tausend und tausend Versuche gemacht, bewegliche Dinge der verschiedensten Formen aufeinanderzulegen. Dabei machte es die Erfahrung, daß Dreiecke (wie beliebige andere Formen) sich gleich bleiben, wie man sie auch dreht oder aufeinander legt. Es hat die Vorstellung gewonnen, daß man zwei Dreiecke mit zwei gleichen Winkeln aufeinander legen kann (es würde allerdings zunächst lieber umgekehrt sagen: die Winkel sind gleich, wenn man sie aufeinanderlegen kann), und daß dabei die einander nicht deckenden Linien parallel werden. Das ist direkt durch Anschauung gewonnen und jedem geläufig (Erfahrung II).

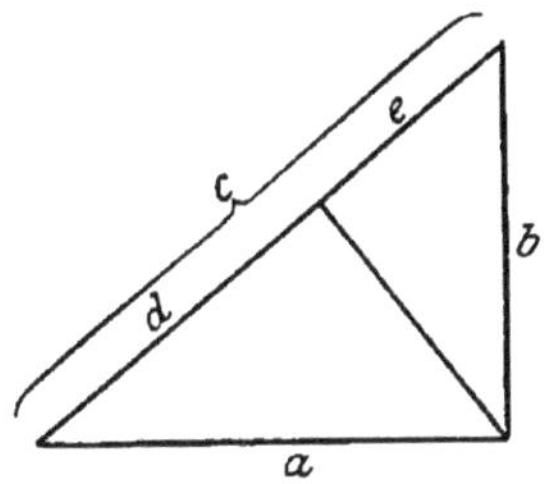

Abb. 4.

Daran werden als Ähnlichkeitsassoziation die früher erwähnten Verhältnisse assoziiert. Mit andern Worten ausgedrückt, heißt diese Assoziation: die vorher genannten Verhältnisse gelten bei beliebigen Dreiecken, die zwei Winkel gleich haben (Assoziation 2).

Nun kommt die zweite Erfahrung ad hoc (die wenigstens nicht allen Leuten im Bewußtsein ist): Wenn ich eine Senkrechte vom rechten Winkel eines rechtwinkligen Dreiecks auf die gegenüberliegende Seite (Hypothenuse) ziehe, so sehe ich, daß solche Dreiecke mit Gleichheit zweier Winkel entstehen (Erfahrung ad hoc II). Ich assoziiere wieder die frühere Erfahrung (Assoziation 3) und erhalte:

$$a:d = c:a.$$

Aus Erfahrung weiß ich, daß ich gleiches bekomme, wenn ich mit gleichem die gleiche Operation mache (Erfahrung III). Ich multipliziere die Gleichung mit a und mit d (Assoziation 4) und erhalte

$$a^2 = dc.$$

Auf ganz gleiche Weise erhalte ich (Assoziation 5)

$$b^2 = ec.$$

Nach der obigen Erfahrung addiere ich gleiches zu gleichem und erhalte (Assoziation 6)

$$a^2 + b^2 = dc + ec.$$

Ich weiß aus Erfahrung, daß 4 Zehner + 7 Zehner (oder statt Zehner beliebige andere Dinge oder Größen) 11 Zehner sind (Erfahrung IV). Aus Analogie assoziiere ich

$$dc + ec = (d + e)c \text{ (Assoziation 7).}$$

Daß $d + e$ nicht nur gleich groß, sondern identisch ist mit c, sehe ich; es handelt sich nur um andere Namen für das nämliche (Assoziation 8). Damit ist der Beweis geleistet.

Ich habe im obigen vier Sätze aus der Erfahrung abgeleitet. Daß man Dreiecke mit gleichen Winkeln aufeinanderlegen kann, und daß dann die dritten Seiten einander parallel sind, dieses Wissen scheint nicht angeboren zu sein. soweit man aus den Bemühungen der Kinder, sich über diese Dinge Rechenschaft zu geben, schließen darf. Da ich mich bis in mein zweites Jahr zurückerinnere, darf ich vielleicht auch anführen, daß ich mich, ohne spezielle Beispiele angeben zu können, an das bewußte Suchen solcher Erfahrungen noch erinnere, namentlich auch, wie ich mir die Verhältnisse einfacher Formen an einem zusammenlegbaren Maßstab, den ich zum Spielen erhalten hatte, klarmachte. Ich muß schon viel mehr als zweijährig gewesen sein, als mir Raute und Rhombus in den Verhältnissen, die hier in Betracht kommen, klar wurden. Daß die Grundsätze: Gleiches mit Gleichem mit gleicher mathematischer Operation behandelt gibt Gleiches und $ad + bd = (a + b)d$ aus der Erfahrung stammen, kann wohl jeder Schullehrer bezeugen, der den Kindern die Sache an Beispielen beibringt.

Nicht so einfach verhält es sich mit den Verhältnissen von Linienstücken zwischen Parallelen. Da jedes Tier, das sich mit den Augen orientiert, diese Verhältnisse benützt, sind sie unzweifelhaft schon in der Organisation tieferer Hirnteile voll abgeschätzt. Da aber das Menschenkind auch in bezug auf die Orientierung ganz hilflos auf die Welt kommt und deutlich erst mit der Erfahrung sich orientieren lernt, ist für es wohl diese das Wesentliche, besonders wenn es sich um bewußte Benutzung im Denken handelt. Wir kennen auch keine phylogenetischen Engramme, die die Hirnrinde zum Denken verwenden könnte (angeborene Ideen). Für unsere Vorstellungen vom Denken wäre es übrigens ganz gleichgültig, wenn gewisse Engramme phylisch statt individuell erworben wären.

Andere Schlußformeln, wie die a fortiori, ergeben sich natürlich auch aus der Erfahrung. Ich sehe drei Dinge nebeneinander; a ist größer als b, b größer als c; da kann ich nicht anders als auch sehen, daß a größer ist als c; und erst wenn ich beide nicht zu gleicher Zeit sehen kann, sondern nur einzeln mit b zusammen, so assoziiere ich die gewohnte Vorstellung in der Form einer besonderen Denkoperation. Daß die Schlußformeln, wie sie uns die Logik bietet, überhaupt aus der Erfahrung, d. h. aus dem gewohnten Prozeß des Schließens, einfach abstrahiert sind, wird wohl keines weiteren Beweises bedürfen.

Eine andere Art der Benutzung der Engramme zum Denken ist die des bloß gedachten Versuchs. Wir haben oben gesagt, das Kind gewinne eine Menge von Kenntnissen über die Formverhältnisse dadurch, daß es Dinge von verschiedenen Formen aufeinander lege und aneinander halte. Nachdem es die Engramme der Formen gewonnen hat, braucht es dazu die wirklichen Dinge nicht immer; es macht in einfachen Fällen den Versuch statt mit den Dingen mit seinen Engrammen von den Dingen, aber möglichst nach Analogie der Erfahrung. So braucht ein halbwegs intelligentes Kind die beiden ähnlichen Dreiecke nicht in Wirklichkeit aufeinanderzulegen, um zu sehen, daß die Seiten, die nicht zur Deckung gebracht werden, bei passendem Aufeinanderlegen parallel sein müssen, und in der Schule werden gerade in der Geometrie beständig solche Gedankenexperimente gemacht.

Wenn man das Rätsel lösen will, wie man es machen müsse, um den Wolf, das Schaf und den Kohl über den Fluß zu bringen mit einem

Schiff, das nur zwei von diesen Dingen auf einmal tragen kann, so macht man in Gedanken das Experiment, bis es klappt. Sogar eine Menge physikalischer Vorstellungen gewinnt man in und außer der Schule auf diese Weise. Die Frage, ob die Fallgeschwindigkeit abhängig sei vom absoluten Gewicht des fallenden Körpers, wird man leicht damit beantworten können, daß man sich zwei fallende Ziegelsteine denkt, die natürlich gleich schnell fallen wie einer; wenn sie sich einander nähern, bis sie ganz verbunden sind, so zeigt die engraphierte Erfahrung, daß das auf die Fallgeschwindigkeit keinen Einfluß haben kann. Man hat auch nicht ganz mit Unrecht ein Gedankenexperiment in der Entdeckung Koeppernigks gesehen, der auf den Einfall kam, sich die Sonne stillstehend zu denken und die Folgen zu berechnen.

Nehmen wir noch ein Beispiel von mehr analytischem Denken. Ich will die Beziehungen von Empfindungen, Wahrnehmungen, Begriffen studieren, nachdem die drei Begriffe schon gebildet sind. Ich „sehe“ dabei ein Buch. Nun assoziiere ich den Begriff der Empfindung an den Komplex des optischen Bildes des Buches; die Nebeneinanderstellung in der Psyche zeigt, wie die Nebeneinanderstellung von zwei Dingen in der Außenwelt, ihre Beziehungen zueinander. Eine besonders enge Beziehung entsteht zwischen dem eckigen Fleck, den ich sehe, und seinen Schattierungen mit der Vorstellung der Empfindung, weil solche Elemente in dem Begriff der Empfindung enthalten sind. Umgekehrt fehlt Gemeinsames in dem Empfindungsbegriffe und dem, was erst die Wahrnehmung des Gegenstandes als Körper und als Buch ausmacht, die Vorstellung einer hintern Seite, des Gewichtes, namentlich aber der Buchblätter mit ihrem Druck, die ich gar nicht sehe.

Diese Teilvorstellungen assoziieren dafür Tatsachen aus der früheren Erfahrung und den Begriff der früheren Erfahrung selbst, der schon gebildet sein muß, wenn man über solche Dinge nachdenkt. Da ich beachte, was in mir vorgeht, wird der Begriff der Assoziation ekphoriert und zwar in dem Zusammenhang, daß die Assoziation die Verbindung geschaffen habe. Das, was mit dem Begriff der früheren Erfahrung verbunden war, betrachte ich näher und habe Assoziationen von einzelnen Teilen (z. B. Blätter) und von einzelnen früheren Erfahrungen; ferner die Assoziation von „Verbindung“ oder „Komplex“. Bei weiterer Analyse käme man zum Begriff des Buchbegriffes, der sich aus den früheren Erfahrungen durch Abstraktion gebildet hat....

Das mag genügen, um zu zeigen, wie der Gedankengang nach den früher gewonnenen Assoziationen und nach Assoziationen der Ähnlichkeit verläuft, und eine schwache Vorstellung geben von der Komplikation von Elementen und Verbindungen, die man anführen müßte, wenn man wirklich einen solchen Gedankengang bis zu allen seinen Ursprüngen verfolgen wollte.

Bei solchen Assoziationen ist keine bestimmte Bahn- und Bewegungsrichtung von vornherein gegeben wie bei den Beispielen im Anfang des Kapitels: Unlust — Schreien — Mutter — Trinken. Gegeben sind allerdings gleichzeitig die Begriffe der Empfindung und der Wahrnehmung des Buches; der erstere muß also aus dem Komplex der Wahrnehmung den Empfindungsanteil besonders herausheben als Assoziation der Ähnlichkeit. Daß man den Rest nun besonders betrachtet, ist eine alte Übung, die sich von selbst herausgebildet haben muß:

Jedesmal, wenn wir einen Gegenstand untersuchen, so erforschen wir einen Teil desselben nach dem andern. In der ursprünglichen Absicht, die Wahrnehmungen zu analysieren, zusammen mit der Tatsache, daß ein Teil als Empfindung erkannt worden ist, liegt der Fortgang der Assoziationen auf den Rest. Dieser, „bedruckte Blätter", „harter Deckel", die ganze Form usw. könnte an sich tausend Dinge assoziieren; die Wege werden aber dadurch beschränkt, daß die Vorstellung dieses Restes mit derjenigen der „Entstehung" oder „woher kommt es" verbunden ist, die in der gestellten Aufgabe liegt. Ich finde sogar in diesem Falle nur einen einzigen Weg, und dieser führt zu früheren Erfahrungen und den Abstraktionen des Begriffes „Buch". In der Vorstellung „woher?" liegt, wie man sich ausdrückt, die Zielvorstellung. Man sollte aber sagen „eine" Zielvorstellung, denn es gibt noch viele andere innert des nämlichen Gedankenganges, so das Hauptziel, die Zusammenhänge zwischen Empfindung, Wahrnehmung und Begriff. Dem Hauptziel sind Nebenziele untergeordnet, wie die Reise nach Hamburg bei einer Reise nach Amerika.

Als Beispiel einer Erfindung sei die der Flugmaschine angeführt, wobei ich ausdrücklich hervorhebe, daß ich die wirklichen Vorgänge ganz ungenügend kenne und also einen großen Teil supponiere. Für unsere Zwecke ist das gleichgültig. Es kann folgendermaßen gegangen sein:

Der Mensch hat das Bedürfnis, sich schnell von einem Ort zum andern zu bewegen. Er sieht die fliegenden Tiere sich am schnellsten und anscheinend leichtesten fortbewegen. „Schnell sich fortbewegen" wird also assoziiert an „fliegen", also auch der Wunsch, sich schnell fortzubewegen. So wünscht der Erfinder nicht nur allgemein sich schnell fortzubewegen, sondern zu fliegen. Er sieht: Die Tiere fliegen mit Flügeln. Diese Idee wird an das gewünschte eigene Fliegen assoziiert durch Ähnlichkeit, er möchte fliegen mit Flügeln. Er hat aber keine Flügel. Der Trieb, sich zu erwerben, was man wünscht, liegt in der Organisation jedes animalischen Wesens; es selber zu machen, ist menschlicher Erwerb aus der Erfahrung, den wir hier als schon bestehend voraussetzen. Der Mensch macht sich also Flügel von Ikaros bis zum Schneider von Ulm, kann aber nicht fliegen, ohne recht zu wissen, warum.

Nun wollen die Gebrüder Montgolfier künstliche Wolken machen, etwas, das in der Luft aufsteigt. Das assoziiert die warme Luft, die aufsteigt. Die ist aber noch keine Wolke; man sieht sie nicht und sie bleibt nicht beisammen. Wie der Hungrige in der Außenwelt etwas sucht, bis er Speise findet, so der Erfinder in seinen Assoziationen; d. h. statt Bewegungen assoziiert er Engramme, in beiden Fällen nach bestimmten Gesetzen. Hier muß er assoziieren Dinge, die zusammenhalten; die nächstliegende Assoziation ist die unzählige Male erfahrene der Umhüllung oder eines Gefäßes. Die Kraft, die er zur Verfügung hat, ist sehr gering. Die Erfahrungsassoziation sagt, geringe Kräfte können nur geringe Gewichte heben; diese beiden Assoziationen muß er, da sie alltäglich sind und wir immer Gewichte und die Kräfte, die sie heben können abschätzen, gleich gemacht haben, so daß sie ihm kaum zum Bewußtsein gekommen sein werden. Das assoziiert sich zu dem Begriff der leichten Umhüllung. Die leichte Umhüllung muß nach der alltäglichen Erfahrung irgendein Gewebe oder ein Papier assoziieren: Die Montgolfière ist erfunden. Da sie fliegt, wird sie dem immer bestehenden Wunsch, selbst zu fliegen, assoziiert. Dem Wunsch entspricht sie aber nicht gut, u. a. wegen der Schwierigkeiten, die das Feuer mit sich bringt. Es werden also weitere Assoziationen gesucht: Die Vorstellung der leichteren Luft assoziiert die eines leichteren Gases: Der Kugelballon ist erfunden; man kann fliegen — aber nur mit dem Wind. Man hat aber den Wunsch, an beliebige Stellen zu kommen. Er wird assoziiert an die Vorstellung des fliegenden Ballons, d. h. man sucht den lenkbaren Kugelballon. Aus Analogie mit bestehenden Vehikeln wird die Schraube (und das Steuer) assoziiert, wahrscheinlich allerdings nie im praktischen Versuch. weil die Techniker, die solche Sachen ausführen, in moderner Zeit zu gut über die Möglichkeit orientiert sind; um so mehr aber setzen die Geisteskranken und die Witzblätter die Schraube an den Kugelballon. Endlich sind die schnellgehenden Motoren erfunden. Sie werden dem Wunsch, mit dem Ballon zu fliegen assoziiert und zugleich die bekannte Tatsache, daß der Widerstand mit dem Querschnitt senkrecht zur Richtung der Bewegung zunimmt, und daß eine Kugel schwer steuerbar ist: Der Zeppelin ist erfunden. Er erweist sich als zu schwerfällig. Der Wunsch besteht weiter. setzt nun aber bei einer anderen. früher schon entstandenen, Gedankenfolge an. Durch die Erfindung des Ballons ist der Begriff des Fliegens zerlegt worden in den des Aufsteigens resp. Getragenwerdens und den der Lenkbarkeit. Man war von dem ersteren ausgegangen und an kein befriedigendes Ende gekommen. Lilienthal assoziierte den zweiten Begriff an den Vogelflug. zunächst ohne sich groß um den ersten zu kümmern, und machte sich wieder eine Art Flügel, zugleich aber moderne Vorstellungen aus der Technik, die Bedeutung der zur Bewegungsrichtung schiefen Fläche an die Flügelwirkung assoziierend und damit heraushebend. So kam er auf seine Studien des lenkbaren Gleitfluges mit einer Art Flügel, eine höhere Stellung, einen Anlauf und den Wind benutzend. Seine Ideen bewährten sich nur zu schnell, so daß er, bevor er sein Instrument in die Gewalt bekommen, sich so hoch in der Luft halten konnte. daß er sich den Rücken brach, als er die Führung verlor. An die Idee der schiefen Fläche aber assoziierten die Gebrüder Wright das Schraubenrad mit dem schnellgehenden Motor: Das Flugzeug war erfunden.

Wie wenig besonderes in dem Denkvorgang liegt, zeigt vielleicht am besten die Möglichkeit, sich denselben rein physiologisch vorzustellen: ein Tier weicht der Wärme aus; dann infolge von Erfahrung auch dem die Wärme ankündigenden Lichtreiz. Nun gibt es aber verschiedene Lichtarten, von denen die einen von Wärme gefolgt sind, die andern nicht. Es wird nach und nach nur noch auf die erstere Gruppe reagieren (vgl. die experimentellen Assoziationsreflexe). In seinem Nervensystem ist irgendwie die Lichtempfindung mit der Wärmeempfindung (und der daraus entstehenden Reaktion) funktionell verbunden. Diese funktionelle Verbindung ist identisch mit einer Assoziation. Die Lichtempfindungen der zweiten Gruppen werden nicht mit der Reaktion verbunden oder sekundär bei der Übung von ihr abgesperrt. Wäre das, was wir hier rein objektiv als physiologischen Vorgang beschrieben haben, bewußt, und könnte das Tier in unseren Begriffen reden, so müßte es das nämliche Erlebnis etwa folgendermaßen beschreiben: ich habe schon gemerkt, daß auf diese Lichterscheinung die verwünschte Wärme kommt, und deshalb fliehe ich. Nun bin ich aber auch oft unnütz geflohen; das war bei Licht mit vielen violetten Strahlen. Davor fliehe ich nicht mehr. Die eine Gruppe von Licht ist gefährlich, die andere ist nicht gefährlich (Urteil). Dieses Licht enthält keine violetten, aber viele roten Strahlen, es ist also gefährlich: vor dem fliehe ich (Schluß).

Allgemeines.

Der Denkakt beruht also auf den Assoziationsverbindungen, die die Eindrücke der Außenwelt im Gedächtnis geschaffen haben. Wie die Vorstellung eine überdauernde Wahrnehmung einzelner Dinge ist, so ist das Denken eine Ekphorie von überdauernden Wahrnehmungen der Zusammenhänge der Dinge, so daß in der Gegenwart an bestimmte Verhältnisse Zusammenhänge assoziiert („aus Analogie geschlossen") werden, die wir jetzt nicht sehen, aber früher erfahren haben. Wir benutzen nicht nur die gegenwärtigen Erfahrungen, sondern auch die früheren. Es ist die nämliche Gedächtnisfunktion, die sowohl die Begriffsbildung wie das Denken hervorbringt; es besteht psychologisch kein prinzipieller Unterschied zwischen Dingen und Zusammenhängen der Dinge in ihrem Nach- und Nebeneinander; Dinge sind Zusammenhänge ihrer (wahrgenommenen) Eigenschaften. Die Wahrnehmung ist die Gruppierung nach zusammengehörigen Sinnesempfindungen; die Assoziationsbahnen, auf denen das Denken abläuft, sind Engramme der Erfahrungen der Zusammenhänge dieser Gruppen unter sich. Eigentlich sind ja Wahrnehmungen und Vorstellungen und Denken für uns in gleicher Weise Geschehnisse und ihre Zusammenhänge, die in der Zeit ablaufen. Die Dinge bilden wir ja auch nur aus assoziativen Zusammenhängen, genau wie die Logik. So sind auch Dinge und Geschehen nicht zwei absolut verschiedene Begriffe. Wir pflegen manches, was in der Zeit abläuft und also eigentlich ein Geschehen ist, ein Ding zu nennen, z. B. Worte, ein Konzert.

Aber die innerbegrifflichen Assoziationsbindungen sind viel fester als die zwischenbegrifflichen — aus selbstverständlichen Gründen: Die Mutter hat schon für den Säugling eine enorme Zahl bestimmter Eigenschaften, die ihr immer anhaften. Wenn ein Teil (eine Eigenschaft) der Mutter anwesend oder abwesend ist, ist es auch die ganze Mutter; aber die Mutter kann als Ganzes einmal da und ein andermal an einem andern Orte sein; sie kann jetzt das und im nächsten Augenblick etwas ganz anderes tun.

Schon bei den einfacheren Schlüssen im täglichen Leben rechnen wir nicht mit allem, was in Betracht kommt; wir ignorieren Unwahrscheinlichkeiten und geben uns nicht allzuviel Mühe, alles zu überblicken, Ich hole mein Buch an einer bestimmten Stelle, weil ich es dort abgelegt habe, ohne lange zu überlegen, ob es jemand weggenommen haben könnte. Die Kinder gehen um 8 Uhr in die Schule; es ist 8 Uhr vorbei; ich denke für gewöhnlich nicht an alle die Möglichkeiten, die sie vom Schulgang abhalten könnten, und nehme an, die Kinder seien in die Schule gegangen. Aber auch der einfache Mensch kommt täglich in die

Lage, Schlüsse zu ziehen, die bedeutend komplizierter sind als die angeführten, und bei denen er nicht alles übersehen könnte, auch wenn er sich dafür anstrengen würde; deswegen so viele Täuschungen. Wo die Logik eigentlich Neues zeigen will, rechnet sie überhaupt (außer in der Mathematik s. oben) nur mit Wahrscheinlichkeiten. Von den Begriffen aber sind erst die künstlichen, stark abstrakten (wie Gott, Personenrecht, Betrug), die keinen Einfluß auf die allgemeinen Denkformen haben, wandelbar in der Menge und Art der Bestandteile; im allgemeinen besitzt der Begriff eines Dinges eine sehr weitgehende Abgeschlossenheit; wir kennen meist alle wesentlichen Sinnesempfindungen, die ein Ding zusammensetzen; man kann nichts dazu und nichts davon tun (was aber gar nicht heißen soll, daß ein Begriff bei jeder Ekphorie mit allen seinen Bestandteilen und jedesmal gleich gedacht werden. Im Gegenteil hat ein Begriff jedes einzelne Mal, wo er gebraucht wird, seine besondere Gestaltung).

So bei der großen Mehrzahl der Dinge. In relativ sehr seltenen Fällen haben wir zwar Dinge nur ein oder wenige Male wahrgenommen, oder wir haben gar nur von ihnen gehört. Die Analogie zwingt uns aber, auch solche Dinge als unzerstörbare Zusammenkittung ihrer Eigenschaften anzusehen: Während wir nur in einer Stunde eine unzählbare Menge von Eindrücken erleben, sehen wir doch ein ganzes Leben lang nie, daß die verschiedenen Eigenschaften der Dinge auseinanderfließen oder sich prinzipiell ändern, so daß z. B. ein Mensch auf einmal an Stelle des Kopfes Flügel oder die Höhlung eines Kellers oder statt der Füße einen Schlüssel hätte. So muß nach kurzer Erfahrung oder zugleich mit der Bildung des Dingbegriffes ohne weiteres auch die Festigkeit der inneren Verbindung, die Undenkbarkeit eines Auseinanderfallens gegeben sein.

Immerhin sind auch die Dingbegriffe nicht absolut unantastbar. Der Primitive kennt nicht einmal von seiner eigenen Persönlichkeit ganz scharfe Grenzen; wenn er sich ein Bärenfell angezogen hat, so *ist* er in vielen Beziehungen, meist in allen, die er gerade denkt, ein Bär und nicht mehr ein Mensch; ein abgetrenntes Haar, eine Photographie repräsentiert ihn ganz, so daß ihm das geschieht, was man einem solchen Symbol tut; wenn seine Frau krank ist, benimmt er sich auch wie ein Kranker und nimmt unbedenklich das heilende Purgiermittel ein; die Mythologie kann Apollo zugleich als einen Mann und als eine Frau auffassen, oder irgendeinen Gott mit seinem Bild verdichten und dann wieder unabhängig von demselben denken. Auch beim modernen Kulturmenschen kann eine starke Aufmerksamkeitsstörung die Dinggrenzen verwischen, so daß Eigenschaften zweier Bekannten in eine einzige Persönlichkeit verschmolzen werden, die weder der eine noch der andere ist. Im Traum gar fallen die Begriffe so gut auseinander wie die logischen Funktionen.

In der Pathologie finden wir zwar logische Störungen bei allen Geisteskrankheiten, Begriffsauflösungen aber nur in der Schizophrenie. Bei genauem Zusehen erweist sich aber auch dieser Unterschied nur als ein quantitativer. Alle logischen Störungen der nichtschizophrenen Psychosen rühren davon her, daß zu wenig Assoziationen herbeigezogen werden (Oligophrenien, organische), oder daß die Affekte einseitig bestimmte Assoziationen bahnen, andere hemmen und den logischen Wahrscheinlichkeiten einzelner Motive ein falsches Gewicht geben (alle Psychosen, am wenigsten ausgesprochen bei den Oligophrenen). Nur bei den Schizophrenen können sowohl innerbegriffliche, wie logische Assoziationen, ich möchte fast sagen beliebige, von der Erfahrung abweichende Wege einschlagen, und es können die Begriffe Vater und Mutter so in ihren Bestandteilen auseinandergerissen und falsch wieder in einen Begriff zusammengesetzt werden, daß der Vater (nicht bildlich gemeint) von sich sagen kann, er habe sein Kind an seiner Brust genährt. Sehen wir im übrigen affektive Einflüsse die Logik fälschen, so daß es beim Gesunden zu vielen Irrtümern und beim Kranken zu Wahnideen kommt, so ist das gleiche, wenn auch in geringerem Maße, von den Begriffen ebenfalls zu sagen; ein Mensch, der uns geärgert hat, wird leicht zu einem schlechten Charakter umgestempelt; aber allerdings denkt sich auch der Kränkste nicht leicht einen Hund mit fünf Beinen oder mit blauen Federn.

Die Assoziationen.

Man hat alles Denken auf die „Assoziationsgesetze“ zurückführen wollen und meinte damit Assoziationen nach Gleichheit, Ähnlichkeit, Gegensatz und nach Neben- und Nacheinander.

Unter Assoziationen stellt man sich Verbindungen von (mehr statisch gedachten) psychischen Vorgängen vor, wie Empfindungen oder Vorstellungen. Es ist durchaus falsch, einen anatomischen Begriff daraus zu machen. Wird die Psyche aktiv aufgefaßt, so würde dem assoziierenden Denkvorgang das Bild eines Bahnzuges entsprechen, der von einer Station (= Vorstellung[1]) zur andern fährt und an jeder eine kurze Zeit anhält. Denkt man sich die Psyche passiv, so würde in ihr wie in einer Zauberlaterne ein Bild nach dem andern erscheinen, aber so, daß jeweilen das vorhergehende den Grund abgäbe für die Darbietung des folgenden. **Ich glaube nun nicht, daß es einen solchen scharfen Unterschied zwischen Empfindungen und Vorstellungen und eventuellen andern statisch gedachten Psychismen einerseits und den Verbindungen, den Assoziationen, anderseits gebe. Die Sache ist aber nicht so leicht vorstellbar und vorläufig für mich wenigstens unmöglich in Worten genügend zu beschreiben. Ich brauche deshalb das übliche und für die meisten Zwecke ausreichende Bild der Vorstellungen mit ihren Verbindungen, den Assoziationen.**

Solche Verbindungen werden „gestiftet“ dadurch, daß zwei Psychismen, z. B. Empfindungen oder Vorstellungen neben- oder nacheinander ablaufen. Wir sehen das daraus, daß später die Wiederholung des einen Psychismus eine Tendenz hat. den andern zu ekphorieren. Diese gestifteten Assoziationen bleiben erhalten; das optische Bild einer Person „ist assoziiert“ dem akustischen seiner Stimme. Was hier mit Assoziation bezeichnet wird, ist eine Disposition zur Ekphorie bestimmter Zusammenhänge, ein dauernder Zustand. Wir nennen aber auch die unmittelbare Aufeinanderfolge der Vorstellungen, d. h. ein bestimmtes Geschehen. Assoziation. Diese wird bestimmt entweder durch Ekphorie der gestifteten zuständlichen Assoziationen oder durch

[1]) Auch dieses Bild ist nur funktionell, nicht räumlich zu denken, etwa wie die Stimme im nämlichen Kehlkopf von einer Tonhöhe zur andern geht.

andere Zusammenhänge vor allem nach Ähnlichkeit. Wenn ich die Stimme einer bekannten Person höre, tritt ihr optisches Bild als Vorstellung auf, es wird assoziiert. Gleicherweise wird aber auch durch die Stimme einer Person die ähnliche einer andern assoziiert, die ich noch niemals in Verbindung mit der ersten gebracht habe.

Außerdem sind gleichzeitig ablaufende Vorgänge meist assoziiert, indem sie einander beeinflussen: Beim Bauch-Schwanzreflex der Katze ist die Empfindung der Ausgangsstellung des Schwanzes mit dem Bewegungsimpuls des Reflexes assoziiert. Die Wahrnehmung des Weges und der Hindernisse leitet unsere Schritte; eine moralische Überlegung hemmt eine angreifbare Handlung; zwei Motive, die in gleicher Richtung wirken, befördern die Reaktion; gegensinnige hemmen sie. — Vor allem werden aktuelle Psychismen mit ekphorierten Engrammen früherer Erfahrungen verbunden. In einer Wahrnehmung sind gegenwärtige Sinnesempfindungen den Erinnerungen früherer ähnlicher Erlebnisse assoziiert. Mit dem Anblick der Flamme wird die Erfahrung des Sichbrennens ekphoriert und beide Psychismen zusammen bedingen das Ausweichen.

Diese Bezeichnung von vier oder fünf verschiedenen Dingen mit dem gleichen Wort führt in diesem Falle fast nie zu Mißverständnissen und mag deshalb beibehalten werden, damit nicht neue Ausdrücke geschaffen werden müssen (Semon bezeichnet nur die Stiftung oder den Zustand der Verbindung zweier Psychismen als Assoziation; die fortlaufende Assoziation von Begriffen im Denken nennt er Ekphorie; ich halte das nicht für praktisch, weil wir dann keinen Unterschied haben zwischen den beiden unentbehrlichen Begriffen der Wiederbelebung eines Engrammes schlechthin und der Erregung dieser Wiederbelebung durch den assoziativen Zusammenhang).

Die Assoziationsstiftungen sind nicht bloß etwas Positives, sondern ebensosehr etwas andere Wege Verschließendes. Jede beliebige Gewöhnung (Aussprache, Schrift, und tausend andere) erschwert alle Reaktionen anderer Richtung. Je mehr ein Assoziationsreflex mit dem nämlichen Reiz geübt wird, um so präziser wird er auf diesen Reiz eingestellt, um so enger wird die Gruppe von Ähnlichkeiten, die ihn hervorrufen können. (Vgl. auch: Intelligenz.)

Die Assoziationsstiftung geschieht wohl allein dadurch, daß zwei Psychismen neben- oder nacheinander ablaufen. Sie ist etwas Selbstverständliches, wenn man die bekannten physiologischen Eigenschaften des CNSs. im allgemeinen und des Gedächtnisses im Speziellen voraussetzt. Von physiologischer Seite gesehene gleichzeitige oder aufeinanderfolgende Vorgänge wie Reflexe und Sinnesempfindungen beeinflussen einander, sie fließen zu einer Einheit zusammen, wie wir aus der Resultante ersehen. Wird das Geschehen als Engramm festgehalten, so betrifft das natürlich die Verbindung so gut wie den Reflex und die modifizierende Empfindung.

Bei der Ekphorie erst kommen die früher genannten Gesichtspunkte der Gleichheit, Ähnlichkeit, des Gegensatzes in Betracht. Damit verhält es sich folgendermaßen: Gleichheit psychischen Geschehens gibt es nicht (vgl. unten die Anm.); statt Gleichheit ist also Ähnlichkeit zu sagen. Die heute gesehene Rose ekphoriert eine gestern gesehene, die nicht ganz gleich ist und nicht in ganz gleicher Stellung usw. gesehen wurde.

Ebenso die bloß gedachte Rose. Gegensätze sind in bezug auf das, worauf es hier ankommt, Ähnlichkeiten; denn sie haben viele ähnliche Bestandteile, so schon den wichtigsten, die allgemeine Qualität oder Dimension. Ob ich von Lichtschattierungen rede oder von Gerüchen, ist ein viel wesentlicherer Unterschied, als ob ich innerhalb der Schattierungen von Weiß und Hell einerseits oder von Schwarz und Dunkel anderseits spreche. Der Unterschied zwischen „Peter ist klein“ und „der Tisch ist viereckig“, oder auch nur zwischen dem ersten Gedanken und „Peter ist dunkelhaarig“ ist viel größer als zwischen „Peter ist klein“ und „Peter ist groß“. Mehr oder weniger deutlich klingt geradezu bei dem Gedanken „Peter ist klein“ noch mit: „Peter ist nicht groß“, oder sogar „Peter könnte auch groß sein“, sonst müßte man ja nicht noch besonders sagen, daß er klein sei. Schon aus dem letzteren Grunde liegen auch die Gegensätze innerhalb der nämlichen Qualitätsdimension einander viel näher als die Zwischenqualitäten; Weiß und Schwarz sind einander näher verwandt als Weiß und Grau oder gar Weiß und Grün. Außerdem werden die Gegensätze so oft nebeneinander genannt, daß sie eine besondere assoziative Verbindung bekommen. Gerade das, was man vermeiden will, wird bei tausend Handlungen des Alltags automatisch getan; der angehende Radfahrer fährt auf den gefürchteten Stein; die Maschinenschreiberin schreibt in Fällen, wo die Wahl in Betracht kommt, die durchgestrichenen Wörter. Weil das Wichtige, die Dimension überhaupt, den Gegensätzen gemeinsam ist, bezeichnen die älteren Sprachen die beiden Richtungen einer Dimension oft mit dem gleichen Wort: altus; schlecht = schlicht; Ahne war ursprünglich sowohl Großvater wie Enkel (Enkel = Ähnchen); das englische bad hat den nämlichen Stamm wie das deutsche besser, das lateinische calere wie das deutsche kalt usw.[1]). Die begriffliche Zusammengehörigkeit der Gegensätze spielt eine bedeutsame Rolle im dereierenden Denken (s. S. 191), wobei ihre Ähnlichkeit dadurch besonders beleuchtet wird, daß es oft ganz gleichgültig ist, ob etwas als schwarz oder als weiß, positiv oder negativ gedacht und bezeichnet werde; das Wichtige ist nur, daß überhaupt die betreffende Qualitätsdimension gedacht wird.

Manche haben merkwürdige Schwierigkeiten gegen die Annahme von **Assoziationen nach Ähnlichkeit** herausgetüftelt. So meint NELSON[2]), verschiedene Nüancen von Blau hätten keine gemeinsame Komponente. Eine solche könne also nicht aus der Erfahrung die Assoziationen bestimmen. Die Ähnlichkeitsassoziation müsse folglich einen andern Grund als die Erfahrung haben. Schon wenn NELSON psychische, bewußte Erfahrung meint, so hat er unrecht; denn verschiedene Nuancen von Blau haben auch subjektiv für uns viel „Gemeinsames“ sowohl in der Farbenvorstellung als in der Gefühlsreaktion, die sie hervorrufen, und in der Bedeutung, den Zusammenhängen mit Dingen, die blau sind (keine Glockenblume hat genau die Nuance wie eine andere). Viele Nuancen haben also die gemeinsame Assoziation „Glockenblume“. Der wichtigste Grund liegt aber nicht in der Psychologie, sondern in der Physiologie, der doch wohl auch ein Philosoph Einfluß auf die Art des psychischen Empfindungsvorganges zugestehen wird: Ähnliche Farben erregen zum größten Teil die nämlichen Retina- und damit Nervenelemente, nur in etwas anderen Verhältnissen. Die gemeinsame Komponente kann also nicht fehlen. Würden solche Leute beobachten statt tüfteln, so fänden sie, daß Assoziationen nach Ähnlichkeit die selbstverständlichsten, die ursprüng-

[1]) Vgl. FREUD, „Über den Gegensinn der Urworte“. Jahrbuch für psychoanalytische und psychopathologische Forschungen. Bd. II, S. 179.

[2]) Die Reformation der Philosophie. Leipzig, Neuer Geist Verlag, 1918.

lichsten sind. Jeder Reflex antwortet auf eine ganze Kategorie von „ähnlichen“ Reizen, die in anderer Beziehung unterschieden werden können. Der sich wiederholende chemische oder optische Reiz, der das Tier vor der kommenden Hitze warnt (S. 78; 175), ist niemals genau identisch, nur ähnlich (wie übrigens fast alle Reize, die Reflexe auslösen). Deswegen hat er doch seine Wirkung. Psychologisch ausgedrückt: Die zweite ähnliche Empfindung hat die erste assoziiert. Das sind Selbstverständlichkeiten, die sich nicht nur aus dem Zweck unserer nervösen Funktionen, sondern aus ihrer Art selber ohne weiteres ergeben. Wir könnten uns gar kein Nervensystem denken, das nicht Ähnlichkeiten bis zu einem gewissen Grade als Gleichheiten behandeln müßte, noch weniger als es der Technik gelungen ist, ein Schloß zu erfinden, das nur ein einziger, dazu gehöriger Schlüssel öffnet. Was man lernen muß, ist die Unterscheidung, nicht die Zusammenbringung des Gleichen und Ähnlichen: Das Kind verwechselt, wenn es früh französisch lernen sollte, alle Wörter auf -ette (serviette, assiette). Wenn man im Gedächtnis einen Namen sucht, kommen einem ähnliche Vorstellungen oder unbestimmte wie: Vokal a in der ersten Silbe, langer Name usw.; Material aus ähnlichen Komponenten ist schwerer zu lernen als unähnliches (Ranschburg); bei Unaufmerksamkeit verwechselt man Ähnliches; bei Hirn- und Geisteskrankheiten leidet in erster Linie das Unterscheidungsvermögen, nicht die Fähigkeit, Ähnlichkeiten zu benutzen; genau abgestimmte Assoziationsreflexe funktionieren (beim Hunde) im Schlaf auf breiten Reizvariationen, die Spinne hüpft auf einen schwarzen Nagelkopf wie auf eine Fliege, der Großzehenschenkelreflex wird, wenn er der beschränkenden Regulierung durch das Gehirn entzogen ist, fast von der ganzen Schenkelhaut aus auslösbar und verliert dabei die Modifikationen, die den verschiedenen Lokalreizen entsprechen.

Nicht genau der gleiche Vorgang ist es, wenn die Vorstellung (oder Wahrnehmung) eines bestimmten Dinges die eines ähnlichen erweckt, und dabei die erste neben der zweiten besteht, nicht sie ersetzt, d. h. wenn beide auseinandergehalten werden. Das geschieht aber auch bei dem, was man Gleichheiten zu nennen pflegt; sogar, wenn ich gestern ein Bild gesehen habe und das nämliche unter möglichst gleichen Umständen heute wieder sehe, halte ich die beiden Wahrnehmungen auseinander. Wer die Assoziationen aus Gleichheit versteht, darf sich über die der Ähnlichkeit nicht wundern.

In Wirklichkeit gibt es ja auf diesem Gebiete gar keine Gleichheit, nicht nur, weil kein Reiz dem andern gleich ist oder weil die begleitenden Umstände immer verschieden sind, sondern vor allem deshalb, weil die aufnehmende Psyche selbst nach einem beliebigen Erlebnis gerade infolge dieses Erlebnisses gar nicht mehr identisch ist mit der, die es erlebt hat. Jedenfalls ist sie insofern prinzipiell verändert, als die zweite Erfahrung auf das Engramm der ersten stößt und es ekphoriert. Wiedererkennen ist verschieden vom ersten Sehen.

So ist es ganz falsch, wenn man behauptet, die Aneinanderreihung zweier gleichen Silben wie Sing-Sing, Töff-töff, Li-li, sei eine „Assoziation mit sich selbst“. Die zweite Silbe ist eine ganz andere als die erste deshalb, weil sie eine zweite ist. Die Silbe allein existiert ja nicht, sondern nur in einer Verbindung; oder anders ausgedrückt: Die Silbe ist Bestandteil einer Einheit, eines zweisilbigen Komplexes, in dem die Stellung einen bedeutenden Faktor ausmacht. Es ist psychisch genau wie in der Aussprache, in der die beiden Silben so stark unterschieden sind, daß man z. B. in dem Wort Lili die beiden i ganz gut mit zwei verschiedenen Buchstaben bezeichnen könnte („Lili“ gegen „Lilĭ“). Die Aussprache selber bildet aber zum Überfluß einen Bestandteil der Silbe als Psychismus, so daß dieser auch dadurch von der andern Silbe unterschieden wird.

Der Ekphorie (Assoziation) durch Ähnlichkeit liegt eine primitive Eigenschaft des lebenden Organismus zugrunde, wie sie schon dadurch deutlich wird, daß der gleiche Reaktionsapparat nicht nur auf einen ganz speziellen Reiz, sondern auf eine ganze Klasse ähnlicher Reize antwortet. Das Elementare, das der Assoziation durch Ähnlichkeit zugrunde liegt, ist älter als die Psyche, ja älter als das Nervensystem. Die Ekphorie infolge früherer Assoziationsstiftung (durch Gleichzeitigkeit und Nacheinander) ist einerseits eine selbstverständliche, da die Zusammenhänge, speziell auch die zeitliche Folge in den

Engrammen ebensogut fixiert wird, wie das, was wir Begriffe oder Vorstellungen nennen. Andererseits aber ist sie nur ein Spezialfall der Ähnlichkeitsassoziation: zwei aus einem Komplex gleichzeitigen Geschehens abstrahierte Vorstellungen haben alle übrigen Begleitkomponenten gemeinsam, sind also ähnlich. Zwei nacheinander erlebte Vorstellungen haben natürlich auch noch eine Menge von Komponenten gemeinsam, die die Zeit des ersten Erlebnisses überdauern (z. B. nur schon die Einreihung in die Zeit), außerdem aber deshalb immer viel anderes Gemeinsames, weil die Erlebnisse des vorangehenden Zeitpunktes im folgenden noch nachbelebt sind (wobei nicht nur an das Nachleben der Sinnesempfindungen, das nur Bruchteile einer Sekunde währt, sondern an längere Zeiträume zu denken ist, indem z. B. die Zeiträume eines Tages meist gut zusammenhängend registriert werden, was das Nachleben gewisser einfacher Bearbeitungen der Erlebnisse beweist).

Aus der Existenz von Assoziationen nach Ähnlichkeit ergibt sich ohne weiteres, daß das Denken nicht nur Erfahrungen benutzt, die genau gleich wie die sind, die das Problem stellt, sondern auch (oder eigentlich lauter) ähnliche. Wir denken nach Analogien der Erfahrung.

Dabei brauchen die Assoziationen aus zeitlichem Nacheinander natürlich nicht notwendig in der Richtung des Erlebens abzulaufen. Man macht sich indessen über die Polarisation der Engramme und die Umkehrung der Assoziationen leicht unklare Vorstellungen. Ich muß mich hier auf einige Andeutungen beschränken. Man verwundert sich darüber, daß ein Tier den Weg, den es einmal in einer bestimmten Richtung gemacht, wieder zurückfinde. Man nimmt da zu Hilfe, daß z. B. ein Pferd auch nach rückwärts sehe und deshalb die Straßen schon beim ersten Gang von beiden Seiten aus engraphiere. Aber auch diese rückwärtigen Bilder werden alle in umgekehrter Zeitfolge fixiert, so daß sie statt zur Erleichterung der Findung des Rückweges eher Anlaß zu einer Konfusion geben möchten, wenn sie ohne weitere Verarbeitung benutzt würden. Außerdem findet doch für gewöhnlich auch der Mensch mit seinem nur nach vorn gerichteten Gesichtsfeld den Rückweg, wenn auch in ungewohntem Gelände deutlich schwieriger als den wiederholten Hinweg, und gar bei einer blinden Ameise, die bloß die unzähligen Erinnerungsbilder ihrer mit den Tastern aufgenommenen topochemischen Empfindungen zur Orientierung benutzt, fallen solche Überlegungen ganz weg. Räumlich orientierende Engrammreihen können eben ohne weiteres umgekehrt ekphoriert werden, wie es zur Orientierung nötig ist. Dazu bedarf es aber keines besonderen Mechanismus. Wir haben in zwei aufeinanderfolgenden Momenten des Hinweges nacheinander eine Situation a und eine Situation b, die engraphiert werden. Beide Situationen haben vieles Gemeinsame. Damit ist die Möglichkeit der Ähnlichkeitsassoziation gegeben, und zwar unabhängig von der Richtung; das ekphorierte Engramm a kann b ekphorieren wie umgekehrt. Auf der Rückkehr ist die Richtung vom Ende zum Anfang durch verschiedene Konstellationsbedingungen, auf die hier nicht einzugehen ist, gegeben.

Eine Polarisation der Engramme besteht aber doch. In den Engrammen selbst liegt die Wiederholung der Richtung der Erlebnisreihen. Für den, der sich klargemacht hat, daß die psychischen Funktionen nichts Statisches, sondern ein beständiges Fließen sind, ist das selbstverständlich. Auch Gebilde, die uns als eine zeitliche Einheit vorkommen, die Wahrnehmung einer Farbe z. B., laufen in der Zeit ab und wären nicht denkbar ohne Zeitdauer und damit Zeitfolge. Ein Wort hat nur einen Sinn, wenn es in der ihm eigenen Richtung gesprochen oder gehört wird, eine Melodie, rückwärts gespielt, ist etwas ganz anderes, und so noch tausend andere unserer Begriffe und Tätigkeiten. Auf Blitz erwarten wir Donner, nicht aber umgekehrt; die Assoziation Blitz, die vom Hören des Donners ausgelöst werden kann, ist eine ganz andere als die, die nach dem gesehenen Blitz den Donner erwartet. Bei einem Assoziationsreflex löst der früher in Verbindung mit dem Streichen der Sohle gehörte Ton den Plantarreflex aus, selten und nur in ganz anderer Weise der Plantarreflex den Ton. Die Vorstellung von Braten oder Bratengeruch löst Speichelsekretion aus; Speichelsekretion ekphoriert aber nicht alle diejenigen Speisen und Geschmäcke und Gerüche und Vorstellungen, die früher einmal Speichelsekretion angeregt haben. Auf motorischem Gebiet können wir die zu irgendeiner Handlung nötigen Muskelinnervationen niemals umkehren; wenn man eine Bewegung umkehrt, rückwärts geht, einen Buchstaben von rechts nach links zeichnet, einen Kreis einmal nach links und ein andermal nach rechts beschreibt, so ist das keine umgekehrte Innervation der Muskeln, sondern eine Umkehrung der Wirkungen.

Die letztere Funktion mag uns zeigen, worauf es ankommt. **Rückläufige Assoziationen sind keine Umkehr des ganzen psychischen Vorganges.** Sondern es handelt sich um eine Umkehrung der Reihenfolge von Vorstellungen, die aus Stücken des früheren Erlebnisses gebildet worden sind. Wenn ich mir einen Weg umgekehrt vorstelle, so läuft die Vorstellungsreihe gar nicht wie im verkehrten Kinographen kontinuierlich von hinten nach vorn ab, sondern einzelne Stückchen der ursprünglichen Erlebnisreihe, die Vorstellung eines bestimmten Hauses, eines Platzes, die an sich nach vorn polarisiert ist, erweckt die Vorstellung des vorhergehenden Hauses oder Platzes. Keine dieser einzelnen Vorstellungen enthält etwas von einer Rückläufigkeit; soweit sie das ursprüngliche Erleben ohne starke Bearbeitung wiedergibt, ist sie deutlich rechtläufig polarisiert, man denke an Erinnerungen aus einer Autofahrt. **Aus der Erlebnisreihe werden bei der Umkehr zu Vorstellungen verarbeitete Stückchen, die alle oder meistens an sich nach vorwärts, jedenfalls nie nach rückwärts gehen, nach Art der gewöhnlichen Ähnlichkeitsassoziationen in umgekehrter Reihenfolge ekphoriert.** Daher z. B. der Unterschied einer in Vorstellungen eingeprägten Reihe von einer motorisch geübten: Kinder, die eben das Abc oder die Reihe der Monatsnamen gelernt, zeigen oft ohne jede Übung keine merkbar größeren Schwierigkeiten, die Folge rückwärts zu sagen. Sobald sie aber die Reihen motorisch üben, so daß sie „mechanisch" ablaufen, wird der Unterschied zu ungunsten der verkehrten Hersage immer größer, offenbar nicht nur durch Erleichterung in der Richtung der Übung, sondern auch durch Hemmung in der Richtung des umgekehrten Ablaufs.

Die Existenz einer solchen Hemmung, die im speziellen Fall noch durch mehr Versuche sicherer nachzuweisen wäre, wird auch durch verschiedene Analogien wahrscheinlich. Wenn man etwas in einer bestimmten Nuance sehr gut geübt hat, verliert man die Fähigkeit für bloß ähnliche Funktionen (im Sinne von RANSCHBURG). Eine gelernte Zahlenreihe erschwert das Lernen einer ähnlichen; wer eine Sprache gut geübt hat, verliert die Fähigkeit, eine andere ohne Akzent zu sprechen; Kinder erkennen zuerst Dinge und Bilder und Buchstaben ebensogut in einer beliebigen Stellung wie aufrecht; später können sie nur schwer mehr lesen, wenn die Schrift nicht ungefähr aufrecht vor ihnen liegt.

Eine aktive Polarisation der Ekphorie durch Hemmung der rückläufigen Assoziationen ist auch sonst noch anzunehmen. Ohne sie müßte wohl jeder Vorgang seinen jetzt oder früher einmal vorhergehenden auslösen, und das ganze Assoziationsspiel käme nicht vorwärts. In dem Abgelaufenen liegt zugleich das Erledigte („Erledigt" im gleichen Sinne wie bei den Gelegenheitsapparaten: das, was vorher funktioniert hat, sei es im Erleben oder in der Zeitfolge der Engramme. wird abgestellt).

Wenn beim Aufsagen des Abc b gesagt ist, besteht nur die Tendenz c oder d usw. zu sagen, nicht aber mehr a. Das drückt sich auch in den Verschreibungen und Versprechungen sehr deutlich aus: es kommt jedem Gesunden dann und wann vor, daß er ein Wort oder einen Laut, die in einen späteren Teil des Satzes hineingehören, vorzeitig schreibt oder spricht; eine nur geringe Anhäufung von solchen Fehlern aber, die Buchstaben oder Worte aus dem schon Erledigten bringen, ist Zeichen einer Krankheit.

Eine andere Art Polarisation der Engramme entsteht durch den zeitlichen Zusammenhang, indem jedes folgende Gesamtengramm (d. h. nicht sekundär zerlegtes Engramm des gesamten Erlebens eines Momentes) die vorhergehenden in sich schließt, nicht aber die nachfolgenden (vgl. Abschnitt Raum und Zeit).

Mehr scheinbare Polarisationen entstehen dadurch, daß man vom Allgemeinen zum Speziellen schwerer fortschreitet, als umgekehrt[1]), daß die weniger verarbeiteten Engramme schwerer zu ekphorieren sind als die verarbeiteten, und daß das Wiedererkennen leichter ist als das bloß assoziative Vorstellen. So wird man einen Buchstaben, den man zeichnen kann, ein Wort, das man beim Sprechen in einer fremden Sprache braucht, immer wieder erkennen, wenn man es hört, nicht aber umgekehrt.

Wiedererkennen ist ein Spezialfall der Assoziation vom Speziellen zum Allgemeinen; jemanden oder einen Buchstaben aus dem Kopf zeichnen geht vom Allgemeinen zum Speziellen.

Aus all diesen Assoziationen aber kann noch kein brauchbares Denken entstehen. Die vorgestellte Rose kann mich auf Dornen oder eine Kamelie oder ein Mädchen, das ich mit der Rose gesehen oder verglichen habe, und noch auf tausend andere Gedanken bringen. Es muß noch die Auswahl und die Richtung des Denkens bestimmt werden.

Da hat man teils an Verbindungen wie Oberbegriff zu Unterbegriff und umgekehrt gedacht, teils an logische Beziehungen, wie zeitliche Folge, Bedingung und namentlich Kausalität.

Die Verbindungen von Oberbegriff zu Unterbegriff, vom Allgemeinen zum Einzelnen und umgekehrt, sind uns nichts Besonderes. Mein Apfel-

---

1) Vgl. BLEULER, Ein Fall von aphasischen Symptomen usw. Arch. f. Psychiatrie. 25. 1892.

baum hat mit einem andern Baum oder sonst einer Pflanze eine Anzahl von Merkmalen gemeinsam, so daß es sich hier zunächst um einfache Ähnlichkeitsassoziation handelt genau im gleichen Sinne, wie wenn ich an meinen Apfelbaum einen andern Apfelbaum assoziiere. Die spezielle Richtung vom Einzelnen zum Allgemeinen kann aber einen besonderen Grund bekommen, wenn ich mir z. B. denken will, in welche Begriffsklassen die Einzeldinge gehören, oder bei andern Gelegenheiten, d. h. wenn das Denkziel sie verlangt. Da sozusagen bei jeder Wahrnehmung eines Einzeldinges der Allgemeinbegriff mitklingt, muß daraus die Assoziation vom Speziellen zum Allgemeinen sehr erleichtert werden, so daß diese Form z. B. bei aphasischen oder sonst organischen Störungen am spätesten zugrunde geht (natürlich gibt es noch andere Gründe für dieses Verhalten). Es wird aber auch durch die Gewohnheit der Assoziation, durch die Übung in dieser Richtung eine gewisse Tendenz entstehen, an das Spezielle das Allgemeine zu knüpfen. Vom Allgemeinen zum Speziellen zu gehen, ist bekanntlich viel schwieriger, soweit es sich um die bloße Assoziation und nicht um einen Schluß handelt; denn von dem Begriff Baum aus gibt es unzählige Wege zu den verschiedenen Einzelarten von Bäumen, die erst zu wählen sind.

Die in logischer Beziehung wichtigste Bedingung eines geordneten und fruchtbringenden Gedankenganges ist die Wiederholung der Beziehungen der Erfahrung. Diese ist eine Assoziation nach Ähnlichkeit, die man hier Analogie zu nennen pflegt. In den vorhergehenden Beispielen vom Pythagoreischen Lehrsatz und der Erfindung des Flugzeuges haben wir gezeigt, wie diese Benutzung der Erfahrung sich bei jedem einzelnen Schritt gestaltet. Es ist bemerkenswert, wie lange man das nicht eingesehen hat und geradezu die Ideen über die Wahrnehmungen gestellt hat, während es doch selbstverständlich sein sollte, daß, wenn wir die Kräfte der Außenwelt benutzen oder auf diese einwirken wollen, wir uns nach den Beziehungen dieser Kräfte zu richten haben und nicht nach irgendwelchen anderen Regeln, die ein Gott nicht nur unnützer-, sondern schädlicherweise unserm Gehirn eingepflanzt haben möchte[1]). Wie nützlich uns bei diesen Denkoperationen Allgemeinbegriffe, Abstraktionen und Symbole sind, mag man ersehen, wenn man sich vorstellt, was für eine Arbeit es wäre, nur den Typus eines Pferdes zu beschreiben, ohne sich einen Allgemeinbegriff von dem Genus Pferd gemacht zu haben, oder wenn man eine komplizierte physikalische Rechnung ausführen müßte statt mit einigen Zahlen und Buchstaben mit all den einzelnen Erfahrungen, die diese Zeichen repräsentieren.

Auch der Analogien nach der Erfahrung sind zu jeder Vorstellung noch viele. Auf die Auswahl hat in erster Linie das Denkziel Einfluß, die im gegebenen Moment herrschende Strebung, wie in den Beispielen zu ersehen ist. Es ist wieder eine Assoziation nach Ähnlichkeit, aber diesmal nicht Ähnlichkeit der Vorstellungen selbst, sondern ihrer

---

[1]) Es gibt allerdings Leute, die meinen, die Dinge müssen sich nach unseren Vorstellungen richten. Andere meinen, unsere Vorstellungen seien die Dinge. Es wäre wirklich hübsch von diesen Leuten, wenn sie uns einmal das Resultat ihres Zuendedenkens aller Konsequenzen mitteilen wollten. Was haben der Baum, den der Philosoph sich vorstellt, und der, den ich mir vorstelle, gemeinsam? Wie verhalten sie sich überhaupt zueinander?

Zusammenhänge, ihrer Beziehungen zum Denkziel. Ich überlege, ob ich ein bestimmtes Haus kaufen will; da werden die Vorstellungen der Vorteile und Nachteile des Kaufes assoziiert. Vorteil und Nachteil wird allgemein vorgestellt und assoziiert und dann die speziellen Einzel-Vor- und Nachteile. Wenn man ein Tier jagen will, so werden alle Regungen, die helfen können, das Tier zu erreichen, gebahnt, die nicht auf diesen Zweck hinzielenden gehemmt. Damit sind schon eine Menge Assoziationen ausgeschlossen. In jedem Stadium der Jagd werden aber wiederum nur die im großen und ganzen passenden Assoziationen zugelassen, so daß für jeden Augenblick die Auswahl, wenn nicht eindeutig, so doch sehr klein wird. Genau so ist es bei einer theoretischen Überlegung, wo das allgemeine Denkziel, z. B. die Erklärung der kausalen Zusammenhänge oder der Beweis des Pythagoreischen Lehrsatzes, das Hauptziel darstellt; die Vorstellungen alles dessen, was schon bewiesen ist, und dessen, was nun im Moment zu beweisen ist, bilden die Unterziele, die natürlich sehr mannigfaltig sind. In einer Abhandlung gibt es neben dem allgemeinen Ziel der Darstellung das des Kapitels, des Abschnittes, des Satzes usw. (Hierarchie der Denkziele).

Das was in der Psyche die Wirkung des Denkzieles ist, haben wir im Keim auch in niederen Zentren: Bauchreiz macht beim Froschmännchen Umklammerung nur, wenn die Samenblasen gespannt sind; Speisegeruch macht keine Speichelsekretion, wenn das Tier gesättigt ist; er ist noch beim Menschen angenehm, wenn man Hunger hat, unangenehm, wenn man übersättigt ist.

Die Denkziele entsprechen bestimmten Strebungen oder *sind* Strebungen, werden aber vom Verstande (dem assoziativen Gedächtnisapparat) stark beeinflußt; man kann nicht den Pythagoreischen Lehrsatz beweisen wollen, wenn man nicht eine ziemliche Anzahl mathematischer Begriffe schon gesammelt hat. Die Grundstrebung aber, die nur das Denken für ihre Zwecke benutzt, ist der elementare Wissenstrieb, der, geleitet durch irgendwelche Assoziationen, gerade auf das Thema dieses Lehrsatzes gekommen ist, wie der Nahrungstrieb des Primitiven sich einmal dieses Wild, ein ander mal jene Baumfrucht holt.

Neben diesen Strebungen, die das eigentliche Ziel bestimmen, gibt es aber noch Leitschienen für das Denken, die im Prinzip dem assoziativen Apparat angehören, wenn auch die Strebungen natürlich in diese Mechanismen mit hineinspielen, wie die Assoziationen in den Strebungsapparat. Wenn man gerade über ein chemisches Thema denkt und man hört von Wasser, so wird man Wasser in seiner chemischen Bedeutung assoziieren und nicht an seine anderen Beziehungen als Kraftspender oder Naturschönheit oder Gefahr der Überschwemmung denken. *Jede einzelne Idee, die wir haben, hemmt so die anderen, nicht zu ihr passenden und bahnt diejenigen, die nach dem gleichen Ziele zu führen geeignet sind.* Diese allgemeine Eigenschaft aller zentralnervösen Funktionen erhält beim Denkakt in der Form der *Konstellation* eine eigenartige Bedeutung.

Wenn man in der Mathematikstunde ist, so denkt man an mathematische Themata; wenn dem Examenkandidaten in der Psychiatrie zufällig eine neurologische Frage gestellt wird, so kann er sie oft nicht beantworten, auch wenn er in anderem Zusammenhang gut darüber beschlagen ist. Irgendein selteneres Wort, das ich gestern gehört, kommt mir heute unwillkürlich in den Mund, auch ohne daß es mir besonders aufgefallen wäre, usw. Daß mir oben ein Beispiel gerade von einem Hauskauf einfiel, rührt davon her, daß ich in Unterhandlung wegen eines Hauskaufes bin.

Die Konstellation ist die Ursache, warum sich psychische Vorgänge auch unter scheinbar einfachen Verhältnissen nie mit der nämlichen Sicherheit berechnen lassen wie ein physikalisches Experiment. Sie bedeutet ein Hineinreden von Faktoren, die wir kaum je alle kennen können, und die sich genau genommen auch experimentell niemals in einem Falle gleich gestalten lassen wie in einem andern[1]).

Wir sehen in der Konstellation wieder eine Wirkung der Schaltung, die jeder psychische Vorgang, eine Idee, ein Trieb, vor allem ein Affekt auf das ganze Assoziationsgefüge ausübt, indem sie die Verbindungen so stellt, wie es dem herrschenden Vorgang entspricht. Diese Art Schaltung ist nicht nur ein Ausdruck, sondern geradezu die Ursache der Einheit der obersten zentralnervösen Funktionen. Ist unsere Aufmerksamkeit auf ein bestimmtes Experiment gerichtet, so wird alles andere überhört und übersehen; flieht das Tier angstvoll vor dem Feind, so bleiben die stärksten freßbaren oder sexuellen Verlockungen unwirksam; wird man in einer anderen Sprache angeredet, als der, die man gewöhnlich spricht oder denkt, so antwortet man in jener Sprache (vorausgesetzt natürlich, daß man sie beherrscht), ohne sich besonders dazu zu entschließen, ja oft ohne es nur zu merken; vielen Leuten fällt es geradezu schwer, in einer anderen Sprache zu antworten als in der, die sie eben hören, auch wenn die gehörte Sprache eine ihnen wenig geläufige ist und sie sich der Muttersprache bedienen dürften

Die Konstellation kann auch eine affektive sein. In der Trübsal werden traurige Vorstellungen begünstigt, andere gehemmt. Gerade jetzt höre ich aus der Uhr heraus immer Gick-Gack, Gick-Gack, zum erstenmal in meinem Leben. Die verursachende Konstellation besteht darin, daß ich etwas Heimweh nach dem abwesenden Kleinen habe, der das Tick-Tack so nannte.

Allgemeine Schaltung und Konstellation bezeichnen also das nämliche von verschiedenen Seiten. Alle anwesenden Vorstellungen, die einzelnen Begriffe wie die Denk- und Strebungsrichtungen nebst ev. gleichzeitigen Sinneswahrnehmungen zusammen sind zunächst als eine Einheit vorhanden und bestimmen in ihrer Resultante die engere Auswahl der Assoziationen nach Ähnlichkeit und Erfahrungsverbindungen. Ist nun der Begriff Wasser derjenige, von dem im gegebenen Moment die Assoziationen weitergehen sollen, so können sie anknüpfen an Wasser als H_2O oder als Kraftspender usw. Jede dieser Untergruppen des Begriffes Wasser kann Verbindungsträger werden und die Auswahl unter den Gruppen geschieht nach dem Thema, ob es ein chemisches oder ein mechanisches sei. Durch die Konstellation werden die einzelnen Gruppen innerhalb des Begriffes verbindungstragend (Assoziationsträger; in chemischem Bilde: haptophor).

Eine besondere Art Bestandteil des Begriffes ist das Wort, das ihn bezeichnet und regelmäßig so enge mit ihm verbunden ist, daß man wirklich in gewisser Beziehung von „Bestandteil" reden darf. So wird es manchmal zum bequemen Assoziationsträger — bequem, weil es keiner weiteren Herbeiziehung des ganzen Komplexes bedarf, der den

[1]) Der Unterschied der psychischen und physisch-experimentellen Kausalität ist einer der Komplikation und nicht des Prinzips.

Begriff zusammensetzt — und wir haben statt einer Begriffsassoziation (Wasser — hydraulischer Druck) die für gewöhnlich unbrauchbare Wasser-„Prasser". Zum Dichten und für Bierwitze ist eine solche Assoziation manchmal nützlich. Beim genialen Dichter, der Reime braucht, verbindet sich das Bedürfnis nach dem passenden Ausdruck mit dem nach Reimen zu einer konstellierenden Einheit, so daß sich in der Regel dasjenige Wort einstellt, das den richtigen Sinn mit dem richtigen Reim verbindet. Der Reimschmied läßt bald merken, daß er nicht zu der Synthese beider Bedürfnisse kommen kann. In Krankheit spielen die Wortassoziationen aus verschiedenen Gründen eine große Rolle (z. B. Ideenflucht bei der Manie).

Manche finden eine Schwierigkeit darin, daß man beim Denken etwas aufsuche, das man nicht kenne, daß eine solche nur gesuchte, aber noch nicht existierende Vorstellung die Assoziationen leiten soll. Die Sache ist aber sehr einfach. Ich suche den Namen der berühmten alexandrinischen Astronomin des Altertums. Damit ist eine gewöhnliche Assoziationstendenz gegeben und eindeutig bestimmt. Das was ich suche, kenne ich ja, nur von einer andern Seite; der gesuchte Name Hypatia ist ein Synonym zu der Vorstellung „berühmte alexandrinische Astronomin des Altertums". Dieser Begriff bildet zusammen mit der Vorstellung des Fehlens des Namens und mit dem Wunsche, ihn zu nennen, eine Einheit, deren nächstliegende Assoziation der Name ist, die aber unter Umständen durch irgendeine Hemmung, durch einen anderen ähnlichen Namen oder eine falsche Nebenvorstellung. die auf andere Bahnen weist, erschwert wird. Wird infolge einer solchen Hemmung der Name nicht auf den ersten Anlauf ekphoriert, so kommen von selbst andere Assoziationen, die mit der Astronomin zusammenhängen, und von denen ein Teil infolge dieses Zusammenhanges geeignet ist, den Namen zu assoziieren, wie Alexandrien, ptolemäisches Weltsystem u. ä. — Wird ein Schüler gefragt, wann die Schlacht am Issus war, so wird er an die Frage selbst 332 assoziieren, falls ihm das Datum geläufig ist; „Schlacht am Issus" verbunden mit „wann?" haben als nächstgelegene Assoziation 332, wenn das Datum überhaupt gelernt worden ist. Möchte ich fliegen, so assoziiert der Begriff des Fliegens zusammen mit dem Wunsch (als Einheit ausgedrückt: „Fliegen im Optativ") die Mittel dazu, Flügel und allerlei Technisches. Kurz es ist nirgends etwas Besonderes, nirgends „ein Loch", nichts Negatives (was nicht heißen soll minus a, sondern null), nichts Nicht-existierendes, nicht Vorhandenes, das die Assoziation dirigieren würde. Die Assoziationen werden von den vorhandenen Vorstellungen aus dirigiert wie überall, und es ist gleichgültig, ob die nächstliegende eine gesuchte sei oder eine sonst sich darbietende.

So beruht das Denken und unsere ganze Intelligenz auf einer im Prinzip höchst einfachen Einrichtung: Engraphie des Erlebten; Ekphorie nach Ähnlichkeiten resp. nach Analogien mit der Erfahrung. Die Gesetze des Denkens sind die der Assoziation; diese sind die der Ekphorie; die Ekphorie ist in Art und Inhalt bestimmt durch die Engraphie, in ihrer Auswahl durch die angeborenen lebenserhaltenden Reaktionen des CNS.s (Reflexe, Triebe, affektive Einstellungen); die Engraphie wiederum ist eine überdauernde Erfahrung. Die Endglieder der Kette hängen also durch Vermittlung der Zwischenglieder so zusammen, daß die Gesetze des Denkens die der Erfahrung sind oder, anders ausgedrückt, daß das Denken eine Auswahl von Erfahrungen reproduziert. Wenn KANT meint, die Verknüpfung (der Vorstellungen) sei kein Werk des bloßen Sinnes und der Anschauung, sondern das Produkt eines synthetischen Vermögens der Einbildungskraft, so kennen wir von diesem Vermögen nichts, wir müßten denn die selbstverständliche Funktion des Gedächtnisses, zu verschiedenen Zeiten Erlebtes in eine Einheit zusammenzustellen, so nennen. Jede „Synthese des Mannigfaltigen“ überhaupt ist einfache Folge der Funktion des Gedächtnisses. Dieses gibt den einzelnen Wahrnehmungen in der Form von Vorstellungen Dauer, und erlaubt so, ihrer mehrere einander gegenüberzustellen. Die Begriffe der Gleichheit, Ähnlichkeit, Verschiedenheit sind einfache Abstraktionen, indem die Zusammenstellungen von je zwei gleichen, ähnlichen oder unähnlichen Vorstellungen einen verschiedenen Eindruck machen, wie zwei Töne anders zusammenklingen, je nachdem sie gleiche oder durch die nämliche Zahl teilbare oder gar nicht zusammenpassende Schwingungszahlen haben. Die Unterschiede zwischen den drei Arten „Zusammenklängen“ von Vorstellungspaaren werden abstrahiert und als Gleichheit, Ähnlichkeit und Verschiedenheit bezeichnet. Das Wort „Möglichkeit“ bezeichnet zwei ganz verschiedene Begriffe: 1. Es ist (mir) möglich, d. h. ich kann, wenn ich will und 2. ich kann den Eintritt eines Ereignisses nicht ausschließen, aber auch nicht sicher konstatieren. Wir beschäftigen uns nur mit dem zweiten, der als etwas Besonderes der Sicherheit gegenübergestellt wird. Wenn ich ein Ereignis selber wahrgenommen, so habe ich daran ausschließlich Assoziationen, die seine Realität, sein wirkliches Geschehen voraussetzen; ebenso unter vielen anderen Umständen: Wenn es mir eine für glaubwürdig gehaltene Person berichtet; wenn ich Zeichen sehe, aus denen ich schließen muß, daß das Ereignis stattgefunden habe; oder in der Zukunft, wenn ich Zeichen sehe, auf die das Ereignis folgen muß usw. Die Assoziationen sind prinzipiell anders, wenn ich das Ereignis nicht gesehen habe, niemand glaubwürdiger es erzählt, ich keine Zeichen habe, daß es geschehen sei, aber auch keine, daß es nicht geschehen sei oder geschehen wird. Die Eigentümlichkeit des letzteren Verhaltens abstrahiere ich und bezeichne sie mit dem Namen „Möglichkeit“. Werden zwei Vorstellungen zusammengebracht, von denen ich mir nur eine als real denken kann, von denen die logische Folge der einen die andere als negativ hinstellt, so entsteht wieder eine besondere, allen diesen Fällen zukommende Resultante, die wir „Widerspruch“ nennen.

Ich weiß sehr wohl, daß diese Dinge, wenn man nicht eine dicke Abhandlung schreiben will, um auf die assoziativen und Empfindungselemente zurückzugehen, aus denen die Vorgänge aufgebaut sind, sich nicht so beschreiben lassen, daß sie nicht mehr oder weniger nach Tautologie aussehen; aber ich glaube, daß man dennoch auf diese Weise zeigen kann, wie solche Begriffe nicht vorgebildete Kategorien, sondern einfache Abstraktionen wie alle andern sind.

Wenn das Denken auf einer Schaltung beruht, indem jeder Begriff die ihm verwandten auslöst und das Denkziel die ihm entsprechenden Assoziationen bahnt, die andern hemmt, so muß man sich fragen: Wäre nicht ein einzeitiges Denken komplizierter Zusammenhänge möglich, so wie man die komponierten eines komplizierten Begriffes, einer Idee, den Zusammenhang eines

Dramas gleichzeitig denkt? Könnten nicht alle Schritte einer Überlegung statt einzeln nacheinander und mit großem Zeitverlust ungefähr gleichzeitig gemacht werden? Wenn man bedenkt, wie man oft die Lösung irgendeines komplizierten Problems ganz plötzlich vor sich sieht, was im Traum, in Gefahr, bei Inspirationen genialer Leute für verwickelte psychische Prozesse in einem Moment ablaufen, oder was wir alles für Nervenvorgänge in einem kleinen Bruchteil einer Sekunde ablaufen lassen, wenn wir z. B. etwas nach einem Ziel werfen (S. 167) oder wenn wir einen Gedanken in einem gesprochenen Satz ausdrücken, so muß man sich sagen, daß es wenigstens unter gewissen Umständen im CNS. Funktionen von einer unfaßbaren Kompliziertheit gebe, die in einem Zeitraum vollzogen werden, der ein Nacheinander aller Einzelheiten vollständig ausschließt. Instinktive und unbewußte Prozesse haben jedenfalls eine besondere Neigung, in dieser Weise abzulaufen. Die willkürliche Aufmerksamkeitsspannung scheint das einzeitige Denken zu hindern. Bei der Auflösung des Denkvorganges im Traum kann man sogar rückwärts assoziieren, ohne daß die Vorstellungsverbindungen zeitlich umgekehrt würden: man macht aus einem gehörten Ton, an dem man erwacht, eine Geschichte, die logisch mit dem Ton abschließt und nur durch ihn ausgelöst worden sein kann. — Vielleicht hängt die Seltenheit des einzeitigen Denkens damit zusammen, daß das Handeln nur im Nacheinander ablaufen kann.

Etwas mehr wissen wir über die Frage, ob man nicht zwei Themen nebeneinander denken könnte. Die Psyche ist eingestellt, in der Norm als ein einheitlicher Apparat zu fungieren; jede ihrer Tätigkeiten hemmt andere. Das ist sehr verständlich; handeln kann man ja für gewöhnlich doch nur einfach. Wir werden aber bei der Affektpsychologie sehen, daß doch Abspaltungen möglich sind, so daß ein bestimmter Vorstellungskomplex, auch wenn er noch verarbeitet wird und viele Assoziationen herbeizieht, von der Person abgetrennt verlaufen kann. Soweit es sich um kompliziertere Denkfunktionen handelt, sind aber solche Leistungen Ausnahmen und meist krankhaft. Immerhin kann man nicht zweifeln, daß auch der Gesunde in seinem Unbewußten vieles verarbeitet, und der Dichter und Künstler kann plötzlich ein fertiges Produkt in sein Bewußtsein springen sehen.

Arten des Denkens.

Man spricht von verschiedenen Denkarten. So soll das wissenschaftliche Denken sich von dem gewöhnlichen unterscheiden. Wenn mit dem Unterschied ein prinzipieller gemeint ist, so ist das unrichtig; der Unterschied liegt nur darin, daß der Wissenschafter bloß mit scharfen Begriffen arbeiten, die Zulässigkeit der von ihm benutzten Analogien, die Beweiskraft seiner Schlüsse in jedem einzelnen Fall genau prüfen sollte, während das gewöhnliche Denken sich in dieser Beziehung auf den Instinkt verläßt oder, anders ausgedrückt, sich viele Nachlässigkeiten erlaubt. Aber ein gewandter Kaufmann z. B. wird in dem, was sein Geschäft angeht, ebenso scharf denken, wie der Wissenschafter in seiner Disziplin. Er wird aber nicht bewußt seine Denkgrundlagen prüfen, wie es der Wissenschafter sollte (aber leider gar nicht immer tut). Manchmal aber wird unter dem wissenschaftlichen Denken ein Denken in den Begriffen einer bestimmten Wissenschaft oder die Kenntnis und Beachtung aller Klippen auf einem speziellen Gebiete verstanden. Diese Vorstellung hat natürlich mit unserem Thema nichts zu tun. Daß das exakte, das mathematische Denken nichts prinzipiell Eigentümliches ist, haben wir oben an einem Beispiel gezeigt[1]).

Andere Unterschiede werden mit den Ausdrücken der Deduktion und Induktion bezeichnet. Darüber ist nicht viel Neues zu sagen. Nach unserer und mancher anderen Vorstellung stammen die Allgemein-

[1]) Vgl. BLEULER, Das autistisch-undisziplinierte Denken in der Medizin und seine Überwindung. Springer, Berlin, 1919.

vorstellungen aus der Erfahrung und sind Abstraktionen derselben. Da man niemals alle Menschen auf ihre Sterblichkeit, alles Blei auf seine Schmelzbarkeit untersuchen kann, begnügen wir uns bei der Bildung von Allgemeinvorstellungen mit einer begrenzten Zahl von Erfahrungen, oft ohne jedes Recht, oft aber auch mit einer relativen Berechtigung, indem unter bestimmten Umständen schon eine einmalige Erfahrung genügende Wahrscheinlichkeit für die Richtigkeit der Verallgemeinerung gibt, so wenn eine Krankheit, die bis jetzt als sicher unheilbar galt, nach einer bestimmten Medikation heilt[1]).

Ist die Induktion, die Verallgemeinerung richtig, so kann sie zu sicheren deduktiven Schlüssen verwendet werden. Ist es sicher, daß alle Menschen sterblich sind, so darf man ruhig schließen, daß auch Peter es sei. Aber noch mehr als bei der Induktion ist bei der Deduktion sorgfältig zu prüfen, ob die Analogien auch stimmen, ob nicht nur alle Menschen, die wir bis jetzt beobachtet haben, sterblich seien, sondern auch, ob Peter in diese Kategorie Mensch gehöre. Die Deduktion ist deshalb viel gefährlicher als die Induktion, weil sie zunächst die Richtigkeit der Induktion voraussetzt und dann mit ihrem deduktiven Schlusse noch einmal eine Gefahr läuft.

Etwas ganz anderes ist das intuitive Denken, das aus Wahrnehmungen und Kenntnissen, die kaum oder gar nicht zum Bewußtsein kommen, unbewußt seine Schlüsse zieht. Es gibt Menschen, die nur ausnahmsweise so denken andere, namentlich Frauen, haben ein ausgesprochenes intuitives Talent. Bei diesen muß man annehmen, daß sich alle wichtigen Schaltungen sehr leicht ohne Zutun des Willens nach dem Ziel richten, während der bewußt Überlegende die einzelnen Schaltungen Schritt für Schritt stellt. Die Schaltungen der Intuitiven sind wie die Moleküle des weichen Eisens, die sich unter dem Einfluß eines Magneten alle zusammen gleich richten, während die Deduktiven ihre Einstellungen nur gruppenweise nacheinander auf das Ziel einstellen.

Die Intuition in diesem Sinne ist also eine Art Allgemeinwirkung wenigstens auf das Denken und hat darin eine so große Verwandtschaft mit den Affektivwirkungen, daß man sich fragen muß, ob nicht das intuitive Denken eine Affektwirkung sei. Intuitive Leute (Frauen!) sind wohl alle affektiv, aber nicht alle affektiven sind intuitiv. Welche Art Affektivität gehört zur Intuition?

Über den Einfluß der Affekte auf das Denken s. Kapitel Affektivität.

Das dereierende Denken[2]).

Wenn wir spielend unserer Phantasie den Lauf lassen, in der Mythologie, im Traum, in manchen krankhaften Zuständen, will oder kann sich das Denken um die Wirklichkeit nicht kümmern; es verfolgt von Instinkten und Affekten gegebene Ziele. Für dieses „dereierende Denken"[3]), „die Logik des Fühlens" (Stransky) ist charakteristisch, daß

---

[1]) Siehe vorhergehende Note.

[2]) Zum Teil Abdruck aus Bleuler, Lehrbuch der Psychiatrie. Berlin, Springer, 1920. 3. Aufl. S. 34.

[3]) Vgl. Bleuler, Das autistische Denken. Jahrbuch für psychoanalytische und psychopathologische Forschungen. Bd. IV. 1912. Autistic thinking Am. Jl. of Insanity Vol. LXIX, Nr. 5, 1913. Spec. Number. Ich habe es bis jetzt „autistisches' Denken genannt, weil es im Autismus der Schizophrenie zuerst gesehen wurde und dort am ausgesprochensten in die Erscheinung tritt. Der Name wurde aber mißverstanden (sogar von

es Widersprüche mit der Wirklichkeit unberücksichtigt läßt. Das Kind und manchmal auch der Erwachsene träumen sich im Wachen als Held oder Erfinder oder sonst etwas Großes; im Schlaftraum kann man sich die unmöglichsten Wünsche auf die abenteuerlichste Art erfüllen; der schizophrene Taglöhner heiratet in seinen halluzinatorischen Erlebnissen eine Prinzessin. Die Mythologie läßt den Osterhasen Eier legen, weil Hasen und Eier zufällig das Gemeinsame haben, daß sie als Symbole der Fruchtbarkeit der Ostara heilig sind. Der Paranoide findet eine *Lein*faser in der Suppe; das beweist seine Beziehungen zu Fräulein Feuer*lein*. Die Wirklichkeit, die zu solchem Denken nicht paßt, wird oft nicht nur ignoriert, sondern aktiv abgespalten, so daß sie, wenigstens in diesen Zusammenhängen, gar nicht mehr gedacht werden kann: Der Taglöhner ist eben als Verlobter der Prinzessin nicht mehr der Taglöhner, sondern der Herr der Welt oder eine andere große Persönlichkeit.

In den besonnenen Formen des dereierenden Denkens, vor allem in den Tagträumen, werden nur wenig reale Verhältnisse weggedacht oder umgestaltet und nur einzelne absurde Ideenverbindungen gebildet; um so freier aber verfügen der Traum, die Schizophrenie und zum Teil auch die Mythologie, wo sich z. B. ein Gott selbst gebären kann, über das Vorstellungsmaterial. In diesen Formen geht der Dereismus bis zur Auflösung der gewöhnlichsten Begriffe; die Diana von Ephesus ist nicht die Diana von Athen; Apollo wird in mehrere Persönlichkeiten gespalten, in eine sengende und tötende, eine befruchtende, eine künstlerische, ja, obgleich er für gewöhnlich ein Mann ist, kann er auch eine Frau sein. Der eingesperrte Schizophrene fordert Schadenersatz in einer Summe, die in Gold trillionenmal die Masse unseres ganzen Sonnensystems übersteigen würde; eine internierte Paranoide ist die freie Schweiz, weil sie frei sein sollte; sie ist die Kraniche des Ibykus, weil sie sich ohne Schuld und Fehle fühlt. Auch sonst wird leicht in Symbolen gedacht und S y m b o l e werden wie Wirklichkeiten behandelt, verschiedene Begriffe werden zu einem einzigen v e r d i c h t e t (die im Traum der Gesunden erscheinenden Personen tragen meistens Züge mehrerer Bekannter; eine gesunde Frau redet, ohne es zu merken, von den „Hinterbeinen" ihres kleinen Kindes; sie hatte es mit einem Frosch verdichtet. In Kollektivschöpfungen (Mythologie, Sagen) gehen ausnahmslos, und in Dereismen des Individuums meistens, mehrere Triebfedern und intellektuelle Vorstellungen ein („Ü b e r d e t e r m i n i e r u n g e n" nach Freud). Im Märchen vom Rotkäppchen ist der Wunsch nach ewigem Leben, nach Wiedergeburt (was nicht ganz das gleiche ist), der Kreislauf des Lebens, der Tages- und Jahreszeiten (Rotkäppchen = Sonne) dargestellt; in sehr vielen andern ähnlichen Mythen wird auch die Auferstehung des Phallus deutlich mit einbezogen; in andern der Ödipuskomplex mit der Liebe des Vaters zur Tochter, der Eifersucht der Mutter auf die letztere, des Vaters auf den Sohn.

Das dereierende Denken verwirklicht unsere Wünsche, aber auch

---

Jaspers in seiner Psychopathologie). So war ich gezwungen, einen andern vorzuschlagen: Dereieren kommt von reor, ratus sum (ratio, res, real), logisch, der Wirklichkeit entsprechend denken. Dereieren wäre also wörtlich: Denken, das von der Wirklichkeit absieht oder abweicht. Weiterbildungen wie Dereist, Dereismus habe ich mir der Bequemlichkeit halber erlaubt zu bilden nach Analogie anderer Mißhandlungen toter Sprachen.

unsere Befürchtungen; es macht den spielenden Knaben zum General, das Mädchen mit seiner Puppe zur glücklichen Mutter; es erfüllt in der Religion unsere Sehnsucht nach ewigem Leben, nach Gerechtigkeit und Lust ohne Leid; es gibt im Märchen und in der Poesie allen unsern Komplexen Ausdruck; dem Träumenden dient es zur Darstellung seiner geheimsten Wünsche und Befürchtungen; dem Kranken schafft es eine Realität, die für ihn realer ist als das, was wir Wirklichkeit nennen; es beglückt ihn im Größenwahn und entlastet ihn von der Schuld, wenn seine Aspirationen scheitern, indem es die Ursache in Verfolgungen von außen, statt in seine eigene Unzulänglichkeit legt.

Trotzdem das dereierende Denken die gewöhnlichen Erfahrungszusammenhänge im Prinzip nicht ausschließt, ja oft (z. B. in der Dichtung) in Einzelheiten selten von denselben abweicht, kann man doch sagen, daß es seine eigenen Gesetze hat, die genauer zu erforschen eine dankbare Aufgabe wäre. Die Logik ist eben im ausgesprocheneren dereierenden Denken nur Magd, und kann nicht die Führung haben; sie hat weder überzeugende, noch Ideen bildende Kraft wie im Realdenken, und gerade an den Stellen, wo der Dereismus sich schöpferisch erweist, täuscht man sich regelmäßig, wenn man da Zusammenhänge aus der Reallogik hineindenkt, zum mindesten beim ausgesprocheneren Dereieren, wie im Traum, in der Mythologie, in vielen Äußerungen des Unbewußten, u. a. a. O. Wenn man es einmal unternimmt, das, was man okkultistische Phänomene nennt, wissenschaftlich zu studieren, so wird man wenig weiter kommen können ohne genaue Kenntnis der Gesetze des dereierenden Denkens im Unbewußten. Eine Menge der scheinbar naheliegendsten Erklärungen der dereierenden Zusammenhänge sind in Wirklichkeit unmöglich. Man hat viele Jahrzehnte lang die „Transformation“ des Verfolgungswahnes in Größenwahn daraus erklärt, daß der Verfolgte sich denken müsse, wenn man so viel Mühe und Geld aufwende, um ihn zu verderben, so müsse er eine besonders wertvolle, hochgestellte Persönlichkeit sein. Dieser Schluß ist im paranoiden Denken nahezu unmöglich und hat sich denn auch als falsch erwiesen. In der Mythologie, im Märchen, in der Sage sind nur ganz bestimmte Motive möglich, vor allem nur solche, die nicht nur dem einzelnen Menschen, sondern der Gesamtheit derer, die die Phantasien geschaffen und überliefert haben, angehören.

Erscheinen die Resultate des dereierenden Denkens an der realistischen Logik gemessen als barer Unsinn, so haben sie als Ausdruck oder Erfüllung von Wünschen, als Spender von Trost, als Symbole für beliebige andere Dinge doch eine Art Wahrheitswert, eine „psychische Realität“, wie die Psychanalytiker Psychismen mit dereierendem Inhalt nennen, die einem innern Bedürfnis entsprechen.

Außer den affektiven Bedürfnissen mögen auch intellektuelle im dereierenden Denken erfüllt werden, worüber wir aber noch recht wenig wissen; so wenn der Sonne, die über den Himmel wandelt, in der Mythologie Füße zugeschrieben werden, oder wenn sie in einem Wagen fährt. In gewissem Sinne sind aber alle „Bedürfnisse“ affektive; jedenfalls spielt die Affektivität beispielsweise auch dann sehr stark mit, wenn das dereierende Denken uns über die Entstehung der Welt und den Bau des Alls Auskunft zu geben versucht.

In seiner vollen Ausbildung scheint das dereierende Denken prinzipiell anders als das Erfahrungsdenken; in Wirklichkeit aber gibt es alle Übergänge von der geringen Loslösung von den erworbenen Assoziationen, wie sie bei jedem Analogieschluß notwendig ist, bis zu der unbändigsten Phantasie.

In gewissen Grenzen ist ja die Unabhängigkeit von dem gewohnten Gedankengang eine Vorbedingung der Intelligenz, die neue Wege finden will, und das Sichhineinphantasieren in neue Situationen, das Tagträumen und ähnliche Beschäftigungen sind unerläßliche Übungen der Intelligenz. HAHN[1]) macht sehr plausibel, daß der Wagen, der jetzt ein allgemeines Transportmittel ist und nachweislich zuerst der religiösen Symbolik diente, indem man damit die Sonne (Rad) und den Mond (Rind) herumführte, aus der rituellen Zusammenstellung der beiden Symbole (Rad = Sonne, Rind = Mond) entstanden sei.

Die Inhalte und Ziele solcher freien Gedankenbetätigungen sind natürlich immer Strebungen, die unser Innerstes am tiefsten bewegen. Es ist deshalb ganz selbstverständlich, daß man dereierende Ziele viel höher einschätzt als reale Vorteile, die sich ersetzen lassen (vgl. später: Glaube). So kommt es nicht nur zu der besonderen Wildheit der Religionskämpfe, sondern es wird auch verständlich, daß z. B. Tabuvorschriften oder peinlichste Bestrebungen, vom Essen ja nichts übrigzulassen, was einem Feinde Gelegenheit zu einem schädlichen Zauber geben könnte, und ähnlicher Aberglaube dem Primitiven zu einer Fessel werden, deren Ertragbarkeit wir auch dann noch nicht ganz verstehen, wenn wir sie mit der chinesischen und europäischen Etikette vergleichen.

Die (nicht wissenschaftliche) Phantasie im vulgären Sinne ist insofern dereierend, als sie sich um die Wirklichkeit nicht kümmert (Tagträume). Das undisziplinierte Denken dereiert überhaupt sehr leicht, und das Kind muß nicht lernen zu phantasieren, sondern nicht zu phantasieren, wo es nicht paßt, Phantasie und Wirklichkeit zu unterscheiden. Ebenso ist unter vielen Umständen das Lügen das Einfachere und Näherliegende. Ein Kind wird gefragt, ob es die Scheibe zerschlagen habe. Es assoziiert an „ja" die Prügel, die es bekommen soll, an „nein" Straflosigkeit. Es gehört also eine viel größere Beherrschung, eine Art Heroismus und rein intellektuell eine besonders klare Unterscheidung von real und unreal dazu, um ja zu sagen. Die Franzosen, die die fonction du réel als die höchste bezeichnen, haben insofern recht. Sie vergessen aber, daß, um dereistisch zu denken, schon ein hoher Grad von Abstraktion und Loslösung von der Erfahrung nötig ist, so daß das niedere Geschöpf bis hinauf zum menschlichen Imbezillen stärkeren Grades nur die fonction du réel besitzt und gar keine Vorstellungen hat, die es mit dem Realen verwechseln könnte. Es ist undenkbar, daß ein Maikäfer ein eingebildetes Blatt frißt, oder für eine eingebildete Geliebte schwärmt, so sicher er das reale Blatt und das reale Weibchen auffindet. Die fonction du réel ist das Primäre, und erst auf den höchsten Stufen kommt mit der Intelligenz die Möglichkeit zu dereieren hinzu, die stärkere Abstraktion und Loslösung der Erfahrungsassoziationen, die eine Unter-

[1]) HAHN, Von der Hacke zum Pflug. Leipzig, Quelle & Meyer, 1914.

scheidung von real und irreal zugleich nötig macht und erschwert. Je tiefer wir in der Intelligenzreihe hinuntergehen, um so mehr rechnet das Geschöpf mit der Wirklichkeit, und schon bei höheren Tieren wird die Phantasie recht wenig Einfluß haben. Alles, was lebt, hat Wirklichkeitsfunktion, und gewiß nur bei den höchsten Wesen kann die Phantasie Störungen hineintragen; aber, wenn ein Geschöpf einmal so weit entwickelt ist, dann bedarf es wieder besonderer Arbeit, die Vorstellungen, die die Wirklichkeit darstellen, und diejenigen, die sich zu weit von derselben entfernen, auseinanderzuhalten. Deshalb versagt im Traum, in der Schizophrenie, in organischen Psychosen die Unterscheidung von Wirklichkeit und Phantasie sehr leicht. Aber die tiefstehenden Oligophrenen haben viel weniger falsche Einbildungen als selbst die Gesunden.

Es ist interessant, die Umstände zu verfolgen, die eine so starke Loslösung des Denkens von der Realität bedingen: 1. Man denkt dereierend überall da, wo unsere Kenntnisse der Realität nicht ausreichen, und doch praktische Bedürfnisse oder unser Trieb nach Erkenntnis zum Weiterdenken zwingt, bei den Problemen über die Entstehung und den Zweck der Welt und der Menschen, über Gott, woher die Krankheiten oder das Übel überhaupt in die Welt gekommen, wie es zu vermeiden sei. Je mehr wir Kenntnisse der wirklichen Zusammenhänge besitzen, um so weniger Platz bleibt für solche Denkformen; wie es Winter und Sommer wird, wie die Sonne über den Himmel wandelt, wie der Blitz geschleudert wird, und tausend andere Dinge, die früher der Mythologie überlassen waren, werden jetzt vom Wirklichkeitsdenken beantwortet. 2. Wo die Wirklichkeit unerträglich scheint, wird sie oft aus dem Denken ausgeschaltet und durch lustbetonte Phantasien ertetzt. Auf diese Weise entstehen Wahnideen, traumhafte Wunscherfüllungen in Dämmerzuständen und neurotische Symptome, die eine Wunscherfüllung in symbolischer Form darstellen. 3. Wenn die verschiedenen gleichzeitigen Vorstellungen nicht in dem einen Punkte des Ich zur logischen Operation zusammenfließen, können die größten Widersprüche nebeneinander bestehen, eine Kritik kommt nicht in Betracht. Solche Verhältnisse haben wir im unbewußten Denken, vielleicht auch in einzelnen deliriösen Zuständen. 4. In den Assoziationsformen des Traumes und der Schizophrenie sind die Affinitäten des Erfahrungsdenkens geschwächt; beliebige andere Assoziationen, durch mehr zufällige Verbindungen (Symbole, Klänge usw.), namentlich aber durch Affekte und allerlei Strebungen geleitet, bekommen die Oberhand[1]).

Über den Nachlaß der Assoziationsspannung als Ursache dieser 4. Form des dereierenden Denkens s. Abschnitt Spannungen.

Das dereierende Denken spielt auch beim Kulturmenschen noch eine große Rolle in den religiösen Deduktionen, wo es ganz am Platze wäre, wenn man sich nicht den Anschein geben würde, logisches Denken zu treiben und Wissen an Stelle von Glauben zu vermitteln. Auch die Philosophie, die sich ebenfalls erst spät von der Mythologie losgelöst hat, schleppt noch einen bösen Ballast von dereierenden Gewohnheiten mit sich. Soweit sie Philosophie ist und nicht einfach Tatbestände untersucht und erklärt wie eine andere Wissenschaft, denkt sie überhaupt nur dereierend. Das zeigt sich oft schon in der Zielsetzung. Der

[1]) Bleuler, Dementia praecox oder Gruppe der Schizophrenien. In Aschaffenburg, Handbuch der Psychiatrie. Wien, Deuticke, 1911.

Naturwissenschafter, der eine Lücke seiner Erkenntnis empfindet, untersucht, ob und wie dieselbe auszufüllen sei; dabei ist es ihm ganz gleichgültig, *wie* sie ausgefüllt werde; es kommt für ihn nur auf den Grad der Wahrscheinlichkeit und auf die Bedeutung der neuen Erkenntnis für die Gewinnung weiteren Wissens an. Viele Philosophen dagegen setzen sich zum voraus ein inhaltliches Ziel, eine Idee, die sie beweisen möchten. Dann muß es ihnen gehen wie allen Leuten unter solchen Umständen, sie beweisen wie der Religionsdogmatiker für diejenigen, die es schon glauben, und es sind ihnen alle Gründe gut, wie dem Advokaten, der angestellt ist, den Verbrecher reinzuwaschen. Da setzt sich ein Philosoph zum Ziel, z. B. die Existenz von Gott, Freiheit und Unsterblichkeit zu beweisen. Dabei liefert er eine richtige, aber vielleicht nicht so nötige, vernichtende Kritik der üblichen Schein-Beweise. Sein Ziel verliert er aber deshalb nicht aus den Augen, und er erfindet neue Beweise an Stelle der alten, aber nach ihrem Muster: Er versetzt einfach diese Dinge, denen er die Existenz in unserer bekannten Welt versagen mußte, in eine eigens erfundene intelligible Welt, die er selber als eine inintelligible beschreibt (wenn man da von „beschreiben" reden darf); da die Seele der Erfahrung in ihrem Willen gebunden ist, behauptet er kühn, die Seele sei eben als Ding an sich frei; gern möchten wir ihm das verzeihen, denn da man von dem Ding an sich nichts weiß, kann man hineinlegen, was das Herz begehrt — wenn der Philosoph nur nicht selbst gesagt hätte, daß man von dem Ding nichts sagen dürfe. Er vergißt auch, daß der Begriff der Freiheit selbst ein Erfahrungsbegriff ist, von dem erst noch zu beweisen wäre, daß er auf ein Ding an sich anwendbar wäre; letzteres aber ist nicht nur nicht zu beweisen, sondern es würde schon eine unheimliche Gleichstellung der beiden Welten verlangen. So hat Kant nichts Positives bewiesen, als daß auch ein so braver und so hochgescheiter Mann strauchelt, wenn er ein quod erit demonstrandum an den Anfang seiner Untersuchungen setzt, und nicht sein Wunsch zufällig mit einer Wirklichkeit zusammenfällt.

Eine Metaphysik benutzt überhaupt entweder gleichartige Voraussetzungen und die nämliche Logik wie die übrige Welt und die übrige Wissenschaft und ist dann, oder insofern sie es tut, Wissenschaft wie eine andere, Physik im alten Sinne und nichts, was erst „nachher" kommt; oder sie dereiert in ihren Deduktionen, und dann darf sie keinen Anspruch auf den Namen einer Wissenschaft machen, sondern sie pfuscht in dem Gebiet des Glaubens herum, den sie dazu herabwürdigt, Wissen und Wissenschaft zu heucheln. Eine viel gerühmte Metaphysik ist z. B. die von Deussen; für uns ist sie eine Dereismensammlung. Da wird beispielsweise behauptet, daß der Materialismus allem Tiefsten und Höchsten in der Philosophie und Religion Hohn spricht, daß seine Konsequenzen auf dem Gebiete der Moral heillos, trostlos und ruchlos sind, daß auf unserem Gemüte schwer laste der Druck einer Welt, in der für Gott, Unsterblichkeit und Freiheit kein Platz übrigbleibt; im Gegensatz dazu will der Philosoph durch seine Arbeit das wissenschaftliche Empfinden mit dem religiösen Fühlen in Einklang bringen, indem er „auf dem Wege des sichersten Beweises" zu einer Weltanschauung fortschreitet, in welcher alle wesentlichen Heilswahrheiten der Religion aus der Analyse der Erfahrung selbst gewonnen werden. Andere nennen das nämliche unvorsichtiger „Wissen und Glauben in Einklang bringen". Im Prinzip ist das ein Unsinn, weil Glauben kein Glauben mehr ist, wenn er bewiesen ist, und Wissen kein Wissen ist, wenn es („nur") geglaubt ist. Auch kann man sich diese Aufgabe nur dann stellen, wenn das eigene Glauben mit dem Wissen bewußt oder unbewußt fühlbar nicht zusammenklappt, und man es zusammenpassen möchte, d. h. wenn es mit dem Glauben schon nicht mehr steht, wie es sollte; andere Leute, bei denen die beiden Dinge unabhängig voneinander sind oder sich ergänzen, haben es nicht nötig. Das eigentliche Christentum, der Glaube an die Erlösung der Gläubigen durch Christi Sühnopfer, hat nun mit Metaphysik nichts zu tun. Aber auf ihrem Boden kann man, wie der Erfolg zeigt, sich selbst etwas vormachen; also sucht man die Vereinigung da — einen anderen, einen logischen Grund für die Herbeiziehung solcher Überlegungen kann ich mit dem besten Willen nicht finden. Wenn nun Wissen und Glauben nicht miteinander übereinstimmen, so muß eines sich nach dem andern richten, wenn es zum Klappen kommen soll, und das trifft natürlich immer das Gebiet, das bearbeitet wird, in diesem Falle also das Wissen.

Für den, der nicht zum voraus des Verfassers Ansicht ist, für den, der sich bei jeder Art Wissen wohl fühlt, wenn sie nur genügende Sicherheit bietet, und der das Gegenteil der Ruchlosigkeit in den materialistischen Anschauungen sieht, für denjenigen, dessen Tiefstem und Höchstem diese nicht Hohn sprechen, und der nicht einmal versteht, warum man bei materialistischen Anschauungen nicht an einen Herrgott glauben könne, hat also die Arbeit des Verfassers ihren eigentlichen Zweck verloren. Schaut aber für andere Zwecke, für die Wissenschaft, die Erweiterung unserer Kenntnisse etwas heraus? Da Verfasser ein bestimmtes Ziel im Auge hält, müssen wir uns nicht wundern, wenn er auf dieses hinläuft, ohne zu sehen, was für andere Wege rechts und links abgehen. In seinen Setzungen beschränkt er sich auf gänzlich in der Luft stehende Behauptungen, für die er nicht einmal einen Beweis versucht. So sagt er, der Raumbegriff könne nicht aus der Erfahrung stammen, weil man sich nicht vorstellen könne, daß kein Raum sei, wohl aber, daß sich im Raum keine Gegenstände befinden. Warum soll man das nicht gerade aus der Erfahrung ableiten, die uns kein Aufhören des Raumes, wohl aber Raum ohne Gegenstände zeigt? Er sagt, das Unendliche stamme nicht aus der Erfahrung, weil wir das Unendliche nicht erfahren können: Eine ganz grobe Erschleichung. Wir erfahren ja gerade alltäglich, daß wir im Raum an kein Ende kommen, und da läge der Schluß näher, daß wir uns gerade deswegen kein Ende denken können. Deussen will aber aus diesem negativen Umstand des Fehlens eines Endes einen ganz andern, einen positiven Begriff machen: „das Unendliche"; und gerade den kann er sich gar nicht vorstellen, der Begriff bleibt leer — ich würde sagen, weil er eben über die Erfahrung hinausgehen sollte. So ist auch der abstraktere Begriff der „Unendlichkeit", soweit er vorstellbar ist, nichts anderes als der Begriff des Fehlens eines Endes. Ähnlich ist dem Verfasser das transzendentale Bewußtsein raum- und zeitlos, woraus er aber plötzlich eine positive räumliche und zeitliche Eigenschaft macht: Die Allgegenwart. Wenn etwas zeit- und raumlos ist, ist es weder allgegenwärtig noch nicht allgegenwärtig, wie etwas weder blau noch rot ist, wenn es farblos ist. Und dann kommt das schöne Spiel, das von der idealistischen Philosophie immer wieder variiert wird: Wir nehmen nur Vorstellungen wahr. Die Welt „ist" also unsere Vorstellung. Viele treiben nun den groben Unfug, daß sie das „ist" des Vorstellungsinhaltes in das „ist" einer außen gedachten Welt (die Kant Ding an sich nennt) um- und wieder zurückzaubern, wie es ihnen paßt, aber ohne merken zu lassen oder selbst zu merken, daß es sich um zwei verschiedene Dinge handelt, einerseits: wir kennen die Außenwelt nur durch unsere Wahrnehmung (Vorstellung); wir können ihre Existenz nicht beweisen, und wenn sie existiert, so ist das Blid, das wir uns von ihr machen, ein subjektives; in den Vorstellungen eines anderen Wesens mag sie ganz anders aussehen. — Anderseits außerhalb unserer Vorstellungen existiert überhaupt nichts; der ganze Inhalt, nicht nur seine Form wird von uns geschaffen. Deussen allerdings macht es etwas feiner oder komplizierter und deshalb undurchsichtiger. Er möchte nicht Solipsist werden und nicht die Außenwelt leugnen. Er erklärt also, die Welt existiere unabhängig von seinem individuellen Bewußtsein; da sie aber für ihn nur in einem Bewußtsein existiert, erfindet er ein anderes Bewußtsein, ein transzendentales (andere nennen diesen Strohmann ex machina ein absolutes Ich). Daß ein solches Bewußtsein im übrigen nichts ist, ignoriert er, oder er tut, wie wenn es ein möglicher Begriff wäre. Da die Welt nach seiner Annahme schon vor seinem individuellen Bewußtsein existierte, brauchte nur dieses transzendentale Bewußtsein auch vor ihm, d. h. von je her zu existieren, und die Sache ist wieder „erklärt". Da alle Leute die gleiche Welt sehen, ist ihr individuelles Bewußtsein ein Teil des transzendentalen Bewußtseins. Wie das denkbar sein soll, sagt er uns mit dem ganz undenkbaren Bilde, das transzendentale Bewußtsein sei eines und habe doch in jedem von uns seinen Mittelpunkt. So erfindet er jedesmal, wenn er auf eine Schwierigkeit stößt, einfach einen Begriff ohne diese Schwierigkeit. Darauf wird das Ganze zusammengesetzt nach dem Schema: Es gibt nur einen Gott; Gott Vater ist ein Gott; der Heilige Geist ist ein Gott; Christus ist ein Gott; also sind Gott Vater, Sohn und Heiliger Geist drei und zugleich eines. Bei Deussen finden wir ein Bewußtsein, das nicht allzu klar geschildert ist, aber jedenfalls nur als zeitliches erfahren und vorgestellt werden kann, dem man aber auf der einen Seite die Zeitlichkeit nimmt, auf der andern in der Form der unbegrenzten Zeitlichkeit, der Ewigkeit, wieder gibt, das auch unräumlich ist, aber doch in jedem Gehirn ein Zentrum hat, so viele Zentren als Gehirne, das in seinen Teilen das eigene Gehirn von innen sieht, ganz von diesem abhängig ist in allen seinen Vorstellungen und doch sich die gleiche Welt bildet wie das Ganze. Und wozu nun alle diese Widersprüche? Um den Fehler zu verdecken, daß man im Anfang gesagt hat: die Welt ist unsere Vorstellung, und daraus durch veränderte Auslegung des „ist" gemacht hat, sie „existiert" nur in unserer Vorstellung, während sie doch von uns vorgestellt und ganz gut zugleich außerhalb der Vorstellung existieren kann, nur nicht in der Weise, wie wir sie uns vorstellen. Der Mangel eines Beweises ihrer

Existenz ist kein Beweis gegen ihre Existenz. Die Angeklagte kann nicht beweisen daß sie keine Hexe ist, also ist sie eine Hexe. Sollte es der Welt einfallen, außerhalb des Bewußtseins zu existieren, was ihr kein Philosoph verwehren kann, so wäre das ganze Gemisch von ad hoc fabrizierten Undenkbarkeiten umsonst gebraut.

DEUSSEN findet mit Anderen das Ding an sich in psychischen Vorgängen, im Willen, in den Ideen, merkt aber nicht, daß dieses direkt Erkannte eben gar nicht das Ding an sich sein kann. Das Ding an sich ist das Etwas, das unsere äußeren Sinne reizt und uns dadurch Veranlassung gibt zur Schöpfung unseres Weltbildes. Die Ideen im PLATO-SCHOPENHAUER-DEUSSENschen Sinne sind etwas ganz anderes: Sie so mit dem Ding an sich verquicken, ist wie wenn man einen Hund und eine Bierflasche mit dem nämlichen Worte bezeichnen und in einen Begriff zusammenziehen wollte. Daß wir unsere Vorstellungen kennen, wußte KANT auch, aber gerade ihnen setzte er gegenüber das Ding an sich. DEUSSENS erkenntnistheoretische Anschauungen sind etwas ganz anderes als die KANTS; er hat überhaupt kein Ding an sich mehr, sondern nur Vorstellungsinhalte, die vom Willen geschaffen werden.

Weil DEUSSEN nicht mit den Augen des Beobachters, sondern des wünschenden Dereisten sieht, findet er auch eine Menge Schwierigkeiten und sogar Widersprüche, wo gar keine sind. Es ist ihm ein Widerspruch, daß der Inhalt der Vorstellungen nach außen projiziert werde. Für andere ist das etwas Selbstverständliches, weil die Projektion nach außen nichts ist, als ein bestimmter Zusammenhang der Empfindungen. Warum prüft er nicht wenigstens die Anschauungen der andern, bei denen die Tatsachen ohne Widerspruch nebeneinander stehen? Er hat in religiösen Vorstellungen ganz hübsche Begriffe gefunden von Verneinung des Lebens, die sich auch aus der naturwissenschatlichen Ethik so leicht verstehen und verteidigen lassen. Nun stellt er ohne jede Begründung die ethischen Forderungen überhaupt als eine Verneinung des Willens zum Leben hin, während sie für den Naturwissenschafter etwas so Selbstverständliches sind wie die Verdauung, und die Verneinung des Lebenswillens in Wirklichkeit zu etwas ethisch Verwerflichem, dem Selbstmord führen müßte, während die ethischen Instinkte geradezu dazu da sind, Leben zu erhalten, das Leben des Genus, einer Mehrheit, unter Opferung des Interesses der Individuen, wenn nötig um den Preis auch des Lebens Einzelner. Die Vielheit der Dinge ist DEUSSEN bei seinem einheitlichen transzendentalen Bewußtsein eine sonderbare Geschichte; aber das veranlaßt ihn nicht, die Richtigkeit seiner Annahmen zu überprüfen: Et is doch en Pird driu (nämlich in der Lokomotive, die läuft wie ein von einem Pferde gezogener Wagen). Das mag genügen, wenn wir noch daran denken, daß diese nämlichen Wege „des sichersten Beweises" andere Philosophen zu anderen Resultaten führen — entsprechend den andern Zielen, die sie sich gesetzt.

Ich möchte nun nicht mißverstanden sein. Ich weiß, daß es bei unserem Bedürfnis nach Zusammenhang sehr unbefriedigend wäre und jede affektive Einstellung zum Glaubensinhalt unmöglich machen würde, wenn wir diesen ohne Diskussion bloß in dogmatischer Behauptung denken und formen würden; aber die dazu notwendige Logik ist eben eine Schein-Logik, wie der Glaube ein Schein-Wissen. Wäre sie eine echte Logik, so wäre ihr Resultat Wissen, und der Glaube würde aufhören. Dem Prediger, dem Politiker, der die Menge mitreißt, bis zu einem gewissen Grade auch dem Dichter steht es sehr gut an, wenn er die Güte Gottes damit begründet, daß er jeder großen Stadt einen bedeutenden Verkehrsweg gegeben, der Partei das Paradies vormalt, das entstehen werde, wenn sie herrscht, an der Geliebten Gefallen findet, weil sie die schönste aller Frauen ist. Und wer die Erhabenheit der Sprache griechischer Mythen in sophokleischem Gewande oder der Psalmen oder des Gedankenganges von der Erlösung in buddhistischer oder christlicher Gefühlslogik nicht empfindet, den bedaure ich. Ich weiß auch, daß der Lehrer irgendeines Dereismus unmöglich selbst sagen kann, daß er dereiere, sonst hört seine Scheinlogik auf, Scheinlogik zu sein — obschon die Märchen als Märchen bezeichnet werden und doch noch jedes Kinderherz gefangen nehmen —

da, wo der Schein das Wesentliche ist, zerstört man eben mit ihm das Wesentliche; man darf nicht im Theater statt des Hamlet den Schauspieler Müller sehen. Ich weiß ferner, daß man im alltäglichen Leben, wenigstens bei unserer jetzigen Kulturstufe, logisches und dereistisches Denken nicht scharf trennen kann; aber im Begriff der Wissenschaft liegt es gerade, daß man so scharf scheidet als eben möglich; und dabei wird sich der Glaube selbst besser befinden, als wenn er die Kritik herausfordert, durch die ihm jeder Schusterjunge beweisen kann, daß er sich auf Sinnlosigkeit oder Widersinn stützt. Glaube durch Wissenschaft erhärten wollen, heißt eben, statt der Kulissen ihre Schnüre und Gestelle zeigen; und umgekehrt das Wissen mit Glauben verquicken, heißt unsere Wünsche und Befürchtungen zum Richter über Wahr und Falsch machen.

So „machen wir die Bahn für den Glauben frei“, unterscheiden uns aber dabei wesentlich von KANT: so weit wir Wissenschafter sind, darf sich der Glaube nicht auf Dinge beziehen, die wir wissen; ferner übersehen wir nicht, daß der Glaube etwas individuelles ist; es gibt nicht einen allgemein richtigen Glauben im gleichen Sinn, wie es ein allgemein richtiges Wissen gibt, sondern nur Glaubensinhalte, die richtig sind für ganz bestimmte Menschen mit ihren besonderen Charakteren, Erfahrungen, Suggestionen und ihrem Wissen. Als KANT den Inhalt der intelligiblen Welt diskutierte wie den der Erfahrungswelt, hatte er die Rolle des kritischen Wissenschafters mit der des Glaubensverkünders vertauscht, vielleicht ohne es klar zu wissen, jedenfalls ohne seine Nachbeter vor Verwechslung zu warnen.

Als besondere Form des dereierenden Denkens mag die Bildung von **Wahnideen** herausgehoben werden. Indem die Affekte das, was ihnen nicht entspricht, bahnen, das Entgegenstehende hemmen, so daß es in bestimmten Zusammenhängen gar nicht oder mit ungenügendem Gewicht gedacht werden kann, wird das Ergebnis der logischen Operationen gefälscht. Der Melancholische wird, wenn er an sein Vermögen denkt, beständig alle seine Schulden und Schwierigkeiten vor sich sehen; die Aktiven aber nicht zählen können, indem er sie teils für wertlos und unsicher hält, teils aber gar nicht in einen logischen Vorgang hineinbringen kann. So kommt er zur Wahnidee verarmt zu sein. Der onanierende Schizophrene hat Angst, daß sein Laster bekannt werde. Bemerkt er, daß jemand ihn ansieht, so meint er, es sei wegen der Onanie. Die Selbstverständlichkeit, daß man tausendmal ohne solchen Grund angesehen wird, kann nicht als Gegengewicht gebraucht werden. So sind die Wahnideen die krankhafte Verzerrung des Glaubens, nicht aber des Irrtums, wie oft gesagt wird.

Die Intelligenz.

INHALT. „Intelligenz“ ist mehr ein praktischer als ein wissenschaftlicher Begriff. Es gibt keine einheitliche Intelligenz. Alles andere gleich gesetzt, ist die Intelligenz jeweilen abhängig von der Zahl der möglichen Assoziationen, von der Geschwindigkeit des Zuströmens derselben, von der Fähigkeit, die Erfahrungsassoziationen aus ihren Kombinationen herauszulösen; wenn die letztere Funktion zu leicht vonstatten geht, führt sie zu Unklarheit und gewissen Formen des höheren Blödsinnes. Affektives (intuitives, instinktives) Hineinfühlen in die Absichten Anderer und in die Zusammenhänge kann nützlich sein, während anderseits die Affekte durch ihre Beeinflussung der Logik oft die Denkresultate fälschen. Sind die Affekte zu schwach, so fehlt der Antrieb zum Denken und Handeln (affektiver Blödsinn). Die Suggestibilität kann die intellektuellen Funktionen fördern bei der Aufnahme neuer Ideen, aber auch schaden durch Lähmung der Kritik. Sehr wichtig ist der Stand der Aufmerksamkeit. Das Gedächtnis hat verschiedene Beziehungen zur Intelligenz; natürlich muß es dieser das Material liefern; aber die größte zur Verfügung stehende Menge unverarbeiteter Engramme ist nicht so wertvoll wie eine gute Verarbeitung und Zusammenfassung derselben. Eine lehrreiche Beleuchtung des Intelligenzbegriffes gibt das Studium der Blödsinnsformen, die unter sich prinzipiell verschieden sind.

Der Intelligenzbegriff ist etwas sehr Kompliziertes und psychologisch ebensowenig wie der der Demenz klar umschreibbar. Beide Begriffe sind eigentlich nur praktische; die Fähigkeit günstiger Anpassung und Benutzung der Umstände ist Intelligenz, das Versagen Demenz (Schwachsinn, Blödsinn). Akademische Streitfragen, was bei Tieren Intelligenz sei, wo man sich bemüht, sie von den Instinkten abzugrenzen, können wir hier übergehen. Beim Menschen nun gibt es schon insofern nicht eine geschlossene einheitliche Funktion Intelligenz, als man auf dem einen Gebiete gut und auf dem andern schlecht begabt sein kann, und überhaupt niemand für alles gleichmäßig entwickelte Fähigkeiten besitzt. Immerhin ist die Zahl der möglichen Assoziationen eine ziemlich allgemeine Eigenschaft, und von ihr ist die Intelligenz direkt abhängig. Wer wenig Assoziationen hat, kann nicht alle zu einer Überlegung notwendigen zuziehen; er besitzt aber auch schon weniger Ideen, weil er zu wenig Assoziationen aus der sinnlichen Erfahrung zu komplizierteren oder abgeleiteten Vorstellungen zusammensetzen kann. Er hat weniger und weniger richtige abstrakte Begriffe erwerben können. Es ist aber nicht richtig, daß der schwerer Oligophrene (angeboren Blöd- oder Schwachsinnige) gar nicht abstrahieren könne; abstrahieren kann die einfachste tierische Psyche, und die ihr zugrunde liegende allgemeine Funktion ist älter als die Psyche.

Ein zweites mehr allgemeines Erfordernis guter psychischer Leistungen ist eine gewisse Leichtigkeit, durch die Erfahrung erworbene Assoziationen wenn nötig lösen zu können. Man muß nicht nur die einzelnen Eigenschaften einer Erfahrung richtig herausgearbeitet haben, man muß sie herauslösen können wie Mosaiksteine, die man anders verwenden möchte. Der Schwachsinnige kann oft einen Fall nicht anders denken, als er ist; er kann sich, solange die Mutter gesund ist, nicht vorstellen, was er täte, wenn sie krank ist. „Mutter gesund" ist ihm ein untrennbarer Begriff. Er könnte die Flugmaschine schon deshalb nicht erfinden, weil er die Einzelheiten, die der Vogel zum Flug braucht, und diejenigen, die z. B. die physikalische Erfahrung über die schiefe Fläche, über die Motoren zeigt, nicht von bestimmten Fällen, in denen er schiefe Flächen oder Motoren gesehen hat, trennen (und damit anders zusammensetzen) kann.

Die Lösbarkeit der Assoziationskomplexe kann aber auch zu groß sein. Der „höhere Blödsinn", „Salonblödsinn", der sich in der Gesellschaft bewegt, sich die äußeren Manieren, eine fremde Sprache, philosophisch sein sollende Ideen, mit einer gewissen Leichtigkeit aneignet, vielleicht bis an die Universitäten kommen kann, aber im praktischen Leben scheitert, besitzt bei nur zu viel Assoziationsmöglichkeiten eine zu geringe Festigkeit der Erfahrungsassoziationen. So werden Begriffe, die immer den nämlichen Inhalt haben sollten, einmal aus diesen, einmal aus jenen Komponenten zusammengesetzt; der Patient merkt nicht, daß er unter dem gleichen Namen die verschiedensten Begriffe verwendet; so kommt er zu Unklarheiten und schiefen Schlüssen. Die auffallenderen dieser Leute haben ein besonders psychisches Flair; sie können sich an die Welt sehr schlecht, aber um so besser an die Psychen Anderer anpassen und sie nehmen und täuschen — aber eben nicht auf die Dauer. Es fehlt ihnen auch meist die Fähigkeit, ihre Phantasie genügend von der Wirklichkeit zu unterscheiden, ein Defekt, an dem auch Leute mit gut begrenzten Ideen leiden können (Pseudologie). Die Fähigkeit, Wirklichkeit und Phantasie scharf zu trennen, vermeidet natürlich eine Menge von Fehlern im Denken und Handeln, erhält also die Intelligenz. Je stärker aber die Phantasie, um so schwieriger die Unterscheidung. Andererseits erscheint, alles übrige gleichgesetzt, der Phantasiereichere als der Intelligentere.

Die Geschwindigkeit des Assoziationszustromes kann die Intelligenz stark beeinflussen; der Treppenwitz, der (außer durch affektive Einflüsse) durch Langsamkeit des psychischen Geschehens bedingt wird, nützt nichts, und Schlagfertigkeit gilt als ein Zeichen von Intelligenz. Doch kann bei Leistungen, die man sich länger überlegen kann, der scheinbar Unbeholfene weiter kommen als mancher überraschende Debatter. Einen besonderen Vorsprung gibt das intuitive Denken: es zieht seine Schlüsse im Unbewußten aus meist ebenfalls nicht bewußt wahrgenommenem Material und kann oft in einem Tempo eine komplizierte Überlegung durchführen. Eine besonders gute Überlegung wird zuweilen vorgetäuscht, wo nur ein instinktives Hineinfühlen in die Situation vorliegt (s. Affektivität). Die mit dieser Einfühlung verwandte Suggestibilität kann bei der Aufnahme von Ideen Anderer von Nutzen sein; dadurch, daß man sich auch Unsinn suggerieren lassen kann, wird sie aber auch oft gefährlich.

Die Intelligenz ist ferner in mehrfacher Beziehung von der Affektivität abhängig. Wird diese übermächtig, hat sie eine zu große Schaltkraft, so ist die beste Intelligenz überall da verloren, wo stärkere Affekte mitspielen, also gerade in den lebenswichtigsten Überlegungen. Lebhafte Affekte fälschen die Logik in der Richtung ihrer Strebungen, oder sie hemmen durch Affektstupor das Denken. Umgekehrt kann das Interesse für eine Sache ein Maximum von günstigen Schaltungen bewirken; Leute, die auf irgendeinem intellektuellen Gebiete etwas Besonderes leisten, haben regelmäßig sowohl den Trieb, sich damit zu beschäftigen, als das notwendige Verständnis und Erinnerungsvermögen (man denke an große Musiker, Rechenkünstler). Die größte Zahl der Assoziationen hilft dem Kinde in der Schule nichts, wenn ihm Konzentration und Tenazität der Aufmerksamkeit fehlt. Wer Tiere zur Dressur auswählt, prüft in erster Linie ihre Aufmerksamkeit. Zu große Tenazität kann aber auch die Herbeiziehung notwendiger Assoziationen im richtigen Moment hemmen.

Eine gute Erinnerungsfähigkeit ist natürlich für die Überlegung günstig. Doch ist sie in gewissem Sinne umgekehrt entwickelt wie die Verarbeitung der Ideen; einesteils verhindert die Umbildung der Erlebnisse zu entwickelteren Begriffen die Ekphorie der ursprünglichen Engramme, andererseits verführt die Leichtigkeit der Reproduktion sinnlicher Wahrnehmungen dazu, sie nicht genügend zu verarbeiten. Ein auffallend gutes Gedächtnis ist deshalb ebensooft, wenn nicht noch öfters, mit schlechter Intelligenz verbunden als mit besonders guter.

Dies einige Andeutungen, deren Tragweite am besten noch durch pathologische Erfahrungen, besonders die Gegenüberstellung der Demenzformen beleuchtet werden. Der Manische in seiner Ideenflucht macht trotz der nur zu leicht zuströmenden Assoziationen Dummheiten, weil er sich nicht Zeit nimmt. alle notwendigen Ideen zuzuziehen, weil seine Zielvorstellungen die Schaltungen des Gedankenganges nicht beherrschen, weil er infolge der einseitigen euphorischen Betonung die entgegenstehenden Gründe nicht ekphoriert oder nicht genügend wertet, und weil ihm die Hemmungen, worunter die negative Suggestibilität nicht zu vergessen ist, fehlen: eine Idee wird in Handlung umgesetzt, bevor sie gedacht wird. Der Melancholische ist auf einen engen Ideenkreis beschränkt, macht infolge einseitiger Schaltungen und falscher Wertungen der Ideen logische Fehler, die zu Wahnideen führen, und kann eine Menge Dinge gar nicht mehr überlegen, weil die Affektschaltung ihn daran hindert. Der Organische (Altersblödsinnige und Paralytiker) kann nicht alle notwendigen Ideen zuziehen; es kommt ihm nur das. was gerade zu seinen aktuellen Affekten paßt, in den Sinn; außerdem sind seine Affekte zu lebhaft und zu wechselnd, so daß sie ihn bald da-, bald dorthin reißen. Auch die Hemmungen fehlen, seine Phantasien werden ihm leicht Wirklichkeit. Vage Allgemeinheiten ersetzen klare und bestimmte Detailvorstellungen, die nur schwer hinzugezogen werden können. Auch der Oligophrene hat zu wenig Assoziationen, bildet deshalb zu wenig und oft falsche Abstraktionen, er kann die Sinnesempfindungen nur eine kurze Strecke weit verarbeiten, keine komplizierteren logischen Schlüsse ziehen. Ist er erethisch, so hat er außerdem ähnliche Fehler wie der Manische; ist er apathisch, so fehlt der Trieb zum Denken; ist er in einem Ausnahmeaffekt, so sind die Schaltungen des Affektes gegenüber den Assoziationsschaltungen übermächtig und hindern das Denken: er handelt „triebhaft". Seine Gewohnheitsassoziationen sind so fest, daß er sie nicht lösen und anders kombinieren kann. Beim Epileptiker werden die Vorstellungen wie beim Organischen allgemein und unklar; die Ähnlichkeiten verschwimmen aber noch leichter zu Gleichheiten; der Gedankengang kommt nicht vom Fleck; die Zahl der Assoziationen wird geringer. Die überstarken Affekte überrumpeln leicht das schwache Denken. Beim Schizophrenen (Dementia praecox) ist, wie im Traum des Gesunden, der Weg von einer Vorstellung zur andern nicht mehr durch die Gewohnheit und Erfahrung gebunden; es kommt in Begriffen und Ideen zu unzusammenhängenden, bizarren, unsinnigen Produkten. Die Affekte beherrschen deshalb sehr leicht die Logik und es kommt zu Wahnideen. Da das Triebleben darniederliegt, fehlt leicht Interesse und aktive Aufmerksamkeit und damit die Kraft der Konzentration und des Denkens und Wollens (affektiver Blödsinn).

D. Die Kausalität. Die Denknotwendigkeiten.

INHALT. Wie alles logische Denken entstammt auch die kausale Ideenverbindung der Erfahrung. Ob diese aus mir selbst erzeugt sei, oder ob eine Außenwelt existiere, die auf unsere Sinne einwirken und auf die wir einwirken, ist für unsere Frage gleichgültig. Wir setzen aber, der bequemeren Ausdrucksweise zuliebe und um dem Solipsismus zu entgehen, die Existenz der Außenwelt und ihre Wechselwirkung mit unserer Psyche voraus[1]). *In dieser Welt gibt es etwas, was wir in unseren psychischen Symbolen als konstantes Nacheinander bestimmter Ereignisse auffassen. Das Kausalitätsdenken besteht in nichts anderem als der Wiederholung dieser von außen gegebenen Zusammenhänge in den nämlichen Analogien und Abstraktionen, wie wir sie auf allen Gebieten des Psychischen sehen. Auch die „Notwendigkeit", kausal zu denken, stammt aus der Erfahrung und reicht nur so weit als die Erfahrung. Der allgemeine strenge Kausalbegriff ist eine Errungenschaft der modernen Naturwissenschaft. Die finale Form des Denkens ist nichts als ein kausales Denken, bei dem eine früher erlebte Assoziation (Feuer — Schmerz — Finger zurückziehen) identisch oder analog wiederholt wird; das Besondere liegt nur darin, daß wir diese Verbindung von innen sehen, und so den Zweck- und Motivbegriff damit verbinden, also in unwesentlichen Zusammenhängen. Da viele ähnliche Zusammenhänge früher und deutlicher wahrgenommen werden, wird vom Kind und vom Primitiven das finale Denken viel zu weit ausgedehnt (eine der Wurzeln der Personifikationen von Dingen und Kräften, des Zauberglaubens).*

Zufall ist ein relativer Begriff, eine so komplizierte Kausalität, daß wir ihre einzelnen Bestandteile nicht übersehen. Es ist kein prinzipieller Unterschied zwischen psychisch und physisch, daß das psychische Geschehen nicht zum voraus genau berechnet, nicht „eindeutig" aus den Ursachen abgeleitet werden kann, daß es „nur verständlich", nicht „kausal" bedingt ist. All das kommt nur von seiner Kompliziertheit und von dem falschen Gefühl des Anders-handeln-könnens (vgl. Willensfreiheit).

Denknotwendigkeiten. Außer der direkt durch die konstante Erfahrung bedingten Unausweichlichkeit bestimmter Assoziationen gibt es Denknotwendigkeiten insofern, als die Folgen in den Voraussetzungen enthalten sind; das ist z. B. in vielen Urteilen, in jedem Syllogismus, in vielen mathematischen Ableitungen der Fall.

Kausalität und andere Notwendigkeiten des Denkens dürfen nicht verwechselt werden mit Kausalität und Notwendigkeit des äußeren Geschehens, trotzdem nach unserer Annahme die ersteren nur Folgen der letzteren sind.

Obgleich sich aus allem Bisherigen die Natur der kausalen Anschauungen und Gedankenverbindungen von selbst ergibt, müssen diese besonders erwähnt werden, weil man gewohnt ist, so viel darüber zu reden, resp. so viel Unnützes darüber zu denken. KANT meint, wenn die Kausalität nicht a priori vorhanden wäre, könnte man keine Erfahrung sammeln. Wenn das so zu verstehen wäre, daß Erfahrung die Einwirkung der Außenwelt auf unsere Psyche, und damit kausale Verhältnisse, voraussetze, so hätte wohl niemand etwas dagegen; das wäre aber eine Kausalität nicht als Kategorie in unserer Psyche, sondern in der Außenwelt und ihren Beziehungen zu unseren Sinnen und unserer Psyche, ganz wie die gewöhnliche Anschauung und die Naturwissenschaft es sich vorstellt. Die Frage nach dem Ursprung unserer kausalen Vorstellungen ist dann erst zu lösen: Sind die kausalen Vorstellungen, die wir in uns finden, irgendein Abklatsch dieser äußern Kausalität, oder sind sie nur eine Anschauungsform in unserer Psyche, der in der Außenwelt nichts entspricht?

Wir haben früher gezeigt, daß wir entweder die Einwirkungen einer existierenden Außenwelt auf unsere Sinne und Psyche annehmen oder Solipsisten sein müssen. Im letzteren Falle wäre nur ich, der Verfasser allein, von allen mir bekannten Dingen vorhanden, und meine äußere und innere Welt mit allen ihren Zusammenhängen von Ursache und Wirkung und von oben und unten und früher und später wäre nur meine Halluzination. Mit einer solchen Vorstellung zu rechnen lehnen wir wie jedermann ab.

Wir setzen also die (unbeweisbare) Existenz der Außenwelt voraus und ebenso ihre Einwirkung auf unsere Sinne, die wir uns so vorstellen

[1]) Die innere Erfahrung lassen wir zur Abkürzung unberücksichtigt; sie bringt natürlich für uns nichts Neues hinein.

müssen, daß bestimmte, irgendwie geregelte Analogien bestehen zwischen den Geschehnissen in der Außenwelt, in unseren Sinnesorganen, in unserer Psyche und in unsern Reaktionsorganen, den Muskeln, so daß nicht nur die Außenwelt auf uns, sondern auch wir auf diese wirken, und das in einer Weise, die den Umständen angepaßt ist und die Erhaltung des Organismus ermöglicht. Würden unter dieser Voraussetzung die Beziehungen, die wir kausale nennen, nicht in genauer Analogie draußen existieren, so müßten wir jeden Augenblick in Konflikt mit der Außenwelt kommen, statt daß wir diese zur Erhaltung unseres Lebens benützen könnten. Wir müssen also annehmen[1]), ob wir wollen oder nicht, daß nicht nur die Welt, sondern auch ihre Kausalität existiere, und daß die Kausalität, die wir in uns finden, irgendein Symbol von wirklichen Verhältnissen draußen sei, so wie die Vorstellung Rot ein Symbol von Verhältnissen ist, die wir von einer andern Seite gesehen als Lichtschwingungen bestimmter Länge bezeichnen.

Für die Frage nach der Entstehung unserer kausalen Vorstellungen sind aber diese erkenntnistheoretischen Überlegungen gleichgültig. Auch bei solipsistischen Anschauungen würden wir uns fragen: Sind die kausalen Vorstellungen etwas Primäres, eine Schablone, in die die Erfahrungen eingehen, und nach der sie geformt werden? Oder ist umgekehrt die Kausalität aus den Erfahrungen abzuleiten?

Zur Beantwortung müssen wir von dem ausgehen, was wir beobachten. Da sehen wir bestimmte, hauptsächlich zeitliche Zusammenhänge von Geschehnissen, wobei auf ein Ereignis immer ein bestimmtes anderes eintritt. Erfahren wir nur das eine, so müssen wir nach den Assoziationsgesetzen das andere assoziieren. Es gibt aber auch seltene, oft nur einmalige, Ereignisse, die wir in gleicher Weise verbinden, wenn sie uns aufgefallen sind, und mit einem gewissen Recht, weil eine allgemeinere Übersicht zeigt, daß auch diese Dinge, wenn sie sich wiederholen, verhältnismäßig leicht den nämlichen zeitlichen Zusammenhang zeigen (Übertreten des Meeres bei einem Erdbeben; die Mutter ist nicht mehr so stark, seit ein Brüderchen gekommen ist)[2]).

Gleiche Folgen mancher Ereignisse, wie wir sie an andern Dingen sehen, erfahren wir zu tausenden auch an uns; auch wir fallen um, wenn wir einen Stoß erhalten, wobei wir einen engen Zusammenhang zwischen Stärke und Stoßrichtung und der Art unseres Falles konstatieren. Vor allem aber können wir selbst willkürlich das erste Glied mancher Kausalreihe setzen und dann das oder die folgenden ablaufen sehen. Und noch mehr, bei der Ansicht unserer eigenen Reaktionen von innen wird uns ein Zusammenhang bewußt, den wir mit Worten wie „weil“ und „Motiv“ bezeichnen. Weil du mich beschimpft, haue ich dich; weil du schön bist, liebe ich dich; weil ich dich liebe, tue ich dir Angenehmes. Man spürt in diesen Fällen den Zusammenhang, obgleich man die Folge unterbrechen „könnte“.

---

[1]) Nicht als bewiesen, sondern als unausweichliche Vorstellung und Grundlage unseres Denkens und Handelns.

[2]) Näheres über Kausalannahme bei einmaligen Ereignissen siehe Bleuler, Das autistisch-undisziplinierte Denken in der Medizin und seine Überwindung. Berlin, Springer, 1919. S. 151f.

Etwas anderes als bestimmte Formen von zeitlicher Folge finden wir in den kausalen Verhältnissen nicht. Den engeren „ursächlichen“ Zusammenhang, warum ein gestoßener Körper in Bewegung kommt, kennen wir nicht; wir kennen nur die regelmäßige Folge unter bestimmten Umständen. Schon die Worte „Folge“ und „folglich“ drücken, wie die meisten kausalen Konjunktionen, eigentlich nur den zeitlichen oder räumlichen Zusammenhang aus (weil; denn; im Bayrischen nachher; puisque; da), während ältere Sprachen und jetzt noch dialektische Sprechweisen einfach die Tatsachen nebeneinander stellten. Und wenn Daguerre die Ursache der Fixation seiner belichteten Platten, und Roentgen diejenige eines Belichtungseffektes innerhalb der lichtdichten Umhüllung suchte, so prüften beide Forscher alle möglichen Reagentien und Manipulationen durch, und diejenige Applikation, nach der wieder eine Fixation oder eine Bromsalzzersetzung stattfand, erwies sich dadurch als die Ursache. Nun gibt es massenhaft Folgen, die nicht kausal sind; das erweist sich dadurch, daß sie nicht regelmäßig sind (auch unter gleichen Umständen)[1]. Bei welchem Grad der Wiederholung oder der Seltenheit zweier zusammentreffender Ereignisse man einen ursächlichen Zusammenhang annehmen soll, ist nun sehr willkürlich, da auch der Mensch, soweit es seinen bloßen Instinkt betrifft, nur auf die häufig vorkommenden Fälle eingerichtet ist. So gibt es eine Menge von Verwechslungen des post mit dem propter, die sich für den naturwissenschaftlichen Beobachter von selbst erklären,

Etwas Besonderes, das die Erfahrung nicht geben könne, soll in der Notwendigkeit bestehen, kausale Verhältnisse zu denken. Man könnte aber gerade diese Notwendigkeit, auch wenn man nicht wüßte, daß sie vorhanden ist, aus der Erfahrung ableiten. Wenn wir eine bestimmte Folge von Ereignissen immer sehen, so muß mit Notwendigkeit auf die Erfahrung oder Vorstellung des einen die Vorstellung des andern assoziiert werden, genau so, wie es eine Notwendigkeit ist, sich den Himmel oben[2], die Erde unten zu denken. Und da wir jeden Tag Tausende und aber Tausende von kleinen und großen Geschehnissen mit solcher Regelmäßigkeit aufeinanderfolgen sehen bei jeder Bewegung, die wir machen, bei jedem Gegenstand, den wir aufnehmen oder abstellen, bei Tönen, die wir hören usw., muß dieses Verhältnis der notwendigen Folge abstrahiert und verallgemeinert werden, so daß es auch da meist assoziiert, mit Notwendigkeit gedacht werden muß, wo die Regelmäßigkeit der Folge nicht so evident ist oder, weil die Erfahrung ungenügend ist, noch nicht so sicher abgeleitet werden kann.

[1] Natürlich bekommen wir, wenn der Begriff der Kausalität einmal gebildet ist, noch andere Zeichen für und gegen Annahme kausaler Zusammenhänge. Wenn der Blitz in ein Haus schlägt, und dieses Feuer fängt, so ist es nicht bloß die Seltenheit beider Ereignisse, die uns annehmen läßt, daß der Blitz das Haus angezündet habe, sondern für den Primitiven die Ähnlichkeit des Funkens mit dem Feuer und für den Kulturmenschen die Kenntnis der zündenden Kraft des elektrischen Funkens. Umgekehrt werden wir bei einer Menge zeitlicher Zusammenhänge kausale Beziehungen von vornherein ausschließen, wenn wir uns (in Verwertung anderer Erfahrungen) keine Beziehungen und namentlich keine kausalen zwischen den beiden Ereignissen denken können. Der gebildete Kulturmensch denkt nicht an einen kausalen Zusammenhang, wenn ein Gewitter aufhört, nachdem man einen Hokuspokus gemacht hat. Im kausalen Denken geschieht nur das, was überall im richtigen Denken; wir lernen auch hier die früheren Erfahrungen benutzen und nach Analogie derselben auf Neues schließen.

[2] Ein „unten“ gedachter Himmel ist kein Himmel.

Es ist unter solchen Umständen nicht der Zwang, so zu denken, sondern die Unmöglichkeit, es sich anders zu denken, zu erklären (hier wird letzteres nach allem, was wir über Abstraktion, Heraushebung von Einzelheiten und deren Neukombination gesagt haben, nicht nötig sein).

Die Notwendigkeit, kausale Beziehungen zu denken, reicht denn auch nicht mehr und nicht weniger weit wie die entsprechende Erfahrung. Wo wir die Ursachen oder die Folgen nicht sehen, werden sie auch nicht assoziiert, wenn nicht die allermodernsten Ideen von Erhaltung der Energie und ähnliches ganz sekundär dazu veranlassen. Wer denkt denn daran, daß alle seine Handlungen Ursachen weiteren Geschehens sind, daß, wenn er einen Gegenstand auf den Tisch abstellt, dieser und der Gegenstand wärmer wird, daß jede „vergebliche" Anstrengung doch eine Folge hat, die man nur nicht beachtet oder nicht kennt; der Primitive bis zum ungebildeten Kulturmenschen des zwanzigsten Jahrhunderts, sie haben keine Ahnung davon, daß jedes Geschehen eine Ursache hat; die Kinder und die Pflanzen wachsen — wer denkt an die Ursache? Ein feuchter Gegenstand trocknet, Brot wird hart, eine Frucht fault, Kautschuk verliert seine Elastizität, der Ofen wird kalt, „das liegt in den Dingen"; aber nicht einmal das denkt man ohne eine besondere Fragestellung bewußt und klar, sondern man stellt es sich nur ganz im allgemeinen so vor, weil eben die Assoziationen in der Erfahrung so gelenkt werden; das Anders-werden gehört zum Begriff des Dinges; man denkt so wenig daran, das zu analysieren, als man denkt, eine Erdbeere könnte blau sein. Die Erfahrung gibt uns eben direkt keinen Anlaß, in dieser Richtung zu denken.

Ein besonders lehrreicher Fall ist die vulgäre Auffassung des Fallens. Man denkt auch da gewöhnlich an keine Ursache; es liegt in dem vulgären Begriff der Dinge, daß sie so lange fallen, bis sie von einer Unterlage getragen werden. Wenn man aber, was hie und da vorkommt, an die Ursache zu denken veranlaßt wird, so denkt man an einen Zusammenhang von Fallen und der Richtung nach unten. Der Gegenstand fällt, bewegt sich in einem bestimmten Sinne, weil das die Richtung nach unten ist; der Erfahrungszusammenhang genügt zu einem Denkzwang, der von den alten Atomisten bis zum Durchschnittsmenschen im modernen Mitteleuropa mit seinen auswendig gelernten Phrasen von der Kugelform der Erde nicht überwunden werden kann. An die richtige Ursache, die Anziehung der Erde, denkt keiner derselben, weil er das nicht sieht; und er denkt auch nicht daran, daß es sich um eine konzentrische Funktion nach einem Mittelpunkt hin handle, sondern er nimmt eine absolute und parallele Richtung an, entsprechend seiner Erfahrung.

Da wo die zeitliche Abhängigkeit zweier Geschehen zwar konstant, aber die Folge nicht klar ist, täuscht man sich oft. Ich erinnere mich noch gut an die Zeit, da ich gemeint habe, die Bäume machen mit ihren Bewegungen den Wind, und von anderen Kindern habe ich das nämliche erfahren.

Eine andere Schwierigkeit, die die Erfahrung bietet, ist die, daß von einer Ursache mehrere Geschehen abhängig sind: Wenn der Luftdruck abnimmt, so sinkt das Barometer und dann gibt es Regen; wenn es Tag wird, so öffnen der Bäcker und der Metzger die Läden. Im letzteren Falle wird man sich kaum je täuschen, weil das Tagwerden, die gemeinsame Ursache mit ihren Folgen, zu oft erfahren wird; die einzelnen Handlungen von Bäcker und Metzger müssen also richtig miteinander und mit ihrer gemeinsamen Ursache verbunden werden. Beim Barometer und Wetter aber ist die gemeinsame Ursache nicht sichtbar, und da wird nicht nur von kleinen Kindern die Idee geäußert, ob man nicht schön Wetter machen könne dadurch, daß man das Barometer künstlich steigen macht, sondern der allergebildetste Kulturmensch hat gelegentlich einmal den Trieb, über das Barometer zu schimpfen oder es zu zerschlagen, weil es nicht steigen und damit schön Wetter bringen will.

Überhaupt ist die kausale Verbindung von Geschehnissen, die in der Regel gleichzeitig oder nacheinander vorkommen, nicht eindeutig; entweder ist das eine kausal vom andern abhängig oder sie haben eine gemeinsame Ursache. Diese Unterscheidung verunglückt nun manchmal, namentlich da, wo die Erfahrung die Zusammenhänge nicht direkt zeigt. So kann es kommen, daß Barometer und Wetter in unmittelbare kausale Verbindung gebracht werden, oder daß sogar der Tag in den Mythologien von der Nacht geboren wird, oder eines meiner Kinder die nämliche Idee botanisch ausdrückte: Mitten aus der Nacht wachse der Tag hervor. In Wirklichkeit sind beide Tageszeiten von der Drehung der Erde abhängig.

So sind die kausalen Beziehungen im Denken gar nicht so notwendig und nicht so streng, wie viele uns glauben machen wollen. Das ungeschulte Denken macht alltäglich massenhafte falsche Verknüpfungen, und, was bezeichnender, an vielen Orten fehlt ihm vollständig das Bedürfnis, Kausalität in Ursache und Folge hinzuzudenken. Sogar der Philosoph kann die Kausalkette an dem Gelenk zwischen Physis und Psyche zerreißen lassen, obschon wir gerade da Zusammenhänge nicht nur von außen, sondern auch von innen zu erfahren meinen. Der strenge Kausalbegriff der modernen Wissenschaften gehört nicht dem natürlichen Denken an, sondern ist in allen Beziehungen eine Errungenschaft der Forschung der Gebildeten, die ihn abstrahiert, an neuen Erfahrungen geprüft und an Hand dieser letzteren so verallgemeinert haben, daß in unseren Augen jedes Geschehen seine Ursachen und seine Folgen haben muß.

Beim Kind, beim Naturmenschen, ist das kausale Denken in seiner finalen Form besonders gut ausgebildet. Auch das hat wieder seine Gründe in der Erfahrung. Die Zusammenhänge der Geschehnisse in der Außenwelt sind seinem Verständnis nur zu einem kleinen Teil zugänglich. Der Teil aber, den der Mensch bewußt benutzt, liegt durch Introspektion klar vor ihm. Er handelt den ganzen Tag zu bestimmten Zwecken, mit bestimmten Motivierungen, und dem Kinde wird noch ganz besonders eingebläut, daß es aus diesen und jenen Motiven die einzelnen Handlungen tun und andere lassen müsse. So suchen Kind und Primitiver aus Analogie mit Vorliebe Motive auch da, wo nur physische Ursachen in Betracht kommen könnten (die „böse“ Tischecke, an der man sich gestoßen). (Personifizierung der Außenwelt, Zauberglauben usw.)

Da seit Hume noch viele andere die Kausalität aus der Erfahrung ableiten, mögen diese Andeutungen genügen. Ich beschränke mich auf den bloßen Hinweis darauf, daß es für ein Geschehen niemals nur eine

Ursache gibt, eine Erkenntnis, die zum Anlaß geworden ist, den Ursachenbegriff überhaupt aufzugeben und an dessen Stelle den der Bedingungen (in der Mehrzahl) zu setzen. Mit unserem Thema hat das nichts zu tun.

Es ist also nicht nur möglich, die kausalen Vorstellungen, nachdem man sie einmal gefunden hat, nachträglich aus der Erfahrung abzuleiten, sondern aus den bloßen Voraussetzungen (die in Wirklichkeit jeder macht), daß es eine Erfahrung, wie wir sie kennen[1]), gibt, daß ein Gedächtnis, wie wir es konstatieren, existiert, und daß unsere Denkgesetze auf diese Dinge anwendbar sind, müßten wir die Bildung kausaler Vorstellungen mit zwingender Notwendigkeit erschließen, wenn wir sie noch gar nicht kännten. Noch eine andere apriorische Kausalität neben dieser aposteriorischen, sicher vorhandenen anzunehmen, ist sinnlos, da dazu kein Grund besteht. Wäre übrigens die Kausalform des Denkens angeboren, so müßten wir sie wieder in der nämlichen Weise ableiten, nur aus Erfahrung und Gedächtnis der Art statt des Individuums. Eine Kategorie im KANTschen Sinne wäre sie deswegen doch nicht.

Trotzdem wir die kausalen Verbindungen sich beim Kinde entwickeln sehen, und wir noch keine zwingenden Gründe zur Annahme einer Art phylischer (angeborener) Kausalitätsfunktion besitzen, so ist doch nicht auszuschließen, daß irgend etwas derartiges, das wir allerdings noch nicht näher definieren können, schon in der Anlage sei. Vergessen wir nicht, daß jede Reaktion des Nervensystems eine Einwirkung *von* außen und eine Einwirkung *nach* außen[2]), also im Prinzip ein kausales Zusammen ist.

Die jeder unserer Funktionen innewohnende Kausalkette und die beständige Übung kausaler Zusammenhänge könnte möglicherweise eine gewisse phylogenetische Disposition zu kausalem Denken geschaffen haben, sei es so, daß organische Denkeinrichtungen für diese Art Überlegung besonders gut eingerichtet wären, vielleicht sogar sie begünstigen würden, sei es, daß ein Trieb zum kausalen Denken, zum Suchen nach Ursachen und Folgen in uns läge.

Wir haben nun noch keine Anhaltspunkte, daß die erstere Möglichkeit, ein besonderes Entgegenkommen oder gar eine besondere Einrichtung des Gehirns für die Aufgaben des kausalen Denkens, realisiert sei. Wir sehen vielmehr, daß das gesamte Denken sich aus den Engrammen nach der individuellen Erfahrung bildet, und daß sich daraus alles im Denken überhaupt ohne weiteres erklärt und damit auch die Kausalformen, die in keiner Weise etwas Besonderes sind oder besondere Ansprüche an die Funktion des Gehirns stellen. Da die sonst bekannte Einrichtung der Engraphie das kausale Denken genau so gut erklärt, wie einerseits die logische Ordnung der Erlebnisse und anderseits das Denken überhaupt, wissen wir vorläufig nicht, was eine besondere Organisation für das kausale Denken Neues hinzufügen könnte.

---

[1]) Gleichgültig, ob sie solipsistisch halluziniert oder von einer existierenden Außenwelt induziert sei.

[2]) „Außen bedeutet hier nicht notwendig außerhalb des ganzen Körpers, sondern nur außerhalb des reagierenden nervösen Organs.

Anders ist es mit einem aktiven Trieb zum kausalen Denken. Irgendein „Bedürfnis“ in dieser Richtung entsteht schon nach den gewöhnlichen Assoziationsgesetzen aus der einfachen Gewohnheit. Jeden Augenblick erleben wir kausale Zusammenhänge. Wie alles sich Wiederholende müssen auch diese kausalen Beziehungen als solche abstrahiert (es braucht nicht bewußt zu sein) und zu einem Schema werden, nach dem, wenn ein erstes Glied gegeben ist, die folgenden Glieder im Denken wieder ablaufen. So müssen aus bloßer Assoziation nach Ähnlichkeit und (individueller) Gewohnheit nicht nur die einzelnen speziellen Ursachen und Folgen, die wir schon erlebt haben, sondern kausale Beziehungen überhaupt besonders leicht assoziiert werden. Das heißt, bei einer gewissen Höhe des Abstraktionsvermögens wird man nicht nur an den Rauch die bekannte Ursache Feuer assoziieren, sondern man wird auch da, wo man eine Ursache oder eine Folge noch nicht aus Erfahrung kennt, ein Assoziationsbedürfnis in dieser Richtung haben, beziehungsweise sie zu kennen suchen.

Ein besonderes — wohl nur individuelles — Bedürfnis nach kausalen Zusammenhängen muß auch dadurch entstehen, daß jedes Geschöpf Triebe hat, irgendwie auf die Außenwelt einzuwirken. Nun empfinden wir zwar den Zusammenhang zwischen unseren Willensregungen und den Bewegungen der Glieder nicht in Form einer Kausalkette; psychologisch sind die Glieder Teile des Ich, subjektiv scheint es der nämliche Vorgang, der sich in den Bewegungen wie in der Willensregung ausdrückt. Aber wir können nicht alles, was wir wünschen, direkt ausführen, sondern brauchen dazu oft kausale Vermittlungen. Um ein Tier zu fangen, muß man Fallen stellen oder Waffen vorbereiten, um sich vor dem Regen zu schützen, ein Dach machen, um das Verderben eines Speisevorrates zu vermeiden, die Ursachen der Verderbnis kennen. Man ist also nicht nur gewohnt, sondern auch gezwungen, nach kausalen Zusammenhängen zu suchen, die man benutzen kann.

Da aber wird der Wunsch leicht Vater des Gedankens. Man möchte vieles bekommen oder tun, was man eigentlich nicht bewirken kann, z. B. seinen Feinden schaden, ohne daß sie es merken, resp. sich wehren und Rache nehmen können. Anderseits erlebt man selbst viel Ungemach, gegen das man sich nicht wehren kann; es sind höhere Mächte da, die uns schaden; der Naive kann nicht anders, als sich diese Mächte personifiziert vorstellen, da er die Naturkräfte noch nicht genügend isoliert, abstrahiert hat. Wenigstens diese Götter und Dämonen können also auf Wegen, die nicht jedem zugänglich, nicht so greifbar sind, etwas bewirken, warum nicht auch Menschen? Auch auf diesem Wege muß man zum Zauberglauben kommen, der allerdings noch andere Wurzeln hat. Man darf also nicht auf das Apriorische der kausalen Auffassungen schließen deshalb, weil diese kausal gedachten Zusammenhänge nicht aus der Erfahrung stammen können. Gibt es auch keinen Zauber, so gibt es Vorgänge, die dem Primitiven mit seinen geringen Naturkenntnissen analog erscheinen, und außerdem glaubt man, nachdem die Idee einmal geschaffen und zur Kritik vorgelegt worden, solche Zusammenhänge wahrzunehmen; und darauf kommt es ja allein an; auch die Hartnäckigkeit des Zauberglaubens stammt also aus Erfahrung, wenn auch aus einer mit ungenügender Kritik verarbeiteten.

Gewohnheit und praktisches Bedürfnis sind aber noch keine Zeichen eines eigentlichen Triebes zum kausalen Denken. Dagegen zeigt sich, daß unabhängig von dem, was wir sonst, namentlich in der Praxis, Intelligenz nennen, der Forschungstrieb, der doch in erster Linie die ursächlichen Zusammenhänge erklären möchte, bei den einzelnen Menschen und den einzelnen Rassen ungeheuer verschieden entwickelt ist; seine Wurzeln sind also in der Anlage; es ist mir sogar wahrscheinlich, daß Hunde, Pferde und Vögel etwas wie einen Trieb nach Erkenntnis überhaupt und damit auch speziell nach Kenntnis kausaler Zusammenhänge besitzen („Neugierde").

So macht sich auch ein mittelmäßig angelegtes Kind bei den meisten neuen tatsächlichen Zusammenhängen irgendwelche kausalen Vorstellungen; wenn der Magnet Eisen anzieht und festhält, so kommt aus ihm ein unsichtbarer Faden, der das bewirkt (darin liegt zugleich ein Beispiel, wie die kausalen Zusammenhänge der Erfahrung entnommen werden). Auch die Energie, die von allen Völkern aufgewandt wird, um in den Mythologien den Ursprung und die Zusammenhänge der Welt kausal zu erklären, und die Gewalt, welche diese Phantasieschöpfungen auf die Menschheit ausgeübt haben, scheint auf etwas Triebhaftes in den kausalen Bedürfnissen zu deuten. Das wäre aber nicht eine Denkkategorie, sondern ein Trieb unter vielen andern, oder am wahrscheinlichsten nur eine spezielle Äußerung des Wissenstriebes.

Noch oft stellt man den kausalen Zusammenhängen den Zufall gegenüber und meint damit einen objektiven Unterschied konstatiert zu haben. Auch der moderne Mensch, der etwas von den Naturgesetzen kennt und an sie glaubt, kann sich vorstellen, es sei zwar selbstverständlich nicht Zufall, sondern gesetzmäßig, daß zu einer bestimmten Zeit ein bestimmter Ziegel vom Dach falle; ebenso sei es gesetzmäßig, daß zu einer bestimmten Zeit ein Mensch an dieser Stelle vorbeigehe. Aber es sei Zufall, wenn beide Ereignisse so zusammentreffen, daß der Mensch von dem Ziegel getötet werde. Das ist eine böse Inkonsequenz des Denkens. Ich setze keinen Leser voraus, der nicht annimmt, daß alles gesetzmäßig abläuft, will also nicht weiter ausführen, daß zwischen den ersten beiden Geschehen und dem dritten kein Unterschied besteht. Dann gibt es aber keinen Zufall? Gewiß nicht — objektiv oder absolut. Zufall ist ein relativer Begriff. Wenn wir von einem Geschehen die Ursachen nicht genügend kennen oder nicht genügend berücksichtigen, so ist es in bezug auf die vorliegende Untersuchung zufällig. Zufällig fiel ein Ziegel vom Dach, da der Mann vorbei ging, und zufällig ging der Mann vorbei, als der Ziegel herunterfiel. Die beiden Dinge haben für uns keinen kausalen Zusammenhang, weil wir im Weltgeschehen nicht so weit zurückrechnen können, um festzustellen, warum zu der nämlichen Zeit sowohl der Ziegel fällt, wie der Mann vorbeigeht. Wenn ich in einem Zug aus einer Urne mit 99 weißen und einer schwarzen Kugel die schwarze herausziehe, so ist das Zufall, weil ich nicht weiß, warum ich gerade diese erwischt habe. Hätte ich aber vorher berechnen können, wie durch die verschiedenen Schüttelungen, mit denen ich die Kugeln gemischt habe, gerade die schwarze obenauf kam, und hätte ich die Motive beachtet, die mich gerade an diese Stelle greifen ließen, so würde ich nur noch dann von Zufall reden, wenn ich gerade an den unbekannten Zusammenhang zwischen den Bewegungen der Kugeln in der geschüttelten Urne und meinen Motiven dächte; und noch weniger, wenn ich in tausend Ziehungen die schwarze Kugel zwischen 8- und 12 mal heraushole, weil das der Wahrscheinlichkeitsrechnung, resp. der berechneten Erwartung entspricht. Wenn ich eine Erblichkeitsforschung mache oder die Wirksamkeit einer ärztlichen Behandlung statistisch ergründen will, so kann ich das Material nach beliebigen Regeln auswählen, also z. B. alles, was in dieses Spital kommt oder in jenes; ich nehme an, daß der Zufall mir eine richtige Mischung bringe, wenn ich nur nicht eine Regel anwende, die das zu untersuchende Merkmal beeinflußt. Alles, was das Merkmal nicht beeinflußt, ist mir unter diesem Gesichtspunkt Zufall; ich habe eine zufällige Auslese, die mir die Grundlagen zur Berechnung geben kann. In einem andern Zusammenhang wäre es aber nicht Zufall. Ich mache z. B. eine Statistik über die Mortalität des Typhus bei zwei Behandlungen. Die eine wird in einem Spital geübt, wo mehr dunkle Patienten aufgenommen werden, die andere in einer Gegend mit mehr Blonden. Solange ich Grund habe, anzunehmen, daß der Typhus bei den verschieden pigmentierten Menschen gleich verlaufe, betrachte ich die erwähnten Verhältnisse als einen zufälligen Nebenbefund; sobald ich aber den Einfluß der Haarfarbe auf den Typhusverlauf untersuchen will, gilt die Auswahl nicht mehr als eine zufällige, und so wird sie für die Statistik unbrauchbar.

Ich kann einen Taler mit Sicherheit so auf den Tisch werfen, daß der Kopf oben ist. Ich kann ihn auch so werfen, daß er sich in der Luft um 180° dreht; mit ganz seltenen Fehlern kann ich ihn sich noch um 360° drehen lassen. Von anderthalb Umdrehungen an wachsen die Fehler rapid und schon bei ca. drei Umdrehungen ist mein Wille in dem Resultate nicht mehr bemerkbar. Von da an ist es „der reine Zufall“, der bestimmt, wie der Taler zu liegen kommt, deshalb, weil ich die zu einer bestimmten Zahl von halben Umdrehungen nötige Kraft nicht mehr abmessen kann. Würde ich mich aber etwas üben, oder wäre ich ein Prestidigitateur, so würde die Vorausbestimmung durch meinen Willen vielleicht bis fünf Umdrehungen reichen und der Zufall würde erst von da an beginnen.

Von der Seite meines Willens aus gesehen, sind die wenigen Umdrehungen diejenigen, die sich vorausbestimmen lassen, und bei denen wir nichts von Zufall sagen möchten, so wie wir nicht vom Zufall sprechen, wenn wir den Löffel richtig zum Munde führen. Nachher aber können wir berechnen, wieviel mal unter Hunderttausenden von Würfen ich Kopf und wieviel Schild werfen werde — aber nur ungefähr; wenn die wahrscheinlichste Zahl von 50 000 zu 50 000 gerade herauskäme, so würde ich das wieder einen besonderen Zufall nennen. Und wenn ich anfangen wollte zu berechnen, wieviel mal Kopf und wieviel mal Schild geworfen würde von vielen Menschen, die die Aufgabe hätten, eins von beiden aufs Geratewohl hin zu wählen, so erschiene wieder die Willensbestimmung als Zufall, und ich könnte berechnen, daß wieder Kopf und Schild gleichviel mal geworfen würden (vorausgesetzt, daß nicht ein neu hineinkommendes Moment die Wahl von Kopf oder von Schild besonders begünstigen würde; ja ich könnte ein solches Moment mit der Wahrscheinlichkeitsrechnung erschließen, wenn die beiden Zahlen nicht ungefähr gleich ausfallen würden).

Man bemerkt an diesen Beispielen, daß der Ausdruck „Zufall“ in den verschiedenen Zusammenhängen nicht genau die nämliche Bedeutung hat.

Interessant ist es, daß sich die ganze lebende Natur nur durch Zufall erhält: Es fehlen Einrichtungen, die Ei und Sperma mit Sicherheit zueinander führen, so daß denn auch nur eine kleine Minorität zur Vereinigung kommt. Es wäre denkbar, wenn auch „ein ganz merkwürdiger Zufall“, der, wenn man ihn berechnen könnte, gewiß in Dezillionen von Jahren noch nicht einmal vorkommen sollte, daß eines schönen Tages, ohne daß die jetzigen Verhältnisse sich geändert hätten, nicht nur ein Genus, sondern die ganze Lebewelt unserer Erde aussterben würde, weil kein Pärchen sich zusammenfände. Was in Dezillionen von Jahren einmal vorkommen kann, kann gerade heute vorkommen; denn der Zufall sagt uns nicht, daß ein solches Ereignis *erst* im dezillionsten Jahre eintrete. Es ist also eigentlich „Zufall“, daß die Geschöpfe sich erhalten; aber es wäre ein noch größerer Zufall, wenn ein Genus auf diese Weise einmal aussterben würde. Auch diese beiden Begriffe von Zufall decken sich nicht ganz.

Man hat einen *Unterschied konstatieren wollen zwischen psychischen Ursachen und physischen*; die ersteren seien Zwecke oder Motive, die letzteren Ursachen im engeren Sinne, und innerhalb des Psychischen hat man das „weil“ vom „damit“, das Kausale vom Finalen trennen wollen. Solche Unterschiede haben für uns keine Bedeutung. Ob das gebrannte Kind seine Hand vor der Flamme zurückziehe, *weil* es sich gebrannt hat oder *damit* es sich nicht mehr brenne, ist gleichgültig; es ist der nämliche Vorgang von verschiedener Seite gesehen. Faktisch ist nur die Assoziation „Annähern der Flamme — (Schmerz —) Hand zurückziehen“ gebildet worden. Wenn eine neue Flamme sich annähert, vollzieht sich die Assoziation, wie ein Uhrwerk bei einer Auslösung 12 Uhr schlägt, weil es darauf eingerichtet ist. Für das Bewußtsein des Kindes ist der Schmerz oder die Annäherung der Flamme ein Motiv zum Zurückziehen der Hand, für den physiologischen Ablauf der Reaktion, die wir von außen sehen, ist es eine Ursache. Auf nicht eigentlich psychischem Gebiet ist es ebenso: Wir hören oft, ein Reflex oder irgendeine Einrichtung im Organismus sei so beschaffen, *damit* das Tier erhalten werde (Hinblick auf die Gegenwart und Zukunft); man sagt aber auch, die Einrichtung hat sich so ausgebildet und ist so geblieben, *weil* sie das Geschöpf in der Auslese begünstigt hat (Hinblick auf die Vergangenheit). (Neolamarckisten würden auch in diese Zusammenhänge etwas Psychisches hineindenken.) Für die Bedeutung der Träume macht es allerdings einen Unterschied, ob ich meinen Feind in meinem Traum getötet habe, *weil* ich beständig denke, wenn ihn nur der Teufel holte, oder *damit* ich ihn endlich los habe, wobei mir die Idee von seinem Tode bei dieser Gelegenheit zum ersten Male kommt, so daß ich von nun an auch im Wachen daran denke, ihn umzubringen. Der Unterschied liegt aber darin, daß ich im einen Fall nur das träume, was ich auch sonst fühle, im andern aber im Traum meinen Gedanken eine neue Richtung gebe. Ich könnte im übrigen das Weil und das Damit ohne weiteres vertauschen.

In bezug auf die logischen Formen gibt es keinen Unterschied zwischen kausalem und finalem Denken; beim letzteren werden Determinanten, die die Zukunft betreffen, mit einbezogen, wie wenn man eine Sonnenfinsternis vorausberechnet. Ein gewisser Unterschied liegt aber im Denkziel: Die finale Operation soll unser Handeln bestimmen, während im kausalen Denken die gewonnene Erklärung unser Bedürfnis befriedigt. Die finale Funktion ist selbstverständlich für den Primitiven die wichtigere, die kausale gewinnt eine größere Bedeutung erst beim Kulturmenschen, der ein wachsendes Bedürfnis nach theoretischer Aufklärung besitzt und zugleich die große Förderung schätzen gelernt hat, die ihm ein kausales Verständnis der Zusammenhänge für später sich bietende Ziele liefert.

Geisteskranke kehren nicht selten scheinbar die kausalen Verhältnisse um. Der Patient führt sich schlecht auf, weil er in der Anstalt ist; von außen gesehen ist er aber in der Anstalt, weil er sich schlecht aufführt. Abgesehen von komplizierteren Zusammenhängen, die auch mit der Kausalität nichts zu tun haben, handelt es sich in solchen Fällen meist um eine falsche Auswahl der zu treffenden Reaktion. Es ist dem Patienten zu kompliziert zu denken: Ich habe zwar den Trieb zu schimpfen, mich zu rächen, mich aufzulehnen gegen die ungerechte Einsperrung; ich will aber mich fein artig aufführen, damit man mich entlassen kann, wobei noch die richtigen Überlegungen gemacht werden müssen, was für Motive die Ärzte haben, ihn nicht gehen zu lassen — einfacher ist die Primitivreaktion, die eigentlich jedem am nächsten liegt, ablaufen zu lassen, d. h. auf eine als schlecht empfundene Behandlung zu pöbeln. Der Kranke lärmt unter Umständen wirklich, weil man ihn nicht gehen läßt, unterscheidet aber dieses „weil“ nicht genügend vom unrichtigen „damit“. Manchmal lärmt er aus ganz andern Gründen, aus Trieb von innen oder Aufregung, und dann rationalisiert er hintendrein sein Benehmen. Es handelt sich also in solchen Fällen um ein Ignorieren komplizierterer Verhältnisse und nicht um eine Störung der Kausalität. Dagegen fehlt den Schizophrenen häufig das Bedürfnis nach kausalen Erklärungen; sie können die merkwürdigsten (halluzinatorischen) Erfahrungen einfach hinnehmen.

Ein anderer Unterschied zwischen psychischer und physischer Kausalität soll darin liegen, daß sich das physische Geschehen eindeutig aus den Ursachen ergebe, das psychische aber nur nach Wahrscheinlichkeit aus seinen Motiven (z. B. G. F. Lipps). Das ist nun schon als Tatsache nicht ganz richtig. Soweit ein Unterschied besteht, ist er einer der relativen Komplikation und nicht des Prinzips. Ist einmal etwas geschehen, so können wir auf psychischem Gebiet dank der Introspektion die Ursachen, auch wenn wir sie Motive nennen, oft eindeutig erkennen und daraus die Folge ableiten; sehen wir eine physikalische Bewegung, so können wir das nicht; denn sie mag aus den verschiedensten Wirkungen entstanden sein, die nur in die nämliche Diagonale ihrer Kräfte-Parallelogramme resultieren müssen. Um auch hier eindeutige Verhältnisse zu haben, müßten wir nicht nur die Bewegung des Körpers kennen, sondern auch alle Nebenwirkungen, wie, wenn Stöße die Ursachen waren, die Elastizitäts- und Wärmewirkungen, die Bewegungen des stoßenden Körpers nach ihrer Einwirkung usw.

Nehmen wir die gewöhnlichen Verhältnisse des Alltags, so sind die psychischen Zusammenhänge meist durchsichtiger als die physischen. Wir rechnen zwar auf das Fallen eines Gegenstandes, dem man die Unterlage entzieht, und auf einige ähnliche einfache Folgen auch auf physischem Gebiet mit größter Sicherheit; aber sobald es sich um die alltäglichen Komplikationen handelt, so zählen wir auf nichts so bestimmt wie auf die psychischen Reaktionen. Wir sehen eben psychische Zusammenhänge nicht nur von außen, wie die physischen, sondern auch noch von innen, und letzteres erlaubt uns sehr komplizierte Analogieschlüsse auch auf die andern Wesen mit gleicher Organisation. Trotzdem[1]) die psychischen Zusammenhänge viel komplizierter sind als z. B. die meteorologischen, können wir unendlich viel leichter psychologisch prophezeien als meteorologisch. Millionen unserer psychischen Voraussetzungen für die Zukunft bei uns selbst und bei unsern Bekannten realisieren sich; es fallen nur die ungeheuer seltenen Ausnahmen auf, wo wir uns täuschen. Unser ganzer Verkehr von Mensch zu Mensch beruht auf unseren psychologischen Voraussetzungen. Man verläßt sich darauf, daß, wenn die Schulzeit aus ist, der Lehrer mit Dozieren aufhört, alle Schüler ihre Sachen nehmen und das Schulzimmer verlassen; die Arbeiter einer Fabrik tun am Ende der Arbeitszeit dasselbe, keiner bleibt, keiner steht auf den Kopf, keiner sprengt den Dampfkessel in die Luft oder tut überhaupt etwas von den Milliarden scheinbarer Möglichkeiten. Die liebende Mutter, die das Kind verloren hat, ist vom Südpol bis zum Nordpol, von der ältesten bis auf die neueste Zeit traurig. Man kann prophezeien, ein bestimmter Psychopath werde sich in einer bestimmten Kirche erschießen, und es geschieht.

Nirgends hat man so große Sicherheit, aus einer einmaligen Folge auf ursächlichen Zusammenhang der Ereignisse zu schließen, wie auf psychischem Gebiet[2]), und für den Primitiven, der die Kausalität der Außenwelt noch ungenügend kennt, sind die psychischen Zusammenhänge bei Menschen und Tieren diejenigen, mit denen er am sichersten rechnet und zwar so meisterhaft, daß er immer wieder den Kulturmenschen überlistet. In der physischen Welt gibt es für den Naiven massenhaft Ausnahmen: Seine Waffe versagt, er weiß nicht warum (d. h. er meint es zu wissen, indem er einen psychischen Grund hineinsetzt, den Einfluß irgendeines Zauberers oder Dämons), der Wagen eines Europäers läuft, ohne daß ihn jemand zieht, ein Ballon geht in die Höhe, ein Fuß wird infiziert, die Sonne wird verfinstert, ein Blitz schlägt in eine Hütte. Erst wenn man mit genaueren und vereinfachenden Methoden zu forschen anfängt, dann findet man jenen Unterschied, von dem manche Philosophen fabeln, da nur das physikalische Experiment sich so vereinfachen läßt, daß man alle in Betracht kommenden Erscheinungen beherrscht, während schon der physiologische, noch mehr der zentralnervöse und am ausgesprochensten der psychische Versuch infolge der Konstellation, des Hineinspielens einer unübersehbaren Anzahl und Qualität von Einflüssen niemals gestattet, in zwei Fällen wirklich gleiche Bedingungen zu schaffen. Auf psychischem Gebiet ist es prinzipiell ausgeschlossen, weil der zweite, anscheinend gleiche, Reiz auf das Engramm des ersten stößt, das ihm einen andern Charakter gibt, als er bei seiner ersten Anwendung hatte, und die Verhältnisse oft gerade da ändert, wo sie ausschlaggebend sind. Wenn Ziehen meint, durch Darbietung des nämlichen Reizschemas bei verschiedenen Kranken, und beim nämlichen zu verschiedenen Zeiten, gleiche Assoziationsreize zu setzen, so täuscht er sich, wenn auch natürlich mit diesen

[1]) Nach Bleuler, Das autistisch-undisziplinierte Denken in der Medizin und seine Überwindung. Berlin, Julius Springer, 1919. S. 149. Von den Wahrscheinlichkeiten der psychologischen Erkenntnis.

[2]) Ausführlicher in Bleuler, Das autistisch-undisziplinierte Denken usw. siehe vorhergehende Note.

Reaktionen, wie mit allen andern, gewisse interessante Beziehungen aufgedeckt werden können.

Auch Jaspers sieht in dem Zwingenden der physischen Zusammenhänge einen prinzipiellen Unterschied, den er in etwas anderer Beleuchtung mit dem Unterschied von kausal und nur verständlich identifiziert. Diese Ansicht fängt an Schule zu machen, und es ist hohe Zeit, ihr energisch entgegenzutreten.

Für den Naturwissenschafter ist es keine Frage mehr, daß alle unsere Handlungen eindeutig bestimmt sind durch unsere Anlage und unsere Erfahrungen: er ist Determinist. Es ist hier nicht die Stelle, die Gründe für diese Ansicht anzuführen; ich möchte nur darauf aufmerksam machen, daß nicht einmal Kant in der einzigen Welt, die wir kennen, der der Erscheinung oder der Erfahrung, eine besondere psychische Kausalität gefunden hat, und er war ein gescheiter Mann, und hatte so guten Willen, eine zu finden, daß er sich zu dem Schnitzer verführen ließ, den freien Willen in eine andere Welt zu verlegen, von der er selbst sagt, man könne nichts von ihr wissen. Damit ist gesagt, daß die psychischen Vorgänge im Prinzip ebenso kausal bedingt, und folglich kausal zu erklären seien wie die physischen, und die prinzipielle Frage ist erledigt, und zwar gegen Jaspers.

Wie kommt man dennoch dazu, darüber zu reden, und gar das Gegenteil zu behaupten? Zunächst weil man eben trotz allem Wissen immer wieder der Täuschung unterliegt, daß man auch anders handeln könnte, und diese Möglichkeit auch in andere hineinlegt. Das ist aber ein Fehler, den man nicht mehr weiterschleppen sollte.

Es gibt aber noch ein „anders Können", das mit dem der Willensfreiheit gar nichts gemein hat, aber hier damit verquickt wird: ein Ast wird vom Winde gebrochen und fällt dicht neben einer Statue zu Boden: „es ist gut gegangen, er hätte sie auch treffen und beschädigen können", sagt man. Hier beruht das anders Können auf der Komplikation der Ursachen, die uns unmöglich macht, alle in Betracht kommenden Einflüsse zu übersehen, und daraus zu erkennen, warum der Ast die Statue gerade streifte. Für unsere Kenntnis, nicht für den Zusammenhang des Geschehens, hätte es auch anders sein können. Was vom Zufall gesagt worden, gilt auch für diese Überlegung.

Nun machen wir im Physischen jeden Augenblick Erfahrungen, die so einfach sind, daß wir alle Bedingungen (Ursachen) übersehen, und deshalb mit aller wünschenswerten Sicherheit sagen können, warum sie so ausfallen mußten, oder daß wir sie vorausberechnen können: wenn wir einem Körper die Unterlage entziehen, so fällt er; wenn wir trockenes Holz ins Feuer werfen, entzündet es sich, und so in Millionen anderer kleinerer Ereignisse. Aber in ebenso vielen Fällen fehlt uns diese Sicherheit der Komplikation wegen, wenn wir auch oft genug nachträglich „verstehen", warum unsere Erwartung nicht eingetroffen ist. Es gibt auch ganze Klassen von Ereignissen, bei denen wir die Ursachen nie ganz übersehen, so beim Wetter, von dem wir aber gut „verstehen" können, warum es an einem bestimmten Tage im Mai einen Morgenfrost abgesetzt hat; die Meteorologen berichten uns jeweilen darüber und brauchen manchmal gerade den Ausdruck „verstehen". Wir können nicht berechnen, wo eine in den Fluß geworfene Leiche landen wird, aber wir können verstehen, daß und warum die meisten an einer bestimmten Stelle ans Ufer treiben. Zu den niemals ganz übersehbaren Kausalkomplikationen gehören auch die meisten Vorgänge im lebenden Organismus, aber im Physischen genau wie im Psychischen. Auch in der Physiologie haben wir beim Experimentieren nie die Sicherheit wie bei den einfacheren Experimenten der Physik und der Chemie (bei denen übrigens auch dann und wann einmal eine Überraschung erlebt wird, die uns zwingt, den „Versuchsfehler“ aufzusuchen).

Das Andersseinkönnen ist also entweder eine Täuschung oder Ausdruck einer ungenügenden Kenntnis aller Einflüsse und zwar im Physischen genau wie im Psychischen.

Nun aber haben wir noch einen wirklichen Unterschied zu konstatieren zwischen der Kenntnismöglichkeit der physischen und der psychischen Zusammenhänge: die psychischen Zusammenhänge sehen wir bei uns selbst von innen, und wir können nach Analogie dieser Erfahrungen an uns Motive auch bei andern Leuten vermuten, die wir von außen nicht direkt zu erforschen pflegen, obschon das Experiment alle diese Zusammenhänge wenigstens potentia auch objektiv darstellen könnte. Aber das sagt auch wieder nur über unsere Kenntnis der Zusammenhänge etwas aus, nicht über die Natur der Zusammenhänge, die im Physischen wie im Psychischen die nämliche ist. Könnten wir in der Psyche alle Beziehungen übersehen, so wären unsere eigenen und anderer Handlungen kausal bedingt, auch vor dem Forum des Einfühlens, und das „Verstehen“ käme nicht mehr in Betracht.

Der Unterschied zwischen kausal und verstehend ist also, soweit er vorhanden ist, nicht einer der psychischen und physischen Zusammenhänge, sondern ihrer Kenntnis.

Das die Tatsachen. Der Philosoph meint aber doch, es sei ein prinzipieller Unterschied in der Sicherheit der Schlüsse auf beiden Gebieten. Die Beweislast liegt auf seiner Seite. Wenn wir auch auf psychischem Gebiet nicht alle Reaktionen zum voraus berechnen können, so finden wir doch in der Regel nachher die Ursachen der Abweichungen vom Erwarteten, und wenn wir das Wetter voraussagen wollen, ist die Sicherheit doch viel geringer als im Psychischen — alles nur im Verhältnis zur sicheren oder möglichen Anwesenheit ungenügend erkennbarer Faktoren.

Das kausale Denken konnte sich natürlich nur entwickeln, weil uns die Außenwelt konstante Folgen von Ereignissen zeigt. Die Frage, was denn die Kausalität in der Außenwelt der Erfahrung sei, hat mit der nach der Entstehung unseres kausalen Denkens gar nichts zu tun; es ist in diesem Zusammenhange gleichgültig, ob es eine strenge Gesetzmäßigkeit in der Natur gäbe, oder ob neben ihr noch „freie Entscheidungen“ vorkommen, die durch die Statistik als Wahrscheinlichkeiten oder Regelmäßigkeiten faßbar wären[1]). Wir würden hinter diesen freien Entscheidungen natürlich immer wieder kausale suchen.

Denknotwendigkeiten.

Die Kausalität ist eine Denknotwendigkeit, die aus der Erfahrung stammt. Draußen folgt auf das Ereignis A das Ereignis B, und in unserem Assoziationsspiel folgt (deshalb) auf das Symbol A′ das Symbol B′. Wir können dem nicht ausweichen; wir setzen sogar, wenn wir B′ er-

[1]) Z. B. Weyl, Das Verhältnis der kausalen zur statistischen Betrachtungsweise in der Physik. Schweiz. Med. Wochenschrift 1920, Nr. 34.

leben, A', beziehungsweise A voraus, und wenn wir diese Zusammenhänge nicht finden, so nehmen wir an, daß entweder A oder B uns nur vorgetäuscht, oder die Zusammenhänge uns durch irgendeine Komplikation verborgen seien.

Es gibt noch eine andere Art Denknotwendigkeit, die sich zwar ebenfalls auf die Erfahrung zurückführen läßt, aber nur auf einem Umwege. Wenn die Folge in der Voraussetzung enthalten ist, so ist sie zwingend. Liegt es in einer Definition des Menschen, daß er zwei Hände hat, und ist Hans ein Mensch (nach dieser Definition), so folgt daraus mit Sicherheit, daß er zwei Hände hat. Nenne ich aber ein Geschöpf, das zwei Hände hatte oder potentia (in der Anlage) zwei Hände hätte bekommen können, auch einen Menschen, so kann Hans, obgleich er ein Mensch in diesem Sinne ist, auch ohne Hände geboren sein, oder sie wieder verloren haben, nachdem er sie besaß. Hier sind eben die Voraussetzungen aus der Erfahrung abgeleitet. Es können aber auch die beiden Notwendigkeiten sich als identisch erweisen, so, wenn ich es als Denknotwendigkeit bezeichne, daß $2 \times 2 = 4$. Es liegt in dem Begriff der beiden Zahlen, daß dem so ist, es ist aber auch eine Erfahrungstatsache. Daß die beiden Notwendigkeiten eigentlich identisch sind, ist selbstverständlich, weil der Begriff jener Zahlen aus der Erfahrung abgeleitet worden ist.

Auch hier ist zu unterscheiden zwischen der Denknotwendigkeit und der Notwendigkeit, daß es in der Welt so sei. Die letztere kann die Denknotwendigkeit bedingen; aber damit ist nicht gesagt, daß wir aus der Denknotwendigkeit auf die Notwendigkeit im äußeren Geschehen schließen dürfen; unsere Erfahrung enthält ja nur eine Auslese oder höchstens Stichproben von allem Geschehen.

E. Raum und Zeit.

INHALT. Raum und Zeit sind Abstraktionen der Beziehungen zwischen den Erlebnissen. Der Raum wird zunächst durch die Beziehungen der kinästhetischen Empfindungen mit den für jeden Körperpunkt spezifisch abgestuften Berührungs- und anderen Empfindungen gebildet. Diese Verschiedenheiten der Beziehungen der Empfindungen zu bestimmten Bewegungen (namentlich Reflexen) und Stellungen und die Verschiedenheiten der Empfindungen je nach der gereizten Körperstelle sind die „Lokalzeichen" der Empfindung. Die Retinaempfindung ist nur ein Spezialfall der allgemeinen Körperempfindung, der uns vermöge der physikalischen Eigenschaften der Lichtstrahlen erlaubt, auf Beziehungen von Dingen zu schließen, die von unserem Körper entfernt sind.

Im Raum der Psychologie sind die drei Dimensionen nicht gleichwertig wie in der Geometrie. Es ist noch zu untersuchen, ob die Geometrie eines fünfstrahligen Organismus auch dreidimensional sein könnte oder müßte. Beziehungen zwischen den abgestuften Empfindungen und den Kinästhesien sind mit den Reflexen angeboren; für unsere Hirnrinde müssen sie, soweit wir wissen, zuerst erworben werden. Insofern ist der Raum unserer Vorstellungen ein empirischer.

Die Zeit. Ein Ereignis a und ein späteres b unterscheiden sich unter anderem dadurch, daß b die Engramme von a wenigstens potentia in sich schließt, nicht aber umgekehrt, ferner durch die begleitenden Assoziationen (Einzelerlebnisse) und die Richtung der leichteren oder ausschließlichen Ekphorie von a nach b. Dadurch werden alle Erlebnisse in eine eindimensionale und einseitig gerichtete („polarisierte") Reihe geordnet. Die Abstraktion dieser Reihe ist die Zeit. Der Begriff der Zukunft ist eine notwendige Analogiebildung nach der Abstraktion der Gegenwart und Vergangenheit. Zur Abschätzung der Zeiträume haben wir verschiedene Anhaltspunkte: aber abgesehen davon liegt in der Lebensfunktion selbst eine Art Fähigkeit, mit der Zeit zu rechnen. Dabei sind Rhythmen wichtig, aber nicht notwendig.

Raum und Zeit unterscheiden sich unter anderem dadurch, daß sich der Raum nur auf die äußeren Verhältnisse bezieht, die Zeit auch auf die innern; man kann sich den Raum deswegen wegdenken, nicht aber die Zeit. Es ist unmöglich, den Raum ganz in Zeitvorstellungen auszudrücken. Die Vorstellungen der Relativitätstheorie sind bis jetzt zu sehr aus rein physikalischen Verhältnissen abstrahiert, als daß sie auf die Begriffe der Psychologie anwendbar wären. Jedenfalls aber haben sie mit Erkenntnistheorie und damit mit dem Wesen unserer psychologischen Vorstellungen nichts zu tun.

Bei diesem Thema ist es besonders wichtig, sich vor dem berechtigten oder unberechtigten Vorwurf der Petitio principii zu hüten. Wir sind uns also klar, daß wir es hier nicht mit Erkenntnistheorie zu tun haben, sondern daß wir die Erkenntnistheorie bereits in dem Sinne erledigt haben, daß wir uns mit der Welt der Erscheinungen beschäftigen, ohne uns darum zu kümmern, ob hinter den Dingen, die wir sehen, und dieser ganzen Welt etwas sei oder nicht — genau wie jeder andere Naturforscher. Wir sind geneigt — genau wie jeder andere Naturforscher — nicht daran zu denken, daß die Welt nur meine, des Verfassers, Halluzination sein könnte; unsere Überlegungen wären aber ganz genau gleich richtig und ganz genau gleich falsch, wenn die Welt *nur* vorgestellt, also halluziniert wäre; sie würden sich dann eben auf diese halluzinierte Welt beziehen.

In der spekulativen Psychologie geht man nun bei den Fragen nach Raum und Zeit meist von der psychischen Seite aus, die man ja erklären sollte. Daher konnte nichts herauskommen als Kontroverse und direkte Widersprüche. Die Sache wird selbstverständlich, wenn wir, wie sonst überall, vom Bekannten ausgehen, und das sind hier die physiologischen Vorgänge und Zusammenhänge.

Ein lebendes Wesen wird an einer bestimmten Hautstelle von einem Reiz getroffen. Der Reiz an sich hat weder etwas Räumliches noch etwas Zeitliches. Es entsteht infolge der Organisation des Reflexapparates eine Kontraktion eines Muskels, deren Erfolg auf verschiedenen zentripetalen Bahnen, die namentlich vom Muskel, den Gelenken und der Haut ausgehen, irgendwie im CNS. gemeldet wird, ganz wie die Reizung der Hautstelle. Auch dieser Vorgang allein hat weder etwas Zeitliches, noch etwas Räumliches. Nun aber trifft die „Bewegungsempfindung“ (die wir aus Mangel an einem andern, kurzen Ausdruck so bezeichnen, ohne damit zu sagen, daß sie bewußt sei) auf die frische „Reizempfindung“ (auch die natürlich noch nicht psychisch gedacht, sondern als bloßes ankommendes Neurokym bestimmten Charakters). Eine ganz bestimmte Funktion ist also mit einer ganz bestimmten anderen Funktion in Verbindung gebracht.

In dieser Verbindung liegen die Elemente des Raumes und der Zeit; wir verfolgen sie zunächst von der räumlichen Seite. Jede Nervenerregung, die durch den gleichen Reiz taktiler, chemischer oder irgend anderer Natur entsteht, besitzt zwei Gruppen von Eigenschaften: eine, die immer gleich ist (wir haben gleiche Reize vorausgesetzt), die den Reiz immer als den nämlichen erkennen läßt, und eine andere, die sich verändert je nach der Reizstelle (innerhalb des nämlichen Sinnesorganes (Haut, Retina, Muskelsystem und alle andern Organe): der gleiche Berührungsreiz bewirkt eine andere Neurokymwelle im Gehirn, wenn er von der Zehe kommt, als wenn er vom Fußrücken ausgeht; Ankunftort, Reflexauslösung, Zahl- und Anordnung der reizaufnehmenden Nerven in den verschiedenen Körperteilen und auch das, was man die spezifische Energie eines Sinnesorganes genannt hat.

und gewiß noch vieles andere, das in Betracht kommt, ist je nach dem Reizort verschieden (anscheinend maximale Unterschiede sind z. B. zwischen der Berührungsempfindung der Cornea und der Zehe oder auch nur der dem Auge benachbarten Haut), kleinere fehlen nirgends, andere Unterschiede in dem zerebralen Vorgang rühren davon her, daß die Reaktion oder die Reaktionstendenz, die durch jeden Reiz ausgelöst wird, in jedem Falle andere sind. *Reize an verschiedenen Körperstellen sind also selbst verschieden, können (oder müssen) folglich unterschieden werden.* Das nämliche ist zu sagen von den kinästhetischen Empfindungen. Und nun sind immer nur bestimmte Hautreize mit bestimmten Kinästhesien in Verbindung: ein Säurereiz an einer bestimmten Stelle löst nur die Bewegung des nächsten Fußes zu dieser Stelle aus, und wenn der Fuß aus anderen Gründen die nämliche Bewegung macht, wird wieder die nämliche Hautstelle durch das Wischen gereizt. So entstehen bestimmte Verbindungen von Bewegungen mit Reizen. Das gleiche wiederholt sich mit anderen Körperteilen; das nämliche Glied kann verschiedene Hautstellen erreichen, und die nämliche Hautstelle kann von verschiedenen Gliedern und Gliederstellen berührt werden. *Aber in jedem Falle ist die Berührung jeder einzelnen Stelle mit ganz bestimmten und eigenartigen kinästhetischen Funktionen verbunden.*

Das ist von außen gesehen die Funktion, die im CNS. den Raum darstellt. Etwas anderes als diese Beziehungen finden wir nicht darin, und diese Beziehungen abstrahiert geben einen Raumbegriff, dem nichts fehlt, was zu einem solchen gehört. Wer das begriffen hat, wird nicht auf den Einfall kommen, noch einen anderen Raumbegriff irgendwelchen anderen Ursprungs zu postulieren und dann zu behaupten, wir sehen den ersten sicher existierenden nicht, sondern nur seinen phantasierten.

Der Raum ist also eine abstrahierte Beziehung[1]). Das einzelne Element der Empfindung, sei es ein äußerer Reiz oder etwas Kinästhetisches, hat noch nichts, was man „Lokalzeichen" nennen könnte, wenn man mit diesem Wort wirklich etwas Räumliches bezeichnen will. Jede Empfindung hat nur, entsprechend der gereizten Stelle, eine Anzahl Eigentümlichkeiten, durch die sie sich von andern unterscheidet. Zum Lokalzeichen wird diese Gruppe von Eigentümlichkeiten erst dadurch, daß sie sich mit ganz bestimmten Bewegungsempfindungen assoziiert[2]).

---

[1]) Gemeint ist immer der Raum unserer Erfahrung, wie er sich unserer Psyche darstellt, nicht der objektive „Raum an sich", von dem wir nichts wissen.

[2]) Es ist mißverständlich, wenn GOLDSTEIN und GELB (zitiert nach GOLDSTEIN und REICHMANN, Über praktische und theoretische Ergebnisse aus den Erfahrungen an Hirnschußverletzten. Ergebn. d. inn. Medizin usw. 18. 1920, S. 491) sagen, daß „beim Normalen die reinen Tasterlebnisse jeder räumlichen Qualität entbehren, daß es keine räumlichen Lokalzeichen der Haut gibt. Die räumlichen Beziehungen gewinnen die taktilen Empfindungen erst durch ihre Einordnung in den optischen Raum. *Die Vermittlung zwischen den Hautempfindungen und den optischen Vorstellungen geschieht durch die kinästhetischen Vorgänge*". Das wird abgeleitet aus einem Fall, der noch normale „Tastempfindungen" hatte; aber die Gegenstände durch Tasten nicht erkannte; er hatte kein optisch-räumliches Vorstellungsvermögen mehr. Es ist nun jedem klar, daß der Vollsinnige sich die Gegenstände zunächst optisch vorstellt; für gewöhnlich erweckt das Tastbild das Gegenstandsbild auf dem Wege über das optische Formbild. Wenn nun das letztere Zwischenstück fehlt, wird die Erkennung unmöglich oder erschwert. Wenn aber die taktilen Empfindungen an sich keine Lokalzeichen hätten, so würden sich

Analog die Bewegungsempfindung, die an sich nichts Lokalisatorisches hat, sondern das erst bekommt durch ihre Verbindung mit bestimmten Reizen. Die eigentlichen Raumelemente sind also Beziehungen. *Ein* Molekül des Marmors hat im strengsten Sinne gar nichts an sich von dem, was die Statue ist. Dagegen zwei, weil sie bereits eine räumliche Beziehung haben.

Diese Raumelemente ordnen sich nun ganz von selbst zu einem Kontinuum. Die Hautempfindungen wechseln ihre Qualität bei allmähligem Übergang auf andere Orte nur an ganz wenigen Stellen plötzlich (das einzige ausgesprochene Beispiel ist eigentlich die Kornea), sondern im allmählichem Übergang; ebenso die den Abstufungen der Bewegungen entsprechenden Empfindungen. So kann man interpolieren ganz wie bei allen andern kontinuierlichen Reihen, der Farben- oder der Tonskala oder den Stärkeverhältnissen in beliebigen Empfindungen.

Diese Verhältnisse müssen mit wenigen Änderungen auch auf Reize übertragen werden, die von außen kommen. Durch bestimmte Bewegungen werden bestimmte Berührungsempfindungen hervorgerufen, die mit ihren kinästhetischen Funktionen verbunden werden; da sie aber mit den Stellungen des Körpers wechseln, gehört viel mehr Erfahrung dazu, sie den anderen Bewegungen zu analogisieren. Etwas prinzipiell Neues kommt jedoch nicht hinzu. So hat auch der Blinde seinen Raum, der sich über seinen Körper hinausdehnt, wenn auch nur in kinästhetischen und verwandten Vorstellungen.

Der Sehende hat aber für die Abtastung des Außenraumes noch ein besonderes Organ, die Retina, das sich der Lichtstrahlen bedient, wie die tastende Hand des Blinden eines Stabes. Jede Retinastelle entspricht bestimmten Bewegungsempfindungen, sei es, daß man die Lichtquelle berühre, sei es, daß man sich ab und zu wende, sei es, daß man die Hand zwischen Lichtquelle und Auge bringe usw. Daß dabei die Muskelempfindungen aus den Augenmuskeln eine wichtige Rolle spielen, braucht nicht ausgeführt zu werden, weil es gewöhnlich richtig eingeschätzt wird. Beim Vollsinnigen geht nun die Entwicklung des Sehraumes (wenn es erlaubt ist, diese Seite des Raumbegriffes besonders zu bezeichnen) ganz Hand in Hand mit der des Tastraumes; sie entwickeln sich zusammen und bilden deswegen eine fast untrennbare Einheit. Aber das Auge bringt gar nichts prinzipiell Neues hinein. Ganz die nämliche Überlegung wie oben hätte auch gemacht werden können, wenn man vom Auge ausgeht; ich bin lieber vom Körper ausgegangen, weil man gewohnt ist, in den Sehraum Dinge hineinzudenken, die nicht dazugehören, und uns von da aus die Beziehungsnatur des Raumes leichter entgeht, und besonders, weil die Orientierung am Körper ein notwendiger Bestandteil zur Orientierung im Raume ist, während das Auge entbehrt werden kann.

Für die angeboren Blinden wird es keinen Unterschied der Flächen- und Tiefendimension in unserem Sinne geben, nur einen des Bleibens am eigenen Körper und der Entfernung von demselben. Ob der Unterschied von Oberfläche und Entfernung von *fremden* Körpern ähnlich aufgefaßt wird (fremde Menschenkörper!) weiß ich noch nicht. Daß sich Blinde auch den *Inhalt* eines Gegenstandes

---

nicht die von verschiedenen Körperstellen kommenden voneinander unterscheiden, und sie könnten nicht jede mit bestimmten kinästhetischen Empfindungen verbunden werden. Und wenn sie sich unterscheiden, so haben sie Lokalzeichen — eben in diesen Unterschieden.

räumlich vorstellen, ist schon daraus zu schließen, daß sie ein Hohlgefäß von außen und von innen tasten.

Der Begriff der Außenwelt entsteht in erster Linie durch diejenigen kinästhetischen Empfindungen, die die Bewegung der Glieder vom Körper weg bedeuten. Würde diese Empfindung wegfallen, so gäbe es, soviel ich mir vorstellen kann, keine (zusammenhängende) Außenwelt. Es wäre dann alles unser Körper, der aber auch keine psychische Existenz hätte, weil ein Gegensatz zu ihm fehlte[1]). Man kann sich den Zustand ohne diese Bewegungsempfindungen am besten an der Retina vorstellen. Hätten wir keine Empfindungen als die der Retina, so könnten wir, wenn im übrigen alles so bliebe, wie es jetzt ist, eine Menge von Farben wahrnehmen, die wir sogar unter Umständen zu Gegenstandsbildern ordnen oder abstrahieren könnten, Dimensionsbegriffe würden uns aber fehlen; die Größe würde wohl ähnlich wie eine Intensität wahrgenommen (vgl. die Intensität, die erzeugt wird, durch eine Zusammenarbeit mehrerer Elemente). Nehmen wir zu den optischen Empfindungen noch Berührungsempfindungen hinzu, so würde die Annäherung, d. h. das Größerwerden des Retinabildes, häufig mit einem Berührungseindruck zusammenfallen. Aber eine Regel ließe sich nicht bilden, weil ein Zusammentreffen eines Reizes (Gegenstandes) mit einer Zehe ein viel kleineres Retinabild bedingt als eine Annäherung des nämlichen Gegenstandes bis in unmittelbare Nähe der Wange; aber gerade das letztere Retinabild bleibt ohne Berührungsempfindung. Ein eigentlicher, für unsere menschliche Psyche vollständiger Raumbegriff wäre also auch aus Retina- und Hautempfindlichkeit noch nicht zu bilden. Auch ob ein Gegenstand uns berührt, oder wir ihn, ließe sich ohne Bewegungsempfindungen nicht entscheiden.

Wir müssen drei Räume unterscheiden: 1. den Raum unserer Erfahrung, den Raum, den wir gewöhnlich meinen, wenn wir von Raum sprechen; 2. den „Raum an sich", den Raum der Dinge an sich, den Raum, der hinter unserer Erfahrung steckt. Abgesehen davon, daß er ein Raum sein soll, und nicht ein Ding, hat er für uns alle die Eigenschaften des Dinges an sich: wir wissen nicht, ob er existiert, aber wir setzen ihn ohne Beweis voraus, um nicht die Konsequenz des Solipsismus auf uns nehmen zu müssen. Von seinen übrigen Eigenschaften wissen wir erst recht nichts; nur das können wir vermuten, daß gewisse Analogien bestehen zwischen seinen Beziehungen und Verhältnissen zu den Symbolen, die ihn in unserer Psyche darstellen, und die wir in ihrer Gesamtheit als den Erfahrungsraum bezeichnen. Mit dem gleichen, keinem besseren und keinem schlechteren, logischen Recht nämlich, mit dem wir den Raum an sich überhaupt voraussetzen, nehmen wir an (weil wir es uns mit unserem Erfahrungsdenken nicht anders denken können), daß seine Beziehungen in irgendeiner Analogie den Beziehungen entsprechen, die uns der Erfahrungsraum unserer Sinne zeigt; wir müssen uns denken, daß wir sonst mit unserem Handeln in irgendwelche Kollisionen mit dem Ding und dem Raum und den Kräften an sich kommen würden, oder wenigstens, daß sonst unser Handeln keinen Zweck erfüllen könnte. Ferner müssen wir positiv von ihm aussagen, daß er im übrigen inkommensurabel mit dem Erfahrungsraum ist. Wir kennen ihn ja nur in seinen Symbolen; er verhält sich zum Raum unserer Vorstellungen wie die spezielle „Energie an sich", die via Retinareizung in uns die Empfindung Blau erzeugt, zu dieser Empfindung oder Vorstellung Blau, oder wie ein Gedanke zum geschriebenen Wort, das ihn ausdrückt.

3. Manche denken noch an einen dritten Raum, den unserer psychischen Vorgänge, der aber, insofern man ihn als etwas Besonderes auffaßt, gar kein Raum ist, und insofern man assoziativ hineingetragene Raumbeziehung berücksichtigt, dem Erfahrungsraum angehört: Empfinden, Wahrnehmen, Vorstellen, Denken, affektives Fühlen, Wollen, alle diese Dinge haben an sich überhaupt nichts Räumliches. Man könnte sie also nur insofern als einen dritten Raum oder eine dritte Art Raum bezeichnen, als ihnen alles Räumliche abgeht — sie wären in einem Raume oder wären selbst ein Raum, der die Negation des Raumes wäre (Negation nicht im Sinne des Negativen, sondern der

[1]) Immerhin würde ein gewisser, aber nicht der wirklichen Charakterisierung von eigenem Körper und Außenwelt entsprechender Unterschied zwischen Fremddingen und Körper dadurch bedingt, daß die Berührung von Fremddingen nur eine Tastempfindung verursacht, die der eigenen Körperteile zwei. Doch würden dann die unempfindlichen Haare bald dem Körper, bald den Außendingen zuzuzählen sein, je nachdem ihre Berührung Bewegung in den Wurzeln macht oder nicht. Eine weitere Komplikation wären die Kleider, durch die man hindurchfühlt usw.

Null, der einfachen Verneinung). Ein solcher Begriff wäre nicht ganz unsinnig; denn was man so verneinen kann, hat immerhin etwas Komensurables, etwas Gemeinsames mit dem entsprechenden positiv Gesetzten, und die Verneinung an sich sagt etwas aus, was zum Positiven gehört: wenn ich sage, rot ist nicht blau, so tönt das ganz vernünftig, weil beide Dinge unter dem Begriff der Farbe zusammenzufassen sind, im Gegensatz etwa zu „rot ist nicht spitzig", was als ein Unsinn erscheint. Und wenn ich das eine Mal sage, „ich habe kein Papier", und das andere Mal, „ich habe keine Feder", so konstatiere ich beide Male etwas Negatives in dem obigen Sinne; ich habe beide Male Null, aber Null von etwas, und Null von je etwas anderem. (Vgl. in dem Kapitel über das mathematische Denken das über den Begriff der Null Gesagte.)

Alle psychischen Vorgänge sind aber assoziativ eng verknüpft mit der Empfindung und Vorstellung unseres Körpers, und sie bilden außerdem einen Teil unseres Ich, das ebenfalls via Körper in den Raum lokalisiert wird. Insofern ist der Raum der psychischen Vorgänge ein Teil des Erfahrungsraumes.

Der Raum der psychischen Vorgänge ist also nicht ein Raum, der in seiner Art dem Erfahrungsraume und dem Raum an sich gegenübergestellt werden könnte, sondern er ist etwas prinzipiell anderes, je nach Art der Abstraktion, entweder gar kein Raum oder ein Teil des Erfahrungsraumes.

Unter dem „Raum" der Psychologie ist nun nicht der geometrische Begriff gleichen Namens zu verstehen, mit seinen drei rechtwinklig zueinander stehenden, gleichwertigen Koordinaten. Das Wort bezeichnet eigentlich den „leeren" Platz zwischen Gegenständen, zwischen den Bäumen, zwischen den Wänden des Zimmers oder irgend eines andern Hohl„raumes". Es ist gewiß eine spätere Vorstellung, daß die Körper „Raum einnehmen", wodurch der Begriff des Raumes zu etwas Unbegrenztem wird, zum Allgemeinen, von dem die Körper mit ihren Verhältnissen der Form, der Größe und der gegenseitigen Stellung einen Teil ausmachen.

Die Dimensionen dieses Raumes sind vorn und hinten, oben und unten, links und rechts. Wie selbstverständlich diese für den Menschen gegeben sind, wird wohl nicht weiter ausgeführt werden müssen. Für ein denkendes Wesen, das sich aus dem Seestern entwickelt und seinen fünfteiligen Typus behalten hätte, würden die Dimensionen unten-oben und hinten-vorn zusammenfallen; statt links und rechts und im Sinn des aufrechten Menschen hinten-vorn würden die fünf Strahlen und ihre Zwischenräume die Richtungen bestimmen. Ein links und rechts könnte nicht entstehen in bezug auf den Körper, sondern nur in bezug auf eine zur Körperachse senkrechte, also horizontale Bewegungsrichtung, und müßte mit jeder Richtungsänderung ebenfalls sich ändern. An Stelle des links und rechts müßten wohl in den meisten Beziehungen die fünf Richtungen der Strahlen treten. Ob ein solches Geschöpf eine Geometrie mit drei Dimensionen bilden könnte, weiß ich (noch) nicht; vielleicht aber wäre ihm eine Achse mit fünf senkrecht von ihr ausgehenden Richtungen, die über die Achse hinaus nicht fortgesetzt wären, bequemer. Mit anderen Worten, ob die drei Dimensionen in der symmetrischen Konstruktion unseres Körpers liegen, oder ob sie einen „objektiven" Untergrund haben, möchte ich bis jetzt nicht entscheiden, obschon auch mir die drei Koordinaten die selbstverständliche und kürzeste Abstraktion für geometrische Bedürfnisse scheinen.

Die drei Dimensionen der vulgären Weltauffassung sind einander gar nicht gleichwertig wie in der Geometrie. Hinten und vorn sind Beziehungen unseres Körpers, oben und unten Beziehungen von unserem Körper aus; aber wenn auch die Richtungen vom Körper ausgehen, wenn sie auch, geometrisch gesprochen, ihren Nullpunkt im Körper haben, so ist doch die Dimension als objektive gedacht und wird durch die Stellung unseres Körpers nicht beeinflußt; in der naiven Vorstellung fällt ein Körper „nach unten", womit eine ganz bestimmte immer parallele Richtung gemeint ist, nicht die konzentrische nach dem Erdmittelpunkt. Wieder ganz anders ist links und rechts, eine Dimension, die im Gegensatz zu den anderen symmetrisch gedacht ist. Ihre Richtung wird bestimmt durch das Verhältnis der beiden anderen Richtungen zueinander; wäre eine dieser ebenfalls symmetrisch, so gäbe es am menschlichen Körper nicht eine linke und eine rechte Seite, sondern nur Glieder, die symmetrisch gebaut wären, aber auf jede der beiden Seiten passen würden. Daher wird im Spiegelbild immer rechts und links vertauscht, nicht aber eine der anderen Dimensionen; daher hat das Kind Mühe, die Buchstaben d und b unterscheiden zu lernen, nicht aber b und p. Kinder, die früh lesen oder schreiben lernen, bemerken meist gar nicht, ob man ihnen rechtsläufige oder Spiegelschrift bietet: erst die konstante Übung der rechtsläufigen Schrift vernichtet die Fähigkeit, Spiegelschrift zu lesen.

Der geometrische Raum abstrahiert von allen diesen Unterschieden und macht damit seine Koordinaten unabhängig von einer bestimmten Richtung in der Außenwelt.

„Nativisten" und „Empiriker" streiten sich darüber, ob die Raumanschauung angeboren oder erworben sei. Nun ist in der Rinde, also psychisch, die Möglichkeit der Bildung der Raumanschauung aus bestimmten Beziehungen durch die Assoziationsverbindungen mit ihren Abstraktionen gegeben. Irgendein vorbestehender starrer Mechanismus, diese Verbindungen in bestimmter Art zu vollziehen, besteht aber nicht: Bei Schielenden bildet sich leicht eine physiologische Macula, so daß Dinge einfach gesehen werden, die ihre Bilder auf anatomisch nicht koordinierte Retinastellen werfen und umgekehrt. Blindgeborene, die durch Druck auf die Bulbi Lichterscheinungen erzeugen, lokalisieren diese auf die Seite des Druckes, weil sie sie mit den begleitenden Hautempfindungen assoziieren[1]). In kaum einer Stunde hat man die umgekehrte Koordination von mikroskopischem Bild und Verschiebung des Objektes eingeübt, in zwei Tagen bewegt man sich richtig im Raum mit Prismen vor den Augen, die das ganze Weltbild umkehren. Die Anpassungen bei Sehnentransplantationen der Augen- und Körpermuskeln, bei Verlegung gestielter Hautlappen, die rasche Einübung des Gebrauches künstlicher Prothesen nach SAUERBRUCH usw. zeigen deutlich, daß die räumlichen Beziehungen vom Individuum aufgebaut werden können, und das sogar, wenn sie schon einmal in bestimmter Weise vorhanden, aber gestört worden waren.

In den untersten Zentren sehen wir in den Reflexen und den Lokomotionen ein äußerst feines Spiel von räumlichen Beziehungen, die unzweifelhaft angeboren sind, obgleich auch sie eine Andeutung von Plastik zu haben scheinen. Es ist nun selbstverständlich, daß die Psyche, die aus diesen Funktionen stammende Empfindungen zu ihrer Orientierung mitbenutzt, nach der Geburt vorwiegend, später wohl in geringerem Maße. Die Raumvorstellung aber muß (mit ihrer Hilfe) von der Psyche erst gebildet werden.

Prinzipiell ganz gleich ist der Begriff der Zeit gewonnen worden. Jedes Erlebnis des einen Momentes unterscheidet sich von dem eines vorhergehenden Momentes u. a. durch seine Verbindungen; das zweite stößt auf nach- oder wiederbelebte Engramme von bestimmten vorhergehenden; die vorhergehenden haben unmittelbar andere Psychismen und im allgemeinen eine kürzere Reihe von Engrammen hinter sich, die sie potentia ekphorieren können und de facto zu einem gewissen (kleinen) Teil ekphorieren. Die Kontinuität wird aufrechterhalten, einesteils durch die kontinuierliche Engraphie, die jeden Moment mit dem folgenden in (einseitig gerichtete) Beziehung bringt, und anderenteils dadurch, daß jedes Erlebnis alle vorhergehenden als mehr oder weniger wirksame ekphorierte oder nachbelebte Engramme in sich schließt.

Die Abstraktion dieser Beziehungen ist die Zeit[2]). Die Polarisation der Zeitrichtung[3]) ergibt sich von selbst durch die aus der Natur der Engraphie folgende größere Ekphorierbarkeit in der Richtung des Geschehens (viele Assoziationen können geradezu nur in der Richtung ablaufen, in der sie gewonnen sind), durch die kontinuierliche Ver-

[1]) ALBERTOTTI, Un cas de cataracte congénitale opérée par le Prof. Reymond sur un homme agé de 21 ans. Archives italiennes de Biologie VI, 1884, S. 341.

[2]) Auch hier ist nicht zu vergessen, daß entsprechende Beziehungen in der objektiven „Welt an sich" vorausgesetzt sind, die unsere Erlebnisse verursachen und sich psychisch als Zeit symbolisieren. Es gibt eine „Zeit an sich" im gleichen Sinne wie einen „Raum an sich" und ein „Ding an sich".

[3]) Auch im äußeren Geschehen kann man vorläufig die Zeit nicht überall umkehren (Entropie, Mischung und Entmischung zweier Flüssigkeiten, Entwicklung eines Organismus usw.).

mehrung der hinter uns liegenden Engramme, in manchen Beziehungen auch durch die begriffliche Einordnung der Geschehnisse: manche Erlebnisse können nicht vor oder nach der Alltagsschulzeit oder vor dem Mittagessen stattgefunden haben; eine Wirkung erfolgt nicht vor der Ursache usw. Die Einreihung überhaupt wird durch die begleitenden Assoziationen wesentlich begünstigt, wie wir beim Aufsuchen der zeitlichen Lokalisation einer auftauchenden Erinnerung oder bei den Irrungen und Korrekturen bei der Lokalisation ohne weiteres beobachten können. Mit der Vorstellung eines bestimmten Ereignisses ekphoriere ich z. B. die Vorstellung eines bestimmten Platzes in der Schule, damit weiß ich, daß es in jener bestimmten Klasse war usw. Die beiden Arten zeitlicher Reihenbildung heben sich in außergewöhnlichen Zuständen manchmal klar voneinander ab. Im Delirium tremens leidet allein die assoziative Einreihung, aber hochgradig; in der Schizophrenie und namentlich im Traum kann die unmittelbare Zeitfolge, das Nacheinander der aufeinanderfolgenden und sich einschachtelnden Engramme gestört sein.

Mit der Einreihung ist wenigstens für den entwickelten Menschen zugleich eine gewisse Abschätzung der Zeitdauer gegeben; ebenso liefern die Unterschiede in den Einschachtelungen der Erlebnisse im Gedächtnis, wobei immer das spätere die frühere, wenn auch noch so rudimentär, enthält, Anhaltspunkte für die Unterscheidung der verschiedenen Zeitspannen. Beobachten wir ferner zwei Ereignisse von verschiedener Dauer, so können wir während des einen vieles denken und tun, wir können darauf reagieren, in seinen Verlauf eingreifen; während des andern können wir innen und außen nur ganz wenig handeln. Das erste nennen wir langdauernd, das zweite kurzdauernd, wenn wenigstens die genannten Unterschiede die einzig wesentlichen sind. Die eine Jagd, die eine Arbeit, verlangt wenige einzelne Teilhandlungen, eine andere deren viele; die erstere dauert kurz, die zweite lange. Es wird Tag und es wird Nacht; ebenso Sommer und Winter. Zwischen dem Wechsel der Jahreszeiten haben wir viel mehr Handlungen vornehmen können als zwischen dem Wechsel von Tag und Nacht; außerdem fallen viele Tag- und Nachtwechsel in einen Jahrzeitwechsel. Eine Bewegung mit starkem Ortswechsel während sehr geringem Wechsel der übrigen Ereignisse nennen wir schnell, eine gegenteilige langsam. Auf die erstere reagieren außerdem unsere Reflexe, die Augenmuskeln und manche innerpsychischen Vorgänge anders als auf die zweite. z. B. durch Schreck, durch Ausweichen.

Alle diese Unterschiede scheinen für die bewußte Zeitschätzung genügende Anhaltspunkte zu geben. Man hat jedoch das Gefühl, daß man auch ohne assoziative Einreihung eine gewisse (grobe) Schätzung dafür besitze, ob eine Erinnerung aus ganz nahen, weniger nahen oder entfernten Zeiten stamme. Betrachten wir außerdem gewisse elementare Vorgänge, vergegenwärtigen wir uns z. B., daß ein Säugling in den ersten Lebenswochen durch ganz wenige Fütterungen gewöhnt wird, das Anlegen an die Brust am Tage alle 2 oder 3 Stunden, in der Nacht 6 bis 8 Stunden lang gar nicht zu erwarten, daß auch seine Darmtätigkeit an eine 24stündige Regelmäßigkeit gewöhnt werden kann[1]), so wird es klar, daß die Zeitschätzung schon eine elementare Funktion der Psyche ist —

[1]) Die allerdings durch Änderung der Verdauung leicht vorübergehend gestört wird.

aber nicht nur der Psyche, sondern des lebenden Organismus überhaupt[1]). Die Pflanzen unseres Klimas bedürfen einer gewissen Zeit Winterruhe; manche Puppen entwickeln sich nur, wenn sie eine Zeitlang in Kälte unter Null verweilt haben; Samen von Weizen, der bei der Besonnung der langen schwedischen Sommertage gezogen worden, bringt die nächste Frucht auch in Mitteleuropa schneller zur Reife; es gibt Organismen, die sich eine ziemlich bestimmte, aber sehr hohe Zahl (zwischen 100 und 200) von Malen ungeschlechtlich teilen, dann aber sich kopulieren. Das letztere Verhalten scheint allerdings eine „Zählung" und nicht eine Zeitschätzung zu sein, aber Zählung von Ereignissen und Zeitschätzung lassen sich voneinander nicht trennen. Man kann das angewöhnte regelmäßige Nahrungsbedürfnis des Säuglings ebensowohl als eine Zeitschätzung wie als einen Rhythmus mit je acht zweistündigen und einem achtstündigen Intervall auffassen; in jedem Rhythmus liegt überhaupt sowohl eine Zeitabschätzung wie eine Zählung. Man kann nun solche Lebensäußerungen rein physisch auffassen: der Same, die überwinternde Pflanze, die Puppe machen in der scheinbaren Ruhe einen Reifungs- oder Entwicklungsprozeß durch; jede der beispielsweise 160 ungeschlechtigen Generationen eines niedrigen Organismus nähert sich ein wenig dem Zustand der geschlechtlichen Vermehrung in der 161sten, der Säugling hat in 2 Stunden seine letzte Milchportion soweit verdaut, daß der Magen neue Arbeit, der Organismus neue Kraftzufuhr verlangt. Aber es wird niemand zweifeln, daß es sich im letzten Fall um ein Rindengedächtnis handelt. das sich von dem der späteren Psyche nicht unterscheiden läßt — können wir doch das nämliche bei vielen andern Angewöhnungen des Säuglings beobachten (Trockenlegen, Wiegen). Die organische und die psychische Zeitschätzung sind also nicht recht zu trennen, und es wäre interessant, die Konsequenzen dieses Verhaltens näher festzustellen, sich auszudenken, wie die beiden Dinge miteinander zusammenhängen, einander beeinflussen, ineinander übergehen, wobei wohl das phylische Gedächtnis der Gene mit in Betracht gezogen werden müßte. Manche stellen sich den Zusammenhang so vor, daß körperliche Rhythmen, namentlich Puls und Atmung, die Zeitschätzung mit bedingen. Das genügt aber nicht zur Erklärung aller Verhältnisse, und außerdem beeinflussen Veränderungen der beiden Funktionen unsere Zeitschätzung gar nicht so, wie diese Annahme es erfordern würde.

Da wir einen Unterschied machen zwischen den aktuellen Erlebnissen und den Vorstellungen davon, ist der Unterschied von Engramm und neuem Erlebnis gegeben, d. h. der zwischen Gegenwart und Vergangenheit. Die Zukunft ist eine Analogiebildung, zu der wir geradezu gezwungen sind, indem wir z. B. auf ein Ereignis, das in der Vergangenheit eine bestimmte Folge gehabt, wieder diese Folge assoziieren, sei es als Erwartung einer Wahrnehmung oder als Handlung, die wir selbst ausführen. In dem Zurückweichen des gebrannten Kindes vor der erneuten Annäherung der Flamme liegt etwas von Zukunft: die Vor-Vorstellung des Schmerzes.

Man hat zuweilen eine Schwierigkeit darin sehen wollen, daß wir den Begriff eines bleibenden Dinges bilden konnten, obschon alle psychischen Vorgänge

[1]) Auch die Präzision, mit der ein Hund den Fahrtenplan oder den Wochentag abschätzt, wird aus den bloßen assoziativen Verhältnissen nicht recht plausibel. Vgl. die übrigen Beispiele elementarer Schätzung S. 166/7.

einschließlich das Wahrnehmen und das Vorstellen in der Zeit ablaufen und nur insofern existieren, als sie fließen. Psychischer Vorgang und psychischer Inhalt haben aber nichts miteinander gemeinsam. Der Dingbegriff als Inhalt ist etwas Selbstverständliches, zunächst einmal als Abstraktion der Erfahrung, daß wir bestimmte Dinge und die ganze den Sinnen zugängliche Welt immer ungefähr gleich wahrnehmen, sowohl während eines einzelnen Wahrnehmungsaktes wie bei neuen Wahrnehmungen nach Unterbrechungen. Dann sind etwas Bleibendes (wenn auch in den Einzelheiten stark wechselnd) auch die Inhalte unserer Vorstellungen, wodurch auch sie zum Dingbegriff beitragen; sie können sich auch auf zeitlich ablaufende Vorgänge beziehen: ein Wort, ein Konzert, eine Handlung sind uns schließlich in einem gewissen Sinne auch Dinge.

Ein bemerkenswerter Unterschied zwischen Zeit und Raum liegt, wenigstens für den ausgebildeten Organismus des Menschen mit seinem individuellen Gedächtnis, darin, daß die Zeit psychische Verhältnisse ebensogut betrifft, wie die der Außenwelt. Sie könnte also auch aus den inneren Erlebnissen allein abstrahiert werden; doch wird anzunehmen sein, daß die äußeren Verhältnisse, die ja bei der Bildung der Psyche allein bewußt sind, in erster Linie den Zeitbegriff geschaffen haben.

So können wir uns die Zeit, die ein integrierender Bestandteil aller unserer Psychismen ist, gar nicht wegdenken, während der Raum mit der ganzen Außenwelt keine Denknotwendigkeit ist.

Immerhin läßt sich der Raumbegriff nicht restlos in der Zeit ausdrücken. Stellen wir uns vor, wie ein Blindgeborener sich orientieren muß. Die Distanz ist für ihn zunächst ein Nacheinander von bestimmten kinästhetischen und anderen Empfindungen, ließe sich also vielleicht zeitlich ausdrücken, so und so lang dauernde Armbewegung, soundso viele Schritte[1]). Der Blinde hat aber auch wechselnde Empfindungen nebeneinander. Zu gleicher Zeit spürt er den Reiz des Fußbodens an seiner Sohle und die Berührung eines Gegenstandes mit den Händen. Auch diese Distanz von Hand zu Fuß ließe sich in Zeitfolgen von Bewegungen der Hände oder der Beine oder von beiden zusammen ausdrücken. Aber ich kann mir nicht vorstellen, daß die beiden Empfindungen in ihrem Nebeneinander irgendwie als eine Funktion der Zeit sich darstellen könnten. So mit allen den unendlich vielen Empfindungen von allen Körperstellen; sie schaffen etwas wie einen Raumbegriff für den Körper, der geordnet zusammenhängt, und zwar nicht nur zeitlich durch die Bewegungen, die man machen muß, um von einem Punkt des Körpers zum andern zu kommen, sondern namentlich durch die kontinuierliche Abstufung der Lokalzeichen. Ich kann mir nicht einmal vorstellen, daß, wenn alle Empfindungen, mit Ausnahme der kinästhetischen, der zeitlichen par excellence, ausfielen, man ohne einen rudimentären Raumbegriff bleiben würde.

Die neueren Bestrebungen (Minkowski, Einstein), die Zeit als eine vierte Dimension den räumlichen Dimensionen einfach gleichzustellen, haben sich mit dieser Tatsache abzufinden und sind noch gar nicht fertig durchdacht. Es ist ja selbstverständlich, daß in bezug auf abstrahierte Bewegungen, wo Zeit und Raum bestimmte Abhängigkeiten voneinander haben, das eine durch das andere ersetzt werden kann, gerade wie Zeit und Kraft in der Mechanik. Wir

[1]) Mit den Distanzen allein läßt sich aber noch kein Raum bilden. Es müssen noch die Distanzrichtungen in ihren Beziehungen und relativen Verschiedenheiten dazu kommen. Das kann nur durch die Lokalzeichen geschehen, etwas nicht in Zeit Auszudrückendes.

könnten uns auch vorstellen — wenn wir es für gut fänden —, daß die äußere Welt kein Geschehen, sondern nur ein Sein habe; alles was jetzt ist, wäre dann in gewissem Sinne von jeher gewesen und würde in Ewigkeit so bleiben. Dann aber wäre das, was wir Geschehen nennen, in uns zu verlegen, d. h. es hätte doch seine Existenz, nur an einem andern Orte. Wir würden von dem Sein, dem Nebeneinander zunächst das eine und dann das andere wahrnehmen oder erleben, und zwar nach ganz bestimmten Gesetzen, etwa wie auf einer Reise von dem Nebeneinander der Ortschaften ein Nacheinander zu unserer Kenntnis kommt, in dem aber nur ganz bestimmte Reihenfolgen möglich sind. Immerhin könnten die Reihenfolgen in diesem Beispiel auch umgekehrt verlaufen, und so hat man denn auch die Einsinnigkeit der Zeit wirklich in Zweifel gezogen. Ganz das nämliche wäre von der Kausalität zu sagen, die von dem zeitlichen Nacheinander der Ereignisse gar nicht zu trennen ist. Aber die Spekulationen über diese letzteren Dinge, besonders wenn sie sich auf in Existenz und Art noch gar nicht feststehende telepathische Vorstellungen und ähnliches stützen sollen, sind vorläufig ganz müßig. Es ist überhaupt davor zu warnen, die Relativitätstheorie und ähnliche Dinge zu rasch zu popularisieren, besonders wenn der Übermittler selbst sie nicht versteht. Während der Meister selber gut genug weiß, was für ein Grad von Abstraktion hinter seinen Schlüssen steckt, um sie nicht am falschen Orte zu verwenden, vergessen diese Leute, daß der Begriff der Geraden, die eigentlich krumm ist, ein ganz anderer ist als der bisherige, daß der Begriff der Zeit, die als vierte der räumlichen Dimensionen angegliedert wird, eine rein physikalische Abstraktion ist, und z. B. auf das psychische Geschehen (noch?) nicht anwendbar wäre. Es wird auch noch oft übersehen, daß das Relativitätsprinzip vorläufig nur auf ganz bestimmte Abstraktionen von Bewegungsverhältnissen und ähnlichem anwendbar ist. Nehmen wir ganze konkrete Systeme, so läßt sich die Relativität im nämlichen Sinne wie dort nicht durchführen. Sowohl vom Menschen wie vom Gegenstand aus gesehen macht es einen Unterschied, ob wir einen Gegenstand berühren oder er uns, ob wir dabei aktiv oder passiv seien. Bei einem Schuß empfängt die Kugel gleich viel Beschleunigungsenergie wie das Geschütz. Die Wirkung ist aber wegen der verschiedenen trägen Massen eine ganz verschiedene. . . .

Sei übrigens dem allem, wie ihm wolle, mit der eigentlichen Erkenntnistheorie hat die Relativitätstheorie gar nichts zu tun, außer etwa, daß sie, wie die Zurückführung des Schalles auf Luftschwingungen, das Selbstverständliche sagt, daß unser Organismus die Erscheinungsformen des Wahrgenommenen bedingt, so daß das nämliche Naturgeschehen auf verschiedene Weise zu unserer Kenntnis kommen kann. Die Relativitätstheorie und alle ähnlichen Überlegungen beziehen sich auf die Welt unserer Erfahrung und auf nichts anderes. Wenn sich diese dem genaueren Zusehen als etwas anderes erweist als der naiven Überlegungslosigkeit, so hat das keine andere Bedeutung, als wenn wir ein Spiegelbild nicht mehr hinter dem Glase suchen wie der Vogel und ein unerfahrener Wilder.

F. A priori und a posteriori. Organisation und Erfahrung.

Das was man mit a priori und a posteriori bezeichnet hat, wird vom naturwissenschaftlichen Standpunkt aus zu einer begrifflich einfachen und ganz selbstverständlichen Sache. Der Apparat zur Erhaltung der Existenz des Einzelnen und der Art, das CNS. und seine Funktion, von der sich uns ein Teil als Psyche darstellt, muß auf Einwirkungen der Umgebung diejenigen Flucht- und Angriffsbewegungen machen, die zur Existenz notwendig sind. Dazu muß er die Einwirkungen der Umgebung („Reize") aufnehmen und so eingerichtet sein, daß die Reize in die nützlichen Bewegungen umgewandelt, oder daß solche durch die Reize ausgelöst werden. Er muß in gleicher Weise auf Zustände im Körper reagieren (auf Hunger Nahrung suchen, auf Genitalreize den Partner), auch bevor diese irgendwie wahrgenommen werden.

In der Organisation bedingt — das würde ungefähr dem a priori entsprechen — sind also unsere Reaktionen und Tendenzen und — was das nämliche von einer andern Seite aus gesehen ist — unsere Stellungnahme zu den Erlebnissen, d. h. unsere Affektivität. Ferner ist bei den höheren Tieren ein Teil des Nervensystems

15*

so eingerichtet, daß die Erlebnisse Spuren hinterlassen, die gestatten, sie auch später noch die Reaktionen beeinflussen zu lassen, d. h. Erfahrungen zu sammeln und zu benutzen: In der Organisation bedingt ist auch das individuelle Gedächtnis.

Der Gedächtnisapparat muß so eingerichtet sein, daß häufigere, also wichtigere Erlebnisse mehr Gewicht bekommen als einmalige oder wenig sich wiederholende, analog wie die phylogenetische Anpassung sich nicht um ausnahmsweise Bedingungen kümmert. Diejenigen Vorkommnisse, die sich oft wiederholen, laufen besonders leicht wieder ab (werden „geübt"), besitzen also wirksamere Engramme als die andern und müssen schon dadurch herausgehoben werden. Aber auch sonst, wie im ganzen CNS., muß der Gedächtnisapparat aus der Masse gleichzeitiger Vorgänge (äußere Reize und innere Vorgänge) einzelne herausheben, die zur Wirkung kommen sollen (also z. B. bei Hunger diejenigen, die geeignet sind, Nahrung zuzuführen). Und drittens ist es durch die Bedürfnisse eines einheitlichen Organismus, der nicht gleichzeitig fressen und dem Weibchen nachgehen oder flüchten und angreifen kann, im Gedächtnisapparat wie im übrigen CNS. bedingt, daß ungleichsinnige Vorgänge sich hemmen, so daß gleichzeitig nur Funktionen bestehen, die irgendwie zusammengehören, einander unterstützen oder wenigstens ohne innere oder äußere Konflikte nebeneinander ablaufen können (wie Gehen und Denken).

Tendenzen (Instinkte, Triebe, Affektivität) und das leere Gedächtnis, die Fähigkeit der Engraphie und Ekphorie sind in der Organisation begründet, angeboren, wenn man will apriorisch.

Aus der Funktion des Gedächtnisapparates folgt die Aufsammlung des Erfahrungsmaterials, seine Ordnung nach den Zusammenhängen, wie sie das Leben bietet, die Heraushebung und Reproduktion der wichtigen Erlebnisse (Abstraktion) und der wichtigen Zusammenhänge (Denken), d. h. die ganze Intelligenz.

Aus der Erinnerungsfähigkeit, die die Erlebnisse der vorhergehenden Momente mit den folgenden in eine Einheit verbindet, folgt aber auch das Bewußtsein.

Das Gedächtnis registriert die Erfahrungen; infolge der Ekphorie nach Ähnlichkeiten werden einerseits bestimmte Gruppen herausgehoben als Vorstellungen anderseits diese wieder verbunden nach Analogie der Zusammenhänge in der Erfahrung, woraus die Denkgesetze entstehen. Der Schatz der Vorstellungen und der Denkgesetze zusammen bildet die Intelligenz. Diese mit allem, was mit ihr zusammenhängt wie Kausalität, Bedingtheit, Möglichkeit, Raum und Zeit ist individuell durch die Erfahrung erworben, könnte also aposteriorisch genannt werden. „Erkenntnisse" a priori, d. h. solche, die in der Hirnorganisation liegen, gibt es nicht; dagegen scheint es bestimmte vage Denkrichtungen zu geben, die dem „kollektiven Unbewußten" (Jung) zugezählt werden, wie diejenige, die die Vorstellung vom Kreislauf des Lebens hervorbringt. Wie sie bedingt sind, müssen wir dahingestellt sein lassen.

Der Grad der Intelligenz ist abhängig von der Komplikation und prompten Funktion des Gedächtnisapparates, also angeboren, apriorisch.

Das Bewußtsein ist eine Folge der Erinnerungsfähigkeit, die die Erlebnisse des einen Momentes mit denen des folgenden verbindet, und muß nach unserem jetzigen Wissen als eine Nebenerscheinung aufgefaßt werden die für die Existenzfähigkeit des Organismus bedeutungslos ist. Es entzieht sich der Einreihung in die Unterscheidung a priori und a posteriori. Man kann nicht sagen, daß es aus der Erfahrung stamme, aber ohne Erfahrung (ohne „Inhalt") wäre es nicht möglich.

Die spezifische Energie der Sinne, d. h. daß blau uns gerade als blau und nicht als schwarz oder als süß oder als ein Klang oder irgendwie anders erscheint, muß bestimmt sein durch die Art der Psychokymvorgänge, die die Symbole für die äußeren Reize bilden, oder, anders ausgedrückt, in die äußern Reize umgesetzt werden. Wie Psychokymart und spezifische Sinnesempfindung zusammenhängen, können wir uns noch nicht vorstellen, schon weil die eine Vorbedingung fehlt, die Kenntnis der Psychokymvorgänge. Dagegen sind die Gefühle von Lust und Unlust deutlich die Annahme und Ablehnung von innen gesehen: sie müßten wohl in vielen Beziehungen auch ähnlich wie bei uns sein, wenn das Neurokym ganz anders ablaufen würde oder in seinem Wesen anders wäre. Die Form der affektiven Vorstellungen (Lust und Unlust) wäre also durch die Organisation gegeben und in einem gewissen Sinne apriorisch.

Man hat für die apriorische Natur des Raum- und Zeitbegriffes angeführt, daß wir uns beide unendlich vorstellen: über Unendliches aber haben wir keine Erfahrung. Die Sache ist umgekehrt. Wir können uns gar keine Vorstellung vom

Unendlichen machen; dagegen erfahren wir weder in der Zeit noch im Raum ein Ende. So können wir uns „kein-Ende“ vorstellen, nicht aber die Unendlichkeit oder das Unendliche.

Es ist auch nicht abzusehen, inwiefern der ganze Raumbegriff als „Kategorie“ vorhanden sein soll, bevor man Erfahrungen sammeln könne. Und warum soll nicht das „Ding an sich“, das ja auch KANT annimmt, und das wir als „Ursache“ der Wahrnehmungen voraussetzen müssen, Beziehungen haben, denen unsere Bewegungen irgendwie entsprechen, und deren zentralnervöses Symbol uns als Raum erscheint. Wenn wir von und in der Außenwelt leben, so muß es so sein; und wenn es überhaupt ein Wahrnehmen und nicht bloß ein Halluzinieren gibt, so muß der äußere Reiz in irgendeiner Form (d. h. etwas, das wir in seinen Wirkungen auf unsere Psyche als Raum auffassen), existieren vor aller Wahrnehmung: der **Raumbegriff** aber wird aus den Erfahrungen erst gebildet. Sollte es aber keinen äußeren Raum geben, so bestünde ebensowenig eine Notwendigkeit, die Kategorie des Raumes vor die (halluzinatorische) Erfahrung zu setzen.

G. Die Ergie.

Einleitung.

Jedes Lebewesen steht in inniger Wechselbeziehung zur Umgebung, aus der es seine Nahrung, seine Existenz schöpft, gegen deren Gefahren es sich aber auch zu wehren hat. Alles Lebende, das existiert, muß deshalb so eingerichtet sein, daß es aktiv auf die Umgebung einwirkt und auf die Einflüsse von außen reagiert und zwar verschieden, je nachdem sie ihm nützlich, schädlich oder gleichgültig sind. Die nützlichen sucht es zu erhalten, wenn sie da sind, und herbeizuführen, wenn sie fehlen, die schädlichen hält es sich ab, auf die gleichgültigen reagiert es gar nicht[1]).

Die so umschriebene Funktion ist eine Einheit, die aber noch nirgends in einen Begriff gefaßt worden ist. Es läge nahe, sie als „Aktivität“ zu bezeichnen; einerseits aber würde dieser Ausdruck für die meisten die dazugehörige Affektivität ausschließen, andererseits würde er durch Erinnerung an Vorstellungen, die in der „Aktivitätspsychologie“ benutzt werden, nicht Dazugehöriges hineintragen. Ich nenne die Funktion deshalb **Ergie**: sie umfaßt Funktionen, die man bis jetzt einzeln als selbständige herausgehoben hat: die Affektivität und die eigentlich zentrifugalen Funktionen: die Entschließungen, den Willen, die Strebungen, die Triebe und Instinkte, das Handeln.

Die Ergie bezieht sich nur auf die Reaktionen des ganzes Geschöpfes oder, was in den meisten Beziehungen dasselbe ist, der oberen Zentren; man hat sie wie die der unteren Organe in **Reaktion** und **Aktion** zerlegt. Die beiden Begriffe sind aber nur Abstraktionen, supponierte Grenzfälle, indem in jeder Reaktion etwas Spontanes, in jeder scheinbar spontanen Aktion ein reaktives Element liegt. Wir haben schon auf die dem Ei innewohnende Tendenz zur Entwicklung aufmerk-

[1]) Wahrscheinlich kommen gleichgültige Sinneseindrücke bei niederen Tieren im obersten Hirnorgan gar nicht zur Wirkung, auch nicht so, daß sie nur „empfunden“ würden; die ersten zentripetalen Stationen scheinen bereits die Eindrücke zu sichten; Amphibien und Lurche zeigen keine wahrnehmbare Reaktion auf die meisten Geräusche, die ihnen nicht Beute oder Gefahr anzeigen können. Sogar der Mensch sieht noch sehr viel weniger, als er sehen könnte, und muß auf jedem Gebiet, das er besonders studiert, erst wahrnehmen lernen. Der Primitive im Urwald sieht nicht besser als der Kulturmensch, aber er sieht **anderes**.

sam gemacht, die aber doch eines Reizes bedarf. Der „Automatismus" der Atmung funktioniert bloß auf Reiz der Kohlensäure und des Sauerstoffmangels, und wenn wir den Reiz nicht kennen, der die ersten Herzschläge des Embryo auslösen mag, so ist er doch wahrscheinlich vorhanden und nötig, wie auch die Herzbewegung des ausgewachsenen Organismus mit Reizen im Zusammenhang steht. Wir können ja überhaupt nicht annehmen, daß etwas Ruhendes sich selbst in Bewegung setze, oder etwas sich Bewegendes seine Richtung ändere ohne einen äußeren Einfluß. Jede Reaktion anderseits enthält schon insofern etwas Spontanes, als die Funktion schon eines bloßen Reflexes nicht einfach den Reiz in eine Bewegung umsetzt wie ein Morse-Apparat, sondern daß dieser eine vorgebildete, mit eigener Kraft ausgestattete Einrichtung in Bewegung bringt, oder darin die Bewegung auslöst wie der elektrische Strom das Bahnsignal. So ist auch kein prinzipieller Unterschied, ob wir im hungrigen Zustand Nahrung, die sich zufällig bietet. annehmen oder welche spontan suchen.

Die Ergie hat natürlich als Treibendes und Handelndes eine wichtige Dynamik. Bei einer Wahrnehmung und beim Denken ist die Stärke des Vorganges selbst ziemlich gleichgültig; man könnte sich bei beiden Funktionen denken, daß einfach ein Reiz vom Sinnesorgan zur Rinde oder von Engramm zu Engramm läuft. Bei der Stellungnahme zu von außen kommenden Reizen wie bei der innern Betätigung eines Triebes kommt es auf die Energie an, mit der die Schaltungen gestellt werden, wie groß das Bereich der wirksamen Schaltungen ist, wie kräftig sie sich gegen andere Stellungnahmen durchsetzen, wie stark sie die Vasomotoren, die Drüsen. die Mimik beeinflussen; bei den äußeren Aktionen und Reaktionen selbst, dem Handeln, kommt es auf die meßbare Stärke der ausgelösten Muskelkontraktionen an, die wieder von der Stärke des nervösen Vorganges direkt abhängig ist. Die Ergie bestimmt also zugleich die Verwendung der ausgelösten Energie und ihre Quantität.

Die Affektivität[1]).

INHALT. In aller Affektivität liegt eine Stellungnahme[2]), eine Annahme oder Ablehnung des zufällig sich Bietenden sowohl wie dessen, was von innen getan oder aufgesucht wird. Das hungerige Tier nimmt nicht nur sich darbietendes Futter, der Hunger macht es direkt unruhig, es will der Hungerempfindung ausweichen (natürlich nicht in dieser Präzision bewußt; aber „die Unruhe treibt es"); umgekehrt ist ihm das Herumschweifen nach Beute angenehm. Diese Annahme und Ablehnung empfinden wir von innen gesehen als Lust und Unlust. Mit ihr verbunden sind nicht nur die äußeren Handlungen der Annahme und Ablehnung (Fressen, Jagen), sondern auch eine Anzahl anderer Einwirkungen auf die Assoziationen; ferner Einflüsse auf den Blutkreislauf, die Atmung, die Drüsentätigkeit, die Mimik und manches andere. Die subjektive Empfindung mit diesen letzterwähnten Folgen der Stellungnahme werden der äußerlich sichtbaren Handlung gegenübergestellt als Affektivität, die also enthält die Lust und Unlust, die entsprechende Assoziationsschaltung und die Einflüsse der Stellungnahme auf den Organismus, z. B. die Sekretionen, die Vaso-

---

[1]) Vgl. BLEULER, Affektivität, Suggestibilität, Paranoia. Halle, Marhold, 1908. Die wenigen und nebensächlichen von dieser Darstellung abweichenden Anschauungen sind leicht zu korrigieren.

[2]) In der Sprache der philosophischen Psychologie redet man auch von „zuständlichem Bewußtsein" im Gegensatz zum „gegenständlichen", den intellektuellen Funktionen. Die Unterscheidung trifft etwas Wesentliches, nur sollte man hervorheben, daß das „zuständlich" sich auf Zustände der Psyche, eben die Stellungnahme, bezieht.

motoren und namentlich die Mimik. Um einen brauchbaren Begriff der Affektivität zu bekommen, muß man alle intellektuellen Vorgänge, die, namentlich infolge der Vieldeutigkeit des Ausdrucks „Gefühl", oft damit verbunden werden, konsequent ausscheiden.

Dagegen gehören dazu nicht nur die Stellungnahmen zur Erhaltung des Individuums, sondern auch die zugunsten des Genus. Den letzteren Zwecken dienen neben den sexuellen die ethischen Gefühle (resp. Triebe). Sexualität und Ethik haben deshalb viele Berührungspunkte, oder sie überdecken sich an manchen Orten („Liebe"). Die Natur setzt aus selbstverständlichen Gründen die Existenz des Genus über die des Individuums. Die ethischen Triebe sind also auch dem Naturwissenschafter die „höheren", diejenigen, denen sich die andern unterzuordnen haben, und denen er am meisten Wert verleiht. Da aber das Genus nur in den Individuen lebt, haben auch diese gerade aus ethischen Gründen sich zu erhalten, und es ist nicht richtig, negativ gewertete egoistische Triebe den positiv geschätzten „idealen" ethischen gegenüberzustellen. Das Optimum liegt wie überall nicht im Vorherrschen oder Unterdrücktsein einer Klasse, sondern im richtigen Verhältnis und Zusammenarbeiten beider.

Die Affektivtiät beherrscht das Denken, indem sie in besonders starkem Maße alle gleichsinnigen Assoziationen bahnt, die andern hemmt, und außerdem den gleichsinnigen Vorstellungen größere, den ungleichsinnigen geringere Wertigkeit gibt, das logische Gewicht eines Argumentes abändert, wie man im Rechnen eine Ziffer in eine andere Dezimale setzt. Die Affekte überdauern meistens das sie verursachende Erlebnis. Der zu einem Erlebnis gehörige Affekt hat die Tendenz, sich auf andere Erlebnisse auszubreiten (Irradiation und Übertragung), wobei er sich bei inneren Konflikten von der ursprünglichen Idee loslösen kann (Verschiebung). All das begünstigt die Wirkung eines einmal gesetzten Affektes; er wird leicht als Stimmung dauernd. Vielleicht noch mehr als durch Erlebnisse werden Stimmungen durch physische Umstände verursacht oder bestimmt: körperliches Wohlbefinden oder leichte Alkoholvergiftung z. B. machen Luststimmung, Melancholie, macht Unluststimmung; die affektiven Wirkungen der Hormone sind noch ungenügend bekannt.

Das Überdauern der Affekte, ihre Ausbreitung, die Unterdrückung aller entgegenstehenden Funktionen hat den Erfolg, daß ein einmal gesetzter Affekt eine Zeitlang Alleinherrscher bleibt: dadurch wird die Einheit und Kraft des Handelns bedingt.

Ambivalente, d. h. mit zwei entgegengesetzten Affekten betonte Vorstellungen sind oft abschlußunfähig; keiner der Affekte kann sich durchsetzen. Manchmal wird dann die Vorstellung verdrängt, jedenfalls sind es fast nur ambivalente Komplexe, die andauernde psychische und neurotische Symptome hervorbringen.

Ein einmal erlebter Affekt wird später wie jede andere Erfahrung leicht wieder durch andere ähnliche Affekte ekphoriert. Ein erster bedeutsamer Affekt einer bestimmten Richtung im Leben „kreiert" die folgenden fürs ganze Leben, gibt ihnen bestimmte Nuancen, die nicht mehr verschwinden, was namentlich für die Pathologie der Neurosen so wichtig ist.

Die Affektivität ist aus selbstverständlichen Gründen viel variabler als die intellektuellen Funktionen; man kann sich deshalb unnützerweise darüber streiten, was hier krankhaft sei und was nicht. Durch sie wird in erster Linie der Charakter des Menschen bestimmt.

In der Affektivität, in Lust und Unlust drückt sich unsere Stellungnahme zu aktivem und passivem äußeren Geschehen aus. Sie ist bedingt durch unsere Hirnanlage (angeborene Triebe), viele Chemismen (Hormone, Gifte), die momentanen Konstellationen (die nämliche Speise ist bei Hunger angenehm, bei Übersättigung unangenehm) und durch eine Menge von Erfahrungen, die durch Assoziationen unsere Stellung beeinflussen. Der Begriff der „Stellungnahme" ist ohne weiteres klar in bezug auf das uns ohne unser Zutun Gebotene, das wir annehmen oder ablehnen; wir müssen dazu aber auch die bloß aktive Stellungnahme rechnen, die in unseren Trieben liegt, bestimmte Erfahrungen aufzusuchen (nicht bloß geboten anzunehmen, oder abzulehnen). Die Ausübung der Triebe, die Vorstellung der Triebziele ist mit Lust verbunden, die Unterdrückung der Triebe und das Verfehlen ihrer Ziele mit Unlust. Die Stärke der Lust ist dabei im großen und ganzen die Stärke der Triebe.

Auf die Unterschiede in der einfachen Lust- und Unlustbetonung der Reize von außen und der Triebe gegenüber den „Affekten“ kann hier nicht eingegangen werden; inwiefern die beiden Klassen eine Einheit bilden, kann sich wohl jeder vorstellen (evtl. vgl. BLEULER, Affektivität usw. Halle a. S., Marhold, 1906).

Besonderer Untersuchungen aber wird es noch bedürfen, sich mit dem Umstande abzufinden, daß uns „die Affektivität“ eines Menschen eine als Einheit variable Funktion erscheint, während sie uns bloß als die Zusammenfassung einer großen Anzahl von Trieben und Mechanismen der Annahme und Ablehnung bekannt ist, die einzeln von Individuum zu Individuum hochgradig verschieden sein können. Es muß wohl eine allgemeine Eigenschaft jedes Gehirns in jedem aktuellen Zustand sein, wie die verschiedenen einzelnen Annahmen und Ablehnungen lebhaft, energisch, mit großer Schaltkraft und Dauerwirkung oder andererseits schwach und ohne räumlich und zeitlich weittragende Bedeutung verlaufen.

Ebenso ist es eine allgemeine Eigenschaft der Funktion eines Gehirns, mehr mit Lust oder Unlust zu reagieren. Außer der angeborenen Konstitution sind dafür chemische Verhältnisse und wahrscheinlich auch andere physiologisshe Bedingungen (z. B. Reizzustände bei Gehirndegenerationen) von Bedeutung. Alkohol oder Tuberkulin machen Euphorie, Toxine aus gestörter Verdauung Depression und Neigung zu Ärgerlichkeit, Kohlensäureüberladung des Blutes bewirkt merkwürdigerweise bald Angst, bald Euphorie.

Auf andere Theorien der Affektivität gehe ich nicht ein und will nur erwähnen, daß die neuerlich z. B. in psychanalytischen Kreisen wieder beliebte Auffassung, daß schwache und mittelstarke psychische Vorgänge Lust, stärkere aber Unlust erzeugen, mit den alltäglichsten Erfahrungen im Widerspruch stehen. Es gibt doch genug Reizarten, die schon bei der geringsten Intensität unangenehm sind (z. B. Gerüche, Geschmäcke), und sogar andere, die bei höchster Stärke angenehm sind (z. B. Wollust). Jene Ansicht rührt offenbar davon her, daß starke Reize oft schädigend auf die empfindenden Organe wirken, während im allgemeinen das Empfinden von Reizen ein Bedürfnis, also angenehm ist (normaler „Reizhunger“).

Zur Affektivität gehören die Gefühle von Lust und Unlust, schön und häßlich und vieles Ähnliche, die Affekte[1]), die Emotionen, die Stimmungen usw., nicht aber umfaßt der Begriff die ungeschickterweise ebenfalls Gefühle genannten unbestimmten Empfindungen („Bewußtheiten“, Gefühl, daß jemand neben einem stehe), unbewußte Schlüsse („Gefühlsdiagnose“; Gefühl, der A meine es schlecht mit mir), Empfindungen niederer Sinne (Tastgefühl, Gefühl von Hitze), dann als Gefühle bezeichnete Bestandteile innerer Wahrnehmungen (Bekanntheitsgefühl, Gefühl des Schon-erlebt, der Sicherheit). Diese Funktionen gehören alle der Erkenntnis und nicht der Richtung des Strebens an.

[1]) JUNG (Psychologische Typen; Zürich, Rascher, 1921, S. 592) trennt Gefühl von Affekt, wie er meint im Gegensatz zu mir. Die Affekte sollen sich dadurch auszeichnen, daß sie Körperinnervationen auslösen. Das tun aber nach JUNG selbst auch die Gefühle, wenn sie eine gewisse Stärke erlangen, wodurch sie zum Affekt werden. Natürlich kenne ich diesen Unterschied auch, halte ihn aber nicht für einen prinzipiellen. Es ist wohl auch selbstverständlich, daß der weite Begriff der Affektivität nach verschiedenen Gesichtspunkten in Unterabteilungen zerlegt werden muß.

Nur ein so gereinigter Begriff hat allgemeine Eigenschaften.

Über die Unterscheidung von „Arten“ der affektiven Reaktionen, Qualitäten von Lust und Unlust usw. siehe S. 55.

Eine besondere Stellung nehmen die von MONAKOW so genannten Urgefühle ein, die unmittelbar der Selbsterhaltung dienen, Nahrungstrieb, Geschlechtstrieb, vor allem aber der Schmerz. Die Empfindungen, die uns vom eigenen Körper zugehen, stehen meist in so unmittelbar enger Beziehung zu ihren Gefühlen, daß man sie gewöhnlich von diesen gar nicht zu trennen versucht. Als Hunger bezeichnet man einen Empfindungskomplex so gut wie ein Gefühl. Am ehesten noch kennen wir den Schmerz, die Reaktion auf Störungen der Integrität des Körpers, die eine sofortige Stellungnahme verlangen. Er hat eine Empfindungskomponente, insofern er lokalisiert ist (wir würden wohl den Verhältnissen nicht gerecht, wenn wir uns ausdrücken würden, wir empfinden einen Stich und reagieren darauf mit Schmerz; subjektiv ist das, was wir als Schmerz bezeichnen, selbst lokalisiert), und bis hinauf zum Großhirn besitzt der Schmerz besondere Leitungen; er ist also bis dahin ein umschriebener zentripetaler Vorgang und nicht eine Allgemeinreaktion (immerhin bewirken schmerzhafte Reize schon im Rückenmark besonders heftige und ausgedehnte Reflexe, aber auch Reflexhemmungen). Es wird sich nun so verhalten, daß ein Reiz zur Rinde geht, der besondere Lokalwirkungen, aber auch eine besondere Stellungnahme des ganzen Ich dazu auslöst. Die Lage der Leitungsbahn hat die Schmerzempfindung mit einer speziellen Art der Körperschädigung, der Hitze- und Kälteempfindung, gemeinsam. Man hat auch Gründe für die Annahme, daß die zentripetalen Bahnen des Licht-Pupillenreflexes nicht identisch seien mit den lichtübermittelnden Fasern, so daß wir nach allen Seiten Analogien finden.

Der Schmerz als Stellungnahme, als der Affektivität angehöriges Gefühl dokumentiert sich in der Allgemeinreaktion mit ihrer Stärke, dem Zwingenden derselben, dem Einfluß auf die Assoziationen, aber auch in der Unterdrückbarkeit, die in merkwürdigem Gegensatz steht zur gewöhnlichen Unwiderstehlichkeit der Schmerzreaktionen. Ablenkung, irgendein Affekt, namentlich aber hypnotische Suggestion können den Schmerz viel leichter unterdrücken als eine Empfindung. Ja der Schmerz kann im Martyrium, in hysterischen Eigentümlichkeiten, im Masochismus, in manchen banalen Reaktionen, die uns veranlassen in kleinen Wunden zu wühlen, als Lust empfunden, d. h. in unserer Auffassung angenommen statt abgelehnt werden (natürlich bezeichnet in diesem Satz das Wort „Schmerz“ nicht den Gefühlsanteil, der eben Lust ist, sondern den Empfindungsanteil). Trotz dieser verhältnismäßig leichten Dissoziation der beiden Komponenten des Schmerzes können wir aus der subjektiven Einheit „Schmerz“ die beiden Anteile nicht herausfühlen; ja wir kennen den Empfindungsanteil noch nicht recht. Analgetische Hypnotisierte geben von etwas wie Schmerz gar nichts an, sondern nur die Empfindung des Schneidens, Brennens oder Reißens. Da ich keine Operationen an Hypnotisierten mehr gemacht habe, seit mir diese Fragestellung bewußt ist, muß ich die Beantwortung Andern überlassen.

Auch das phylogenetische Alter der Urgefühle zeigt sich in Besonderheiten. Beim Schmerz fallen die Reaktionen auf, die besonders elementar sind: Davonlaufen, Schreien, Wüten, Bewegungslosigkeit. Chronischer körperlicher Schmerz führt sogar beim Menschen sehr viel weniger zu Selbstmord als das, was wir aus Analogie auf psychischem Gebiet als Schmerz bezeichnen. Des Selbstmordes fähig ist eben nur ein überlegendes Wesen, und das ist eine Funktion der Hirnrinde, während der Schmerz, wie alle Urgefühle, in irgendeiner Weise noch zum großen Teil in Reaktionen der tieferen Teile besteht. Damit hängt es wohl auch zusammen, daß der Schmerz so auffallend rasch vergessen wird, wie schon oft konstatiert worden ist. Der körperliche Schmerz ist erledigt, wenn er vorbei ist, und äußert sich nur noch — aber auffallend wenig regelmäßig — in größerer Vorsicht gegenüber Wiederholungen der schmerzverursachenden Situation.

Im Gegensatz dazu führen diejenigen negativen Affekte, die Bezug auf den Verkehr mit den Menschen haben, besonders, wenn man sich denkt, es könnte auch anders sein, oder hätte anders sein können, und diejenigen der feinern Erotik, leicht zu dauernden Wirkungen: MEYER-GROSS[1]) bemerkt, daß ein Trommelfeuer weniger nachträgliche Folgen habe als Zurücksetzung durch einen Vorgesetzten. Eine Kränkung, eine Ungerechtigkeit, eine unglückliche Liebe werden nicht nur nicht vergessen, sie können gar nicht zum Abschluß gebracht werden und stören deshalb das Leben oft bis zum Tode — und oft noch mehr, wenn sie ins Unbewußte verdrängt sind, als wenn sie bewußt bleiben. Ein Unglück durch Naturgewalten trägt man viel leichter, und in der Regel findet man sich damit verhältnismäßig rasch ab. Im Kleinen kann man den Unterschied besonders deutlich herausheben, wenn man sich vorstellt, wie ungestört man im Lärm und dem Gerüttel der Eisenbahn arbeiten kann, während es ganz unmöglich wäre, sich zu sammeln, wenn uns jemand boshafterweise am Schreibtisch die gleichen Störungen antun würde. Diese Unterschiede sind für das Verständnis der krankhaften Reaktionen, die die Neurosen hervorbringen, nicht unwichtig, können aber auch für Normen des Verhaltens sehr nützlich sein, indem man viel besser in der Welt auskäme, wenn man auf Unannehmlichkeiten, die von Menschen kommen, so reagieren würde, wie auf die des Wetters. Neben den phylischen Altersunterschieden der Reaktionen und der verschiedenen Anteilnahme des Gedächtnisapparates hat dabei namentlich die Vorstellung, ob etwas „anders sein könnte", eine Bedeutung. Was nicht zu ändern ist, ist meist erledigt. Wo man sich auch nur im Prinzip vorstellen kann, es könnte anders sein, hindert diese Vorstellung die Abstellung des Gelegenheitsapparates, oder, mit FRIEDMANN zu reden, die Abschlußfähigkeit des Gedankens.

Ältere und elementare Affekte sind auch die, die einfach mit den Ausdrücken von L u s t und U n l u s t bezeichnet werden. Auch sie sind jedenfalls älter als die Hirnrinde, und konstitutionelle Einflüsse, Gesundheit und Krankheit, Alkohol, Tuberkulin und andere Gifte wirken direkt nur auf sie. Hier sei auch an die Sexualhormone erinnert, die die Gefühlsbetonung gegenüber den Sexualobjekten bestimmen. Letztere sind natürlich auch älter als die Hirnrinde, ebenso wie der Zorn, wenn man die entsprechenden Äußerungen bei niederen Tieren als Affekt und nicht als bloße Reaktion auf gewisse Formen körperlichen und psychischen Schmerzes bezeichnen will.

[1]) Ztschr. f. d. ges. N. u. P. **60**, 1920, S. 165.

Die Richtung unseres Handelns in Stellungnahme und Trieben und Instinkten ist angeboren. Die Affektivität als solche entwickelt sich nach der Geburt nicht mehr und geht auch durch die schwersten Hirnkrankheiten nie verloren; sie kann nur z. B. bei Hirndruck oder Hirnschwellung mit allen andern Funktionen in dem allgemeinen Torpor nicht fungieren oder in der Schizophrenie durch „Abspaltungen“ oder „Einklemmungen“ an der Äußerung gehindert sein, oder vielleicht dadurch, daß das Ich zu zerrissen ist, um eine Funktion zu tragen, die in ihrem Wesen eine Gesamtreaktion des ganzen psychischen Organismus darstellt

So hat denn auch der Säugling schon ein Verständnis für affektive Äußerungen[1]); auf Koselaute wie auf mißbilligenden Ton reagiert er in entsprechender Weise; ja die affektive Mimik konnte von Neutra mit einem gewissen Recht als die „interbestiale Sprache“ bezeichnet werden, weil sie auch von Geschöpfen verschiedener Arten noch in weitgehendem Maße verstanden wird; man denke z. B. an unsern Verkehr mit Hunden. Je jünger ein Kind, um so weniger kümmert es sich um den Inhalt einer Rede, und um so sicherer reagiert es auf den Ton. Es ist ein Witz, der auch bei mehrjährigen Kindern immer noch einschlägt, daß man ihnen in drohendem Tone sagt: „Soll ich dir die Ohren stehen lassen und das Leben schenken?“; sie fürchten sich davor wie vor einer wirklichen Drohung. Bezeichnend für die soziale Funktion der Mimik ist es, daß man sie mit dem peripheren Gesichtsfeld instinktiv viel besser erfaßt, als der Schärfe der Gesichtsbilder, gemessen an dem Verständnis für sonstige kleinere Formvariationen von Körpern, zu entsprechen scheint (ähnlich Bewegungen und Orientierungen im Raum überhaupt). Wie viel mehr das Verhältnis der Menschen untereinander durch die Affektivität geleitet wird, als durch die Intelligenz, zeigt (abgesehen von dem Verhalten der moralischen Gefühle) der fast normale Verkehr mit Idioten gegenüber dem mit affektiv abnormen Schizophrenen oder nur Psychopathen, ferner folgendes hübsche Experiment: Eine Gymnasialklasse verabredete sich, unter sich und im Verkehr mit den Lehrern nur noch das Notwendigste zu reden. Das konnte ohne Schwierigkeit durchgeführt werden. Der Versuch aber, nicht mehr zu lachen, schaffte so unangenehme Situationen, daß man ihn sofort wieder aufgeben mußte (Klaesi).

Die Affektivität[2]) braucht keinen Inhalt, kein Material von außen zu bekommen; die Erfahrung gibt in den Erlebnissen nur die Gelegenheit zur Stellungnahme, zur Affektproduktion. Intelligenz und Affektivität, abstrakt gefaßt, sind bei der Geburt fertig entwickelt; die Intelligenz muß aber zur Äußerung noch das Material durch die Erfahrung sammeln, während die Affektivität kein fremdes Material braucht, sich also gleich in allen ihren Komplikationen und Finessen äußern kann (nur in bezug auf das sexuelle Gebiet zeigt sie eine gewisse, aber oft überschätzte Entwicklung). Was wir im gewöhnlichen Leben eine durch hohe Entwicklung des Charakters und durch Bildung usw. raffinierte Affektivität nennen, das ist die Gefühlsbetonung einer raffiniert ausgebildeten Intelligenz.

[1]) Vgl. im folgenden: Suggestion.

[2]) Nach Bleuler, Affektivität, Suggestibilität, Paranoia. Halle, Marhold, 1906. S. 33ff.

So sehen wir denn wirklich bei Kindern die kompliziertesten Gefühlsreaktionen schon vorhanden, zu einer Zeit, wo der Inhalt der Intelligenz noch ein lächerlich geringfügiger ist. Die Affektivität leitet die Assoziationen in einer bestimmten Richtung, ohne daß die Erfahrung diese Richtung beeinflussen könnte. Das sind die oft verblüffenden instinktiven Verständnisse für kompliziertere Situationen, und die noch viel auffallenderen richtigen Reaktionen darauf. Als einer meiner Jungen mit fünf Monaten zum erstenmal auf eigenen Füßen stand, zeigte er sich sichtlich stolz darauf, guckte um sich wie ein Hahn, so daß wir beide Eltern mit Lachen herausplatzten. Da kamen wir aber schön an, indem der Kleine in ein jämmerliches Geschrei ausbrach mit dem Typus des Geärgerten. Das Lachen über seine neue Kunst hatte er nicht vertragen. Wer nicht dabei war, und die ganze Reaktionsweise des Knaben nicht vorher und nachher studiert hat, wird natürlich, wie ich selbst zunächst, geneigt sein, zu glauben, es handle sich um ganz andere Dinge, ich lege den Stolz und den Ärger über das Auslachen in die Reaktion hinein. Ich glaube aber, in der Beziehung so skeptisch als möglich zu sein; die tägliche Beobachtung des Kleinen bis zu der Zeit, da er sich selbst über seine Gefühle äußern konnte, erlaubte aber keine andere Auslegung.[1] Einige weitere Beispiele werden die Sache noch besser darlegen. Im 11. Monat verlangte er einmal aufgestellt zu werden, als er auf dem Boden saß. Ich lehnte das ab mit dem Hinweis, daß er den Boden naß gemacht hatte. Da machte er sein überlegenes und entschiedenes Gesicht, hob sich ganz langsam vom Boden und guckte mit einem Herrscherblick um sich, der deutlich sagte: Wenn du mir nicht helfen willst, so weiß ich mir selbst zu helfen. — Wenig mehr als ein Jahr alt, wollte er einmal nicht gehorchen, worauf ich ihm sagte: „Jetzt ist der Papa noch Meister, so lange du so klein bist.“ Darauf warf der kleine Knopf, der noch kaum ein halbes Dutzend Worte sprechen konnte, den Kopf zurück und wiederholte vielfach, mit dem Kopf und Oberkörper von vorn nach hinten wackelnd, wie wenn er sich in affektierter Weise verbeugen wollte, und mit einer höhnisch ironischen Miene: „Papa, Papa, Papa,“ und auch das in einem so spöttisch respektvollen Tone, wie es kein Schauspieler besser hätte tun können, wenn er mich als Prahlhans hätte verhöhnen wollen. — Oder er hat etwas Dummes gesagt, z. B. die Mama sei bös; dann führt er es, sobald er den Fehler merkt, ad absurdum, indem er der Reihe nach alle Anwesenden, inklusiv sich selbst, auch als bös bezeichnet. — Oder mit 31 Monaten führte er sich schlecht auf, worauf ich ihm sagte, nun müsse er in das für solche Fälle benutzte Isolierzimmer gehen. Ohne jedes Besinnen gab er zur Antwort: „Ist Miezi auch dort“. In diesem Falle ist die scheinbare Diplomatie, mit der er der Strafe die Spitze zu nehmen wußte, eine ganz bewunderungswürdige. Dahinter eine Überlegung, einen intellektuellen Vorgang zu suchen, wäre ganz gewiß falsch. Die Situation brachte einen versteckten Trotz, der mich nicht beleidigen wollte, hervor; dieser Affekt brachte von sich aus „instinktiv“ die ihm entsprechende Reaktion, die richtigen Assoziationen zustande.

Noch komplizierter ist die Reaktion im folgenden Falle, für dessen genaue Beobachtung der Vater alle Garantien gibt. Brüderlein war ca. zweijährig, als ein Schwesterlein ankam. Da verschob einmal bei einem forcierten Husten und Aufsitzen die Wöchnerin ihre Unterlagen. Sie gab dem Gatten einen Wink, ohne sich sprachlich über das Vorgefallene zu äußern, weil sie die Beobachtung des Kleinen kannte. Während der Vater die Sache in Ordnung machte, hielt sich der Knabe vom Bett abgewandt, in nervöser Weise beschäftigt — mit nichts, gerade wie ein Kellner, der im Aufenthaltszimmer von Fremden anwesend sein muß, ohne etwas da zu tun zu haben, als zu warten oder zu überwachen. Sobald die Sache in Ordnung war, hatte auch der Kleine seine ganze Unbefangenheit wieder erlangt. Es war, als wenn er nichts bemerkt hätte. Am andern Tage aber bekam er von der Mama Vorwürfe, daß er seine Kleider genäßt hatte. Die Antwort war: „Mama auch — Mama auch — Mama hat auch gehustet — Mama hat auch gehustet.“ Der letztere Satz wurde dann in den nächsten Minuten noch mehrmals wiederholt. Klar ist, wie der Kleine sofort mit dem Gefühl (gewiß nicht mit der bewußten Intelligenz) begriffen hatte, daß an der Situation etwas zu verbergen sei, etwas, das nicht zu bemerken und nicht bemerkt zu haben gut sei. Er reagierte dementsprechend, so gut wie ein intelligenter, mit bewußter Überlegung handelnder Erwachsener getan hätte. Er hatte aber auch begriffen, daß etwas Ähnliches vorging,

[1]) Ich habe die nämliche Reaktion seitdem auch bei anderen Kindern dieses Alters gesehen.

wie wenn er im Bett trocken gelegt wurde, und als er getadelt wurde, konnte er die vulgäre Entschuldigung, die Mama hat so etwas auch gemacht, nicht unterdrücken. Er durfte aber von der heikeln Sache nicht direkt reden, und so benutzte sein Instinkt die Verschiebung, statt des ihn entschuldigenden Vorganges, Unordnung im Bett, die Ursache und Begleiterscheinung desselben, das Husten zu nennen — den Sack zu hauen und den Esel zu meinen. Vom intellektuellen Standpunkt aus war ja das nicht gerade geschickt; er gab das Geheimnis preis, oder, wenn er nicht verstanden worden wäre, war seine ganze Verteidigung wertlos. Aber gerade diese Lücke beweist, wie wenig das im Spiel war, was wir Intellekt nennen.

Dieses Beispiel zeigt am besten, was für einen Grund der Sprachgebrauch hat, von „Gefühlserkenntnissen" zu sprechen, zu sagen, man könnte etwas nicht erkennen, sondern nur fühlen. In diesen Fällen ist es die Affektivität, die die Assoziationen leitet. In Wirklichkeit handelt es sich eben nicht um ein Erkennen, sondern einfach um eine instinktive Reaktion, die das Richtige trifft. Die teils äußere, in gewisser Beziehung aber auch innere Ähnlichkeit mit den Gefühlsdiagnosen ist einleuchtend, wenn auch bei den letzteren unbewußte Beobachtungen und Schlüsse das Wesentliche ausmachen, während die Affektivität zurücktritt.

Affektivität und intellektuelle Vorgänge lassen sich nur theoretisch voneinander trennen. Jeder Psychismus besteht aus einem einheitlichen Vorgang zugleich intellektueller und affektiver Natur; wir können nichts erleben ohne dazu Stellung zu nehmen, und eine Stellungnahme oder einen Trieb ohne etwas, das man annehmen oder ablehnen könnte, gibt es nicht. Auch die Stimmungen, die aus physischen Zuständen herauswachsen (z. B. melancholische Zustände) äußern sich in der Gefühlsbetonung aller Erlebnisse. Bei von verdrängten Komplexen herrührenden „frei flottierenden" Affekten ist der die Stimmung verursachende intellektuelle Vorgang zwar vorhanden, aber nicht bewußt; im Bewußtsein überträgt sich auch diese Stellungnahme mehr oder weniger stark auf alle andern Erlebnisse, und zugleich fehlen niemals die körperlichen, den Affekt begleitenden Empfindungen.

Was wir unter dem Namen des Intellekts und der Affektivität beschreiben, sind also nur zwei Seiten des Nämlichen. Wahrnehmungen oder Vorstellungen, wie z. B. die einer geometrischen Figur, scheinen allerdings zunächst von gar keinem Affekt begleitet zu sein. Sobald man sich aber fragt: Was ist schöner, ein Quadrat oder ein Trapez? so kann man ohne weiteres darauf antworten.

Die Richtung auf etwas hin in Stellungnahme und Trieb ist von innen gesehen Lust, die Abwendung Unlust[1]). Die Geschmacksreizung durch eine Speise, die der Organismus annimmt, der Anblick eines schönen Weibes sind mit Lustgefühlen verbunden, ebenso die Betätigung jedes „positiven Triebes", das Essen oder schon die Jagd nach Nahrung. Die Anregung durch Sinnesreize wirkt im allgemeinen angenehm; wenn diese eine Stärke erreichen, die den Organismus schädigt, werden sie unangenehm oder schmerzhaft. Negative Triebe in dem Sinne, daß ihre Ausübung an sich mit Unlust verbunden wäre, kann es nicht geben. Die Handlung in der Richtung jedes Strebens ist mit Lust verbunden, *ist*, als Handlung allein, von innen gesehen Lust. Eine Strebung, die von innen gesehen Unlust wäre, wäre an sich abgelehnt, also gar keine Strebung, ein innerer Widerspruch wie eine stillstehende Bewegung. „Negative Triebe" sind Reaktionen auf unlustbetonte Erlebnisse oder Vorstellungen. Es gibt also eigentlich keinen negativen Trieb,

[1]) Vgl. S. 55.

sondern nur eine negative Stellungnahme. Der positive Trieb kann etwas suchen, das nicht da ist. Etwas vermeiden oder bekämpfen kann man nur, wenn es da ist, oder erwartet werden kann. Der negative Trieb, der einem unlustbetonten Erlebnis ausweicht, berührt sich mit den positiven Trieben: Nicht nur lockt uns die Freude am Essen Nahrung aufzusuchen, der nagende Hunger kann uns geradezu zwingen, es zu tun. Wenn nun auch der Hungerreiz im Körper selbst entsteht, so ist er doch eine Empfindung, zu der man Stellung nimmt, wie zu einer von außen angeregten. Die Beseitigung des Hungers ist zugleich mit Lust verbunden; so sind hier positiver und negativer Trieb eins. In der „Vorsicht“ besitzen wir einen Instinkt, einen Trieb, Verletzungen oder Zerstörungen unseres Körpers, bevor sie begonnen, zu vermeiden. Bei gefährlichem Sport spüren wir das Angenehme der Betätigung, ferner das Machtgefühl, das in dem „Spielen mit dem Feuer“ liegt[1]), meist aber überwiegt in Gefahr die Angst, die verbunden ist mit der Vorstellung von dem, was wir vermeiden wollen. Nimmt die Gefahr den Charakter der unmittelbaren Bedrohung des Lebens an, so ist die höchste Angst die gewöhnliche Form des begleitenden Unlustgefühls. Die Erstickungsangst infolge von Überladung des Gehirns mit Kohlensäure treibt uns, bessere Verhältnisse für die Atmung zu schaffen (für krankhafte Zustände sind solche Triebe natürlich nicht gebildet)[2]). Ein „Lebenstrieb“ ist wahrscheinlich nur die Abstraktion aus all den Trieben und Stellungnahmen (Nahrungstrieb, Vermeidung von Verletzungen des Körpers, von Bedrohung des Lebens überhaupt, „Furcht vor dem Tode“), die geeignet sind, unsere Existenz zu erhalten.

Da es nur positive Triebe gibt, d. h. solche, die direkt mit Lust verbunden sind, oder solche, die Unlust vermeiden, überwiegt beim gesunden Geschöpf, das nicht von außen gehemmt wird, und das seine Lebensbedingungen findet, die Lust stark über die Unlust. Es ist ein Vergnügen, gestärkt zu erwachen, sich zu betätigen, auf die Jagd nach Nahrung zu gehen, zu essen, in der Verdauung oder bei Ermüdung zu ruhen oder einzuschlafen usw. Wir Kulturmenschen allerdings mit unserem Voraussorgen und Nachkümmern, mit unserem Gewissen und unseren Verantwortungsgefühlen und dem ausgedehnten Mitleid erzeugen mehr negative Gefühle als uns lieb ist. Auch ist die Organisation der „Arbeit“ eine so unnatürliche geworden, daß das Schaffen und Er-

[1]) Singvögel (Schwalben, Finken) können Katzen in viertelstündigen und noch längeren Spielen reizen.

[2]) Eine noch nicht recht verständliche Form der Angst ist die Sexualangst. Schon normal ist die geschlechtliche Erregung (mehr bei Frauen als bei Männern) mit Affekten verbunden, die man nicht anders als wie Angst bezeichnen kann, die körperlichen Zeichen der Angst, namentlich Zittern und Herzklopfen, sind dabei etwas ganz Häufiges; Vielen wird die sexuelle Erregung erhöht oder allein möglich gemacht durch eine ängstliche Situation (Angst vor Entdeckung usw.); Angst vor Strafe, ja bloße Angst den Zug zu verfehlen, erregt manchmal direkt sexuelle Gefühle bis zum Orgasmus; krankhafte Angstzustände, z. B. bei Melancholie, sind oft mit unwiderstehlichem Trieb zum Onanieren verbunden, und was das Auffallendste ist, unterdrückte oder unbefriedigte Sexualität führt zu Angstzuständen. Man könnte sich vielleicht denken, die Bedrohung der Existenz des Genus (Fortpflanzung) sei etwas Ähnliches wie die Bedrohung der individuellen Existenz; da aber diese Angst nicht, oder wenigstens nicht direkt, zur Sexualhandlung führt, wäre sie auch aus diesem Zusammenhang nicht restlos zu verstehen. Neurotische Angst ist wohl fast immer, schizophrene meist, eine Sexualangst infolge Unterdrückung des Sexualtriebes oder einzelner seiner Komponenten.

werben für Viele ein unangenehmes Mittel zum Zweck der Erhaltung des Lebens geworden ist, und man sich für diese Fälle fragen kann, ob die Erhaltung eines solchen Lebens einen genügenden Zweck darstellt. Vielleicht kommt die Intelligenz auch einmal dazu. diese ihre Nachteile zu kompensieren, wozu Wege denkbar sind.

Sehen wir Trieb und bloße Stellungnahme im engeren Sinne ineinanderfließen, so werden uns bei genauerem Zusehen auch Lust und Unlust insofern verwandt, als beides der nämlichen Dimension angehört, nur mit umgekehrtem Vorzeichen: Verminderung der Lust ist Unlust und umgekehrt[1]). Wenn wir bei leichter Müdigkeit die Annehmlichkeit des Ausruhens empfinden, so wissen wir nicht, ob das Aufhören der Müdigkeit oder das Ausruhen an sich das Lustbringende sei. Eine bestimmte Wärme ist sehr angenehm, wenn sie uns ein unangenehmes Frieren beseitigt. Ich vermute allerdings, daß die Beseitigung der Müdigkeit oder des Frierens einerseits und die Annehmlichkeit des Ausruhens oder der Erwärmung anderseits in solchen Fällen eigentlich das Nämliche seien. Im Ausruhen liegt die Beseitigung der Müdigkeit wie im Essen die Stillung des Hungers.

Die mit Lust betonten Erlebnisse sind also im großen und ganzen die der Erhaltung des Individuums oder der Art dienlichen, die unlustbetonten die schädlichen. Daß es Ausnahmen geben muß, indem z. B. der uns schädliche Alkohol mit Lust, der nützliche Fischtran von unserer Rasse mit Widerwillen genossen wird, oder der Fisch auf einen Wurm beißt, in dem eine Angel steckt, ist selbstverständlich: Der Organismus kann phylogenetisch nur den häufigen Vorkommnissen wie auch nur den Durchschnittsstärken der Reize angepaßt sein. Unsere kaum merkbaren Äußerungen von Wohlwollen oder Ablehnung leiten das Verhältnis zu den Mitmenschen viel mehr als die Worte, denen man verschiedenen Sinn unterlegen kann (wie oft bedeutet ein „ja" mit bestimmter Betonung „nein" und wird es nur so verstanden! Die nämliche Rolle wird von verschiedenen Schauspielern ganz anders aufgefaßt). Eine kleine Nuance Ärger hilft uns eine schlecht laufende Schublade aufmachen, einen Nebenmenschen zum Nachgeben veranlassen. Wenn übertriebene Affekte schädlich sind, so ist das im Zusammenhang mit der Seltenheit des Ereignisses, an die man nicht angepaßt sein kann. Um solche Unannehmlichkeiten zu vermeiden, wird man Selbstbeherrschung gelehrt; diese darf aber nie so weit gehen, die Affektäußerungen zu unterdrücken, sonst wird der Mensch uns unverständlich, unsympathisch, unheimlich.

Nicht selten sind scheinbar überstarke Affekte in der Form der Primitivreaktionen die letzte Zuflucht gerade da, wo die Überlegung primär den Umständen nicht gewachsen ist: wütendes Ausschlagen ohne Rücksicht auf die gefährdete Integrität des Körpers, blindes Drauflosrennen, Schreckstarre retten manchmal unter solchen Umständen das Leben und sind deshalb die Reaktionen vieler Tiere, aber auch der Menschen, deren Verstand einer Situation nicht gewachsen ist.

In der Stellungnahme gegenüber einer Sache, die wir erst vorstellen, noch nicht genießen, oder die uns noch nicht plagt, und in vielen Fällen auch dann, wenn wir genießen, oder leiden, liegt eine Tendenz zum

---

[1]) FORSTER behauptet bekanntlich, daß es in Wirklichkeit nur Unlust, Schmerz gebe; Lust sei immer Aufhören von Schmerz.

Handeln. Es wäre aber gleich falsch oder gleich richtig, wenn wir sagen wollten, wir erstreben etwas, weil es uns angenehm ist, wie wenn wir ausdrücken würden: Etwas ist uns angenehm, weil wir es erstreben. Beides ist einseitig. Die Tendenz muß aber doch von dem Gefühl unterschieden werden. Wenn wir genießen, haben wir wenig mehr zu erstreben (als höchstens, daß der Zustand bleibe); auch in der Empfindung des Schmerzes muß nicht immer ein (allgemeines) Streben liegen, ihn zu vermeiden; wir wollen ihn manchmal als Mittel zum Zweck oder wir wissen oft, daß wir gegen ihn nichts tun können. Das Gefühl (Lust und Unlust) entspricht also nicht eigentlich der Tendenz, sondern nur der Annahme und Ablehnung, und auch wenn die Vorstellung von etwas Angenehmem schon mit einer gewissen Lust betont ist, die eigentliche Lust liegt doch bloß im Erreichten. Die Ausübung der Jagd selbst gehört aber unter den meisten Umständen zum Ziel, nicht bloß das erlegte Tier.

Die Affektivität dient der Erhaltung des Individuums, aber auch des Genus oder der Allgemeinheit, in der das Individuum lebt. Die dem Genus dienenden Gefühle (und damit Triebe) sind die ethischen, die moralischen, die altruistischen oder, wie man jetzt oft sagt, die sozialen. Wir finden ethische Affekte überall, wo Geschöpfe in Gemeinmeinschaft leben, unter den niederen Tieren am ausgesprochensten bei den Ameisen. Die Gemeinschaft kann auch nur eine vorübergehende sein, wie die Familie, die die Katzenmutter mit ihren Jungen bildet. Zur Erhaltung des Genus dient auch die Sexualität im weitesten Sinne mit der Sorge für Nachkommenschaft und event. für die Familie. Es hat also gute Gründe, wenn die sexuelle Moral besonders betont wird, obgleich die Bedeutung, die ihr die moderne Literatur zuschreibt, zu einem Teil auf Sensationslust beruht, zum andern aber auch davon herrührt, daß unsere jetzige Moral der Kulturstufe nicht recht angepaßt ist, und daß überhaupt eine ganz befriedigende Lösung der „sexuellen Frage" für unsere Kultur unmöglich ist.

Die einzelnen ethischen Triebe, Liebe, Mitleid, Tapferkeit, Wahrheitsliebe, Eltern- und Kindesliebe usw. lassen sich alle rein naturwissenschaftlich begründen und in Wirklichkeit *nur* so begründen. Man will das allerdings verächtlich machen, spricht von „seichtem Utilitarismus"[1]), verdichtet naturwissenschaftliche Erkenntnis und Konsequenz mit moralischem „Materialismus" und will den Anschein erwecken, wie wenn die Fiktion des kategorischen Imperativs oder irgendwelche metaphysischen oder „absoluten" Pflichten und Vorschriften, die jeder Einzelne aus einer alten Suggestion holt und reichlich nach seinem Gutdünken färbt, etwas besonders „Ideales" wären. Glücklicherweise ist unsere angestammte Ethik im großen und ganzen durch die phylische Erfahrung von Jahrhunderttausenden trotz der „Fortschritte" der Menschheit noch wenigstens so weit brauchbar, daß sie das Menschengeschlecht er-

[1]) Oder: SCHWEGLER, Gesch. der Philos. Reclam „Neue Ausgabe", S. 75: Sokrates hat durch utilistische und eudämonistische Motivierungen „die Reinheit seiner ethischen Gesichtspunkte getrübt". Wenn die Ethik weder nützlich sein, noch glücklich machen soll, wozu ist sie dann da? Nur um die Leute zu ärgern oder zu entzweien und Ausreden zu geben, um schlechte Handlungen zu motivieren?

halten kann, ohne daß die Wissenschaft ihr zu Hilfe kommt. Aber einzig die naturwissenschaftliche Betrachtung, die den Zweck jedes moralischen Triebes oder Gefühles und seinen Nützlichkeitswert unter gegebenen Verhältnissen untersucht, ist imstande, die Ethik eindeutig zu begründen und namentlich auch sich dabei den Verhältnissen anzupassen. Sie läßt die Konflikte zwischen verschiedenen Pflichten verstehen und das Relative der ethischen Forderungen. Ein Geschlechtsverkehr ohne Zeugungsmöglichkeit, also mit dem eigenen Geschlecht oder als Coitus interruptus, war bei den Israeliten, die alles daran setzen mußten, ihre kleine Rassengemeinschaft gegenüber den umwohnenden größeren Völkern zu erhalten, ein todeswürdiges Verbrechen; jetzt ist sogar der homosexuelle Verkehr in manchen Ländern nur eine Ungehörigkeit. Blutrache war eine ethische Forderung, als jede Sippe sich zu verteidigen hatte; auf das Rachegefühl („Sühne") gründen sich bis in die neueste Zeit viele als göttlich bezeichnete Vorschriften sowie die irdischen Strafbestimmungen; wir wissen nun alle, daß die letzteren den jetzigen Verhältnissen und Anschauungen gegenüber ganz ungenügend sind, und es kann nicht besser werden, bis sie sich frei gemacht haben werden vom Rachetrieb, den bereits Christus verpönt hatte, aber nicht konsequent genug, so daß viele seiner Nachfolger in seinem Sinne zu denken glauben, wenn sie wenigstens dem lieben Gott die Tendenz und seinen Werkzeugen die Pflicht der Rache zuschreiben. Der Rachetrieb paßt, rein praktisch gewertet, nicht mehr in unsere Kultur und muß verschwinden, resp. als Laster gewertet werden statt als Tugend. An seine Statt muß die Fragestellung kommen: Wie kann die Gesellschaft sich am besten vor den Asozialen schützen? Wobei das Mitleid ferner verlangt, daß man auch den Verbrechern nicht mehr Übles zufüge als zu diesem Zwecke nötig.

Ein Problem möchte ich dabei zurzeit nicht definitiv lösen: Wie weit soll das Mitleid und die Erhaltung der Schwachen gehen, wo diese Bedürfnisse mit andern im Widerspruche sind. Die Ethik ist keine Eudämonie, sondern sie dient der Erhaltung der Lebewesen. Anderseits ist das Mitleid eine notwendige ethische Forderung; denn nur, wenn jeder sich in den andern hineinversetzt und ihm in seinen Nöten nach Kräften beisteht, ist ein Maximum von Lebensfähigkeit möglich. Aber es gibt Situationen, in denen die Betätigung des Mitleids für die Gesamtheit lebenshindernd wird; man denke an alle die Kranken und Schwachen, die eine auslesehindernde Fürsorge erhält, oft zum eigenen Leid des Kranken und noch mehr zu dem der Nachkommen. Mancher findet mit Grund sein Leben nicht mehr lebenswert. Da wird wohl weder die Überschätzung des einzelnen Lebens und die Mildtätigkeit à tout prix noch die NIETZSCHEsche Konsequenz des gegenteiligen Standpunktes das Richtige treffen, sondern ich denke mir, daß man ein Optimum für die jeweilen gegebenen Verhältnisse wird suchen müssen.

Aber die Moral darf nicht von einer Generation oder von einer Revolution zur andern wechseln. Hinkt sie heute in ihrer Entwicklung etwas zu stark hinter den Bedürfnissen her, so ist das doch noch besser, als wenn sie der Willkür momentaner Wünsche überlassen würde. Ich fürchte übrigens trotz allen Wankens mancher moralischer Grundlagen in der Gegenwart den zu raschen Wechsel der eigentlichen Moral nicht sehr. Was wechselt, sind meistens die Anwendungen; phylische Anlagen können sich nicht rasch umwandeln.

Es braucht nicht ausgeführt zu werden, daß, wie überhaupt die verschiedenen Triebe unter sich, so besonders die ethischen Triebe sehr oft mit denen der Selbsterhaltung, den egoistischen, in Konflikt geraten; jeder kann vor die Frage gestellt werden: Soll ich mich oder die andern opfern, oder wenigstens die eigenen oder anderer Interessen? oder soll ich oder mein Nächster das Leiden tragen? Die Natur stellt nun deutlich, und aus sehr verständlichen Gründen, die Interessen der Gemeinschaft über diejenigen des Individuums, von der Ameise, die sofort ihr Leben einsetzt, wenn das Interesse des Stockes es erfordert, bis zur Mutter, die in stillem Martyrium sich für ihre Kinder und den Säufer von Mann aufreibt. Es ist das selbstverständlich, nicht nur deshalb, weil dem Individuum auch sonst nur eine kurze Lebensdauer zukommt, sondern vor allem deshalb, weil die gegenseitige Hilfe eine Gemeinschaft kräftiger macht und damit auch der großen Mehrzahl der Einzelnen dient, auch wenn ein kleiner Teil derselben dabei zugrunde geht. Ein Maximum von Kraft und Glück auch des Einzelnen ist nur bei einer tüchtigen Ethik möglich[1]). Man kommt deshalb auch vom naturwissenschaftlichen Standpunkt unweigerlich dazu, die ethischen Gefühle und Triebe als die höchsten zu werten, denen sich die andern unterzuordnen haben. Dabei ist aber nicht zu vergessen, daß die Gemeinschaft nur in den einzelnen Individuen lebt, der Nutzen für die Allgemeinheit also eine gewisse Größe erreichen muß, wenn er die Vernichtung des einzelnen Lebens rechtfertigen soll. Und anderseits ist es eine moralische Pflicht gegenüber der Allgemeinheit, sich selbst leistungsfähig zu erhalten. Seinen Körper durch allerlei Ausschweifungen oder Gifte schwächen ist nicht nur vom egoistischen Standpunkt aus eine Dummheit, sondern ein ganz grober Verstoß gegen die Ethik, gegen die Interessen der Allgemeinheit. Es ist überhaupt falsch, wenn man die das Individuum erhaltenden Triebe unter dem Namen der egoistischen als Fehler und die arterhaltenden als Tugend wertet. Nur wer für sich selbst richtig sorgt, kann der Allgemeinheit das Maximum leisten. Ein Altruist, der vor lauter Wohltun zu wenig produktiv ist, ist schädlich, ganz abgesehen davon, daß solche Leute meist am unrichtigen Ort helfen; und wenn dabei der Altruist zugrunde geht und der Lump (für den Augenblick) gerettet wird, so ist das Fazit nur ein Verlust. Die Tugend besteht weder im Altruismus noch im Egoismus allein, sondern im richtigen Gleichgewicht beider Triebe und in deren Ausübung am richtigen Orte.

Es wird nun eingewendet, um alle diese Dinge, wie die Erhaltung des Genus, brauchen wir uns nicht zu kümmern. Was haben wir, oder was hat die Welt davon, daß das Genus homo sapiens oder das Geschlecht der Schulze bis zur Vereisung der ganzen Erde erhalten bleibe? Von diesem Standpunkt aus kann man höchstens Pflichten der Eudämonie gelten lassen; was einmal da ist, soll ein Maximum von Lust und ein Minimum von Leiden zu tragen haben. Im übrigen hat man sich um diejenigen, die nicht geboren werden, nicht zu kümmern; haben sie keine Freude, so haben sie auch keine Leiden[2]). Dagegen ist zu

[1]) Es scheint mir übrigens, daß es im Naturbetrieb eine noch höhere Tendenz gebe: die Erhaltung von Leben überhaupt, gleichgültig, welcher Individuen und sogar gleichgültig welcher Genera, indem eines das andere frißt, abgesehen von dem Kohlenstoffkreislauf zwischen Pflanze und Tier. Ich habe aber noch keine Lust, es ethisch zu werten, wenn möglichst viele Bakterien von meinem lebendigen oder toten Körper ihr Leben erhalten.

[2]) Bei dem engen Zusammenhang zwischen Sexualität und Moral gibt es namentlich auch manche Homosexuelle, denen für einen andern als den eben geschilderten Standpunkt

sagen: Es ist nun einmal Tatsache, daß die Geschöpfe sich um die Erhaltung des Individuums und des Genus kümmern. Diejenigen, die es nicht tun, werden ausgemerzt; es bleiben immer diejenigen, die diese Triebe haben. Die Ethik in diesem Sinne wird also bleiben, solange Geschöpfe in Gemeinschaft leben, und was einer Gemeinschaft angehört, hat diejenigen Pflichten zu übernehmen, die die Gemeinschaft aufstellen muß. Handelt eines dem Interesse der Gemeinschaft zuwider, so hat diese es als Feind zu behandeln. Auch der Egoismus zwingt es also zu einem, wenigstens äußerlichen, ethischen Benehmen, wenn es nicht Selbstvernichtung vorzieht.

Eine Art Rassenselbstmord ist auch die Rassenvermischung, in der die Rassen zugrunde gehen, wenn auch unter (seltenen) Umständen neue daraus entstehen. Ich weiß, daß es bei den Menschen noch weniger als bei den natürlich lebenden Pflanzen und Tieren „reine Rassen" gibt, daß also alles Lebende in gewissem Sinne Mischrassen angehört. Aber was alles bei diesen Mischungen an ungenügender Anpassung zugrunde geht, das wird nicht in Rechnung gezogen, und auch nicht, daß ein großer Teil auch der lebensfähigen unmittelbaren Nachkommen aus Mischehen zwei Seelen in sich fühlt und deshalb weniger glücklich ist, wenn auch gerade aus solchen Konflikten Dichter und andere große Leute hervorgehen können. Der natürliche Instinkt sagt jeder Rasse, daß sie die höchste sei, und die Verbindung mit einer andern eine Mésalliance — von manchen Stämmen wurde diese als todeswürdiges Verbrechen gewertet — und vor dem Forum der Wissenschaft hat der Instinkt recht.

Eine Nebenfrage: Wenn der Zweck der Moral die Erhaltung der Arten ist, ist es moralisch, Tiere, die unserem Genus nichts schaden, wie die Walfische und die Quaggas und die Elefanten und viele andere auszurotten? Gibt es nicht auch eine Moral aus der Gemeinschaft aller Lebewesen, wenigstens für gewisse Probleme? Eine solche wäre allerdings nur dem Kulturmenschen zugänglich.

Die notwendigen Funktionen zur Erhaltung des Einzelnen und der Art sind natürlich für jedes Geschöpf phylogenetisch durch die Einrichtung des CNS.s bestimmt. Damit ist auch bestimmt, welche Erlebnisse man annimmt, und welche man ablehnt, kurz die Affektivität. Auf Umwegen über den Verstand oder die Erfahrung kann manches Erlebnis seine Wertigkeit ändern; die Freude am Gelde wäre nicht so groß, wenn es nicht mit der Vorstellung verbunden wäre, was man sich alles damit verschaffen kann. Belehrung, Suggestion, Verknüpfung mit anders gefühlsbetonten Vorstellung kann die Richtung unserer moralischen Strebungen und Empfindungen im einzelnen stark beeinflussen. Es wird zwar schwer sein, einen echten Zigeuner zur Achtung des Eigentums des Nichtzigeuners zu bringen; aber der Spartaner, der unter dem Einfluß der lykurgischen Gesetze stahl, hätte unter andern Gesetzen das Eigentum geachtet wie wir. Ein wichtiger Teil der angeborenen Moral besteht eben in dem Gehorsam gegenüber den Gesetzen und Gebräuchen seiner Umgebung, nicht aber in der Kenntnis der einzelnen Gesetzesvorschriften. Auch andere Affekte sind in ihren kausalen Zu-

jedes Gefühl und damit jedes logische Verständnis abgeht, denen deshalb nicht einmal naturwissenschaftlich begreiflich zu machen ist, daß das ausschließlich homosexuelle Fühlen eine Aberration, etwas „Krankhaftes", sei.

sammenhängen mitbedingt durch Erfahrung und logische Verbindungen. Man kann je nach der Begründung und den Erfahrungen das Vaterland lieben oder hassen. Durch Irradiation werden Stellungnahmen von einem Erlebnis auf ein damit assoziiertes übertragen: Man liebt den Ort, wo man Gutes erfahren. Eine Speise, die man bei Unwohlsein genossen, kann dauernd nicht mehr schmecken.

Es gibt noch viele Leute, die mit einer solchen Auffassung der Ethik nicht zufrieden sind. Sie soll von außerhalb des Menschen kommen und etwas Allgemeineres sein; am schlagendsten findet diese Ansicht ihren Ausdruck in den Worten, die Ethik, resp. das Gewissen, sei das „einzig Absolute".

Daß wir unsere Auffassung vorziehen, ist nicht bloß ein Setzen einer Ansicht gegen eine andere, sondern läßt sich begründen [1]). Was haben wir aber für einen Grund, ein Absolutes überhaupt anzunehmen? Es hat noch niemand einen solchen, der sich irgendwie logisch, resp. aus den Tatsachen, begründen ließe, genannt. Ich kann genau mit dem nämlichen Recht behaupten, daß alle Bewohner des Mars blaue Hosen tragen. Und was ist das Absolute? Der Begriff verfliegt

[1]) KANT hat seine Ansicht vom kategorischen Imperativ selber umgebracht, wenn er als Norm aufstellt: „Handle so, daß die Maxime deines Willens jederzeit auch als Prinzip einer allgemeinen Gesetzgebung gelten könnte". Er setzt hier eine relative und rein praktische Wegleitung ein.

Auch die Ansicht KANTs, daß es das höhere sei, gegen seine Triebe aus bloßem Pflichtgefühl Gutes zu tun, als aus direkter Freude daran, ist vor dem Forum der Biologie noch schlimmer, als vor dem des Dichters (Schiller). Einmal muß die affektive Wertung, die Lustbetonung der Pflichthandlung, größer sein als die der schlimmen Handlung (oder negativ ausgedrückt: die Pflichthandlung muß mit weniger Unlust verbunden sein als die gewissenlose Handlung), sonst würde die Pflichthandlung nicht zustande kommen; denn es gibt nichts, das uns zum Handeln veranlaßt und die Richtung des Handelns bestimmt, als unsere Strebungen, die mit den Affekten eins sind. Der Erfinder des kategorischen Imperativs hat ja vergessen zu zeigen, daß dieser etwas anderes ist als unsere Triebe, und der Naturforscher hat nichts anderes dahinter entdeckt als unsere Triebe und keinen Grund etwas anderes zu vermuten. Das Pflichtgefühl nimmt nur deshalb eine relativ „hohe" Stellung ein, weil es aus bewußter Überlegung heraus gewachsenes moralisches Streben darstellt; es kann nur beim höheren Kulturmenschen gut ausgebildet sein; den Tieren muß es wohl ganz fehlen (ich behaupte das deswegen nicht ganz bestimmt, weil manche Hunde den Eindruck machen, irgend etwas dem Pflichtgefühl Analoges zu besitzen). Doch ist das alles Nebensache; der Mann, der mit dem Pflichtgefühl (oder mit irgend einem andern positiv gewerteten Trieb) schlimme Regungen darniederhalten muß und wenig direkte Freude an moralischen Handlungen besitzt, steht ethisch weniger hoch und leistet weniger als derjenige, der mit Freude ohne inneren Kampf gegen widerstrebende Triebe das Gute tut. Schon individuell praktisch: das Pflichtgefühl allein kann nur die allgemeine Richtung des Handelns anzeigen. *Wie* das Gute zu erreichen ist, das sagt uns nicht nur das unmittelbare Gefühl. Wer aus Pflichtgefühl Almosen gibt, schadet meist mehr als er nützt; der ideale deutsche Schul- und Drillmeister, der sein ganzes Leben der Pflicht seines Berufes weiht, aber nicht wohlwollend und mitfühlend sich in seine Schüler hineinlebt, ist ein größeres Unglück für die Generation, die er erzieht, als ein schlechterer Lehrer, der da und dort über die Schnur haut, aber mit seinen Schülern einen Gefühlsrapport hat, und dessen Fehler von ihnen erkannt und menschlich beurteilt werden. Und wenn nicht der ganze Mensch das Gute will, sondern nur ein Teil von ihm, und der andere nach dem Schlechten strebt, so ist eben nur ein Teil gut, und der andere Teil ist schlecht. Da braucht es nur eine etwas außergewöhnliche Situation, und das Schlimme bekommt die Oberhand; und im besten Fall kann nur ein geringer Teil der Kraft des ganzen Menschen für das Gute verwendet werden. Bei der Vererbung ferner fallen die einzelnen Eigenschaften auseinander: die einen der Kinder können wohl das Pflichtgefühl des Elters erben, und wenn sie auch die schlimmen Triebe oder den Mangel direkter Freude am Guten miterben, so kann zwar ihr Pflichtgefühl die Fehler korrigieren wie beim Vater; aber diejenige Hälfte der Kinder, die zufällig gerade das Pflichtgefühl nicht mitbekommen, diese müssen asozial oder antisozial werden. Pflichtgefühl ist also vielleicht die wertvollste oder eine der schönsten Blüten in der Moral des Kulturmenschen: aber wem die andern moralischen Triebe fehlen, der bleibt ein moralischer Krüppel, wie derjenige ein Idiot in der Orientierung bleibt, der sich nur noch mit Kompaß und Karte in seinem Haus und in der Gegend zurechtfinden würde.

uns doch, sobald wir ihn in Beziehung mit dem Weltganzen bringen und nicht in ziemlich naiver Weise uns einfach etwas vorstellen, das außer uns ist nach Analogie der Befehle eines Vaters oder eines Gottes; d. h. indem wir einfach einen nicht absoluten Begriff der Erfahrung nehmen und eine Bestimmung daraus zurückschieben: Befehl des Pfarrers — Gottes — Niemandes, d. h. von Anfang an dagewesen. Der einzige Anhaltspunkt, irgend etwas wie einen Befehl, eine absolute Norm in der Ethik und dem Gewissen zu sehen, ist die Tatsache, daß man diese Norm in sich fühlt; man geniert sich vor sich selber wie vor anderen, etwas Schlechtes zu tun oder getan zu haben, und im letzteren Falle „plagen einen die Gewissensbisse". Nun sagt das nichts anderes, als daß die Anlage in uns steckt, das Eine mit angenehmen, das Andere mit unangenehmen Gefühlen zu betonen. Warum diese Anlage etwas Absolutes sein soll und die andern gleichwertigen Anlagen von Hunger und Nahrungstrieb bis zur Intelligenz nicht, das ist nicht erfindlich — vom Standpunkt der Logik und der Tatsache aus, um so besser aber vom Standpunkt des dereierenden Denkens, der Gefühlsbefriedigung. Leute, die heutzutage, wo man nicht auf eine religiöse Ethik mit ihren Dogmen eingeschworen zu sein braucht, sich an eine solche Theorie halten, haben immer eine besondere Wertschätzung ethischer Eigenschaften, stehen also wenigstens in Beziehung auf die Theorie ethisch hoch (da das Handeln noch von vielen anderen Faktoren abhängt, so namentlich von der Willensstärke, ist damit nicht gesagt, daß sie ausnahmslos besondere nützliche Leute seien, aber sehr ehrenwerte sind es unter allen Umständen). Sie haben folglich das Bedürfnis, diese Eigenschaft, die sie besonders hoch schätzen, auch besonders herauszuheben, und das geschieht am besten durch deren „göttlichen" oder, moderner ausgedrückt, absoluten Ursprung, gerade so, wie das dereierende Denken des Altertums den Personen, die es besonders verehrte, göttliche Ahnen verlieh.

Deutlicher als man ohne genauere Bekanntschaft mit dem dereierenden Denken voraussetzen könnte, spielt aber noch etwas anderes hinein: Man hat den besten Gott oder die besten Eltern oder das größte Haus oder die schönste Hufteder nicht nur dazu, um eine direkte Freude oder einen Nutzen davon zu haben, sondern auch deswegen, damit man vor andern etwas voraus hat. Das haben nun alle diese Leute ganz besonders. Man wird niemals einen solchen Denker lesen oder hören, ohne daß er uns zu verstehen gibt, er könne uns nicht nur belehren, sondern er sei überhaupt der „bessere", und das deshalb, weil er diese Ansicht habe, die so sehr von den andern „materialistischen" absticht. Und unter dem Bessern versteht er gerade das Feinste, was Wertung überhaupt bieten kann. Man kann so edel handeln wie man will, wer nicht auch diese Ansicht hat, ist doch im Charakter nicht ganz so vollwertig wie der liebe Ich. All das zu denken, ist so hübsch, daß sich wohl niemand seinem Einfluß ganz entziehen kann, dessen Wertung eben auf theoretische Ethik eingestellt ist (Ethiker des Handelns gibt es wohl genug, die an solche Dinge nicht denken: Diejenigen, die direkt aus Liebe oder aus Erbarmen handeln und in Wirklichkeit viel mehr leisten). Da verfängt es nicht mehr, daß unter bestimmten Verhältnissen nur eine bestimmte Ethik möglich ist: ein kleines, in steter Berührung mit andern stehendes Volk muß seine Vermehrung und den Rassenzusammenhang in erste Linie, die Schlauheit über die Macht stellen; ein großes Volk hat die Tugenden der großen Gesichtspunkte, des Zusammenhaltens usw. nötig. Die Leute merken nicht, daß man sich von ihrem Standpunkt aus keine Vorstellung machen kann, warum denn die Ethik allein von allen unsern Trieben einen solchen Ursprung haben soll, warum sie von Gesellschaft zu Gesellschaft wechselt, oder was für ein Absolutes oder Göttliches oder kategorisch Imperativisches die Ethik der Ameisen durchdringt. Da heißt es einfach: Ja, Bauer, das ist ganz was anderes; wie willst du deine oder gar meine göttliche Sonne mit dem Leuchten des Johanniskäferchens vergleichen? Das scheint dir nur ähnlich; du handelst doch bewußt das Gute anstrebend, und die Ameise tut es aus blindem Triebe. Er bleibt aber schuldig, warum wir das Gute nicht auch aus Trieb tun, so gut wie etwas anderes (denn die ethischen Triebe sind eben Triebe), und warum die einen Menschen mehr, die andern weniger gut sind, mehr oder weniger von diesem Absoluten zu hören oder zu besitzen oder zu fühlen bekommen, und warum sich die Quelle dieser Eigenschaften meist (bei eigentlichen moralischen Idioten immer) in der Erbschaftsmasse finden läßt.

Die Theorien vom besonderen Ursprung der Ethik haben also bis jetzt auch gar nichts von einem Wert, der irgendwie mit dem zusammenhinge, was man in der Wissenschaft und im Leben Wahrheit oder Realität nennt, sondern es sind Wünsche, die sich in hübscher Einkleidung in einer Geburtstagsrede, die man an sich selber richtet, sehr gut ausmachen, von denen man aber vergißt, daß es Wünsche sind — wie immer im dereierenden Denken.

Allerdings hat das noch einen Grund, dem aber der Kenner des dereierenden Denkens eine geringere Wichtigkeit beimißt: Die Vorstellung ist für den Pädagogen der großen und der kleinen Paides ausgezeichnet. Diese sind ja meist ungenügend fähig, aus der Nützlichkeit eine andere Moral zu ziehen als die, die ihnen und höchstens noch ihrer Familie den nächsten Vorteil bringt; so würden sie doch nur das Gegenteil von dem verstehen, was der gute Lehrer in seinem eigenen und auch anderer Interesse sagen möchte. Um so besser verstehen sie, ihre Gefühle in Gedanken umzusetzen, d. h. dereierend zu denken, und da ist es praktisch, sie dereierend, aber dafür brav, denken zu lassen. Und der Lehrer kann das Problem eben auch nicht so ganz durchdenken und deshalb auch nicht so darstellen, wie man es sollte. Also, was soll er sich mit naturwissenschaftlichen Grillen plagen; einfach und praktisch ist es als Dogma zu verkünden: Die Ethik ist das Höchste und Absolute; eine Ursache hat sie nicht: was ich sage, das ist das allein und ewig Richtige: Hättest du geschwiegen, du Nörgeler, so wärest du nicht nur Philosoph, sondern der bessere Mensch geblieben — wie ich, der ich allein würdig bin, das Kleinod zu besitzen.

Auch von Naturforschern kann die Ethik benutzt werden, um einander oder eine Theorie herabzusetzen. Da behauptet sogar Hertwig, vom Darwinschen Standpunkt aus gebe es keine Ethik, sondern nur einen Kampf aller gegen alle. Ich glaube das Gegenteil gezeigt zu haben.

Natürlich wird niemand den Kampf ums Leben leugnen. Die organische Welt wird eben durch Gegenstrebungen im Gleichgewicht gehalten so gut wie die physische, in der z. B. das Sonnensystem durch das Gegenspiel von Anziehung und Zentrifugalkraft Dauer bekommt. Übrigens liegt das schon im Begriffe des Gleichgewichts, und es wäre interessant, einmal zu untersuchen, ob überhaupt etwas, Physikalisches oder Organisches, existieren könnte ohne ein Gleichgewicht, d. h. ohne Kraft und Gegenkraft; eine einseitige und ungehemmt wirkende Kraft müßte ja in unendlich kleiner Zeit abschnurren und könnte doch nicht aufhören, und außerdem könnte sie keine Wirkung haben . . .

Überhaupt wird kaum etwas so stark mißbraucht wie die Ethik. Viele schwärmen für die „Ideale“, um sich mit guten Handlungen nicht anstrengen zu müssen; um Eitelkeit, Machtinstinkte, Grausamkeit, ja die gewöhnlichste egoistische Habgier auszuleben, gibt es kein besseres Mittel, als ethische Motive vorzuschützen. Die Geschichte der Politik und der Kirchen gibt da die besten Beispiele, um von dem Alltäglichen und Kleinen nicht zu sprechen. Und diese Leute sind meist nicht einfache Heuchler; sie machen sich selbst vor, den Teufel zu treffen, während sie den Besessenen martern. Die Instinkte lenken eben die Logik der Menschen wie Wasserbäche. In einer wichtigen Entscheidung hatte einmal ein intelligenter Mann ein mir unverständliches Votum abgegeben; ich wollte ihn damit rechtfertigen, daß er es mit ethischen Gründen gestützt habe. Ein Kollege fand, ich habe Unrecht und warnte mich vor ihm; die ethischen Gründe lassen sich nicht fassen, mit ihnen könne man immer das rechtfertigen, was man haben möchte. Seitdem bin ich alt geworden, ohne daß meine Erfahrungen diesen Kollegen Lügen gestraft hätten.

Da unsere Erhaltung ganz von der Richtung unserer Stellungnahmen und Strebungen abhängt, haben diese selbstverständlich zu befehlen. Der in einem bestimmten Zeitpunkt notwendige (herrschende) Trieb muß die andern unterdrücken, wenn ein kraftvolles und einheitliches Handeln zustande kommen soll. Unsere Affektreaktionen sind ja unter normalen Umständen Aktivitätsrichtungen der ganzen Person noch viel mehr als die Assoziationen. Nun hemmt im Prinzip jede zentralnervöse Funktion alle nicht gleichsinnigen anderen. Bei der Affektivität aber bekommt dieser Mechanismus der Hemmung eine ganz besonders auffallende Bedeutung.

Wenn zwei Strebungen einander widersprechen (z. B. sexuelle Betätigung und Ethik), so gelingt es der einen gar nicht immer, die andere vollständig zu unterdrücken, so daß sie nicht funktionieren kann; es sind eben beide organisch im CNS. begründet. Die stärkere kann aber die Assoziationsschaltung so beherrschen, daß sie die andere von der Verbindung mit der bewußten Person, oft schon jede Regung derselben in statu nascendi, absperrt, daß sie sie „ins Unbewußte verdrängt“. In der Verdrängung fungiert aber die Strebung weiter, und sie kann von da aus auf Umwegen das Denken und Handeln des bewußten Ich doch beeinflussen oder Krankheitssymptome machen, ohne daß das Ich die Quelle kennt (vgl. namentlich die FREUDschen Anschauungen, die in dieser Beziehung durchaus richtig sind). Manchmal macht der verdrängte Affekt Schmerzen, Krämpfe und andere körperliche Symptome. Diese sind dann meist Symbole für die Erfüllung eines verdrängten Wunsches. FREUD redet dann von Konversion des Affektes in das Symptom, indem er sich vorstellt, daß die Affektenergie, die nicht „abreagiert“ werden könne, sich auf diese Weise äußere. Das Tatsächliche ist richtig, die Auslegung bedarf einer Korrektur (vgl. Gelegenheitsapparate).

Ich kann an dieser Stelle der Bedeutung der Affektivität für die Psychopathologie nicht gerecht werden. Wie die Abnormitäten, die wir Psychopathien nennen, fast nur Thymopathien sind, so spielen in der Psychopathologie überhaupt die Affektwirkungen eine so dominierende Rolle, daß alles andere fast zur Nebensache wird. Nur die Oligophrenien, die Verschrobenheiten und die meisten deliriösen Zustände sind vorwiegend intellektuelle Störungen. Aber auch diese werden durch die Affektmechanismen gefärbt nnd oft in ihrer praktischen und theoretischen Bedeutung allein bestimmt. Die ganze Genese und Symptomologie der sogenannten Neurosen und nahezu die gesamte manifeste Symptomatologie der häufigsten Geisteskrankheiten, der Schizophrenien, beruht auf Affektwirkungen.

Die Affektivität, eine Seite unseres organisch bedingten Strebens, stellt sogar das Denken in ihre Dienste, nicht nur, indem sie ihm seine Aufgaben anweist, sondern indem sie das logische Erfahrungsdenken zu fälschen sucht, was ihr auch beim ruhigsten Menschen in viel ausgiebigerem Maße gelingt, als man sich gewöhnlich vorstellt. Dabei stehen ihr inhaltlich zwei Wege zur Verfügung:

Die einem aktuellen Affekt entsprechenden Assoziationen werden gebahnt, d. h. begünstigt, alle andern, vor allem die ihm widersprechenden, werden erschwert (Schaltkraft der Affekte). Daraus folgt a) ein Zwang zur Beschäftigung mit dem gefühlsbetonten Gegenstand (aktuelle gefühlsbetonte Erlebnisse können nur in Ausnahmefällen ignoriert werden und machen unter Umständen geradezu das Denken in anderer Richtung unmöglich). — b) Eine Fälschung der Logik (der Euphorische ist nicht imstande, alle schlimmen Chancen in Berechnung zu ziehen; sie „fallen ihm gar nicht ein“ oder werden doch für die logische Operation außer acht gelassen; seine eigenen Fehler übersieht man)[1].

Ein Psychopath (vielleicht latenter Schizophrene) hatte einmal sexuell mit einer verheirateten Frau verkehrt. Da sie später ein Kind bekam, versprach er ihr monatlich 30 Fr. zu bezahlen und sie zu heiraten, wenn ihr Mann gestorben sei. Er hatte das drei Jahre lang gehalten, als er in unsere Untersuchung kam. Ich beweise ihm, daß das Kind gar nicht von ihm stammt, weil es fast 11 Monate nach dem Koitus zur Welt gekommen ist; das nützt nichts, er will die 30 Fr. doch weiter bezahlen;

[1]) Das Folgende zumeist aus BLEULER, Lehrbuch der Psychiatrie, 2. Aufl. Berlin, Springer, 1918. S. 25.

er habe es nun einmal versprochen und er wolle Wort halten; Vaterstolz und vielleicht auch die Abneigung, sich selber einen so dummen logischen Fehler einzugestehen, hindern ihn, in diesem Zusammenhang ihn zu korrigieren. Nicht mehr halten aber will er das Heiratsversprechen mit eben so leichtem Herzen, wie er es im anderen Falle schwer nimmt. In dieser Beziehung ist er froh über meinen Beweis, der ihm einen schon gefaßten Entschluß moralisch rechtfertigt: Er hat eben in der Zwischenzeit eine andere kennen gelernt, die ihm gefällt.

Die Wertigkeit, das logische Gewicht der einem Affekt entsprechenden Ideen wird erhöht, die der für den Affekt irrelevanten und namentlich die der ihm widerstrebenden wird herabgesetzt. Daraus folgt wieder einerseits die Tendenz, sich mit den als wichtig imponierenden Ideen zu beschäftigen, und andererseits eine weitere Alteration der logischen Operationen (der Ängstliche wertet die Gefahren zu hoch, die guten Chancen, soweit er sie überhaupt berücksichtigt, zu niedrig. Der Forscher, dessen Ehrgeiz an einer von ihm aufgestellten Theorie hängt, findet immer Beweise für dieselbe und ist nicht fähig, die Gegenargumente in ihrem ganzen Gewichte zu würdigen).

Der Einfluß der Affektivität auf Handeln und Denken wird verstärkt durch ihre Neigung zur Ausbreitung. Zeitlich überdauern die Affekte den ihnen zugrunde liegenden intellektuellen Vorgang ganz gewöhnlich, und zwar oft sehr lange, und sie „irradiieren" außerdem leicht auf andere psychische Erlebnisse, die mit den affektbetonten irgendwie assoziiert sind: Der Ort, wo man etwas Schönes erlebt hat, wird geliebt, der unschuldige Überbringer einer schlimmen Botschaft gehaßt; Liebe wird oft von dem ursprünglich Geliebten auf einen andern „übertragen", der irgendeine Analogie mit dem ersten besitzt, oder auf ein Objekt, einen Brief usw. Es kann auch schon unter normalen Verhältnissen vorkommen, daß der übertragene Affekt sich von der ursprünglichen Idee loslöst, so daß diese gleichgültig erscheint, während die sekundäre den ihr nicht zukommenden Affekt trägt (Verschiebung des Affektes); ein Junge hat Gewissensbisse wegen Onanie, verdrängt aber diese Vorstellung und macht sich Gewissensbisse wegen unschuldigeren Äpfeldiebstahls. Auf diese Weise entstehen die meisten Zwangsideen.

Ein allgemeiner Einfluß auf die Schaltung besteht darin, daß die Affekte uns zwingen, sich mit ihnen und den mit ihnen verbundenen Strebungen und Gedanken zu beschäftigen. Wir möchten sagen, ein Schmerz „sei da", damit wir die Aufmerksamkeit darauf wenden und die Körperschädigung vermeiden. Eine Beleidigung, ein besonderer Glücksfall hindert uns, unsere Gedanken auf etwas anderes zu lenken.

Die Affektivität reguliert auch die Geschwindigkeit psychischer und zentralnervöser Vorgänge überhaupt: Lustaffekte haben die Neigung, die Gedanken schneller ablaufen zu lassen, Depression bewirkt das Gegenteil, so daß z. B. in der Melancholie so elementare Vorgänge wie die sinnliche Auffassung verlangsamt sein können. Es scheint auch in vielen Beziehungen die Energieentwicklung durch Lustgefühle begünstigt zu werden, sogar Sehnenreflexe sind im manischen Stadium stärker als im melancholischen. Doch kann namentlich Angst auch gewisse Kraftausgaben steigern, man darf deshalb sich nicht zu allgemein ausdrücken.

So hat jeder einmal gesetzte Affekt die Tendenz, Alleinherrscher zu sein; er unterdrückt direkt alle anderen Affekte, gibt den Erlebnissen, die sonst anders betont wären, seine Richtung, fälscht schon beim Gesunden in erheblichem Maße das Denken, beim Geisteskranken bis zu unkorrigierbaren Wahnideen. Dadurch wird die Einheitlichkeit des Fühlens und Strebens und Handelns begründet, Kraftzersplitterung verhindert und die Energie erhöht. Es kommt sogar vor (unter Umständen, die ich noch nicht genauer umschreiben kann), daß ein Affekt geradezu durch die Unterdrückung anderer Strebungen eine erhöhte Energie bekommt, es ist wie wenn er den ganzen Energiebetrag des Unterdrückten an sich reißen und für sich benutzen könnte (Haß, wo man liebt, Tapferkeit aus Feigheit, Prüderie aus Geilheit), während allerdings unter anderen Umständen die unterdrückte Strebung die herrschende andauernd behindern oder in ihrer Energie schädigen kann.

Es kann trotz allen diesen auf Alleinherrschaft hinwirkenden Mechanismen vorkommen, daß ein Affekt sich nicht durchsetzen kann, indem die nämliche Idee entgegengesetzte Beziehungen zu uns hat, von denen man keine opfern kann. Man „fühlt dann zwei Seelen in einer Brust". Eines der häufigsten Beispiele solch hochgradigster „Ambivalenz" ist das Kind vom gehaßten oder nur ungeliebten Manne, das von der Mutter geliebt wird, weil es ihr Kind ist, und zugleich gehaßt, weil es das des Mannes ist. Bei ambivalenten Zielen ist die Entschlußfähigkeit beeinträchtigt, oft bis auf null. Es sind ambivalente Komplexe, die unsere Träume beherrschen, namentlich aber neurotische und psychotische Symptome machen. Mit einseitig gerichteten Übeln kann man sich gewöhnlich abfinden. Wer den Verlust einer geliebten Person nicht überwinden kann, hat gewöhnlich irgendeinen Gewinn von demselben gehabt, vielleicht vorher schon mehr oder weniger bewußt einmal den Tod der Person als etwas in irgendeiner Hinsicht wünschbares gedacht.

Wenn ein bestimmter Affekt anhält, also während einiger Zeit den ganzen Menschen mit allen Erlebnissen beherrscht, spricht man von einer Stimmung oder Stimmungslage. Die Tendenz des einmal aufgetretenen Affektes, bestehen zu bleiben und sich auf andere Erlebnisse zu übertragen, sowie sein Einfluß auf das Denken erleichtern das Zustandekommen von dauernden Stimmungen. Diese können aber auch auf physische Ursachen zurückzuführen sein (Temperamente, d. h. in der Konstitution bedingte Stimmungslagen, Alkoholeuphorie, Manie, Melancholie usw.).

Die Affekte haben große assoziierende Kraft. Ein unangenehmer Affekt ekphoriert gern frühere ähnliche; so kann ein an sich nicht gerade bedeutendes Ereignis eine große Wirkung bekommen, indem die Affekte aus früheren qualitativ ähnlichen, aber viel stärker gefühlsbetonten Situationen wieder auftauchen und zwar oft, ohne daß jene früheren Begebenheiten mit bewußt werden („Reizung" von Affekten). In andern Fällen werden zunächst gerade die Erlebnisse wieder in Erinnerung gebracht und verstärken und modifizieren dann sekundär den ursprünglichen Affekt. Diese Eigenschaften haben in der Pathologie der Neurosen große Bedeutung, indem daraus eine Neigung ähnlicher Affekte besteht, sich zu kumulieren (vgl. Gelegenheitsapparate).

Durch die Hemmung des nicht zu ihnen Gehörigen üben die Affekte auch einen abgrenzenden Einfluß auf die von ihnen betonten Ideenkomplexe aus. Solche Komplexe bilden in manchen Beziehungen ein

Ganzes, und zwischen ihnen und der anderen Psyche besteht nicht nur eine Assoziationsbereitschaft für entsprechend zu verwertende Ideen, sondern auch eine gewisse Assoziationsfeindschaft gegenüber allem, was nicht zu ihnen gehört. Sie werden deshalb oft sehr wenig von neuen Erfahrungen beeinflußt und sind der Kritik schwer zugänglich. Ist ihre Affektbetonung eine unangenehme, so werden sie, wie oben ausgeführt, leicht ins Unbewußte verdrängt. Alle diese Mechanismen spielen in der Psychopathologie eine große Rolle.

Die Richtung unserer Strebungen, die Affektivität, ist in hohem Grade abhängig von chemischen Einflüssen: Alkohol oder Tuberkulin bewirken euphorische Stimmungen, manche Gifte aus faulendem Mageninhalt Depression. Am auffallendsten ist die Beeinflussung der sexuellen Gefühle durch die Hormone der Pubertätsdrüse, so daß z. B. durch Einpflanzung von Hoden bei einem kastrierten Weibchen oder einem Homosexuellen männliche Triebe und umgekehrt entstehen.

Solche chemisch, namentlich durch Hormone bedingte Stimmungen sind dann zunächst nicht an eine bestimmte Vorstellung gebunden; sie suchen sich aber nicht selten an irgendeine solche anzuknüpfen, die dann als die Ursache des Affektes angesehen wird. Man ist z. B. niedergeschlagen aus irgendeinem chemischen Grunde; da werden nach dem Früheren hauptsächlich depressiv betonte, unangenehme Dinge assoziiert, und alle oder eins derselben wird dann als Grund für die Traurigkeit angesehen. Solche Affekte können aber auch irgendeinem verdrängten Komplex angehören; die unerträgliche Vorstellung kann nicht zum Bewußtsein kommen, aber der Affekt drängt sich doch hervor; namentlich die Angst hat häufig diesen Charakter („frei flottierende Angst“ nach Freud). Noch nicht genügend erklärt ist das bei Geisteskranken und Nervösen so häufige Auftreten von Angst infolge von sexueller Verdrängung oder nur schon Nichtbefriedigung. Vielleicht besteht irgendein Zusammenhang mit dem v. Monakowschen Kakon, der angstvollen Reaktion auf Angriffe auf das Ich, gegen die man sich nicht eigentlich wehren kann[1]). Doch ist der Zusammenhang von Angst und Sexualität ein komplizierter.

Wir haben also in der Affektivität zu unterscheiden die Stellungnahme zu einzelnen Erlebnissen und die allgemeine Richtung der Stellungnahme: die erstere, die katathyme, ist vorwiegend bestimmt durch die Art des einzelnen Erlebnisses, die zweite durch chemische und vielleicht auch anatomische Verhältnisse, die sich in ihren Extremen als manische und melancholische Verstimmungen äußern, in denen alle Erlebnisse mit Lust bzw. Unlust betont werden. Ohne scharfe Grenze gehen diese physischen Verstimmungen in diejenigen über, die durch Überdauern und Irradiation eines durch ein Erlebnis oder eine Summe von Erlebnissen begründeten Affektes entstehen. Auch bei diesen Zuständen werden ja offenbar der Stimmung entsprechende Hormone gebildet, die die Stimmung erhalten. Wir haben also zwei Funktionskreise: Auf psychischem Gebiet ruft ein Erlebnis einen Affekt hervor; dieser begünstigt die ihm entsprechenden Assoziationen, deren logisches

[1]) Vgl. v. Monakow, Biologie und Psychiatrie. Schweiz. Archiv für Neurologie und Psychiatrie, IV, S. 239, und Bleuler, Der Sexualwiderstand, Jahrbuch für psychoanalytische und psychopathologische Forschungen, V, S. 442.

Resultat wieder den Affekt verstärkt und seine Dauer verlängert. Im Körper löst der Affekt chemische (innersekretorische im weitesten Sinne) Prozesse aus, die in der nämlichen Richtung wirken. Es kann aber auch ein primärer chemischer Zustand, eine Schwankung des Gleichgewichts der Hormone, den Affekt hervorbringen, der dann seinerseits wieder die Hormone in seinem Sinne beeinflußt. So erklären sich manche krankhafte Zusammenhänge, z. B. daß ein affektives Ereignis bei einem Manisch-Depressiven genau die gleiche Manie auslösen kann, wie die physiologische (chemische?) Schwankug des Organismus, die für gewöhnlich die Anfälle ohne äußeren Anstoß ganz von innen heraus erzeugt. Auch vorübergehende Anfälle von Mutwillen oder schlechter Laune können in genau gleicher Art sowohl von innen heraus physiologisch und durch chemische Reize von außen (Alkohol, Kakao) als auch durch zufällige Anregung auf rein psychischem Wege erzeugt werden. Bei der Bedeutung der Affekte für unsere Reaktionen verstehen wir die Existenz solcher Verstärkungsmechanismen ganz gut. Aber wenn die beiden in sich selbst zurücklaufenden Kreise sich gegenseitig steigernder Funktionen nicht irgendwie kompensiert würden, so müßte ein einmal gesetzter Affekt immer wachsen, und es gäbe keine Möglichkeit mehr, aus ihm herauszukommen. Daß wirklich das Herauskommen nicht immer leicht ist, sehen wir oft an Kindern und Primitiven, bei Hysterischen und Schizophrenen, die sich in eine Erregung immer mehr hineinarbeiten. Schließlich aber „erschöpft sich" jeder Affekt; die Vermutung liegt nahe, daß die Erschöpfung der Produktion von Affekthormonen die Ursache sei. Doch ist zu erwarten, daß noch ververschiedenes anderes mitwirke (z. B. gegenwirkende Hormone, Ermüdung der Vasomoteren, assoziativ-intellektuelle Vorgänge usw.).

Die Affektivität[1]) ist von Mensch zu Mensch und sogar nicht selten beim nämlichen Menschen in seinen verschiedenen Lebensaltern äußerst verschieden. Während jeder Normale eine Katze eine Katze nennen und die allgemeinen logischen Gesetze befolgen muß, um mit seinen Nebenmenschen und der Außenwelt überhaupt auszukommen, kann man die Katze lieben oder ein scheußliches Tier finden; die Reaktionsweise des Individuums, die sich ja in erster Linie in der Affektivität ausdrückt, ist nicht an so enge Normen gebunden wie die Logik. Man kann sich deshalb z. B. darüber streiten, ob der isolierte Mangel an Gefühlsbetonung moralischer Begriffe als krankhaft anzusehen sei oder nicht. Die Psychopathien, die angeborenen qualitativen Abweichungen von der Norm sind fast alle Thymopathien.

Durch die Affektivität fast allein[2]) wird der Charakter eines Menschen bestimmt. Lebhafte, leicht wechselnde Gefühle machen den Sanguiniker aus, anhaltende und tiefe den Phlegmatiker; wer Begriffe von Gut und Böse nicht mit Lust und Unlust betont oder schwächer betont als egoistische Vorstellungen, „hat einen schlechten Charakter".

---

[1]) BLEULER, Psychiatrie, 3. Aufl., S. 29 (Berlin 1920, Julius Springer).

[2]) Außer der Anlage können besondere affektive „Einstellungen" den Charakter bedingen (siehe Gelegenheitsapparate). Ferner sind manche Menschen infolge zu verschiedenen Keimplasmas von Vater und Mutter nicht einheitlich, so daß zwei Charaktere in ihnen streiten, von denen je nach äußeren oder inneren Umständen der eine oder der andere herrschend werden kann. Inwiefern äußere Erlebnisse oder Krankheiten den Charakter beeinflussen, ist bekannt.

Neben der Qualität der Reaktionen kommt hier auch die Schnelligkeit und die Kraft der Affekte und damit der Triebe in Betracht. Eifersucht, Neid, Eitelkeit sind Charaktereigenschaften und Affekte zugleich; Faulheit, Energie, Stetigkeit, Betriebsamkeit, Nachlässigkeit stammen aus der Affektivität.

Auffallend ist, wie oft die nämlichen Erlebnisse beim nämlichen Menschen das eine Mal eine starke Affektwirkung haben, das andere Mal gar keine. Wir stellen uns unter Umständen den Tod eines Lieben, auch wenn er noch aktuell ist, klar vor, ohne den entsprechenden Affekt mitzuerleben. Man kann eben viele Dinge denken oder gar erleben, ohne daß man dazu Stellung nimmt. Eine komplizierte Genese hat die Affektlosigkeit in den Schizophrenien.

Auch qualitativ sind die Affekte sehr variabel nicht nur von Mensch zu Mensch, sondern auch beim nämlichen Menschen zu verschiedenen Zeiten oder in verschiedener physischer Umgebung. Speisegeruch ist für den Hungrigen angenehm und anregend, für den Übersättigten mit Ekelgefühl verbunden. Die nämliche Musik kann uns das eine Mal entzücken, das andere Mal zur Verzweiflung bringen. Der nämliche ch-Laut tönt den Franzosen im Spanischen elegant, im Deutschen barbarisch. Was die Wonne des Manischen bildet, kann ihm später im melancholischen Stadium als etwas besonders Schreckliches vorkommen.

Wie die Affektivität die Körperfunktionen beeinflußt, ist bekannt (die Mimik im weitesten Sinne einschließlich Betonung der Rede, Körperhaltung, Muskeltonus, das Gefäßsystem, Erröten, Erblassen, Herzklopfen, alle Absonderungen, Tränen, Speichel, Darm, die ganze Trophik des Körpers). Man hat daraus schließen wollen, die Affektivität, wie wir sie in uns spüren, sei nichts als die Empfindung dieser körperlichen Veränderungen. Es genügt wohl schon der Hinweis auf die obigen psychischen Affektwirkungen, um eine solche Ansicht auszuschließen, und zum Überfluß hat A. Lehmann noch nachgewiesen, daß die körperlichen Affektzeichen später kommen als die psychische Wertung eines Ereignisses.

Die Affekte haben viel deutlicher als alle andern Funktionen eine gewisse dynamische Bedeutung. In ihnen kommen ja die Stellungnahme, die Triebe, die Aktivität der Psyche zum Ausdruck. Die Energie des Handelns nach außen, der ursprüngliche Kraftbegriff, ist im Zusammenhang mit unseren Trieben. Die Triebe unter sich bekämpfen und fördern sich wie die dynamischen Systeme; außer im Handeln drückt sich die Stärke der Wirkung der Affekte auch in den körperlichen Reaktionen wie denen der Vasomotoren, Drüsen, des Muskeltonus aus. Dem Begriffe des „Abreagierens“ liegt die Vorstellung zugrunde, daß ein Affekt ein Quantum Energie sei, das irgendwie „abgeführt“ werden müsse, wenn es nicht in falsche Bahnen geraten und dort unangenehme Wirkungen hervorbringen solle. Diese Auffassung ist aber nicht ganz zutreffend; das Abreagieren beruht im wesentlichen auf der Abstellung von Gelegenheitsapparaten (siehe das). Über die Dynamik der intrapsychischen Vorgänge haben wir überhaupt so wenig Kenntnisse, daß wir bis jetzt gut tun, davon nicht weiter zu reden. Es genügt für uns zu wissen, daß die Stärke der Reaktionen ebenso wie die Stetigkeit oder Wandelbarkeit des Wollens eine Seite der Affektivität ist.

Als Ausdruck der Triebe bestimmt die Affektivität natürlich auch die Richtung des Handelns Wenn wir meinen nach Überlegungen zu handeln. so täuschen wir uns insofern, als die letzteren gar nicht imstande sind, die Hauptrichtungen zu bestimmen. Ob ich Gutes oder Böses tue, hängt nicht von der Überlegung, sondern von den Instinkten ab, und so überall. Die Überlegung gibt nur die Wege und die Mittel an, auf denen wir die von den Affekten, Instinkten, Trieben oder wie man die nämliche Sache noch bezeichnen mag, gesteckten Ziele erreichen. Diese sind uns deswegen gar nicht immer bewußt, und wir können ganz ehrlich meinen, ethische Ziele zu verfolgen, während wir eigentlich nur Macht- oder Racheinstinkten fröhnen.

Die Aufmerksamkeit[1]).

INHALT. Insofern die Affektivität speziell für jede Tätigkeit diejenigen Assoziationen nicht nur bahnt, sondern auch mit dem bewußten Ich in Verbindung bringt, die für die Handlung wichtig sind, und die andern ausschaltet, wird sie als Aufmerksamkeit besonders hervorgehoben. Bei dieser Funktion pflegt man besonderen Wert auf die Dynamik zu legen, indem die Stärke der Aufmerksamkeit nicht nur die Zahl und die Kraft der Schaltungen bestimmt, sondern wohl auch die Menge der Energie, die in den von den Schaltungen gewiesenen Bahnen abläuft. Doch können wir diese Energiegrößen anders als in den Schaltungen noch nicht recht fassen.

Die Aufmerksamkeit bahnt die einem Triebe, einem „Interesse" entsprechenden Assoziationen in Handeln und Denken, begünstigt ihre Verbindung mit dem Ich, und hemmt die übrigen Verbindungen; zugleich gibt sie wie jede andere Affektäußerung dieser Schaltung und dem darauf beruhenden Vorgang die Energie, die als Konzentration zur Wirkung kommt. Wir haben ferner zu unterscheiden den Umfang, die Tenazität und Vigilität der Aufmerksamkeit. Das Gegenteil der Aufmerksamkeit ist die Zerstreutheit, ein zweisinniger Begriff, dem entweder Hypervigilität oder Hypertenazität entsprechen kann. Die Aufmerksamkeit kann auf bestimmte Sinneseindrücke ein für allemal für lange Zeit eingestellt bleiben, wobei sie erst gegebenenfalls zur Wirkung kommt (Assoziationsbereitschaft); sie kann auch bestimmte Erfahrungen von der Verbindung mit dem Ich ausschließen (Assoziationsfeindschaft). Unglücklich ist der moderne Begriff der Apperzeption; ebenso ist zu warnen vor den viel zu billigen Erklärungen aller möglichen Denkstörungen durch Aufmerksamkeitsstörungen.

Eine Äußerung der Affektivität ist die Aufmerksamkeit. Sie besteht darin, daß bestimmte Sinnesempfindungen und Ideen, die unser Interesse erregt haben, gebahnt, alle andern gehemmt werden. Machen wir ein wichtiges Experiment, so beachten wir nur das, was dazu gehört; das andere geht spurlos an unseren Sinnen vorüber. Wollen wir uns auf ein Thema konzentrieren, so werden alle entsprechenden Assoziationen zugezogen, die andern ausgeschlossen. Die größere „Klarheit" der Beobachtung und der Gedanken, denen wir die Aufmerksamkeit zuwenden, ist der Ausdruck davon, daß eben alles Dazugehörige beobachtet und gedacht wird, während das nicht Dazugehörige reinlich ausgeschaltet wird. In der Aufmerksamkeit hemmt und bahnt also das „Interesse", genau wie sonst der Affekt, die Assoziationen. Je ausgiebiger das gelingt, um so stärker ist die Intensität, die Konzentration (vgl. Spannungen); je mehr der nützlichen Assoziationen zugezogen werden, um so größer ist der Umfang der Aufmerksamkeit.

Man unterscheidet ferner: die Tenazität und die Vigilität der Aufmerksamkeit, die sich meist, aber nicht immer, antagonistisch verhalten. Die Tenazität ist die Fähigkeit, seine Aufmerksamkeit dauernd

[1]) Nach BLEULER, Lehrbuch der Psychiatrie, 3. Aufl., S. 30ff. Berlin 1920, Julius Springer.

auf einen Gegenstand gerichtet zu halten, die Vigilität diejenige, die Aufmerksamkeit einem neuen Gegenstand (namentlich einem von außen kommenden Reiz) zuzuwenden.

Das Gegenteil der Aufmerksamkeit ist die Zerstreutheit; sie hat zwei gegensätzliche Formen, indem einerseits der Mangel an Tenazität bei Hypervigilität einen Schüler, der durch jedes Geräusch abgelenkt wird, als zerstreut bezeichnen läßt, während die Hypertenazität und Hypovigilität den zerstreuten Gelehrten charakterisiert. Eine dritte Form, die in ihren stärkeren Ausprägungen krankhaft ist, beruht auf ungenügender Konzentrationsfähigkeit; diese kann affektiv begründet sein (Neurasthenie) oder in Assoziationsstörungen (Schizophrenie, gewisse Delirien) oder in komplizierteren Verhältnissen (Ermüdung) liegen. Die Aufmerksamkeit kann für längere Zeit auf bestimmte Vorgänge eingestellt werden; so entsteht eine Assoziationsbereitschaft der Aufmerksamkeit als Dauereinstellung. Wenn uns etwas affektiv beschäftigt, so erinnern uns die verschiedensten Erlebnisse daran; alle möglichen Ideen finden assoziative Zusammenhänge mit dieser Idee. auch wenn sie aktuell gar nicht gedacht ist. Wer eingesteckt zu werden fürchtet. erschrickt leicht vor jedem, der irgendwie an einen Detektiv erinnern könnte. Die Assoziationsbereitschaft kann auch wie die Aufmerksamkeit absichtlich auf bestimmte Dinge eingestellt werden: ich suche etwas in einem Buche, interessiere mich aber für viele andere Dinge, die darin stehen, und überlasse mich der andern Lektüre. Sobald ich aber auf den Passus komme. auf den ich mich eingestellt hatte, oder auch nur auf etwas Ähnliches, assoziiere ich es an mein Vorhaben. (Vgl. Gelegenheitsapparate.)

Auch die bloße Gewohnheit kann eine Art Assoziationsbereitschaft schaffen, wenn auch in einem etwas anderen Sinne: Wer gerade viel Korrekturen zu lesen hat. wird auch in anderer Lektüre leicht durch die Druckfehler verfolgt.

Die Assoziationsbereitschaft führt auch bei Gesunden oft zu Täuschungen, die Wahnideen recht ähnlich sehen, so bei dem Mann mit dem schlechten Gewissen, der sich überall beobachtet glaubt. Bei Geisteskranken führen solche Einstellungen zu krankhaften Eigenbeziehungen.

Es gibt auch eine negative Einstellung der Aufmerksamkeit, die besonders in der Pathologie eine wichtige Rolle spielt. Man will meist unbewußt — bestimmte Dinge nicht beachten, bei Überlegungen nicht in Betracht ziehen; die Assoziationsfeindschaft macht sich auch in der Aufmerksamkeit geltend.

In der Aufmerksamkeit äußert sich das Dynamische subjektiv und objektiv, namentlich in der Konzentration. Die Stärke der Hemmungen und Bahnungen, der Schaltungen ist dabei das am besten Konstatierbare. Man stellt sich aber meist noch mehr darunter vor: die Aufmerksamkeit soll die psychische Aktivität selber verstärken. Es mag etwas daran sein; nur sollte man den Ausdruck etwas anders wählen; die Verstärkung der Aktivität, der psychischen Energie, wenn sie überhaupt dabei in Frage kommt, *ist* eben die stärkere Aufmerksamkeit, sie ist nicht eine Folge derselben. Zu warnen ist vor den gebräuchlichen „Erklärungen“ aller möglichen Denkstörungen durch Aufmerksamkeitsschwäche. Man kann jede beliebige Unter- oder Falschleistung ebensogut auf Aufmerksamkeitsstörung zurückführen wie auf Infantilismus oder Psychasthenie oder ähnliches. Solche Erklärungen sagen also nichts. Ebenso verfehlt ist der Begriff der Apperzeption in seiner modernen Form, der in die Normalpsychologie eingeführt worden ist; er macht aus der notwendigen Aktivität der Psyche eine neue Art Psyche hinter der gewöhnlichen und stattet sie mit allen den Künsten aus, die nötig sind zum Verständnis der psychischen Tätigkeiten, nachdem man die mehr peripheren Funktionen wie einfache Wahrnehmung und Motilität weggenommen hat.

Der Begriff der Aufmerksamkeitsstörungen hat nur da einen vollen Wert, wo es sich um schwankende Zustände handelt. Ein Patient oder auch ein Gesunder besitzt die Fähigkeit, bestimmte Rechnungen zu lösen; bei einer Prüfung macht er aber beständig Fehler, weil er abgelenkt, zerstreut ist, sich nicht konzentrieren kann, d. h. weil die Aufmerksamkeit nicht recht funktioniert. Und den Fehlern können wir meist schon an ihrer Art den Ursprung ansehen, so wenn beim Kopfrechnen die Zahlen bloß nicht richtig geordnet, Einzelziffern aus der Aufgabe ins Resultat geraten u. dgl. Aufmerksamkeitsstörungen bei deliriösen oder schizophrenen Zuständen werden richtiger einfach phänomenologisch beschrieben: Flüchtigkeit der Vorstellungen, ungenügende Verarbeitung derselben, ungenügende Assoziationsspannung, zu große oder zu geringe Ablenkbarkeit.

Die Suggestion und Suggestibilität[1].

INHALT. Die affektive Stellungnahme gibt sich nach außen kund und zwar nicht nur in der daraus hervorgehenden Handlung selbst, sondern schon in der ganzen Mimik im weitesten Sinn, und alle sozial lebenden Wesen haben ein angeborenes Reaktionsvermögen auf diese Äußerungen, das sich bei (in der Beziehung, worauf es gerade ankommt) gleich Gesinnten als Mitfühlen, Produktion des nämlichen Affektes, bei Gegnern als gegenteilige Stellungnahme (Angst bei Mut des Gegners) kund tut. So werden in einer Gemeinschaft der Affekt, die Stellungnahme in Angriff und Flucht, und das Handeln einheitlich. Diese Affektwirkung von Geschöpf zu Geschöpf wird als Suggestion bezeichnet; sie nimmt aber gleich von Anfang an intellektuelle Elemente in sich auf, indem z. B. die Richtung des Angriffes oder der Flucht des Suggerierenden vom Suggerierten wahrgenommen wird; beim Menschen können durch die Sprache beliebige Vorstellungen in den Komplex eingeschlossen werden. Das Mitreißende liegt im Affekt, in dem des Suggerierenden insofern, als die Stärke seiner Äußerung diejenige des suggerierten Affektes beeinflußt; in dem des Suggerierten insofern, als die Energie der Suggestionswirkung nur von der Stärke seines eigenen Affektes abhängig ist. Der Suggestion sind wie den Affekten viele Funktionen zugänglich, auf die der bewußte Wille keinen Einfluß hat: Logik, Fälschung der Wahrnehmungen bis zu Halluzinationen, Erzeugung von Analgesie, Beeinflussung der Menstruation und anderer körperlicher Funktionen. Die Suggestion ermöglicht die Bildung einer Massenpsyche, die aber nur auf die mehr elementaren Affekte reagieren kann, die allen einzelnen Individuen gemeinsam sind. Eine Massenpsyche gibt es auch in zeitlichem Sinne, indem eine jede Generation der folgenden ihre gefühlsbetonten Ideen übermittelt (Tradition).

Als Autosuggestion bezeichnet man die nämlichen Funktionen dann, wenn die gefühlsbetonte suggerierende Vorstellung im suggerierten Individuum selbst aufgetaucht ist. Die Suggestibilität wird erhöht durch den Zustand der Hypnose, einer bestimmten Stellung der Schaltungen. Die Suggestibilität hat auch eine negative Form, die gerade das ablehnt, was andere eingeben wollen; sie begünstigt das Einsetzen einer Überlegung, schützt dadurch vor übereiltem Handeln, hat außerdem namentlich in der Pathologie Bedeutung.

[1]) BLEULER, Lehrbuch der Psychiatrie. — Schrifttum: FOREL, Der Hypnotismus. 6. Aufl. Stuttgart, Enke, 1911. MOLL, Der Hypnotismus. 4. Aufl. Berlin, Fischer, 1907.

Nicht nur das Individuum mit seinen verschiedenen Strebungen, noch mehr eine Gemeinschaft von Individuen bedarf der Einheitlichkeit des Handelns. Die Tiere, auch die soziallebenden, sind nun offenbar nicht fähig, sich Mitteilungen vorwiegend intellektuellen Inhaltes zu machen. Sie haben sich hauptsächlich die Annäherung von Beute oder von Gefahren anzuzeigen, und das geschieht, wie die Beobachtung erweist, im wesentlichen durch Affektäußerungen[1]), die bei den Genossen wieder die gleichen Affekte hervorrufen. Erst durch die Flucht- oder Angriffsbewegung des zuerst vom Affekt ergriffenen Tieres wird den andern die Richtung der Beute oder der Gefahr gewiesen. Das genügt vollständig für die meisten Verhältnisse.

Diese affektive Suggestibilität ist auch beim Menschen trotz seiner immer mehr auf intellektuelle Bedürfnisse hin entwickelten Sprache noch vollständig erhalten. Schon der Säugling reagiert in entsprechender Weise auf Affektäußerungen; der Erwachsene kann unter Traurigen nicht munter bleiben, nicht wegen der der Trauer zugrunde liegenden Vorstellungen, sondern wegen der wahrgenommenen Affektäußerungen[2]). Daß neben dem Affekt leicht auch die Ideen, zu denen er gehört, mitsuggeriert werden, versteht sich bei der engen Verbindung zwischen beiden und bei der Beeinflussung der Logik durch den Affekt von selbst, ganz abgesehen davon, daß es wohl im Zweck der Einrichtung liegt, auch die Ideen zu übertragen. Von der gereizten Wespe, die nicht nur in der Mimik ihren Affekt, sondern durch ihr ganzes Tun auch die Richtung ihres Stachels den andern mitteilt, bis zu der abstraktesten Verbalsuggestion unter Menschen besteht volle Kontinuität.

Ideen ohne begleitenden Affekt wirken nicht suggestiv; „je größer der Gefühlswert einer Idee, um so ansteckender ist sie". Die Suggestionen werden also durchaus nicht so passiv aufgenommen, wie oft geglaubt wird; auch da trifft die Psyche des Suggerierten eine Auswahl. Was seinen Gefühlen und Trieben widerspricht oder kein affektives Echo bei ihm findet, kann höchstens auf irgendeinem affektiven Umwege zur Annahme gebracht werden. Je mehr umgekehrt eine Suggestion der Affektrichtung des Suggerierten entspricht, um so leichter wird sie verwirklicht (die Besprechung der Affektivität gab uns Anlaß, das nämliche zu sagen — weil eben Suggestion nur ein Spezialfall der Affektivitätswirkung ist). So ist es zwar auch sehr wirksam, aber nicht unbedingt nötig, daß der Suggestor seine Suggestionen mit Affekt betone. Wenn sie nur beim Suggerierten Affekt erregen. Eine dem Sprechenden gleichgültige Bemerkung kann sehr suggestiv wirken, wenn sie beim Hörer einen affektbetonten Komplex trifft: ein unheilbar Kranker hört von

[1]) Die Annahme eines besonderen Triebes zu suggerieren und suggeriert zu werden, ist also unnötig. Die Suggestion ist ein weiterer Begriff als das Bedürfnis Mitteilungen zu geben und zu empfangen; die allgemeine Funktion der Affektäußerung und Affektresonanz besorgt alles.

[2]) Daß die „Einfühlung", wie Th. Lipps meint, ein Instinkt des Nachahmens sei, ist nicht ganz richtig. Selbstverständlich besitzen wir einen Nachahmungstrieb, der unter Umständen auch unsere Affekte denen der Mitmenschen angleichen kann. Aber das, worauf es hier ankommt, läßt sich nur so ausdrücken, daß die Gefühlsäußerungen des einen ähnliche oder gegensätzliche Gefühle beim andern erwecken — ähnliche bei gleichen Interessen, gegensätzliche unter gewissen feindseligen Verhältnissen (Mut des einen erregt Angst des Gegners und umgekehrt): „Suggestion des Gegensatzes", nicht zu verwechseln mit der negativen Suggestion).

einer Wunderkur in gleichgültigem oder sogar abschätzigem Tone reden und begeistert sich sofort dafür, sie selbst zu versuchen. Bei der bewußten Suggestion kommt allerdings statt eines einheitlichen Affektes meist ein Affektpaar in Betracht: Beim Suggestor der des Dominierens, beim Suggerierten der des Dominiertwerdens oder Sichhingebens (letzteres bald nur im Sinne der Unterwerfung, bald mit erotischer Färbung). Identische und ähnliche reziproke Affektverhältnisse haben wir indes auch bei natürlichen Suggestionen, ja schon bei Tieren: Unter Feinden hebt Angst des einen den Mut des andern und umgekehrt.

Der Suggestion zugänglich sind nicht nur Gedanken, sondern auch Wahrnehmungen (suggerierte Halluzinationen) und alle vom Gehirn (i. e. den Affekten) kontrollierten Funktionen (glatte Muskulatur, Herz, Drüsen usw.): ihr Einfluß geht also viel weiter als der des bewußten Willens, deckt sich aber mit dem der Affekte.

Doch kommt auch beim Menschen der Einzelsuggestion im gewöhnlichen Leben keine große Bedeutung zu; unendlich wichtiger ist die Massensuggestion, der sich auch der Intelligenteste nie ganz entziehen kann. Die Leitung der Massen in politischen und religiösen Bewegungen geschieht im wesentlichen durch Suggestion, nicht durch logische Überredung, oft sogar der Logik entgegen. Gegenüber Suggestion, die den Instinkten und Trieben nach Erhaltung, Größe, Macht und Ansehen entsprechen, ist ein ganzes Volk meist ganz kritik- und widerstandslos.

Die Psychologie der Massen überhaupt hat von der der Einzelnen recht abweichende Gesetze. Sie unterscheidet sich von der letzteren ganz ähnlich wie der abstrahierte Allgemeinbegriff von den einzelnen Empfindungskomplexen, aus denen er zusammengesetzt ist. Sie ist auch eine Art Typenphoto, auf der nur hervortritt, was allen gemeinsam ist, während alles feiner Differenzierte in Gefühlen und gar in den Ideen ausgelöscht wird. Sie besitzt schon deshalb eine andere viel primitivere Moral, aber auch noch aus anderen Gründen: die Masse an sich ist etwas Imposantes, aber auch etwas Mächtiges, das seinen Willen durchsetzen kann, wenn es sich um belebte Wesen handelt, und das schwer zu bekämpfen ist, auch wenn es eine in Bewegung gesetzte tote Masse ist. Jedes Individuum in einer Masse fühlt sich als Teil derselben unüberwindlich, wodurch das Gefühl der Verantwortung herabgesetzt wird; die Masse als Ganzes erkrankt so leicht an Cäsarenwahnsinn. Es ist auch schwer, eine Masse zu bestrafen, was wieder in der gleichen Richtung wirkt. Die Einheitlichkeit und damit ihre Kraft nach außen und ihre Suggestivkraft auf alle ihre Glieder wird dadurch besonders verstärkt, daß man sich geniert, anders zu handeln oder gar andere Gefühle zu zeigen wie Andere; gerade in einer Masse drin will man nicht gerne besser sein als die Andern, geschweige denn schlimmer, und als schlimm wird sehr leicht das angesehen, was nicht zu den momentanen Trieben der Masse gehört.

Auch logisch sind in einer Masse nur die einfachsten Ableitungen möglich; diese haben aber dann bei der allgemeinen suggestiven Stimmung besonders hinreißende Kraft. Eine Vielheit ist ceteris paribus immer viel leichter zu „überzeugen" als die Einzelnen. In der Masse wird die Logik in noch viel stärkerem Maße die Dienerin der Triebe. Begleitende Gedanken entspringen mehr dem dereierenden als dem logischen Denken, ebenso die nicht selten ins Große gehenden Ideenschöpfungen einer Masse. Je ausgedehnter aber die Gemeinschaft, um so mehr übernehmen die Führung dunkle Instinkte, die, keinem Einzelnen klar, den meisten gar nicht zum Bewußtsein kommen, auch objektiv schwer zu erfassen sind und viel mehr Entwicklungsstrebungen des vegetativen oder animalischen Organismus oder den plötzlichen Wanderungen von Tierarten ähnlich sehen als zielbewußtem Handeln. Jedem Einzelnen einer Rasse, einer Zeit wohnen die gleichen Strebungen inne, mit unwiderstehlicher Gewalt und starrer Unablenkbarkeit hervorbrechend aus dem „kollektiven Unbewußten“[1]), von dem der allgemeiner bekannte „Zeitgeist“ eine Teilerscheinung ist.

Zur Entstehung psychischer Massenfunktionen bedarf es nicht notwendig eines Nebeneinander der Individuen, ein Nacheinander kann die nämliche Wirkung haben, wenn der Kontakt der einzelnen Generationen gesichert ist. Es ist ganz richtig, daß ein Volksheld dem Volke viel mehr angehört, wenn er als Sagenheld von ihm geschaffen worden ist, als wenn er gelebt hat und — mehr oder weniger zufällig — aus diesem Volke geboren ist. Der Sagenheld ist viel mehr Geist vom Geist des Volkes als der wirkliche; er ist nicht eine zufällige Einzelerscheinung, sondern eine Quintessenz, eine Abstraktion, das Gemeinsame von allem dem, was die verschiedenen Einzelnen des Volkes bewundern und sich als Ideal vorstellen. Die Tradition eines Vereines kann hundert Jahre lang gleichartig bleiben, auch wenn die Mitglieder diesem nur wenige Jahre angehören. Eine Familientradition hält oft den Einzelnen in so bestimmten Schranken, daß man zunächst nur an erbliche Übertragung denken würde, wenn nicht der Einfluß der Frauen dabei in merkwürdiger Weise ausgeschaltet wäre[2]).

Wenn man von einer Massenseele, von Massenbewußtsein spricht, so ist es bestimmt abzulehnen, daß die Masse irgendeine gemeinsame seelische Funktion besitze. Was man Massenseele nennen kann, besteht nur aus der Gleichartigkeit der Regungen der Individuen unter gleichen Umständen und im gegenseitigen Kontakt, aus der Abstraktion des Gleichartigen in Fühlen, Denken und Handeln und Unterdrückung des Ungleichartigen. Und diese Art Abstraktion besorgt in erster Linie die Suggestion.

Die Suggestion hat für eine Gemeinschaft die nämliche Bedeutung wie der Affekt für den Einzelnen: sie sorgt für eine einheitliche Strebung und für deren Kraft und Nachhaltigkeit.

Einen ganzen ähnlichen Einfluß wie die eigentliche Suggestion können die einfache Gewöhnung, sowie das Beispiel ausüben. Man tut, was man gewohnt ist, ohne weiteren Grund; man tut gerne wie andere Leute, ohne dabei viel zu denken oder zu fühlen, wobei allerdings die Suggestion. namentlich die Massensuggestion, leicht mitwirkt. Die Gewöhnung erscheint, von einer andern Seite betrachtet, auch in der Gestalt der PAWLOWschen Assoziationsreflexe („bedingte Reflexe“), bei denen z. B. dadurch Speichelsekretion an das Erklingen eines bestimmten Tones geknüpft wird, daß man den Ton einige Male mit dem Futterreichen zeitlich zusammenfallen ließ. Die Mechanismen sind

[1]) Ein glücklicher Ausdruck von JUNG.

[2]) ZIERMER, Genealog. Studien über die Vererbung geist. Eigenschaften. Arch. f. Rassen-Gesellschaftsbiologie, 5. Jahrg., 1908, S. 178.

theoretisch scharf von der Suggestion zu trennen, obgleich sie sich in der Wirklichkeit oft mit ihr vermischen.

Man spricht auch von Autosuggestion, womit aber nichts als die Wirkungen der Affektivität auf die eigene Logik und Körperfunktion bezeichnet wird. Sie spielt in der Pathologie eine größere Rolle.

Die Suggestibilität ist künstlich erhöht in den Zuständen der Hypnose, die selbst durch Suggestion erzeugt werden. In der Hypnose werden die Assoziationen so beschränkt, daß nur das wahrgenommen und gedacht wird, was in der Absicht des Suggestors liegt, soweit die Versuchsperson sie versteht. Dafür sind die gewollten Assoziationen viel mehr in der Gewalt der Psyche als sonst. Der Hypnotisierte errät unendlich viel besser, was man von ihm erwartet, als der Normale; er kann Sinneseindrücke verwerten, die für ihn im gewöhnlichen Zustande viel zu schwach wären; er kann sich Dinge so lebhaft. d. h. mit unverarbeiteten sinnlichen Engrammen, vorstellen. daß er sie halluziniert, und anderseits wirkliche Sinneseindrücke ganz von der Psyche absperren („negative Halluzinationen"); er hat Erinnerungen zur Verfügung, von denen er sonst nichts weiß; er beherrscht auch die vegetativen Funktionen wie die Herztätigkeit, die Vasomotoren, die Darmbewegung oft in auffallender Weise. Alle diese Vorgänge können auch beliebig lange über die Zeit der Hypnose hinaus andauern (posthypnotische Wirkungen).

Der positiven steht die negative Suggestibilität gegenüber. Wie wir einen Trieb haben, den Anregungen anderer zu folgen, so haben wir einen ebenso primären Trieb, nicht zu folgen oder das Gegenteil zu tun. Bei Kindern in gewissem Alter zeigt sich diese negative Suggestibilität oft ganz rein. Wir sehen sie überhaupt namentlich deutlich bei den Leuten, die eine starke positive Suggestibilität haben. wohl einesteils, weil beide Arten der Suggestibilität zwei Seiten der nämlichen Eigenschaft sind, dann aber wohl auch, weil man um so mehr des Schutzes durch die negative Suggestibilität bedürftig ist, je mehr man Gefahr läuft, der positiven zum Opfer zu fallen. Das Auftauchen negativer Triebe neben den positiven ist von größter Wichtigkeit; es verhindert, daß wir zu leicht zum Spielball der Suggestionen werden. schützt namentlich das Kind vor einem Übermaß von Einflüssen, zwingt den Erwachsenen zum Überlegen und ermöglicht auf jeder Altersstufe die Selbstbehauptung.

Die negative Suggestion ist ein Spezialfall der Regulierung unseres Trieblebens. das auch abgesehen von der Beeinflussung von außen durch Trieb und Gegentrieb in der richtigen Bahn gehalten wird, was nirgends so in die Augen springt wie beim Sexualtrieb. dessen positive Richtung mit den Hemmungen zu einer merkwürdigen Einheit verschmolzen ist[1].

Die zentrifugalen Funktionen.

INHALT. Triebe und Instinkte sind prinzipiell das nämliche, vorgebildete Reaktionsweisen ähnlich wie die Reflexe, nur betreffen sie das ganze Geschöpf. Der Naturzweck braucht nicht bewußt zu werden; es ist das Vergnügen an bestimmten Handlungen, das Mißfallen an andern, das uns leitet. Wie Instinkte mit ihrer enormen

[1]) Vgl. BLEULER, Der Sexualwiderstand. Jahrb. f. psychoanalytische Forschungen, Bd. V, 1913 S. 442.

Plastizität bei den wenig oder gar nicht überlegenden Tieren möglich sind, ist uns noch nicht recht vorstellbar. Ein gewisses Maß an Triebausleben ist zum menschlichen Glücke nötig; doch hat man die Wahl zwischen vielen Trieben, und ein Trieb kann auch durch Verfolgung nur ähnlicher Ziele befriedigt werden (Sublimierung). Die gewollte oder erzwungene Unterdrückung von Trieben spielt eine wichtige Rolle beim Normalen und in der Pathologie. Beim Kulturmenschen äußern sich einzelne Triebe nur noch schwach oder unklar. Dadurch wird der Sexualtrieb der relativ bedeutendste und bekommt nicht nur durch seine Stärke sondern namentlich durch seine natürlichen und kulturellen Hemmungen und seine Ambivalenz besonders leicht pathogene Wirkung.

Der Ausdruck „Trieb" wird noch in anderen Bedeutungen gebraucht, die man auseinanderhalten muß.

Der Entschluß. Das Handeln. Aus der Stellungnahme und dem Trieb folgt ein entsprechendes Handeln, wobei ein bloßes sich Hingeben an einen Eindruck eingeschlossen ist. Beim Reflex denken wir gar nicht daran, die Stellungnahme und den im Reflexapparat liegenden Reaktionstrieb von der Reaktion selbst zu unterscheiden, schon weil der Reflexapparat nur in einer Richtung handeln kann, vor allem aber deshalb, weil der Apparat relativ isoliert funktioniert, weil keine auffallenden andern Funktionen mit ihm verbunden sind, die Stellung zum Reiz oder zur Reaktion nehmen könnten. Ebenso müssen wir wohl annehmen, daß dem niedrigen Geschöpf Reizempfindung, Tendenz zu handeln und das Handeln selbst ein untrennbarer Akt seien. Beim Gedächtnistier aber, das die Handlung mit ihrem Erfolg voraussieht, das zwischen Tendenz und Handlung beliebig lange Zeiten einschieben kann, haben wir verschiedene Phasen zu unterscheiden. Ein Reiz (z. B. der Anblick eines lockenden Essens) braucht noch nicht zu einer Handlung zu führen; es werden bloß die Schaltungen so gestellt, daß es zur Handlung kommt, wenn einmal von außen und von innen keine Hindernisse mehr sichtbar sind.

Manche zählen zu den elementaren Bedürfnissen auch die religiösen, die aber ein sehr kompliziertes psychisches Gebilde sind, von dessen Wurzeln hier einige der wichtigsten angedeutet werden sollen. Es ist eine unausweichliche Folge ungenügender Kenntnis der kausalen Vorgänge in der Umwelt bei vollem Verständnis der psychischen Motive, wie wir es sehr früh in der Kindheit der Menschheit und des Einzelnen beobachten, daß die Dinge und Kräfte der Umwelt personifiziert werden, und man möchte diese Kräfte benutzen, um das Schicksal zu beeinflussen. Diese Herbeiziehung übermächtiger Gewalten erscheint um so nötiger, als es auf der nämlichen Entwicklungsstufe nicht nur das gefährliche Dunkel der Nacht, sondern auch sonst noch so viel Unfaßbares, Unbekanntes, Geheimnisvolles gibt, das sowohl Angst macht, als auch Hoffnung erweckt auf neuen Besitz und vermehrte Gewalt, wenn man es nur erforschen kann. Da suchen auch unsere ethischen Instinkte, die durch die Wirklichkeit nicht befriedigt werden können, ihren Ausgleich und verknüpfen folgerichtig auch die Hygiene mit den religiösen Vorstellungen. Das Geheimnisvollste und Eindruckstärkste ist der Tod, an dessen gefühlsbetonte Wirklichkeiten und Rätsel sich diejenigen Fragen anknüpfen, deren dereierende Beantwortungen den Kern der großen Religionen bildet. Hierzu gesellen sich die ähnlichen Eindrücke des Großen, Erhabenen, Unendlichen, und mit einem ganz besonders gewichtigen Einschlag die sexuellen Gefühle und Symbolisierungen. Zu dem einen Gott, der die in eine Einheit zusammengefaßten Schicksals- und Naturmächte darstellt, kann der Mensch ein persönliches Verhältnis gewinnen, aber je klarer er sieht, um so mehr erkennt er seinen Abstand von dem unendlich gedachten Weltschöpfer und Weltlenker, dem gegenüber auch seine kleinen Schulden unverzeihbar groß erscheinen müssen, und da übergibt er seine Leiden und Wünsche und Befürchtungen und Hoffnungen den Mittlern, den Heiligen und den Priestern.

Kommen mehrere Triebe miteinander in Widerspruch, so muß, damit es zum Handeln kommt, einer derselben sich durchsetzen, die andern überwinden; das nennen wir den Entschluß, soweit wenigstens die bewußte Person dabei beteiligt ist. Auch der Entschluß kann zeitlich getrennt sein von der Ausführung.

Der Wille ist die Resultante der verschiedenen Strebungen; man könnte in der Psychologie auskommen ohne diesen Begriff. Hinter ihm steckt keine besondere Funktion. Die Auswahl (Durchsetzung) der Handlungen im Willensakt geschieht dadurch, daß entweder eine Strebung die stärkste ist, oder daß sie den im Ich liegenden Strebungen am meisten entspricht. Was man unter Willensstärke und Willensschwäche versteht, sind sehr verschiedene und komplizierte Eigenschaften. Der Wille kann auch einen Apparat zusammensetzen, der dann automatisch, wie ein phylisch gebildeter Mechanismus funktioniert (Gelegenheitsapparate). Viele Handlungen werden durch Übung automatisch.

Eine konstante psychische Energie kennen wir nicht.

Eine „psychische Aktivität" gibt es natürlich, und zwar in verschiedenen Richtungen. Dagegen fehlen Gründe, eine „Aktivitätspsychologie" in dem Sinne anzunehmen, daß beispielsweise speziell schon zur Empfindung und zur Begriffsbildung ein vorgebildeter aktiver Apparat nötig sein müsse.

Die Triebe und Instinkte[1]).

Triebe und Instinkte sind so sehr nur die aktive Seite der nämlichen Ergie, die wir schon als Affektivität kennen gelernt haben, daß man einen großen Teil von solchen Funktionen bald als Triebe bald als Gefühle beschreibt; Sexualtrieb, Sexualinstinkte, Sexualgefühle sind nicht drei verschiedene Dinge; so gehört auch die Moral zu allen drei psychologischen Kategorien.

Triebe und Instinkte sind prinzipiell das Nämliche; nur hebt der erstere Ausdruck mehr die Aktivität und ihre Richtung hervor; der letztere läßt mehr an die Ausführung komplizierter Handlungen denken, deren Ziele nicht bewußt sind und deren Anpassungen nicht durch „Überlegungen" geleitet werden. Die meisten Instinkte kann man ebensogut Triebe nennen und umgekehrt. Eine Ordnung der Tatsachen in

[1]) Wir reden hier nun von „Naturtrieben" wie Nahrungstrieb, Selbsterhaltungstrieb, Geschlechtstrieb, ethische Triebe, die wir ebensogut als Instinkte bezeichnen könnten. Wir haben aber noch daran zu denken, daß in der Psychologie, namentlich in der pathologischen, der Ausdruck Trieb in Anlehnung an vulgären Gebrauch auch für ganz andere Dinge benutzt wird. Zunächst einmal für Primitivreaktionen, das blinde Wüten, Davonlaufen und ähnliches bei einem unangenehmen Affekt. Solche Handlungen nennt man „triebhaft", weil sie ohne Überlegung geschehen, und ihr Zusammenwerfen mit den früher angeführten lebensnotwendigen Trieben ist nicht ganz unrichtig, weil diese Reaktionen auch vorgebildet und für bestimmte Umstände Normalreaktionen sind. Auch Zwangshandlungen nennt man triebhaft, Handlungen, die infolge Affektverschiebung aus dem Unbewußten heraus gegen den Willen des Patienten unter dem Zwange von Angst ausgeführt werden. Automatische Handlungen geschehen ohne Zutun des Individuums, das wie ein Fremder nur mit den Sinnen wahrnimmt, was seine Zunge oder seine Glieder tun. In den beiden letzteren Fällen hat man früher Dämonismus angenommen. Andere automatische Handlungen, die man aber selten als Triebe bezeichnet, an einem Rockknopf drehen u. dgl., sind einfach Folge von Einübung. Die großen pathologischen Triebe, wie Stehltrieb, Brandstiftungstrieb, sind meistens, dem Patienten unbewußt, Symbolhandlungen, die ein gewisses Vergnügen gewähren und mit Bewußtsein — aber ohne Erwägung aller Umstände — gemacht werden. Einzelne krankhafte Triebhandlungen sind aus Gewohnheiten entstanden (nach dem Schema der Gelegenheitsapparate). So gibt es Onanisten, die keine Wollust, ja nur unangenehme Gefühle bei ihren abnormen Handlungen empfinden und doch nicht mehr davon lassen können. In der Dipsomanie, in den Suchten sehen wir oft Ähnliches. Es ist notwendig, daß man sich diese verschiedenen Bedeutungen des Ausdruckes „Trieb" klarmacht, wenn man die zentrifugalen Funktionen verstehen will.

Noch nicht recht verstanden sind viele krankhafte Abweichungen der Triebe. Wie kommt man dazu, die Fäzes oder Regenwürmer oder Erde einer angemessenen Nahrung vorzuziehen? Aufgeklärt sind wir über die Entstehung der meisten sexuellen Abnormitäten. Bestehenbleiben der andersgeschlechtlichen Pubertätsdrüse und daraus hervorgehende Wirkung falscher Hormone bringen in dem doppelgeschlechtig angelegten Gehirn homosexuelle Tendenzen in Tätigkeit, andere Abweichungen entstehen auf psychischem Wege (vgl. namentlich die FREUDschen Mechanismen). Rein psychisch auf verschiedene Arten erzeugt ist wohl der Trieb, sich Schmerzen beizubringen bei manchen Hysterischen.

Eine mir noch nicht verständliche Eigentümlichkeit vieler Triebe ist, daß sie so oft über das Ziel hinausschießen. Sexuelle Betätigung und Nahrungsaufnahme wird nicht nur vom Menschen in sehr viel höherem Maße geübt als zur Erhaltung von Individuum und Genus notwendig ist. Es gibt ja gewisse Parallelen dazu auf dem Gebiete der Körperphysiologie; aber auch sie erklären uns das nicht zufriedenstellend.

zwei getrennte Begriffe hat keinen Sinn; man sollte im Gegenteil einen Ausdruck haben, der den ganzen Begriff, den wir jetzt mit zwei Worten bezeichnen, umfaßt. Von den einfachsten Reflexen bis zum höchsten Instinkt gibt es eine kontinuierliche Stufenleiter; wir haben es dabei überall mit den nämlichen präformierten Einrichtungen zu tun.

Durch die Triebe und Instinkte werden bestimmte Zwecke erfüllt, ohne daß diese bekannt sein oder berücksichtigt werden müssen, und ohne daß eine besondere Erziehung, Anlernung oder Einübung nötig ist. Zum Unterschied von den Reflexen betreffen sie das ganze handelnde Wesen und nicht bloß eine Muskelgruppe oder ein Organ, und sie sind ausgezeichnet durch ihre Kompliziertheit, ihre weitgehende Berücksichtigung der Umstände, d. h. ihre Anpassungsfähigkeit (indem die Spinne ihr Netz je nach den Umständen verschieden gestaltet), und durch ihre anscheinende Spontaneität, oder wenigstens Aktivität (der Vogel sucht erst grobes, dann feineres Material zu seinem Nest; man sucht Speise, das Sexualobjekt, wenn sich diese Dinge nicht von selbst bieten).

Als Übergänge von Reflexen zu Instinkten seien erwähnt: die Tropismen, die oft als Reflexe aufgefaßt werden, obschon sie das ganze Geschöpf betreffen. Die Liebesspiele der Weinbergschnecken scheinen uns ein Instinkt, ihre einzelnen Bewegungen aber werden, wie SZYMANSKI[1]) nachgewiesen hat, als Kettenreflexe durch bestimmte Berührungen ausgelöst, von denen einer dem andern folgt. Immerhin liegt in dem Aufsuchen des Partners etwas Aktives, und diese Aktivität oder Spontaneität, die wir bei jedem Instinkt finden, bedingt einen weitern Unterschied gegenüber den Reflexen, die auf den auslösenden Reiz warten müssen. Auch dieser Unterschied ist allerdings kein absoluter; je größer der Hunger, um so stärker der Trieb Nahrung zu suchen. Von den einzelnen Instinkten resp. Trieben sind zu erwähnen neben dem Nahrungstrieb der Sexualtrieb, der einzige, der noch beim Menschen klar zu erforschen ist. Dann die Triebe nach Macht, bewundert zu sein, Eigentum zu haben, Heimlichkeiten zu hegen, ein Heim zu haben, Wissen zu erwerben, alle die ethischen Triebe, ferner negative Triebe wie Angst vor Neuem oder Ungewohntem u. dgl. Das Hühnchen fürchtet den Habicht aus angeborener Einrichtung; eine große englische Dogge wollte bei einem spazierengeführten Löwen die Witterung nehmen wie von einem Hund, blieb aber dann „vor Schreck" einige Zeit ohnmächtig liegen. Kleine Kinder haben Angst, wenn sie fern von der Mutter sind, wenn sie ungewohnte Eindrücke erleben usw.

Der Selbsterhaltungstrieb (einschließlich den Nahrungstrieb) hat beim Kulturmenschen viel von seiner Bedeutung verloren; man wird von Jugend auf gezwungen, auch gegen seinen Willen sich selbst zu erhalten; für die Sicherheit des Lebens sorgt die Polizei, für Nahrung und Wohnung die Couponschere oder die Armenpflege, und wenn man nicht essen will, so wird man mit der Sonde zwangsmäßig gefüttert. So ist von den beiden Haupttrieben derjenige, der das Genus erhalten soll, der relativ viel bedeutendere geworden, obgleich gerade sein Endziel, die Erhaltung des Genus, d. h. die Kindererzeugung sehr oft unerwünscht ist.

---

[1]) SZYMANSKI, Methodisches zum Erforschen der Instinkte. Biol. Zentralblatt 1913, S. 262.

Der Sexualtrieb hat aber nicht nur eine besondere Stärke, sondern auch eine besondere Zahl von Hemmungen, teils äußere, besonders beim Kulturmenschen, der zur Fortpflanzung eine Familie „gründen“ und erhalten muß, teils innere, die in dem Trieb selber liegen, schon bei tiefer stehenden Tieren nachzuweisen und in ihrer Art nicht genügend verständlich sind[1]). Die innere Hemmung, die Ambivalenz des Triebes, ist so groß, daß der Begriff der Sexualbetätigung eng verbunden ist mit dem der Sünde, daß die kleine Abweichung vom Normalen, die Onanie, instinktiv als die Sünde par excellence gilt, daß die Keuschheit als „Reinheit“ von Millionen so hoch gewertet wird wie keine andere Tugend, daß man sich den Anschein geben muß, als habe man keinen Sexualtrieb, daß es nicht nur bei blasierten Kulturvölkern, sondern auch bei primitiven eine rituell verdienstliche Kastration gibt, und daß ein belesener Autor[2]) in einer längeren Abhandlung beweisen kann, die Geschlechtsliebe sei zu allen Zeiten ein Gegenstand des Abscheus gewesen usw. So ist es nicht zu verwundern, daß dieser Trieb ungleich stärker und häufiger zu pathogenen Konflikten führt als alle andern zusammen.

Nirgends so deutlich wie im Geschlechtstrieb haben wir eine mehr physiologische und eine rein psychische Seite des Triebes zu unterscheiden. Es gibt eine sexuelle Erotik ohne Bedürfnis von genitalen Reizen im engeren Sinne und eine solche, die nur auf den Koitus abzielt und die Rinde prinzipiell weniger benutzt als manches Tier. Das Normale beim voll entwickelten Menschen ist eine innige Mischung beider Funktionen. Entsprechen sie getrennt dem Basalhirn und der Rinde? Jedenfalls haben wir schon bei Insekten eine merkwürdige Neigung zur Auswahl des Partners, indem einem Männchen nicht jedes Weibchen genehm ist, und auch nicht jedes Männchen von einem Weibchen angenommen wird.

Zum Bewußtsein kommen die Instinkte (beim Menschen) zunächst nur als Gefühlsbetonungen von Erlebnissen und Strebungen. Sie sind also insofern auch als Teil der Affektivität zu beschreiben. Wie uns das dem Genus Nützliche in den Sinnesempfindungen als angenehm, das Schädliche als unangenehm zum Bewußtsein kommt, „mit angenehmen oder unangenehmen Gefühlen betont ist“, so auch diese Strebungen. Ob es Instinkt oder bloße Gefühlsbetonung eines Geruches sei, daß uns Unrat unangenehm ist (wovon die Fäzes des Kindes für die Mutter eine Ausnahme machen; viele Säugetiere reinigen das Nest der Jungen, indem sie deren Exkremente verschlingen), daß die läufige Hündin dem Rüden angenehm riecht, das alles läßt sich nicht entscheiden, weil es da nichts zu trennen gibt. JAMES sagt, der brütigen Henne komme ein Ei als ein never-to-be-to-much-sat-upon-object vor[1]).

Gewisse Inhalte der Instinkte sind beim Menschen ganz oder teilweise dem bewußten Verstande überbunden worden. Wir haben den Instinkt, eine geschützte Wohnung zu besitzen, nicht mehr aber den. die

[1]) Vgl. BLEULER, Sexualwiderstand. Jahrbuch f. psychoanalyt. Forschung. Bd. V, S. 442, 1913.

[2]) THEODORIDIS, Sexuelles Fühlen und Werten. Arch. f. d. ges. Psych. **49,** S. 1, 1920. Ref. Ztschr. f. d. ges. Neur. und Psych. **23,** S. 308.

[3]) JAMES, The Prinzipels of Psychology. London, Macmillan, 1891, II, S 387.

Materialien dazu zu sammeln und in einer bestimmten Weise zu einem Hause zu verbinden. Das letztere besorgt unsere Überlegung oder es wird gelernt. Alle diese „Kunstfertigkeiten" werden beim Menschen vom plastischen Großhirn ausgeführt — aus leicht verständlichen Gründen, während die Spinne noch einen ganz komplizierten Bauinstinkt hat, der sich den Gelegenheiten weitgehend anpassen muß.

Noch fast ganz instinktiv sind unsere Reaktionen im Verkehr mit andern Menschen: die Art, wie wir auf eine Beleidigung, auf eine Herabsetzung oder auf eine Erhebung unserer Person reagieren. Ausgelacht werden kann schon ein wenig Monate altes Kind in Wut versetzen: es wird niemand annehmen, daß es den Grund seines Affektes, die Herabsetzung seines Ich, bewußt erfaßt habe. Ein kleines Wesen um ein Jahr herum kann eine solche Herabsetzung sehr deutlich dem Vater herausgeben oder wenig später einer Strafe auf scheinbar raffinierte Weise die Spitze abbrechen (vgl. Affektivität S. 236). In solchen Reaktionen haben wir das umgekehrte vom Bautrieb: der intellektuelle Teil ist unbewußt geblieben, der affektive bewußt.

Nun aber gibt es noch Instinkthandlungen, die als solche nicht bewußt sind, sondern nur der Annehmlichkeit wegen gemacht werden, ganz wie das Essen. Die kleinen Kinder bauen sich unter dem Tisch, unter einem Bett, eine Höhle, in der sie Herr und Meister sind und von den andern sich abschließen. Der junge Mann liest eine Kravatte, das Mädchen einen Hut aus. In diesen Fällen sind sich die Handelnden nicht bewußt, daß sie dabei einen bestimmten Instinkt folgen. Es sind auch beim Menschen manche Instinkte rudimentär geworden[1]), oder haben durch die Verhältnisse so von den natürlichen abweichende neue Folgen bekommen, daß der Zweck unter Umständen gar nicht mehr gewünscht wird: man denke an den Fortpflanzungsinstinkt im ganzen (man streitet sich unnötigerweise, ob es einen Fortpflanzungsinstinkt im engeren Sinne, einen Wunsch nach Kindern beim Menschen noch gebe), wo die Betätigung des Instinktes meist nur bis zum Koitus gewünscht, der Endzweck oft geradezu verabscheut wird.

Ich bin mehrfach gefragt worden, ob Instinkte und instinktive Regungen, wie das Gewissen, dem bewußten oder dem unbewußten Seelenleben angehören. Die Frage ist überhaupt nicht ganz richtig gestellt. Alle wichtigeren psychischen Funktionen können bewußt oder unbewußt sein. Keine Funktion kann bloß bewußt vorkommen, dagegen gibt es Klassen von Funktionen, die auch noch psychisch genannt werden, aber unter normalen Umständen nur im Unbewußten verlaufen: die Direktion körperlicher Tätigkeiten durch zentripetale Reize und durch die Gesamtpsyche, die Sekretionen, Darmbewegungen, Vasomotoren, Herztätigkeit usw. Bei den Instinkten nun ist der Zweck direkt nicht bewußt, wenn auch der Mensch sich denselben sekundär klarmachen kann. Bewußt wird bloß das Vergnügen an bestimmten Handlungen oder die Unlust an zu vermeidenden Situationen. Daß wir solche bestimmte Einstellungen haben, liegt in der Organisation des CNS.

[1]) Vom Nahrungstrieb ist das Wichtigste die Lust seinen Unterhalt zu erjagen, zu erkämpfen, überhaupt zu erarbeiten und sich dabei den vorhandenen Möglichkeiten anzupassen, seit Generationen im Schwinden begriffen und in Arbeitsscheu verwandelt worden — aus begreiflichen Gründen, ist doch an Stelle des Befriedigung bringenden Naturtriebes ein Zwang zumeist direkt lästiger Form der Anstrengung getreten; in der Schule ochst man oft sehr gegen seinen Willen und nimmt man gar seine unliebsamen Prügel in Empfang, damit man fünfzehn oder zwanzig Jahre später sich mit der Familie ernähren könne. Auch eine Fabrikarbeit hat mit lustbetonten Trieben nur noch höchst indirekten Zusammenhang.

Für unser jetziges Wissen ist die enorme Plastizität der komplizierteren Instinkthandlungen der Tiere, ihre Anpassungsfähigkeit an die verschiedensten Situationen, noch nicht verständlich. Man kann sich allenfalls noch die Auswahl des Platzes eines Spinnennetzes und die Anpassung des Baues an die lokalen Verhältnisse (einschließlich die Festigkeit und Stabilität der Stützpunkte) aus einfachen Reaktionen auf optische und dynamisch-statische Wahrnehmungen einigermaßen vorstellen, aber nur einigermaßen. Wie und was der Vogel an Material für sein Nest zusammensucht, und wie er es den lokalen Verhältnissen anpaßt, das geht schon darüber hinaus. Ein Hund, der niemals fähig wäre, von sich aus einen Stuhl zu verrücken, um einen hochhängenden Hasen zu erreichen und sich damit vor dem Hungertode zu retten, „kommt" bei der ersten Igeljagd „auf die Idee", die stachelige Kugel ins ziemlich entfernte Wasser zu rollen, „damit" der Kopf herauskomme und er das Tier tot beißen könne. Manche Vögel locken Feinde vom Nest weg, indem sie sich flügellahm stellen. Wenn man gegenüber solchen Instinkten nicht lieber auf eine Erklärung verzichten will, so wüßte ich nur an phylogenetisch erworbene Überlegung, die sich allerdings nur auf bestimmte Fälle beschränkt, zu denken. Solange aber eine solche Vermutung durch nichts anderes gestützt wird, erscheint sie unsympathisch.

Die Triebe verlangen eine Energieverwendung in bestimmten Richtungen. Das Dynamische ist also auch hier zu beachten. Man hat die Vorstellung, daß ein Trieb, der in seiner natürlichen Richtung keine Befriedigung finde, dadurch abreagiert werden könne, daß die ihm innewohnende Kraft in einer andern Weise verwendet werde. Freud meint sogar, daß die Kulturleistungen in dieser Weise „sublimierten" Sexualenergien (namentlich perversen, die jedes kleine Kind, wenn es normal werden soll, umwandeln müsse) zu verdanken seien. Das letztere möchte ich nun bezweifeln. Im übrigen weiß jedermann, daß etwas Richtiges an der Auffassung ist. Obschon vielleicht niemand alle seine Triebe ausleben und namentlich niemand auch nur einen einzigen „ganz" ausleben kann, so genügt doch das durchschnittlich vorkommende Maß; Viele aber sind unglücklich, weil sie sich in irgendeiner einzelnen Richtung, z. B. in der sexuellen oder in einer künstlerischen, nicht ausleben können. Unter Ausleben verstehe ich aber hier nicht den häßlichen Begriff, den ihm die neuere Literatur gegeben hat. Man kann unter Umständen erotisch sehr bedürftig sein, aber doch sich voll ausleben in der Liebe z. B. zum Ehegatten, ohne nur den Koitus auszuüben. Die Natur gibt also recht weitgehenden Spielraum. Aber in wenigstens einer Richtung muß der feiner angelegte Mensch einen Trieb befriedigen können — inwieweit auch der Durchschnittsmensch, wage ich nicht zu entscheiden; man hat aber Anhaltspunkte für die Annahme, daß der Philister mit sehr wenig, d. h. mit Befriedigung bloß seiner zum Leben notwendigen Instinkte nahezu auskommen könne. Immerhin zeigt das Wirtshaus, daß vielen noch etwas fehlt. Bei den Frauen muß auch irgendeine Tätigkeit, die sich auf Menschen bezieht, wenigstens neben der nicht adäquaten Berufsarbeit vorhanden sein, wenn sie zufrieden sein sollen. Dies nur einige Andeutungen zur allgemeinen Orientierung. Das Thema verlangt eine besondere Arbeit und ein besonderes Buch. Für uns ist wichtig, daß man sich nicht in allen Beziehungen und nicht voll ausleben muß, um nicht unglücklich zu sein, und daß das Bedürfnis nach Befriedigung einzelner nicht unmittelbar zur Existenz notwendiger Triebe von Mensch zu Mensch ein sehr verschiedenes ist.

So verstehen wir, daß auch in dieser Beziehung, wie überall in der Psyche, Ähnlichkeiten für Gleichheiten genommen werden, so daß ähnliche Betätigungen einander ersetzen können. Schon eine so einfache Funktion wie der Hunger läßt sich für einige Zeit beschwichtigen durch die Füllung des Magens mit unverdaulichen Massen. Tiere können sich am Objekt vergreifen: eine säugende Katze, der die Jungen abhanden gekommen sind, kann junge Ratten, Kaninchen oder andere Tiere, die sie sonst bloß als Beute betrachten würde, adoptieren. Beim menschlichen Weibe kann sich die Liebe zu den Kindern und zu einem Mann in Krankenpflege erschöpfen; der Kranke ist Symbol des Kindes, das als ganz oder halb vollwertiger Ersatz seine Dienste tut.

Um eine abschließende Vorstellung von den medizinisch und sozial höchst wichtigen Ersatzbetätigungen der Triebe zu gewinnen, sind noch viel mehr Beobachtungen zu sammeln. Von der viel besprochenen Sublimierung des Geschlechtstriebes in Kulturhandlungen wäre nach meiner Ansicht zurzeit etwa folgendes zu sagen. Schon bei niederen Tieren gehören zur Befriedigung des Geschlechtstriebs eine Menge von Nebenhandlungen, deren Zweck wir nicht recht einsehen, und die „auch anders sein könnten". Es ist deshalb selbstverständlich, wenn gerade hier ähnliche Reaktionen einander am leichtesten ersetzen können, und Abänderungen im guten (Sublimierungen) und bösen Sinne (Perversionen) häufig vorkommen. Daß aber alle oder viele Kulturhandlungen eigentlich sublimierte Betätigungen des Geschlechtstriebes seien, ist nicht zu beweisen und für mich unannehmbar. Auch ist die Vorstellung der Überleitung eines Vorrates von Kraft auf einen anderen Trieb, der sie dann „abführt", gewiß nicht ganz richtig (vgl. Gelegenheitsapparate). Wenn der Kindertrieb der unverheirateten Frau sich in aufopfernder Krankenpflege und andern erzieherischen oder fürsorgenden Bestrebungen ausläßt, so kommen ganz andere Dinge in Betracht. Zunächst einmal hat der Mensch vielerlei Triebe; und Befriedigung auf einem Gebiete schafft ihm auch Befriedigung im allgemeinen, so daß ein anderes Streben nicht aufkommen kann oder nicht mehr nötig ist. Wer gerne Naturwissenschafter, aber auch Arzt, geworden wäre, und nun sich, wenn auch aus einem äußeren Grunde, für den letzteren Beruf entschieden hat, kann befriedigt sein, ohne weiter sich mit Naturwissenschaften zu beschäftigen. Die Verhältnisse, namentlich die der höheren Kulturen, bieten den Menschen eine Auswahl von Trieben zu seiner Befriedigung. Er braucht nicht alle auszuleben, und könnte es gar nicht.

Nun aber decken sich Krankenpflege und Pflege der eigenen Kinder zu einem nicht kleinen Teil. Die beiden Triebe und namentlich ihre Betätigungen sind einander „ähnlich", so daß sie einander assoziieren. So müssen sie in einen einzigen Komplex verschwimmen, so daß mit dem einen auch der andere befriedigt wird. Man kann das nämliche auch so auffassen, daß, wenn Pflegetrieb und Kindertrieb wesentliche Komponenten gemeinsam haben, auch darin schon eine Möglichkeit stecken muß, daß das Ausleben des einen Triebes auch den anderen befriedigt oder beschwichtigt. Mit der Frage der Sublimierung hängt auch die der symbolischen Befriedigung[1]) zusammen, die in der Krankheit besser studiert ist, als beim Normalen. In gewisser Beziehung ist die Krankenpflege auch ein Symbol der Kinderpflege.

Ich weiß, daß mit diesen Worten das Problem nicht genügend abgeklärt ist; aber ich denke, daß der angedeutete Weg zum Verständnis führen könnte.

Der Kunsttrieb. Von der Kunst will ich nur reden, um auszudrücken, daß ich ihr gegenüber eben so hilflos bin wie die bisherigen Untersucher. Jedermann kann sehen, daß sie dazu dient, Gefühle und gefühlsbetonte Ideen auszudrücken und zu empfangen. Selbstverständlich weiß ich, daß im „Schönen" viel Lebensförderndes steckt, daß der Rhythmus eine aus dem Organismus sich er-

---

[1]) Der in der Ehe unglückliche Arzt hat Vorliebe für Ehescheidungsgutachten. Der geizige Nervöse beschränkt wenigstens die „Ausgabe" der Fäzes und wird obstipiert. Überhaupt sind viele nervöse Symptome symbolische Triebbefriedigungen (vgl. Freud).

gebende besondere Stellung in der Aufeinanderfolge der Reize und der Impulse hat, daß ein schön gezeichneter Kreis für Auge und kinetische Vorstellungen etwas Bequemeres, also Angenehmeres sein muß als ein zerbeulter. Ich weiß namentlich, daß eine Menge von Formverhältnissen auf den Menschen übertragen ohne weiteres mit Lust und Unlust betont werden müssen. Ich konstatiere nur zu sehr, wie oft nicht das Schöne, sondern das Auffallende, Heraushebende mit der Ästhetik verquickt wird, so daß diese in solchen Fällen eigentlich bloß der Eitelkeit frönt. Ich kann mir daraus auch einen Vers machen, daß der Gesang einer Nachtigall sofort an Reiz verliert, wenn ich vernehme, daß ich „nur" eine künstliche Nachtigall gehört habe. Das erklärt aber alles nicht, warum der Spinnenaffe (spider-monkey) mit seinem Schwanz Blumen herumträgt, warum die Krähenarten glänzende Dinge sammeln, und die Laubenvögel sich eine Privatgalerie von Flitter anlegen, warum es Vögel gibt, die wunderbar komplizierte Tänze aufführen und zwar ohne sexuellen Zweck; ich könnte letzteres aber auch nicht verstehen, wenn es sich um sexuelle Ziele handelte. Ich beobachte, daß die Vögel sich mit der Stimme manches mitteilen; aber ich weiß nicht, warum sie so viel und so kompliziert singen, und muß mit anderen vermuten, daß das mit dem zusammenhänge, was wir Menschen Kunst und Ästhetik nennen[1]). Wenn das Wesentliche an der Schönheit das wäre, was uns fördert, so müßten die Nahrungsmittel in ihrer ästhetischen Wertung in eine ähnliche Skala einzureihen sein wie in ihrer nährenden, oder zum Schönsten müßten die Genitalien des anderen Geschlechtes gehören, während das, allerdings vorhandene, optische Interesse an denselben sich von dem ästhetischen so stark unterscheidet wie ein Ton von einem Licht; dafür ist die menschliche Schönheit, wie sie erotisch vom anderen Geschlecht gewertet wird, in vielen Beziehungen direkt antiselektorisch, und jedenfalls nicht in geradem Verhältnis zu dem Nutzen für die Erhaltung der Art. Ich kann auch von keiner der üblichen Erklärungen aus begreifen, daß man sich schon in prähistorischen Zeiten Mühe gegeben hat, den Töpfen mit den Fingernägeln Ornamente einzupressen, und ebenso wenig, daß wir ein Abendrot schön finden. Die alte Spieltheorie ist schon deswegen ungenügend, weil wir das Spiel als Vorübung nützlicher Fähigkeiten und als Aufkitzeln bestimmter Affekte ohne weiteres psychologisch verstehen. Wäre im Prinzip des Schönen das Fördernde das Wesentliche, so bliebe ein Rätsel, warum so nebensächliche Förderungen aus den verschiedensten Lebensgebieten überhaupt herausgefühlt, und gar warum sie in unserer Psyche begrifflich und als Trieb[2]) in eine besondere Klasse geordnet werden, während wir im übrigen die verschiedenen Funktionsgebiete streng auseinanderhalten und die Freude an Bewegung nicht mit der am Essen zusammenwerfen. Und wenn man für alle diese Dinge noch irgendeine Erklärung aus den schon bekannten Prinzipien herausfinden könnte, so wäre das Quantitative an der Kunst nicht zu verstehen, daß man sich seit vorgeschichtlichen Zeiten so viel Mühe gibt und geradezu einen Lebenszweck darin findet, Kunst zu produzieren, daß es sich lohnt einen gotischen Dom oder eine Symphonie aufzubauen und vor allem, daß es einen angeborenen aktiven und passiven Kunsttrieb gibt, dessen Nichtbefriedigung den Menschen unglücklich macht, und dem von Vielen geradezu alles andere geopfert wird.

Wir sind nur erst am Anfang dieser Studien, und da ist es höchstwahrscheinlich, daß wir eben zu wenig wissen, um diese Frage zu beantworten. Da wir aber alle andern Eigenschaften unserer Psyche, die wir kennen, auch verstehen, kann man nicht umhin, doch daran zu denken, ob nicht die utilistische Erklärung hier unangebracht sei. Warum soll man nur hier schon alles wissen? Warum sollen uns nicht auch ganze große Prinzipien, die das Leben überhaupt leiten, noch unbekannt sein? Und da fällt uns in diesem Zusammenhang noch ein anderes Rätsel

[1]) Schwerer wird es uns, das Interesse von Eidechsen und andern niederen Tieren für einfache Musik aus ästhetischen Gefühlen abzuleiten; wir suchen aber auch bis jetzt vergebens nach einer Vorstellung, was für ein Instinktmißverständnis dahinter stecken könnte.

[2]) Wenn auch Dichter, Musiker oder bildende Künstler mehr oder weniger einseitig auf ihre Spezialkunst eingestellt sind, im allgemeinen ist das ästhetische Fühlen doch eine Einheit, deren verschiedene Seiten je nach den begleitenden Anlagen verschieden entwickelt sein können. Künstlerisch angelegte Leute aller Spezialitäten bilden in dieser Beziehung eine Klasse, die sich sehr gut abgrenzt von den Kunstbarbaren und sogar den Kunstphilistern. Vor allem aber beweist die Familienforschung, daß es einen allgemeinen Kunsttrieb gibt.

auf, das uns die Lebewesen zu lösen geben: Die Farben und Formen der Blumen und vieler Tiere; speziell der Hochzeitsschmuck in Farben und Formen und Bewegungen und Tönen und Düften ist nicht einmal bei den Pflanzen, wo man doch die Pollen übertragenden Insekten herbeiziehen kann, ganz befriedigend erklärt. Wenn die Theorie der sexuellen Auslese auch nicht so vielen anderen Schwierigkeiten in der Anwendung am einzelnen Falle begegnete, sie müßte schon in ihrem Prinzip daran scheitern, daß wir einfach wieder zu fragen haben: Warum ist das Weibchen so eingerichtet, daß ein bestimmter Gesang, ein bestimmter Kamm, bestimmte Tänze des Männchens ihm „gefallen", es sexuell erregen? Mit andern Worten, die Frage nach der Bedeutung des Gefallenfindens an nicht „notwendigen", nicht „nützlichen", nicht direkt „fördernden" aber sehr luxuriösen Eigenschaften ist durch die Annahme der geschlechtlichen Zuchtwahl um keinen Schritt der Lösung näher gebracht worden. Wir dürfen auch nicht annehmen, daß diese Farben „zufällig" seien wie etwa das Rot des Blutes oder einiger Tiefseefische; denn wo keine Augen sind sie zu sehen, bei den im Dunkel lebenden Tieren, haben wir meist keinen Farbenschmuck.

Diese Tatsachen zwingen uns geradezu im jetzigen Zustand des Wissens die Frage auf, ob nicht zwischen der aktiven Ästhetik der Blumen und Schmetterlinge und Kolibri und Quallen und der passiven unseres Gefühls ein Zusammenhang sei; und da wir vom utilistischen Standpunkt aus auf ein Verständnis gleich Null kommen und von den Zusammenhängen des Lebens ebenfalls ein Wissen Null haben, so ist es nicht unlogisch, wenn man bis auf weiteres die Wurzeln der Ästhetik nicht nur in der Nützlichkeit sucht, sondern auch nach anderen Lebensprinzipien forscht, die die merkwürdige Parallele zwischen den Farben und Zeichnungen der Raupen und unserem ästhetischen Empfinden erklären könnte. Kann nicht in der Produktion und im Empfinden von Schönem irgend etwas Allgemeines zum Ausdruck kommen, das der ganzen Welt oder wenigstens der organischen Welt angehört, und das wir in unserem menschlichen Denken etwa mit dem Begriff der „Idee" andeuten könnten (natürlich ohne jede Verwandtschaft mit den PLATONschen Ideen)? Könnte nicht in der ästhetischen Erscheinung der Blumen und Raupen und des Vogelgesanges und in der ästhetischen Wertung dieser Erscheinungen durch die sie wahrnehmenden Wesen ein allgemeines Prinzip zum Ausdruck kommen, Farben und Formen und Töne nach Gesetzen zusammen zustellen, die wir in einzelnen Erscheinungen als ästhetische empfinden — „in einzelnen Erscheinungen" sage ich deshalb, weil es unwahrscheinlich ist, daß gerade die Auslese, die der Mensch mit seinen beschränkten Sinnen und seinem ästhetischen Fühlen macht, das ganze Prinzip erschöpfe. Es gibt eine Reihe anderer Tatsachen, die vielleicht mithelfen könnten zur Aufklärung. Ist nicht der Descensus testiculorum, der eigentlich nur Gefahr bringt (manche Tiere suchen einander im Kampfe die Hoden wegzubeißen), ein Mittel, die Männlichkeit herauszustreichen[1])? oder der Hymen der physische Ausdruck der Sexualhemmung und der Überwertung der weiblichen Keuschheit beim Menschen? der radschlagende Pfau scheint ein Demonstrationsbedürfnis auch dem Menschen gegenüber zu haben, das ihm doch wohl biologisch nichts nützt. Auch da scheinen sich im physischen und im psychischen Organismus Prinzipien auszudrücken, die über das biologisch „Nützliche" hinausgehen.

Was **Witz und Humor** ist, weiß ich auch noch nicht. Die bisherigen Lösungen scheinen mir zum Teil etwas Richtiges zu treffen, aber nicht alles oder nicht die Hauptsache. Wir sollten zuerst einmal wissen, was Lachen und die entsprechende Stimmung ist.

Wissen wir biologisch von der Kunst nichts, so kennen wir doch einiges vom **Künstler und dem künstlerischen Schaffen**. Aber dieses Wissen hat es trotz der vielen Bücher, die darüber gedruckt worden sind, noch sehr nötig, geordnet und in verständlichen beziehungsweise kausalen Zusammenhang gebracht zu werden. Dazu möchte ich anregen, mehr nicht. *Das Folgende soll nicht etwa Fragen beantworten oder Ansichten, die ich für richtig halte, ausdrücken, sondern Fragen stellen, wenn auch in der bequemen und leichter verständlichen Form von Bruchstücken einer Schilderung.* Ich bin auch weit davon, diese Andeutungen durchgedacht zu haben.

Aufgabe eines Künstlers ist es in erster Linie, Gefühle auszudrücken und damit nach dem Gesetz der einfachen Suggestibilität bei andern Gefühle zu erregen[2]).

---

[1]) Es gibt Säugetiere, bei denen die sichtbaren Hoden zum „Hochzeitskleide" gehören, indem die Drüsen nur während der Brunstzeit außerhalb der Körperhöhle bleiben.

[2]) Übrigens muß nicht jeder Künstler ein Publikum haben, und sind es zum Teil nicht

Nun ist unsere Ausdrucksfähigkeit für Gefühle verhältnismäßig beschränkt. Der Verliebte gibt seine Gefühle durch Seufzen und Erröten und Zittern, in der Haltung und in Handlungen und in vielen andern Dingen kund, gelegentlich auch in einigen Interjektionen und sogar kurzen Sätzen. Aber unsere Sprache ist im großen und ganzen da, objektive Zusammenhänge mitzuteilen, nicht innere Vorgänge; speziell der Gefühlsübermittlung dienen nur die mimischen Affektäußerungen im weitesten Sinne einschließlich das ganze Benehmen.

Um Gefühle sprachlich ausdrückend oder schildernd mitzuteilen, muß man sie zum Objekt machen; das Ich muß ihnen gegenüberstehen wie andern zu studierenden oder zu schildernden psychischen Vorgängen, die deshalb (vgl. Kapitel Wahrnehmung) erst am Engramm beobachtet werden können.

Das Gefühlsmäßige, das der Dichter zu schildern hat, kann also nicht mehr aktuell sein oder nicht das ganze Ich bewegen, d. h. es muß in einem gewissen Grad abgespalten sein[1]).

Eine der größten jetzt lebenden deutschen Dichterinnen äußerte sich, daß es Dilettantenart sei, seine Gefühle zu verwerten, solange sie bestehen. Erst wenn man kalt geworden sei, könne man sie dichterisch gestalten. Daß der unglücklich Liebende die Wonnen der Liebe besonders glühend schildert, ist oft bemerkt worden.

Die beiden Bedingungen der dichterischen Gestaltung, Angehören der Vergangenheit oder Abspaltung der Gefühle sind nicht ein einfaches Entweder-Oder.

Ein vergangenes Gefühl taucht bei der Ekphorie nahezu als solches wieder auf und kann jedenfalls den ganzen Menschen wieder beherrschen wie zur Zeit des Erlebnisses, dem es angehört. Auch es muß deshalb, um objektiviert zu werden, zwar empfunden, aber dem beobachtenden Ich gegenübergestellt werden. Das Wichtigste ist also auch hier die Spaltung in Beobachtetes und Beobachtendes. Eine besondere Leichtigkeit dieser Spaltung haben wir bei der schizoiden Anlage[2]), die wohl eine der Bedingungen oder die Bedingung ist, die künstlerisches Schaffen ermöglicht[3]). So sehen wir schizophren werdende und schizoide Künstler in Menge, und vielleicht haben geradezu alle Künstler wenigstens einen schizoiden Einschlag. Wir sehen auch, daß gewöhnliche Menschen im Beginn einer subakuten Schizophrenie sich mit Erfolg künstlerisch betätigen, gelegentlich zeichnend oder malend, am häufigsten aber einige überraschend schöne Gedichte hervorbringend, was möglich ist ohne eine angelernte und geübte Technik.

Mit dieser Spaltungsfähigkeit der Künstlerpsyche hängt natürlich auch die große Rolle zusammen, die beim wahren Künstler das Unbewußte spielt. Es ist bekannt, wieviel die künstlerische Gestaltung abgetrennt vom bewußten Ich vor sich geht und sich erst mehr oder weniger fertig wie eine Halluzination dem Bewußtsein aufdrängt. Ich habe noch nicht verfolgt, wie sich die Abspaltung des Unbewußten vom Bewußten und die Gegenübersetzung vom Schaffenden und seinem Objekt, die den künstlerischen Ausdruck gestattet, zueinander verhalten.

Die Abspaltung künstlerisch wirksamer Komplexe bedarf wie die der im Traum und in der Psychopathologie aktiven einer besonderen Nuance: sie müssen so stark ambivalent sein, daß sie ihrer Unerträglichkeit wegen vom Bewußtsein niemals ganz assimiliert werden, aber doch in der relativen Abspaltung energisch fortleben.

---

künstlerische Gründe, die ihn nach Anerkennung streben und sich dem Publikum aufdrängen lassen. Es gibt Leute, die ihre Gedichte für sich behalten und dabei zufrieden sind.

[1]) Selbstverständlich werden umgekehrt die eigenen Gefühle dadurch, daß man sie studiert, verändert und bis zum Verschwinden abgeschwächt. Marie v. Ebner-Eschenbach sagt irgendwo: die, welche sie beneiden, wissen nicht, was es für eine Plage sei, wenn man auf diesem Wege Naivität, Gegenwartsgefühl und Gegenwartsgenuß einbüße. Und Selma Heine hat dem nämlichen Gedanken im Perseus Ausdruck gegeben, indem sie die Beobachtungsweise des Künstlers mit dem Gorgonenschild symbolisiert, vor dem das Lebendige zu Stein wird. Wahrscheinlich empfindet die Frau diese Wandlung viel stärker als der sonst schon objektivere Mann.

[2]) Vielleicht auch bei der hysterischen Anlage, deren Stellung zur schizoiden noch zu studieren ist. Vielleicht bildet sie nur eine Unterabteilung des Schizoids.

[3]) Kretschmer (Körperbau und Charakter, Berlin, Julius Springer, 1921) stellt den zyklothymen Künstler und den schizoiden einander gegenüber. Daß auch der Zyklothyme bestimmte enge Beziehungen zum Künstlerischen habe, ist nicht zu bezweifeln. Ich vermute aber, daß sie andere sind als die des Schizoiden und vielleicht mit der starken und modulationsreichen Empfindungsfähigkeit zusammenhängen. Gehört das lebhafte Empfinden und die virtuose Wiedergabe mehr der zyklothymen Anlage, die Produktion mehr der schizothymen an?

Vielleicht könnte ich noch besser sagen: Vorstellungen, die nur unangenehm sind werden leicht nicht nur abgespalten, sondern so unterdrückt, daß sie nicht mehr wirken. Was abgespalten wird im eigentlichen Sinne, was weiterlebt aber vom Ich möglichst abgetrennt gehalten wird, ist zugleich gewünscht und verabscheut. Selbstverständlich braucht das von einer künstlerischen Idee nicht in ihrer Gesamtheit so zu sein. Es können einzelne Züge derselben das ambivalente Ferment sein. Goethe wird sich wohl immer seines Verhältnisses zu Friederike bewußt gewesen sein, aber es ist mir sehr fraglich, ob er sich darüber klar war, wie er sich im Clavigo, im Ur-Faust und in der neuen Melusine selbst straffte und verteidigte gegenüber den Vorwürfen, die er sich dabei machen konnte.

So braucht auch gar nicht „der ganze Mensch" von den Gefühlen beseelt zu sein, die ihn zum Dichter machen. Aber der Künstler arbeitet eben irgend etwas, was in ihm ist, heraus, indem er es von allen andern Strebungen, die in ihm sind, loslöst. Da ist eine junge Frau, die in einem Weihnachtsspiel Entzücken verbreitet durch die Innigkeit, mit der sie als Maria die Mutter darstellt — sie ist aber das Gegenteil von einer guten Mutter. Ein Mädchen macht nach der Pubertät eine Zeitlang sehr fein empfundene Gedichte; als Persönlichkeit, im Leben, ihrer Familie gegenüber, ist sie aber damals und in der Folge ziemlich gefühllos und rücksichtslos, wenn sie auch nirgends einen aus den Gewohnheiten der guten Gesellschaft heraustretenden Fehler macht. Es gibt ja auch sonst mancherlei zum Teil allgemein bekannte Gründe, daß man in der Kunst mit einer gewissen Vorliebe dasjenige, dessen man im Leben ermangelt, ausdrückt oder genießt. Ich gehe hier nicht darauf ein. Ich möchte nur davor warnen, Ethik und Ästhetik in engen Zusammenhang zu bringen, namentlich in der Erziehung Charakterbildung durch Geschmacksbildung ersetzen zu wollen. Praktisch erweist sich Künstlertum eher als eine Klippe für die Tugend, und die Blüte der Kunst fällt, soweit wir wissen, gern in Zeiten des sittlichen Verfalls.

Worin aber besteht das künstlerische Gestalten? Ein Teil der Antwort wird oft indirekt gegeben, wenn man auseinandersetzt, worin der Unterschied zwischen einem Gemälde und einer Photo bestehe. Etwas weniger bekannt ist es, warum die gut dargestellte Maria (ganz abgesehen von dem großen Zusammenhang), das Theater-Gretchen eine so große Wirkung ausübt, während wir im Leben an tausend ebenso liebenden Müttern und an vielen gut angelegten aber gefallenen Mädchen vorübergehen, ohne uns daran zu erheben. Da erweist es sich, daß eben die wirkliche Mutter und das wirkliche Gretchen uns noch eine ganze Menge von immanenten und akzessorischen Zügen, Beschäftigungen und Beziehungen zeigen, die nicht die gleichen Gefühle erregen, ja die geeignet sind, sie zu unterdrücken. Die Kunstgestaltung gibt uns eine reinliche Herausarbeitung dessen, was gerade einen bestimmten Gefühlston schwingen läßt. Man macht einen guten Salat nicht so, daß man alle Kräuter, die eine Wiese bietet, mit Essig und Öl auf den Tisch bringt, sondern indem man eine bestimmte Art und Qualität ausliest. Nehmen wir ein Gedicht z. B. von Conrad Ferdinand Meyer. Man findet kein Wort und kein Bild, das nicht die gewünschte Stimmung herbeiführen und tragen hilft.

Am Gestade Palästinas
Auf und nieder Nacht und Tag

ist die inhaltlich trockene lokale und geographische Exposition von „mit zwei Worten". Der Leser braucht noch nichts von der darauf folgenden Geschichte zu wissen; die wenigen Worte haben ihn so präpariert, daß er dem folgenden „London" nicht den Ton geben kann, den der Schiffbeamte benutzt, wenn er die Station ausruft.

Diese Sichtung des zu Gebenden ist eine Arbeit, die sich durchaus dem Vorgang der Abstraktion analogisieren läßt, und zwar auch insofern, als nicht ein planloses Auslesen von Gegebenem sondern zugleich ein sinnvolles Suchen und Zusammenstellen von Zusammengehörigem stattfindet. Trotz des letzteren Umstandes liegt aber doch eine Abstraktion von der Wirklichkeit im künstlerischen Schaffen und in der Künstlernatur. Die Schwierigkeiten, die die meisten Künstler dem Leben gegenüber erfahren müssen, sind nicht zufällige, ganz abgesehen davon, daß auch der Künstler manchmal erst daraus seine Größe zieht, daß er im Leben das entbehren muß, wonach er sich besonderes sehnt.

Die Religiosität. Die Religionen.

Es soll hier natürlich keine Religionspsychologie gegeben, sondern nur an einigen Beispielen gezeigt werden, wie sich das Entstehen der religiösen Vorstellungen und der Religionen aus dem zentralnervösen Reaktionsapparat ohne Hinzukommen irgendeines außerweltlichen Etwas verstehen lasse.

Von Monakow zählt einen „Trieb zur Vereinigung mit dem Weltganzen“ schon zu den Urgefühlen; biologisch ist mir das so unverständlich als möglich; außerdem habe ich weder bei den Tieren, die ich näher beobachtet habe, noch bei der Mehrzahl der erwachsenen Gesunden oder Kranken etwas gefunden, was sich so nennen könnte. Ich habe auch sonst keine Spuren von irgendeinem primitiven Religionstrieb oder -instinkt gesehen. Dagegen wissen wir unter anderem folgendes: das Kind und der Primitive verstehen von den äußeren kausalen Zusammenhängen nur das Gewöhnliche und Einfachste. Um so besser verstehen sie das Wollen und Handeln nach einem Zweck. So bringt die bloße Analogie die Personifikation in die Außenwelt, man sieht Motive statt Ursachen; die Tischkante, an der das Kind den Kopf angeschlagen hat, ist bös, hat einen bösen Willen; sie wird zur Strafe geschlagen. Aber auch sonst ist das Lebende als Tier und Mensch das Wichtigste, dasjenige, das am meisten unsere Aufmerksamkeit verlangt. Tier- und Menschengestalten werden schon aus diesem Grunde am leichtesten illusioniert; irgendein Haus, ein Fels, eine Wolke, ein Klecks macht uns ein freundliches oder feindliches Gesicht, obschon das reale Handeln uns zwingt, so wenig als möglich Fremdes in unsere Wahrnehmungen hineinzulegen. So werden die Dinge auf gewisser Denkstufe notwendig zu belebten Wesen. Die Bildung und Benutzung der abstrakten Begriffe der Kraft und des Schicksals braucht schon eine recht hohe Kultur; vorher müssen beide nach Analogie der dem einfachen Denken geläufigsten Zusammenhänge personifiziert werden.

Man verkehrt also mit der Außenwelt wie mit andern Wesen, und das ganz besonders, wo sie wirkend auftritt. Zwischen Wirken und Handeln gibt es für den Primitiven keine eigentliche Grenze. Man möchte das Wirkende und Handelnde zu seinen Gunsten benutzen, wie alles andere; man muß sich gut stellen zu ihm, um das Schicksal zu beeinflussen; daher die religiösen Gebräuche vom Zauber bis zum Gebet zu einem pantheistisch gedachten fast ins Leere verfließenden Gott.

Die Tendenzen, Böses abzuwenden, werden begünstigt durch Furcht vor allerlei Schlimmem, die angeboren ist. Aus selbstverständlichen Gründen macht alles Unsichtbare, dessen Existenz doch irgend wie sich ankündigt, dem Kinde Angst; das gefährliche Dunkel der Nacht ist bis hinauf in unsere Zeiten mit Angst betont; Machs sorgfältig vor Märchenvorstellungen gehütete Kinder fürchten nachts einen Stuhl; der in der Familie aufgezogene Sperling ist in der Nacht gegegenüber den nämlichen Menschen ängstlich, denen er am Tage nur Zutrauen zeigt. Von dieser Angst vor dem Unfaßbaren, Unbekannten, sucht man Erlösung.

Man ist mit der Welt niemals zufrieden; man hat Sehnsucht nach etwas anderem, Besserem, als da ist, sei es Beute für das hungrig umherschweifende Tier oder ein Schlaraffenland für den Philister, oder ein

Himmel der Erlösung für den durch seine eigenen Leiden und die der Nächsten gequälten höheren Menschen. Das dereierende Denken erfüllt diese Wünsche schon in vielen Kleinigkeiten, vor allem aber in den Dingen, die der Kulturmensch auf dieser Welt am meisten entbehrt, und die er da nicht einmal suchen kann, so daß man sie sich nur in einer anderen Welt denken kann, wie KANT seine drei Postulate. Es sind namentlich ewiges Leben[1]), Gerechtigkeit, Lust ohne Leid, Heiligkeit ohne Kampf mit der Versuchung.

Die Gefühle der Gerechtigkeit gehören der Gruppe der ethischen an. Aber auch sonst kommt die Ethik in die Religionen hinein: auch sie erfüllt Wünsche, daß man selbst und daß die andern gut seien; um die Gewissensqualen wegen verletzter Ethik loszuhaben, braucht man die nämlichen realistischen und symbolischen guten Handlungen, die die Ethik verlangt. Der Begriff der Schuld hängt mit dem der Gerechtigkeit, mit Sühne und Strafe zusammen, die man abwenden möchte, deren Ursache man aber in ein höheres Wesen hineinlegt, nach Analogie eines Menschen, der straft und lohnt. Auch die hygienischen Vorschriften werden damit verbunden, nicht nur weil sie eigentlich, d. h. im biologischen Sinne Ethik sind, sondern auch weil sie Vorschriften sind, deren direkten Zweck man nicht versteht. Erst das Christentum mit seiner bewußten Hintansetzung der Welt der Erfahrung hat (leider) diesen Teil des religiösen Gefühls und der religiösen Gebräuche atrophieren lassen[2]). In der Auffassung der religiösen Vorschriften gibt es eine kontinuierliche Stufenleiter von der unklaren Vorstellung der Notwendigkeit bestimmter Handlungen und Riten und eventuellen Tugenden (Tapferkeit) über das in Worte gefaßte Gebot eines Gottes und den kategorischen Imperativ bis zu den aus dem Absoluten geholten Gesetzen der Moral, die sich dann wieder realistisch begründen lassen in der modernen Naturwissenschaft. Unter allen diesen Auffassungen bewährt sich im übrigen Zuckerbrot und Peitsche praktisch eben so gut, wie es zu unseren Instinkten (Gerechtigkeitsgefühl) paßt.

Es kommt ferner der Trieb dazu, sich mit dem Geheimnisvollen zu beschäftigen, der ein Teil des Wissenstriebes ist trotz seiner etwas anderen Gefühlsbetonung; man geht zum Übernatürlichen wie heute noch zum

---

[1]) Der degenerativ-pessimistische Buddhismus wollte umgekehrt das von Zeiten größerer Lebenskraft her (in Form der Seelenwanderung) als eine ewig gedachte aber den Schwächlingen unerträglich gewordene Leben endlich machen. Allerdings hat dann der Lebenstrieb derer, die die Religion durch die Generationen fortzupflanzen vermochten, aus dem Nirvana der Nichtexstenz ein Nirvana der positiven leidlosen Seligkeit gemacht, wie auch die Armut und Bedürfnislosigkeit der Mönche in einen lukrativen Seligkeitshandel umgewandelt werden mußte.

[2]) Man hat davon gesprochen, die Rassenhygiene sollte die Religion der Zukunft werden. Das wäre sehr nützlich, aber es ist unmöglich. Die hygienischen Instinkte sind beim Menschen infolge der Verdrängung durch überlegtes medizinisches Handeln trotz aller Schwäche des letztern (Zauber!) überhaupt stark verkrüppelt; man hat sehr wenig Instinkt, vorzubeugen, man möchte nur cito tuto et jucunde geheilt werden, wenn man die Folgen der hygienischen Sünden zu spüren bekommt. Sie sind aber auch, soweit sie vorhanden sind, unseren Kulturverhältnissen gar nicht genügend angepaßt (Syphilis, Alkohol!). Sie sind ferner viel zu wenig bewußt, als daß man daraus eine Religion machen könnte. Eine solche Religion wäre auch zu einseitig; alle die andern Bedürfnisse nach Abwendung von Leid, das viel näher liegt als die gesundheitliche Zukunft von Individuum und Nächstem und Rasse und alle die verschiedenartige uns in erster Linie bewegende Sehnsucht würde damit nicht befriedigt. Aber als wichtiger Teil jeder Religion sollte die Rassenhygiene wieder ihren Rang einnehmen; mehr kann sie nicht leisten.

Quacksalber. Mit diesem Bedürfnis vermengen sich dann Erkenntnistriebe, die sich in Fragen kristallisieren; wie ist die Welt, wie der Mensch entstanden? auf was steht die Erde? wie kommt das Übel in die Welt? Darauf geben Kosmogonien Auskunft, die mit den religiösen Vorstellungen von übersinnlichen Beherrschern der Welt und Beseelung einzelner Dinge zusammenhängen mußten. Wie die Sagen in dereistischer Weise den Wechsel von Tages- und Jahreszeiten, Tod und Leben des Menschen und der Natur, Wiedergeburt, Ohnmacht und Auferstehung des Phallus verquicken, ist in neuerer Zeit namentlich durch FREUD klar geworden, wenn auch schon früher Manche diese Zusammenhänge gut gewußt haben. Die Kenntnis der dereierenden Denkformen zeigt uns, daß solche Verdichtungen und Überdeterminierungen etwas ganz Selbstverständliches und Allgemeines sind, und überall vorkommen, wo das logisch realistische Denken versagt. Die Frage, wozu wir da sind, ist von jeher und immer wieder gestellt, wenn auch nie so ganz beantwortet worden.

Das Geheimnisvollste und zugleich das Eindruckvollste ist der Tod. Der liebe Freund, der gefürchtete Feind liegt auf einmal machtlos da und verschwindet in ekler Verwesung. Nie mehr erscheint er in der nämlichen Gestalt, wohl aber in den Hoffnungen und Befürchtungen des aufgewühlten Gemütes und in den Visionen des Wachens und des Traumes, rächend, belohnend und tröstend. Und wir selbst gehen alle, alle diesem nämlichen Ende zu, ein Ziel, vor dem die Lebensinstinkte gerade am meisten schaudern. Und wo sind sie alle Zeit, die, die nur für Augenblicke einmal wiederkommen? was haben sie für Mächte zur Verfügung, die Rache auszuführen, die unser schuldiges Herz sich gegen seinen Willen ausmalen muß, und um ihr Eigentum zurückzufordern, das wir in Besitz genommen? Und die uns liebten, wie werden sie von dem Ort aus, wo alles anders ist, dem Segen ihrer Wünsche Wirklichkeit verleihen? Und werden wir sie wiedersehen?

Was sind für Zusammenhänge des vor unseren Augen gewachsenen und wieder abgestorbenen Körpers, der früher die Person war, mit dem fortlebenden Hauchwesen, dessen Entstehung man nicht wahrnehmen konnte, und das jetzt den Freund oder den Feind darstellt?

Solche und viele ähnliche Gefühle und Gedanken in Rätselform werden durch die Gesetze des dereierenden Denkens zu Antworten verarbeitet und zu Anschauungen von Leben und Tod und Seele und fortdauernder Liebe und Belohnung in einer geheimnisvollen Welt, und dadurch zum Kern von Glaubensformen gemacht, die sich zu einer Einheit hinaufgerungen, bis schließlich die mehr instinktive als bewußte Erkenntnis der Einheit eines Kosmos sich zu dem einen Gott gestaltete, zu dem Klein und Groß, Elend und Mächtig, Einzelner und die ganze Welt ein persönliches Verhältnis gewinnt, in dem alle unsere sehnsüchtigsten und geheimsten Wünsche eine Befriedigung finden.

Warum das Geheimnisvolle sich vom einfachen Nichtgewußten unterscheidet, ist selbstverständlich. Das letztere ist meist gleichgültig, oder es beruht auf den gewöhnlichen Zusammenhängen, die wir erfassen, sei es als kausale Verknüpfung, sei es als unabänderliches Sosein (ich sage absichtlich nicht „Schicksal“, weil dieses Wort gerade etwas Geheimnisvolles in den Begriff hineinträgt), wenn der Regen uns einen Spaziergang verdirbt oder eine Naturkatastrophe Familie und Güter entreißt.

Das, dessen Mechanismen sowohl unbekannt als auch ungewohnt sind, von dem man nicht einmal recht weiß, ob es wirkt oder nicht, und ob es Spuk macht oder uns vernichtet oder erhöht, oder neue Wege der Macht zeigt, hat natürlich eine besondere Gefühlsbetonung, ähnlich wie das Dunkel der Nacht, in dem aber (wenigstens für den Primitiven) das Ängstliche vorwiegt.

Ein ähnliches Gefühl flößt uns alles Große und Erhabene, Überwältigende und „Unendliche" ein, wie es die Welt oder eine Masse, auch nur ein hoher Berg, ein Strom oder ein gewaltiger Dom ist. Auch die Mannigfaltigkeit der Welt, selbst die Unabänderlichkeit des Schicksals hat einen ähnlichen Gefühlswert. Warum es so ist, braucht wohl nicht ausgeführt zu werden, und ebenso daß diese Gefühle und Vorstellungen mannigfach sich mit den übrigen zur Religion gehörenden Gefühlen und Begriffen verbinden müssen bis zu einer unlösbaren Einheit.

Von jeher ist es aufgefallen, eine wie große Rolle die sexuelle Komponente in den religiösen Mythen und Empfindungen spielt. Es handelt sich dabei nicht bloß um Symbolisierungen wie in der Mythologie, sondern die höchste religiöse Wonne, die Verzückung, hat einen sexuellen Charakter, und ein instinktives Schuldgefühl knüpft sich so sehr schon an die normale Betätigung des Fortpflanzungsinstinktes, und erst recht an die abnorme, wie die allgemein verbreitete Onanie, daß die letztere auch ohne äußeren Anstoß bloß aus den eigenen Instinkten heraus immer wieder als die Sünde par excellence empfunden wird, und daß die höheren Begriffe und Gefühle von Schuld schon recht früh einen sexuellen Einschlag oder vorwiegend sexuellen Charakter bekommen, wie sich schon in alten religiösen Gebräuchen zeigt; auch in den Wahnideen unserer Geisteskranken tritt diese Einheit von Sexualität und Schuld beständig als etwas Elementares und Unausweichliches in die Erscheinung. Auf der einen Seite führen religiöse Gebräuche zu grenzenlosen Ausschweifungen des normalen Geschlechtstriebes und auch abnormer Nebentriebe, anderseits zu Kastration und sonstiger Überschätzung der Keuschheit. Die Vereinigung mit dem Höchsten hat überall eine sexuelle Note. Zusammengefaßt werden die Vorstellungen und Befürchtungen und Wünsche, die all das Elend dieser Welt betreffen, in dem Begriff der Erlösung, der, wie alle Riten und die Beobachtung der Schizophrenen zeigen, gefühlsmäßig geradezu vorwiegend sexuell gefärbt ist. Sexuellreligiös sind außer der Überwertung der Keuschheit und der rituellen Kastrationen die Auffassung nicht nur des Geschlechtsaktes als Sünde, sondern des Weibes als der Personifikation der Sünde neben der hohen und affektvollen Verehrung des vergöttlichten keuschen Weibes, die Verquickung von Reinheit und Keuschheit, und dann wieder überall die sexuelle Hingabe bis zu argen Ausschweifungen, die sich sogar im Christentum z. B. in Faschingsgebräuchen und in vielen sektiererischen Entartungen nachweisen lassen. In allen diesen Dingen drückt sich Trieb und Hemmung, die Ambivalenz aus, die wir auch außer diesem Zusammenhang nirgends so ausgesprochen und machtvoll finden wie im Sexualbetrieb[1]).

[1]) Wie sich der Zusammenhang von Sexualität und Religion darstellt in den Vorstellungen einer modernen, ethisch und intellektuell außergewöhnlich hochstehenden

Das Bedürfnis nach Trost, nach Aussprache, nach einem Vermittler, der persönliche Trotzeinstellung und ähnliche Schwierigkeiten umgeht, hat wenigstens in den größeren Religionen ausgiebige Befriedigung gefunden. Ob auch primitivere Religionen in dieser Richtung etwas leisten, wenn man von wirklichen Herzensbedürfnissen spricht, weiß ich nicht.

Daß das Bedürfnis besteht, alle diese Dinge intellektuell und affektiv zu einer harmonischen Einheit zu gestalten, der Vorstellung von der großen und kleinen Welt, der nahen und der uns umgebenden, von deren Entstehung und deren Zusammenhängen, eine Abrundung zu geben und die diese Ideen begleitenden Gefühle zu einer höheren Einheit zu verbinden, ergibt sich aus den Elementarnotwendigkeiten unseres Organismus, und selbstverständlich ist es, daß das so entstandene Gebilde in Ideen und in Gefühlen eine ganze Menge von Berührungen und Gemeinsamkeiten mit anderen Ideen und Trieben und Gefühlen besitzt; ich erinnere nur an die positiven und negativen Beziehungen zur Kunst. Wie diese Summe von Gefühlsmächten eine der gewaltigsten Triebfedern des menschlichen Handelns dargestellt hat, weiß jedermann, und wenn man es nicht wüßte, so könnte es jeder ableiten aus der Kraft der Instinkte, die da zusammenwirken, und des dereierenden Gedankenganges. Auch die Fassung der religiösen Vorstellungen in Dogmen, ihre Benutzung nicht nur zur Erziehung, sondern auch zur Niederhaltung und Ausbeutung anderer, braucht nur angedeutet zu werden.

Der Wille.

Der zentrifugale Anteil in Entschluß und Handlung kommt namentlich dann zum Bewußtsein, wenn mehrere Möglichkeiten oder Strebungen sich um die Oberhand streiten, unter denen dann eine Auswahl zu treffen ist. Derjenige Trieb setzt sich durch, der das Ich als Ganzes

Mystikerin mit von Natur und durch Erziehung hochentwickelten religiösen Gefühlen hat FLOURNOY veröffentlicht: „J'ai toujours senti d'étranges et profondes affinités entre ces deux ordres d'émotion sans pouvoir me l'expliquer intellectuellement. Les grandes forces de vie ont le même langage, qu'il s'agisse de vie divine ou de vie humaine. Le besoin de contact, de pénétration, d'intimité absolue se retrouve dans un domaine comme dans l'autre. Peut-être est-ce pour cela aussi que les mystiques ont si souvent décrit leurs expériences religieuses dans le langage même de l'amour humain. L'homme est ainsi fait (et la femme bien plus encore) qu'il cherche à rendre tangible tout ce qu'il aime. Il est malaisé d'aimer une pure abstraction; et, en fin de compte, c'est bien à notre amour, notre confiance intime, que Dieu fait appel. Alors, pour mieux l'aimer nous le saisissons dans ce qu'il a de divinement humain, nous l'appelons notre Père et en son Christi nous saluons „le divin Époux". Mais jusqu'à présent cette forme-là de l'émotion religieuse m'était restée étrangère. Comment se fait-il qu'elle soit éveillée en moi par cette singulière Expérience, qui, en elle-même, a si peu un caractère d'intimité personelle?

Pour une femme de bonne éducation, il existe une très forte barrière qu'il faut abattre pour parler de ce sujet. Et pourtant, il n'y a pas d'éducation qui tienne: on a beau n'en parler qu'avec d'infinies réticences, ou n'en pas parler du tout, cet éternel sujet des instincts sexuels, et de tout ce que ces instincts remuent en nous et nous font souffrir, a une importance qui n'est atteinte par rien d'autre. Toute l'éducation, la réserve féminine, la pudeur même (qu'on ne perd pas en vieillissant), ne peuvent empêcher ces instincts-là d'être primordiaux, et primitifs, et grandioses; et c'est par là, je pense, qu'ils touchent au divin. „Dieu les fit homme et femme", et tant qu'il en est ainsi, une moitié de l'humanité ira cherchant l'autre à travers toutes ses expériences, et plus une expérience, même d'autre nature, atteindra profondément dans l'âme humaine, plus elle sera sûre de côtoyer l'instinct sexuel ou même de se confondre avec lui." (FLOURNOY, Une mystique moderne. Arch. de Psychologie. Tome XV, S. 94/95.)

am meisten beeinflußt, sei es, weil er der Stärkere ist, dem Ich eine Richtung aufzwingt, sei es, weil er den Tendenzen des Ich entspricht, weil die Gesamtstrebung des Ich, die Resultante seiner Einzelstrebungen im Kampf um die Schaltung, in der nämlichen Richtung tendiert. Bei einem ernsthaften Wettstreit der Triebe, zum Beispiel beim Entscheid zwischen Gut und Böse, gehören zu dem herbeigezogenen Material unsere Tugenden und Laster, unsere ganze ethische Erziehung, frühere Entschlüsse gut zu sein oder sich um moralische Vorstellungen nicht zu kümmern, die Erfahrungen bei früheren Verstößen gegen die Ethik, kurz die ganze Persönlichkeit; dieser „kommt die Entscheidung zu". Dieses Sich-durchsetzen mit der Persönlichkeit verbundener Strebungen nennen wir den Willen, den einzelnen Fall einen Entschluß, einen Willensakt.

Die[1]) viel umstrittene Frage, ob es einen „freien Willen" gebe in dem Sinne, daß ohne Ursache die Entscheidung getroffen werden könne, besteht für die Naturwissenschaft nicht. Wir sehen, daß die Handlungen der belebten Geschöpfe durch die innere Organisation und die darauf einwirkenden äußeren Einflüsse genau so determiniert sind, wie irgendein anderes Geschehen. Es gibt keinen Entschluß, der nicht seine volle kausale Begründung in Motiven und Strebungen hätte; Motive und Strebungen aber sind entweder Komplexe nervöser Funktionen, die den gewöhnlichen psychischen Kausalgesetzen unterworfen sind, oder dann etwas diesen nervösen Vorgängen Analoges, von physischen wie von psychischen Ursachen Abhängiges. „Motive" sind Ursachen, wenn auch komplizierte. Die Wissenschaft ist also deterministisch (auch dann, wenn sie es nicht ganz eingesteht). Wir nehmen zwar an, daß einer schlecht handelt, „weil er ein schlechter Kerl ist", aber wir wissen auch, daß er seine Organisation nicht selbst ausgewählt, sondern daß er sie ererbt, mit auf die Welt bekommen hat, oder daß sie durch irgendwelche Einflüsse auf das Gehirn umgestaltet worden ist.

Trotzdem ist die subjektive Empfindung, in seinen Entschließungen frei zu sein, keine Täuschung im eigentlichen Sinne. Unser Handeln ist der Ausfluß unserer eigenen Strebungen; da von diesen manche sich widersprechen, geht die Reaktion, ganz wie wir es fühlen, in der Richtung unseres stärksten Triebes. Der Willensakt ist also im Einklang mit den momentanen Zielen der Gesamtpsyche, d. h. mit der Persönlichkeit, dem Komplex, der alle Strebungen umfaßt und in dem diese eine Resultante bilden können. Wir tun, was wir wollen, weil wir wollen, was wir tun; objektiv ausgedrückt: das Wollen und das Tun ist *ein* Vorgang, von dem wir zwei Seiten einzeln herausheben (Analogie auf physischem Gebiet: wenn alle Bedingungen eines Geschehens oder Zustandes vorhanden sind, ist auch das Geschehen oder der Zustand vorhanden). Eine Täuschung liegt in der Vorstellung, daß man auch anders wollen (= handeln) könnte. Man kann aber nur nach anderem gelüsten. Dieser Täuschung unterliegen wir überall da, wo wir die Ursachen ungenügend abschätzen, auch im Physischen. Darauf beruht der Begriff des Zufalls. Wenn ein Ziegel neben Einem vom Dach fällt, sagt man: er hätte mich treffen können (siehe Kausalität).

[1]) Nach BLEULER, Lehrbuch der Psychiatrie. Berlin, Julius Springer, III. Aufl. 1920.

„Möglichkeit“[1]) ist überhaupt nichts Objektives. Alles Geschehen ist gebunden. Der Begriff ist ein rein subjektiver; er bezeichnet unsere ungenügende Kenntnis der Bedingungen eines Geschehens. Es ist möglich, daß der Ziegel vom Dach fällt und den Heinrich totschlägt, heißt, ich weiß nicht, wie fest der Ziegel den ihn loslösenden Kräften gegenüber sitzt, und ich weiß nicht genau, wohin er fällt, oder wo in diesem Moment der Heinrich seinen Kopf hat. Von dem Augenblicke an, wo ich die Bedingungen des Fallens respektiv Nichtfalles genau kenne, gibt es keine Möglichkeit, sondern nur mathematische Sicherheit.

Im Willen liegt nichts, was wir nicht von der Seite der Affekte schon beschrieben haben. Eine „besondere Tätigkeit“ habe ich dabei mit dem besten Willen nie finden können. Man könnte die ganze Psyche lückenlos beschreiben, ohne den Begriff des Willens zu benutzen. Immerhin ist er bequem, wenn auch gerade das in der Vulgärpsychologie zu manchen Mißbräuchen desselben führt. Ein „kräftiger Wille“ ist bei dem vorhanden, der energische und nicht auf jeden Anstoß wechselnde Gefühle hat. Unter einem schwachen Willen (Abulie) verstehen wir ganz verschiedene Reaktionsweisen: 1. eine schwache Affektivität ohne Triebkraft, 2. eine lebhafte aber zu labile, zu leicht umstimmbare, die mit den Wölfen heult, und mit den guten Vorsätzen den Weg zur Hölle pflastert; 3. Entschlußunfähigkeit durch entgegenstehende Überlegungen und Triebe bei zu gewissenhaften und zu sehr alles überdenkenden Personen und bei Deprimierten.

Der Begriff der Willensstärke ist überhaupt ein sehr komplizierter. Was man so nennt, ist 1. abhängig von der Stärke der Affektivität, der Triebe; das ist selbstverständlich. 2. Von der Schaltungskraft der Affekte. Wenn der Trieb, der im Begriff ist sich durchzusetzen, nicht gleich alle Schaltungen in seinem Sinn stellt und sie so festhält, so gibt es immer wieder Gegenimpulse und Hemmungen. Entschluß und Handlung müssen hinausgeschoben werden, oder können gar nicht zur Ausführung kommen. 3. Von der Tenazität der Affekte. Ohne Beharrlichkeit wird nicht viel durchgeführt. Auch das heißeste Strohfeuer gilt als Zeichen der Willensschwäche. 4. Wer viele Vorstellungen hat, wird sich, das übrige gleichgesetzt, schwerer entschließen; die Auswahl wird schwieriger, die Vorstellung aller Hindernisse und Nachteile des Handelns wird ein Hemmnis des Entschlusses. 5. In ähnlichem Sinne wirkt starkes Pflichtgefühl; man kann ja wenig Rechtes tun, ohne Interessen anderer zu verletzen. Bei den Zwangsneurotikern ist das Pflichtgefühl in krankhafter Weise übertrieben und hindert dann oft die einfachsten Entschlüsse. 6. Entschlußfähigkeit und Wille sind auch abhängig von der Selbsteinschätzung: ein hohes Selbstgefühl, das instinktive „Gefühl“, daß alles, was man tue, gut sei, oder zum erwünschten Ziele führe, erleichtert Entschluß und Handeln. 7. Die Nivellierung der Vorstellungen im Sinne der Euphorie erschwert natürlich auch das Wollen und Entschließen schon bei leichter Euphorischen. Bei schwer Euphorischen wird die Schwierigkeit überkompensiert, indem die Betonung des gerade Vorgestellten mit hoher Lust neben der Oberflächlichkeit des ideenflüchtigen Denkens den Entscheid erleichtert (neben dem manischen

[1]) „Möglichkeit“ bezeichnet zwei Begriffe: erstens „ich kann“, Gegensatz „unmöglich“, zweitens „es mag geschehen oder nicht“, als Mittelbegriff zwischen „es geschieht sicher“ und „es geschieht nicht“. Von diesem letzteren Begriff ist oben die Rede.

Toupé). Bei Deprimierten wirkt die Gleichmäßigkeit aller Ziele und die Trostlosigkeit derselben zusammen, den Entschluß zu erschweren. 8. Außerdem mögen noch verschiedene Organisationen und Stimmungen direkt den Übergang von Reiz und Vorstellung zur Handlung erschweren oder erleichtern; das was man Hemmung nennt, hat verschiedene Wurzeln, unter denen zu erwähnen sind: einfache Gegenvorstellungen, dann Gegentriebe (Sexualtrieb und Sexualhemmungen[1]), Affektstupor, Ambivalenz des Zieles, Tenazität der Affekte, die einen neuen Antrieb nicht aufkommen läßt. Hemmung für viele Triebe, aber nicht bloß Hemmung, wie es viele, z. B. auch NEUTRA darstellen, bewirkt die Ethik im weiteren Sinne, mit der sich zu einem Teil die Erziehung deckt. Die letztere wirkt natürlich ebenfalls in sehr verschiedener Weise: Autorität, Suggestion, Gewohnheit, praktische Anwendung der ethischen Gefühle im Einzelfall, logische Überzeugung, Pietät gegen die Eltern, Familienstolz, Standeswürde, Eitelkeit usw.

Die Gelegenheitsapparate.

Der Wille zu einer bestimmten Handlung braucht nicht andauernd vorhanden zu sein. Ist ein Entschluß einmal gefaßt, so ist *der* Wille, der über das Ob und Wie des Handelns zu entscheiden hat, bei der Ausführung nicht mehr in Tätigkeit. Der Wille, der nun die Handlung ausführt, ist meist etwas deutlich anderes. Ich hatte mich zu entscheiden, ob ich eine Berechnung machen oder eine andere ebenfalls dringende Arbeit vollenden solle. Entsprechend dem Entschlusse rechne ich einen Tag lang — nicht gerne; aber die Frage, ob ich etwas anderes tun solle, tritt nicht mehr an mich heran. Dagegen brauche ich eine gewisse Energie, die langweilige Arbeit mit der nötigen Aufmerksamkeit fortzusetzen. Diese Energie kommt in vielen anderen Fällen kaum mehr zum Bewußtsein, weil sie unbedeutend ist. Wir setzen dann einfach für bestimmte Gelegenheiten mit unserem Willen durch bestimmte Schaltstellungen einen Apparat zusammen, der nun mehr oder weniger selbsttätig fungiert und überhaupt einem angeborenen Reflex- und Triebapparat gleich ist. Wir reden dann von Gelegenheitsapparaten[2]). Wir machen im psychologischen Laboratorium Versuche über die Reaktionszeit und tippen auf Erscheinen eines Signals mit einem bestimmten Finger so schnell als möglich auf einen elektrischen Taster. Dabei bedürfen die einzelnen Reaktionen keines besonderen Willensentschlusses mehr, ja wir brauchen nicht einmal an das Experiment zu denken: wir behalten dennoch die richtige Stellung bei und reagieren „automatisch" im richtigen Augenblick. Bei komplizierteren Versuchen, Wahlreaktionen oder Assoziationsexperimenten ist es ein häufiges Vorkommnis, daß das bewußte Ich verwirrt ist oder glaubt, besonders langsam reagiert zu haben, während der Automatismus gut funktionierte, oder umgekehrt[3]). Man hat also durch den Willen einen Apparat zusammengestellt, der vollständig analog ist den phylisch erworbenen Reflexeinrichtungen.

---

[1]) Vgl. negative Suggestion.

[2]) BLEULER, Gelegenheitsapparate und Abreagieren. Ztschr. f. Psychatrie 1920.

[3]) EDUARD KELLER, Handlung und Bewußtsein usw. Diss., Zürich, 1915.

Solche Apparate werden nun für bestimmte Gelegenheiten während unseres Lebens beständig gebildet. Bei einer Arbeit fällt mir irgendwie ein. ich sollte etwas in einem Buche nachsehen; der ganze Vorgang dauert vielleicht einen Bruchteil einer Sekunde und unterbricht meine Arbeit nicht merkbar. Wie ich aber mit dieser fertig bin, gehe ich, ohne daran zu denken, zum Büchergestell und nehme mir das Buch. — Ich habe einen Brief zu besorgen, stecke ihn in die Tasche, und denke nicht mehr daran. Ich greife aber, sobald ich einen Einwurf sehe, darnach und werfe ihn ein, wobei bewußt meist sehr wenig gedacht wird. Der Gedanke, das Buch zu nehmen, oder den Brief einzuwerfen, hat den automatischen Apparat zusammengeschaltet, nicht nur in bezug auf die Auslösung durch Vollendung der Arbeit im ersten, durch Anblick des Briefkastens im zweiten Falle. So schafft jeder Entschluß, jedes Unternehmenwollen einen solchen Apparat vom einfachsten Selbstlauf, der auf ein bestimmtes Signal reagiert, bis zu der Lebensaufgabe, deren Einstellung vielleicht erst der Tod aufhebt. Man stellt sich ein, auf den Wecker zu erwachen, oder nicht zu erwachen, man entschließt sich zu einem Spaziergang, richtet seine Aufmerksamkeit darauf, eine bestimmte Pflanze zu finden[1]), Druckfehler zu sehen, man nimmt sich vor. Arzt zu werden, oder Vermögen zu sammeln.

Eine Anzahl solcher Apparate werden bloß durch Übung, nicht durch besonderen Willensakt zusammengeschaltet, so die täglichen Automatismen beim An- und Auskleiden, das Einschenken am Tisch, das „freut mich sehr“, wenn uns jemand vorgestellt wird. In den Assoziationsreflexen verdeutlicht die Kombination von Reflex- und Gewohnheitsschaltungen die Identität der phylischen und der gelegentlichen Apparate.

Einen gleichen Mechanismus wie die Gelegenheitsapparate haben auch bestimmte Assoziationseinstellungen, die einen angeborenen Charakter scheinbar ganz umgestalten. Aus Trotzeinstellung zum Vater zum Beispiel kann ein moralisch gut Angelegter zum gewohnheitsmäßigen Affekt- oder Eigentumsverbrecher werden. Nicht ganz das gleiche, aber ähnlich ist es, wenn durch eine falsche Einstellung der Sexualtrieb in unangemessener Form betätigt wird, z. B. fetischistisch oder kleptomanisch.

Die Gelegenheitsapparate können ganz wie die vorgebildeten durch Summation oder Kumulation der Reize in stärkere Tätigkeit versetzt werden als dem einzelnen Reiz entspricht. Da sie in zufälligen Konstellationen begründet sind, nicht in der Natur der ganzen Psyche. so ist die Stellungnahme dieser letzteren, d. h. der begleitende Affekt. alles andere gleich gesetzt, geringer als bei den Naturtrieben. Immerhin tritt bei Nichterledigung eines Vorsatzes doch oft eine ähnliche Unruhe ein, wie wenn ein Instinkt nicht befriedigt wird, so ganz besonders dann, wenn eine solche Einstellung mit einem natürlichen Trieb auch nur lose gekuppelt ist, wenn z. B. eine beabsichtigte Handlung indirekt der Erfüllung eines sexuellen Zweckes dient.

Wie alle Funktionen muß ein solcher Apparat wieder abgestellt werden, wenn er nicht mehr gebraucht wird. Das geschieht zum Teil automatisch. Wenn er ein bestimmtes einmaliges Ziel hat, so stellt er

[1]) Die Assoziationsbereitschaft und Assoziationsfeindschaft sowie die Explosionsbereitschaft sind Äußerungen von Gelegenheitsapparaten.

sich nach Erreichen des Zieles selbst ab. Die Abstellung liegt in seinem Bau, wie die Auslösung der Betätigung. Ich beabsichtige die Türe zu schließen, tue es im geeigneten Moment, wo ich die Arbeit gut unterbrechen kann, und dann merke ich nichts mehr von meinem Apparat. Dieser kann aber auch abgestellt werden dadurch, daß die Handlung nicht mehr nötig ist: es hat jemand anders die Türe geschlossen. Oder ich wollte mich an jemandem rächen, und verzichte nun aus irgendeinem Grunde auf Genugtuung. Viele Apparate, die nicht zur Reaktion kommen, werden durch andere Funktionen gehemmt, „vergessen".

Unter krankhaften Bedingungen bekommt die Außerbetriebsetzung durch Verdrängung eine außerordentlich große Bedeutung. Selbst ein Normaler bringt es oft nicht fertig, einen solchen Apparat vollständig abzustellen, weil irgendein Trieb zu sehr zur Betätigung drängt. Er spaltet ihn dann vom bewußten Ich ab, und für gewöhnlich ist die Sache erledigt, wenn auch bestimmte Gelegenheiten die Verbindung wieder herstellen, den Apparat in Tätigkeit setzen, so daß er der Persönlichkeit seine bestimmten Triebe und Hemmungen aufdrängt, oder sich in Form von Affekten, gelegentlich auch von Handlungen, zum Bewußtsein bringt. Ist der Komplex sehr ambivalent, wird die Betätigung des Apparates von einem Teil des Ich ebenso dringend gewünscht, wie vom anderen verworfen, so verunglückt die Unschädlichmachung durch Verdrängung besonders leicht. Der Apparat arbeitet dann losgelöst vom Ich weiter, und erzeugt die neurotischen oder schizophrenen Krankheitssymptome, die durch Freud ihre Aufklärung erhalten haben. Weil diese Funktionen nicht bewußt sind, kann sie das bewußte Ich nicht abstellen. Andere bleiben in Tätigkeit, bloß weil die inneren Widerstände gegen ihre Abstellung zu groß sind, oder aus noch anderen Gründen. Die verdrängten Apparate können durch Psychanalyse der Einwirkung des Ich zugänglich und dadurch abstellbar gemacht werden. Es kommt dabei nicht darauf an, ob ein Affekt zur Entäußerung komme oder nicht. Die Auffassung des Abreagierens einer gewissen Menge affektiver Energie ist, wie sich leicht zeigen läßt, unrichtig[1]). Das Wesentliche ist die Abstellung des Apparates.

Die Gelegenheitsapparate haben psychologisch und namentlich pathologisch noch andere Bedeutungen, auf die hier nicht eingegangen werden kann. Ich erwähne nur die (unbewußte) Tendenz mancher Neurotiker, gewisse affektive Ereignisse immer wieder zu erleben, bzw. herbeizuführen, und die Tendenz der Alkoholiker oder Morphinisten, bei jeder Schwierigkeit gleich wieder zum Glase oder zur Spritze zu greifen.

Die Abstellung des Apparates ist insofern eine Demontierung, als er bloß aus Schaltungen besteht und diese bei der Abstellung wieder ausgeschaltet werden. Der Begriff der Demontierung paßt aber doch nicht ganz, weil der Apparat als Engramm weiter besteht und deshalb immer wieder ekphoriert werden kann. Eine gewisse Tendenz, wieder in der Richtung des „abgestellten" Apparates zu handeln, besteht fort, beim Gesunden wie beim Kranken. Die Kriegsenuretiker haben die Enurese der Kinderjahre wieder aufgenommen. In den Suchten sucht der an ein Gift Gewöhnte ganz gegen seinen Willen bei allen Schwierigkeiten wieder Trost in dem Gifte, das seine Existenz bedroht: der Ap-

[1]) Bleuler, Gelegenheitsapparate und Abreagieren. Allg. Ztschr. f. Psychiatrie. 1920.

parat läuft bei bestimmten Bedingungen einfach wieder ab und reißt meistens nicht nur den Willen, sondern auch die Überlegung mit sich wie ein angeborener Instinkt.

Der scheinbare Widerspruch, daß der Apparat demontiert und doch nicht demontiert ist, beruht auf dem Unterschied zwischen engraphischer und aktueller Schaltung. Durch eine bestimmte Schaltung wird der Apparat so zusammengestellt, daß er auf ein bestimmtes Zeichen z. B. mit einem bestimmten Finger und einer bestimmten Energie reagiert. Nun kommt das Signal, das die Handlung auslöst wie einen Reflex. Der Apparat hat also drei Bedeutungen; zuerst seine Zusammenstellung, seine Existenz infolge des Willensentschlusses, dann die der Bereitschaftsstellung für die Zeit des Experimentes (zu anderen Zeiten wird auf das nämliche Signal nicht reagiert), und drittens die Funktion des Tippens auf den Reiz hin. Ist der Versuch zu Ende, so wird die Bereitschaft abgestellt, aber der Apparat besteht als latentes Engramm fort. In den meisten Fällen des täglichen Lebens wird er nie mehr ekphoriert. Wird aber ein neuer gleicher Versuch gemacht, so zeigt sich, daß die frühere Einstellung leichter zu gewinnen ist, als vorher, und bei einem anderen Versuch kann der Apparat sich auf einmal wieder bemerkbar machen in einer falschen Reaktion, oder er kann im Traum erscheinen und dergleichen.

Die Automatisierung oder Mechanisierung durch Übung.

Ich lerne schreiben. Zuerst macht man mir einen Buchstaben vor. Ich versuche ihn nachzumachen. Ich suche herauszufinden, wie ich es am besten machen kann; ich sehe wie er herauskommt; ich korrigiere. Durch die Übung geht es immer leichter. Ich brauche die Überlegungen nicht mehr, nicht mehr die genaue Vorstellung des optischen Bildes. Die Handbewegung wird einfach an die Vorstellung des Lautes geknüpft, dann an die des Wortes, dann an die des Gedankens. Die einzige Verbindung ist nur noch die Einstellung, schreiben zu wollen, und die des Gedankens, was man schreiben will. Von da aus gibt es Kurzschluß. Das heißt die Bewegungen sind nicht mehr mit dem Ich verbunden, sie sind unbewußt. Auch die Einstellung, daß man schreiben will, was man denkt, braucht nicht mehr bewußt zu sein. Sie ist ein für allemal gemacht worden bei dem Entschluß, zu schreiben, ähnlich wie die Einstellung zu gehen bei einem Spaziergang. Beim Radfahren gibt es Kurzschlüsse in erster Linie für das Balancement. Ein Sinken nach einer Seite löst ohne weiteres Dazwischentreten des ganzen Ich die kompensierende Bewegung aus, oder schließlich schon zum voraus. Wenn ich eine Kurve nehmen will, so kompensiere ich die zu erwartende Zentrifugalwirkung in statu nascendi. Das Ausweichen geht bald unbewußt wie beim Gehen; ebenso die Anpassung an das Ziel.

So werden tausend andere Handlungen automatisiert. Eine der wichtigsten Mechanisierungen ist die Umsetzung der Gedanken in Worte und umgekehrt. Sie ist bei manchen Menschen nur teilweise gelungen; die Funktion bleibt ihnen oft bewußt und bedarf einer gewissen Anstrengung.

Automatisierte Handlungen brauchen viel weniger Energie, ja sie scheinen zum Teil gar keine Ermüdung hervorzubringen.

Die Psychomotilität.

Das Zustandekommen unserer Bewegungen will man zuweilen damit erklären, daß in jeder Vorstellung einer Bewegung oder einer

Handlung ein Impuls, die Handlung auszuführen, liege; bei einer gewissen Stärke der Vorstellung werde der Impuls wirksam. Nun sind aber die Bewegungen sowohl phylogenetisch wie ontogenetisch älter als die Vorstellungen, und ich denke, wir werden nicht stark irren können, wenn wir vom einfachen ausgehen. Das Lebewesen mit oder ohne Nervensystem reagiert motorisch auf äußere und innere Reize. Das tut auch der Säugling (schon vor der Geburt). Bestimmte, offenbar noch in den tiefern Zentren liegende Mechanismen führen zum Greifen, Saugen, zu Blickbewegungen usw. Diese Bewegungen werden in der Rinde registriert zugleich mit ihren auslösenden Reizen und ihren Erfolgen. Die drei Engrammgruppen bilden also jeweilen in der Rinde eine assoziative Einheit. Die Berührung der mütterlichen Mamilla durch den Mund des Kindes löst dann die Saugbewegung von zwei Stellen aus, nicht nur von dem unteren (reflektorischen) Apparat im Althirn, sondern auch von der Hirnrinde (den erworbenen Engrammen). Infolge Assoziation durch Ähnlichkeit und Gleichzeitigkeit haben bald auch andere Reize die nämliche Wirkung, so Berührung bloß des Gesichtes mit einem warmen Gegenstand, Anblick der Brust oder der Mutter selbst; die Aktion wird offenbar vom Neuhirn (den Engrammen) aus zuerst bloß eingeleitet oder ausgelöst, so daß der ältere Apparat in Bewegung gesetzt wird und ihm die Einzelheiten der Ausführung überlassen werden. Später übernimmt die Rinde infolge ihrer besseren Anpassungsfähigkeit an die momentanen Verhältnisse und ihrer Fähigkeit, die Aktionen in der Tiefe zu hemmen, die direktere Leitung. Es bilden sich in ihr Bewegungsformeln aus. Es können nun durch die Vorstellung der Mutterbrust, des Saugenwollens, des Hungers, des Vergnügens am Trinken, die Saugbewegungen und schließlich auch die einleitenden Bewegungen, das Aufsuchen der Brust, das Schreien, das die Mutter herbeiruft, ausgelöst werden. Inwiefern die Instinkte, zu sitzen, zu stehen, zu gehen, in die Hirnrinde hinaufgewandert sind, wissen wir noch nicht. Jedenfalls geht der erwachsene Mensch im wesentlichen mit dem Neuhirn, wenn auch die untern Zentren mitbenutzt werden mögen (bei Unterbrechung der Pyramidenbahnen auch oberhalb der Basalganglien wird das Gehen unmöglich).

Alle die genannten und ähnliche Tätigkeiten haben etwas Triebartiges; das Kind lernt nicht gehen, wie es in der Schule lesen oder schreiben lernt, sondern in einem bestimmten Zeitpunkt fängt es an, Gehübungen zu machen und kommt dann unter normalen Umständen auch bald zum Ziele, während frühere Antriebe von außen erfolglos waren. Sogar mit dem phylogenetisch viel jüngeren und komplizierteren Sprechen verhält es sich ähnlich. Schon mit 6—7 Wochen gibt das Kind auf Töne Antwort. Später übt es sich triebartig mit einer Menge von selbst fabrizierten Lauten, um schließlich durch Nachahmen der Töne und Worte anderer zum Sprechen zu kommen.

Für nicht vorgebildete Bewegungen schafft sich der Säugling allmählich die kortikalen Bewegungsformeln durch allerlei tastende Übungen, die er beständig betreibt. Wie die Bewegungen sich aufbauen, liest man am besten in den Arbeiten v. Monakows nach.

Psychische Energie.

Trieb und Dynamik führen zu dem Begriff der „psychischen Energie“, nicht im elementaren Sinne der Stärke des Psychokyms als eines nervösen Vorganges, sondern einer Energie der ganzen Psyche, von der sich viele vorstellen, daß sie im gewissen Sinne eine konstante sei, so daß z. B. die Verteilung derselben auf zwei Wahrnehmungen oder zwei Beschäftigungen jeder dieser Funktionen nur einen Teil zukommen lassen, während beide Teile zusammen wieder die ganze psychische Energie ausmachen. Da die Psyche aus mancherlei früher angedeuteten Gründen als eine Einheit funktioniert, und das bewußte Ich sich unter gewöhnlichen Umständen nur mit einem Gegenstand beschäftigen kann, ist es selbstverständlich, daß eine solche Gleichzeitigkeit zweier Funktionen unter Umständen eine Störung bringen muß[1]. Wir können nun die psychische Energie nicht messen; aber die Anhaltspunkte, die wir zu ihrer Schätzung haben, lassen uns doch vermuten, daß der Aufwand an psychischer Energie beim nämlichen Menschen sehr stark wechselt. Wir haben das Gefühl, sehr wenig auszugeben, wenn wir daliegen und unsere Gedanken ohne Anstrengung schweifen lassen, während wir offenbar ein Maximum verwenden, wenn es gilt, uns aus einer momentanen Lebensgefahr zu retten. Bei konzentrierter Aufmerksamkeit wird man leichter „erschöpft“, als wenn man sich gehen läßt. Es gibt ferner Beschäftigungen, die sehr gut nebeneinander ablaufen. Gehen stört das Denken selten, häufiger fördert es geradezu die Überlegung (worauf das letztere beruht, weiß ich noch nicht recht; vielleicht hängt es damit zusammen, daß motorische Betätigung die Willensregung im allgemeinen heraufsetzt (Kraepelin)). Das Unbewußte kann namentlich in pathologischen Fällen sehr energisch arbeiten, ohne deswegen dem Bewußten etwas an Energie wegzunehmen. Kurz, wenn etwas hinter dem Begriff der Konstanz der psychischen Energie steckt, so ist es etwas anderes, als was man bis jetzt vermutete.

Merkwürdigerweise muß man noch daran erinnern, daß die Energie der ein- und ausgehenden Funktionen direkt gar nichts mit der psychischen Energie zu tun hat. Wir können im ärgsten Lärm ruhen, im grellsten Licht geradezu schläfrig duseln. Die Stärke der Sinnesempfindung hat direkt keine Beziehung zur Stärke des durch sie ausgelösten psychischen Vorganges. Die nämliche Nachricht hat die gleiche Wirkung, ob laut oder leise gesprochen. Nur wo die Sinnesempfindung direkt einen Affekt auslöst, hat ihre Stärke eine Bedeutung, so wenn man von einem Knall erschrickt, wenn ein Schlag uns schmerzt. Ebenso können wir ohne psychische Anstrengung viel Muskelkraft ausgeben, wenn auch die Stärke des Wollens die physische Kraftausgabe begünstigt.

Die psychische Energie drückt sich bloß in den Affekten und

[1]) Erscheint eine Fläche weniger hell, wenn eine zweite gleichwertige neben sie gelegt wird, so ist das nicht, wie behauptet wird, Folge der Verteilung der psychischen Energie auf die beiden Wahrnehmungen. Die Erscheinung wird zu den Kontrastfunktionen gehören; diese haben Beziehungen zu den Hemmungen, die den Energieverbrauch steigern. Legt man eine schwarze Fläche neben die helle, so wird diese noch heller gesehen, und psychisch ist schwarz eine Funktion genau wie hell, müßte also ebensogut zur Verteilung der Energie führen — wenn nicht überhaupt schon vorher das Gesichtsfeld ausgefüllt gewesen wäre!

Trieben und in ihren Erfolgen, in der Ergie aus (ob *als* Affekt oder *im* Affekt ist nur ein Unterschied im Ausdruck). Weder der äußere noch der innere Erfolg einer psychischen Anstrengung braucht dieser irgendwie proportional zu sein. Maßgebend ist in erster Linie das Verhältnis von Kraft und Hemmungen. Letztere sind auch wieder Energien und das Spiel und Gegenspiel verbraucht den größten Teil der Kräfte, soweit man das wenigstens aus den Erscheinungen der Ermüdung und der Erschöpfung schließen darf. Wenn ein Trieb von einem andern gehemmt wird, so wird er sich nach allgemein physiologischen Gesetzen steigern, bei dem hemmenden Trieb wird dadurch der nämliche Vorgang ausgelöst, was zu einem zunehmenden Kraftverbrauch von beiden Seiten führen muß, bis irgendein anderer regulierender Apparat oder die Erschöpfung des Kraftvorrates dem Spiel ein Ende bereitet. Manische, die keine Hemmungen haben, ermüden bei beständiger Tätigkeit sehr wenig, und haben auch ein ganz geringes Schlafbedürfnis[1]). Es sind auch nur innere Kämpfe, die zu den Erschöpfungsempfindungen der Neurotiker führen. Man hat die psychische Energie als eine Funktion von Kapazität mal Tension aufgefaßt, so daß die Summe der Ausgabe in größeren Zeiträumen, nicht die momentan vorhandene Energie, sich einer Konstanten annähern würde. Eine neurotisch labile Affektivität kann anscheinend in kurzer Zeit sehr viel Energie verpuffen, die der Ruhige mit nachhaltigem Affekt allmählich und gleichzeitig ausgibt (vgl. hier den Begriff der reizbaren Schwäche, der physiologisch wie psychisch ist). Die „Arbeiter“, die andauernd aber mit wenig Intensität sich anstrengen, würden sich unterscheiden von den „Kämpfern“, die momentan zu großen Kraftanstrengungen fähig sind, aber dann der Ruhe bedürfen. Es gibt aber gewiß genug Kämpfer sowohl wie Arbeiter, deren Kapazität ebenso groß ist wie die Spannung.

Die psychische Energie kann sich auch sonst in verschiedenen Richtungen äußern, die unabhängig voneinander sind. Ich kann sie aber hier weder erschöpfen noch in klarer Abgrenzung aufzählen. Die wichtigste Energie ist die des Handelns, die offenbar die gleiche ist wie die der Triebe und der Affekte. Sie kann sich wohl auch ausdrücken in der Nachhaltigkeit der Strebungen und des Handelns; jedenfalls nennt man ein zähes Streben auch energisch. Nicht damit identisch ist die Energie in der Konzentration der Aufmerksamkeit. Auch der Umfang der Aufmerksamkeit scheint etwas mit der Energie zu tun zu haben. Eine besonders störbare Energierichtung liegt in dem, was wir die Schaltspannung genannt haben, die die Assoziationen in den Bahnen der Erfahrung hält, womit vielleicht verwandt ist, daß genaue Vorstellungen viel mehr Energie verbrauchen als verschwommene oder zu stark abstrahierte überhaupt. Beim Denken drückt sich die Energie auch in der Geschwindigkeit und der Zahl der zuströmenden Assoziationen aus.

Psychische Aktivität.

Eine wie mir scheint recht müßige Frage ist die nach einer psychischen „Aktivität“, auf die ich eingehen muß, weil sie jetzt oft aufgeworfen wird, namentlich auch mit dem Anspruch, eine besondere

[1]) Auch die Melancholiker schlafen wenig, leiden aber darunter und fühlen sich müde.

Art Psychologie, die „Aktivitätspsychologie“ zu begründen. Die letztere kenne ich viel zu wenig. um mich im ganzen darüber zu äußern; was ich davon weiß, muß ich ablehnen. Sie nimmt z. B. an, daß schon im Wahrnehmen eine aktive Leistung der Psyche stecke, daß die Begriffsbildung auf einer auswählenden Tätigkeit der Psyche, die vorgebildet sei, beruhe. und ähnliches.

Dazu möchte ich folgendes bemerken: Empfindungen oder Wahrnehmungen sind Veränderungen in der Psyche, die von außen bewirkt werden; wenn wir dennoch dabei oft die Empfindung einer gewissen Aktivität haben. so ist das wohl durch die aktive Hinlenkung der Sinne und der Aufmerksamkeit und durch die Verarbeitung der Empfindungen bedingt. Auch das Denken kann ohne bemerkbare aktive Anstrengung geschehen, in der Weise etwa. wie der Kautschuk mit der Zeit seine Elastizität verändert. Es ist gleichgültig. ob man das eine Aktivität nennen mag. Demgegenüber ist die Psyche eine Kraftmaschine wie eine geheizte Dampfmaschine oder ein geladenes Gewehr. mit der Tendenz in gewissen Richtungen aktiv zu werden. Das sehen wir namentlich in den Trieben und ihren Leistungen, und darüber kann man nicht streiten.

Man soll sich ferner darüber klar sein, daß selbstverständlich unsere nervösen Funktionen wie alle anderen etwas Aktives sind, schon rein physikalisch genommen, denn sie verbrauchen Energie, die dem Nervensystem durch das Blut wieder zugeführt werden muß. Man kann also eine Aktivität in gewissem Sinne niemals leugnen. Es gibt ja Leute, die sich vorstellen, ein Reiz gehe im Reflexzentrum einfach in die entsprechende motorische Bahn, oder die von stärkerer Dynamogenie der roten Farbe sprechen gegenüber einer andern Farbe, weil die Muskelleistung durch Wahrnehmung von Rot vergrößert werden soll. Im letzteren Falle denken sie sich, daß das in der Retina entstandene Neurokym einen Zuwachs zu der psychischen Energie bringe, und direkt als Muskelleistung oder wenigstens Muskelreizung zur Verwertung kommen könne. Es lohnt sich nicht, solche Vorstellungen weitläufig zu widerlegen. Selbstverständlich hat doch das CNS. seine wichtigste, wenn nicht die alleinige, Kraftquelle in sich, und die ankommenden Reize wirken als Auslöser von irgendwelchen Funktionen, die von den im Gehirn bereitliegenden Apparaten ausgeführt werden. Auch darin zeigt sich also eine selbstverständliche Aktivität der Psyche. Und wenn auch z. B. die Atmung durch Reiz der Kohlensäure oder des Sauerstoffmangels ausgelöst wird, so sind doch Automatismen denkbar, die ohne äußere Anregung funktionieren. Auch das wäre eine Aktivität.

Angreifbarer ist es, wenn man sagt, schon zum Empfinden brauche es eine Aktivität, die die Psyche auf den Reiz oder das Sinnesorgan hin wende. Das ist nicht unbedingt nötig. Es könnte genügen, daß der Reiz nicht abgesperrt wird von dem Ich. Aber es könnte auch so sein, daß die Bahn ein für allemal so gestellt wird, daß ein bestimmter Reiz beachtet wird, andere Reize aber vom Ich ausgeschlossen sind (wenn ich z. B. Erdbeeren suche, kann ich ganz Beliebiges denken, und mich in der Richtung der Blicke frei fühlen; sobald aber eine Erdbeere Lichtstrahlen auf die Retina sendet, wird sie wahrgenommen). Ist nun eine solche Einstellung, die vielleicht vor einer halben Stunde geschehen ist, noch als Aktivität im Momente des Erblickens der Beere zu bezeichnen? Man kann ja oder nein sagen. Daß die Lenkung der Aufmerksamkeit eine Aktivität ist, wird niemand bestreiten.

Ist aber die Auswahl, die wir unter den Sinneseindrücken treffen, ein Beweis von einer besonderen Aktivität? Gewiß nicht! Ist ein Sieb, das hineinfallenden Sand durchläßt und gröbere Körner festhält, aktiv? Sind ein Resonator oder ein Marconiapparat, die nur auf bestimmte Wellen reagieren, aktiv? oder gar ein Klavier, das nur den angeschlagenen Ton gibt?

Wenn man nun aber behaupten will, zur Wahrnehmung und zur Begriffsbildung sei ein vorgebildeter aktiver Apparat notwendig, so möchte ich erst Zeit zur Diskussion verschwenden, wenn dieser Rückfall in die Vermögenstheorie wenigstens mit einiger Wahrscheinlichkeit begründet werden kann. Daß er nicht nötig ist, glaube ich gezeigt zu haben.

Unsere Auffassung einer „Aktivität" bezieht sich nur auf folgendes: Alle Funktionen eines lebenden Organismus, so auch die der nervösen, resp. psychischen Zentren, beruhen auf Produktion und Ausgabe von Kraft; die Energie hat aber in ihrer Richtung oder Form physikalischen Kräften gegenüber etwas Besonderes. In den einzelnen nervösen Apparaten sind Energien entladungsbereit, und die Apparate sind so eingerichtet, daß die frei werdende Energie in bestimmten Verhältnissen in bestimmte Bahnen geht, je nach Mitwirkung von Reizen, die neben dem auslösenden der Einrichtung zufließen (Schwanzausschlag auf Bauchreiz nach rechts oder nach links je nach der Ausgangsstellung). Der Umstand, daß ein Apparat mit Energie geladen ist, die durch einen Reiz, oder vielleicht auch spontan, frei wird und zu seiner Funktion führt, wird nach Analogie psychischer oder physischer Verhältnisse als „Tendenz" oder „Strebung" des Apparates zu einer bestimmten Funktion bezeichnet. Der Begriff hat aber keine scharfen Grenzen. Es ist willkürlich, ob wir schon im Muskel, der auch Energien zur Verfügung hält, eine „Tendenz" zur Kontraktion konstatieren wollen oder nicht; er hat einen bestimmten physikalisch-chemischen Bau, der auf Reiz mit einer Zusammenziehung antwortet; ebenso sezerniert die Schweißdrüse nur auf Reiz, und für den Wischreflex wird, ohne daß die Haut gereizt wird, wohl kein Bedürfnis zum Ablauf bestehen. Aber schon die Tränen- und Speicheldrüsen sezernieren beständig, wenn auch auf bestimmte Reize mehr oder weniger und in anderen Qualitäten, und unsere Triebe und Instinkte suchen geradezu die nötigen Reize, kurz, sie haben eine spontane Aktivität. Selbstverständlich bestehen zwischen diesen Aktionsweisen keine prinzipiellen Unterschiede, es handelt sich vielmehr um quantitative Unterschiede eines allgemeinen biologischen Vorganges. Schließlich können wir auch bei den Funktionen, die wir als spontan zu bezeichnen gewohnt sind, irgendwelche auslösenden Reize finden oder konstruieren. Wir reden dabei sowohl von Strebung, die im Apparat liegt, wie von Strebung der Funktion, zwei Dinge, die wir hier nicht regelmäßig auseinanderhalten können, ohne neue Ausdrücke zu schaffen. Bei den Begriffen, mit denen wir zu operieren haben, kommt das nicht sehr in Betracht; ob wir hier eine Strebung, einen Trieb dem funktionierenden Apparat oder der Funktion zuschreiben, ist meist ohne weiteres ersichtlich.

Über die Lokalisation der psychischen Energieproduktion, die in diesem Zusammenhange auch besprochen wird, an anderer Stelle.

II. Die Schaltungen.

INHALT. Die Einwirkung verschiedener Psychismen aufeinander geschieht nicht direkt wie in der Physik, wo die Kräfte nach dem Schema des Parallelogramms zu einer Resultante verschmelzen, sondern ähnlich wie bei einer elektrischen Anlage, wo Funktionen ein- und ausgeschaltet werden und die dirigierenden Momente nur an den Schaltern angreifen. Allerdings bestehen komplizierende Unterschiede, wie z. B. der, daß ein Psychismus, ein Trieb nicht nur nach Entäußerung strebt, sondern auch die Schalter in seinem Sinne beeinflußt, das ihn Fördernde einschaltend, das Entgegengesetzte ausschaltend. Solche Schaltwirkungen üben alle Psychismen wie alle zentralnervösen Funktionen aufeinander aus. Ferner kann eine einmal ausgeschaltete Strebung deswegen, weil sie eben an den Schaltern selbst angreift, eine andere immer wieder hemmen, oder modifizieren.

Wir haben zunächst zweierlei Schaltungen zu unterscheiden, die Bereitschaftsschaltung (Blitz und Donner sind einmal assoziiert, bleiben zusammengeschaltet, sodaß die eine Vorstellung die andere assoziiert. Ich habe mir vorgenommen, einem Freunde eine Mitteilung zu machen, wenn ich ihn sehe. Die Einstellung bleibt, so daß der Anblick des Freundes den Willen zur Mitteilung oder diese selbst auslöst), und die Aktionsschaltung (aktuelle Vorstellungen oder Strebungen oder Affekte stellen alle Schaltungen in ihrem Sinne. Der Freund begegnet mir, und ich führe nun den Vorsatz der Mitteilung aus).

Die Schaltungen müssen wie jede andere psychische Funktion wieder abgestellt werden, um unwirksam zu werden. Ihre Widerstandsfähigkeit gegenüber Abstellungen, sowie die Intensität und Extensität ihrer Wirkungen hängt namentlich mit den Affekten zusammen, von denen „Schaltkraft" eine besondere Eigenschaft ist. So ist die Schaltung auch eine dynamische Funktion.

Von speziellen Schaltungen sind zu erwähnen:

1. Die der ganzen Persönlichkeit, die sich je nach den Umständen auf eine bestimmte Reaktionsform einstellt: englisch zu reden, sich fein oder stammtischhaft zu benehmen usw.

2. Die Hierarchie der Denkziele ist eine Kombination von Schaltungen, indem jede dabei beteiligte Vorstellung das ihr Entsprechende bahnt und das Andere hemmt, so daß der Gedankengang eindeutig bestimmt wird.

3. Viele psychische Funktionen verlaufen ohne Zusammenschaltung mit dem bewußten Ich und sind dann unbewußt. In manchen Fällen, wo eine Funktion, namentlich ein unangenehmer Gedanke, eine unangenehme Strebung, nicht unterdrückt werden kann, wird sie vom Ich abgeschaltet. Die Summe dieser vom Ich abgespaltenen Funktionen heißt das Unbewußte.

4. Durch Schaltungswirkungen der Affekte werden in der Schizophrenie und Hysterie die Persönlichkeiten gespalten. Ein Trieb, der mit anderen unverträglich ist, aber nicht unterdrückt werden kann, funktioniert abgespalten weiter und baut z. B. bestimmte Bedürfnisse und Vorstellungen durch dereierendes Denken zu Wahnideen oder zu neurotischen Symptomen aus.

5. Wenn bestimmte affektive Strebungen die Schaltungen zu sehr beherrschen, kann es zur zeitweisen oder dauernden Ausschaltung der Erinnerungen über bestimmte Zeiträume kommen (doppelte oder mehrfache Persönlichkeit, fälschlich „doppeltes Bewußtsein").

6. Die Ausschaltung der Ermüdungsempfindungen.

7. Die Schaltung des Schlafes. a) Eine psychische, welche Sensibilität und Motilität mit bestimmten Ausnahmen vom Ich ausschaltet und die Assoziationsspannung aufhebt oder vermindert, und b) die davon unabhängige chemische Schaltung, die die Erholung des Körpers herbeiführt. Die Aufhebung der Assoziationsspannung führt zu ungeregeltem, dereierendem Denken, und zur Ekphorie wenig verarbeiteter Empfindungskomplexe in Gestalt von Halluzinationen.

8. Im Schlaf und in der Hypnose, teilweise auch bei Aufmerksamkeitsstörungen, beobachten wir eine Art Schaltung, die die Spannung des normalen Assoziationsablaufes aufhebt, so daß die Assoziationen von den Bindungen der Erfahrung weitgehend frei werden.

9. In der Hypnose wird künstlich eine besondere Einstellung der Schaltung hervorgebracht: Ausschaltung der Spontaneität, Konzentration der Aufmerksamkeit auf den Hypnotiseur und seine Wünsche, die mit großer Feinheit erraten werden, außergewöhnliche Leistungen in Sensibilität und Motilität.

10. Wenn wir uns etwas vornehmen, werden G e l e g e n h e i t s a p p a r a t e *zusammengeschaltet, die ganz analog sind den vorgebildeten Apparaten der Reflexe und Instinkte, und ebenfalls abgestellt werden müssen, wenn sie nicht weiter funktionieren sollen. Diese Abstellung steckt hinter dem mißverständlichen Begriffe des Abreagierens.*

Über den Mechanismus der Schaltungen sind wir uns noch nicht klar. Es ist aber selbstverständlich, daß die grob materiellen Auffassungen von Kontakt und Nichtkontakt von Zellen, in denen Vorstellungen sitzen, und ähnliches unrichtig sind.

Im CNS. müssen sich die verschiedenen Funktionen beeinflussen können, um kompliziertere Reaktionen entstehen zu lassen, in die z. B. verschiedene kinästhetische Empfindungen eingehen (Ausgangsstellung bei einem Wischreflex), oder die aus einer zeitlichen und räumlichen Koordination verschiedener Muskeln oder verschiedener Teilhandlungen bestehen, ja um nur auf eine Form, eine Distanz zu reagieren, und besonders auch um Einheitlichkeit, sei es der einzelnen Reaktionen, sei es des ganzen Geschöpfes zu gewähren. Eine solche Art Beeinflussung ist schon der elementare Vorgang, der auf einen Reiz einen Reflex entstehen läßt, oder in der Nervenplatte die Muskelkontraktion auslöst.

Die Art, wie verschiedene Funktionen und Strebungen aufeinander wirken, ist nun nicht vergleichbar dem Zusammen- oder Gegeneinanderwirken von Kräften in einfachen physikalischen Verhältnissen[1]), sondern demjenigen verschiedener Kräfte in komplizierten Apparaten, wie einer Dampfanlage mit verschiedenen angehängten Maschinen oder noch bequemer in einer elektrischen Anlage. Die Funktionen wirken nicht als solche aufeinander, so wenig wie der Lokomotivführer direkt auf den Gang der Maschine wirkt; soll diese angehen oder stillestehen, oder vor- oder rückwärts gehen, so schaltet er den Dampfzufluß in geeigneter Weise, und das übrige besorgt die Konstruktion der Maschine und die Energie des Dampfes. Ebenso wird die Dynamo einer elektrischen Anlage gesteuert. Die Energien in Dampf und Elektrizität kommen nur zur Wirkung, insofern ihnen der Weg geöffnet und die Richtung gewiesen ist. Da gibt es kein Parallelogramm der Kräfte[2]), so daß die Zwischenglocke b eingeschaltet würde, weil von zwei verschiedenen Strebungen die eine die Glocke a, die andere die Glocke c läuten wollte, und keine direkte Abschwächung der Energien; wenn zwei Führer am elektrischen Motor sind, und der eine will vor-, der andere rückwärts fahren, so ist das Resultat nicht die Geschwindigkeit a b, sondern, wenn einmal der eine die Drehung des Schalters bewirkt hat, so geht die Maschine in Richtung und Kraft, wie wenn vorher kein Wettstreit stattgefunden hätte.

[1]) Man will darin eine prinzipielle Eigentümlichkeit sehen, die die Seele zu etwas Besonderem stemple. Wie schon der gut durchführbare Vergleich mit Schaltungen zeigt, ist das unrichtig.

[2]) Immerhin hat SZYMANSKI (Versuche, das Verhältnis zwischen modal verschiedenen Reizen in Zahlen auszudrücken. Arch. f. d. ges. Physiologie **143**, 1911, S. 25. Methodisches zur Erforschung der Instinkte. Biolog. Zentralbl. 1913, S. 260) gezeigt, daß bei gewissen Tropismen, z. B. wenn ein Tier durch zwei Lichter angezogen wird, unter Umständen eine Mittelrichtung eingeschlagen wird. Sogar bei Kindern hat er Andeutungen davon nachweisen können. Das sind aber Ausnahmen, die im Leben kaum vorkommen und sich auch von unserem Standpunkt aus ohne weiteres erklären lassen (auf verschiedene Arten). In manchen Fällen sieht man z. B. eine Zickzackbewegung, so daß bald der eine, bald der andere Einfluß zur Wirkung kommt (d. h. eingeschaltet wird und den andern ausschaltet) wie beim Wettstreit der beiden Sehfelder.

So ist es im großen und ganzen im Zentralnervensystem mit seiner Psyche. Doch gibt es zwei Unterschiede. Einmal entspricht die organische Strebung selbst nicht nur der bloßen Triebkraft, wie der Dampf oder die Elektrizität in der Maschine. sondern sie selbst wirkt auch auf den Schalter. Die Energie der Strebung ist nicht nur darauf gerichtet, zu handeln, wenn sich Gelegenheit bietet, sondern auch zum Handeln zu kommen, also den Schalter dementsprechend zu stellen. Im Wettstreit mit den andern Strebungen kommt nur diese letztere Energierichtung in Betracht, der Kampf um die Schalterstellung, die die Entladung, das Handeln erlaubt. Allerdings kann der Schalter *auch* von außen, von den andern Strebungen, durch Assoziation gestellt werden. Ist er einmal geöffnet, auf Handlung gestellt, dann kommt die Energierichtung der Aktion zur Wirkung. Es ist nicht prinzipiell nötig, daß die beiden Energien einander an Stärke parallel gehen, obgleich es wohl meistens der Fall ist. Ich mag keinen großen Eifer haben, eine bestimmte geistige oder körperliche Arbeit zu leisten; habe ich mich aber einmal entschlossen, so kann ich die maximale Energie des ganzen Ich darauf verwenden (ohne daß diese Energie eine neue Quelle hätte, z. B. die Scham, das Begonnene nun nicht zu Ende führen zu können[1]).

Dadurch, daß die Strebungen selbst auf ihre eigenen Schaltungen wirken, wird noch ein zweiter Unterschied gegenüber der als Bild benutzten elektrischen Anlage bedingt: eine ausgeschaltete elektrische oder Dampfkraft kommt in der Maschine gar nicht mehr zur Wirkung. Im CNS. aber existiert eine ausgeschaltete Strebung als solche immer noch fort, strebt wieder die Schaltung zu beeinflussen und kann deshalb plötzlich eine frühere Entscheidung wieder aufheben oder abschwächen. Man hat sich z. B. entschlossen, endlich mit der Geliebten zu brechen, handelt aber in manchen Einzelheiten, wie wenn die Verbindung noch fortbestände, oder wie wenn man sie wieder anknüpfen wollte. Es kann auch die unterdrückte Strebung die ablaufende dynamisch hindern, sie nicht ihre volle Kraft ausgeben lassen, oder es macht geradezu den Eindruck, wie wenn die funktionierende Energie immer wieder am von anderer Seite angegriffenen Schalter beansprucht und dadurch geteilt würde. Beim Maschinenschreiben bemerke ich, daß ich im Begriffe bin, eine falsche Taste zu tippen, mein Gegenbefehl kommt aber zu spät, hat jedoch noch die Wirkung, daß die Taste weniger stark angeschlagen wird. Auch Bestrebungen, die subjektiv ganz unterdrückt scheinen, machen sich manchmal daran noch bemerkbar, daß die siegreiche Handlung mit weniger Energie ausgeführt wird.

In allen diesen Fällen handelt es sich nicht um eine Durchbrechung des Prinzips der Schaltung, um Ausnahmen, sondern um Komplikationen, die einmal genauer zu untersuchen sich lohnen würde.

Es liegt in dem Prinzip der Schaltung nicht nur ein Alles-oder-nichts, sondern auch die Möglichkeit eines Mechanismus, der erlaubt, mehr oder weniger Kraft zur Wirkung kommen

---

[1]) Analog ist nach dem Alles-oder-nichts-Gesetz die Stärke eines Reizes für den Erfolg gleichgültig, soweit es sich um ein einzelnes Arbeitselement handelt; das Element gibt alle seine momentan verfügbare Kraft ab, ob der Reiz stark oder schwach sei. Ob ich ein Pulverfaß mit einem großen oder einem kleinen Funken entzünde, macht keinen Unterschied in bezug auf das Quantum der frei werdenden Energie. Der stärkere Reiz veranlaßt aber im CNS. mehr Elemente zur Reaktion.

zu lassen, etwa wie bei einem Dampfhahn oder einer elektrischen Schaltung mit verschiedenen Widerständen. Je nach Stärke und Art des auslösenden Reizes kann die Reaktion abgestuft sein; wie die Kraftausgabe abgemessen wird, wissen wir noch nicht. Jedenfalls haben unter manchen Umständen Gegenstrebungen Einfluß darauf, die den Schalter nicht auf Volldampf stellen lassen, wenn sie zwar nicht stark genug sind, die Reaktion zu verhindern, aber doch zu stark, um sich ganz unterdrücken zu lassen. In einer solchen Art Antagonismus liegt sicher ein ausgiebig benutztes Prinzip der Regulierungen durch antagonistische Kräftepaare. Ein Uhrwerk regulieren wir durch Trieb und Hemmungen. Eine genaue Gewichts- oder Elektrizitätswage wird möglichst empfindlich gemacht, aber gedämpft. Wenn wir Bewegungen ganz fein dosieren wollen, so spannen wir die Antagonisten und lassen nur einen Überschuß (rectius Differenz) von Kraft zur Wirkung kommen. Das chemische Gleichgewicht des Körpers ist das Resultat einer unabsehbaren Menge von antagonistischen Kräftepaaren. Die Herztätigkeit, der Tonus der Vasomotoren und der Drüsen werden alle durch zwei Gegenwirkungen eingestellt. So auf psychischem Gebiet überall, am auffallendsten beim Sexualtrieb, dem graduell noch nicht genügend verständliche enorme Hemmungen entgegenstehen. Alle diese Hemmungen setzen nun an dem Punkt an, den wir bildlich als Schaltung bezeichnet haben, ohne daß notwendig nur das Entweder-Oder von Aktion oder nicht in Betracht käme, sondern noch viel häufiger die abgestufte Reaktion die Folge ist. Ein Teil dieser Mechanismen ist unzweifelhaft von hoher Komplikation. Wie man sich die Einzelheiten vorstellen soll, ob als viele Schalter für die gleiche Aktion, von denen eine größere oder kleinere Anzahl gestellt werden, oder als einzelne Schalter für jede Aktion, die nur in ihrer Durchgängigkeit für die Kraft variieren wie ein elektrischer Schalter mit Widerständen oder ein Dampfhahn, der auf teilweise Durchlässigkeit gestellt werden kann, muß noch genauer untersucht werden. In komplizierteren psychischen Strebungen spielt unzweifelhaft das Numerische eine besonders große Rolle, indem die nämliche Strebung von verschiedenen Gesichtspunkten aus mehr oder weniger gefördert oder gehemmt werden kann. Das Mädchen, das man heiraten möchte, ist tüchtig, schön, hat Geld, jedes dieser Momente scheint einen besonderen Schalter zu haben, um den Entschluß zur Heirat zu befördern; ebenso jeder ihrer Fehler, die die Heirat erschweren.

Häufig kommt es auch vor, daß für den einen Augenblick die eine Strebung herrscht, dann, unter anderen Einflüssen, sei es nur für einen Moment oder für länger, die andere Meister wird und so die Handlung abschwächt, für eine gewisse Zeit unterbricht oder in ihrem Sinne verändert. Letzteres kommt namentlich häufig vor bei Einflüssen aus dem Unbewußten. So wird auch oft nicht eine Gesamtstrebung unterdrückt oder abgeschwächt, sondern nur einzelne Teile, manchmal die wichtigen, manchmal weniger wesentliche; solche Teilhandlungen können auch zeitweise wie die Haupthandlung unterdrückt werden und wieder aufleben. Man will mit der Geliebten brechen, sie nicht heiraten, ihr kein Geld mehr geben, sich nicht mit ihr kompromittieren; aber man empfindet es doch als schön, oder führt es geradezu herbei, daß man sie wieder einmal sehen kann.

Es ist ferner die Strebung, den Schalter zu beeinflussen, selbst wieder eine Strebung, die ihre besondere Schaltung hat. Das heißt, auch der Begriff der Schaltung ist auf zentralnervösem Gebiete ein unendlich komplizierter wie alles Psychische, und nicht so reinlich abzugrenzen wie in einer Maschinenanlage.

Die Schaltungen wirken als Disposition (Bereitschaft) und als Aktion. Bereitschaftsschaltungen liegen z. B. vor bei den Verbindungen der Engramme: wenn man Blitzen und Donnern nacheinander erlebt hat, so werden die beiden Wahrnehmungen in ihren Engrammen dauernd miteinander verbunden, zusammengeschaltet, so daß die eine die andere wieder auslöst. In den phylisch vorgebildeten Apparaten ist z. B. der ankommende von Beklopfen der Patellarsehne herrührende Reiz mit den Zentren des Beinstreckers zusammengeschaltet. Wenn ich vorhabe, einen Brief in den ersten Kasten zu werfen, dem ich begegne, so wird die Vorstellung des Briefkastens mit dem Akt des Einwerfens verbunden, so daß diese Handlung durch das Wahrnehmungsbild des Kastens (bewußt oder unbewußt) assoziiert, ausgelöst, wird.

Von einer Aktionsschaltung können wir dann reden, wenn eine aktuelle Vorstellung die Verbindungen so stellt, daß das Psychokym während der Dauer dieser Vorstellung in bestimmten Richtungen fließt. und von andern Richtungen abgesperrt ist.

Die meisten kinästhetischen Reize bewirken insofern Aktionsschaltungen, als sie nur wirken, während sie bestehen. Sie sind aber Bereitschaftschaltungen insofern, als sie wirkungslos sind, wenn nicht z. B. der Bauchreiz. der den Schwanz je nach der Ausgangsstellung nach rechts oder nach links gehen läßt, oder sonst eine Bewegungsintention hinzukommt[1]). Das Beispiel soll zeigen. daß Aktions- und Bereitschaftsschaltung, so verschieden sie zunächst scheinen, — die erste als dynamisch. die zweite als statisch, — nur zwei Seiten der nämlichen Funktionseigenschaft sind. Wenn wir automatisch 1, 2. 3 zählen können, so ist es deshalb, weil das öftere Hören und Sprechen dieser Reihe eine Bereitschaftsschaltung geschaffen hat. Außerdem ist beim Zählen eine Aktionsschaltung beteiligt, die die Funktion gerade in dieser Richtung ablaufen läßt. Wir könnten ja an 1 auch 10 oder viele andere Dinge assoziieren.

Die Aktionsschaltungen kann man sich nicht kompliziert genug vorstellen. Die gleichzeitigen Bewegungen unserer Hände laufen gewöhnlich miteinander enge verbunden ab, so bei allen Handlungen, zu denen man beide Hände benutzt. Es kann aber auch jede Hand etwas anderes tun, wenn ich z. B. mit der einen Hand schreibe, mit der andern mich im Haar kratze, wobei wenigstens die eine Handlung gewöhnlich vom bewußten Ich ganz oder fast ganz abgetrennt verläuft. Jedenfalls aber sind die beiden Handlungen unter sich möglichst wenig verbunden und ganz selbständig einander gegenüber, sie beeinflussen sich nicht, helfen einander nicht, stören einander nicht, während die Bewegungen der Hände im ersten Falle enge miteinander verbunden sind, nicht nur zentrifugal, indem sie die zueinander passenden Impulse bekommen, sondern auch insofern, als die eine Hand sich nach dem richtet, was die

[1]) Natürlich wirken sie nebenbei dauernd mit bei der ganzen räumlichen Orientierung unseres Körpers.

andere bei ihrer Tätigkeit erlebt; droht die Pinzette der Linken auszugleiten, so muß die Rechte sich beim Schneiden darnach richten, kurz die Tätigkeit der beiden Hände ist zentrifugal und zentripetal zu einer vollen Einheit zusammengeschaltet. Wenn ich nun aber meinen Willen anstrenge, mit der einen Hand einen Kreis, mit der anderen ein Hinundher auf gerader Linie zu beschreiben, so konstatiere ich große Schwierigkeiten, die noch verstärkt werden, wenn ich versuche, auch die Füße mitzubenutzen. In diesem Beispiel sind die Bewegungen der Hände zwar auch wieder verbunden — durch meinen Willensentschluß; sie hemmen sich aber, weil eine einheitliche Idee fehlt und nur eine Aufgabe vorliegt, wie wir sie im Leben ohne besondere Umstände nie üben oder nie in eine Einheit zusammenfassen. Es kommt hier aber wohl noch ein direkter Widerstand hinzu von einer angeborenen Schaltung, die die Zentren der Glieder zu symmetrischen oder alternierenden Bewegungen verbindet. Aber sogar diese organische Anordnung kann ich auseinanderschalten durch die einheitlichen Bedürfnisse einer Arbeit; ich kann ganz gleiche Bewegungen wie die scheinbar unmöglichen, ohne jede Übung machen, wenn ich z. B. an einer Futterschneidmaschine mit der einen Hand ein Rad drehe und mit der anderen das Heu zuschiebe.

Über die Rolle der Schaltmechanismen beim Denken siehe das Genauere im betr. Abschnitt. Jede aktuelle Vorstellung hemmt die entgegenstehenden und bahnt die zu ihr passenden, so daß in Verbindung mit dem eigentlichen Denkziel der Ablauf einer Denkoperation eindeutig bestimmt ist. Den Affekten kommt dabei ein besonders großer Einfluß zu, indem sie nicht nur das eigentliche Ziel des Denkens bestimmen. (Überlegung, wie man ein gutes Geschäft machen könne), sondern alle Assoziationen in ihrem Sinne beeinflussen (man möchte ein gutes Geschäft machen und rechnet dann nur die guten Chancen). So führen sie schon beim Normalen durch zu starke Einwirkung auf die Schaltungen oft zu Denkfehlern, bei Geisteskranken aber zu Wahnideen. Bei gewissen Formen von Denkschwäche (Borniertheit, namentlich aber Schizophrenie) können die Affekte Gedanken, die dem Kranken nicht passen, ganz von den Überlegungen ausschließen, auch dann, wenn man darauf aufmerksam macht, so daß die Kranken vollständig diskussionsunfähig werden, z. B. trotz aller Erklärungen nicht fähig sind zu begreifen, daß sie nicht aus der Anstalt entlassen werden können, solange sie Lärm machen, und dann geradezu Lärm machen, um entlassen zu werden, oder wenn sie auf hundertfache Erklärung, man halte sie für anständige Leute, immer wieder behaupten, man bezeichne sie als Verbrecher.

Auf den Schaltungen beruht die Launenhaftigkeit der Erinnerungen. Was man in der einen „Konstellation" gut erinnert, kann unter dem Schaltungseinfluß einer anderen nicht ekphoriert werden. Die Freudschen Mechanismen des Vergessens kommen so zum vollen Verständnis. Extreme einer solchen Gedächtnisstörung finden wir bei der doppelten Persönlichkeit („doppeltes Bewußtsein"), wo während eines bestimmten Zeitraumes alle Erinnerungen früherer Zeiten (gewöhnlich mit Ausnahme der halb oder ganz automatischen Fertigkeiten wie Sprechen, Schreiben, Essen) vergessen sind, so daß sich die Kranken in allen Beziehungen auch über sich selbst neu orientieren müssen. Nach einiger Zeit wird wieder die frühere Erinnerungsreihe eingeschaltet unter Ausschaltung der neuen. Diese Schaltungsänderungen können sich wiederholen, so daß in dem krankhaften Zustand a nur die Erlebnisse der früheren Zustände a und im gewöhnlichen Zustand b nur diejenigen von früheren Zuständen b erinnert werden können. Auch andere Kombinationen solcher doppelter oder mehrfacher Persönlichkeiten kommen vor. Sie sind natürlich alle bedingt durch die Schaltungseinflüsse von Wünschen und anderen Strebungen[1]).

Die stärkste Schaltkraft haben unsere Strebungen und unsere Stellungnahmen zu den Erlebnissen, die Affekte. Wir konnten deshalb schon oben nicht von den allgemeinen Schaltungen sprechen, ohne wenigstens die Strebungen zu erwähnen. Wenn ich an Cäsar denke und „Rom" assoziiere, so werden nur wenige Schaltungen bemerkbar beeinflußt, und tausend Ablenkungen können die Verbindungen anders stellen. Eine Vorstellung aber von der Bedrohung meiner Existenz stellt alle Verbindungen des ganzen Gehirns bis hinunter zu den Vasomotoren und den Lenkern der Sekretionen unwiderstehlich so, daß mein ganzes Denken und Fühlen und alle meine Energie nur auf diese Vorstellung und das damit zusammenhängende Handeln konzentriert bleibt.

Durch die Schaltkraft, die die Affekte, die Strebungen aufeinander selbst ausüben, wird in erster Linie die Einheit des Ich begründet (vgl. Abschnitt über die Einheit des Bewußtseins); ohne sie wären wir ein Konglomerat von Strebungen, die einander hindern würden, und auf dem Gebiete der Vorstellungen wären wir nichts imstande hervorzubringen als ein Chaos von Engrammen früherer Sinnesempfindungen, die sich ohne Regel mischen und folgen würden. Es könnte nicht einmal zu einer Vorstellung, geschweige zum Denken, kommen.

Auch die Schaltung wird vom Gedächtnis fixiert. Wir können von Schaltungsengrammen sprechen, möchten aber davor warnen, sich darunter etwas ganz Eigenartiges vorzustellen. Es handelt sich sicherlich nur um eine andere Seite des nämlichen Vorganges wie bei der Engraphie von dem, was wir Inhalt von Psychismen (Wahrnehmungen, Vorstellungen) nennen.

Jede Vorstellung besitzt nun Blutsverwandte, d. h. ähnliche Vorstellungen, und angeheiratete Verwandte, d. h. durch Erfahrung mit ihr Verbundene. Ist eine Vorstellung aktuell, wird sie gedacht, so beeinflußt sie alle Schaltungen so, daß die mit ihr verwandten gebahnt, also wirklich geöffnet oder doch leichter geöffnet als sonst werden, während alle entgegenstehenden, die nicht verwandten und besonders diejenigen, die Gegenstrebungen entsprechen, gehemmt, gesperrt werden. Da zu gleicher Zeit in unserem Gehirn eine Menge Vorstellungen, meist in geordneter Hierarchie als Zielvorstellungen (siehe Abschnitt Denken), lebendig sind, bestimmt die Resultante aller dieser Schaltkräfte den Übergang von einer Vorstellung zur andern, die Assoziation, das Denken.

Die Beobachtung zeigt, daß das nur ein Spezialfall einer allgemeinen Eigenschaft der Schaltkräfte ist: jede beliebige Strebung, jede Funktion überhaupt stellt nicht nur ihren eigenen Schalter so, daß die Strebung ausgeführt wird, sondern durch entsprechende Schalterbeeinflussung bahnt sie alles gleichsinnig Wirkende

---

[1]) Vgl. JUNG, Zur Psychologie und Pathologie sogenannter okkulter Phänomene. Diss., Zürich, 1902.

und hemmt oder sperrt sie alles andere. Das ist ein allgemeines Gesetz im ganzen CNS., nicht bloß ein psychisches.

Wenn Ranschburg berichtet, wie ähnliche Funktionen einander stören, unähnliche aber nicht, so ist das auch richtig, zeigt aber nur, wie vorsichtig man in diesen Dingen die Ausdrücke wählen sollte — wenn es nur immer möglich wäre, ganz passende zu finden. Dadurch, daß das Ähnliche sich besonders leicht assoziiert, setzt es sich manchmal auch da durch, oder wirkt wenigstens eine Tendenz sich durchzusetzen mit, wo es nach der allgemeinen Konstellation, nach dem Denkziel nicht auftreten sollte. So stiftet es leicht Verwirrung (vgl. Abschnitt Assoziationen), während fremde Dinge, die einander nichts angehen, die Assoziationsschaltungen so stellen, daß sie ohne Berührung nebeneinander ablaufen. Wir gehen und richten unsere Schritte nach den optischen und akustischen Eindrücken und nach der früher vorgenommenen Wahl des Zieles, können dabei aber sehr gut (oft besonders gut[1]), über irgendein Problem nachdenken.

Die Dauer der Schaltungen als Engramme reicht bis zum Tode des Gehirns. Was einmal zusammengestellt ist, sei es als Vorstellungsassoziation, sei es als Aktionstendenz (Gelegenheitsapparat), bleibt als Verbindung erhalten.

Die Schaltungsengramme haben aber zwei ganz verschiedene Bedeutungen, je nachdem sie (gültig) abgestellt sind oder fortwirken. Wie jede andere Funktion müssen sie nämlich abgestellt werden, wenn sie keinen Einfluß mehr auf das folgende psychische Geschehen haben sollen (vgl. Gelegenheitsapparate).

Von den Zehntausenden von Schaltungen, die wir täglich abstellen, kommt nur ausnahmsweise eine einzelne noch einmal zur Wirkung, z. B. als Fehler in einem Experiment, in welches fälschlicherweise eine Reaktion aus einem früheren Experiment hineingetragen wird, oder wenn man sich verspricht, namentlich aber bei viel geübten und bei affektiv betonten Einstellungen, die sehr schwer gründlich abzustellen sind. Hat man sich einmal eine bestimmte Form des t zu schreiben angewöhnt, so wird es nicht leicht, eine andere anzunehmen. Hat sich gar die Übung, zum Glase zu greifen, mit allem Schönen, was man erlebt und mit allem, was man unangenehm betont, assoziiert, so kann die „alte Gewohnheit“ immer wieder die besten Vorsätze und die schärfste Logik über den Haufen werfen.

Viele Schaltungen werden aber auf Dauerwirkungen gestellt, ohne daß sie deswegen irgendwie bewußt bleiben müßten. Wie die Schaltung „Briefkasten — Brief einwerfen“ als Assoziationsbereitschaft so lange besteht, als der Brief nicht eingeworfen ist, so bleiben andere Schaltungen jahrelang, ja bis zum Tod in Wirksamkeit. Letzteres wird namentlich von unseren guten Vorsätzen erwartet, die nicht nur nach innen als Gelegenheitsapparate zusammengeschaltet sind, sondern auch so eingerichtet sein müssen, daß sie immer im richtigen Moment assoziiert, resp. aktuelll werden.

Die Wirksamkeit und Festigkeit sowohl der Einstellung wie der Abstellung der Schaltungen hängt, soweit wir wissen, in erster Linie mit der Affektivität zusammen. Leute mit labiler Affektivität „vergessen“ einerseits ihre Entschlüsse und gedanklichen Schaltungen sehr leicht, lassen aber anderseits auch Funktionen, die sie ausschalten wollten, oder glaubten ausgeschaltet zu haben, leicht wieder auftreten. Von dieser Verschiedenheit der Stabilität in Ein- und Ausschaltung

[1]) Warum weiß ich noch nicht recht.

ist zu unterscheiden die aktuelle Energie und Ausdehnung der Schaltungen. Hysterische haben im allgemeinen eine labile Affektivität und damit geringe Stabilität der Ein- und Ausschaltungen. Die momentane Wirkung der Schaltungen eines affektbetonten Ereignisses auf Handeln und Denken ist aber in Intensität und Ausdehnung bekanntlich eine sehr große. Bei gleichgültigen Menschen ist weder die Stabilität noch die Schaltungskraft bedeutend. Bei „Phlegmatikern“ und Paranoikern reicht eine einmalige Einstellung aus, fürs ganze Leben dem Handeln und Denken eine bestimmte Richtung zu geben, namentlich in der Logik die einen Assoziationen aus- und die anderen einzuschalten (ähnlich die Rentenneurosen).

Was hier von den engraphierten und wiederbenutzten Schaltungen gesagt ist, gilt mutatis mutandis auch von den frischen eben in Funktion gesetzten Schaltungen. Auch sie können in Widerstandsfähigkeit gegen abstellende Einflüsse, in Intensität und Extensität verschieden sein. Auch sie müssen natürlich abgestellt, ausgeschaltet werden, um außer Funktion zu kommen. Ein solcher Gegenbefehl braucht allerdings nicht ausdrücklich durch eine Gegenstrebung gegeben zu werden; jede andere Funktion hat eine gewisse schaltungsaufhebende Kraft, wenn sie nicht isoliert von der auszuschaltenden Funktion verläuft. Nur die im Unbewußten abgesperrten Vorgänge können nicht durch bewußte Funktionen beeinflußt werden, und bleiben deshalb unter Umständen jahrzehntelang gleich geschaltet (vgl. Gelegenheitsapparate).

Es ist mit einer nervösen Dauerfunktion wie mit einer Bewegung auf physikalischem Gebiet; sie dauert so lange, als sie nicht durch eine Gegenwirkung abgestellt wird.

Immerhin mit Verstand zu verstehen. Es liegt im Wesen gewisser psychischer Funktionen, daß sie überhaupt keinen Bestand, keine eigentliche Dauer haben; sie bestehen nur aus einem Fluß; schon eine Empfindung kann sich nur erhalten, indem sie jeden Augenblick wechselt, sie ist in keinem Moment genau, was sie im vorhergehenden war; das Ekphorat eines Engrammes, eine Vorstellung, kann meist nicht festgehalten werden. Für diese Art Funktionen kommt also eine Dauer und damit eine Abstellung im gleichen Sinne wie bei einer tonischen Muskelkontraktion oder einer Denkrichtung gar nicht in Frage. Ferner hören manche Funktionen deshalb auf, weil der Kraftvorrat, von dem sie zehren, verbraucht ist. Vielleicht gibt es auch Funktionen, die bloß deshalb eingestellt werden, weil der zu ihrer Existenz notwendige auslösende Reiz aufhört: die Absonderung von Magensaft, von Tränen, die Zusammenziehung der Pupille, die Verlangsamung des Herzschlages bei Vagusreizung. Am letzteren Beispiel möchte ich zeigen, daß wahrscheinlich in solchen Fällen ein antagonistischer Einfluß im Momente des Aufhörens des Reizes die Oberhand gewinnt, so daß auch da wahrscheinlich etwas wie eine aktive Abstellung im Spiel ist.

Wo wir es mit einer nervösen Dauerfunktion oder einer Einstellung (z. B. Gelegenheitsapparat) zu tun haben, müssen wir annehmen, daß eine Abstellung geradezu immer notwendig sei, wenn die Funktion aufhören müsse. So sehen wir, daß, wenn wir uns einmal eingestellt haben, die Glockenschläge zu zählen, wir nicht so leicht aufhören können; auch wenn wir es fertig bringen, von einem bestimmten Schlag an, etwas anderes zu denken, so zählen wir doch leicht automatisch daneben weiter, und wissen ganz gut, welcher Schlag der letzte ist, bevor der Zeitpunkt für einen folgenden eingetreten ist (natürlich vorausgesetzt, daß wir die Zeit kennen.) Die Gewöhnung, auf Druckfehler zu achten, macht sich leicht bei einer belletristischen Lektüre unangenehm geltend.

Mach[1]) berichtet, daß es oft eines besonderen Einflusses zur Abstellung der Bewegung bedurfte, wenn er einige Male die Faust taktmäßig ballte und dann nicht weiter auf diese Bewegung achtete. Schizophrene sind nicht selten außerstande, wiederholte Bewegungen im richtigen Moment aufhören zu lassen. Hierher gehört auch der Katatonusversuch Kohnstamms, bei dem man, an einer Wand stehend, den Handrücken etwa eine Minute lang gegen dieselbe drückt, dann einfach sich abdreht, ohne den Arm anders einzustellen: dieser geht nun langsam automatisch in die Höhe, indem die Kontraktion, die früher den Arm gegen die Wand drückte, ihn jetzt, nach Verschwinden des Hindernisses, in die Höhe hebt. Wenn man ermüdet ist, bringt man oft die zum Aufhören einer Arbeit nötige Energie nicht auf und arbeitet gegen seinen Willen weiter. Nach geistiger Arbeit wird leicht das automatische Weiterarbeiten ein Hindernis des Schlafes. Die Perseveration bei groben Hirnherden, wo der Kranke von einem bestimmten Wort, einer einfachen Handlung nicht mehr loskommt, indem ihm beliebige andere Impulse immer wieder in die eben benutzte Bahn entgleisen, zeigt ebenfalls, daß das Aufhören einer zerebralen Funktion ein besonderer Akt ist. In gröberer Weise sehen wir das nämliche am absterbenden Hirn im Tierexperiment, wo elektrische Reizung eine einmal von ihrem Zentrum aus ausgelöste Bewegung, z. B. eine bestimmte Kaubewegung nachher von beliebigen Stellen aus auslösen kann, während die normale Reaktion der Reizstelle ausbleibt. Der Kopf einer Raupe, der während des Fressens mit scharfem Schnitt vom Leibe getrennt worden, frißt oft andauernd weiter, weil keine Empfindung des gefüllten Magens die Funktion abstellt. Bekannt sind auch die allerdings nicht gar häufigen Vorkommnisse, wo durch Schuß in die Oblongata ein Tier oder ein Mensch in einer bestimmten Stellung krampfhaft festgehalten wird, wie man annimmt, weil die allzu plötzliche Verletzung einerseits keine Zeit zur Abstellung der Funktion vom Gehirn aus ließ, anderseits, weil ein glatter Schuß unter Umständen nicht selbst einen Reiz zu setzen braucht, der im Rückenmark eine andere Einstellung hervorrufen könnte. Nach Pighini[2]) soll das gleiche häufig nach Granatkommotionen vorgekommen sein. Matula[3]) berichtet, daß, wenn man die Reflexerregbarkeit des RM. durch starke Reizung des Gehirns auf Null herabsetzt, und dann das Gehirn vom Rückenmark trennt, bevor sie sich wiederhergestellt hat, daß dann die Reflexlosigkeit „häufig" bleibt, während sonst das abgetrennte Rückenmark erhöhte Reflexe zeigt. Organisch Geisteskranke haben oft nicht nur Mühe, eine neue Assoziation zu finden, sondern ebensowohl eine alte Funktion auszuschalten. Wenn man ein neues Thema anschlägt, antworten sie leicht im Sinne des früheren. Ein Teil der eigentlichen Perseveration bei Organischen mag darauf beruhen.

Neben Tenazität (= Widerstandsfähigkeit) und Intensität und Extensität der Schaltungen kommt noch in Betracht, daß wenigstens die Affektschaltungen zugleich die Wertigkeit der Assoziationen beeinflussen. Wer verliebt ist, wird die Fehler seiner Angebeteten, auch

[1]) Erkenntnis und Irrtum, III. Aufl. Leipzig. Barth, 1917, S. 430.

[2]) Pighini, Considerazioni patogenetiche sulle psiconevrosi emotive osservate al fronte. Roma, Il Policlinico, Vol. XXIV. M., 1917, S. 7.

[3]) Matula, Korrelative Änderungen der Reflexerregbarkeit. Arch. f. d. ges. Phys. 153. 1913, S. 413. Ref. Ztschr. f. d. ges. N. u Ps. 8, 1913, S. 97.

wenn er sie beachtet, nicht so werten, wie wenn er nicht verliebt wäre. Was für ein elementarer Vorgang dahinter steckt, habe ich noch nicht genauer verfolgt. Es handelt sich wohl einerseits um „Stellungnahme" der Persönlichkeit und anderseits um Hinzuziehung und Ausschluß von Assoziationen, die geeignet sind, die Folgen der Fehler ausdenken zu lassen.

Abgesehen von der Ähnlichkeit und der Erfahrung bei den Assoziationsschaltungen ist die Schaltung selbst eine Funktion der Stärke eines psychischen Vorganges. Ein Reiz muß eine bestimmte Schwellenhöhe erreicht haben, bis er einen Reflex auslösen kann, und um einen zu hemmen, muß seine Stärke meist noch viel größer sein (nicht weil ein anderes Prinzip in Betracht käme, sondern weil der Reflex für einen bestimmten Reiz eingerichtet ist, die Hemmungen aber, die wir kennen, meist gar nicht zum Reflex in organischer Beziehung stehen, sondern einfach darauf beruhen, daß beliebige Funktionen jede andere hemmen können, wenn sie nur stark genug sind; Hemmungen durch vorgebildeten Antagonismus brauchen nicht die maximalen Stärken, so die der Herzbewegungen durch den Vagus, die der Vasomotoren und — so viel ich weiß — manche Sekretionshemmungen). Ganz besonders die Schaltungskraft der Affekte ist ceteris paribus von dem abhängig, was wir als die Stärke der Affekte aufzufassen einigermaßen berechtigt sind, weil innere Empfindungen und die infolge des Affektes aufgewendete Energie in dieser Richtung weisen. (Doch muß man sich hüten, sich im Kreise zu drehen und einen starken Affekt einen mit starkem Einfluß auf die Schaltungen zu nennen, und schwach, was keinen starken Einfluß auf die Schaltungen hat.) Unzweifelhaft ist aber, daß die Stärke eines Affektes — soweit wir etwas davon wissen können — nicht parallel zu gehen braucht der Stärke der Schaltungskraft. Bei Debilen und bei vielen Psychopathen sehen wir oft eine so starke Schaltungskraft, daß es zu vorübergehenden Wahnbildungen, ja zu vollständigen Anfällen von Verwirrtheit kommt, auch wenn die übrigen Zeichen von Stärke der Affektwirkungen gering sind oder ganz fehlen. Paranoiker, die ihr Leben lang ein Wahnsystem ausspinnen unter dem Einfluß einer zu starken affektiven Schaltung, brauchen anscheinend im übrigen nicht besonders starke Affekte zu haben.

Natürlich kommt es bei der Schaltungskraft irgendeiner Funktion auch auf die zu überwindenden Widerstände an. Bei intelligenten Leuten besitzen z. B. logische Assoziationen eine große Widerstandsfähigkeit, die den Geistesschwachen abgeht; deshalb können diese letztern unter dem Einfluß der Affekte leichter falsche logische Operationen machen, die unter Umständen Wahnideen ganz ähnlich sehen oder direkt als solche zu bezeichnen sind.

Einer besonderen Erwähnung bedürfen die allgemeinen Schaltungen der Persönlichkeit, obschon sie sich aus dem Vorhergehenden von selbst verstehen. In jeder beliebigen Situation benimmt man sich normalerweise ganz von selbst dieser entsprechend. Alle Schaltungen werden automatisch im Sinne der Allgemeinvorstellung gestellt. Am Stammtisch ist Benehmen und Denken ganz anders als in Damengesellschaft; Kinder sind ganz andere Leute je nach der Umgebung. Wenn man in einer bekannten Sprache angeredet wird, stellen sich sofort alle

Schaltungen auf diese Sprache. Viele Jahre lang, wenn ich an der Schreibmaschine einen Brief schrieb, wurde er ganz von selbst sehr viel sauberer als ein Konzept zu meinem Gebrauch, ohne daß ein entsprechender Unterschied in der Schnelligkeit zu konstatieren gewesen wäre[1]). Auf die Affekte, die im vorhergehenden als die mächtigsten Beeinflusser der Schaltungen erwähnt worden sind, möge auch in diesem Zusammenhang aufmerksam gemacht werden; ein Psychopath ist ein ganz anderer Mensch, wenn er gereizt ist, als einige Minuten vorher oder nachher. Unter den Geisteskranken ist die allgemeine Schaltungswirkung bei Paranoiden besonders leicht demonstrierbar: redet man mit ihnen über Dinge, die ihre Komplexe nicht berühren, so sind sie wie andere Leute; von einer Sekunde auf die andere aber können sie in der Denkweise, in Affekten, Haltung und Mimik und namentlich auch im Blick wechseln, wenn man ein Thema anschlägt, das sie mit ihren Wahnideen in Verbindung bringen. Nicht so selten kann man mit ihnen beliebig experimentieren, und innert einer Minute die Schaltung mehrfach wechseln. Die Entstehung aller hysterischen Symptome geht über Schaltungsmechanismen. Im hysterischen Dämmerzustand wird die ganze Psyche mit einer Konsequenz, deren das bewußte Ich niemals fähig wäre, auf Abweisung einer unerträglichen Situation oder Darstellung einer erwünschten Situation oder Wiederholung eines affektbetonten Erlebnisses eingestellt. Ein Ganserscher Dämmerzustand kann, sobald der beobachtende Arzt den Saal verläßt, verschwinden, um bei seinem Eintritt sofort wieder da zu sein. Hochgradige Katatonien mit Mutismus oder Flexibilitas cerea können bei einem Besuch, bei der Herausnahme aus der Anstalt, spurlos verschwinden und unter Umständen ebenso schnell sich wieder einstellen.

Die allgemeinen Schaltungen machen auch die Symptome der Hypnose, die vor dreißig Jahren mit so viel Affekt als Schwindel hingestellt wurden, ohne weiteres verständlich. Bei der jetzt gebräuchlichen Liébeaultschen Methode der Hypnotisierung wird einesteils durch die Schlafsuggestion möglichste Abschaltung der Sinnesreize und der innern und äußeren Aktivität bewirkt; andernteils wird die Aufmerksamkeit auf die Worte des Hypnotiseurs durch die ganze Situation und sein beständiges Sprechen besonders gebahnt (wenn auch in seltenen Fällen vom Bewußtsein ausgeschlossen), so daß der Hypnotisierte mit dem Suggestor „in Rapport" bleibt wie die schlafende Krankenschwester mit den Atemzügen ihres Patienten. So können die vom Suggestor eingegebenen Vorstellungen das Feld ohne Widerspruch beherrschen. Alle Schaltungen sind so gestellt, daß die Suggestionen sich realisieren können oder müssen. Da auch sonst von den Vorstellungen aus die Körperfunktionen mit beeinflußt werden, ist es gar nichts Außergewöhnliches, daß die Vasomotoren, der Darm, die Sekretionen, die Menstruation auf diesem Wege reguliert werden können. Da aber die Wege zu diesen Einwirkungen immer über das Unbewußte gehen, von dem auch der Hypnotisierte keine Kunde hat, begreifen wir das Launenhafte auch dieser Beeinflussungen. Von den Empfindungen ist auch sonst der

[1]) Beachtenswert für den Unterschied zwischen willkürlicher und unbewußt automatischer Einstellung ist, daß, als ich nach Jahren die bessere Schaltung auch für die Konzepte erstrebte, nicht nur der Erfolg null war, sondern die Fehler in den sorgfältig sein sollenden Schriften sehr erheblich zunahmen.

Schmerz am leichtesten auszuschalten; die Hypnose erlaubt vollständige Anästhesien hervorzubringen. Man findet auch die niemals ganz verschlossenen Wege zu den unverarbeiteten Engrammkomplexen, die die Wahrnehmungen hinterlassen haben, so daß Halluzinationen entstehen können. Die Konzentration der Aufmerksamkeit erlaubt noch eine Anzahl anderer Mehrleistungen gegenüber dem Normalen, deren Mechanismen wir nicht kennen, aber auch sonst einmal antreffen: besondere Feinheit der Sinne, oder Muskelleistungen ohne Ermüdung, die in gar keinem Verhältnis stehen zu dem, was wir unter gewöhnlichen Umständen leisten können. Daß durch die Vorstellungen die Erinnerungsfähigkeit ausgeschaltet werden kann, ist eine alltägliche Beobachtung; hier mag das Zustandekommen der Amnesie noch unterstützt werden dadurch, daß die Assoziationen überhaupt in der Hypnose anders geschaltet sind als im gewöhnlichen Zustand. so daß von diesem aus die Wege nicht leicht zu finden sind. Die posthypnotischen Handlungen, die in der Hypnose befohlen worden sind, kennen wir als Wirkungen von Gelegenheitsapparaten, nur in wenig unauffälligerer Form.

Okkultismus. Da die hypnotischen Symptome der gewöhnlichen Psychologie so unverständlich erschienen, hat man mit ihnen die sogenannten okkultistischen Phänomene in Zusammenhang gebracht. und es ist tatsächlich sehr vieles als okkultistisch aufgefaßt worden, was nichts als Folge unbewußter Suggestion und Autosuggestion ist[1]). Anderseits gibt es eine Menge einzelner Tatsachen. deren Erklärung durch „Zufall“ oder „Betrug“ noch gezwungener ist, als irgend etwas anzunehmen, das man noch nicht kennt. Erscheint es nicht als unvernünftige Überhebung, zu erklären, eine Erscheinung, die wir nicht verstehen, sei mit den Naturgesetzen im Widerspruch? Haben wir denn in den wenigen hundert Jahren, da man zielbewußt realistisch forscht, wirklich alle Gesetze der „Natur“ entdeckt? Wenn man aber die Sachen genauer studiert, so findet man oft ein so gesetzmäßiges Zusammenspiel von psychologischen Faktoren, (namentlich gefühlsbetonten Komplexen) und irgend etwas Unbekanntem, das auf die Psyche und vielleicht sogar auf die Dinge wirkt, daß man der Annahme von irgendeinem erforschbaren Neuen nicht gut entgehen kann. Vorläufig allerdings sind Tatsachen zu sammeln und besser zu beobachten als bis jetzt die meisten. Will man experimentieren, so darf man nicht vergessen, daß man es mit psychischen und erst noch ihrer Natur nach „launenhaften“ unbewußten Erscheinungen zu tun hat, die weder der bewußte Wille direkt dirigieren, noch der Verstand übersehen kann; darf man doch nicht einmal von einem Goethe verlangen. daß er morgens um 10 Uhr ins Laboratorium komme und einen Faust dichte, um zu beweisen, daß er der geniale Autor sei[2]). Auch ist sehr zu betonen, daß in diesen Dingen. seien sie mit den bisherigen Mitteln zu erklären oder nicht, in erster Linie die Gesetze des dereierenden Denkens und nicht die der Logik und Physik maßgebend sind. Die bisherigen „Erklärungen“ mit Annahme von Geistern oder verschiedener „Fluide“ sind wertlos. In die Wissenschaft ist neuerdings wieder die Vorstellung gedrungen, daß äußere und innere Geschehnisse direkt ohne Vermittlung der Sinne auf unser Gehirn wirken können in so elementarer Weise wie eine faradische Spule auf eine andere. Von den äußeren Geschehnissen ist es nicht möglich, weil die Gehirnfunktion nicht sie, sondern Symbole derselben ausdrückt. und seine eigenen Vorgänge kann ein Gehirn nicht wohl ohne weiteres einem andern induzieren, weil sonst zusammenlebende Menschen einander beständig beeinflussen müßten, die Massenpsychologie nicht durch die Suggestion restlos zu erklären wäre, und vielleicht auch, weil die größten Distanzen die Einwirkungen nicht abschwächen wie in der Physik.

Das Unbewußte. Ein großer Teil der psychischen Funktionen ist schon in der Norm nicht mit der bewußten Person verbunden: ein

[1]) Vgl. FLOURNOY, Des Indes à la planète Mars.

[2]) MAXWELL, Neuland der Seele. Stuttgart. Hoffmann (Übersetzung aus dem Französischen).

anderer Teil wird aktiv, weil unerträglich, abgespalten, funktioniert aber noch weiter. Beide Gruppen zusammen, von denen die erste sehr groß, die letztere beim Gesunden verhältnismäßig sehr klein, wenn auch nicht unbedeutend ist, bilden das Unbewußte. Es ist nämlich dem Ich nicht immer möglich, Strebungen vollständig zu unterdrücken. Sie werden deshalb bloß von der Verbindung ausgeschaltet, abgesperrt, und können noch allerlei Wirkungen entfalten, namentlich krankhafte. Absperrung und Unterdrückung einer Funktion sind also zwei verschiedene Wirkungen der Schaltung, aber mit ähnlichem Ziel. Eine Funktion kann an der Wirkung gehemmt werden dadurch, daß sie von den anderen Funktionen, auf die sie wirken sollte, abgeschaltet wird, oder dadurch, daß sie als Funktion gehemmt wird.

Über das Unbewußte gibt es viel Streit und viele unklare Vorstellungen. Ich möchte hier nur das Wichtigste erwähnen und für das Übrige auf die untenstehenden Publikationen verweisen[1]).

Das Tatsächliche an dem Unbewußten („Unterbewußten") ist folgendes: Es gibt Wahrnehmungen, Schlüsse, Einstellungen der Aufmerksamkeit, Affekte, Motive, Strebungen und überhaupt Psychismen jeder beliebigen Art, von denen wir direkt nichts wahrnehmen, die aber in allem übrigen genau gleich sind wie die bewußten Vorgänge. Wir können ihre Existenz ungefähr mit der Sicherheit erschließen, mit der wir annehmen, daß ein Hund, den wir hinter seine Hütte gehen und auf der andern Seite wieder hervorkommen sehen, hinter der Hütte so vorbeigelaufen sei, wie er es tut, wenn wir ihn sehen. Man hat die Existenz des Unbewußten bestreiten wollen mit der Begründung, es handle sich nur um Ungewußtes, oder um Halbbewußtes. Für uns ist kein Unterschied zwischen einem unbewußten und einem ungewußten psychischen Vorgang. Wenn etwas uns gar nicht bekannt ist, so wollen wir es auch nicht halbbewußt nennen; aber wir wissen, daß der Grad der Bewußtheit (in unserer Auffassung die Stärke oder Zahl der Verbindungen mit dem Ich) alle Grade von Null bis zum Maximum annehmen kann. So gibt es keine Grenze zwischen bewußt und unbewußt, und der ehrlichste Mensch kann oft beim besten Willen nicht sagen, ob ihm ein Motiv bewußt war oder nicht. Wir halten deswegen einen Streit, inwiefern ein Teil des von uns als das Unbewußte bezeichneten Funktionskomplexes doch noch „schwach" bewußt sei, für ganz müßig. Sicher gibt es ganz unbewußte psychische Vorgänge und ebenso sicher alle Übergänge zu solchen höchsten Bewußtseins. Im einzelnen Falle die Grade feststellen zu wollen, ist unmögliches Unterfangen.

So ist das Unbewußte nur ein Kollektivbegriff, nicht eine abgegrenzte Einheit, wie sie Dessoir schildert. Jede beliebige Funktion kann gelegentlich unbewußt ablaufen. Aber nicht alles, was unbewußt ist, kann

[1]) Dessoir, Das Doppel-Ich. Leipzig, Günther, 1890. Bleuler, Das Unbewußte. J. f. Psychol. u. Neurol. 20. 1913, S. 89. Bleuler, Bewußtsein und Assoziation. J. f. Psychol. u. Neurol. 6, 1905, 126. Bleuler, Zur Kritik des Unbewußten. Ztschr. f. d. ges. Neurol. u. Psychiatrie 53, 1919, 80.

Bleuler, Über unbewußtes psychisches Geschehen. Ztschr. f. d. ges. Neurol. u. Psychiatrie. Bleuler, Das Unbewußte. Natur, 4. Jahrg., 1913, 161.

Dann vor allem alle die Arbeiten der Freudschen Schule, wobei aber darauf aufmerksam zu machen ist, daß sie die latenten Engramme auch dazu zählt, und daß sie im Unbewußten als Kern verdrängte sexuelle Perversitäten sieht, an die sich dann andres Material assoziativ geknüpft habe. Wir teilen diese Ansicht nicht.

auch bewußt werden. Das Unbewußte ist der weitere Begriff nicht nur weil in ihm nebeneinander eine beliebige Menge von Tätigkeiten ablaufen können, sondern auch weil manche Funktionen nie zum Bewußtsein kommen können, z. B. die Schlüsse, welche uns aus der Perspektive die dritte Dimension schaffen, die Zusammenhänge unserer Psyche mit den Körperfunktionen (Kreislauf, Drüsen, Verdauung, Menstruation usw. und viele andere[1]). Von ihm aus ist deswegen der Körper viel mehr zu beinflussen als vom Bewußtsein aus[2]). Aber weil es keine einheitliche Direktive hat, erscheinen uns seine Wirkungen launenhaft. Es ist noch viel weniger ein Verlaß auf die unbewußten Funktionen als auf das Ich, das alle Strebungen in eine Einheit zusammenfaßt und die einen den andern unterordnet.

Im Unbewußten müssen die Funktionen nicht zusammengefaßt sein; die allgemeine Wirkung der Schaltung auf die Assoziationen, das Denken, die Strebungen und das Wollen fehlt, aber einzelne Komplexe können zusammenhängen und nach allen Regeln des strengsten logischen Denkens ausgearbeitet werden, so daß z. B. beim Gesunden die Lösung eines Problems, eine geniale Dichtung fertig aus dem Unbewußten auftaucht, oder dem Kranken Halluzinationen und Wahnideen, die ein gewisses zusammenhängendes System bilden, auf einmal bewußt werden. Meistens aber herrscht das dereierende Denken; ja die Ungebundenheit geht noch darüber hinaus, produziert Spielereien und Mätzchen. die wir nicht ganz verstehen, und buchstabiert z. B. beim automatischen Schreiben Wörter und Sätze von hinten. Das zusammenhangslose Denken braucht sich um die Logik nicht zu kümmern; alle möglichen im bewußten Ich unterdrückten oder gar nie bemerkbaren Triebe können zum Wort kommen, die zeitlichen und örtlichen Zusammenhänge ignoriert oder gefälscht werden, die größten Widersprüche nebeneinander bestehen wie im Traum. Freud meinte deshalb, das Unbewußte sei zeitlos und amoralisch. Das ist nicht richtig. Im Unbewußten können sogar oft viel genauere Zeitbestimmungen vorkommen, als es dem bewußten Ich zu vollziehen möglich wäre, und die moralischen Triebe kommen daselbst ebensogut zur Wirkung wie die andern. Bei der Ungenauigkeit seines Denkens hat das Unbewußte in gewissem Sinne auch eine besondere Sprache, die es neben der gewöhnlichen benutzt. Nicht nur daß aus dem Unbewußten auftauchende Gedanken oft in schwer verständliche Worte gekleidet sind; manches wird oft nur in Symbolen ausgedrückt wie im Traum.

In der Schizophrenie werden viele Strebungen zwar mit der Persönlichkeit, aber nicht mit der Gesamtsituation in Verbindung gebracht. Der Patient weiß, daß er in der Anstalt eingesperrt ist, daß er seine Familie liebt; er bringt aber die beiden Vorstellungen nicht miteinander und nicht in ihrem Zusammenhang in Verbindung mit dem Ich und auch die einzelnen Vorstellungen selbst nur in ungenügender Ausbildung, so daß das Ich keine Stellung dazu nehmen kann und jeder Affekt fehlt, wie der Gesunde von irgendeinem großen Unglück, das ihn betroffen, ruhig reden

[1]) Sogar die Wurzel bestimmter allgemeiner Denkrichtungen ist uns unbewußt; sie kommen nach Jung aus dem kollektiven Unbewußten (Kreislauf des Lebens, sexuelle Symbolik usw.).

[2]) „Unbewußt bleibende“ Erregungen können z. B. bei Hirnverletzten und Hysterischen mit stärkeren Ausschlägen des psychogalvanischen Phänomens verbunden sein als bewußte.

kann, während ihn die gleichen Vorstellungen in anderer Konstellation zum Jammern und zur Verzweiflung treiben (damit ist die Affektlosigkeit der Schizophrenen nicht allseitig beschrieben; es handelt sich bei derselben um eine komplizierte Erscheinung, von der wir wohl noch nicht alle Komponenten kennen).

Besondere Arten Schaltung sind die des Schlafes und der Ermüdung. Vom Schlaf wissen wir wohl noch viel zu wenig, um ein zusammenhängendes Verständnis seiner Bedeutung und seiner Funktionen zu erwarten. Man nimmt aus ziemlich plausiblen Gründen an, daß im Wachen der Stoffverbrauch innerhalb der Organe größer sei als die Möglichkeit der Assimilation und der Abfuhr der Verbrennungsstoffe und Schlacken; in der Ruhe des Schlafes werde dieses Defizit ausgeglichen. Es wird niemand bestreiten, daß so etwas im Schlafe vorgehe. Ist das aber der Hauptzweck des Schlafes? Die Kraftausgabe bei besonderen, auch wochenlangen Anstrengungen kann ja das Vielfache der gewöhnlichen Tagesausgabe ausmachen — man denke an die Strapazen des Krieges —, ohne daß man deswegen viel mehr schliefe, ja oft bei reduziertem Schlafe, ohne daß das Defizit sich zu summieren braucht. Und „intensiver" Schlaf scheint in ganz kurzer Zeit so viel zu leisten, wie eine lange Nacht „oberflächlichen" Schlafes, was sich wieder nicht recht vereinigen läßt mit der Vorstellung, daß die Erholung in der Hauptsache eine Funktion der Zeit sei. Was überhaupt die Muskeln unter besonderen Anregungen leisten können, ist in keinem Verhältnis zu ihrer gewöhnlichen Arbeit, die uns doch schon ermüdet[1]).

Was wir Ermüdung nennen, ist also eine warnende nervöse Einrichtung, die meinetwegen angeregt werden kann durch Ermüdungsstoffe und Nahrungsdefizit in den Organen, aber im Verhältnis zur möglichen Maximalleistung auffallend früh in Funktion tritt, und durch ein bißchen Nahrung im Magen (also bevor diese chemisch wirken kann) oder allerlei psychische Einflüsse wieder ausgeschaltet werden kann. Es gibt eine besondere Ein- und Ausschaltung des Ermüdungsregulators. Man kann vollständig erschöpft erscheinen; kommt nun ein Ereignis, das einen aufpeitscht, unter Umständen nur ein lustiger Marsch, so läuft man noch einmal so weit wie vorher; man hat nicht ohne Grund, wenn auch etwas zu stark verallgemeinernd, behauptet, man sei nach 20 Stunden Marsch nicht mehr erschöpft als nach 8 Stunden. Es kommt bei der Ermüdung auch ganz besonders darauf an, ob eine Funktion automatisiert oder noch direkt vom Willen geleitet sei, handle es sich um halbvorgebildete Koordinationen wie das Gehen oder um mit Mühe und Aufmerksamkeit eingelernte Fähigkeiten. Ermüdung bringen die bewußten Willensimpulse, besonders wenn ihnen ein Entschluß vorausgehen muß, oder wenn gar noch während der Ausführung innere Hemmungen wirksam bleiben. Alles, was automatisiert ist, ermüdet bei gleicher äußerer Leistung weniger oder gar nicht, vom Gefäßtonus und Herzschlag aller höheren Tiere bis zum Balancieren des Vogels auf einem schwankenden Aste oder zum Stehen des schlafenden

[1]) Man fühlt sich oft müde bei einer bestimmten Beschäftigung, nicht bei einer andern. Es ist gar nicht bewiesen, daß jedesmal lokale Erschöpfung eines (nervösen) Organes oder lokale Anhäufung von Ermüdungsstoffen die Ursache sei.

Pferdes und dem Tragen des schweren Kopfes beim wachenden Tiere. Ein schwächlicher Mensch kann in der Hypnose auf Ferse und Kopf gelegt starr gemacht werden und einen schweren Mann, der ihm auf den Bauch sitzt, tragen. Kurz die Ermüdung und Erschöpfung ist eine sehr komplizierte Funktion, die wir noch lange nicht verstehen; für ihr Verhältnis zur Psyche ist aber wichtig, daß die Anstrengung des bewußten Willens besonders stark ermüdet, und daß sie den Ermüdungsapparat empfindlicher macht oder besonders reizt, während die nämliche Leistung automatisch ohne fühlbare Ermüdung möglich ist, und zwar gewöhnlich, ohne daß der Organismus Schaden nähme.

Die „Neurasthenie“ soll eine Erschöpfung des Nervensystems sein. Wirkliche Erschöpfungen aber äußern sich anders. Die Neurasthenie, wie sie gewöhnlich diagnostiziert wird, ist eine Folge unbefriedigender Lebensstellung und innerer Reibung. Die Genese der Symptome ist eine komplizierte; es wäre aber nicht unmöglich, daß die zu frühe Einschaltung des Ermüdungsventiles eine gewisse Rolle dabei spielte, woran die inneren Reibungen ja denken lassen.

Wenn nun der Stoffwechsel eine so große Breite der Ersatzmöglichkeit besitzt, warum müssen wir ein Drittel der Zeit schlafen? Man kommt auf die Idee, daß die Erholungsfunktion nicht die Hauptaufgabe des Schlafes sei, sondern ihn nur ausnutze. Könnte dieser nicht den Zweck haben, das Geschöpf ruhig zu stellen zur Zeit, da ihm besondere Gefahren drohen, und es im äußeren Kampfe ums Leben nichts Notwendiges zu tun hat, als vielleicht zu verdauen (Hunde, Schlangen) und ähnliches? Ein so ausgesprochenes Tagtier wie der Mensch — die Zeit vom Kienspan bis zur Glühlampe kommt natürlich nicht in Betracht — braucht in der Nacht außer Angst vor der Dunkelheit stilles Verhalten in geschützter Lage[1]), Dinge, zu denen es der Schlaf zwingt.

Außerdem hat der Schlaf wenigstens beim Menschen eine psychische Bedeutung. Nachweislich findet die mnemische und intellektuelle Ausarbeitung des aufgenommenen Materials am besten im Schlafe statt; was abends gelernt ist, sitzt fester, als was man morgens einprägt; Probleme, mit denen man im Wachen nicht weiter kommt, erscheinen nach einem Schlaf gelöst oder doch klarer. Vor allem aber werden Affekteinstellungen, Sichabfinden mit etwas Unabänderlichem so gut wie schwierige Willensentschlüsse, besonders solche über die allgemeinen Leitlinien des Verhaltens, also halb oder ganz unbewußte, oft im Schlaf entschieden. Schon nach einem Schlafe von nur wenigen Minuten kann man einer solchen Sache ganz anders gegenüberstehen als vorher. Ob zu all diesen Bearbeitungen der Traum notwendig ist, wie manche annehmen, möchte ich bezweifeln. Anderseits ist es keine Frage, daß die intellektuellen Neukombinationen, wie vor allem die Affektneueinstellungen, sich oft im Traum ausdrücken. Auch bei Geisteskrankheiten und bei Neurosen kündet sich eine Änderung manchmal zunächst im Traume an.

Symptomatisch haben wir im Schlaf eine besondere Einstellung der Assoziationen mit größerer Unabhängigkeit von der Erfahrung und fast gänzlicher Ausschaltung des Kontaktes zwischen Willen und Motilität, wenn auch der Muskeltonus zunächst bleibt und erst im tiefsten Schlafe nahezu auf Null sinkt. Auch die Sensibilität wird im großen

---

[1]) Noch unsere Kinder streben instinktiv nach Hause und werden unruhig, wenn der Abend sie an einem fremden Orte überrascht.

und ganzen abgeschaltet. Bei den zugelassenen Ausnahmen kommen zweierlei Schaltungen in Betracht. Die eine ist die, daß Reize im Schlafe irgendwie bemerkt werden, (im Traum bewußt werden, wenn auch meist in symbolischer Umdeutung, oder Reaktionen wie Drehen auf die andere Seite, Abwehren einer Fliege, verursachen). Die zweite Art betrifft die Weckreize und ist äußerst empfindlich auf bewußte und unbewußte Einstellungen, indem nicht bloß starke Reize viel eher wirken als schwache, sondern auch, der Einstellung folgend, das schwere Atmen des Kranken den Pfleger weckt, während ein Kanonenschuß ihn ruhig schlafen läßt.

Das zeigt mit Sicherheit, daß nicht nur der Warnungsapparat, der die Ermüdungsempfindung hervorbringt, von einer Schaltung abhängig ist; auch der Eintritt des Schlafes bedarf einer besonderen Schaltung, trotzdem das Schlafbedürfnis aus bestimmten andern Ursachen, z. B. Ansammlung von Ermüdungsstoffen, entsteht.

„Die Aufhebung des Bewußtseins" habe ich unter den Symptomen des Schlafes nicht genannt, weil wir darüber nichts Sicheres wissen. Solange man träumt, ist Bewußtsein natürlich vorhanden, und man träumt unzweifelhaft viel mehr, als man sich erinnert. Ein einfaches Einstellen der psychischen Funktionen im Schlafe kommt wohl nicht vor; das beweist der Umstand, daß die meisten Leute beim Erwachen ein bestimmtes Gefühl für die Dauer des Schlafes haben, und Viele im Schlafe die Zeit viel genauer registrieren und schätzen als im Wachen. Wo das Zeitmaß im Schlafe verloren geht, hängt das nachweislich gewöhnlich nicht mit einem Bewußtseinsverlust zusammen, weil auch solche Leute träumen — vielleicht gerade besonders lebhaft. Wenn nun eine psychische Funktion wie die Zeitregistrierung im Schlafe fortdauert, so ist es recht unwahrscheinlich, daß alle anderen Funktionen und damit das Bewußtsein ganz fehle. Aber die andere Assoziationseinstellung macht, daß wir uns im Wachen nicht mehr an die Schlaferlebnisse erinnern können.

Wie viel und wie wird überhaupt im Schlafe wahrgenommen? Man hat gute Gründe zu der Vermutung, daß vom Schläfer alles, was er bei geschlossenen Augen empfinden kann, registriert wird. Daraufhin deutet die willkürliche oder unwillkürliche Einstellung auf beliebige noch so leise Weckreize, die bei jedermann möglich und von der an gleichgültigen Weckreizen gemessenen Schlaftiefe ganz unabhängig ist, das Erwachen der Krankenpflegerin bei leisen Seufzern oder nur verändertem Atmen des Kranken, nicht aber auf maximalen Lärm, der für sie keine Bedeutung hat. Die Wahrnehmungsschwelle kann unter solchen Umständen geradezu tiefer liegen als im Wachen. Ich habe auch beobachtet, daß ein Kind Worte wiederholte, ohne zu wissen, woher es sie hatte, Worte, die in der Nacht vorher gesprochen wurden, während man konstatierte, wie gut es schlief. Vogt[1]) hat in einem Schlafsaal mit Kranken allerlei Hantierungen vorgenommen und festgestellt, daß sich die Schläfer nach dem Erwachen nicht daran erinnerten; durch Hypnose konnte aber die Amnesie gehoben werden. Trotzdem ist das Vorkommen eines so tiefen Schlafes nicht auszuschließen, daß die gesamten psychischen Funktionen stillstehen, oder daß wenigstens keine äußere Wahrnehmung in die Rinde oder in die (unbewußte) Psyche gelange. Zu beweisen ist aber das Vorkommen eines solchen Schlafes, nicht das Fortfunktionieren der schlafenden Psyche.

Noch weniger kann man sagen, wie und inwiefern der Schlafende registriert; das meiste wohl neben der Aufmerksamkeit, neben dem Bewußtsein, wie wir auf der Straße alle Gesichtsbilder registrieren, aber nur das Besondere, das für uns irgendeine Bedeutung hat, zum Bewußtsein bringen. Daß im Traume viele Sinnesreize umgedeutet werden, weiß jedermann.

Es muß nun die psychische Schaltung in hohem Grade unabhängig sein von der organisch-chemischen Einstellung durch die Schlafschaltung. Während ein gesunder Mensch

[1]) Zit. nach Trömner, Problem des Schlafes, S. 46 in Kindborg, Suggestion, Hypnose und Telepathie. München, Bergmann, 1920, S. 52.

wie andere Säugetiere zugrunde geht, wenn er etwa acht Tage lang am Schlafe verhindert worden ist (und zwar auch dann, wenn er wieder schlafen darf), können Hysterische und Geisteskranke monatelang schlaflos bleiben, und dabei ganz ordentliche Kräfte behalten. Ja es ist gar keine Frage, daß bei „nervöser“ Schlaflosigkeit meistens nicht die Abwesenheit von Schlaf, sondern der Kampf um den Schlaf das besonders Schädliche ist; denn wenn der Kranke sich ergibt und ruhig liegen bleibt, so kann er trotz den größten Teil der Nacht erhaltenen Bewußtseins am Morgen ordentlich frisch und arbeitsfähig aufstehen, und das kann sich über Jahre hinziehen.

Den Eintritt des Schlafes haben wir uns also folgendermaßen vorzustellen: Die Tagesarbeit, das Wachen überhaupt, führt zu einem chemischen Bedürfnis nach Schlaf, verursacht aber den Schlaf nicht direkt, so wenig wie der Hunger das Essen. Das Bedürfnis nach Schlaf schaltet einen bestimmten Erscheinungskomplex, den wir als Müdigkeit bezeichnen, ein. Die chemische und nervöse Ermüdung hat das Bedürfnis nach Schlaf gesetzt, dem erst zu passender Zeit durch eine besondere Schaltung entsprochen wird. Wir schlafen nicht ein, wenn wir müde sind, sondern wenn wir uns hinlegen (oder auch setzen). Diese Schaltung ist bei allen höheren Tieren nicht nur von der Gelegenheit, sondern auch stark vom Willen abhängig — aber nicht direkt: wir haben den Eintritt des Schlafes nicht in der Gewalt wie eine Muskelbewegung (es gibt indessen einzelne seltene Menschen, die ganz nach Belieben in jedem Moment nicht nur aufwachen sondern auch einschlafen können). Wichtige Zwischenglieder vom Willen zur Schaltung gehen durch das Unbewußte. Die Schlafschaltung ist deshalb sehr launisch und leicht störbar. Besonders wichtig sind dabei suggestive Einflüsse.

Die Schlafschaltung setzt sich aus zwei Mechanismen zusammen: 1. die (psychische) Ausschaltung der Verbindungen von und nach außen, die Verminderung der Assoziationsspannung, eine Aufhebung der psychischen Funktionen vielleicht bis zum Schwinden des Bewußtseins (wir wissen allerdings nicht, ob wir auch im traumlosen Schlaf wirklich bewußtlos sind, und ob es einen traumlosen Schlaf überhaupt gibt); und 2. die chemische Schaltung, die der Erholung dient, den Stoffwechsel, die Gefäße, die Drüsen usw. beeinflußt. Die beiden Mechanismen sind zwar meist zusammengekoppelt, aber im Prinzip unabhängig voneinander. Die Ermüdung schafft die Disposition, das Einschlafen selbst ist ein psychischer Schaltungsvorgang.

Narkose (Schlaf mit Schlafmitteln) ist natürlich kein Schlaf, doch kann sie die Hindernisse zur Schlafstellung der Schaltung beseitigen und so den Schlaf möglich machen oder einleiten. Ebenso die Hypnose.

Der Begriff der Schaltung ist natürlich nur ein Bild, dem keine andere Bedeutung zukommen soll, als daß es uns hilft, die einleitend genannten Eigenschaften dieser Funktionen uns vorzustellen und diese Vorstellung durch eine einfache Bezeichnung festzuhalten und zu übermitteln. Daß gerade diese Eigenschaften in einen einheitlichen Begriff geordnet und als den physikalischen Schaltungen analog bezeichnet wurden, scheint uns manche Vorteile zu bieten. Es schließt andere (dynamische) Vorstellungen aus, die auch schon geäußert worden, aber sicher falsch sind. Diese Vorstellung der Schaltung läßt sich allein von allen, die ich kenne oder mir machen könnte, widerspruchslos an krankem und gesundem Beobachtungsmaterial durchführen, und die Psychopathologie ist an vielen Orten ohne diese Vorstellung einfach unverständlich. Deshalb gehört sie nicht etwa mir an, sondern ist eine Allgemeinvorstellung der Ärzte, wenn sie auch vielleicht für gewöhnlich nicht so klar bewußt wird. Ich wüßte nicht, wie man sich die Wirkung der Affekte auf unser Denken und Handeln vorstellen soll, die Bildung der Wahnideen, wenn man nicht mit dem Schaltungsbegriff operiert. Dieser erklärt auch ohne weiteres die Einheit der zusammengesetzten Psyche, nicht nur indem sie den scheinbaren Widerspruch der Einheit in der Vielheit löst, sondern überhaupt diese ganze Einheit und ihre Grundlage als etwas Selbstverständliches erscheinen läßt. Sie erklärt aber auch den Zerfall der Persönlichkeit nach Komplexen in der Schizophrenie[1]).

Was hinter den Schaltungsvorgängen steckt, weiß wohl bis jetzt noch niemand. Einzelne können sich denken, daß in jeder Zelle eine Vorstellung sitze, und daß die Synapsen der Neurone auch Synapsen der Vorstellungen (Assoziationen) seien, so daß zwei Vorstellungen dann sich assoziieren, wenn die Berührungsstellen leitend werden, oder gar wenn bewegliche Endbäume sich momentan so weit vorstrecken, daß sie sich berühren.

Als vorläufigen Begriff braucht man allerdings den der Synapsen nicht aufzugeben; vielleicht kann man ihn einmal brauchen, nur muß man ihn nicht anatomisch sondern funktionell, als Übergang von einem Engramm, von einer Funktion zur andern fassen, wobei wohl festzuhalten ist, daß vielerlei Engramme in den nämlichen Nervenelementen (nur vielleicht in verschiedener Verteilung; siehe Lokalisation) sitzen wie viele Töne in der nämlichen Saite, wenn man eine so grobe Analogie für so feine Dinge brauchen darf. Wie der Übergang des Neurokyms von einer Funktion (Vorstellung, Engramm) auf die andere statthabe, ob durch Hinüberfließen oder Induktion, beides Vorstellungen, die aus der Elektrizitätslehre herübergenommen sind, oder auf irgendeine andere schon bekannte oder unbekannte Weise, wissen wir nicht. Man könnte an eingesetzte und wieder aufgehobene Widerstände denken oder an Isolierung der Induktionswirkung oder an irgendeinen anderen Mechanismus, der das Neurokym entweder nicht passieren läßt oder es in seiner Wirkung hindert. Man hat die Hemmung als eine Verlängerung des Refraktärstadiums ansehen wollen, wofür in der Peripherie Anhaltspunkte sind[2]); schwer vorstellbar aber ist das im zentralen Nervensystem und in der Psyche, wo Funktionen, die noch gar nicht abzulaufen haben, am Entstehen gehindert werden, so daß sie überhaupt nie zur Wirkung kommen. Man könnte sich auch denken, daß die Schaltung bloß in einer gegenseitigen Herab- und Heraufsetzung der Reizschwelle für die betreffende Funktion bestehe. Man wird auch in die Überlegungen hineinziehen müssen, daß Ähnlichkeiten als solche sich in gewissem Sinne in einem Zustand ursprünglicher Zusammenschaltung befinden. Vorläufig könnte uns das Bild der Schwingungen am besten den Schaltungs- und Assoziationsvorgang vorstellbar machen. Zwei Vorstellungen, die sich assoziieren, haben etwas Gemeinsames, sei es in der Ähnlichkeit oder in der zeitlichen Zusammengehörigkeit. Man kann nun Semons bildlichen Ausdruck der „Homophonie" etwas wörtlicher nehmen, als er vom Autor gemeint ist, und sich vorstellen, daß beim Assoziieren deshalb ein bestimmter Vorgang auf einen vorhergehenden folge, weil die Schwingungskurve des ersten eine Resonanz im Engramm des zweiten hervorbringe. Diese Vorstellung wird namentlich verführerisch dann, wenn wir die Psychismen nicht isoliert betrachten, wie sie in Wirklichkeit gar nie vorkommen, sondern in den Komplikationen der ganzen psychischen Umgebung mit ihren Zielvorstellungen und den gleichzeitigen psychischen Vorgängen überhaupt. Dann können wir uns denken, daß nur *ein* anderer Vorstellungskomplex darauf resonieren könne. Es würde auch faß-

[1]) Bleuler, Gruppe der Schizophrenien. Aschaffenburgs Handbuch der Psychiatrie, Spezieller Teil, 4. Abtlg., 1. Hälfte. Leipzig, Deuticke, 1911.

[2]) Verworn, Erregung und Lähmung. Eine allgemeine Physiologie der Reizwirkungen. Jena, Fischer, 1914.

bar, wie von einer bestimmten Vorstellung, z. B. der der Untreue des Geliebten, nur *ein* Teil zur Wirkung oder zum Bewußtsein kommen mag, während ein anderer Teil, auch wenn er ekphoriert ist, keine Resonanz bei dem das bewußte Ich darstellenden Komplex findet, und deshalb nicht auf ihn wirken, seine Kurve nicht verändern, ihm nicht assoziiert werden kann, und so unbewußt bleibt. Die diesem Teil entsprechende Kurvengestalt hätte eben nichts Ähnliches im aktuell bewußten Komplex. Wir könnten auch verstehen, wie eine Vorstellung die Schaltung des ganzen Zentralnervensystems im Sinne ihrer Strebungen stellt. Noch nicht recht vorstellen aber können wir uns, wie es unter diesen Umständen dreierlei Wirkungen eines Neurokymvorganges geben kann, eine fördernde, eine hemmende und eine indifferente. Bei der Resonanz sehen wir nur gute und schlechte und gar keine Funktion, nicht aber eine hemmende. Doch wäre diese auch denkbar, wenn z. B. die eine Funktion den Schwingungsknoten an der Stelle hätte, wo die andere den Bauch, und der Knoten eine gewisse Fixierung bedeutete. Man hat wirklich an solche Interferenzerscheinungen gedacht. Da aber die ganze Auffassung von Schwingungen des Neurokyms noch in der Luft steht, hat es wenig Zweck, sich darüber den Kopf zu zerbrechen.

J. Die Spannungen.

INHALT. Spannungen der Aufmerksamkeit, des Willens, der Affekte, des Sexualtriebes, und ähnliche Begriffe bezeichnen dynamische Vorstellungen von Energiegrößen und -Anhäufungen nach Analogie der Dampfspannung in einer Maschine. Die Spannungen beeinflussen nicht nur die Kraft, sondern auch die Tenazität eines psychischen Vorganges. Ein anderer Begriff ist der der Schaltspannung, die die Assoziationen in den gewöhnlichen Bahnen hält und namentlich die Ausbreitung der durch irgendeine Vorstellung gesetzten Bahnungen und Hemmungen über die ganze Psyche ermöglicht. Wenn sie ungenügend ist, fällt das Ich auseinander und die Assoziationen werden teilweise unsinnig (Traum; Schizophrenie). Nicht betroffen werden dadurch meist die automatischen Akte wie die Orientierung. Die Schaltspannung der Wahrnehmung ist, wenigstens in ihrer Stärke, unabhängig von der innerpsychischen beim Denken.

Man redet in der Psychologie von Spannungen, meist ohne sich recht klar zu sein, was dahinter steckt. Wie über alles Dynamische in unserer Seele wissen wir tatsächlich über diesen Begriff noch recht wenig. Doch ließe sich die Vorstellung schon mit dem jetzigen Material bei genauerem Zusehen viel weiter ausbauen. Hier muß ich mich auf einige Andeutungen beschränken.

Man spricht von Aufmerksamkeitsspannungen, Willens(an)spannung, Sexualspannung; man nennt einen Menschen gespannt, wenn er einen Affekt verhält, den er einmal loslassen könnte. Da handelt es sich um den Begriff der dynamischen Spannung, wie er in der Physik gebräuchlich ist, und der seine Bezeichnung von der gespannten Feder (Bogen) erhalten hat, aber am geeignetsten mit der Dampfspannung im Maschinenkessel veranschaulicht wird. Man stellt sich vor, daß auch die psychische Maschine in ähnlicher Weise mit Kraft geladen sei. Bei der gespannten Aufmerksamkeit wird die Kraft auf einen Wahrnehmungs-, Denk- oder motorischen Vorgang verwendet: die Willensspannung steigert die Stärke der Aufmerksamkeit und der motorischen Äußerungen; bei der Sexual- und den Affekt- und Triebsspannungen überhaupt wird eine vorhandene Kraft, die sich in bestimmter Richtung äußern möchte, zurückgehalten und evtl. dadurch gestaut, angesammelt, explosionsfähiger gemacht.

Diese Spannungen des Willens, der Triebe, der Affekte, die wohl nur künstlich auseinanderzuhalten sind, haben nicht nur mit der momentanen Energie, sondern auch mit der Dauer einer Tätigkeit etwas zu tun, obschon auch labile Leute viel Kraft verwenden können, einmal

20*

für diese Funktion, im nächsten Augenblick für eine andere. Die Kraft, mit der die Schaltung gesetzt wird, hat eine Beziehung zu ihrer Nachhaltigkeit. Kinder oder erethische Imbezille verschleudern ihre psychische Kraft damit, daß sie von einem Interesse zum andern gehen; ihre Inkonstanz macht aber den Eindruck einer gewissen Schwäche. Eine energisch gesetzte Schaltung wirkt dagegen wie ein nachbelebtes Engramm fort, und eine „energische Vorstellung" beherrscht das Denken längere Zeit als eine oberflächlich gedachte und deshalb „flüchtige". Die größere Tenazität einer gespannten, konzentrierten Aufmerksamkeit hängt übrigens auch direkt davon ab, daß die ablenkenden (nicht zum Ziel gehörigen) Einwirkungen von innen und außen energisch abgehalten werden. So haben Stärke und Dauer eines Vorganges auch hier mehrfache Beziehungen zueinander.

Ein ganz anderer Begriff ist der der Schaltspannung. In der Hirnrinde oder in der Psyche ist es möglich, von jedem Ausgangspunkt aus zu jedem beliebigen anderen Punkt zu kommen. Von jeder einzelnen Idee aus sind andere in unbegrenzter Zahl assoziierbar. Unter normalen Umständen verlaufen aber die Assoziationen nach bestimmten Gesetzen, die die Möglichkeiten gewaltig einschränken (im praktischen Fall meist geradezu eindeutig bestimmen); je nach den aktuellen (und vergangenen) Einflüssen wird an eine bestimmte Idee nur eine kleine Auswahl anderer assoziiert; kommt ein neuer Einfluß zur Wirkung, so werden andere Bahnen geöffnet und die bisherigen geschlossen, eine Funktion, die wir unter dem Bilde der (elektrischen) Schaltungen beschrieben haben. Wir sehen nun, daß die Zuverlässigkeit dieser Schaltungen irgendwie von der Dynamik der psychischen Tätigkeit abhängig ist; es ist wie wenn eine Kraft, eine Spannung, diese Schaltungen in ihrer Stellung fest hielte, so daß sie nicht gesetzlos, sondern nur auf bestimmte Schaltkräfte ihre Einstellung änderten. Wenn man die Aufmerksamkeit ungenügend anstrengt, so gehen die Gedanken auf ungewollte Bahnen und vernachlässigen dafür die notwendigen Assoziationen. Wenn man sich beim Ruhen ganz gehen läßt, so schweifen die Gedanken ziellos und oft sinnlos herum. Beim Einschlafen ist es nach dem Ausdruck Kohnstamms (Neurol. Zentralbl. 1916, Nr. 20), wie wenn eine Marschkolonne sich auflöse; die Einheit des Ich, die „Ichkonzentration" wird so weit vermindert, daß sich beliebige Vorstellungsgruppen bilden können, die nicht mehr unter einem einheitlichen Gesichtspunkt zusammengehalten werden. Wenn ich selbst einen beginnenden Traum verfolgen kann, so beobachte ich meist, daß jedes Sinnesorgan für sich zu halluzinieren anfängt, ohne auffindbaren Zusammenhang mit den andern, daß dann aber, wenn der eigentliche Traum beginnt, eines derselben die Führung übernimmt, worauf sich sekundär eine gewisse Traumeinheit und sogar eine Art Persönlichkeitseinheit einstellt. Im Traum nun schweifen die Assoziationen frei von den Regeln des Wachdenkens in beliebiger Richtung, sich nach ganz anderen Gesetzen zu Einheiten zusammenballend. Bei Vergiftungen, im Fieber, bei Vorgängen neben der Aufmerksamkeit des wachen Gesunden sehen wir Ähnliches, und überall da müssen wir eine Schwäche einer Art psychischer Energie voraussetzen. Es ist also irgendeine Kraft tätig, die die Schaltungen in der richtigen Lage hält, die überwindbar ist und nachlassen kann wie die Spannung einer Feder; läßt sie nach, so lockern sich die Schaltungen, folgen anderen Einflüssen, schlottern hin und her.

Für die Theorie dieser Vorgänge mag es nicht unwichtig sein, daß man sich dieselben statt als „Lockerung" der Schalteinrichtung auch als eine ungenügend in die Ferne wirkende Schaltkraft jeder einzelnen Vorstellung denken kann. Eine Idee würde dann, statt alle Schaltungen im ganzen Gehirn, nur einen Teil derselben in ihrem Sinne stellen, was die nämlichen Folgen hätte. Es würden dann noch die Schaltkräfte und Schaltrichtungen von beliebigen anderen nicht hinzugehörigen Ideen mitwirken, und eine Schaltung selbst könnte keinen Bestand haben, müßte launenhaft werden, weil sie immer wieder von den nebenan wirkenden Schaltkräften überwunden oder beeinflußt würde. Zur Zeit gefällt mir diese Vorstellung besser als die erste, weil sie leichter faßbar ist; sie würde eine Schwäche der Schaltungskraft der Ideen (weniger oder nicht der Affekte?) oder dann einen größeren Widerstand gegen die Verbreitung der Schalteinflüsse bedeuten. Das ältere Bild hat sich mir aber an vielen Tausenden von Beispielen bewährt, während ich das zweite erst an einigen Hunderten versuchen konnte.

Diese Kraft der Schaltspannung ist eine besondere Äußerung psychischer Energie. Bei sehr geringer Energie im allgemeinen, bei Apathischen, bei Hirndruck, bei schweren organischen Störungen bleibt sie normal, während sie z. B. bei manchen Schizophrenen mit großer Handlungsenergie vollständig versagt. Sie kann auch unabhängig von der Schaltwirkung der Affekte schwanken, obgleich eine starke Aufmerksamkeit die Schaltspannung erhöht.

Das Auseinanderfallen des Ich beim Einschlafen und in schizophrenen Zuständen beweist eine zu geringe Fernwirkung der Schaltungskraft irgendeiner Vorstellung auf die andern. Die Einheit des Ich besteht ja gerade darin, daß *ein* Komplex von Vorstellungen herrscht, das ihm Passende assoziiert, das übrige aber absperrt. Verschiedene Ideenkomplexe und Triebe können aber nebeneinander bestehen, wenn keiner den andern assimiliert oder unterdrückt. In den einzelnen Vorstellungen kommen aus dem gleichen Grunde Teilkomponenten zur Wirkung, weil die Leitung durch die ganze Idee versagt. Der Schizophrene kann Brutus als einen Italiener bezeichnen, weil in seinem Begriff Brutus die zeitliche Komponente fehlt oder doch nicht zur Schaltwirkung kommt. In einem Ideengang kann auf einmal eine Klangassoziation statt einer Begriffsassoziation eingesetzt werden, weil der ganze Komplex von Zielvorstellungen, der das verbieten sollte, nicht zur Schaltwirkung kommt; Vater und Mutter können verwechselt werden, weil die unterscheidenden Einzelbestandteile nicht wie sonst bei der Ekphorie dieser Begriffe eingeschaltet worden sind. Affektive Einflüsse auf das Denken, deren Schaltkraft dabei ungewöhnlich verändert ist oder sogar erhöht sein kann, spalten die Psyche in beliebige Teile, schließen gewisse Komplexe vom bewußten Ich ab, oder äußern ihre einseitige Macht in der Bildung der unsinnigsten Wahnideen. Weitere Einzelheiten werden am besten an schizophrenen Kranken studiert, deren Eigentümlichkeiten sich zum großen Teil aus einer ungenügenden Funktion der Schaltspannung erklären lassen[1]). Es gibt aber auch Leute, bei denen diese Schwäche

[1]) Bleuler, Störung der Assoziationsspannung usw. Ztschr. f. Psychiatrie 74, 1918.

zur angeborenen Konstitution gehört; sie sind eine schizoide Art von Konfusionären, die sich von den Schizophrenen dadurch unterscheiden. daß die Anomalie nicht fortschreitet, und daß die Kranken bei Aufpeitschung ihrer Energie von außen auf einmal klare Vorstellungen produzieren können. Meist (oder soweit sie zur psychiatrischen Untersuchung kommen?) haben sie eine eher übernormale Energie des Willens oder Handelns oder wenigstens eine besondere Betriebsamkeit.

Die Schaltschwäche betrifft nicht alle Funktionen im gleichen Maße. Die mehr automatischen bleiben meist unberührt, so die Orientierung in Raum und Zeit, ebenso die Koordination der Bewegungen; nicht immer frei bleibt die Praxis. die namentlich dann zuweilen versagt, wenn affektive Einflüsse die Aufmerksamkeit stören.

Bemerkenswerterweise wenigstens graduell ganz unabhängig von den innerpsychischen, leiden die zentripetalen Funktionen (Wahrnehmungsspannung). Die Hemmungen, welche die verarbeiteten Begriffe auf die primären Sinnesengramme ausüben. werden leicht ungenügend, und es kommt zu Halluzinationen. Aus optisch wahrgenommenen Formen werde falsche Zusammenstellungen gemacht (Pareidolien[1])), die im Fieber so häufig sind, wo die assoziative Störung einen anderen Charakter trägt.

Die allgemeine Energiespannung und die Schaltspannung in ihren verschieden Formen sind natürlich nicht scharf voneinander zu trennen. Die allgemeine Energie kann (muß nicht) bei Schizophrenen und konstitutionell Schaltschwachen die Schaltspannung vermehren; daß bei Normalen neben der Aufmerksamkeit Funktionierendes oft die nämlichen Störungen zeigt wie das schizophrene Denken, haben wir schon erwähnt. Bemerkenswerter aber ist die Tatsache, daß es eines besonders gearteten Energieaufwandes bedarf, um die Assoziationen in normalen Bahnen zu halten, wobei Wahrnehmung und Denken in voneinander ganz verschiedenem Grade beeinflußt werden.

K. Das Psychokym[2]).

INHALT. Den psychischen Energiestrom nennen wir Psychokym. Seine Energie muß, wenigstens in der Hauptsache, im Gehirn entwickelt werden; es ist wohl eine Spezialisierung einer allgemeinen Funktion des lebenden Kolloids. Sein Energiemaß mag abhängig sein nicht nur von der Zahl, sondern auch von der Größe der Neurone. Im übrigen ist die psychische Leistung in ihrer Komplikation oder Feinheit abhängig von der Komplikation des CNS. Psychokym von bewußten und unbewußten psychischen Vorgängen ist jedenfalls des gleiche; ob und inwiefern es sich unterscheidet von den Vorgängen im peripheren Nerven, wissen wir noch nicht. Die Dauer kann die Stärke eines zentralnervösen oder eines psychischen Vorganges ersetzen; vielleicht handelt es sich da um Summationserscheinungen. Über den Ablauf des Psychokyms von Vor-

[1]) Es ist interessant, daß nichts so leicht in den Pareidolien erscheint wie Fratzen. Das hat verschiedene Gründe. Zunächst ist ein Gesicht sehr leicht anzudeuten; irgendein Umriß und darin drei oder vier Punkte genügen, während z. B. Worte oder Buchstaben durch kleine Änderungen ganz andere Bedeutung bekommen. Menschliche Gesichter sind ferner für den Menschen eines der wichtigsten Sehobjekte (wie auf akustischem Gebiet die Worte). Das affektive Verhältnis der Außenwelt zu uns drückt sich am häufigsten in der Mimik des Gesichtes aus, wir empfinden es leicht als etwas Persönliches, ein Haus kann uns ein freundliches Gesicht machen; die Personifizierung der Dinge liegt in bezug auf Drohung oder Freundlichkeit am nächsten.

[2]) Siehe außerdem Kapitel Einheit der Funktion, S. 58.

stellung zu Vorstellung wissen wir noch nichts. Es gibt Anhaltspunkte für die Möglichkeit, daß eine unbeschränkte Menge von Engrammen in logischem Zusammenhang in äußerst kurzen Zeiträumen ekphoriert werden kann, so daß eine komplizierte Überlegung einzeitig stattfände. Ob die psychischen Qualitäten einer Mehrdimensionalität des Psychokyms zu verdanken sind oder irgendwelchen Funktionsverschiedenheiten wie Schwingungen, ist noch nicht zu entscheiden. Homophonie und Allophonie von Schwingungen könnten den Mechanismus der Schaltungen und Assoziationen vorstellbar machen. Daß die psychischen Vorgänge von innen kontinuierlich erscheinen, schließt nicht aus, daß das Psychokym wie die meisten Vorgänge der physikalischen Welt diskontinuierlich in Quanten oder in Schwingungen verlaufe.]

Über die Natur des physikalisch-chemisch-physiologischen Vorganges, der der Psyche zugrunde liegt, wissen wir nichts. Es muß sich wohl um eine Spezialisierung einer allgemeinen funktionellen Eigenschaft des lebenden Kolloids handeln. Wir stellen uns die psychische Energie als einen Strom vor, weil sie etwas in der Zeit Ablaufendes ist, weil es eine stillstehende Psyche ebensowenig geben kann wie ein stillstehendes Leben, vielleicht auch weil die Lokalisationen verschiedener Psychismen (z. B. verschiedener Begriffe oder Empfindungen) nicht identisch sein mögen.

Wir müssen annehmen, daß diese Energie in der Hauptsache im Gehirn selbst frei werde. Es ist ja möglich, daß Reize, die als zentripetale Funktionen dem Gehirn zufließen, auch noch als solche irgendwie in die psychische Energiemasse eingehen; aber vielerlei Gründe sprechen dagegen. daß das Gehirn nicht ein selbständiges Kraftreservoir sei. Daß es eine von außen kommende Kraft bloß transformiere, wie z. B. Bergson meint; dafür gibt es auch nicht den mindesten naturwissenschaftlichen (logisch aus Beobachtungen abgeleiteten) Grund, sondern nur dereierende Bedürfnisse, die mit der Seele nicht zufrieden sind, wenn sie nicht einen als vornehmer geltenden Stammbaum nachweisen kann.

Wir kennen keinen Grund, das Psychokym qualitativ von der zentralnervösen Energie, überhaupt dem Neurokym, abzutrennen, und müssen annehmen, daß der Teil des Neurokyms, der die mnemischen Funktionen der Rinde besorgt, die Psyche im engeren Sinne bilde, zu der dann noch in Gestalt von Instinkten und Trieben und Bestandteilen der Affektivität irgendwelche noch undefinierbaren Zuflüsse aus vorgebildeten, wahrscheinlich noch zum Teil an der Basis sitzenden Mechanismen kommen. Ob das Neurokym der peripheren Nerven, das jetzt von manchen mit der negativen Schwankung identifiziert wird, sich von dem zentralnervösen unterscheidet, wissen wir nicht; die „Verzögerung" eines Reizes beim Durchgang durch die graue Substanz braucht nicht in diesem Sinne ausgelegt zu werden. Am wenigsten Grund haben wir, dasjenige Neurokym, dessen Funktion bewußt ist, von dem übrigen Psychokym abzutrennen; ich kenne nur Gründe, die dagegen sprechen.

Wie im Gehirn die psychische Energie entwickelt wird, wissen wir so wenig als wie auf physikalischem Gebiete eine Energie frei wird. Nach dem hier vielleicht gültigen Alles-oder-nichts-Gesetz kann ein Element, das gereizt wird, immer nur einen ganz bestimmten Kraftvorrat frei machen und muß dann ein kurzes Refraktärstadium zeigen. Daß der Tetanus aus diskontinuierlichen Stößen besteht, scheint damit übereinzustimmen. Doch gibt es wohl auch Toni, die kontinuierlich sind (Schließmuskel der Muscheln; wahrscheinlich aber auch bei höheren

Tieren[1]). Der Grad der entwickelten Energie ist dann eine Funktion der Zahl der Elemente, die gereizt werden, nach VERWORN aber auch eine der Größe der einzelnen Elemente (Ganglienzellen).

Die Zahl der Elemente ist im übrigen offenbar im Zusammenhang mit der Komplikation der Leistung, die weitgehend oder ganz unabhängig ist von der Größe der Elemente und damit des ganzen Gehirns. Das winzige Ameisenhirn leistet Erstaunliches. Aber eine größere Anzahl von Muskeln und eine größere Oberfläche der Sinne verlangen mehr abgehende und ankommende Fasern mit besonderer Direktion und individuellen Unterscheidungszeichen der Funktion, wodurch bei größeren Tieren eine gewisse Vermehrung der Elementenzahl auch ohne Erhöhung der praktischen psychischen Leistungen bedingt wird. Nach VERWORNschen Vorstellungen müßten wenigstens die motorischen Elemente bei größeren Tieren auch an Umfang zunehmen, weil sie mehr Energie zur Bewegung der schwereren Glieder auslösen müssen.

Eine wichtige nicht ganz geklärte Rolle spielt die Zeit. Von den einfachen Reflexen an bis zu den höchsten psychischen Funktionen in Intelligenz und Affektivität wird die zur Auslösung einer Reaktion notwendige Zeit durch die Stärke eines Reizes verkürzt; SHERRINGTON sagt geradezu, die Latenzzeit eines Reflexes sei umgekehrt proportional seiner Stärke. Wenn man letztere Angabe wörtlich nehmen dürfte, was vielleicht innerhalb enger Grenzen erlaubt ist, so wäre die Reizwirkung geradezu gleich Intensität mal Zeit. Undeutliche Sinnesempfindungen, sei es wegen zu geringer Stärke oder Reize (Dämmerung, leises Reden oder Verdecktwerden der Worte durch andere Geräusche usw.) oder wegen schlechten Zustandes der Sinnesorgane oder des Gehirns, brauchen mehr Zeit, um zur Wahrnehmung zu werden. Mangelnde Intelligenz kann durch größeren Zeitaufwand ersetzt werden. Zeit und Intensität können einander also beim Psychokym irgendwie ersetzen, wie die Mechanik.

Möglicherweise erklärt sich dieses Verhältnis durch die Summation. Man muß annehmen, daß ein dauernder Reiz in jedem Moment neue Energie an den Wirkungsort bringt, so daß er den Erfolg eher auslöst als ein vorübergehender, und ferner, daß Übertragung einer Wirkung Zeit braucht, so daß ein zu kurzer Reiz unter Umständen trotz großer Energie wirkungslos verpufft. Hat er aber nur eine ungenügende und doch eine gewisse Wirkung gehabt, so kann ein folgender Reiz ganz wie im Falle zu schwacher Reize sich zu ihm summieren und die Wirkung auslösen.

Der Begriff der Summation ist nicht so einfach. Summation von Wirkungen gibt es schon in der physischen Welt und ganz unabhängig vom Gedächtnis. Irgendeine Gewalt kann in immer neuen Stößen einen Körper zum Biegen oder zum Brechen bringen, indem jedesmal neue Anteile der molekulären Struktur geschwächt werden: wiederholte Axtschläge bringen den Baum zu Fall, indem sie den Einschnitt immer vertiefen. Hier handelt es sich um Summation von kleinen Wirkungen am beeinflußten Objekt, von denen jede bestehen bleibt. Ich kann einem Balken immer mehr Gewicht auflegen, bis er bricht; da summieren sich die Kräfte, die dauernd wirken. Ich kann einem brennbaren Stoff immer mehr Kalorien beibringen, bis er sich entzündet, die elektrische Ladung einer Leydnerflasche oder einer Dynamo immer mehr verstärken, bis der Funke überspringt, bzw. die Maschine zu laufen anfängt. Hier summieren sich die Kräfte nur insofern die erst hinzugefügten zur Zeit der jeweils folgenden Addition noch in wirksamer Form vorhanden sind. Die Wirkung

[1]) Vgl. z. B. E. FRANK, Die parasympathische Innervation der quergestreiften Muskulatur usw. Berl. klin. Wochenschr. 1920, S. 725 und FRANK, Über die Bez. des autonomen NS. zur quergestreiften Muskulatur. Berl. klin. Wochenschr. 1919, S. 1057.

einer Beleidigung aber kann nicht als Energie aufgespeichert sein, sondern als eine Disposition zu einer bestimmten Handlung. Eine neue Reizung kann die alte dann verstärken, wenn sie dieselbe wieder belebt, mit ihr zu einer funktionellen Einheit zusammenfließt. Das wäre eine ekphorische Gedächtnisfunktion. Man kann sich auch physikalisch vorstellen, die Moleküle bleiben labiler, aber nur gegenüber dem bestimmten Reiz und der Neigung zu einer bestimmten Reaktion. Doch wäre das eben auch ein Engramm. Eine solche Summation wie die letzterwähnte finden wir wohl nur biologisch. und da schon in den peripheren Nerven, noch deutlicher in den niederen Zentren und am ausgesprochensten in der Rinde. Da aber der Zwischenraum zwischen den einzelnen Reizungen in den Nerven und den unteren Zentren nur Bruchteile einer Sekunde betragen darf, wenn die Summation noch stattfinden soll, während er in der Psyche Jahre dauern kann, so könnte man an einen prinzipiellen Unterschied denken, wenn nicht alle Übergänge von dem „Gedächtnis" des motorischen Nerven bis zu dem der Rinde vorkämen. Schon das Gedächtnis einer nervenlosen Infusorie dauert mindestens Stunden; das einer Küchenschabe ist als Übungsgewinn, also in Form einer Sumationswirkung, noch viel länger nachweisbar.

Über den Ablauf des Neurokyms haben wir noch ganz ungenügende Vorstellungen. Während man beim gewöhnlichen Überlegen mühsam Schrittchen für Schrittchen nehmen, sich alles in Gedanken ausprobieren, daran korrigieren, verwerfen und annehmen muß, um erst dann zur folgenden Idee weitergehen zu können, wissen wir, daß wir sehr komplizierte Kombinationen von Bewegungen mit kinästhetischen und anderen Reizen, in Gefahr, in Inspirationen, im Traum auch die kompliziertesten Vorstellungsreihen und Überlegungen nahezu oder ganz einzeitig machen können (s. Denken S. 189). Wir kennen überhaupt keinen Grund, warum nicht ein Schluß, und wenn er noch so kompliziert ist, ja eine größere Idee, eine Abhandlung. die Durchführung eines bestimmten Geschäftes usw. einzeitig ablaufen sollte, und die Erfahrung zeigt, einerseits, daß es möglich ist, anderseits aber, daß diese Möglichkeit von der Intelligenz nur ausnahmsweise benutzt werden kann. Liegt letzteres im Prinzip der Neurokymtätigkeit, oder würde eine zu rasche Überlegung sich im Kampf ums Dasein nicht bewähren? Kann gerade das bewußte Denken es nicht benutzen, weil nur was mit Reibung, mit einem Widerstand abläuft, bewußt wird wie manche sich ausdrücken?

Die Psyche besitzt nun neben den Schwankungen der Intensität eine große Mannigfaltigkeit von Qualitäten, die sogenannten spezifischen Energien der Sinnesempfindungen und alle die Qualitäten der inneren Wahrnehmungen. Von den letzteren können wir uns die der Gefühle von Lust und Unlust funktionell, ohne qualitative Änderung des Psychokyms vorstellen als einfache innere Wahrnehmung der Annahme und Ablehnung einer Funktion. Bei den Sinnesqualitäten (Farbe, Klang) wird uns das schwerer, wenn auch eine ähnliche Erklärung nicht etwa auszuschließen ist. Wir müssen also noch an verschiedene Qualitäten des Psychokyms denken. Bringen bestimmte Organelemente, z. B. die Sinnesflächen, durch ihre Reize bestimmte Qualitäten in die Psyche hinein? oder liegt die Qualität in der Verarbeitung? Wird durch die Tätigkeit der Ganglienzellen ein undifferenziertes Psychokym frei, das durch die Engramme und andere Einflüsse seine Qualität erhält? Oder entwickelt sich das Psychokym einer bestimmten Vorstellung gleich qualifiziert aus dem Engramm? Die letztere Annahme ist deshalb etwas schwierig durchzuführen, weil wir uns verschiedene Engramme an die nämlichen Moleküle gebunden denken. Wir sind noch weit entfernt, diese Frage zu beantworten.

In der Physik kennen wir keine Kraft, die neben den Intensitäten verschiedene Qualitäten hätte, außer dem zur Vergleichung ganz ungenügenden eindimensionalen Unterschied von positiv und negativ in der Elektrizität. Es ist aber doch denkbar, daß es solche Kräfte gebe. Lieber indessen denkt man an Modifikationen der Kräftewirkung, die eine Mannigfaltigkeit hineinbringen können, vor allem die Schwingungen, die ins Unendliche zu variieren sind. Eine solche Vorstellung hat aber eine Schwierigkeit: Ein Wellensystem wird nur in der Zeit charakterisiert. Nun könnte man dem Gedächtnis zumuten, daß es die aufsteigende Kurve einer Schwingung mit allen ihren Veränderungen im Ablauf noch festhält, während die Kurve schon wieder abfällt, oder daß es die eine Schwingung oder die eine Modifikation der Schwingung festhalte, während eine andere kommt. Aber eine solche Funktion wäre dann in gewisser Beziehung etwas Neues, jedenfalls nicht diejenige, die wir kennen, die die schon gebildeten Qualitäten in ihrem Nacheinander aufbewahrt. Wir hätten dann im Gedächtnis zwei Einheiten zu unterscheiden, diejenige, die durch die Zusammenfassung der verschiedenen Phasen einer Schwingung in eine Qualität entsteht, und diejenige, die die verschiedenen erlebten Qualitäten in eine Einheit verbindet und sie bewußt werden läßt. All das wäre nicht unmöglich; es ist auch ganz gut denkbar, daß die verschiedenen zeitlichen Zusammenfassungen der nämlichen Eigenschaft des Gedächtnisses, resp. des nervösen Kolloids entspringen; aber es handelt sich hier eben nur um Denkbarkeiten, für die die Beobachtung noch keine Beweise der Existenz gegeben hat. Es ist auch möglich, daß auf der zeitlichen Größenordnung des Ablaufs psychisch bewußter Funktionen die viel schneller ablaufenden Schwingungsqualitäten als eine Einheit erscheinen in der Art, wie auf räumlichem Gebiet die Oberfläche eines Spiegels in bezug auf die Zurückwerfung des Lichtes oder gar auf das Schleifen eines anderen Körpers auf derselben als eine kontinuierliche Ebene erscheint, während sie schon auf der Größenordnung der Moleküle (und noch mehr der Atome oder gar der Elektrone) ein so unebenes Ding ist wie die Nord- oder Süd-„Fläche" unseres Sonnensystems. Eine langsame Muskelbewegung ist für die zeitliche Größenordnung von hundertstel Sekunden und die räumliche von Mikren eine Folge von Stößen, in der Ordnung der physikalischen Bewegungen der menschlichen Körperteile ein einheitliches Kontinuum. Die Schwierigkeiten scheinen also nicht unlösbar, aber sie sind noch nicht gelöst. (Nicht sicher vergleichbar ist die (psychische) Kontinuität, welche unsere Sinnesorgane irgendwo von der Sinnesfläche bis zur Rinde aus der (physischen) Diskontinuität von Schall- und Lichtschwingungen oder chemisch molekulärer Wirkungen in Geschmack und Geruch machen, mit der auf einer andern zeitlichen Größenordnung stehenden, die aus rasch unterbrochenen physischen Vorgängen, Licht im schnell laufenden Kinematographen, Aufschlagen der Zähne eines sehr rasch laufenden Rädchens auf die Haut entstehen).

Die Schwingungstheorie könnte uns die Funktion der Schaltung und der Assoziation denkbar machen: eine Vorstellung, ein Trieb enthält in der Schwingungskurve eine gewisse Komponente, wie ein Ton seine Obertöne oder ein Zusammenklang seine Schwebungstöne. Wird nun ein solcher Psychismus aktuell, so wird er wie ein Ton neben einem Klavier die Komplexe mit homophonen Einzelschwingungen mitschwingen lassen, und man kann sich auch denken, daß er die andern Kurvenkombinationen, die ihn nicht enthalten, hemmt, und gegen direkt entgegenstehende einen besonderen Kampf führt (was wäre „entgegenstehend“ im Sinne dieser Vorstellung? Es sind verschiedene Möglichkeiten). Zwei ähnliche Vorstellungen hätten eine Anzahl von Teilschwingungen gemeinsam, und würden deshalb einander mitklingen lassen, assoziieren, ebenso die Engramme aufeinanderfolgender Erlebnisse, weil das zweite Erlebnis noch zusammenfiel mit dem nachbelebten Engramm des ersten. Wenn die Vorstellung „Stuhl“ in „Hausgerät“ eine Überordnung assoziiert, so weiß man, daß die letztere Vorstellung unter Mitwirkung der ersteren gebildet ist, daß sie also homophone Komponenten haben müssen. Auch die Polarisation der Assoziationen z. B. in der Aussprache eines Wortes, in den Bewegungsengrammen ließe sich mit oder ohne Zuhilfenahme eines Refraktärstadiums (während der Engraphie, nicht während der Ekphorie) zur Not erklären, Doch hat es keinen Wert, auf Einzelheiten einzugehen, solange die Natur der Psychokymqualitäten unbekannt ist.

Eine ähnliche aber kleinere Schwierigkeit besteht in der Vorstellung von der Diskontinuität des Neurokyms mit seinem Refraktärstadium nach Verworn, die noch nicht einfach abgelehnt werden kann[1]). Wir gewöhnen uns indes, an immer mehr Orten statt mit prinzipiellen Kontinuitäten mit Quanten zu rechnen, und da werden wir uns auch auf psycho-neurischem Gebiet damit abfinden. Sind wir doch nicht einmal sicher, daß die Bewegung eines Körpers eine kontinuierliche ist.

Physikalische Bewegung braucht gar nicht notwendig ein wirklicher Transport der Moleküle zu sein. Soweit wir etwas von den Molekülen (oder Atomen) wissen, sind es Kräfteanordnungen an bestimmten Stellen des Raumes. Da wir die Bedingungen, warum ein Molekül gerade da und nicht an einem andern Orte, und warum es gerade so und nicht andersartig ist, nicht kennen, braucht eine Bewegung nicht darin zu bestehen ,daß ein Molekülhaufen sich verschiebt, sondern es kann sich auch so verhalten, daß die Kräfte, die die Moleküle bilden, durch das, was wir bewegende Einflüsse nennen, einfach umgeordnet werden, so daß ein Raumpunkt vor dem Körper die Kräfteanordnung des vordersten und dann des zweiten und dann des dritten usw. Moleküles des Körpers bekäme, während hinten im gleichen Grade abgebaut würde. Der Körper würde sich dann etwa fortpflanzen wie „ein Feuer“ in getrennt stehenden Häusern, von denen immer das folgende nicht durch Berührung, sondern bloß durch die Hitze des vorhergehenden angezündet wird, während die hintern zwar nicht wiederhergestellt werden, wie die volle Analogie verlangen würde, sondern, was in bezug auf das fortschreitende Feuer das nämliche ist, ausbrennen oder gelöscht werden. (Ich sage nicht etwa, man müsse annehmen, es sei so, sondern ich will nur zeigen, daß auch die Bewegung eines Körpers noch als etwas Diskontinuierliches gedacht werden könnte; wir haben aber bis jetzt ungenügend Gründe, es zu tun.)

Und dennoch gibt es auch im Physischen eine Einheit und eine Kontinuität, die sich für die Welt unserer Erfahrung kaum wird wegdisputieren lassen. Man hat den Äther erfunden, weil man sich nicht vorstellen konnte, daß eine Kraft durch ein Nichts übermittelt werde. Da man aber den Äther nachträglich wieder in Atome zerlegt, besteht ein neues Nichts zwischen diesen Atomen so gut wie zwischen den Stoffmolekülen oder den Elektronen, die unsere Atome bilden. Kurz, die Idee führt einerseits zum Widerspruch; anderseits wissen wir, daß wir kein objektives Nichts kennen können, sondern nur eines für unsere Sinne konstruieren, wenn wir nichts wahrnehmen oder alles, was wir empfinden, uns wegdenken; aber was sonst ein Nichts, ein „leerer“ Raum, sein sollte, davon wissen wir gar nichts, und es ist ein Unsinn darüber zu disputieren, ob es eine Funktion wie die Übertragung von Energien übernehmen könne oder nicht. Dafür ist es Tatsache, daß die Kräfte von einem Ort zum andern wirken, sei es von einem Elektron zum andern oder von einem Weltkörper zum andern. So befindet sich jeder Punkt der uns bekannten und denkbaren Welt in einem elektrischen und einem gravitierenden

[1]) Das sympathische Nervensystem soll nach neueren Untersuchungen einen kontinuierlichen Muskeltonus bewirken können, müßte also wohl selbst einer (mehr) kontinuierlichen Funktion fähig sein.

Feld, dessen Wirkung die Resultante ist von all den elektrischen und gravitierenden Kräften der in Betracht kommenden[1]) Welt. Einheitliche und für unser jetziges Wissen kontinuierliche Funktion gibt es also in der Physik, so daß die Forderung, die wir von der Seite des Bewußtseins stellen müssen, nicht eine bloß ad hoc gemachte ist. Es wäre aber auch nicht etwa unlogisch, sie ad hoc allein zu stellen, d. h. ausgehend bloß von der Analyse der Psyche und des Bewußtseins eine solche Kraft anzunehmen; die Anschauung wäre dann nur mit geringerer Wahrscheinlichkeit zu begründen.

L. Die Lokalisation der psychischen Funktionen.

INHALT. Die bewußte Psyche wird allgemein und aus guten Gründen in die Hirnrinde lokalisiert. Die einzelnen Funktionen verbreiten sich entweder ganz diffus darin oder haben an bestimmte Lokale (Foci nach v. Monakow) gebundene, besonders wichtige Teilfunktionen, die namentlich von den zentripetalen und zentrifugalen Übergangsstationen bekannt sind. Die Rinde wird ferner die synthetischen Bearbeitungen tieferer Zentren benutzen, zentripetale z. B. für die Orientierung, zentrifugale für die Koordination der Bewegungen, und beides zusammenfassend für die Anpassung der Reaktionen an die Sinnesreize. Das Bewußtsein des Menschen wird wohl nur in den mnemischen Apparat der Hirnrinde verlegt werden können. Triebe und Affekte dagegen haben noch basale Anteile, deren Zusammenarbeiten mit der Rinde wir noch nicht verstehen. Während die Urinstinkte und Urgefühle (wie Schmerz, Hunger) wohl noch stark an die Basis gebunden sind, werden neuere Instinkte, wie der Wissenstrieb, wohl nur in der Rinde sitzen. Eine wichtige Funktion der Rinde sind die Hemmungen, die sie auf ihre eigenen Einzeltätigkeiten wie auf die der tieferen Zentren ausübt. Daß die psychische Energie als nervöse Funktion nur im Stamme sitze, ist sehr wenig wahrscheinlich. Die Lokalisation der „höchsten" Funktionen im Stirnhirn, für die namentlich die vergleichende Anatomie Anhaltspunkte gibt, ist noch etwas ganz Unklares.

Man hat seit langem (bei den Säugern und den Menschen) die Psyche aus verschiedenen Gründen in die Hirnrinde verlegt. Auch nach unserer Betrachtung kann das Bewußtsein und die Intelligenz nirgends sein als im Gedächtnisapparat. Von der Intelligenz können wir das recht sicher sagen, denn (ausgebreitete) Rindenstörungen bewirken regelmäßig auch Störungen der Intelligenz. Unsere Überlegungen machen außerdem verständlich, warum nur ausgebreitete Erkrankungen der Rinde sich psychisch fühlbar machen: Unsere Begriffe, auch die scheinbar einfachsten, sind komplizierte Verarbeitungen von Sinneseindrücken, die bei dem allgemeinen Zusammenfließen aller psychischen Funktionen nirgends speziell lokalisiert sein können. Immerhin wissen wir, daß man sich nicht mehr im Raume orientieren kann, wenn die optischen Rindenzentren in großer Ausdehnung geschädigt sind, wobei es nicht einmal so wichtig ist, ob noch Sehreste vorhanden sind oder nicht. Wir wissen auch, daß die aphasischen und apraktischen Störungen an gewisse Lokale des Gehirns gebunden sind; und wenn auch diesen Funktionen etwas eigentlich Psychisches nicht abgesprochen werden kann, so handelt es sich doch hier, wie in andern ähnlichen Fällen, immer nur um zentripetale oder zentrifugale Übergangsfunktionen, die natürlich im wesentlichen in einem bestimmten, mit besonderen anatomischen Verbindungen versehenen Areal ablaufen müssen, auf dem die zentripetalen Reize in die Psyche ein- und die zentrifugalen austreten können. Nun wird es sich so verhalten, daß der Ein- oder Austritt eines Vorganges durch eine bestimmte Pforte zu seinen charakteristischen Eigenschaften gehört; es ist ja nicht anders denkbar, als daß diese Lokalisation irgendwie einen

[1]) Was diese ist, wissen wir nicht.

Unterschied in der Funktion mache[1]); aber je abstrakter ein Gedanke ist, um so weniger wird er an irgendeine Lokalisation gebunden sein und um so eher die ganze Rinde in Anspruch nehmen. Ich kann mir gut denken und möchte es geradezu als wahrscheinlich bezeichnen, daß z. B. eine Lichtvorstellung zunächst nur zustande kommen kann bei Vorhandensein eines bestimmten (Eintritts-)Areals im Okzipitalhirn, daß aber, wenn sie einmal gewonnen ist, die Vernichtung dieses Areals die diffuse Funktion, die wir von innen als eine gewöhnliche, wenig anschauliche optische Vorstellung auffassen, nicht notwendig hindern müßte. Es mag so sein wie bei einer Gesellschaft, die sich *in* einem Saale befindet; durch eine Tür kommen die Gesellschaftsmitglieder, durch eine andere gehen sie fort, durch eine dritte und vierte kommen und gehen die Bedienten. Solange die Personen noch innerhalb der Türe sind, sind sie im Saal und bilden einen Teil der Gesellschaft, aber ihre Bewegungsrichtung und der Ort, wo sie sich befinden (zwischen einer bestimmten Türe und dem Tisch), sagt uns, abgesehen von andern Kennzeichen, ob es sich um Kommende oder Gehende, um Mitglieder oder Bediente handle. Bewegen sich aber die Personen ohne Rücksicht auf die Türen in beliebiger Richtung im Saal, so unterscheiden wir an andern Kennzeichen Kellner und Gesellschaftsmitglieder, und darunter diejenigen, die etwas bringen, und die, die forttragen, und diejenigen, die frisch angekommen sind, und die, die sich anschicken, fortzugehen. Dabei können die Türen ganz geschlossen sein. So können wir annehmen, daß die wesentlichen psychischen Vorgänge diffus seien, daß aber auch Lokalisationen, namentlich bei zentripetalen und zentrifugalen Funktionen die Art des Vorganges mitbestimmen helfen können.

Ich bezweifle nicht, daß die S. 117ff. entwickelten Ansichten von der Entstehung der räumlichen Einordnung der Empfindungen resp. der Dinge richtig seien. Im Prinzip genügt gewiß die Verschiedenheit jedes einzelnen Eindrucks von einem anders lokalisierten und die erfahrungsgemäße Assoziation bestimmter Sinneseindrücke mit bestimmten Kinästhesien, wozu als drittes, nur zur Durchführung, aber nicht für das Prinzip notwendiges Moment hinzukommt die kontinuierliche Abstufung der Verschiedenheiten (der „Lokalzeichen") da, wo sie kontinuierlichen Abstufungen in der „räumlichen" Anordnung der die Sinnesorgane reizenden Kräfte entsprechen. Unsere Hirnrinde ist aber nicht das einzige Organ, das die räumlichen Beziehungen benutzt; die niederen Zentren bedürfen des Zusammenarbeitens der übrigen Sinnesempfindungen mit kinästhetischen für ihre Reflexe und zu Lokomotionen ebensogut wie die Rinde, und dort existieren sie als Folge phylischer Erfahrung in angeborenen Apparaten, so daß das Geschöpf ohne Rinde doch zweckmäßig sich bewegen, gehen, fliegen, schwimmen, Nahrung auffassen, Hindernissen ausweichen, Feinde vermeiden kann. Die Empfindungen der Kinästhesie und der übrigen Sinne sind also schon in den tieferen Zentren zu funktionellen Gebilden verarbeitet, die dem entsprechen, was wir in der Rinde als Vorstellungen des Raumes, der Körper, der Formen bezeichnen. Es wäre nun merkwürdig, wenn diese Gebilde nicht von der Rinde irgendwie mit benutzt würden, weil das ihr Arbeit des Auslesens und Zusammensetzens der Einzelempfindungen ersparen kann, und weil sie sonst die Nachrichten von diesen Verarbeitungen als verwirrend absperren müßte.

---

[1]) Wir benützen den Begriff der spezifischen Energie der Sinnesorgane nicht, weil er etwas mehr sagt, als wir wissen. Wird der Unterschied von Licht und Schall und Geschmack bedingt durch eine besondere chemische oder molekulare Konstitution des Sinnesorganes von der Sinnesfläche bis zur Rinde, der eine spezifische Neurokymart zukommt, oder durch die rein räumlichen Verhältnisse, d. h. den Eintritt ins Gehirn an bestimmter Stelle, oder durch die funktionellen Zusammenhänge dieser Reize im Gehirn? Besteht der Unterschied schon in der Peripherie oder erst im Gehirn? Wie kann sich ein solcher Unterschied in der einheitlichen Psyche geltend machen?

Wenn somit auch die einzelnen Empfindungen insoweit isoliert zur Kenntnis der Psyche kommen, daß sie durch Abstraktion ganz isoliert werden können, und wenn auch die Rinde sicher die uns bewußt werdenden lokalen Beziehungen teilweise selbst aufbaut, so wird doch eine Zusammenstellung zu räumlichen Beziehungen der Empfindungen unter sich und zu unseren Bewegungen, irgendeine Art Zusammenfassung zu Formen und Dingen, schon in der Tiefe vorkommen, und die Rinde mag diese Gebilde irgend wie benutzen.

Letzteres scheint auch daraus hervorzugehen, daß Störungen im Stamm monokuläres Doppelsehen bewirken können, wie die Erfahrungen bei der Schlafkrankheit bewiesen haben. Es ist ja sehr unwahrscheinlich und mit anderen Erfahrungen im Widerspruch, daß die Rindenfunktion eine ihr übermittelte unrichtige Koordination nicht als solche empfindet, sondern ohne Wissen der Psyche zu zwei getrennten Bildern verarbeitet. Wir vermuten deshalb, daß die gestörten Empfindungskoordinationen schon in den unteren Zentren zu zwei ganzen Figuren verarbeitet worden seien. Im gleichen Sinne sprechen wohl auch die interessanten Versuche von Schilder, der zeigte, daß bei Ohren- oder Drehnystagmus nicht nur Vorstellungen schief werden, sondern auch halluzinierte Linien zerfallen, ja menschliche Figuren sich in mehrere vollständige Figuren teilen können, und daß sie beweglich werden in einer Weise, die nicht direkt aus dem Nystagmus abzuleiten ist.

Auch die anatomischen Verhältnisse mit der Auflösung und Endigung des primären Neurons in der ersten Station machen es fast unvorstellbar, daß wir mit der Rinde ein direktes Symbol der Retinabilder „sehen". Schon die neben den unten gebildeten Beziehungskomplexen im obersten Organ vorkommenden Einzel-„empfindungen" müssen ganz anders gestaltet sein als die in den untern Zentren. Wie nun die selbständigen Verarbeitungen solchen Rohmaterials der Rinde sich zu den übernommenen komplexeren Gebilden verhalten, wissen wir noch gar nicht.

Was hier von räumlichen Wahrnehmungen gesagt ist, wird wohl von allen andern Empfindungskomplexen, ja von den scheinbar elementaren Empfindungen wie blau oder warm gelten. Wir nehmen Symbole der Symbole wahr, die in den tieferen Zentren aus den Sinnesreizen gebildet werden, und zwar gibt es von den tieferen Symbolen nicht nur eine Stufe, da z. B. die Hautempfindungen zuerst im Rückenmark und dann noch mindestens an einer Stelle der Hirnbasis verarbeitet werden. Ob neben diesen Verarbeitungen auch noch Rohmaterial direkt vom Sinnesorgan zur Rinde geleitet wird (z. B. auf dem Wege von Kollateralen), ist uns noch unbekannt, und noch mehr das Verhältnis, das solche direkten Empfindungen zu den indirekt übermittelten, verarbeiteten haben müßten.

Die synethische Arbeit der tieferen Zentren wird überhaupt sehr leicht unterschätzt. Man denkt gewöhnlich an sehr einfache Zusammenhänge, wenn man bemerkt, daß eine Pfote „reflektorisch" eine bestimmte Hautstelle abwischt, oder das Auge die Makula auf einen zunächst peripheren Lichtreiz einstellt. Die Komplikationen, die die verschiedenen Ausgangsstellungen notwendig machen, und das an sich schon dynamisch und zeitlich unendlich feine Zusammenspiel der Muskeln, das zu solchen „einfachen" Reaktionen nötig ist, macht man sich nicht immer klar. Es kommt hinzu, daß lokalisatorische Verbindungen einer Retinareizung mit einer Bewegung der Glieder gar nicht etwas Fixiertes sind, sondern in jedem Falle nicht nur nach der Ausgangsstellung eines Auges und des agierenden Gliedes, sondern auch nach der relativen Stellung der beiden Augenachsen wechseln[1]). Im peripheren Gesichtsfeld erscheinen uns die Dinge ohne besondere Experimente einfach, müßten aber bei wechselnder Konvergenz der Augenachsen außer in einer bestimmten Stellung doppelt gesehen werden, wenn die Zuordnung von Retinastellen der beiden Augen eine fixierte wäre. Sogar die Makula macht davon keine Ausnahme; bei Schielenden mit gleich guten Augen entwickelt sich oft eine zweite „physiologische Makula", und wenn dann eine Operation die beiden Augenachsen normal zueinander stellt, so werden eine Zeitlang Dinge, deren Bilder beiderseits auf die Macula lutea fallen, doppelt gesehen, nicht aber diejenigen, die einer Macula lutea und einer physiologischen Makula entsprechen. Überhaupt sind Doppelbilder bei Kindern und ungebildeten Leuten gar nicht immer so leicht hervor-

[1]) Die Retinabilder beider Augen können in den unteren Zentren auch deshalb nicht anatomisch, durch vorgebildete Organisation, zu einem Bilde vereinigt werden, weil im Corpus geniculatum externum der gekreuzte und der gleichseitige Tractus opticus in getrennten Kernen endigen.

zubringen; der entferntere Finger wird beim Blicken auf den näheren nicht selten einfach gesehen, und sogar bei Zuhilfenahme von farbigen Gläsern und bei frischen Augenmuskellähmungen stimmt einmal die Regel nicht.

Von besonderer Wichtigkeit muß eine andere Art Lokalisation sein: Man wird nichts dagegen einwenden können, daß potentia jede ganz abstrakte Vorstellung, jedes Gefühl sich über jedes Element der Rinde verbreite und evtl. wirklich in der ganzen Hirnrinde ablaufe. Es wäre also denkbar, daß in all den Elementen, die die Rinde bilden, zusammen die unendlich vielen Variationen des Psychokyms ablaufen, die unsere Psyche zusammensetzen oder „in unserer Psyche sich abspielen", wie das nämliche Geigenholz alle Tonkombinationen resoniert, oder ein Elektron gleichzeitig alle die verschiedenen Lichtschwingungen, die es in jedem Moment treffen, aufnimmt und in bestimmten Richtungen weitergibt. Wir werden aber doch nach den obigen Überlegungen annehmen müssen, daß die Verteilung der Psychokymschwankung je nach der Ein- und Austrittspforte eine über das ganze Gehirn nicht ganz gleichmäßige sein werde, indem vielleicht die Eintrittsstellen eines Sinneseindrucks besonders stark (oder vielleicht sogar qualitativ etwas anders?) erregt bleiben. Über das hinaus weist die Komplikation der Hirnrinde, die den Leistungen des psychischen Apparates parallel geht, darauf hin, daß nicht bloß der Masse, sondern auch der Verteilung der Funktion in der Masse eine Bedeutung zukommt. Der in Milliarden feinster Fäserschen aufgelöste Bau hätte keinen Sinn, wenn es nicht auch auf die Verteilung des Neurokyms in die verschiedensten Elemente ankäme; in welchem Grade, das allerdings müssen wir offen lassen.

Ist das Bewußtsein wirklich eine Nebenerscheinung der Gedächtnisfunktion, so kann es nicht anderswo lokalisiert sein als in der Rinde. Wenn man beobachtet, daß Verletzungen (inkl. Erschütterungen) des Stammes besonders leicht Bewußtlosigkeit machen, so kann das damit zusammenhängen, daß dort die wichtigsten Regulierapparate der Blutverteilung der Rinde sind, und wir wissen, was diese für eine Bedeutung für die Erhaltung des Bewußtseins hat. Jedenfalls wäre es recht sonderbar, wenn es anderswo lokalisiert wäre als seine Inhalte. Man könnte sich ebenso den Marmor einer Statue anders lokalisiert denken als ihre Form.

Anders mag es mit unsern Trieben, der Stellungnahme zu den Erlebnissen, den Affekten sein. Berze, Reichardt u. a. bringen sie in Verbindung mit dem Stamm.

Allerdings will man nach Wegnahme des Okzipitalhirns bei Tieren Erschlaffung der Triebenergie und bei Verletzung oder Wegnahme des Stirnhirns Verstärkung des Trieblebens oder Verminderung der Hemmungen gesehen haben, beim Menschen auch Neigung zum Witzeln und zu Bosheiten. Ferner sind unsere meisten affektiven und sogar die triebhaften intrazentralen und zentrifugalen Funktionen Reaktionen auf komplizierte Vorstellungskomplexe, die nur in der Rinde verlaufen. Auch so einfache Dinge wie die Nachricht vom Tod eines Lieben wirken nicht als bloßer Sinneseindruck, sondern als mnemische Vorstellungsmasse. Auch triebhafte sexuelle Erregungen gehen oft über Vorstellungen, z. B. von dem Vermögen oder dem Ansehen des Liebesobjektes. Viele phylisch neueren Triebe, wie die Wissenschaft und Kunst betreffenden, können, so wie wir sie kennen, nur in der Rinde lokalisiert sein. Das was in unserem Bewußtsein in diesen Fällen zur Außenwelt oder sonst zu einer

Erfahrung „Stellung nimmt". die Persönlichkeit. ist unter allen Umständen zu einem großen Teil aus Vorstellungsbildern zusammengesetzt. Ferner sind alle Affektwirkungen, die das Handeln und Denken betreffen, die Assoziationsschaltungen, zunächst bloß kortikal, und sogar die Mimik (inkl. Dinge wie Schreien und Lachen) ist sicher mit von der Rinde abhängig, wenn auch die Thalamusgegend dabei beteiligt sein muß. Wir wissen auch nicht recht. warum die Hirnrinde nicht die nämlichen oder sogar noch mehr Strebungen besitzen soll wie die untern Zentren. Die Durchblutung des Großhirns ist auch eine so ausgiebige, daß man daselbst einen besonders großen Energieverbrauch annehmen muß, was unverständlich wäre, wenn da bloß wirkungslose Engrammekphorien und Schaltungsvorgänge, nicht aber eigentliche Energieabgaben statthätten.

Anderseits sind die meisten Triebe[1]) und die Affektivität im allgemeinen[2]) älter als die Rinde. und vor allem sehen wir Gemütsveränderungen bei Verletzungen in der Umgegend des Thalamus[3]). und Anenzephalen zeigen noch Äußerungen, die, wie Schreien, auch beim Menschen nur als affektive bezeichnet werden können. Wir müssen auch annehmen. daß die Urgefühle v. MONAKOWS, Hunger, Durst, Schmerz. die elementarste Sexualität noch irgendwie oder in einem bestimmten Bestandteil im Stamm sitzen. Ob dieser Bestandteil etwas ist, das zum Bewußtsein kommen oder das, was bewußt wird. irgendwie beeinflussen kann, wissen wir nicht.

So müssen wir uns vorstellen, daß bei den meisten affektiven und triebhaften Funktionen die Rinde mit untern Zentren irgendwie zusammenarbeitet. wenn wir uns darüber auch noch keine klare Vorstellung machen können. Ob die Funktion des einen Organs die des andern einleitet, beeinflußt, oder ob sich die Funktion einfach vom einen aufs andere „ausdehnt", oder ob beide gemeinsam an der gleichen Aufgabe arbeiten, entzieht sich unserer Beobachtung. Die Triebe kennen wir nur, soweit sie (als Affektreaktion) bewußt sind. und wir wissen noch gar nicht. was ein Trieb unterhalb der Psyche ist; vielleicht könnte uns darüber eine genauere Verfolgung von halb reflektorischen Vorgängen, wie Schreien auf Schmerz, Kratzen bei Juckreiz, noch einige Aufklärung verschaffen. Immerhin wissen wir, wie der Geschlechtstrieb zu Handlungen veranlaßt, deren Zweck vollständig unbewußt ist. die uns aber angenehm scheinen. Man kann sich leicht denken. daß die Speichelsekretion durch eine Vorstellung über die Rinde ebensogut ausgelöst wird, wie durch Reizung der Geschmacksnerven in der Zunge über die Oblongata, indem die Rinde ganz wie ein Reiz von der Peripherie den Apparat im Stamm in Funktion setzt. Eine Zusammenarbeit sehen wir auch bei andern reflektorischen Funktionen, wie Blicken, Lidschluß, At-

[1]) Nicht alle.

[2]) Über die dem phylischen Alter entsprechenden Besonderheiten des Schmerzaffektes siehe Kapitel Affektivität. Auch von anderen ältern Affekten mag der basale Anteil besonders wichtig sein, während jüngere Affekte im wesentlichen kortikal lokalisiert sein werden.

[3]) KRAEPELIN (Psychiatrie. 8. Aufl., Leipzig, Barth, 1910, S. 558) meint allerdings, daß es sich nicht um besonders heftige Gemütsbewegungen, sondern um die erleichterte Auslösung krampfartiger Ausdrucksbewegungen handle. Es gibt aber doch Fälle, in denen man den Eindruck einer plötzlich labil gewordenen Affektivität bekommt. Ferner kann ein Herd in der Thalamusgegend auch vollständige Apathie bewirken.

mung, und dann bei Funktionen wie der Orientierung, bei der gewiß auch im Menschengehirn die basalen Zentren beteiligt sein werden. Die Funktion muß aber bei den verschiedenen Gefühlen und Trieben auf die beiden Hirnstellen verschieden verteilt sein, bei affektiver Betonung von komplizierten Vorstellungen und bei Trieben wie dem Kunst- und Wissenstrieb fast ausschließlich in die Rinde, bei den Urgefühlen und -trieben in erster Linie in die Stammganglien. Ich kann mir aber doch nur schwer vorstellen, daß die Psyche nur infolge von Einflüssen von unten dazu komme, etwas anzunehmen oder zu verwerfen, etwas anzustreben oder zu vermeiden, obschon ein subkortikaler Apparat denkbar wäre, dessen spezifische Reizung von oben die Schaltungen in der Rinde zurückwirkend auf Annahme oder Ablehnung, Lust oder Unlust stellen würde. Warum aber dann dieser Umweg? Am nächsten liegt doch die Annahme, daß die Rinde auf die nämlichen Reaktionen abgestimmt sei, wie die untern affektiven und triebhaften Zentren, und wenn sie es nicht in der Organisation wäre, würde sie es wahrscheinlich sehr früh durch die einfache Gewohnheit infolge der beständigen Direktion von unten.

Eine wichtige hierher gehörende Funktion der Rinde sind die Hemmungen, die gerade dadurch eine besondere Bedeutung bekommen, daß sie vom obersten Organ ausgehen. Es ist eine der vornehmsten Aufgaben der Intelligenz, die Affekte und Triebe in ihren Reaktionen und sogar in ihrem Ablauf zu zügeln; soweit die Triebe subkortikal sind, wäre es eine Wirkung der Rinde auf die tieferen Zentren.

Durch den mit Gedächtnis und Voraussicht ausgestatteten Verstand werden die Affekte und Strebungen stabiler gemacht, als sie sonst wären. Man kann sich einem Affekt nicht hingeben, wenn man weiß, daß man morgen eine gegenteilige Erfahrung machen wird; man erstrebt Dinge, von denen man weiß, daß sie erst nach langen Zeiträumen zu erhalten sind und richtet sein ganzes Denken und Fühlen und Handeln unter Umständen Jahrzehnte darnach. Umgekehrt plagen uns Erlebnisse der Vergangenheit nachträglich nicht bloß deshalb, weil der Affekt langsamer abklingt als das Erlebnis, sondern weil die affektbetonte Erinnerung daran fortlebt. Bei Erkrankungen der Rinde fehlen uns die Zügel und die von der Rindenfunktion herrührende Stabilität — aber auch, noch nicht recht verständlich — bei Erkrankungen der Thalamusgegend[1]).

Andere Zusammenhänge zwischen Stamm und Rindenaffektivität mögen dadurch gegeben sein, daß vom Stamm aus Blutkreislauf, Atmung, das ganze vegetative Nervensystem und die Chemie des Körpers (inkl. Hormone) dirigiert werden. Alle diese Funktionen beeinflussen die Affektivität, und umgekehrt ist ihre Tätigkeit wieder von den Affekten abhängig.

Man spricht auch davon, daß überhaupt die „psychische Energie“ oder die „Aktivität“ nicht in der Rinde sitze, sondern im Stamm (Berze, Reichardt). Auch von diesem Begriff weiß ich zu wenig, als daß ich darüber etwas sagen könnte. Wir haben gar kein Maß, um die dyna-

[1]) Wahrscheinlich wird man einmal Unterschiede in der vom Stamm ausgehenden Affektlabilität gegenüber derjenigen finden, die durch Reduktion der Rinde entsteht. Die erstere scheint mir massiger, elementarer, weniger abstufbar.

mischen Verhältnisse der Gehirnfunktionen irgendwie abzuschätzen, als den Erfolg, und der wird in erster Linie bestimmt durch das Verhältnis einer Strebung zu den Hemmungen, und die aufgewendete Energie kann eine bloße Funktion der Zahl der teilnehmenden Nervenelemente sein, wie es das Alles-oder-nichts-Gesetz verlangt. Soweit nun die Energie gleichzusetzen ist den Trieben oder den Affekten, wird nach dem Obigen dem Stamm irgendeine Bedeutung bei der Energieentwicklung zukommen; aber daß die Rinde gar keinen Anteil haben soll an dem, was man unter dem Namen psychischer Energie zusammenfassen muß, kann ich mir vorläufig nicht denken.

Es ist auch gut möglich, ja wahrscheinlich, daß gewisse allgemeine Schaltungen vom Stamm aus beeinflußt werden, betrifft doch die Wirkung der Affekte neben der Energieproduktion hauptsächlich die Schaltungen. Es ist dabei namentlich an die dynamische Schaltung zu denken, die die Assoziationsspannung reguliert. Wenn die letztere in der Schizophrenie ungenügend ist, so können leicht basale Störungen daran schuld sein. Ich kenne auch unbestimmt einen Zusammenhang hyper- und akinetischer Störungen mit der Basis. Auch die Schlafschaltung hat etwas mit dieser Gegend zu tun (Tumoren in der Vierhügelgegend, Encephalitis lethargica, die Anschauungen von Kohnstamm). Es wäre also nichts dagegen einzuwenden, daß Berze z. B. die Schizophrenie in den Stamm lokalisiert, wenn er diese Vorstellung nur beweisen könnte, und wenn er sie nicht so einseitig durchführte.

Man hat auch, gestützt auf hirnanatomische und -physiologische Überlegungen und auf pathologische Befunde versucht, die „Persönlichkeit“, d. h. hier die oberste Zusammenfassung der das Ich bildenden Funktionen zu lokalisieren und zwar in die obersten Schichten der Rinde (Kraepelin). Unsere Kenntnisse reichen aber für solche Schlüsse noch lange nicht aus.

Andere lokalisieren die von ihnen als „höchste“ angesehenen Funktionen in das Stirnhirn, weil dieses bei den höchsten Säugern am meisten entwickelt ist. So soll, abgesehen von den Hemmungen, „das bewußte Wollen“ dort sitzen. Gerade die allgemeinen Vorgänge, Empfinden, Affektivität, Wollen, Streben, Triebe, ja eine rudimentäre Überlegung sind aber so elementare, daß sie keines Großhirns bedürfen. Ein „Wollen“ kommt also jedenfalls ohne Stirnhirn, ja ohne Großhirn vor, und da, wenigstens den Gedächtnistieren aller Wahrscheinlichkeit nach ein „bewußtes“ Wollen (wenn auch kaum mit bewußtem Kennen der Motive als solcher) zuzuschreiben ist, haben wir auch ein bewußtes Wollen ohne die besondere Entwicklung des Stirnhirns oder ohne eine solche überhaupt anzunehmen. Ich glaube, wir tun gut, noch nicht viel über diese Dinge zu reden, da wir noch nichts von ihnen wissen. Man muß nicht nur mehr Hirnphysiologie und -pathologie kennen, sondern namentlich auch sich klarer sein, was Dinge, wie bewußtes Wollen, sind.

IV. Lebens- und Weltanschauung.

INHALT. Es ist unrichtig, daß man vom Materialismus aus keine befriedigende Welt- und Lebensanschauung bilden könne. Wir kennen die unangreifbare aber objektive Realität der Bewußtseinsphänomene, die relative aber objektive der äußern Welt; wir wissen, daß das Absolute, Ewige, Unendliche Grenzbegriffe sind, hinter denen nichts Positives stecken kann. Die Unsterblichkeit der persönlichen Seele braucht man deshalb nicht notwendig abzulehnen; aber der geeignetste Boden für dieselbe ist doch der Dualismus. Die Wahrheit ist etwas Relatives; aber sie zeigt uns, wonach wir zu handeln, und wie wir zu denken haben. Daneben aber behält das Glauben seine volle Berechtigung.

Der Determinismus führt weder zum Fatalismus noch zur Gleichgültigkeit noch zur Unmoral. Der biologische Moralbegriff stellt sich im Gegenteil mit größerer Bestimmtheit als die Norm unseres Handelns dar wie eine nach individuellen Gelüsten aus einem nicht sichtbaren Absoluten geholte und deshalb individuell gestaltete Ethik. Der Schuldbegriff wird wieder strenger im Sinne der Alten. Der Gerechtigkeitsbegriff hat seine Berechtigung im Rechtstaat verloren und ist jetzt schädlich geworden. Wie das Übel in die Welt kam, erledigt sich dadurch, daß es nicht kam, sondern daß wir, was uns schädlich, bzw. unangenehm ist, zum Übel stempeln. Auch Religion läßt sich auf materialistisch deterministischem Standpunkt ebensogut aufbauen wie auf jedem andern. Es ist aber schädlich, wenn man predigt, die alte Begründung der Moral, die doch einmal ins Wanken gekommen ist, sei die einzige.

Die Frage, ob es sich lohne zu leben, wird dadurch von selbst beantwortet, daß alles, was lebt, das Leben schätzen und den Tod fürchten muß. Bei allen realistischen Einstellungen kann man das affektive, dereistisch gerichtete Streben nicht unterdrücken; es ganz besonders verleiht Kraft nach innen und außen; es stammt aus unseren Trieben, die befriedigt sein wollen, und ist deshalb Vielen zum Glück unentbehrlich.

Eine naturwissenschaftliche Psychologie ist ein Stück **Biologie**, nichts mehr und nichts weniger. Der Philosoph und der philosophisch orientierte Moralist werden sie eine „materialistische“ nennen und mit diesem Wort zugleich werten — meist negativ. Es gibt auch Naturwissenschafter, die meinen, auf dem Boden der materialistischen Erkenntnistheorie sei eine Lebens- oder Weltanschauung unmöglich. Sie verwechseln aber ihre persönliche Anschauung mit einer Lebensanschauung überhaupt. Man wirft den als „materialistisch“ verschrieenen Anschauungen vor, sie vernichten die Ideale. Auch das ist unrichtig, sie ersetzen nur Phantasieideale durch in der Erfahrung und direkt in den moralischen Instinkten begründete, rassenerhaltende und eudämonistische, aber auch andere z. B. wissenschaftliche und künstlerische. Die ganze Moral lassen sie nicht nur intakt, sondern sie verleihen ihr noch logisch verständlichen Wert.

Daß von hier aus eine Lebensauffassung möglich ist so gut wie von jedem andern Standpunkt aus, möchte ich im folgenden zeigen; nicht mehr. Eine Lebensauffassung ist nicht bloß eine Erkenntniskonsequenz, sondern darüber hinaus eine Befriedigung affektiver Bedürfnisse. Wo die logische Deduktion aufhört, verlangen noch wichtige Instinkte ihre Befriedigung. Von da an handelt es sich nicht mehr um Wissen, um alles andere ausschließenden Wahrheitswert, sondern um Glauben und Wollen, und um etwas, das keinen Anspruch auf allgemeine Gültigkeit machen kann, sondern dem einzelnen Individuum angepaßt sein muß, wenn auch bestimmte allgemeine Richtungen infolge ähnlicher Anlage und gemeinsamer Erziehungssuggestion für viele passen können. Die Konsequenz — nicht die logische, sondern die der Gewohnheit — einer realistischen Denk- und Fühlweise ist, daß man nicht nur in der Wissenschaft, sondern auch in seinen Hoffnungen und Zukunftsträumen auf die Erfahrung abstellt — und das andere dahingestellt läßt resp. nicht mehr denkt.

In bezug auf die Welt selbst kommt in Betracht: es gibt psychisch eine subjektive und unbestreitbare Realität; physisch eine objektive, nicht beweisbare aber zwangsmäßig angenommene[1]).

Über die Existenz und Art des Dinges an sich Sicherheit bekommen zu wollen, ist Unsinn. Verlegt man es in die Ideen (DEUSSEN), so ist es kein Ding an sich mehr.

Die äußeren Wahrnehmungen sind (ihrem Inhalt nach) Symbole, die wir selbst aus den Wirkungen der äußern Kräfte auf unsere Sinne schaffen. Es ist genau wie bei inneren Wahrnehmungen: ein Schmerz ist nicht als Schmerz in einem Organ vorhanden, sondern als eine Verletzung des körperlichen Zusammenhanges, die wir als solche nicht wahrnehmen. Ein Druck auf die Retina wird als Lichtschein wahrgenommen. Die Symbole können nie die Wirklichkeit selbst wiedergeben; in dem Begriff der Wahrnehmung selbst liegt die Unmöglichkeit; sie ist prinzipiell eine Symbolbildung aus Wirkung von Kräften. Äußere oder innere Dinge wahrnehmen wollen, wie sie sind, ist eine widersinnige Vorstellung, auch wenn man einen Gott mit einer solchen Fähigkeit ausstatten will.

Etwas Absolutes oder Ewiges oder irgendwie Unendliches kennen wir nicht. Wir wissen nur, daß wir in Raum und Zeit an kein Ende kommen. Der Begriff von Ende und Anfang bezieht sich auf endliche Dinge oder Geschehen (psychologisch ist beides das nämliche). Es war eine falsche Fragestellung (ob von MICHELSON selbst, weiß ich nicht), als man Versuche darüber anstellte, ob sich eine absolute Bewegung nachweisen lasse. Auch bei einem positiven Resultat wäre der Schluß auf eine absolute Geschwindigkeit und ein absolutes Stillstehen falsch gewesen. In einem endlosen Raume gibt es nichts, was man Bewegung oder Stillstehen nennen könnte. Alle Punkte sind gleichwertig; es gibt also nicht einmal etwas, was man unserem Raumbegriff an die Seite stellen könnte[2]). Dieser ist eine Relation zwischen an Zahl und Umfang endlichen Erscheinungen. ebenso die Zeit. Man kommt also auch von dieser Seite zu der Unmöglichkeit, etwas Unendliches oder Absolutes mit unseren Vorstellungen und Erfahrungen in Verbindung zu bringen. (Das Relativitätsprinzip EINSTEINS hat mit diesen Fragen nichts zu tun.)

Ein Beispiel, wie schlecht auch die Spitzen der Wissenschaft das Unendliche vom Endlichen unterscheiden: HELMHOLTZ behauptet, mit ein paar Buchstaben in algebraischer Anordnung dem Weltgeschehen die dauernde Existenz abgesprochen zu haben, indem er „nachwies", daß beständig Bewegung in Wärme umgesetzt werde, aber umgekehrt viel weniger oder — astronomisch — gar nicht. Es müßte also schließlich nach ihm eine gleichmäßige Durchdringung des Weltalls mit Wärme resultieren, und jede andere Bewegungsform aufhören. Da aber vergißt er zuerst, daß wir nur eine endliche Abnahme der kinetischen Energie zugunsten der thermischen sehen, die der unendlichen Quantität nichts anhaben kann; ob man dabei

[1]) Vgl die erkenntnistheoretischen Notizen im ersten Kapitel.

[2]) Man könnte einwenden, durch diese Behauptung sagen wir etwas Positives vom Unendlichen, das wir doch nicht kennen. Wir können aber von einem Begriff, der die Endlichkeit voraussetzt, wissen, daß er nicht zugleich die Unendlichkeit voraussetzt.

mit astronomischen Zahlen oder mit Milli-Ergs rechnet, ist ganz gleichgültig[1]). Noch wichtiger ist, daß auch die Vergangenheit ebensogut wie die Zukunft unendlich ist und die ganze Überlegung das zeitlich unendliche Bestehen der jetzigen Annahmen voraussetzt. Diejenigen Gründe, die beweisen, daß eine solche universelle Umwandlung aller Energien in gleichmäßige Wärme stattfinden wird, beweisen genau so logisch, daß der Prozeß schon geschehen ist. Der Widerspruch ist keine Antinomie im KANTschen Sinne, sondern eine einfache Folge des logischen Fehlers, daß man einen endlichen Begriff, ein Geschehen, in eine Beziehung zum Unendlichkeitsbegriff bringt, die im letzteren wieder die Endlichkeit, das Geschehen, voraussetzt.

In bezug auf das „Weltall" der Erfahrung selber müssen wir uns schon bescheiden, resigniert die engen Grenzen unseres Wissens zu konstatieren; das Positive besteht höchstens in der Verabschiedung kindlich kosmozentrischer Vorstellungen. Es wird niemandem einfallen zu glauben, daß die Atome und Elektrone, die wir in unserer Weltecke zu konstatieren glauben, auch den „übrigen" Teil der Welt ausmachen; es braucht ja dort nichts zu sein, was wir als Energien bezeichnen könnten, und wenn so etwas vorhanden wäre, so brauchten diese Energien nicht die Form und die Kombination der Atome und Elektrone anzunehmen. Wir wissen auch, daß die Unendlichkeit der Kleinheit ebensogut ein Postulat ist, wie die der Größe, so daß unsere Ätheratome relativ zu etwas noch Kleinerem wieder so groß erscheinen können wie unsere Sternenwelt relativ zu ihnen und so weiter. Setzen wir aber einmal ein aus Atomen und Molekülen bestehendes Weltall voraus, in dem alle Energie als Wärme vorhanden wäre. Dann müßte es nach der bloßen Wahrscheinlichkeit gelegentlich vorkommen, daß von den nach allen Richtungen sich bewegenden Molekülen beliebige Mengen zusammentreffen und so einen Körper bilden. Ob dieser nun aus wenigen Molekülen bestehe wie die Luftverdichtungen, die das Blau des Himmels bewirken sollen, oder so groß sei wie die von uns vorgestellte Welt, ist gegenüber der Unendlichkeit der Molekülzahl kein Unterschied. Ebenso macht es keinen Unterschied, ob man die Zeit der Wahrscheinlichkeit eines einmaligen solchen Zusammentreffens von Molekülen auf eine Sekunde berechnet oder auf eine Menge von Sonnenjahren, die sich in unseren Zahlen nur mit einer Reihe von Ziffern ausdrücken ließe, deren Länge nach Siriusweiten zu messen wäre.

Die Psyche ist eine Funktion des Gehirns; das ist so bewiesen wie irgend etwas anderes, wenn man hier in gleicher Weise schließen darf wie sonst. Damit ist gesagt, die Psyche stirbt mit dem Gehirn. Logisch ist damit das ewige Leben nicht ausgeschlossen, denn das Gehirn kann am Jüngsten Tage wieder aufgebaut werden. Es wird nur schwerer, von diesem Standpunkt aus an eine unbegrenzte Dauer der Seele, die von dem mit der Materie wechselnden Gehirne abhängig ist, zu glauben. (Es gibt übrigens noch andere Wahrscheinlichkeitsgründe gegen die ewige Existenz der Seele, ganz abgesehen von dem Fehler, daß wir da einen endlichen Begriff mit einem unendlichen in Beziehung bringen.) Wer die Unsterblichkeit darin sieht, daß unser persönliches Bewußtsein in einem allgemeinen Bewußtsein aufgehe, kann nur Jenen Trost geben, die sich nichts Vernünftiges dabei denken. In dem allgemeinen Bewußtsein sind *wir*, unsere Person nicht mehr enthalten, ebensowenig wie in einem unserer mitlebenden Geschöpfe. *Wir* wären dann doch tot. Daß wir aber in einer andern Form weiter existieren, glauben wir ja doch, da wir an die Erhaltung der Kräfte glauben, die uns zusammensetzen (natürlich ohne jeden Grund, soweit es nicht unsere zeitlich und räumlich begrenzte Erfahrungswelt betrifft).

[1]) Man behauptet jetzt, „die Welt" sei endlich. Die ist aber nicht das Weltall, sondern ein neuer prinzipiell ebenso endlicher Begriff wie z. B. der weniger umfassende ältere des Sonnensystems. Er bezeichnet den unseren Sinnen und unserem Denkvermögen zugänglichen „Teil" des Weltalls.

Was hat denn aber unser Leben, der Mensch für einen Zweck? Leute von Namen legen ein großes Gewicht auf diese Frage und ihre Bedeutung. Es ist aber wieder eine falsch gestellte Frage, etwa wie die, was hat die Gerechtigkeit für einen Wassergehalt? Ist mein Schuh zufrieden?

Zweck ist ein Begriff, der nur im Zusammenhang mit einem nach bewußten Zielen handelnden Wesen, wie es der Mensch ist, existieren kann. Man mag ihn einem menschlich gedachten Gott zuschreiben, nicht aber einem Weltall, einer Weltordnung. Man kann die Frage auch leicht ad absurdum führen durch die Gegenfrage: was hat ein bestimmter Bazillus für einen Zweck? Objektiv genommen ist der Bazillus dem Menschen gleichwertig. Ist er bloß zum Verderben des Menschen geschaffen, oder verlangt er auch ein ewiges Leben wie dieser? Wie man zum Begriff und Postulat des ewigen Lebens kommen mußte, ist ja klar. Abgesehen von den Wahrnehmungen Abgeschiedener in Traum und Wachhalluzination haben wir einen Trieb der Selbsterhaltung, sonst würden wir nicht existieren; Sterben ist uns also ein unlustbetonter Begriff; man wünscht es zu vermeiden und vermeidet es in der Vorstellung durch die Fiktion des ewigen Lebens. Ich möchte also alle meine Mitweltverbesserer dringend bitten, diese Frage nach dem Zweck *nicht* zu stellen, und nie irgend ein Verhalten von ihrer Beantwortung abhängig zu machen. Man kann sie nur dereistisch nach vorher gesteckten Zielen beantworten. Da sich jeder seine Ziele anders steckt, muß auch die Beantwortung verschieden sein, und die Folge ist Zank. Was der bei der jetzigen Universalität der Menschheit bedeutet, hat der Weltkrieg genügend gezeigt.

Etwas anderes ist es, wenn man in nicht erkenntnistheoretischen Zusammenhängen nach dem Zweck des Bewußtseins fragt. Es wäre ja möglich, daß diese Erscheinung einen Zweck im naturwissenschaftlichen Sinne hätte, also z. B. zur Erhaltung der Art nützlich wäre. Hier haben wir nur zu sagen, daß wir bis jetzt nichts kennen, was auf eine solche Bedeutung hinweisen würde, und daß es gar nicht wahrscheinlich ist, daß wir einmal solche Hinweise finden werden (siehe S. 71).

Aus der biologisch-materialistischen Auffassung folgt ohne weiteres die auch sonst von der Naturwissenschaft verlangte *deterministische Anschauung* in bezug auf den Willen, d. h. die Ansicht, daß unser Handeln restlos begründet ist in der angeborenen Organisation und den auf diese einwirkenden Einflüssen.

Was ist nun Wahrheit? Zunächst dasjenige, was unsere Sinne sagen. Aber wir wissen, daß die Wahrnehmungen eine komplizierte Verarbeitung der Empfindungen sind. Darum und aus anderen Gründen täuschen uns die Sinne manchmal. Sie sagten uns früher, die Erde stehe still, und Sonne und Mond und Himmel drehen sich um sie herum. Da die Sinne uns täuschen können, muß man mit Experiment und Logik ihre Zuverlässigkeit im einzelnen Falle prüfen. Die Logik sagte uns, daß sich die Erde um die stillstehende Sonne drehe. Die Logik kann aber auch Fehler machen. Sie wird an neuen Erfahrungen und an neuen logischen Operationen geprüft. Da schafft sie uns einen neuen Begriff der Bewegung, und wenn man den anwendet (aber nur dann), muß man sich sagen, daß je nach dem Standpunkt die Sonne um die Erde oder die Erde um die Sonne gehen müsse oder auch keines von beiden. Das meiste übrigens, was wir als Wahrheit ansehen, daß ich zwei Hände habe, daß Bern in der Schweiz liegt, und Milliarden anderer Zusammenhänge gelten uns als unangreifbar, und die meisten von diesen werden es auch sein. Immer weiter wird die Grenze dieser anscheinend feststehenden Wahrheit unserer Kenntnisse. Aber niemals wissen wir; *was* wir später wieder anders auffassen werden, und an der Peripherie des Erkennens schwanken die Ansichten auf und ab, so daß dort schon das Glauben beginnt.

Glauben aber ist annehmen nicht als Zeugnis der Sinne. sondern aus innerem Bedürfnis. Auch der Glaube kann täuschen, namentlich weil er so leicht von anderen suggeriert werden kann und dann gar nicht unser Glaube ist. Aber er füllt die Lücken unseres Wissens aus, die wir empfinden, und tut das nach unseren wirklichen inneren Bedürfnissen, und darin leistet er etwas Richtiges, wenn auch sein Inhalt vor dem Richterstuhl des Intellekts ein Scheinwissen ist. Er treibt uns, die Welt nach unserer Organisation anzusehen und darnach zu handeln. Diese Triebfeder ist etwas Reales, etwas Wahres; es liegt in gewissem Sinne etwas Wahres darin, daß man nach seinen eigenen Trieben denkt und handelt. Redet man davon, daß der Inhalt des Glaubens wahr sei, so verschiebt man den Begriff der Wahrheit, der ursprünglich nur auf den Inhalt des Wissens paßt. In dem Begriff des Glaubens aber liegt es, daß er uns ein Wissen nicht nur ersetzt, sondern auch vortäuscht, wenigstens kann niemand wissen, wo die Wahrheit seines Wissens und die seines Glaubens sich voneinander scheiden, und das ist das Gefährliche am Glauben. Sind aber unsere moralischen Instinkte gut, und haben wir geprüft, was gut und böse, d. h. für die Allgemeinheit nützlich und schädlich ist, so kann der Glaube an sich und an seine Aufgabe und an die Wege dazu nur Gutes stiften. Wahrheit ist also zunächst etwas Relatives, wenn auch unter gewöhnlichen Verhältnissen nicht Bestreitbares, das, was uns Erfahrung und Logik nach genauer Prüfung als richtig darstellt. Wie groß die Tragweite von Erfahrung und Logik und der Prüfung selbst ist, können wir nicht wissen. Ein Teil des in einem bestimmten Zeitpunkt für wahr Gehaltenen kann sich einmal als falsch erweisen, naturgemäß am ehesten gerade derjenige, bei dem man daran denkt, ob Wahrheit vorliege oder nicht. Glaube, bei dem man wenigstens seit Christi Zeiten am meisten von Wahrheit redet, entspricht angeborenen und ansuggerierten Bedürfnissen. Der Begriff der Wahrheit ist von den prüfbaren Verhältnissen auf den Glauben übertragen und muß notwendig mit dem Begriff des Glaubens verbunden sein, obschon er dadurch und für diese Fälle eine ganz andere Bedeutung bekommt.

Das Glauben, das unseren Trieben und Komplexen entspringt, hat natürlich unvergleichlich stärkere Tendenz, sich Andern aufzudrängen, als das Wissen und führt zu häßlichen Zänkereien und zu Blutvergießen, auf religiösem Gebiete zwar vorwiegend aber gar nicht ausschließlich da, wo die Religion der Liebe oder der Mohammedanismus in Betracht kommt (auch Indien hatte schon früh seine religiösen Verfolgungen). Solche Auswüchse sind aber nicht notwendig. Unter einfacheren Verhältnissen kann man leicht tolerant sein, weil man die Gegensätze ungenügend erfaßt, so von dem Primitiven, von denen jeder ungestört seinen beliebigen Fetisch haben kann, bis zum klassischen Altertum. Man kann auch, soweit nicht praktische Gründe zu anderem

Verhalten zwingen, in hohem Grade tolerant sein aus einer gewissen Indifferenz heraus, wie es bei vielen Kreisen namentlich in deutschsprechenden Gebieten der Fall ist. Und man kann schließlich selber einen starken Glauben haben und sich energisch dafür einsetzen, aber jede Überzeugung Anderer dennoch ähnlich werten wie seine eigene. Diese wohl höchste Stufe des Verhaltens gegenüber dem Glauben ist auf religiösem und politischem Gebiete in englischsprechenden Ländern geradezu die herrschende.

Das wäre nun die Welt unserer Auffassung. Wie stellen wir uns ihr gebenüber? In bezug auf den Determinismus bin ich oft gefragt worden: Wenn alles kausal begründet ist, dann ist auch alles vorausbestimmt. Ich kann also nichts dazu oder davon tun; es nützt nichts, daß ich mir in Arbeit oder Gutestun Mühe gebe?

Ziehen wir daraus zunächst die praktischen Folgerungen in einem Beispiel: Ich habe Hunger. Da muß ich nach dieser Überlegung mir sagen: ich brauche nicht essen zu wollen und nicht zu essen. Handle ich aber darnach, d. h. esse ich nicht, so bekomme ich ganz sicher meinen Hunger nicht los. Die Kausalreihe vom Hunger zur Sättigung geht eben durch das, was ich Wollen und Handeln nenne. Es ist, wie wenn ich sage: es ist vorausbestimmt, daß ein Schuß losgeht. Ich brauche „also“ nicht zu laden. Es ist vorausbestimmt, daß der Baum entwurzelt wird, der Wind braucht also morgen nicht zu wehen; der Baum wird doch umfallen.

Wenn im Reiche der Kausalität ein Vorgang „vorausbestimmt“ ist, so sind eben aus dem gleichen Grunde auch seine Ursachen, seine Bedingungen vorausbestimmt. Ein anderes Geschehen gibt es da nicht. Wenn ich also den Hunger los sein will, so „muß“ ich essen, genau wie die Flinte geladen sein muß, damit der Schuß losgehe, oder der Wind wehen muß, damit der Baum umstürze.

Das „Müssen“, das „Wollen“, das „Nützen“ empfinden wir nun sehr verschieden. Wenn ich sage: ich will essen, mein Wollen nützt, indem es mich zum Essen bringt und mir den Hunger beseitigt; um den Hunger los zu haben, muß ich essen wollen und essen, so kommt uns das als etwas anderes vor, als wenn ich sage: der Baum „will“ umfallen; damit er umfalle, muß der Wind wehen; das Laden nützt, weil sonst der Schuß nicht losgehen könnte; die Flinte muß geladen sein, wenn ein Schuß losgehen soll. Der Unterschied liegt aber nur darin, daß der eine Vorgang, der des Essen-wollens „bewußt“ ist, der andere nicht (soweit wir wissen; wenigstens betrachten wir ihn unabhängig von irgendwelcher bewußten Qualität; den ersten im Gegenteil betrachten wir nur von innen, von der Bewußtseinsseite, obschon wir wissen, daß er auch eine objektive Seite hat). Das „Bewußtsein“ kennt die Motive zu essen, und es kennt eine Art Übergangsstelle aus den Ursachen in die Wirkung: es „weiß“, daß es handelt. Es weiß auch, warum es handelt, und weiß es, bevor die Bedingungen in die Wirkung, subjektiv ausgedrückt, in das Handeln übergehen. Die Bedingungen sind der Hungerreiz (unabhängig davon, ob er bewußt werde oder nicht), die physiologische Einrichtung, daß Hungerreiz die Tendenz zum Essen bewirkt, und dann natürlich das Vorhandensein der Organe und Verbindungen, die das Essen besorgen. Die Tendenz des Nervenapparates, bei bestimmten Reizen

(Situation) eine bestimmte Funktion auszuführen, nennen wir von innen gesehen, vom Bewußtsein aus: Wollen. Sind eine größere Anzahl der Bedingungen ebenfalls bewußt (daß Essen Annehmlichkeit verschafft, daß es den Hunger beseitigt), so ist es der zielbewußte menschliche Wille.

Würde der Baum seine Tendenz, der Schwere und dem Winddruck zu folgen, von innen ansehen, würde sie ihm bewußt, so hätte er einen „Willen"; würden ihm auch die Bedingungen bewußt, oder wäre gar die Ablehnung des jetzigen Zustandes und die Annahme des nächsten in Form von Unlust und Lust bewußt, so würden die Bedingungen zu Motiven. und wir hätten einen motivierten Willen.

Was tut das Wollen oder Nichtwollen dazu? Ob die Tendenz bewußt sei oder nicht, ob sie also ein Wollen sei oder nicht, das ist ganz gleichgültig, aber das, was wir in diesem Falle so nennen, die Tendenz mit ihren Bedingungen, *das* „muß" vorhanden sein, wenn der Baum umfallen soll, im gleichen Sinne, wie ich essen wollen muß, um zu essen und vom Hunger befreit zu werden. Der Einwand, daß der Determinist nichts an dem vorausbestimmten Geschehen ändern könne, beruht also zum Teil auf Verkennung des Unterschiedes zwischen äußerer und innerer, zwischen objektiver und subjektiver Betrachtung eines Vorganges. Man macht einen Unterschied der Betrachtungsweise zu einem Unterschied des betrachteten Dinges, des Vorganges, der Funktion.

Noch viel schlimmer ist der andere Fehler: man sagt, wenn alles vorausbestimmt ist. so nützt mein Handeln nichts. Wir haben gesehen, daß das unrichtig ist; es „nützt", indem es eine notwendige Bedingung des gewünschten Erfolges ist, genau wie der Wind eine der Bedingungen ist, daß der Baum fällt. Der Indeterminist fordert aber hier ein „Nützen" in einem ganz anderen Sinne; er möchte nicht „bloß" ein Glied in einer Kausalkette bilden, die vorher wie nachher besteht, sondern er möchte eine Kausalkette anfangen, eine erste Ursache setzen, er möchte ein Gott sein. denn nur einem solchen schreibt man diese Fähigkeiten zu, die sich übrigens vor und mit und nach Kant noch niemand denken konnte. Diesen größenwahnsinnigen Wunsch können wir ihm nicht erfüllen und deshalb ist er mit uns unzufrieden. Er wünscht etwas für diese Welt der Erfahrung Unmögliches und Undenkbares. Daß er es wünscht. hat seinen Grund in dem natürlichen Bedürfnis nach Macht und hoher Bedeutung der Persönlichkeit; von ihm läßt er sich zu dem logischen Fehler verleiten, nur die wenigen Kausalglieder, die ihm die innere Anschauung des Willensaktes zu erkennen gibt, und die er Motive und Entschluß nennt, zu berücksichtigen, die früheren Glieder aber zu ignorieren. So kommt er dazu, der (scheinbar) nach rückwärts abgebrochenen Kausalkette eine besondere Wertung zu geben, wozu objektiv kein Grund besteht.

Nun sollen materialistische Auffassung und Determinismus zusammen die Moral untergraben, — der Materialismus, weil er das Motiv der ewigen Strafe und Belohnung mehr oder weniger ausschalte, der Determinismus, weil er zum Fatalismus führe und die Begriffe der Schuld und Sühne unmöglich mache.

Schon die Erfahrung zeigt, daß das nicht richtig ist: die Moral ist ganz unabhängig von theoretischen Auffassungen; wer aus zwei moralisch angelegten Keimplasmen entstanden ist, wird auch moralisch. wenn nicht spätere Hirnkrankheiten aus ihm einen andern Menschen machen. (Was die Erziehung verderben kann, hat eine ganz andere Bedeutung; der Zigeuner und der Spartaner, die zum Stehlen erzogen werden, der Primitive, dem Blutrache Pflicht ist, der Student, der noch von keinem andern Milieu als von dem saufenden gehört hat, sind nicht unmoralisch im biologischen Sinn.) Bei jeder Lehre gibt es gute und böse Menschen in ungefähr gleicher Mischung. Nur eines scheint dem Schwarzseher recht zu geben: wenn man Zuckerbrot und Peitsche nicht auch noch nach dem Tode zu erwarten hat, so fällt ein wichtiger Grund des Rechttuns weg. Ich glaube nicht, daß das ins Gewicht fällt. Für den Moral-Philister genügen neben dem Gewissen die Strafgesetze, die Verachtung und die Achtung durch die Nächsten, die Eitelkeit gut zu sein; der besonders Moralische ist von vornherein tugendhaft; den Amoralische hat kein Gewissen und kümmert sich auch weder um seine irdische noch seine ewige Zukunft; und die zwischenstehenden Schufte, die ihr Gewissen jeweilen mit einer guten Tat beruhigen, haben nach Erfüllung der Sühne wieder mehr Kraft für neue Schlechtigkeiten. So lehrt mich die Beobachtung. Sind die Völker, die wenig oder gar nicht mit dem Leben nach dem Tode rechneten, wie die alten Griechen, die Juden, verbrecherischer in ihrem Handeln? Und die in Gemeinschaft lebenden Tiere?

Der Fatalismus ist an sich weder moralisch noch unmoralisch, aber er ist intellektuell eine Schwäche, die je nach der Anlage von den Trieben benutzt wird. Der fanatische Mohammedaner stürzt sich im Glauben, alles komme ja doch, wie Allah es wolle, ohne Rücksicht auf die Gefährdung der eigenen Existenz in die Schlacht; der Faulenzer kann mit der gleichen Begründung die Anstrengungen vermeiden, der Unmoralische das Gute unterlassen oder das Böse tun. Keiner aber ist konsequent. Nur da, wo es ihnen paßt, ziehen sie den Schluß: da es doch geht, wie Gott oder die Naturgesetze es wollen, brauche ich mich nicht um mein Leben zu kümmern, oder brauche ich mich nicht anzustrengen. Dem Tapferen fällt es nicht ein, die logisch gewiß besser begründete Konsequenz zu ziehen: Gott ist allmächtig; wenn er will, daß unsere Sache siegen soll. so wird er sie siegen lassen ohne die Anstrengung eines armseligen Menschen; der Fatalist ißt und trinkt wie ein anderer, obschon Gott ihn auch füttern oder am Leben erhalten könnte, ohne daß er schluckt. Man braucht eine solche Anschauung in erster Linie zur Befriedigung seiner (von den Ansichten ganz unabhängigen) Instinkte genau wie die Religion, aus der der Weichherzige die Vorschrift, dem Leidenden zu helfen, der Rachsüchtige oder Sadistische den Befehl, Andere zu verbrennen, herausliest.

Genau so ist es mit dem Determinismus. Es gibt keinen Deterministen, der sich in allen Fällen sagen würde, mein Wille läuft von selber, ich brauche mich zu nichts zu entschließen, ja vielleicht nicht einmal einen, der konsequent einen Schuldbegriff leugnen wollte. Theoretisch allerdings ist der Schuldbegriff ein anderer beim konsequenten Deterministen als beim Indeterministen. Statt des Willens nennt er die Organisation des Übeltäters schlecht. Beide meinen mit diesen verschiedenen Worten das nämliche Ding, nur fügt der eine die Vorstellung hinzu: „es könnte anders sein“, der andere „es ist mit Notwendigkeit so". Das ist aber auch der ganze Unterschied. Die Konsequenzen sind die nämlichen. Vor dem Menschen mit der bösen Anlage muß man sich ebenso schützen wie vor dem mit dem bösen Willen; so brauchte man in einem Strafgesetz, das sich scheinbar auf die eine Theorie stützt, nichts zu ändern, um es für die andere umzuarbeiten, als einige Worte; materiell müßten die Strafandrohungen gleich bleiben, solange nicht noch andere Gründe mitspielen. Die Säulen des Staates sind zwar anders angestrichen, aber ganz gleich fest, ob man den Sünder hänge zur Strafe für seinen bösen Willen, oder weil man ihn verhindern will, weiter zu sündigen, und auch der Missetäter selber zappelt in beiden Fällen genau gleich lang.

Mit dem Gesagten fällt auch die Notwendigkeit des Schuld- und Sühne-Begriffes für die Moral ohne weiteres. Die Moral ist ein Instinkt, der bei allen gesellschaftlich lebenden Wesen da sein muß, Jahrmillionen existierte, bevor ihn der homo sapiens mit solchen Spitzfindigkeiten begründen wollte, und der sich bei den geeigneten Gelegenheiten als Liebe und Haß und Belohnung und Rache und Selbstaufopferung und Vernichtung des Schädlichen äußert. Logisch begründen läßt die Moral sich niemals aus Gesetzen, die uns von außen gegeben worden sind, wohl aber aus dem kategorischen Imperativ, dann nämlich wenn wir diesen nicht im KANTschen Sinne fassen, sondern als einen Instinkt zur Erhaltung der Art (und wohl, sekundär, in einer Art Nebenamt, auch zur Verkleinerung der Summe von Unlust und zur Vergrößerung der Summe von Lust einer Gemeinschaft). Die Moral ist also sehr leicht biologisch zu begründen, niemals aber auf andere Weise (vgl. Ethik S. 240 ff.). Was so aussah, sind Scheindeduktionen, mit denen man die guten und die bösen Instinkte befriedigen konnte: man durfte verbrennen und köpfen und Bußen einziehen und als herrschende Klasse oder herrschender Staat andere aussaugen und vergewaltigen und sich aufopfern und Leiden lindern und lieben und hassen -- alles das gestützt auf Grundsätze, von denen man behauptete, eine höhere Macht habe sie eingeführt, während es in Wirklichkeit nichts anderes als Phantasien waren, die zur Befriedigung der guten und bösen Instinkte verwendet und wohl auch geschaffen wurden. Wenn eine äußere „höhere" Macht uns solche Vorschriften gibt, so tut sie es in einer Weise, daß der eine sie so, der andere anders versteht — immer gemäß seinen Trieben und Komplexen, ganz wie bei Mißverständnissen von Mensch zu Mensch.

Wer also ein Gewissen hat, der hat es bei jeder Lehre; aber wenn praktisch in der Wirkung verschiedener Theorien ein Unterschied besteht, so kann es nur zugunsten des Materialismus sein. Mit dem menschlich geformten Herrgott, wie ihn die Mittelmäßigkeit benutzt, ist leicht zu reden, on trouve avec lui des accommodements; hat man etwas Schlimmes begangen, so tut man eine Buße, und wenn auch die Sünde schwarz war wie Pech, so wird man dadurch wieder weiß wie Schnee. „Ich stehl mei Holz und zahl mei Bueß" ist ein ziemlich populärer Standpunkt. Der Determinist dagegen kann Beruhigungsmittel höchstens darin finden, daß er die angerichteten Schäden gutmacht, so weit es möglich ist, und daß er sich bessert; aber er weiß, daß er die unangenehme Empfindung in seinem Gewissen zeitlebens mit sich herumtragen muß wie die meisten Luiker ihre Spirillen. Verzeihung gibt es für ihn ebensowenig wie sonst in der Natur. Wer sich ein Stück Gehirn oder Gesundheit weggesoffen hat, dem bringt es weder Reue noch Buße zurück.

Wer fühllos ist für das Elend des Nächsten oder sich gar an seinen Schmerzen weidet, der wird wenig oder gar nichts Gutes, aber viel Böses tun bei jeder Lehre; und wenn er, um Strafe von sich abzuwenden, einmal ein gutes Werk tut, so wird er in den meisten Fällen die Wirkung überkompensieren durch die Benutzung seiner Moralvorschriften zum Schaden Anderer. Aus Liebe zu Gott tugendhaft handeln kann nur der, der lieben kann, d. h. schon moralisch ist. Daß die Furcht vor ewiger Strafe nicht mehr leistet als die vor dem Strafgesetz, zeigt die Erfahrung. Wer seinen Nächsten liebt, wem es Schmerzen macht, Andere unglücklich zu sehen, wird Gutes tun, ohne lang nach philosophischer Begründung zu fragen, und für Ideale schwärmen kann der unter allen Umständen, dessen Gefühle dazu angelegt sind, niemals aber ein anderer, auch wenn er sich durch das dickste Buch über Ethik hindurchochst.

Wenn der Materialismus theoretisch den Schuldbegriff etwas verändert, so schließt er sich wieder an die antike Auffassung an, der auch konsequente christliche Denker wie Augustin nicht fernstanden. Wir rechnen jetzt nur die Tugend dem Menschen zum persönlichen Verdienst an; Intelligenz, Körperkraft, Gesundheit können wir schätzen, aber das ist ihm von außen gegeben; und fehlen ihm diese Eigenschaften, so heißt es, „er ist ja nicht schuld daran“. Wer aus Dummheit Verbrechen oder sonst Fehler begeht, wird bemitleidet und auch vom Gesetz milder oder gar nicht bestraft. Man ignoriert aber, daß man sich seinen Charakter ebensowenig selber gemacht oder ausgewählt hat wie seine Intelligenz. Das ist eine Inkonsequenz, die nicht zu allen Zeiten begangen wurde. Es hat ja einen gewissen Sinn, die Schädigung aus bösem Willen mehr zu bestrafen als die unabsichtliche, denn es gibt wirklich Umstände, wo in diesem Falle die Strafe etwas nützen kann, während die Dummheit und Unaufmerksamkeit sich weniger eindämmen oder kompensieren läßt. Immerhin gibt es auch nach unseren Gesetzen Verbrechen aus Fahrlässigkeit, wobei man allerdings den herrschenden Auffassungen zu Liebe einen moralischen Fehler konstruiert, auch wenn gar nichts davon zu sehen ist. Man liebt ein schönes Frauenzimmer nicht weniger, weil sie ihre Schönheit nicht selber gemacht hat — im Gegenteil.

Würde man den jetzigen auf den bösen Willen gebauten Schuldbegriff wieder aufgeben, so könnte endlich die Frage der Z u r e c h n u n g s f ä h i g k e i t wegfallen, die ganz unnütz und im Sinne der bestehenden Gesetzgebungen eigentlich gar nicht zu beantworten ist, schrecklich viel zu reden gibt und eine richtige Bekämpfung des Verbrechens und angemessene Verbrecherbehandlung unmöglich macht. Man hätte bei forensischen Untersuchungen auch nicht mehr auf die in einer großen Zahl von Fällen nur willkürlich zu beantwortende Frage, ob gesund oder krank, einzugehen usw.

Wie steht es nun aber mit der „G e r e c h t i g k e i t“? Der Begriff wird bei uns eng an den bösen Willen geknüpft. Das ist aber gar nicht notwendig. Die Natur straft die Sünden mit oder ohne bösen Willen ganz gleich; die Syphilis insontium verläuft wie die derjenigen, die die Krankheit durch einen Fehler gegen die sexuelle Moral erworben haben. Der alttestamentliche Gott wird seiner Gerechtigkeit wegen gerühmt und rächt die Sünden der Väter an den Kindern bis in das dritte und vierte Geschlecht. Die Atriden waren zum Unglück bestimmt. Daß Orestes zum Morde seiner Mutter moralisch verpflichtet war, hinderte die unbestechlichen Erinnyen nicht, an ihm Rache zu nehmen. Die „nützlichen" Tiere lieben wir und beschützen wir mit unserem Mitleid, die „schädlichen" vertilgen wir mit innerer Befriedigung; es sind aber beide genau gleich brav. Der moderne Begriff der Gerechtigkeit ist ein intellektuell und praktisch gleich unhaltbarer. Er ist aber geradezu schädlich geworden im Rechtsstaat. Rache und Sühne sind nötig, solange sich der Einzelne oder seine Sippe selber helfen muß, in primitiven menschlichen Verhältnissen und bei Tieren, nicht mehr aber bei uns, wo man Jahrzehnte verschwatzt, um das beste Strafgesetz auszuklügeln und im Übertretungsfalle zu langen Diskussionen zusammensitzt, um zu entscheiden, was nun mit dem Übeltäter zu tun sei.

Mit der Frage nach der Gerechtigkeit wird oft diejenige verquickt, wie das Übel in die Welt kommt? Die Mythologien machen verzweifelte Anstrengungen, sie zu beantworten. Für den Materialisten gibt es keine Antwort, weil es diese Frage nicht gibt. Für ihn kommt kein Übel in die Welt, sondern: es gibt Dinge, die unsere Existenz fördern, das Gute, und andere, die sie schädigen, das Übel, beides relativ zu uns. Für den Elefanten, den wir ausrotten, ist umgekehrt, das für uns nützliche das Übel. Übel ist ein rein relativer Begriff, relativ in Beziehung zu bestimmten Geschöpfen oder Zwecken, nicht zu der Gesamtwelt. Das mag genügen.

Die übliche Einkleidung der Moral wäre natürlich nicht entstanden, wenn sie nicht bestimmten Bedürfnissen entspräche; sie ist auch nicht ohne wirkliche Vorteile; für die Mittelmäßigkeit mag sie die größte Bequemlichkeit darstellen. Der materialistische Determinist muß auch auf Vorstellungen verzichten, die jedem Menschen einmal lieb geworden sind, nicht nur weil sie in der Jugend eingepflanzt und assoziativ mit allen Gefühlen des Guten und Schönen enge verbunden worden sind, sondern auch, weil sie eben in unserer Natur wurzeln. Wie der einzelne im Traum und in der Poesie seine Wünsche befriedigt, so tut es die Gesamtheit in solchen Vorstellungen; und auf diese ganz zu verzichten, wird auch der ausgepichteste Intellektualist nur schwer fertig bringen. Er muß verzichten auf die Ewigkeit seines individuellen Lebens resp. seines Ich, auf die Vorstellung einer außerhalb der menschlichen Gesellschaft existierenden Gerechtigkeit mit Belohnung und Strafe, ja sogar auf die Möglichkeit einer Annäherung an das Unendliche oder Absolute, Dinge, die ihm nur Grenzbegriffe sind, mit denen er im übrigen nichts anzufangen weiß. Dafür wird ihm das Mitgefühl nicht durch „Gerechtigkeit" und notwendigen Haß gegen Menschen, die nur in einer andern Ansicht als er erzogen worden sind, unterdrückt, und er wird mit um so größerer Ehrfurcht vor dem stehen, was man jetzt oft mit verächtlichem Beiklang als „Tugend" bezeichnet, weil er weiß, wozu und warum er das Bedürfnis dazu im Busen trägt. Und wenn er begeisterungsfähig ist, so wird er sich nur um so mehr dafür entflammen, weil er nicht nur glaubt, sondern auch weiß, daß er nicht nur für eine Chimäre eintritt, sondern für die höchsten Güter der Menschheit. Und Ideale kann er sich wählen, so viel er will, sogar unter Umständen noch dereierende des Glaubens, nur nicht solche, die andern schaden oder bequeme Ausreden sind, für die reale Welt nichts zu tun. Leicht ist es auf realistischem Boden mit beliebigen Leuten anderen Glaubens das nämliche Ziel zu verfolgen; in der Verhinderung des Elendes, im Kampf gegen Verbrechen, Alkohol, Geschlechtskrankheiten und viele andere vermeidbare Übel arbeiten Materialist und Idealist, Freigeist und Orthodoxe aller Konfessionen einträchtig zusammen, während das „andächtig Schwärmen“ für irgendeines der absoluten Ideale dieser Gemeinschaften neben einigem Guten Selbstüberhebung und Faulheit für sich selbst und Haß und Verleumdung und Gewalttat gegen andere zeitigt.

Nach allem ist es klar, daß es ein Mißverständnis ist, wenn man behauptet, der Materialismus vernichte die Moral. Im Gegenteil, er weiß am besten, daß ein Zoon politikon nicht ohne Moral bestehen kann; seine Moral ist eine strenge, unerbittliche, und er allein kann sie — von seinem Standpunkt aus — begründen, unwiderleglich und objektiv.

Auch die religiösen Bedürfnisse lassen sich von hier aus so gut wie bei jedem andern Standpunkte befriedigen. Ja eigentliche Religionen schaffen kann der Materialismus, wie der Sozialismus beweist, der seit bald einem Menschenalter zu einer Religion mit allen ihren Licht- und Schattenseiten geworden ist. Daß er seine Ziele auf dieser Welt sucht, wird ihm wohl wie der mosaischen Religion eher zur Stärke als zur Schwäche gereichen[1]). So weit aber der Sozialismus Anschluß an Erkenntnistheorien hat, ist es an die materialistische. Einer Religion auf materialistischer Basis überhaupt muß, so weit ich sehe, nichts fehlen, was einer andern prinzipiell notwendig ist, und eine solche braucht auch nichts prinzipiell Neues. Das reziprok gehende und nehmende Verhältnis von Religion und Moral muß oder kann dasselbe bleiben. Was in andern Religionen die Prädestination, die Gnade, das Schicksal oder das Fatum ist, das besteht noch, wenn auch der uns besser als früher bekannte Teil desselben jetzt unter dem Namen der Naturgesetze eine etwas andere Beleuchtung erhalten hat.

So ist es moralisch und praktisch recht gleichgültig, welche theoretische Anschauung man besitze, und es ist ziemlich unnütz, die im Gehirn gewachsenen moralischen Gesetze in Form von objektiven Geboten aus sich heraus zu projizieren und die Gewissensbisse als Teufel und Hölle sich zu denken oder gar in Halluzinationen so wahrzunehmen. Sehr fragwürdig aber ist es, wenn man in der jetzigen Zeit des Überganges, wo die alten Anschauungen ihre intellektuelle und affektive Zugkraft immer mehr verlieren, kleinen und großen Kindern in Gestalt einer religiösen oder philosophischen außermenschlichen Forderung einen Stecken gibt und sie daran zu laufen gewöhnt, der bei der Mehrzahl der Menschen unfehlbar zusammenbricht, sobald sie sich einmal auf ihn stützen sollten. Wäre es nicht besser, sie ohne Stecken gehen zu lassen oder ihnen einen zu geben, dessen Tragfähigkeit den jetzigen Umständen angepaßt ist, statt ihnen immer

[1]) Wenn er, wie in den letzten zwanzig Jahren, gegen seine eigenen Prinzipien und gegen das Prinzip der Moral, dem er entsprungen ist, vergißt, daß es nur eine Moral zur Erhaltung der Gesamtheit gibt, so wird er daran zugrunde gehen.

vorzumachen, daß die neuen Anschauungen die Moral vernichten — bis sie es glauben und sich um Moral und Gewissen nicht mehr kümmern. Gerade von diesem konfusen Halb-und-Halbverfahren am meisten kommt die jetzige Verwirrung in der Moral und die Schwäche moralischen Einflusses.

Lohnt es sich aber zu leben ohne Glauben an einen „Zweck“ und an Ausgleich des erfahrenen Übels und an ewiges Leben? Wenn man nichts mehr zu erwarten hat, wenn man nicht mehr der Mittelpunkt und Zweck des Weltgeschehens ist? Auch diese Frage ist gestellt und verneint worden. Schon das Emporkommen des eudämonistisch orientierten Sozialismus bejaht aber die Frage definitiv, die sich übrigens auch sonst aus der menschlichen Psychologie heraus sehr leicht erledigt. Der Lebenstrieb und die Lebensfreude besteht eben in jedem Gesunden und ist nicht umzubringen durch die Lehren einer Schule; man wird nicht griesgrämig oder fröhlich, weil man eine pessimistische oder optimistische Philosophie logisch deduziert, sondern man schafft sich seine Philosophie nach seinen affektiven Bedürfnissen, je nachdem man schwerblütig oder fröhlich angelegt ist, ob man sich glücklich verheiratet hat, oder ob einem der wichtigste Wurf im Leben mißglückt ist[1]). Man wird auch nicht Asket, weil einem bewiesen wird, das sei die beste Art Gott zu dienen, sondern man schätzt unter allen guten Werken die Selbstkasteiung am höchsten, wenn man mosochistische und sadistische Anlagen hat. Ein Genus, das keinen Selbsterhaltungstrieb mehr hat, geht zugrunde; was besteht, hat als Ganzes genommen Lebenstrieb und damit Lebensfreude; wenn man auch unter Umständen gegen seinen Willen leben muß, und Geschöpfe, die nur leiden und doch noch genug Instinkte haben, sich ohne positive Triebe nur mit der Abwehr des Unangenehmsten zu erhalten, denkbar sind. Menschen ohne Lebensfreude würden bald aussterben und das Feld denen lassen, die (auch) positive Gefühle haben. Daß auch unser vorausdenkendes Menschengenus fröhlich leben kann ohne die Aussicht auf ewige Belohnung, das zeigen, wenn es noch nötig ist, die viel gerühmten Griechen, die zwar an ein Fortleben geglaubt, aber es zu einem höchst

---

[1]) Für die äußere Lebensanschauung gilt nicht, daß man sie an den Früchten erkennen könne, die Früchte hän. en vom Charakter und nicht von der überkommenen Form der Lebensanschauung ab. Biologisch, an ihren Wurzeln ist die Lebensanschauung zu werten: Pessimismus entspringt im wesentlichen mangelnder Fähigkeit, sich den Bedürfnissen des Lebens anzupassen und sich an dem zu freuen, was es bietet; aber nachgebetet wird er von manchen nur deshalb, weil man sich damit interessanter erscheint: man kann alles kritisieren und zeigen, was für einen Fehler der liebe Gott gemacht hat, als er nach seinem eigenen Gutdünken die Welt einrichtete, statt nach der so wunderbaren Weisheit des betreffenden Philosophen Wirkliche Lebensverneinung — nicht die mit dem Mitgefühl für das Elend der Menschen gepaarte Bedürfnislosigkeit eines FRANZ VON ASSISSI — kann bis zu einem gewissen Grade eine gesunde Reaktion auf durch Übersättigung erworbene Blasiertheit sein, wie es bei dem Königssohn BUDDHA der Fall sein mag (ich kenne ihn zu wenig, um bestimmt zu reden). Aber gerade auch bei ihm und der indischen Weltanschauung überhaupt verrät die Lebensverneinung, die Furcht vor der Wiedergeburt den degenerativen Mangel an Lebenstüchtigkeit und Freude, den Kampf mit dem Leben durchzuführen, während vielleicht in den Begriff des Nirvana da und dort etwas von der sexuellen Wollust eingegangen ist, deren Höhe von manchen als ein Schwinden des Bewußtseins der Außenwelt oder des Bewußtseins überhaupt dargestellt wird. Lebens- und Genußfähigkeit verlangt nach Ewigkeit.

traurigen gestaltet hatten. Nicht vergleichen wollen wir die Primitiven, die sich zwar durch Zauberglauben bös schikanieren lassen, aber im übrigen fröhlich dahinleben, obschon sie sich (trotz aller Begräbnisfeierlichkeiten für ihre Großen) herzlich wenig um die Fortexistenz kümmern. Und die Juden leben seit 3000 Jahren zähe für ein irdisches Ziel.

Die Frage, ob es sich lohnt zu leben, hat übrigens nur dann einen Sinn, wenn man bereit wäre, aus einer verneinenden Antwort die Konsequenz zu ziehen: Solange man dieser ausweicht, wertet man immer den Tod (oder das Sterben) schlechter als das Leben. Im übrigen hat man uns vor der Geburt nicht gefragt, ob wir das Leben oder die Nichtexistenz vorziehen. Aber jetzt ist man da, „zu leiden, zu weinen und zu freun sich", — wenn man gesund ist, überwiegt auch beim Kulturmenschen noch das Positive. Und wer eine Ethik im Leibe hat, der sucht und findet seine Befriedigung darin, aus sich etwas Rechtes zu machen und anderen etwas Tüchtiges zu leisten.

Der Lebensgenuß hängt nicht von den Anschauungen ab, sondern (soweit das Individuum selbst direkt dabei beteiligt ist) nur von der physisch bedingten Stimmungslage. Dem Melancholiker hilft weder Philosophie noch der festeste Glauben an die Güte eines persönlichen Gottes; wenn hier überhaupt ein Unterschied besteht, so ist er gewiß nicht zugunsten des Gläubigen, dem, solange die Melancholie besteht, keine Macht der Welt die Überzeugung nehmen kann, daß gerade er die Gnade definitiv verscherzt habe.

Zum Glück trägt ferner bei das Ausleben irgendeines vernünftigen Triebes; die Dichter kennen fast nur den erotischen, und gerade da muß man dem Begriff des „Auslebens" den allerbeschränktesten Sinn geben, wenn nicht für die meisten das Gegenteil von dem Gewünschten herauskommen soll. Es gibt aber auch noch das Sorgen für die Familie, für jemanden überhaupt, Betätigung in irgendwelchen guten oder schönen oder nützlichen Werken usw. usw.

Man darf aber auch nicht meinen, daß die jetzige Zeit der schwindelnden Ausbildung der realistischen Kenntnisse und des realistischen Denkens das affektiv dereierende Denken und das entsprechende Fühlen entbehren könne. Wenn wir uns so weit entwickelt haben, daß wir nur noch realistisch denken, dann wären wir keine Menschen mehr sondern eine neue Spezies. Der bloße Verstand, auch unterstützt von der besten Gesinnung und dem eifrigsten Streben, sich für das Wohl seiner Mitmenschen einzusetzen, ist nicht ganz genügend, um die Leistungsfähigkeit in dieser Beziehung auf dem Maximum zu halten. Schon gegenüber sich selber ist es ein Vorteil, wenn man seine eigenen Fehler nicht allzusehr wertet[1]). Man muß sich selber gegenüber eine mehr gefühlsmäßig optimistische Stellung einnehmen, um das Maximum sowohl von Glück wie von Leistungsfähigkeit zu besitzen. Man muß aber auch nach außen bis zu einem gewissen Grade „schwärmen" können. Wer immer zum voraus ausrechnen und bewiesen haben will, daß ein bestimmtes Handeln oder Streben wirklich

[1]) Ich sage ausdrücklich „wertet" und nicht „kennt", denn kennen soll man seine Fehler, um sie so weit möglich bessern zu können, und um nichts zu unternehmen, in dem sie verhängnisvoll werden können oder wenigstens uns Kräfte vergeuden lassen.

zum Ziele führt, kommt zu nichts, da wir doch in den wichtigen Sachen. für die solche Überlegungen gültig sind, niemals alles übersehen können. Man muß den Instinkten, die wir als gute bezeichnen, nachleben, begeistert sein für das Gute und da angreifen, wo man gerade kann, auf die Gefahr hin, einmal etwas Unnützes oder sogar einen Fehler zu machen. Wer hier zu logisch-mathematisch vorgehen will, wird nichts erreichen und namentlich niemals andere mitreißen. Auch im Denken ist das Richtige wie überall ein angemessenes Verhältnis der beiden einander regulierenden Gegensätze Wissen und Glauben, Deduzieren und Dereieren. Der bloß Berechnende wird nichts Großes erreichen. aus Mangel an Wagemut und Überfluß an Rücksichten (auch für rein technische Erfindungen ist ein bestimmter Charakter die wichtigste Bedingung); der zu sehr Dereierende umgekehrt wird als Phantast den Kopf einrennen. Ein besonders durchsichtiges Beispiel großer Leistung infolge harmonischer aber sehr hoher Ausbildung beider Denkarten ist der „Vater der Londoner Niemandskinder“, Barnardo, der z. B. auf dem Gebiete der praktisch-psychologischen Erkenntnis der Nebenmenschen einen Blick und eine Überlegungskraft für das Reale hatte, wie kaum ein zweiter, auch sehr gut berechnen konnte, wieviel Geld er für ein bestimmtes Unternehmen brauche, und dabei sich in den wichtigsten Dingen darauf verließ, daß der liebe Gott ihm zur rechten Zeit die nötigen Mittel schicke. Der liebe Gott hat es dann auch getan — für unsere materialistische Logik deswegen, weil Barnardo nur soviel erstrebte, als die reale Situation erlaubte. Die Jungfrau von Orléans war ihrer Aufgabe so lange gewachsen, als es sich darum handelte, ihren Landsleuten den Gedanken beizubringen und mit lebhaften Gefühlen betonen zu lassen, daß eine Aufrappelung der Kräfte den Feind aus dem Lande jagen könnte, und daß man jetzt einfach drauflos zugehen habe. Durch die Stimme der heiligen Jungfrau sagte ihr ihr guter Verstand, was im einzelnen zu tun war, und die Begeisterung für das instinktive, einfache Ziel ließ sie das Volk leicht mitreißen. Als aber so viel erreicht war, und die Aufgaben der großen Strategie und Diplomatie zu lösen waren und die Intrigen der Eifersucht ihr Feind wurden, da zeigte sich das Verständnis des einfachen Hirtenmädchens der realen Lage nicht mehr gewachsen; die Stimmen wurden verwirrend oder widersprechend oder blieben ganz aus, und die gleiche dereierende Begeisterung, die sie zuerst von Sieg zu Sieg getragen, führte das arme Kind auf den Scheiterhaufen.

Genaue Überlegungen sind vorzüglich als Mittel zum Zwecke; das eigentliche Ziel hat der Glaube an sich und an den Wert und an die Erreichbarkeit des Gewünschten zu bestimmen und lockend zu machen. Für die Helden des Glaubens und für Ideale dürfen und sollen wir uns alle unbesehen begeistern — auch wenn wir sie psychopathologisch untersuchen und begreifen. Interessant ist, daß es für den konsequenten Naturforscher nichts Geheimnisvolles, kein Wunder, nichts Übernatürliches mehr gibt, und daß der Reiz dieser Dinge, trotz aller Wahrsager und medizinischer Pfuscher und ähnlicher Leute, im Gesamten bedeutend abgenommen hat. Gewiß gibt es für uns immer mehr Fragen, die wir (noch) nicht beantworten können, und wir wissen, daß hinter jeder Antwort mehrere neue Fragen stecken — aber kein Geheimnis mehr. Ein Faust ist heute unmöglich. Dafür gibt es ein „Interesse“, zu verstehen und zu wissen, das einen vollen Ersatz für die dereierenden Strebungen von Glauben und Zauber bietet. Immerhin müssen wir damit rechnen, daß Viele auch jetzt noch gar nicht alle Möglichkeiten kennen wollen. Sie möchten noch ein Land haben, in dem sie sich etwas Wunderbares, Irrationales, speziell die Erfüllung ihrer Wünsche, hineindenken können.

Auch die kultiviertesten Teile der Menschheit sind noch lange nicht ganz realistisch und rationalistisch. Sollten sie es aber einmal sein, so wäre das kein Unglück; das Leben selbst mit seinen Notwendigkeiten bringt immer die Wertung als das Wichtigste in unsere Vorstellungswelt hinein. Vorläufig haben wir den Trieb, auch, oder allein, dereistische Ziele zu verfolgen, und so wird nur ein armseliger Philister im Leben seine Befriedigung finden können, wenn er nicht einem solchen Ziele zustreben kann, sei es auf dem Steckenpferd oder auf dem Pegasus oder auf einer Weihrauchwolke oder einhergehend neben dem Pfluge des stillen Arbeitens für jetziges und künftiges Wohl anderer.

Und nun mag man mich fragen: wenn man bei jeder Ansicht glücklich und gut sein kann, warum gibst du dir die Mühe, Andern deine Ansicht aufzudrängen? Und ich antworte: schon weil ich Wissenschafter bin, und ich wie jeder Kulturmensch den mit positiven Gefühlen arbeitenden Trieb in mir habe, zu untersuchen, wie die Dinge und Verhältnisse sind, und einen Teil von den Erkenntnissen Andere wissen zu lassen. Es ist auch wahr, daß Glück und Unglück in ihren größten Zügen von der affektiven Konstitution abhängt. Aber das schließt nicht aus, daß im einzelnen mit falschen Ansichten viel Schlimmes gestiftet wird, weil sie die Köpfe verwirren, und weil sie die Menschen veranlassen, sich und andere zu quälen, statt die nämliche Mühe aufzuwenden, einander das Leben lebenswerter zu gestalten. Hilft Philosophie weder gegen Zahnweh noch gegen die Bosheit der Menschen, so mildert oder verunmöglicht eingehende naturwissenschaftliche Erkenntnis den schlimmsten Zank, den um dereistische Ziele, und erschwert sie es dem Egoismus, sich als Kämpfer für Moral und Gerechtigkeit aufzuspielen.

Dabei weiß ich, daß die Wahrheit etwas Relatives ist. Für den jetzigen Stand unserer naturwissenschaftlichen Kenntnisse halte ich das Gesagte im großen und ganzen für Wahrheit, nicht aber für *die* Wahrheit.

Register.